Dieter Cycon · Die glücklichen Jahre

Für Sigrid

DIETER CYCON

Die glücklichen Jahre

Deutschland und Rußland

BUSSE SEEWALD

Die Deutsche Bibliothek – CIP-Einheitsaufnahme

Cycon, Dieter:
Die glücklichen Jahre : Deutschland und Russland / Dieter Cycon. –
Herford ; Hamburg ; Stuttgart : Busse Seewald, 1991

ISBN 3-512-03037-8

Lektorat: Bernhard Gurk
Umschlagfotos: Archiv für Kunst und Geschichte, Berlin
Satz und Druck: Busse Druck, Herford
Buchbinderei: Bernhard Gehring, Bielefeld
Printed in Germany

ISBN 3-512-03037-8

Inhalt

Vorwort 11

I. Die geistige Begegnung 21
»Nichts Dauerndes, nichts Bleibendes bei uns« 27
Solschenizyn und die deutsche Tüchtigkeit 34
»Der Russe liebt das feste Regiment des Zaren« 39
Ein Weg zwischen »Oblomowerei« und »Westlertum«? 46

II. Die »Deutschen-Herrschaft« 50
Der weise Steuermann Ostermann 54
Münnich, der Feldmarschall 57
Birons Schurkenstücke 61
Den Staat zusammengehalten 66
Frankreichs Putsch in Petersburg 69
Armeeführung und Diplomatie: zur Hälfte Deutsche 74
»Ein Krieg gegen die Elemente der Ordnung« 82

III. Ouvertüre an der Oder 87
Aufstieg und Niedergang eines Kriegsgottes 92
Das Ringen um die Schlüsselposition Stettin 96
Seiltanz zwischen den Bündnissen 99
Der preußisch-russische Garantievertrag 101
Der erste Ost-West-Konflikt 105
Allianz London–Wien gegen Petersburg–Berlin 113
Zar Peter in Paris 116
Friedrich Wilhelm in der Zange 118
»Ich muß den Mantel auf beiden Schultern tragen« 124
Britische Verlockungen im politischen Dschungel 128
»Für ihre unnützen Händel bin ich zu klein« 132

IV. Die wunderbare Rettung des Hauses Hohenzollern 137
Was war der Kriegsgrund? 143
»Von dieser Stunde an bin ich des Königs Freund« 148
»Das Reich der Plünderung eines jeden preisgegeben« 151
Der Leichtsinn des preußischen Frauenfeindes 153
Peter und die Rückzüge der Generäle 156

Das Urteil der Verschwörer und Profiteure 162
Wer war Peter III. wirklich? 164
Das Unglück mit Katharina 169
Eine Neurose führt zur Normalität 176
Der Reformer 179
»Ich gehe allein durch die Straßen von Petersburg« 185

V. Polen zwischen Rußland und Preußen 188
1. Das polnische Panorama 192
Die Polen in Moskau 193
Wie das polnische Großreich entstand 195
Die explosive religiöse Frage 198
Kampf um West- und Ostpreußen 202
Das Chaos wird zur Institution 205
Die versklavten Bauern 209
2. Der Weg zur ersten Teilung 216
Friedrichs Bündnis mit Katharina 218
Der Kampf um die Gleichberechtigung der Religionen 224
Der Aufstand der Ultras 229
»Die Interessen Frankreichs verlangen den Krieg« 232
Das Balkan-Gewitter zieht nach Polen 238
Der preußisch-russische Vertrag 242
3. Auf Irrwegen zur zweiten Teilung 247
Katharinas großer Orient-Plan 248
Preußen im englischen Kriegsbündnis 255
Mit Polen gegen Rußland 257
Englands neue Kehrtwendung 261
Die Französische Revolution führt zur Versöhnung 264
Das ewige Wort vom »preußischen Verrat« 267
Die neue preußisch-russische Verständigung 271
Österreich legt sich quer 274
Trauerspiel im polnischen Reichstag 276
4. Die dritte Teilung 280
Kosciuszkos tapfere kleine Leute 282
In Europa rührte sich nichts 284
In Bromberg 800 Einwohner 286

VI. Alexander – Stein – Gneisenau
und die Befreiung Deutschlands 288
Der Rheinbund liefert Kanonenfutter 289
»Betitelte Sklaven und Untervögte« 295
Die französische und die russische Partei in Preußen 300
Das Drama Yorcks 304

»Die Regierung vermag nichts mehr gegen den Sturm der Begeisterung« 309
Das preußisch-russische Kriegsbündnis 311
Stoppen die Russen an der Weichsel? 313
Stein treibt den Zaren an 316
Ein Rückblick: Bündnis auf dem sinkenden Schiff 318
»Ihr König verdankt alles dem Zaren« 321
Ein preußischer Riegel vor dem polnischen Einfallstor 324
Brandenburg als französisches Protektorat? 328
Metternich, der Jongleur 331
Wiener Leckerbissen für Napoleon 334
Der Zar verlangt ein starkes Preußen 337
»Was am linken Rheinufer wohnt, geht uns nichts an« 342
Gneisenau und Alexander: nach Paris! 345
Metternich paralysiert die Armee 348
»Diese Elenden! Beim ersten Mißgeschick fallen sie auf die Knie!« 352
Friedrich Wilhelm spricht von Verrat 355
»Sehen schlecht aus, schmutzige Leute« 357
Rivalen in Wiener Betten 362

VII. Ein Zar öffnet die Tür zur deutschen Einheit 367
Rußlands Drang zum südlichen Meer 369
Die große orientalische Krise 372
»Rußland ein halbes Jahrhundert zurückwerfen« 376
Der Krim-Krieg verändert das Gesicht Europas 380
Preußen will nicht Schlachtfeld werden 383
Der sterbende Zar appelliert »an Fritz« 387
Rußlands Empörung über Österreichs Frontwechsel 389
Die Revanche-Idee 394
Gortschakows Flirt mit Frankreich 395
Der zweite polnische Aufstand 402
Bismarck drängt seine Hilfe auf 405
Ein neuer Krieg um die Rhein-Grenze? 409
London stoppt den dritten Napoleon 412
Bismarcks hastiger Rückzug 413
Eine Kluft zwischen Rußland und dem Westen 418
Preußen verteidigt seine Neutralität 420
Die polnische Krise erreicht ihren Höhepunkt 422
»Krieg zwischen Rußland und Preußen wäre ein Bruderkrieg!« 425
Der Konflikt um die Führung in Deutschland 427
Die französische Intervention 431

Bleibt Rußland neutral? 432
Gortschakows letztes Manöver 436
1866: »Wir bleiben alte und treue Freunde« 438
1871: »Nie wird Preußen vergessen . . . Ihr fürs Leben dankbarer Wilhelm« 440
»Unser Kriegseintritt hätte sofort den russischen zur Folge« . . . 444
Die stille Allianz zwischen Berlin und Petersburg 448
»Möge unsere Freundschaft das Glück unserer Länder sichern« 451

Anhang:

Anmerkungen 452
Personenregister 467
Die Stammtafel der Regentinnen und Zaren aus dem Hause Romanow 479
Die Stammtafel der Zaren aus dem Hause Romanow/ Holstein-Gottorp 480

»Mit Rußland hätten seine Majestät gute Freundschaft und Harmonie zu halten jederzeit gesucht. Sie empfehlen dies auch dem Kronprinzen, da in einem Krieg mit Rußland sehr viel zu riskieren, aber nichts von ihm zu gewinnen wäre . . . «

Aus den letzten Worten König Friedrich Wilhelms I. an seinen Sohn, den nachmaligen Friedrich den Großen, am 28. Mai 1740 nach der Aufzeichnung des Staatsministers Heinrich von Podewils

Vorwort

Nach 1945 haben die Deutschen das Interesse an ihrer Geschichte verloren, einer Geschichte, die ihnen ja auch in den 12 Jahren davor nur in jener verzerrten Form vorgetragen wurde, die mit dem Wesen des Nazismus vereinbar war. Wenige Werke erschienen noch in deutscher Sprache, die es wagten, historische Erscheinungen und Probleme anders als in bunter Feature-Unterhaltungsform darzubieten. Es war der Ausdruck eines Verzichtes auf historische, politische und geistige Eigenständigkeit, der seine logische Entsprechung in einer erschreckenden Verflachung auch der politischen Debatten fand. Um so fester waren die Augen des Staatswesens – mehr Wirtschaftsgemeinschaft als Nation – auf das Materielle und Kommerzielle gerichtet. Man erlebte es, in manchmal recht entwürdigender Form, in allen politischen Lagern auch und gerade dann, als sich im Jahre 1990 die Frage der Wiedervereinigung stellte.

Im Grunde war das alles freilich nicht erstaunlich. Das Erbe der Vergangenheit lastet schwer auf den Deutschen. Manches im Hitlerismus – die Bereitschaft zum blinden Gehorsam zum Beispiel – konnte ja in der Tat mit bestimmten Prägungen der preußisch-deutschen Geschichte erklärt werden, und die niederschmetternde Erkenntnis der moralischen Katastrophe in der Hitler-Ära konnte leicht die ganze deutsche Geschichte in den Strudel der Verdammung ziehen. Die Flucht aus dieser Geschichte war der naheliegende Ausweg, und den siegreichen Alliierten, die sich um die Umerziehung der Deutschen bemühten, lag naturgemäß daran, die deutsche Gewissenserforschung in das Extrem der Abkehr von traditionellen deutschen Interessen zu treiben. Was ihnen schon deshalb nicht schwerfallen konnte, weil ja ohnehin die Zukunft Westdeutschlands nur noch im Rahmen der Pax Americana denkbar, Ostdeutschland für immer an ein scheinbar unerschütterliches sowjetisches Imperium gefallen zu sein schien.

In dieser Rolle schienen die Deutschen weniger einer Außenpolitik mit weltpolitischer Schau als einer Allianzpolitik zu bedürfen, deren oberstes Ziel die permanente Angleichung an die Politik der USA war. Das führte zu dem grotesken Zustand, daß selbst Debatten, bei denen die Frage des physischen Überlebens der Deutschen aufgeworfen war – Debatten über die Benutzung Deutschlands als mögliches Schlachtfeld für Interessen, die nicht unbedingt auch deutsche sein mußten –, mit einer akademischen Sterilität, mit einem diskreten Desinteresse geführt wurden, als ginge es dabei um Zukunftsmöglichkeiten in der Gobi. Wenn es aber kaum nationale Interessen gab, die mit einem gewissen Grad von Selbständigkeit verfolgt werden konnten, dann war auch Kenntnis der eigenen Geschichte überflüssig. Denn diese soll ja zum Erfassen der eigenen Rolle in der Welt entsprechend der Kontinuität eigener und fremder Interessen führen. Gegenwartsnah war eigentlich nur die unermüdliche Darstellung und Anklage dessen, was das deutsche Reich in seinen tödlichen Konflikt mit der westlichen Welt getrieben hatte. Und in dieser Hinsicht ließen deutsche Schriftsteller und Geschichtsforscher nun allerdings keinen Wunsch offen. Man landete schließlich sogar dabei, dem eigenen Volk die Haupt- oder Alleinschuld am Ausbruch des Ersten Weltkrieges und an der Zerstörung des alten Europa anzulasten, die zwar zum Unglück der Völkerverständigung im Versailler Vertrag behauptet worden, inzwischen aber selbst von den meisten westlichen Historikern als Lüge entlarvt worden war. Es war, als wollte man den Deutschen den Rest von Respekt vor der eigenen Geschichte zerschlagen.

An dieser wachsenden Perspektivlosigkeit litt vor allem das Verständnis für die deutsch-russischen Beziehungen. Denn der Wandel, der 1914 eingetreten war und unter den neuen Bedingungen deutscher Existenz mit solcher Ausschließlichkeit das Bewußtsein der Zeitgenossen prägte, war ja so furchtbar radikal. Kaum etwas war noch in den Gehirnen geblieben von den langen Perioden fruchtbarer deutsch-russischer Kooperation.

Woran die Lebenden in Journalen, Büchern, Geschichtsunterricht erinnert wurden, das war der Krieg von 1914, die blutige russische Revolution mit ihren Massakern, der stalinistische Terror, der neue Krieg mit seinen erbarmungslosen Schlachten, die Schrecken des russischen Einmarsches und der Kriegsgefangenschaft, am Ende der Aufbau des sowjetischen Unterdrückungssystems jenseits der Elbe mit Mauer und Stacheldraht. In welchem Maße all diese Katastrophen von der Politik des Deutschen Reiches selbst verursacht worden waren, das wurde von der breiten Öffentlichkeit kaum gebührend realisiert. Denn der Anti-Russismus saß ja nicht nur als Folge der nazistischen Propaganda noch in so vielen Köpfen, er entsprach ja auch so hervorragend den Bedürfnissen des kalten Krieges. Und so wurde es zwar den Deutschen zur zweiten Natur, mit Gram in der Stimme über die Leiden des polnischen, des tschechischen oder auch des holländischen Volkes unter der deutschen Besetzung zu reden, von dem furchtbaren Schicksal der Juden ganz zu schweigen; aber die unsäglichen Leiden des russischen Volkes durch Hitlers Angriff blieben ziemlich regelmäßig ausgespart. Was in vergangenen Jahrhunderten einmal war, schien hoffnungslos vergilbt; denn gegen die Bedrohung der Gegenwart wurden alle geistigen Kräfte mobilisiert.

So kam es, daß das deutsche Bild von den traditionellen Beziehungen zu Rußland im Dunkelgrau der jüngeren Vergangenheit ertrunken ist, ohne Lichtblicke, perspektivlos, geschichtslos. Aber geschichtslose Völker sind die Proletarier unter den Nationen. Denn wer wenig über seine Vergangenheit weiß, über das Woher, der weiß auch wenig über das Wohin. Er wird in der Regel dazu verurteilt sein, von anderen für ihre Vorteile benutzt zu werden. Im Falle der deutsch-russischen Beziehungen ist die Gefahr, in die Irre geführt zu werden, um so größer, als deutsche Historiker, Staatsmänner und Publizisten schon in früheren Perioden bei der Schilderung der tatsächlichen Begebenheiten häufig sehr zurückhaltend waren. Die Staatsraison ließ Offenheit selten zu, und manchmal bestand Staatsraison nur im dynastischen Interesse. Das Haus Hohenzollern zum Beispiel verdankte sowohl seine Rettung wie seine Erhöhung in kritischen Phasen so oft der Petersburger Politik, daß sein Selbstwertgefühl empfindlich gelitten hätte, wenn seine Beauftragten den wahren Gang der Handlung nicht nach Möglichkeit zu kaschieren versucht hätten. Die Rolle der süd- und westdeutschen Landesfürsten in der napoleonischen Epoche war so kläglich, daß sie später allen denen um so dankbarer sein mußten, die die Befreiung von der französischen Herrschaft als eine vom Himmel gefallene nationale Tat zu pinseln verstanden. Mit der Loyalität deutscher Professoren konnten sie ja immer rechnen.

Nun sind die Hohenzollern nicht mehr, das Sowjetsystem scheint sich aufzulösen, und Rußland – dies ist das entscheidende – scheint sich zu entideologisieren. Das dürfte ganz unabhängig von der Person Michail Gorbatschows sein, der ja nach eigenem Eingeständnis manchen Fehler gemacht hat und dem die Dinge in wirtschaftlicher, sozialer und staatspolitischer Hinsicht aus dem Ruder gelaufen sind. Notwendigerweise wandelt sich auch das Feindbild der Atlantischen

Allianz. Niemand kann heute schon sagen, wie sich die Zukunft im Detail gestalten wird. Es kann sein, daß auf zwei Schritte, die West und Ost näher zusammenführen, wieder ein Schritt nach rückwärts erfolgt, und daß der Prozeß der Entspannung immer wieder von neuen Reibungen unterbrochen wird. Es ist, umgekehrt, auch keineswegs ausgeschlossen, daß Rußland in der Folge seiner inneren Schwierigkeiten von der Position einer Weltmacht in die einer Macht von eher regionaler Bedeutung zurückfällt, daß es sich Schritt für Schritt in eine Weltordnung einfügt, die im großen und ganzen eine amerikanische ist. Dann müßte es mit den westlichen Mächten auf anderem Fuße verkehren als in der Vergangenheit. Vielleicht werden wir es gar mit einem Rußland zu tun haben, das sich gezwungenermaßen mancher Eroberungen entledigt haben wird, die es seit Peter dem Großen gemacht hat – mit einem Rußland nicht von 265 Millionen Menschen, sondern von 160 oder 180 Millionen.

Alle Großreiche dieser Erde sind aus zerbrechlichem Material; aber manche sind zerbrochen worden und doch wieder zusammengewachsen, weil langfristig wirksame Bedingungen dies erzwangen – wir werden es im Verlauf dieses Buches erleben. Unter jedem Aspekt wird dieses Rußland, wird seine Achse Petersburg–Moskau–Wladiwostok das Herz der östlichen Welt und der Mittelpunkt unseres Interesses in diesem Raum bleiben. Es wäre wohl ein großer Fehler, wenn wir es in eiliger Anpassungsbereitschaft an die Konjunktur des Augenblicks in irgendeiner Frage, die *seine* Lebensinteressen, aber nicht die unseren berührt, vor den Kopf stoßen würden; wenn wir Auflösungserscheinungen im russischen Bereich unterstützen wollten, bevor die Russen selbst sie akzeptiert haben. So können sich Erbfeindschaften begründen. Dank seiner Atomraketen wird Rußland ein bedeutender Machtfaktor in der Welt bleiben – wer weiß, ob nicht zum beiderseitigen Vorteil.

In jedem Falle aber wird wohl die Welt nicht mehr in jenem Grade bipolar sein, wie sie das bis zum Fall der Berliner Mauer war, sondern sich in Richtung auf eine gewisse Multipolarität wandeln. Die Zentralsonne mag künftig Amerika sein, aber im Rahmen des einen großen Systems würde dann der Austausch zwischen den anderen Sternen unterschiedlicher Größenordnung und Gravitation intensiver werden als bisher. In dieser Hinsicht wird die Welt jener ein wenig ähnlicher sehen, die vor 1914 bestand, und man darf wohl vermuten, daß gerade dies das Ziel der neuen russischen Politik ist. Diese Politik wird Partner suchen, und einen davon sieht sie sicherlich in Deutschland.

Eine solche Partnerschaft müßte vielseitig sein. Sie würde vielleicht primär wirtschaftliche Ziele anvisieren. Aber wann hätte man schon klar wirtschaftliche Probleme von politischen trennen können? Und wie könnte man in beiden Staaten nach zwei Weltkriegen, einem langen »kalten Krieg« und angesichts der Schlachtfeld-Situation Deutschlands jene Fragestellung außer acht lassen, die man heute mit dem Begriff einer »Sicherheits-Partnerschaft« umschreibt? Möglichkeiten deuten sich an, wie sie seit einem Dreivierteljahrhundert nicht mehr bestanden haben. Mit der nötigen Unbefangenheit und Nüchternheit wird man sich ihnen nur nähern können, wenn man deutsch-russische Beziehungen vor dem ganzen Panorama dreier Jahrhunderte sieht, nicht mit den Fixierungen, die jene kommunistische Revolution gebar, deren Untergang nun besiegelt zu sein scheint und die einst von Deutschland nach Rußland exportiert worden war. Die psychologische Verfassung auf beiden Seiten wird, mit anderen Worten, ein wesentliches Element der kommenden Entwicklung werden, kaum viel weniger bedeutsam als die reinen Fakten. Genau dies meinte wohl der Passus in der deutsch-sowjetischen Erklärung vom Juni 1989, in der beide Seiten den Wunsch äußern, »ein Verhältnis guter und verläßlicher Nachbarschaft dauerhaft zu begründen«, bei dem sie »an die guten Traditionen ihrer jahrhundertelangen Geschichte anknüpfen« wollen.

Dabei war diese Feststellung sogar noch eine Untertreibung. Denn es ist eigentlich nicht so, daß wir nur »gute Traditionen« in den deutsch-russischen Beziehungen hätten. Vielmehr ist Rußland in der Tat Preußen-Deutschlands ältester Verbündeter gewesen. Mit Frankreich und Amerika hatten wir, bis die Teilung Europas nach 1945 alle alten Konstruktionen umwarf, nur Kriege. Und die gemeinsamen Aktionen mit England liegen nicht nur sehr lange zurück, sie endeten leider meistens auch auf eher peinliche Weise. Da gab es jenen spanischen Erbfolgekrieg von 1701 bis 1714, der alle großen Mächte Mittel- und Westeuropas gegeneinander führte, die Franzosen, Spanier und Bayern auf der einen Seite, den deutschen Kaiser, das Reich, Preußen, England und Holland auf der anderen. Gerade, als nach glorreichen Siegen und hohen Opfern an Blut und Geld, nach Schlachten, die Marksteine der Weltgeschichte wurden, wie die bei Höchstädt, Malplaquet und Turin, die Niederlage Frankreichs vor der Tür zu stehen schien, die Rückgabe Straßburgs und des Elsaß an das

Deutsche Reich als eine Kondition des Friedens gesichert, – gerade in diesem Moment ließ England seine deutschen Alliierten im Stich und garantierte Frankreich trotz mangelnden Glücks auf dem Schlachtfeld einen politischen Erfolg. So schandhaft empfand man selbst in England diesen Verrat, daß britische Offiziere ihre Degen zerbrachen.

Dann gab es die preußisch-britische Allianz im Siebenjährigen Krieg. Gerade, als Friedrich der Große in der größten Not war, fand England, daß es seine eigenen Kriegsziele erreicht hatte und ließ den Preußenkönig fallen. William Pitt, der britische Premier, wollte dieses neue moralische Desaster nicht mitverantworten und trat zurück. Aber das änderte nichts daran, daß Friedrich nun verloren gewesen wäre – wäre nicht gerade in diesem Moment auch ein Umschwung der russischen Politik erfolgt, der ihn rettete. Friedrich der Große selbst hielt von nun an England nicht mehr für bündnisfähig. Es wurde dann freilich noch einmal der Alliierte der deutschen Mächte, und dieses Bündnis hielt sogar bis zum gemeinsam erstrebten Ende. Aber damals, während der napoleonischen Kriege, waren eben die Briten auch die Hauptfeinde der Franzosen. Das änderte sich wieder, und vom Ende des 19. Jahrhunderts an wurden sie im Hinblick auf den Ersten Weltkrieg die Weichensteller der großen antideutschen Koalition.

Die Grundlagen preußisch-russischer Freundschaft hingegen reichen zurück bis zu Peter dem Großen. Bis zu jenem Augenblick also, in dem Rußland zum ersten Mal die europäische Bühne betrat. Sie wurde bis zur Schwelle des 20. Jahrhunderts nur einmal durchbrochen durch jenes konfuse Zwischenspiel im Siebenjährigen Krieg, das wir im vierten Kapitel schildern werden. Und vielleicht hätten der Erste Weltkrieg und mit ihm der Bolschewismus, der Hitlerismus und der Zweite Weltkrieg vermieden werden können, wenn nicht Wilhelm II. in seinem übertriebenen Bedürfnis nach Selbstbestätigung einen wichtigen Pfeiler des Verhältnisses, den Bismarckschen Rückversicherungsvertrag, leichtfertig zerbrochen hätte.

Es gab allerdings auch einen tieferliegenden Grund dafür, daß diese Freundschaft schließlich doch dahinwelkte und daß die rationalen Überlegungen der Kabinette hier und dort sich eines Tages nicht mehr durchsetzen konnten. Das waren die Pressionen, die von einer aufgeheizten, hysterischen Stimmung in großen Teilen der »Öffentlichkeit«, der russischen vor allem, kamen. In der Tat war, so sehr die Vernunft den preußisch-deutschen und den russischen Staat immer zur Zusammenarbeit getrieben hatte, die Tendenz jener Kreise, die in den verschiedenen Epochen die »öffentliche Meinung« ausmachten, häufig sehr labil gewesen. Gekränkter Stolz und Hochmut, Befürchtungen und Hoffnungen, Minderwertigkeits- und Überwertigkeitskomplexe, weit übertriebene nationale Zielsetzungen und völkische Romantik, zu große Erwartungen und zu tief empfundene Enttäuschungen – kurz: ein Mangel an Realismus und Nüchternheit auf beiden Seiten ließ das Sympathie-Pendel hin und herschwingen, am Ende zu stark nach der negativen Seite. Und oft genug schlugen auch Teile der politischen Klasse hier oder dort nur deshalb auf den anderen Staat ein, weil sie glaubten, so den eigentlich gemeinten Feind im eigenen Lande noch besser treffen zu können. Das charakteristische am deutsch-russischen Verhältnis ist, daß es im Grunde nicht rationale Überlegungen und klare nationale Interessen waren, die schließlich zum Bruch führten, wie doch fast immer, wenn große Völker schwer aufeinanderstoßen, sondern Kreuzzugsstimmungen, Ideologien, Eitelkeiten und Phantasien.

Alle einseitigen, grobgeschnittenen Variationen einer Lösung des deutschen Problems in Europa sind durchgespielt und von der Geschichte verworfen worden. Das Adenauersche Konzept hat sich nicht als haltbarer erwiesen als das Bismarcksche – sogar ihre Lebensdauer war gleich lang. Die Idee der Verschmelzung Westdeutschlands mit seinen kontinentalen westeuropäischen Nachbarn zu einer modernen Version des karolingischen Reiches lief zuerst auf das Riff der angelsächsischen Eifersucht. Als man Reste von ihr in das überwölbende Bauwerk des amerikanischen Imperiums in Europa integriert zu haben glaubte, zeigte sich, daß auch diese Konstruktion nur so lange ohne größere Umbauten benutzbar war, wie Rußland auf seiner dominierenden Position an der Elbe beharrte. Was heute noch existiert, muß sich den Veränderungen anpassen, die sich daraus ergeben, daß Rußland die Kosten seiner Front in Mitteleuropa nicht mehr tragen konnte. Das neue Europa wird sich nach Osten öffnen müssen und damit politisch noch lockerer gefügt sein als bisher. Unweigerlich werden damit Elemente der Tradition ins Spiel kommen, wie immer sie auch durch die amerikanische Direktion gemildert werden mögen, die an das Europa von einst erinnern werden: Elemente der Kooperation, aber auch der Rivalität.

Ohne Zweifel wird ein neues vereinigtes Deutschland weiterhin Mitglied eines in wichtigen wirtschaftlichen Fragen harmonisierten Europa sein. Aber wenn einerseits sein Gewicht in diesem Europa auf die Dauer größer wird, während andererseits in dieser oder jener

Form Staaten Einlaß finden, die zusammen mit anderen dieses Gewicht einzudämmen wünschen, dann geht von der alten Nestwärme etwas verloren. Dann muß das deutsche Bedürfnis nach Kooperation im ganzen erweiterten neuen Weltsystem wachsen – mit allen, die sie wünschen. Auch das große westliche Militärbündnis mag wohl für unabsehbare Zeit die bekannten Formen beibehalten, aber schwerlich den alten Geist. Sicher wird Deutschland nur allzu gern ein enger Freund der großen westlichen Führungsmacht bleiben. Wenn aber die NATO des eigentlichen Gegners entbehrt, weil er sowohl seine Positionen geräumt wie seinen Charakter geändert hat, dann wird auch der Rahmen weiter, in dem sich die Politik aller, die Amerikas wie die Deutschlands, künftig bewegen wird. Unter anderem wird Deutschland das Bedürfnis eines guten Verhältnisses zu Rußland spüren, wenn Chancen nicht verpaßt und katastrophale Möglichkeiten für immer verhindert werden sollen.

Die Idee der Teilung Deutschlands hat ihre Kurzlebigkeit bewiesen. Der russische Versuch, von der Elbe aus Europa zu beherrschen, hat nur Amerika nach Europa geholt und zur Überspannung der russischen Kräfte geführt. Nicht der Kampf gegen die europäische Mitte, sondern die Zusammenarbeit mit ihr muß künftig die Devise in Moskau wie in Paris sein. Nur eine kräftige Mitte, die sich mit West und Ost freundschaftlich verbunden fühlt, kann West und Ost Sicherheit geben – das ist das Ergebnis der politischen Fehlkalkulationen, Abenteuer und Katastrophen eines Jahrhunderts.

Und übrigens auch ein Grund für die Erinnerung, daß wir bei der Betrachtung der historischen Ereignisse den Zusammenhang im Auge behalten müssen, in dem sich alles abspielte und nicht die falschen Analogien ziehen dürfen. Die Geschichte ist zwar so oft ein großer Lehrmeister, aber häufig nur im übertragenen Sinne. Die deutsch-russische Zusammenarbeit beispielsweise hat sich sehr oft im Gegensatz zu Frankreich aufgebaut. Der Grund dafür war natürlich, daß das ehrgeizige Frankreich von ehedem eine Supermacht war, die dem natürlichen Triebe folgte und gern die dominierende Rolle auf dem Kontinent spielen wollte, der damals die Welt war. Splitter dieser Ambitionen mögen noch lebendig, andere versunken oder in abgewandelter Form an andere übergegangen sein, das Ganze aber existiert nicht mehr.

Das Frankreich von heute ist eine respektable Mittelmacht, weiterhin nicht ohne Ehrgeiz, aber sicherlich ohne jene Aspirationen, die einst die Napoleone antrieben. Es muß ähnlich wie Deutschland bestrebt sein, in der neuen Weltordnung ein Minimum von Selbständigkeit und tatsächlicher Souveränität zu behalten, um nicht nur zum Erfüllungsgehilfen herabzusinken. Genau wie Deutschland kann es diese Hoffnung nur hegen, wenn es seine Kräfte nicht in einer sinnlosen Rivalität mit seinem Verwandten am anderen Ufer des Rheins verschleißt, sondern sie im Gegenteil durch sinnvolle Zusammenarbeit verdoppelt. Und das gilt auch für die Beziehungen *beider* zu Rußland. Die Vernunft wird beiden gebieten, ein gutes Verhältnis zu Rußland nicht in Eifersucht aufeinander, sondern kooperativ zu entwickeln. Das Ziel muß jenes »Europa vom Atlantik bis zum Ural« sein, das der große Seher de Gaulle angestrebt hatte, ein Europa, das sich in Harmonie mit dem ganzen Globus entwickeln kann.

DIETER CYCON

München, im Juli 1991

I. Die geistige Begegnung

Seit Rußland mit Peter dem Großen unübersehbar in das Bewußtsein der übrigen Europäer getreten ist, haben Deutsche und Russen mit einer so wachen Aufmerksamkeit, oft sogar mit einer Faszination aufeinander gestarrt, wie das in der Geschichte der Völker selten der Fall ist. Auf beiden Seiten war immer die ganze Skala der Gefühlswelt beteiligt, oft war es ein Verhältnis der Haß-Liebe. Sehr spät hatten die beiden Reiche begonnen, voneinander überhaupt Notiz zu nehmen, wenn man etwa die alten Beziehungen zu Italien und Frankreich, selbst zu England oder Byzanz damit vergleicht. Erst in der Mitte des 16. Jahrhunderts sandte Kaiser Ferdinand I. einen Gesandten, einen »Späher«, an die Moskwa, den Grafen Herberstein; und der Bericht, den dieser dann über den fernen Herrn-und-Knechts-Staat veröffentlichte, erschien den Zeitgenossen eher bedrückend. Das hielt indessen manchen unternehmungslustigen Deutschen nicht ab, aus der heimatlichen Enge in den »wilden Osten« auszubrechen und dort sein Glück zu versuchen. Handwerker waren es zumeist, auch Kaufleute, Apotheker und Ärzte; in Moskau bewohnten sie seit dem Ende des 16. Jahrhunderts ein langsam wachsendes eigenes Viertel, die »Deutschen-Stadt«. Das Wort »Deutsche« identifizierten die Russen zunächst überhaupt mit »Fremden« – Angehörige anderer Völker bekamen sie auch kaum zu Gesicht. Deutsche Handwerker waren in Rußland bald berühmt wegen ihrer Qualitätsarbeit, und Apotheker durften nach einem späteren, nur im ersten Moment etwas kurios anmutenden Edikt Peters des Großen in Rußland eine Zeitlang nur Deutsche werden – der Zar wußte wohl warum. Es war diese »Deutschen-Stadt«, die den jungen Peter von Anfang an besonders interessierte. Hier hielt er sich häufig auf, schloß Freundschaften, hier lernte er zuerst die technisch und zivilisatorisch höher entwickelte Welt des Westens kennen.

Aber in großem Stil, und dann allerdings auch sofort mit unvergleichlichem Effekt – mit mächtigen, manchmal schreckenerregenden Armeen die einen, mit wichtigen Experten und manchmal mit skrupellosen Herrschernaturen die anderen – machten sich die beiden

Völker erst miteinander bekannt, als Peter den Schweden die baltischen Provinzen entrissen hatte. Estland, Livland und Kurland, Riga und Reval, Mitau und Dorpat, das waren einst Gründungen und Zentren des Deutschen Ordens gewesen, Mitglieder der Hanse, beinahe so blühend und stark wie die oberitalienischen Handelsstädte. Nach dem Verfall des Ordens waren sie zwar unter die Oberhoheit Schwedens gekommen, von diesem aber mit vielen Privilegien ausgestattet worden – und immer noch weit überwiegend deutsch. Litauisch, estnisch oder lettisch war damals fast nur noch das flache Land, die Bauern oder Leibeigenen, von denen nur verhältnismäßig wenige als Bedienstete oder Handwerker in die Städte tröpfelten. In diesen Städten dominierten die adeligen Gutsherren, vor allem aber jenes geschulte und gebildete Bürgertum, das aus allen Teilen Deutschlands gekommen war und die Schweden assimiliert hatte. Bei der Eroberung hatten Peters immer noch halbasiatische Truppen schlimm gehaust – wie hundertfünfzig Jahre vorher die Armee Iwan des Schrecklichen bei ihrem abgeschlagenen Einfall – und viele Einwohner deportiert. Der Zar sah den Fehler schnell ein, führte die Deportierten zurück, soweit sie noch am Leben waren oder aufgefunden werden konnten, und bestätigte die alten Privilegien.

Denn Peters Lebenswerk bestand ja darin, daß er Rußland das Tor zur Welt öffnen, daß er es an Europa anschließen wollte. Deshalb mußte er so unbedingt die Küsten, das Wasser, die Häfen haben – ohne sie würde Rußland für immer rückständig bleiben. Deshalb verheiratete er seine Kinder und Nichten, soweit ihm das möglich war, mit norddeutschen Prinzen und Prinzessinnen: Er wollte Einfluß auf die deutsche Politik gewinnen, über die Ostsee hinaus das Tor zur Nordsee aufstoßen – wir werden im dritten Kapitel mehr davon hören –, bis er erkannte, daß er bei zu weit getriebenen Ambitionen auf unüberwindbare Widerstände stoßen würde.

Aber außer der veränderten Geographie brauchte er die Menschen, die ihm helfen mußten, sein Rußland umzubauen. Und die hatte er nun in der Hand: die Deutschen in den baltischen Staaten, die auch eine Brücke zu anderen Deutschen und zu den Westeuropäern überhaupt waren. Für sie und die Holländer hatte er eine besondere Vorliebe, und Deutsch machte er in Petersburg zur Hofsprache, bis es unter Katharina der Großen – der deutschen Prinzessin von Anhalt/Zerbst – zugunsten des Französischen weichen mußte. Der deutsche Rußlandreisende August Freiherr von Haxthausen, der in der Mitte des 19. Jahrhunderts den wohl besten Rußland-Bericht geschrieben hat, der bis zum Ende der zaristischen Epoche erschienen ist, zitiert in seinem dreibändigen Werk »einen der gründlichsten Kenner und zugleich um Rußland verdienstvollsten Männer«, den Minister Grafen Cancrin, mit den Worten:

> »Es ist eine besondere Gunst der Vorsehung gewesen, daß das völlig mechanisch konstituierte Rußland die in staatlich politischer Beziehung lebensvoll und organisch konstituierten deutschen Länder an der Ostsee erworben hat; nur hierdurch ist es befähigt worden, einen staatlichen Organismus allmählich auszubilden. Die Ostseeprovinzen haben hierfür stets als Muster gedient; alle organisierenden Einrichtungen in Rußland, die Gouvernements und Adelsverfassung, die Städteverfassung etc. stammen dorther. Bei allen großen Fragen der Gesetzgebung, zum Beispiel der Bauernfrage, bilden die Ostseeprovinzen das Probeland.«[1]

Es war im wesentlichen – obwohl nicht ausschließlich – eine technische Intelligenz, die sich der große Peter auf diesem Wege ins Land holte, Administratoren, Ingenieure, Diplomaten, Beamte, Militärs. Um die Überwindung der technischen Rückständigkeit Rußlands ging es ihm ja vor allem. Aber er sah auch die Notwendigkeit, Rußlands eigene geistige Dynamik zu entwickeln, und so war er es auch, der einen Menschenstrom in der umgekehrten Richtung in Gang brachte, so daß Haxthausen 125 Jahre später sagen konnte:

> »Fast alle nationalrussischen Gelehrten haben ihre Studien auf deutschen Bildungsanstalten gemacht ... Die russischen Universitäten und sämtliche Bildungsanstalten sind nach deutschen Mustern geformt worden.«[2]

Peter besaß ein ausgesprochenes Gespür für Begabungen und Talente; deshalb waren es meistens sehr fähige Leute, die seinem Ruf folgten. Zu ihnen gehörte etwa der Hamburger Heinrich Fick, ein hervorragender Verwaltungsfachmann, der ihm die Struktur seiner Regierung einrichtete; der Schlesier Friedrich Asch, der das russische Postwesen organisierte; der Oldenburger Burchard Christoph von Münnich, ein tapferer Offizier und guter Ingenieur, den er, nachdem er ihn zum Generalleutnant gemacht hatte, den gewaltigen Ladogakanal bauen ließ – einen Kanal von 110 Kilometern Länge und 20 Metern Breite, von größter Bedeutung für den Anschluß des russischen Binnenhandels an das offene Meer; und dazu gehörte auch jener westfälische Pastorensohn Heinrich Ostermann, der Peters wichtigster Diplomat wurde, für Rußland die entscheidenden Friedensverträge mit Schweden aushandelte und den der Zar für eine der größten staatsmännischen Begabungen der Epoche hielt. Von den beiden letzten, die für eine gewisse Zeit zu den wahren Regenten Rußlands gehörten, werden wir noch in anderem Zusammenhang hören. Auch in der Folgezeit riß der Strom der Deutschen in die höheren Ränge des Staatsapparates nicht ab, und um die Mitte des 19. Jahrhunderts ergibt sich der Eindruck, daß sie ein tragender Pfeiler von Militärwesen und Diplomatie sind.

Wenn sie aber Fachwissen, Arbeitsfreude und Tüchtigkeit, Beständigkeit, Energie, die Erkenntnis der Wichtigkeit des Details und Loyalität zur Regierungsspitze mit sich brachten, dann waren dies eben jene Eigenschaften, die in Rußland so sehr fehlten. Das führte zu einem Zusammenstoß der Kulturen und Nationaleigenschaften. Und dieser Konflikt konnte besonders bittere Formen dann annehmen, wenn auf der einen Seite Deutsch-Balten standen, die lange Zeit Geringschätzung für das »russische Wesen« eingeatmet hatten, und auf der anderen Seite stolze Mitglieder des russischen Altadels oder romantische Panslawisten, die sich von deutschen Zuwanderern nicht reglementieren und kommandieren lassen wollten. Ein Dilemma, das sich ungelöst bis zu Gorbatschow und Jelzin hinüberzieht, tauchte schon im Schatten des großen Peter auf: daß Rußland, wenn es mit dem Westen technisch Schritt halten will, seine eigenen Neigungen, Sehnsüchte und Instinkte verleugnen muß, und daß es sich von jenen vergewaltigt fühlt, die es dazu zwingen wollen – besonders, wenn die ausländischen Lehrmeister zu auffallend in den Vordergrund treten.

Was die einen, die Deutschen, faszinierte, war das unerhörte Potential. Was sie konsternierte, war seine miserable Nutzung. Was sie bestaunten, war die ungeheure Opferbereitschaft und Leidensfähigkeit des Volkes. Was sie verachteten, die Ziellosigkeit und Lethargie der Führung, das Unverständnis für die unerläßliche Mühsal der kleinen Schritte. Sie würdigten die großen Pläne und Gedanken, vermißten Gleichmaß, Sorgfalt, Stetigkeit und konkrete Taten, erschraken über chaotisches Hin- und Herbranden von einem Extrem zum anderen. Sie bewunderten unerhörten Heroismus, spotteten über kaum glaubliche Korruption. Sie fanden sich eingeschüchtert von der großen Geste, wurden überheblich angesichts begrenzten Lern- und Arbeitswillens. Sie waren hingerissen von einer reichen Gefühlswelt, abgestoßen vom Mangel an Disziplin, sahen die Fähigkeit zur Ekstase, aber auch die Abwesenheit des Maßvollen. Eine Welt großer Naturen – nur zu verworren: der Staat von oben erzwungen, nicht von unten aufgebaut.

Die »großen Naturen« auf der anderen Seite würdigten wohl den gut strukturierten deutschen Staat. Aber der Kaufpreis mißfiel ihnen, ja, er war in russischer Münze gar nicht zu hinterlegen: die deutsche Bürger- und Kleinbürgerlichkeit. Sie waren das Volk der großen Weiten, die Deutschen das Volk der Städte und Verordnungen, der engen Begrenzung. Sie bewunderten die Eleganz der Franzosen, die Arroganz der Briten; sie belächelten die deutsche Zipfelmütze. Was für die einen notwendige Disziplin war, war für jene Unterwürfigkeit. Sie sahen wohl die Früchte der deutschen Genauigkeit, aber auch das Nebenprodukt, die Engherzigkeit. Sie bestaunten den deutschen Arbeitseifer, aber meinten auch die Beigabe zu sehen, den Mangel an seelischer Tiefe. Das deutsche Pflichtgefühl hatte in ihrer Sicht sein Pendant in der Kleinkariertheit, der deutsche Tatendrang in leerer Betriebsamkeit. Gegen die deutsche Gelehrsamkeit setzten sie die elementare Kraft des Russischen.

In der zweiten Hälfte des 19. Jahrhunderts, zu einer Zeit, in der das ganze russische Kaiserhaus mit deutschen Fürsten verheiratet, verwandt und verschwägert war, der Zar selbst ein Enkel der Königin Luise, in jenen Jahren, in denen der russische Hochadel nirgendwohin so gern reiste wie nach Baden-Baden, Wiesbaden, Karlsbad oder anderen deutschen Plätzen – im Jahre 1877 berichtete einer der wichtigsten deutschen Botschafter, die je in Petersburg residierten, General von Schweinitz, über die russische Stimmungslage nach Berlin. Man müsse, so meinte er, einen gewissen Grad von Bewunderung für alles, »was aus Paris kommt« und ebenso »die hergebrachte Abneigung gegen die deutsche Uneleganz als etwas Gegebenes und Bleibendes« annehmen. Weder hätte die jüngste Niederlage Frankreichs »die Abgötterei mit demselben, noch die Siege der Deutschen die Geringschätzung deutschen Wesens« vermindert. Das habe vielleicht seinen Grund darin, »daß gerade jene Eigenschaften, welche zu Frankreichs Unglück beitrugen, den Russen an den Franzosen am meisten imponieren, während ihnen die Tugenden, durch die wir siegten, unsympathisch sind«. Bei den Franzosen finde »man selbst die Unverschämtheiten liebenswürdig«, den Deutschen aber nehme man »das bißchen Selbstgefühl übel«, das sie seit 1871 zeigten. Dennoch, schließt der Botschafter mit ein wenig Verwunderung, nehme das französische Element in der russischen Gesellschaft gegenwärtig keinen hervorragenden Platz ein. Die Avancen, welche die Franzosen den Russen auf verschiedenen Gebieten machten, »werden hier kühler aufgenommen, als man erwarten sollte«.[3]

Ja, darin bestand eben das Paradox. Was dem deutschen Botschafter auffiel, war kennzeichnend für das ganze Gebiet des Geisteslebens jener Jahrhunderte. Deutscher und französischer Einfluß rivalisierten in Petersburg seit dem Jahr seiner Gründung, und zwar ausschließlich diese beiden; jemanden, der mithalten konnte, gab es nicht. Aber nur in kurzen Phasen schien es, als wenn französischer Einfluß und französische Kultur obsiegen würden. Was die Russen an den Franzosen so bewunderten, war der äußere Glanz, die Form, die Raffinesse. Die Franzosen stellten die Gouvernanten der höheren Töchter, die Lehrer für Sprache, Mode, Sitten, das Etikett für den Nachweis des Esprit. Sie lieferten auch die Aufklärung, den Rationalismus, den politischen Radikalismus. Aber wie sich die Russen in den praktischen Dingen an die Administratoren, Generäle und Diplomaten aus Deutschland hielten, so wurde ihnen schließlich auch in den geistigen Fragen das am wichtigsten, was die Deutschen zu bieten hatten: die deutsche Philosophie und klassische Dichtung, ihr Vorläufer, die Mystik, ihr Nachkömmling, die deutsche Romantik. »Sogar der slavophile Kirjevski«, schreibt Dimitrij Tschizewskij, »hat die große Bedeutung der deutschen Kultur für Rußland darin erblickt, daß sie die französische Aufklärung verdrängt und vernichtet hat.«[4]

Es gab tatsächlich kein anderes Volk auf der Welt, das während des ganzen 19. Jahrhunderts von den deutschen Geistesgrößen derart gepackt wurde wie die Russen. Schiller und Goethe, Wieland und Herder, Kant und Hegel, Schelling und Fichte – alle Früchte des deutschen geistigen Schaffens gehörten zu der ganz unverzichtbaren Nahrung der russischen Intelligenz, der frühen »Westler« ebenso wie der späteren Slawophilen, der Panslawisten so gut wie der Anarchisten und Marxisten. Ein großer Teil dieser Intelligenz war schon auf deutschen Universitäten herangebildet worden. Einer ihrer ersten Vertreter war Michail Lomonossow, der große, aus einfachsten Verhältnissen kommende russische Gelehrte, der sechs Jahre in Freiburg und Marburg Philosophie und Naturwissenschaften studiert, eine Deutsche geheiratet hatte und 1741 in seine Heimat zurückgekehrt war. Aber dort, an der neuen Petersburger Akademie der Wissenschaften, sah er sich wieder einer Phalanx von Deutschen gegenüber. Denn Peter der Große hatte sie erst 1725 nach Beratung durch Leibniz und anderen Deutschen gegründet, und weil es damals noch viel zu wenige russische Gelehrte gab, waren von ihren ersten Professoren die meisten Schwaben und Schweizer; Laurentius Blumentrost, Peters Leibarzt, war ihr erster Präsident, und Leonhard Euler, einer der bedeutendsten Mathematiker der Geschichte, kam bald dazu.

»Nichts Dauerndes, nichts Bleibendes bei uns«

In den deutschen Raum führten ein halbes Jahrhundert später die napoleonischen Kriege große Armeen des Zaren, und mit ihnen manche junge Adlige, die Stützpfeiler der im Entstehen begriffenen russischen Intelligenz wurden. Einer von ihnen war Peter Tschaadajew, der bald eine gedankliche Richtung angab. Seine herzzerreißende, einer Art Selbstvernichtung nahekommende Kritik an allem Russischen – die gerade ihrer Gedankenschärfe und ihres seelischen Tiefgangs wegen das russische Genie bewies – erschütterte die russische Intelligenz ebenso wie die Staatsführung. Einen »Schuß in der Nacht« nannte ihn Alexander Herzen, von dem wir noch sprechen werden. In seinem langen, 1836 zum ersten Mal veröffentlichten, berühmten Essay meint er, daß Rußland »die ganze Erziehung des Menschengeschlechts wiederholen« müsse, von der es bisher unberührt geblieben sei. Er kann »nichts Dauerndes, nichts Bleibendes bei uns« entdecken. »Alles vergeht, alles zerfließt ... wir sind der Tiefe und der Ausdauer unfähig ... für Wahrheit und Lüge gleichgültig ... es fehlt uns eine gewisse Sicherheit des Geistes, methodisches Denken und Logik ... Mangels des Zusammenhangs und der Kontinuität ersterben die besten Ideen in unseren Gehirnen, werden zu unfruchtbaren Phantomen, heben sich gegenseitig auf.« Und so geht es weiter. Für die meisten dieser Schwächen klagt er die Abgeschiedenheit Rußlands von den westlichen Völkern an, fordert deshalb den bedingungslosen Anschluß Rußlands an den Westen. Und als Beweis dafür, wie alle anderen Völker Europas jahrhundertelang »Hand in Hand voranschritten« und sich dabei gegenseitig befruchteten, nannte er ein einziges Werk »den Tasso« – nicht etwa »Goethes Tasso« –, wie wenn die Kenntnis des ganzen Goetheschen Werkes selbstverständliche Voraussetzung für jeden gebildeten Russen wäre.

Wie für Tschaadajew, so war auch für viele andere intellektuelle Russen alles, was sie jenseits der polnischen Grenzen hatten entdekken können, das unbedingte Vorbild. Deshalb nannte man sie die »Westler«. Sie sind für die Gegenwart deshalb so interessant, weil sie in vielem den eifrigen Reformern von heute so ähnlich sehen. Die russische Vergangenheit schien ihnen nichts Brauchbares an politischen und sozialen Anregungen zu enthalten. Sie forderten eine gründliche politische Reform, eine Reorganisation von Verwaltung und Justiz, Gewissens- und Meinungsfreiheit, eine Milderung der Pressezensur, den Ausbau des Schulwesens und freien Zugang aller Volksschichten zu den Universitäten, die Abschaffung der Leibeigenschaft und die Einführung westlicher ökonomischer Modelle. Einige von ihnen verlangten gar eine Änderung der bestehenden Staatsform. Und alle blickten gebannt und mit Hoffnung auf die Entwicklung des westeuropäischen Denkens, namentlich auf den Verlauf der westeuropäischen Revolutionen der Jahrhundertmitte.[5]

Deshalb neigte sich auch die Kurve des »Westlertums« nach unten, als in Mittel- und Westeuropa die bürgerlichen Revolutionen scheiterten und die Reaktion siegte. Der Aufstieg der »Slawophilen« begann, und auch sie finden heute in der neuen russischen Opposition gegen den »Gorbatschowismus« ihre Entsprechung. Die Slawophilen hatten sich unter dem Einfluß der deutschen Romantik entwickelt; in ihrem Wesen müssen sie als Reaktion auf die Enttäuschungen und Minderwertigkeitskomplexe begriffen werden, die das Westlertum produzierte. Wie die einen vorwärts in eine europäische Utopie blickten, so die anderen rückwärts in eine russische Vergangenheit, die es tatsächlich nie gegeben hatte. Sie kämpften, wie einer ihrer führenden Köpfe, Chomjakow, sagte, gegen die Nachahmung des Westens, weil sie die Russen ihrer historischen Grundlagen beraube. Sie wollten Rußland dazu verhelfen, sein geistiges Wesen und seine wirkliche Natur wiederzufinden.[6] Keineswegs waren etwa diese Slawophilen soziale Reaktionäre. Auch sie waren Neuerer, verlangten die Freiheit des Denkens, gingen in der Forderung nach Pressefreiheit sogar weiter als die Westler, waren für die Aufhebung der Leibeigenschaft, die Förderung der Volksbildung, den Kampf gegen die Korruption der Beamten und die Willkür der Gerichte. Manche von ihnen waren gar – für die damalige Zeit eine ungeheure Forderung – für eine Volksversammlung, die mindestens beratend tätig sein sollte. Aber während die Westler die russische Vergangenheit so gering achteten, wurde sie von den Slawophilen verehrt und idealisiert. Von der Rückbesinnung auf sie erwarteten sie die Befreiung von allen Übeln. Deshalb waren ihnen auch, ganz im Gegensatz zu den Westlern, zwei elementare russische Institutionen heilig: die orthodoxe Kirche zusammen mit der russischen Religiosität und die zaristische Selbstherrschaft.

Die Grenzen zwischen Westlern und Slawophilen waren durchlässig, nicht selten wandelte sich einer von diesem zu jenem. Und durchlässig war auch die Trennungslinie zwischen der slawophilen Gruppe und einer dritten, die sich aus jener zu entwickeln begann: den Panslawisten. Sie waren es, die später den tragischen Zusammenstoß zwischen Rußland und Deutschland/Österreich herbeiführen sollten. Noch weiß niemand, ob wir nicht auch sie in anderem Gewande oder mit anderen geographischen Zielen wiederauferstehen sehen werden. Die Slawophilen hatten eindeutig eine kulturelle und soziale Orientierung; die Panslawisten waren gleichfalls für die kulturelle Selbstbestimmung, vor allem aber hatten sie ein außenpolitisches Programm. Es gab unter ihnen Reaktionäre und Revolutionäre. Bakunin war Panslawist ebenso wie Dostojewski. Was sie verband, war das Streben nach der Vereinigung aller slawischen Völker unter russischer Flagge. Die meisten von ihnen wünschten die Eroberung Konstantinopels, sowohl zur Legitimierung der religiösen Orthodoxie wie als Bastion zur Kontrolle des östlichen Mittelmeers.

Aber selbst diese Panslawisten waren durch deutsche Schulen gegangen. Einer von ihnen, früher ein führender Slawophile, war J. F. Samarin. Und auch ein Mann wie er konnte sagen: »Für jeden Russen, der dort (in Deutschland) studiert hat, mindestens zu meiner Zeit, ist Deutschland auch eine Art Mutterland, dessen Milch ihn lange Zeit genährt hat.«[7] Ein anderer, der als Westler begonnen hatte, war der schon erwähnte Kirjevski. Um 1850, also nach dem Scheitern der bürgerlichen Revolutionen, war Deutschland für ihn ein Gefängnis, ein Sarg, in dem man die Leute lebendig begraben würde, bevölkert von einer stumpfsinnigen Nation. Aber in seiner Jugend hatte er in Deutschland studiert, bei Hegel in Berlin und bei Schelling in München, und war von beiden und von dem geistigen Klima in Deutschland begeistert. 1830 schrieb er in einem Brief, in Berlin sei er »von den ersten Denkern Europas umgeben«. Hegel habe nach seiner Meinung die Philosophie auf die höchste mögliche Stufe der Vollendung gebracht.[8]

Aber das war erst der Beginn der russischen Bewunderung für Hegel im besonderen und die deutsche Philosophie im allgemeinen. Sie geht so weit, daß Tschizewskij mit Blick auf die Mitte des letzten Jahrhunderts sagen kann: »Zwei geistige Kräfte standen an der Wiege des russischen nationalen Selbstbewußtseins: die griechisch-orthodoxe Religiosität und die deutsche Philosophie.«[9] Der Moskauer Intelligenz etwa der Periode von 1830 bis 1850 galt Berlin als »das neue Athen«. »Berlin ist«, so zitiert Tschizewskij eine Moskauer Zeitung von damals, »nicht nur Vertreterin der Bildung Preußens, nicht nur der Bildung ganz Deutschlands, sondern die Wahrerin der Eleusischen Mysterien, es ist die Vertreterin der Bildung ganz Europas.« Und Europa war damals die Welt.

Und auch später, in jener Periode, in der unter dem Eindruck der großen sozialen, gesellschaftlichen und politischen Krise in West und Ost das geistige Rußland immer zerrissener, unbeherrschter und antideutscher wird – auch in dieser Periode herrscht immer noch Verehrung für das geistige Deutschland von einst. Grigorjew, ein anderer der führenden Slawophilen, äußert sich nach einem neuen Deutschlandbesuch am Ende der fünfziger Jahre zwar bitter enttäuscht über die alleinige Konzentration auf »die Jagd nach Lust und Gewinn« in der preußischen Hauptstadt. Aber, so schreibt er, »vor einem Gebäude soll man den Hut abziehen (was ich auch getan habe) – vor der Universität. Von dort drang durch die ganze Welt das Wort der königlich gekrönten Hegel und Schelling.«[10]

Selbst Alexander Herzen, der zum wichtigsten und wortgewaltigsten unter den russischen Westlern wurde, 1847 ins Exil getrieben, 1851 der russischen Staatsbürgerschaft für verlustig erklärt, ein Mann, der so giftig über die angebliche Banalität sowohl der deutschen Aristokratie wie des deutschen Bürgertums schreiben konnte (da ja, wie er so oft betonte, den Russen die ganze bürgerliche Lebensordnung zuwider sei) – selbst dieser Herzen hat seine Verwurzelung in der deutschen Philosophie nie verleugnet. Er war der illegitime Sohn eines Mannes aus dem russischen Hochadel und einer Stuttgarter Bäckerstochter, dem der Vater wohl das Vermögen vererbte, aber nicht seinen Namen, lebte vom Schweiß vieler Leibeigener, aber predigte sozialen Umsturz. Was Wunder, daß sich diese persönliche Zerrissenheit auch im Schillern seiner Weltanschauungen spiegelte. Vom fortschrittlichen Westeuropa hatte er sich zunächst für Rußland die Erlösung versprochen. Um so tiefer war 1848 seine Enttäuschung nach dem Scheitern der westeuropäischen Revolutionen. Vom Westler entwickelte er sich gegen Ende seines Lebens nahezu zum Panslawisten. Aber Hegel, Goethe und das geistige Deutschland überhaupt blieben bei ihm geistige Fixpunkte. »Hegel ist Shakespeare und Homer in eins«, schrieb er 1842. Und dann: »Ich kenne keinen anderen, der das Leben so verstanden und das Verstandene so hätte sagen können – vielleicht nur Goethe.« Noch 1848 stellt er das »blasphemische Paris« dem »philosophischen Deutschland« gegenüber, spricht von der »Sphäre des Wissens und der Kunst, in der die Deutschen sich früher so wohl fühlten«, während ihm bei den Franzosen etwas weniger, nämlich »der Taumel der Begeisterung, der Pracht, des Salonlebens« hervorstechend erscheint. Und mal hier, mal dort, spricht er vom »Deutschland Goethes« – einmal davon, daß ihm »die zwanzig Generationen von Deutschen nicht leid täten, die geopfert werden mußten, um es zu einem Goethe zu bringen«. Die Bewunderung der deutschen Philosophie reicht in Rußland über die Jahrhundertmitte hinaus. »Kant, Fichte, Schelling und Hegel bilden ein Sternbild, an welchem sich auch die Philosophie der Gegenwart orientieren sollte«, schrieb Nikolai Strachov, einer der bedeutendsten Publizisten der sechziger und siebziger Jahre.

Reflexe dieser Fixierung finden wir natürlich auch in der russischen Literatur. Schon Puschkin, der erste in der langen Reihe russischer Dichter von Weltrang, zollte in seinem Versroman »Eugen Onegin« dem Nachbarn seinen Respekt. Wladimir Lenski, den tragischen Helden, schildert er als einen »im Busen / Göttingisch freien Sohn der Musen / von jugendfrischem Hauch umweht / Anhänger Kants, dazu Poet. / Er brachte mit aus Deutschlands Nebeln / die Früchte reifer Wissenschaft / Verstand, sehr tief, doch rätselhaft / und Freiheitspathos, kaum zu knebeln«. Und ein paar Zeilen weiter ist dieser Lenski »entflammt an Schillers, Goethes Feuer, in deren Himmel seine Brust / sich weihte zarter Sangeslust«.

Das klingt bei dem jungen Puschkin noch ein wenig naiv. Aber auch Turgenjews Rudin, der Held des gleichnamigen Romans, berichtet von seinen Studentenjahren in Deutschland und ist »ganz in der deutschen Dichtung und in der deutschen romantischen und philosophischen Welt verwurzelt«. Turgenjew will damit den Repräsentanten einer Intelligenz zeichnen, die sich, wie er einmal schrieb, »kopfüber in das Meer der deutschen Philosophie gestürzt hat«. Der Mann, dessen »Aufzeichnungen eines Jägers« ebenso wie »Väter und Söhne« das geistige Rußland tief bewegten, siedelte schließlich, von der Entwicklung der russischen Intellektuellen enttäuscht, nach dem Westen über und wurde deutscher Bürger. Alexander von Schelting berichtet in seinem Buch »Rußland und Europa« über ein Streitgespräch, das Turgenjew deshalb in Baden-Baden mit Dostojewski führte. Er betrachtete sich nicht mehr als Russen, sondern als einen

Deutschen, sagte er danach dem erzürnten Kollegen, und er sei stolz darauf.

Dostojewski selbst war so sehr damit beschäftigt, allen Fasern der russischen Seele nachzuspüren – wir werden darauf noch zurückkommen –, daß für ihn der deutsche Geist kein Thema war. Aber da er eben auch ein engagierter Slawophile, später sogar Panslawist war, wurde Deutschland für ihn ein wichtiger politischer Faktor. 1877, während des russisch-türkischen Krieges, in dem sich Rußland mit gutem Grund Rückendeckung durch Deutschland (gegen England und Österreich) erhoffte, schrieb er:

> »Deutschland braucht uns nicht zu einem vorübergehenden Bündnis, sondern für alle Ewigkeit. Die Idee des geeinten Deutschlands ist groß und erhaben ... So sind zwei Völker ausersehen, das Antlitz dieser Welt zu verändern ... Es ist anzunehmen, daß die Freundschaft zwischen Rußland und Deutschland ungeheuchelt und fest ist, daß sie sich immer mehr festigen und erweitern wird im nationalen Bewußtsein der beiden Nationen.«

Dann kam die Enttäuschung, die Bismarck den Russen bereitete, vielleicht die schwerwiegendste Entscheidung, die er getroffen hat: er unterstützte im entscheidenden Punkt Österreich gegen Rußland. Und wie auf alle Panslawisten wirkte dies auch auf Dostojewski wie eine kalte Dusche. 1880 schrieb er:

> »Haben wir nicht etwa die Erstarkung der deutschen Staaten begünstigt, haben wir nicht selbst ihre Macht geschaffen, so daß sie jetzt vielleicht sogar stärker sind als wir? (Dostojewski meinte damit Rußlands Unterstützung für Preußen im deutsch-französischen Krieg 1870/71.) Und sind sie nicht uns in den Rücken gefallen, als uns ein Unheil drohte?«

Mit der Bewunderung für Deutschland war es nach Bismarcks Undankbarkeit bei der russischen Intelligenz endgültig vorbei. Aber es blieb ein Respekt vor dem deutschen Charakter und der deutschen Tüchtigkeit, den kaum jemand deutlicher bekundet hat als Gontscharow in seinem »Oblomow«. Das war jener 1859 erschienene große Roman, der in Rußland wie eine Offenbarung, wie ein perfektes Portrait des russischen Zeitgeistes und auch einer wesentlichen Seite des russischen Charakters empfunden wurde, dessen Wirkung aber darauf beruhte, daß es im Kontrast zu einem deutschen Charakter gemalt war. Es geht hier nicht mehr um das Deutschland Goethes und

Kants, es geht um die Bewältigung der neuen Maschinenwelt, und eben dieser Aktualität wegen soll die Konfrontation im Roman hier etwas breiter dargestellt werden. Den Titelhelden vergleicht Gontscharow mit seinem deutschen Freunde Stolz. Es ist klar, daß des Dichters geheime Sympathie Oblomow gilt; es ist ebenso deutlich, daß er ihn mit einer großen Portion Stolz mischen möchte. Daß er ihm eine russische Mutter zugesprochen hat, ist für die Idee des Romans unerheblich, denn Stolz figuriert nur als »der Deutsche«; vielleicht soll es dem russischen Leser einleuchtender machen, warum dieser Stolz außer »typisch deutschen« Qualitäten auch noch andere besitzt, die Russen gern als für sich reserviert sehen – »Seele« beispielsweise oder »Begeisterungsfähigkeit«. Gontscharow fügt die Schlüsselszene seines Werkes in den Rahmen eines Gesprächs zwischen Oblomow und der Negativ-Figur der Handlung, dem deutschenfeindlichen Tarantjew.

»Der verdammte Deutsche, dieser gerissene Kerl!«, ruft Tarantjew, als ihm Oblomow den Besuch von Stolz ankündigt. Oblomow meint, der Deutsche stehe ihm näher als jeder Verwandte; er sei mit ihm zusammen aufgewachsen. Wütend verdächtigt Tarantjew »den Deutschen«, daß er Oblomow aussaugen werde. Schon der Vater Stolz, der doch »in Sachsen nichts zu fressen« hatte, habe in Rußland ein Vermögen gemacht. Nun hat es der Sohn vervielfacht, »sogar über den Hofrat hinausgekommen und ein Gelehrter ist er, macht noch Reisen zu allem Überfluß, . . . hätte ein echter Russe das alles getan?« »Lernen will er«, sucht Oblomow zu entschuldigen. »Er lügt, er betrügt, trau ihm nicht« ist die Antwort. Aber es ist Tarantjew, der betrügt, denn außer Geld will er sich auch einen Frack leihen, und den bekommt er nicht, weil er schon anderes geliehen und nicht retourniert hat.

Dann schildert Gontscharow die Figur des Stolz: immer aktiv, straff, »der Gang fest und sicher«, gerader Blick, kontrolliertes Leben, kontrollierte Gefühle, kein Verschwimmen der Phantasie, kein Sichverlieren im Wunderbaren, Intelligenz, Beharrlichkeit, Augenmaß, hartnäckiges Vorwärtsstreben. »Wie viele Männer vom Schlage Stolzens müßte es noch mit richtigen russischen Namen geben?«, fragt er. Dann die Wiederbegegnung Oblomow–Stolz. »Der Deutsche« will Oblomow aus dem Nichtstun reißen. »Wie ein Klumpen Teig liegst Du da . . . Du mußt endlich aus diesem Traumzustand erwachen.« Oblomow begründet seinen Widerwillen dagegen, in die Gesellschaft, in die Welt hinauszugehen – allzu gut. Ihr leeres Geschwätz,

»nichts Tiefes, was einen bewegen könnte«, »weder Güte noch herzliches Wohlwollen«, lebende Leichname an den Kartentischen.

Von Stolz bedrängt, entwirft er das Idealbild vom glücklichen Leben: eine Idylle auf dem Land, brodelnde Töpfe in der Küche, abends gute Gespräche mit lieben Freunden. »Aber Du malst mir aus, was schon zu Zeiten der Väter und Großväter war«, antwortet ihm Stolz, und dann läßt ihn Gontscharow jenes Wort hinwerfen, das für die nächste Generation russischer Intelligenzler zum Synonym für dieses russische Lebensgefühl wurde: *»Ob-lo-mo-we-rei* ist das.« Stolz erinnert seinen russischen Freund daran, daß er selbst einmal habe arbeiten wollen, »solange die Kräfte reichen, weil Rußland der Hände und Köpfe bedarf, um seine unerschöpflichen Kräfte auszunutzen«. Und dann hält er ihm seine eigene Begründung für alle Lebensmühe entgegen: »Um der Arbeit willen, sonst aus keinem Grunde. Die Arbeit ist Bild, Inhalt, Element und Ziel des Lebens.« Mit seiner ganzen deutschen Bestimmtheit versucht Stolz, Oblomow in die Welt der Aktivität und der Arbeit zurückzuholen, und fast gelingt es ihm. Der Reiseplan steht fest, alle Reisedokumente sind besorgt, Stolz fährt voraus und erwartet seinen Freund in Paris. Aber in der Nacht vor der Abreise wird Oblomow krank. Und dann sinkt der Titelheld, so berührend auch Gontscharow das breite Bild seiner empfindsamen Seele und seiner schüchternen Liebe malt, zurück in die Oblomowerei. Gontscharow war bei der Darstellung des deutschen Charakters recht schmeichelhaft. Man möchte sich wünschen, daß der deutsche Manager von heute seinem Portrait entspricht. Spannt sich ein gedanklicher Faden von Gontscharow zu Gorbatschow.

Solschenizyn und die deutsche Tüchtigkeit

Unübersehbar ist jedenfalls die Brücke, die in diesem Punkt von Gontscharow zum größten russischen Dichter seit Tolstoi, zu Alexander Solschenizyn führt. Vielleicht sollte man sagen: Es hat nie einen Schriftsteller gegeben, der sich mit soviel Können und Courage wie Solschenizyn im Alleingang um die Revision alter falscher Geschichtsbilder bemüht hat. Solschenizyns Hauptwerk ist, genau betrachtet, nicht jenes, mit dem er im Westen berühmt geworden ist, nicht die Abrechnung mit dem stalinistischen System, wie sie sein »Archipel Gulag«, »Der erste Kreis der Hölle«, »Krebsstation« enthalten. So großartig diese Romane sind, in ihrer Bedeutung treten sie zurück hinter jenes Riesenwerk, das darlegt, wie der Sturz Rußlands in den bolschewistischen Abgrund überhaupt hatte erfolgen können und das mit seiner mikroskopischen Dokumentation Regale von Geschichtslegenden zur Makulatur macht. Gemeint sind also die drei Bände »August 1914«, »November Sechzehn« und »Oktober Siebzehn«.

Und es ist gar nicht rätselhaft, warum der große Russe seit der Veröffentlichung dieser Trilogie bei den Beherrschern der angloamerikanischen Presse plötzlich zur persona non grata wurde. Denn er, gemäßigt-konservativer Patriot, der er ist, und jeden Augenblick mit dem gequälten russischen Volk leidend, hat nicht nur bittere Worte für die Inkompetenz des zaristischen Regimes. Er klagt auch die eigennützigen westlichen Alliierten Rußlands an; er zeichnet ein vernichtendes Porträt der prowestlichen russischen Pseudo-Liberalen, die auf Sieg und Fortsetzung des Krieges drängten und doch vom Krieg und seinen Leiden keine Ahnung hatten; und nur eine Partei schneidet bei ihm gut ab: der deutsche Kriegsgegner. Kultiviert und reinlich sind die ostpreußischen Städtchen, die in den ersten Kriegstagen 1914 von der russischen Armee erobert werden; »jedes Haus zeichnet sich durch etwas Besonderes aus«; das ostpreußische Eisenbahnwesen ist »eines der deutschen Wunder«; Begriffe wie »deutsche Tüchtigkeit« und »deutsche Beharrlichkeit« wiederholen sich. Überlegen und dabei doch chevaleresk sind die deutschen Generale; beispielhaft die deutsche Organisation; tapfer das deutsche Volk; tüchtig die deutschen Siedler in Rußland; verschroben die Ansichten über natürliche Grausamkeit im deutschen Charakter. Vor allem aber: es gibt keinen Grund für die Feindschaft, den Krieg! Die Deutschen wollten ihn nicht, und die russischen Kriegsziele sind Phantastereien. Eher gäbe es schon Gründe für eine Gegnerschaft zu England und Amerika.

Einige Passagen sind es wert, zitiert zu werden. Er spricht von einer Gruppe von Reformatoren in der Generalstabsakademie, »im Scherz Jungtürken genannt«, die dem Land eine bessere Armee hatten geben wollen. Sie »lasen Werke deutscher Generale« . . . Und

> sie »waren die einzigen, die den Feind von heute kannten, die ihn kannten und bewunderten! Sie wußten, daß die deutsche Armee die derzeit stärkste Armee der Welt war, daß es eine von einem allumfassenden patriotischen Gefühl erfüllte Armee war . . . eine

Armee, die das Unvereinbare vereinigt hatte: die widerspruchslose preußische Disziplin mit der flexiblen europäischen Eigeninitiative. ... Natürlich hätte es den ›Jungtürken‹ viel mehr behagt, in einem ›ewigen Bündnis‹ mit Deutschland zu leben, so wie es Dostojewski gelehrt, wie er es ersehnt hatte. Viel besser wäre es, unser eigenes Volk genauso zu entwickeln und zu festigen wie das deutsche Volk. Da es aber nun einmal zum Kriege gekommen war, setzten unsere Generalstäbler ihren Stolz darein, ihn würdig zu führen.«[11]

In »November Sechzehn« läßt Solschenizyn – um noch ein Beispiel dieser Art zu geben – eine seiner Romanfiguren sagen:

»Unser Überfluß hat sich durch miserable Organisation in Mangel verwandelt. Bei den Deutschen reicht es dank guter Organisation trotz Mangel für alle ... Die Unsrigen haben in diesem Jahr das Sumpfgebiet von Pinks zurückerobert – der Feind hatte, während er es besetzt hielt, Straßen hindurchgebaut, wir haben das hundert Jahre lang versäumt.«

Solschenizyns Held, der Mann, mit dem er sich identifiziert, ist aber Oberst Worotynzew, ein »Jungtürke«. Der sieht die Sache so:

»... 1907 hatte Deutschland einen ›russischen Kurs‹ einschlagen wollen, wir haben es zurückgewiesen und uns auf die unehrliche Freundschaft mit dem englischen Eduard gestützt ... Warum ist dieser Krieg so nötig, was können wir durch ihn gewinnen? ... Wie heißt es jetzt: ›Die Deutschen sind die Erzfeinde des Slawentums‹: Ich glaube, wir sind schon in eine Epoche eingetreten, in der solche Kontraste bald nicht mehr existieren werden. Die Soldaten sind uns darin bereits voraus: ... Sie empfinden keinen Haß ... Für die Soldaten existiert der Begriff ›Sieg‹ gar nicht, sie wollen den Frieden.«[12]

Je weiter sich das Werk entfaltet, desto deutlicher wird Oberst Worotynzew, alias Solschenizyn. Er klagt die »Schamlosigkeit« an, mit der die Verbündeten schon bald nach der Katastrophe bei Tannenberg russische Truppen für ihre Front in Frankreich verlangten.[13] »Seit März dieses Jahres fordern sie von uns gewissenlos vierhunderttausend Mann ... Bei den Verbündeten herrscht eine eiserne Logik: Den Russen fehlt es an Waffen und Munition ... Es ist nicht unsere Sache, sie mit Waffen zu unterstützen, sie sollen ihr ungenütztes Menschenmaterial an unsere Front schicken.« Worotynzew steigert sich noch.

»Wir stehen allein, niemand verhält sich uns gegenüber aufrichtig«, sagt er. »Haben die Engländer oder die Franzosen uns je etwas Gutes getan? Warum sind sie überhaupt unsere Verbündeten? Wie leicht haben wir ihnen den Krim-Krieg verziehen! ... Und heute trompeten sie um die Wette, daß sie, die Demokraten, es leider auf sich nehmen mußten, ein Bündnis mit diesem widerwärtigen reaktionären Rußland einzugehen ... Es ist der zweite Krieg, in dem ihre Freunde, die Amerikaner, uns offen feindlich gesinnt sind. Warum und weshalb sind wir Verbündete? ... Die ganze Idee, das Slawentum anzuführen, ist genauso verlogen wie die Konstantinopel-Idee. Der Panslawismus hat uns mit den Deutschen aneinandergeraten lassen. Sie gingen auf den Balkan und weiter nach Mesopotamien; was sollen wir denn dort? Das kann doch die Sorge der Engländer sein.« Schließlich: ... »Diese Entente hat uns genug angetan, es reicht. Immer hat sie alle Kriege zum eigenen Vorteil geführt, nur wir Strohköpfe mischen uns ohne Nutzen für uns ein ... Die Entente wollte Deutschland in seine Schranken verweisen und dazu russische Hände benutzen ... Für uns gibt es nur eins: Uns nicht selbst zu vernichten, keine Menschen mehr zu verlieren.«[13]

In der Art könnte man weiter zitieren.

Wären die Deutschen von heute noch die von ehedem, hätten sie sich längst auf Solschenizyn gestürzt. Denn die große russische Literatur ist sei je in keinem anderen Land der Welt so rasch und freundlich aufgenommen worden wie in Deutschland, nirgendwo wirkte sie intensiver. Die Bewunderung war, mit anderen Worten, beiderseits. Turgenjew und Puschkin, Dostojewski und Tolstoi, Gogol und Tschechow, Gontscharow und Lermontow gehörten zur bevorzugten Lektüre der gebildeten Schicht in Deutschland, auch nach der bolschewistischen Revolution, auch während der stalinistischen Ära. Thomas Manns Liebesbekundungen für die russische Seele, in der er Verwandtschaften mit der deutschen entdecken zu können meinte, haben sich daraus genährt. Rilke meinte nach seiner Rußlandreise, daß er dort sein zweites Heimatland entdeckt habe. Und Nietzsche schrieb 1880 in seinen Aphorismen:

»Erstens, das Eintreten der Russen in die Kultur. Ein grandioses Ziel, Nähe der Barbarei, Erwachen der Künste, Großherzigkeit der Jugend und phantastischer Wahnsinn und wirkliche Willenskraft.« 1882: »Englands Kleingeisterei ist die große Gefahr jetzt auf

der Erde. Ich sehe mehr Hang zur Größe in den Gefühlen der russischen Nihilisten als in denen der englischen Utilitarier. Ein Ineinanderwachsen der deutschen und der slawischen Rasse . . .«
»Wir brauchen ein unbedingtes Zusammengehen mit Rußland und mit einem neuen gemeinsamen Programm, welches in Rußland keine englischen Schemata zur Herrschaft kommen läßt. Keine amerikanische Zukunft!«[15]

Hegel, der in Rußland so sehr Verehrte, hat seinerseits diesem Land ein Kompliment gemacht:

»Rußland«, schrieb er in einem 1843 veröffentlichten Brief an Boris von Uexküll, »nimmt einen großen Platz in der Welt ein und hat ohne Zweifel eine noch viel höhere Bedeutung. Die anderen modernen Staaten, könnte es den Anschein haben, haben bereits mehr oder weniger das Ziel ihrer Entwicklung erreicht . . . Rußland dagegen, schon vielleicht die stärkste Macht unter den übrigen, trägt in seinem Schoß eine ungeheure Möglichkeit von Entwicklung seiner intensiven Natur.«[16]

Ausgeprägter als bei den Russen war auf der deutschen Seite der Versuch, den Nachbarn zu studieren, zu analysieren und seine Probleme zu verstehen. Ein spätes Beispiel dafür war Klaus Mehnerts Buch »Der Sowjetmensch«. Aber diese Studien begannen früh, eine der ersten stammt von Ernst Moritz Arndt aus dem Jahre 1809 – drei Jahre bevor er in Petersburg Asyl suchen mußte. Mit Teilnahme, aber auch mit kritischem Scharfblick legte er Probleme dar, die heute noch ihre große Rolle spielen.[17] Zu den »wirklichen Unglücken« Rußlands zählt er außer hartem Klima und wüstem Land vor allem die Tatsache, daß es nach Süden zu »von allem Handel und aller Verbindung mit der reichen und gesitteten Welt abgeschnitten« war. »Peter der Große«, schrieb Arndt weiter, »konnte ein grobes Volk . . . nur aus dem Groben heraushauen, nur hie und da aufräumen. Faule fleißig und Sklaven freigesinnt zu machen, ist nicht eines Menschenalters Arbeit.« Auch Kriege könnten durch die Bewegung der Kräfte ein Bildungsmittel sein.

»Diese Bewegung hat den Russen seit hundert Jahren freilich nicht gefehlt. Aber doch haben sie sich meistens auf türkischem und polnischem Boden herumgetrieben, wo nicht einmal der Krieg, geschweige denn Bildung zu lernen war . . . Mit Fremden sie zu verbinden und durch Fremde sie zu bilden, war die Absicht ihrer großen Regenten. Aber wie hat es geschehen können? Handel sollte geöffnet werden, aber ohne Bürgersinn gibt es keine Beweglichkeit und Selbsttätigkeit. Der Handel ist bei den Fremden ... Die Fremden kommen wie zu Barbaren, holen das Rohmaterial ab und führen das Verarbeitete zu zehnfach oder zwanzigfach erhöhtem Preis zurück ... Sie sind bis auf den heutigen Tag von den übrigen Europäern nur von fern berührt. ... Kein Bürgerstand, kein Bürgersinn hat in dem unglücklichen Land bis jetzt gedeihen wollen, Sklavenluft weht noch immer über das weite Reich, und Knechtsfaulheit und Sorglosigkeit läßt weder unten noch oben das Edlere gedeihen.« Die Russen, meinte Arndt, seien »leiblich und geistig sehr gewandt und beweglich«. Aber bis jetzt ahmten sie nur wie »talentierte Affen« das Fremde nach.

Durch eine bessere Verfassung von Staat und Gesellschaft müßten sie die »Sünden und Albernheiten« jener Halbkultur ablegen können, die ihre Oberschicht ohne wirkliches Verständnis aus dem Westen importiert habe und in der gegenwärtig der Kern des Volkes so eingewickelt liege, daß »der natürliche Samen nicht mehr zu freudiger Geburt hervorgelockt werden« könne. Arndt klagte damals die Schuld der französierten, sich in Schwärmereien über die Aufklärung ergehenden, dabei die Leibeigenschaft praktizierenden Hochadeligen an. Aber ein unverstandenes westeuropäisches Produkt war natürlich auch der Sozialismus. Und die Marktwirtschaft?

»Der Russe liebt das feste Regiment des Zaren«

Eine sehr viel gründlichere und berühmter gewordene Studie über Rußland verfaßte in der Mitte des 19. Jahrhunderts auf 1720 Seiten der schon erwähnte Freiherr von Haxthausen, nachdem er das Land anderthalb Jahre lang bereist hatte. Als Kuriosum mag vermerkt werden, daß sie in einem Detail, nämlich bei der Schilderung der Verfassung ländlicher Gemeinden, einen Fehler enthielt, der dann russische Verbal-Sozialisten wie Alexander Herzen zur Konstruktion prächtiger sozialer Luftschlösser verführte – denn der Mühe, selber die Verhältnisse in den eigenen Dörfern zu studieren, hatten sie sich nie unterzogen. Aber das meiste in diesem Werk ist von zeitloser Bedeutung. Haxthausen versuchte unter anderem, Verständnis für Rußlands besondere Regierungsform zu wecken:

»Rußland«, so schrieb er, »gehört nach der traditionellen Volksüberzeugung dem in Gemeinden eingeteilten russischen Volk als einer einzigen Familie unter ihrem Haupte, ihrem Vater, dem Zaren, dem danach auch allein die Disposition über alles zusteht und dem unbedingt gehorcht wird. Eine Einschränkung des Zars ist dem russischen Volk völlig undenkbar.«[18] Und weiter: »Es ist eine völlige Verkennung des Charakters der russischen Geschichte und des russischen Volkes, wenn jemand Glauben wollte, das wahrhaft republikanische Rußland könne ohne Autokratie existieren. Demokratie unten (auf der kleinsten lokalen Ebene, d. Verf.) und Autokratie oben bedingen sich als die beiden Pole, in denen Rußland lebt ...«[19]

Haxthausen meint weiter:

»Das russische Volk gleicht am ehesten einem Bienenstock, dem ist die Königin eine Naturnotwendigkeit, es kann nicht anders existieren ... So auch dem russischen Volk der Zar ... Darum kann der Zar nie Unrecht tun, er hat in der Meinung des Volkes immer recht! Jede Beschränkung oder Einschränkung seiner Macht, selbst in wohlgesinnter Absicht, kommt dem Russen wie barer Unsinn vor. ... Der Russe will nach oben nicht frei sein, will vielmehr beherrscht werden, er liebt das Regiment des Hausherrn und Vaters, des Starosten, des Zaren. Ja, er würde sich diese Unterordnung suchen, wenn er sie nicht hätte. Von dem, was über ihm steht, verlangt er geradezu Strenge und Entschiedenheit. Aber von festen Gesetzen, von toten Konstitutionen will er nicht regiert werden, er liebt die menschliche Willkür, einen persönlichen Zaren will er, durch nichts eingeschränkt, weder durch geschriebene Gesetze, noch durch Stände. Wie das Urchristentum kein geschriebenes Wort, keine Konstitution kannte, sondern nur christliche Übung und Sitte, so will er auch im weltlichen Leben nichts anderes.«[20]

Die Geschichte der russischen Autokratien und die Schnelligkeit, mit der demokratische Bewegungen in Rußland ins Wanken geraten, ob 1911, 1917, 1920 oder 1990, haben wohl hierin ihren letzten Grund.

Mit viel Bemühen um Verständnis beschrieb der westfälische Freiherr auch Rußlands außenpolitische Interessen. Seine Expansion bis zu jenen Grenzen, die es Mitte des 19. Jahrhunderts erreicht hatte, sei eine Naturnotwendigkeit gewesen:

»Es konnte nun einmal ohne die Küsten des baltischen und des Schwarzen Meeres niemals ein kompakter, in sich geschlossener und äußerlich mächtiger Staat werden. Aber jede fernere Eroberung ist ihm schon gegenwärtig mehr eine Last als ein Vorteil und Zuwachs an Macht geworden ... Rußland hat mit der Eroberung seines Inneren noch mehr als ein Jahrhundert zu tun. Was hülfen ihm eine Million unzuverlässiger Untertanen in einem eroberten Lande, die es durch zahlreiche Armeen überwachen lassen muß, während es durch die Eroberung seines Innern in wenigen Jahren zehn Millionen zuverlässiger Untertanen gewinnen kann?«[21]

Haxthausen kam in dieser Frage zu folgendem Fazit:

»Es ist eine in Europa sehr verbreitete Meinung, Rußland sei ein eroberungswütiger Koloß, der zu einer Weltmonarchie hinstrebe. Abgesehen von der sehr problematischen Möglichkeit einer solchen Weltmonarchie *und insbesondere der Qualifikation hierzu* glaube ich noch weniger an eine Absicht und einen Plan dieser Art. Ich kenne Rußland vielleicht besser als sonst jemand in Europa und wohl auch besser als die Mehrzahl der Russen selbst. Aber ich müßte lügen, wenn ich etwas gesehen hätte, was mir die Meinung aufdrängen könnte, daß eine Tendenz dieser Art in der Richtung der Regierung oder den Gedanken oder dem Gelüste des Volkes läge ... Eroberungen im Westen? Schon das jetzige Polen ist keine Lust, sondern eher eine Last für Rußland ... Es gibt auch in Rußland ein ›junges Rußland‹ wie es ein ›junges Deutschland‹ oder ein ›junges Italien‹ gibt. Das ›junge Rußland‹ schwärmt von einem großen slawischen Weltreich, von der Wiederherstellung eines graeco-slawischen Reiches in Byzanz, allein, in das Volk sind diese Träume niemals eingedrungen.«[22]

Haxthausen konnte wohl kaum voraussehen, daß ein späteres Rußland, verwickelt in ein Knäuel sozialer und außenpolitischer Katastrophen, dem Deutschland von 1919 bis 1933 nicht ganz unähnlich, dann doch von revolutionären Panslawisten und deren missionarischen Nachfolgern, den Bolschewiki, zu neuen außenpolitischen Eroberungen angetrieben werden würde. Aber sein Eindruck bleibt wichtig, weil er mit denen anderer Kenner Rußlands in früheren und späteren Epochen übereinstimmt. Er scheint eine Grundströmung im Volk wiederzugeben, die noch bedeutungsvoll für die Welt werden könnte: dann nämlich, wenn wir jetzt tatsächlich den Übergang zu

Verhältnissen erleben sollten, in denen die Spitze der Stimmung breiter Massen stärker Rechnung zu tragen hat als in früheren Zeitaltern.

Der scharfsichtige westfälische Baron hatte aber noch anderes über die soziale und seelische Verfassung der Russen zu sagen, das verdient, der Vergessenheit entrissen zu werden.

Wie Arndt sah er die Hauptschwäche Rußlands in dem Fehlen eines starken, gebildeten, sich selbst verwaltenden Bürgertums in den Städten, und er meinte, daß der Charakter aller slawischen Völker dem Entstehen eines solchen Bürgertums ungünstig sei. Wie Arndt betrachtete auch er als eines der großen Unglücke Rußlands die Leichtfertigkeit, mit welcher der Adel seit der Mitte des 18. Jahrhunderts in oberflächlicher Weise die ohnehin schon »oberflächliche und frivole« französische Bildung übernommen hatte. Es konnte damit nur, sagt er, »die größte Barbarei und Verderbtheit der Sitten und des Charakters durch den Schimmer äußerer Politesse übertüncht werden«. Und er läßt keinen Zweifel daran, wo er die russischen Kraftquellen sieht:

> in der Religiosität, »die den ganzen Menschen in seinen Gedanken, Gesinnungen und Gefühlen umfaßt; sie ist die Luft, ohne die er nicht zu atmen vermag«. Es handle sich um eine »zur Volksreligiosität gesteigerte Vaterlandsliebe, für die Gott selbst eine Art Nationalität, der russische Gott, ist, für die Land, Volk und deren Spitze, die Kirche und der von Gott gesetzte und geheiligte weise Zar eine vollkommene, das ganze Individuum mit allen seinen Gedanken und Gefühlen umfassende Einheit geworden ist, die Quelle und die Grundlage der Einheit Rußlands und seiner moralischen und physischen Kraft. Die Religion und ihre Trägerin, die Kirche, ist die wahre Macht, die geistige mysteriöse Gewalt, der geheimnisvolle Gedanke, welcher dieses Land und Volk zu einer unzerstörbaren Einheit zusammengeschmolzen haben.«[23]

Man identifiziere Religion und Kirche mit ihren Nachfolgern, dem Leninismus und der kommunistischen Partei, den Zaren mit dem jeweiligen Parteichef, und man wird nicht nur das Rituelle und Formelhafte begreifen, das der Marxismus in Rußland und den unterworfenen Völkern annehmen konnte, nicht nur die Bedingungslosigkeit, mit der er sich Gehorsam zu verschaffen wußte, sondern man wird vor allem das Ausmaß der geistigen Krise erkennen, in die Rußland gestürzt sein muß, nachdem jetzt beide Systeme, die Religion und der Marxismus, die Kirche und die Partei, der Zar und der Parteichef entzaubert und vom Sockel gestürzt sind, ohne daß eine Nachfolge erkennbar wäre.

In mancher Hinsicht ähnelt Haxthausens Diagnose der Sicht eines anderen Deutschen, nämlich der Oswald Spenglers. Der bedeutendste Kulturhistoriker des 20. Jahrhunderts hatte, das muß vorangestellt werden, über den Amerikanismus wie über den Bolschewismus nur Abschätziges zu sagen. Amerika mit seiner »von Stadt zu Stadt schweifenden Bevölkerung von Trappern, die in ihm auf die Dollar-Jagd gehen, rücksichtslos und ungebunden«, schien ihm Ähnlichkeiten mit dem bolschewistischen Rußland zu haben:

> »Das Leben ist ausschließlich wirtschaftlich gestaltet und entbehrt deshalb der Tiefe«, sagte er 1933. »Und diese Diktatur der öffentlichen Meinung hier und dort, ob sie nun parteimäßig oder gesellschaftlich vorgeschrieben ist, die sich auf alles erstreckt, was im Abendland dem Willen des einzelnen freigestellt ist . . . alles ist für alle gleich.«[24]

Aber dieser Bolschewismus, so hatte Spengler schon 1922 gesagt, sei eben keine russische Schöpfung, sondern er sei in Wirklichkeit in Westeuropa entstanden. Das eigentliche Opfer der bolschewistischen Revolution sei gerade jenes Element, das sich durch den Umsturz zu befreien versucht habe,

> nämlich »der echte Russe, der Bauer und Handwerker, der Gläubige . . . Es ist das Volkstum der Zukunft, das sich nicht ersticken und verfälschen läßt, das ohne Zweifel und wenn auch noch so langsam den Bolschewismus in seiner jetzigen Form ablösen, verwandeln, beherrschen oder vernichten wird. Wie das geschieht, kann heute niemand wissen . . . Vielleicht wird der Bolschewismus selbst sich unter neuen Führern wandeln, wahrscheinlich ist es nicht.«[25]

Eine bemerkenswerte Prognose.
Spengler sinnierte aber auch über Fragen, die künftig die größte praktische Bedeutung haben werden:

> »Daß wir die Feinde Rußlands nicht sind«, meint er, »ist selbstverständlich. Aber wessen Freund sollen wir sein, der des Rußlands von heute oder von morgen? Ist beides möglich, oder schließt eines das andere aus?« Vom Standpunkt der westlichen Wirtschaft aus

betrachtet, sei Rußland »ein ungeheures Kolonialgebiet ... Die Industrie und der von ihr aus gestaltete Warenverkehr durch das Eisenbahnnetz und der Warenabsatz durch den Großhandel ist und bleibt dem Russen innerlich fremd. Der wirtschaftliche Organisator, der Fabrikleiter, der Ingenieur und Erfinder sind keine russischen Typen ... Die Maschinenindustrie ist ihrem Geiste nach unrussisch und wird vom Russen in alle Zukunft hin als fremd, als sündhaft, als teuflisch empfunden werden ... Er erträgt sie, er kann sie als Mittel zu größeren Zwecken sogar schätzen ... denn man treibt den Teufel aus durch Beelzebub, aber er geht seelisch nicht in ihr auf wie die germanischen Nationen ... Diese Industrie wird im wesentlichen stets in der Hand oder unter der Leitung von Fremden sein – aber der Russe wird sehr empfindlich zu unterscheiden wissen, ob zu seinem oder zu fremdem Nutzen.«[26]

Passagen, die unsere Wirtschaftsbosse aufmerksam lesen sollten. Aber welchen geistigen Charakter wird dieses künftige Rußland haben? Der große Seher hatte Vorstellungen davon schon vorher in seinem Hauptwerk, dem »Untergang des Abendlandes« entwikkelt.[27]

»Der primitive Zarismus von Moskau ist die einzige Form, welche noch heute dem Russentum gemäß ist, aber er ist in Petersburg in die dynastische Form Westeuropas umgefälscht worden«, schrieb er damals. »Ein Volkstum, dessen Bestimmung es war, noch auf Generationen hin geschichtslos zu leben, wurde in eine künstliche und unechte Geschichte gezwängt, deren Geist vom Ur-Russentum gar nicht begriffen werden konnte ... Alles, was rings umher entstand, ist vom echten Russentum seitdem als Gift und Lüge empfunden worden.« Wie Haxthausen arbeitet Spengler den großen Gegensatz heraus. Einerseits eine Herren-Gesellschaft, die Adelsgesellschaft, die eine Welt für sich war, »das Produkt einer westlerischen Literatur, etwas Fremdes und Sündhaftes«, zusammen mit einer »Intelligenz mit angelesenen Problemen und Konflikten«; auf der anderen Seite ein »in der Tiefe entwurzeltes Bauernvolk mit all der metaphysischen Trauer, Angst und dem Elend, das Dostojewski mit ihm erlebt hat, mit dem beständigen Heimweh nach der weiten Erde und dem bitteren Haß gegen die greisenhafte, steinerne Welt, in die der Antichrist sie verlockt hatte«. (Der Antichrist: Peter der Große und seine Nachfolger, d.

> Verf.) Und er zieht die Konsequenz: »Tolstoi ist das vergangene, Dostojewski das kommende Rußland ... Tolstoi ist mit seinem ganzen Inneren dem Westen verbunden ... ein Ereignis innerhalb der europäischen Zivilisation ... Er steht in der Mitte zwischen Peter dem Großen und der bolschewistischen Revolution ... Dostojewski gehört zu niemand, wenn nicht zu den Aposteln des Urchristentums ... Für ihn ist zwischen konservativ und revolutionär überhaupt kein Unterschied, beides ist westlich.«

Und weiter:

> »Eine solche Seele sieht über alles Soziale hinweg ... Keine echte Religion will die Welt der Tatsachen verbessern ... Der echte Russe ist ein Jünger Dostojewskis, obwohl er ihn nicht liest ... Er ist selbst ein Stück Dostojewski ... Das Christentum Tolstois war ein Mißverständnis. Er sprach von Christus und meinte Marx. Dem Christentum Dostojewskis gehört das nächste Jahrtausend.«

In einer Anmerkung zum Kapitel »Das Geld« in seinem Hauptwerk kommt Spengler auf dieses Thema zurück. Die Russen, sagt er da, empfänden in ihrem ganzen mystischen Innenleben das Denken in Geld als Sünde.

> »Der Russe bekämpft das Kapital nicht, sondern er begreift es nicht. Wer Dostojewski zu lesen versteht, wird hier eine junge Menschheit ahnen, für die es noch gar kein Geld gibt, nur Güter in bezug auf ein Leben, dessen Gewicht nicht auf der Wirtschaftsseite liegt ... Der Gelderwerb durch Geld ist für das stadtlose Güterdenken ein Frevel, aus der werdenden russischen Religion heraus gedacht eine Sünde ... Das Russentum der Tiefe läßt heute eine noch priesterlose, auf dem Johannes-Evangelium aufgebaute dritte Art des Christentums entstehen ... Damit allein beschäftigt, wird es sich die Wirtschaft des Westens wieder gefallen lassen, wie der Urchrist die römische ... aber es beteiligt sich innerlich nicht mehr an ihr.«[28]

Wer in das nächste Jahrtausend blickt, hat ein Recht darauf, nicht sehr konkret zu sein. Wie hätte Spengler den Leidensweg voraussehen sollen, den das russische Volk noch zu gehen hatte: nach den furchtbaren Opfern des Ersten Weltkrieges und denen der Revolution noch die des stalinistischen Terrors und des Hitlerschen Angriffs, am Ende jene, die der Archipel Gulag kostete? Kann ein Volk, und sei es noch so urwüchsig, eine Kette derartiger Aderlässe überstehen, ohne schwerste Schäden an seiner genetischen Substanz zu nehmen? Kann es sich danach noch zu jenen geistigen Leistungen aufraffen, die man vorher von ihm erwarten konnte? Fragen, die man im übrigen ja auch mit Blick auf das deutsche Volk stellen muß. Woher soll noch die Kraft kommen, die zu der von Spengler erwarteten Explosion des »Urrussischen« führen könnte? Aber wäre sie je, nach einer noch so langen Phase der Regeneration, wieder verfügbar – wohin würde dann Rußlands weiterer Weg führen? Wo läge der dritte Weg zwischen der »Oblomowerei« und dem »Westlertum«? Gibt es heute überhaupt eine Alternative zur Kopie Westeuropas? Oder könnte Rußland – umgekehrt – im 21. oder 22. Jahrhundert dem Westen eine neue Idee bringen – jenem Westen, an dem Spengler ja die untrüglichen Zeichen des Niedergangs zu entdecken meinte? Er selbst mag an das letztere geglaubt haben. Natürlich dachte er nicht an die äußeren Formen einer Gesellschaft, er meinte ihre inneren Antriebe. Aber welcher Art können diese sein in einer »priesterlosen dritten Art des Christentums«, dem Geist Dostojewskis entsprechend? Wenn Rußland in sich hineinhorcht, was findet es da?

Ein Weg zwischen »Oblomowerei« und »Westlertum«?

Die Frage führt noch einmal zu dem Dichter zurück. Er hat sie mehrfach angeschnitten, in einer für viele Panslawisten jener Jahre typischen, ambivalenten Art. Es geht ihm zu allererst darum, daß die Russen sich auf sich selbst und ihre geistigen Werte und Kräfte zurückbesinnen müssen. Darum predigt er einen – vorübergehenden – russischen Rückzug von Europa, eine Wendung nach Asien. Dann, meint er, »werden bei uns die geistigen Kräfte erwachen. In Europa waren wir nur Gnadenbrotempfänger, nach Asien kommen wir aber als Herren«.[29] Wenn man genau hinhört, entdeckt man hinter solchen Gedanken den Ton der Verzweiflung, die trotzige Abkehr von einer verschmähten Liebe. Was haben wir mit unserer Anbiederung an Europa erreicht?, fragt er, und antwortet in einem Aufsatz aus dem Jahre 1877:

> »Vor allem, daß wir von allen Menschen in Europa mit Hohn, die besten und klügsten Russen aber mit hochmütiger Herablassung angesehen werden . . . Die Europäer wollten uns für keinen Preis

als ihresgleichen anerkennen ... für kein Opfer ... Wir bekannten unterwürfig unsere ›europäischen‹ Anschauungen, sie aber hörten uns in ihrem Hochmut gar nicht zu ... ›Grattez le russe‹, sagten sie, ›et vous verrez le tartare‹, und so ist es noch heute.«[30]

»Dabei«, schränkt er nun ein, »können wir uns unmöglich von Europa lossagen. Europa ist unsere zweite Heimat – ich selbst bin der erste, der es leidenschaftlich bekennt und immer bekannt hat. Europa ist uns fast allen ebenso teuer wie Rußland.« »Europa ist uns ebenso eine Mutter wie Rußland, es ist unsere zweite Mutter«, sagt er wenig später. Aber, fährt er fort, »zunächst und vor allen Dingen müssen wir Russen werden. Wenn die Allmenschlichkeit eine russische Idee ist, so muß ein jeder von uns vor allem Russe, das heißt, er selbst werden. Je stärker und selbständiger wir in uns unseren nationalen Geist entwickeln, einen um so stärkeren Widerhall würden wir dann in der europäischen Seele finden«.

So wendet sich Rußland also doch wieder nach Europa, mit seiner eigenen Botschaft:

»Die Slawophilen«, schreibt er, ... »haben offen erklärt, daß Rußland gemeinsam mit allen Slawen und an der Spitze des Slawentums der Welt das größte Wort sagen wird, das sie jemals vernommen, und daß dieses Wort gerade das Gebot der allmenschlichen Vereinigung sein wird, und zwar nicht mehr im Geiste eines persönlichen Egoismus ... Das Ideal der Slawophilen ist eine Vereinigung im Geiste der wahren, großen Liebe, ohne Lüge und ohne Materialismus.« Wenn die Russen ihren nationalen Geist entwickelten, werde man sich »davon überzeugen, daß das wirkliche soziale Wort niemand anderes in sich trägt als unser Volk, daß in seiner Idee, in seinem Geiste das lebendige Bedürfnis nach der allmenschlichen Vereinigung enthalten ist, nach einer Allvereinigung mit der vollen Achtung für die nationalen Persönlichkeiten und ihre Erhaltung, für die Erhaltung der vollen Freiheit der Menschheit und mit dem Hinweis darauf, worin diese Freiheit besteht – eine Vereinigung in der Liebe, garantiert durch die Tat, durch das lebendige Beispiel, durch das wirkliche Bedürfnis der wahren Brüderlichkeit und nicht durch die Guillotine, nicht durch Millionen abgehauener Köpfe«.

Die bolschewistische Revolution – schlimmer noch als ihre französische Vorgängerin – ging dann doch den Weg der Millionen abgehauener Köpfe. Kann nach diesem Schauerstück, vielleicht in einem anderen Jahrhundert, noch die »Vereinigung in der Liebe« erfolgen? Oder gibt es nun nur noch die Vereinigung in der Jagd nach dem materiellen Erfolg?

Dostojewski vorwegnehmend hatte Fedor Tjutschew, gleichzeitig Lyriker und Diplomat, ein den Slawophilen nahestehender Konservativer mit erheblichem Einfluß auf die russische Intelligenz der Jahrhundertmitte, ähnliche Gedanken noch pointierter ausgedrückt. Rußland, sagte er in mehreren Aufsätzen[31], ist weder Asien noch eine von Europa völlig verschiedene Welt, es sei »eine legitime Schwester Westeuropas«. Aber weil sich das westeuropäische Denken weigere, die von Rußland verkörperte osteuropäische Welt in ihrer historischen Legitimität anzuerkennen, sei es gezwungen, »dem Europa Karls des Großen« ein anderes Europa gegenüberzustellen. Dieses andere Europa, dieses Rußland, vertrete »das Prinzip des wahren Christentums in seiner reinsten Form«.

Das russische Volk sei aber nicht nur durch seine Rechtgläubigkeit christlich par excellence, sondern durch etwas, das noch tiefer liege als der unverfälschte Inhalt des Glaubens: »durch die christliche Natur des Volkes selbst«, durch »seine spezifische Fähigkeit zum Verzicht, zum Opfer, zur Selbstverleugnung«. Diese Fähigkeit mache Rußland dazu geeignet, einer großen Sache selbstlos und hingebungsvoll zu dienen. Das Christentum dieses Volkes, meinte Tjutschew, ist dazu berufen, »der Gestaltung der Zukunft der ganzen slawischen Welt und, darüber hinaus, sogar der des Westens als Grundlage zu dienen«.

Wieder tritt uns diese merkwürdige Mischung von Resignation und Missionarsgeist, von Rückzug und Expansion, von enttäuschter Liebe und rechtgläubigem Auftrumpfen entgegen. Die Rückfallposition ist immer die seelische Kraft des russischen Volkes. Nehmen wir einmal, optimistisch, an, daß so viele scharfe Beobachter richtig gesehen, etwas Unauslöschliches entdeckt haben: daß diese seelischen Kräfte späteren Generationen russischer Führer immer noch zur Verfügung stehen könnten, um ein neues gesellschaftliches Modell zu schmieden. Dann werden wir wohl folgern müssen, daß dieses Modell, wenn es endlich die Sehnsüchte des russischen Volkes befriedigen und also Bestand haben soll, zwar gewiß nicht mehr das des Leninismus, aber auch nicht das westeuropäisch-amerikanische sein wird. Es kann nicht mehr die Kommando-Wirtschaft sein, aber schwerlich wird es westlichem Individualismus und den Grundinstinkten des Kapitalismus entsprechen können. Vielmehr wird ein kollektiver Geist – und an der Spitze wohl eine Art von Zar – in dem künftigen System eine Rolle zu spielen haben. Die künftigen Führer Rußlands werden sicherlich nicht dem Dilemma ausweichen können, vor dem alle Herrscher Rußlands seit Peter dem Großen standen: wie es sich machen läßt, die Instinkte der Russen mit den Antrieben des Westens zu vermählen; wie die Notwendigkeit, fremde Helfer zu suchen und zu finden, um Rußlands Wohlstand und Kraft zu fördern, mit dem Bedürfnis zu vereinbaren ist, Rußlands Seele nicht allzu schmerzhaft zu verletzen und Rußlands Eigenständigkeit zu wahren.

Man wird im Auge behalten müssen, daß es einen anarchischen Zug im russischen Charakter gibt, der ganz zu Recht im russischen Unterbewußtsein die Furcht vor allzuviel Freiheit und Toleranz und das Bedürfnis nach einer gewissen Reglementierung wachhält, nach Einbindung in respektierte Ordnungen. Eine politische und ökonomische Freiheit der Art, wie sie heute von manchen im Westen und in Rußland selbst gepredigt wird, verlangt als Gegengewicht einen gewissen Grad persönlicher Neigung, Bereitschaft und Fähigkeit zur Disziplin – sowohl oben wie unten. Wo diese Eigenschaft nur in geringem Grade vorhanden ist – oder wo sie schwindet – kann eine zu große Dosis von »Liberalismus« zu chaotischen Verhältnissen führen und den Widerwillen, ja Widerstand breiter Kreise hervorrufen. Rußland gegenüber würden wir gut daran tun, uns mit solchen Predigten zurückzuhalten, und auch russische Reformer werden wohl zweimal überlegen müssen, welche westlichen Vorbilder für ihr Land tauglich sind und welche man distanziert betrachten muß.

II. Die »Deutschen-Herrschaft«

In welcher Form sich Rußland in Europa fügen soll und das Europa jenseits Düna und Donau zu Rußland, deutscher Geist zu russischem, wie weit sich die Mittel- und Westeuropäer in Rußland den Russen anzupassen haben und die Russen den »Europäern« – das war immer eine Gratwanderung. Das Problem entstand, weil die »Europäer« – und das hieß meistens: die Deutschen – für Rußland so wichtig waren; weil wichtig, manchmal auch erdrückend. Und wenn sie zu auffallend wurden, zu arrogant, zu dominierend, wenn die deutschen Methoden und Anschauungen den russischen zu sehr widersprachen, dann folgte immer ein Unglück. Denn dann fühlte sich der russische Geist vergewaltigt und herausgefordert, und dem Staunen oder gar der Bewunderung folgte Haß. Wir haben darauf schon im ersten Kapitel hingewiesen.

Aber das Thema ist einer Vertiefung wert, – es war für uns nie interessanter als heute. Wie sie in der Vergangenheit die Masse der Organisatoren und Techniker stellten, die sich der junge Staat ins Land holte, so wird es vermutlich auch heute wieder vor allem Deutschland sein, von dem die russischen Führer Assistenz, Anstöße und vielleicht Kooperation erwarten und erhoffen können. Und es ist lehrreich, zu verfolgen, wie die Konfrontation der beiden unterschiedlichen geistigen Kräfte in der Vergangenheit ablief. Denn die weitverbreitete Ansicht, daß die Russen zuerst im Sinne des kapitalistischen Wirtschaftssystems diszipliniert werden müßten, bevor sie für größere Investitionen, gemeinsame Planungen und Unternehmen reif seien, wird man wohl im historischen Kontext sehen und überprüfen müssen. Niemals kann dieser natürlich eine direkte Analogie liefern. Aber es ragen aus den historischen Episoden doch immerhin Marksteine heraus, die man im Gedächtnis behalten muß.

Bald, nachdem Peter der Große den Deutschen die Tür zu den höheren Staatsämtern geöffnet hatte, setzte eine Periode ein, die unter russischen Historikern noch heute als die »Bironovtschina« in Verruf ist und deren Andenken die Rivalen der Deutschen in Rußland lange zu erhalten suchten. Es ist die Zeitspanne von 1730 bis 1741, in der Rußland de facto eine deutsche Regierung hatte. Sie hätte auch durch erstaunliche Tüchtigkeit in die Geschichte eingehen können, und jedenfalls wurde von dieser Regierung mehr für Rußlands Stärke getan als in den folgenden zwanzig Jahren einer »russischen«, dabei stark nach Versailles orientierten. Nur hat leider das zähe und manchmal brutale Beharren dieser Fremden an den eigenen Methoden und Ideen, der eigenen Dominanz und dem eigenen Gewinn, gekoppelt mit Geringschätzung alles Russischen, die positiven Seiten dieser Ära verdunkelt und die »Deutschen-Herrschaft« mit einem Odium belastet.

Die überaus verwickelte Geschichte ist, selbst wenn man alles nur irgendwie Entbehrliche wegläßt, nicht knapp zu fassen. Der Name »Bironovtschina« leitet sich von dem Namen Biron ab, und dieser von »Bühren«. Die Bührens stammten aus Westfalen und waren nach Kurland ausgewandert, das seit der Zeit des Deutschen Ordens im wesentlichen auf dem Territorium des heutigen Lettlands lag. Ernst Johann Bühren war der Enkel eines Stallknechts, der für treue Dienste ein kleines Gut in Kurland erhalten hatte, und dessen Sohn es immerhin zum Aufseher des Marstalls des Herzogs von Kurland und zum herzoglichen Förster gebracht hatte. Der strebsame Sproß dieser strebsamen Linie, eben Ernst Johann, ließ sich vom Vater einige Jahre auf die Königsberger Universität schicken und begab sich danach wie der Vater in den Dienst des herzoglichen Hofes, wo er schließlich mit der richtigen Nase für nützliche Beziehungen als Sekretär Anstellung fand. Zur Herzogin von Kurland aber hatte kurz vorher Peter der Große die Tochter seines debilen Halbbruders Iwan, Anna, gemacht. Die leutselige Frau fand Gefallen an dem jungen Mann und machte ihn zum Kammerjunker, zu ihrem Geliebten, schließlich zum »Oberkammerjunker« und verlieh ihm den Adelstitel. Weil aber der kurländische Adel unklugerweise dem aufsteigenden Favoriten die Aufnahme in das Adelsbuch verweigerte, erdichtete sich dieser eine verwandtschaftliche Verbindung zum französischen Adelsgeschlecht der Birons und wandelte seinen Namen entsprechend um. Das trug ihm zwar den Spott der alten Familie aus dem fernen Frankreich ein, fiel aber im großen Rußland nicht weiter auf.

Die Ambitionen des Ernst Johann hätten wohl im kurischen Bereich ihre Grenze finden müssen, wäre nicht 1730 ein Ereignis eingetreten, mit dem niemand gerechnet hatte: Peter II., der noch unmündige Zar, schon der zweite Nachfolger des 1725 gestorbenen Peter des Großen, verstarb am Vorabend seiner Vermählung. Und der russische Hochadel, auf der Suche nach einem weiteren schwachen Herrscher, dem er das Gesetz aufzwingen konnte, statt daß er sich, wie unter dem großen Peter, den Ansprüchen von Zar und Staat fügen sollte, erkor die halb im Verborgenen lebende Anna von Kurland zur Nachfolgerin. Denn die galt als willfährig, schwach und ehrgeizlos, hatte kein politisches Gewicht und benahm sich bei alledem doch würdig und verständig. Zur Sicherheit ließ er sie auch noch eine Erklärung unterschreiben, in der sie alle reale Macht der herrschsüchtigen Oligarchie abzutreten hatte, weder Ernennungen aussprechen noch Belohnungen erteilen oder Steuern erheben, nicht Krieg erklären oder Frieden schließen durfte und für sich selbst nur ein zwar glanzvolles, aber einflußloses Szepter behalten durfte.

Um sowohl diesen Vorgang wie die folgende Kette von Ereignissen verständlicher zu machen, muß erwähnt werden, daß Peters des Großen Witwe Katharina I. – die einstige litauische Hausmagd – in den knapp zwei Jahren ihrer Regierung Peters Vertrauten, Fürsten und Feldmarschall Menschikow – den einstigen Bäckerjungen – nach Belieben hatte schalten und walten lassen. Was ihr um so näher gelegen hatte, als es Menschikow gewesen war, der sie bei seinen baltischen Feldzügen als gut verwertbare Kriegsbeute im Hause des deutschen Pastors Glück »entdeckt« und dann an Peter abgetreten hatte. Aber bald nach dem Amtsantritt Peters II. war Menschikow von der Hocharistokratie gestürzt und verbannt worden, und diese selbst hatte dann, kaum verborgen hinter dem Kinder-Zaren, die Zügel in die Hand genommen. Was aber den Charakter, die Neigungen und die Wünsche dieser Aristokratie betrifft, so sind sie wohl am besten in einem Bericht geschildert, den der englische Gesandte Finch zehn Jahre später an seine Regierung schickte und der natürlich für die erwähnte Periode genau die gleiche Gültigkeit hatte.[1]

> »Die meisten Adligen«, hieß es darin, »sind noch Stockrussen und werden allein durch Zwang und überlegene Gewalt davon abgehalten, in den alten Weg zurückzufallen (Finch meinte die Denk- und Verhaltensweise in der vorpetrinischen Epoche, d. Verf.). Ja, alle ohne Ausnahme wünschen, daß Petersburg am Meeresgrunde läge und alle eroberten Landschaften zum Teufel wären, damit sie nach Moskau ziehen und in der Nähe ihrer Besitzungen glänzender und wohlfeiler leben könnten. Mit Europa wollen sie nichts zu tun haben. Sie hassen alle Fremden und möchten sie höchstens im Kriege benutzen, dann aber fortjagen.«

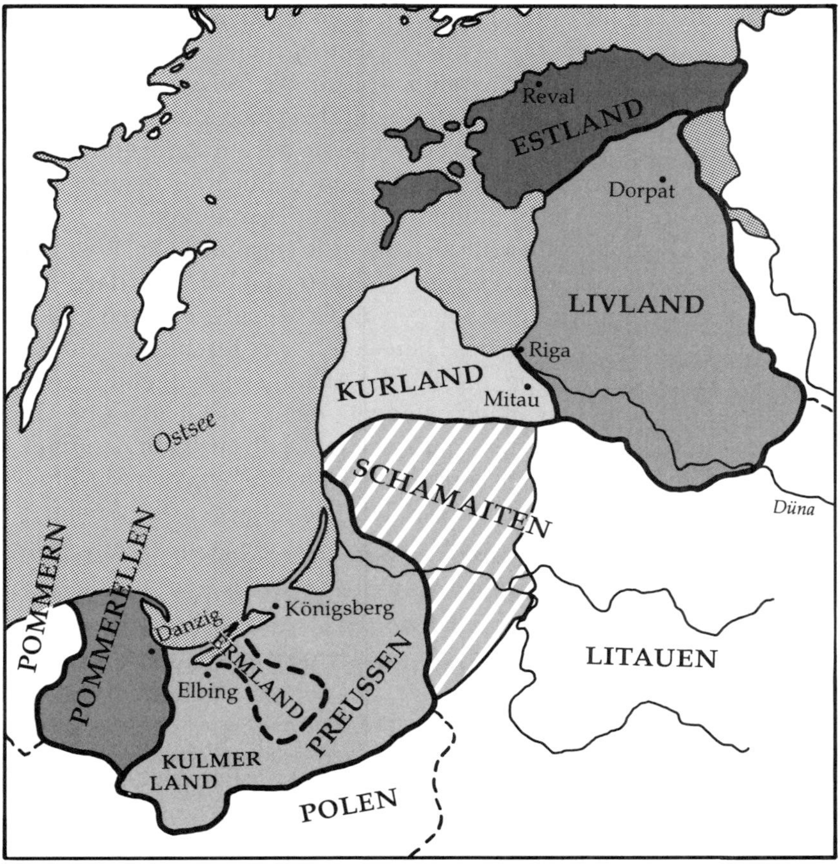

Kurland im Rahmen der Länder des Deutschen Ordens
am Anfang des 15. Jahrhunderts

Die führende Familie unter diesen Adeligen waren die Dolgoruki. Sie vor allem waren es, die Menschikow gestürzt hatten; eine Dolgoruki hatten sie mit Peter II. verheiraten wollen; ein Dolgoruki hatte der Herzogin von Kurland die Bedingungen des Hochadels überbracht; und ein Dolgoruki schwang sich beim Einzug der zur Zarin erkorenen Anna in Moskau vorn in deren Schlitten, um deutlich zu machen, wer auch in Zukunft die Macht hinter dem Thron sein würde.

Aber die Oligarchie täuschte sich über die gesamte Lage: über den Charakter Annas, die klüger war, als man glaubte und dazu seit langem von tiefstem Mißtrauen gegen die Großen des eigenen Volkes erfüllt; über die Einstellung des Dienstadels, der Kirche und zumindest von Teilen der Truppe, die alle die Alleinherrschaft eines Zaren der Herrschaft einer Oligarchie vorzogen; nicht zuletzt aber über die Kühnheit und das gute Zusammenspiel der Deutschen am Zarenhof, die an beidem zugleich interessiert waren: an ihrer eigenen Machtposition, die durch die Aversion des Hochadels gegen die Fremden gefährdet war, und an der Macht des Staates, die ja die eigene Rolle nur steigern konnte.

Der weise Steuermann Ostermann

Der wichtigste unter diesen Deutschen war der Reichsvizekanzler Heinrich Ostermann, ein Pastorensohn aus Bochum, der als Student in einem Duell seinen Gegner getötet hatte und den es danach via Holland während des russisch-schwedischen Krieges auf eben jenes Admiralsschiff verschlagen hatte, auf dem auch Peter der Große weilte. Immer auf der Jagd nach Talenten, hatte der Zar durch einen Zufall die Intelligenz und die besonderen sprachlichen Fähigkeiten des jungen Westfalen entdeckt und ihn in seine Kanzlei geholt. Während des Türken-Krieges, im Jahre 1711, hatte Ostermann zu jener kleinen Gruppe gehört, die dem Zaren aus einer verzweifelten Lage, als er eigentlich schon Gefangener der Türken war, herausgeholfen hatte. Während des Nordischen Krieges wurde er einige Jahre später des Zaren wichtigster Unterhändler mit den Schweden. Und zum Dank für seine Leistungen erhob ihn Peter zum Baron und faktischen Leiter der russischen Außenpolitik. Noch auf dem Sterbebett rühmte der große Zar seinen Zögling als den Mann, der besser als alle anderen den Nutzen des Reiches kenne, und so war es nur logisch, daß Katharina I. Ostermann bald nach ihrem Regierungsantritt 1725 zum Reichsvizekanzler ernannte. Inoffiziell war er das eigentlich schon seit geraumer Zeit.

Freunde hatte der neue Vizekanzler allerdings kaum, er galt im eigenen Land ebenso wie bei den auswärtigen Mächten als undurchschaubar, vieldeutig, zu jeder Verstellung fähig und verschlagen. Um verfänglichen Situationen auszuweichen, stellte er sich gelegentlich todkrank – einmal rieb er sich das Gesicht mit Quitten ein, um eine Gelbsucht vorzutäuschen. Aber niemand bezweifelte seine außerordentlichen Fähigkeiten, seine von kaum einem Zeitgenossen überbotene Kenntnis der europäischen Höfe und der Stärken und Schwächen europäischer Staaten ebenso wie des ganzen Gewebes europäischer Politik. Diese Fähigkeiten stellte er unermüdlich in den Dienst des Werkes, an das sich Peter der Große begeben hatte, mit »jener unerschütterlichen deutschen Anhänglichkeit an die Person des Herrschers, die ihm mit der Idee des Staates zusammenwuchs; jener Unbestechlichkeit und Uneigennützigkeit in der Verwendung des anvertrauten Gutes; jener Treue an den Interessen, am Ruhme seiner erwählten Heimat, welche das stolze Bewußtsein seiner Taten fast zu persönlichen identifizierte«.[2] Der schwedische Historiker Crusenstolpe nannte den »klugen Ostermann« einen »der geschicktesten und schlauesten Staatsmänner seiner Zeit«,[3] für Olivier ist er »der einzige wirkliche Staatsmann seiner Zeit«[4], Bain nennt ihn »einen weisen Steuermann«. Er war der fleißigste Arbeiter in der Regierung, einer, der unbestechlich war, sich nicht bereicherte, kein Vermögen hinterließ. Und er war es auch, der den Grundzug künftiger russischer Westpolitik entwarf: Die Priorität freundschaftlicher Beziehungen zu Preußen und Österreich bei Wahrung eines gewissen Gleichgewichtes zwischen beiden.

Aber freilich wollte und konnte ein Mann dieses Typs keinen anderen über und neben sich haben; und natürlich verabscheute und fürchtete Ostermann jene altmoskowitische Oligarchie, die mit ihrem Haß gegen den Petrinismus und gegen die Fremden auch das ganze Staatswesen auf Rückwärtsgang schaltete und die Staatsmacht schwächte – die Hauptstadt war bereits nach Moskau rückverlegt worden. In den fünf Jahren seit Peters des Großen Tod waren die Beamten nur noch unregelmäßig bezahlt worden, Korruption und Erpressung blühten, die Bauern wurden von einer Vielzahl von Tyrannen stärker bedrückt denn je, die Landflucht nahm zu, der Handel lag darnieder und Heer und Flotte verkamen. Ein Konflikt zwischen alter und moderner Staatsauffassung lag in der Luft.

Der Widerstand, der das Netz der Oligarchie zerriß, kam hauptsächlich vom neuen Dienstadel. Er verspürte wenig Lust, sich statt einem Zaren nun hundert Kleinherrschern zu beugen. Aber dieser Widerstand mußte auch organisiert werden, und dies taten vor allem die Deutschen. Ostermann spielte die Hauptrolle. Er war davon überzeugt, daß eine Monarchie mit stark beschränkter Macht in Rußland nicht lebensfähig sein konnte. Schon seit Jahren hatte er Verbindung mit Anna gepflegt und sie dabei gegen Menschikow gestützt, der sowohl ihr wie sein Feind gewesen war. Jetzt trat er, als sie gerade im kurländischen Mitau die Nachricht von ihrer Erhebung zur Zarin empfangen hatte, abermals in Verbindung mit ihr. Über zwei baltische Barone, die Brüder Löwenwolde – beide schon von Peter dem Großen mit wichtigen Missionen betraut –, ließ er sie wissen, daß sie die Bedingungen des Hochadels nicht allzu ernst nehmen sollte. Er verständigte sich sowohl mit dem Oberhaupt der Kirche wie mit dem Großkanzler Golowkin, der, obwohl doch selbst zum alten Adel gehörig, in Familienfehde mit den Dolgorukis lebte. Vertreter der Palastwache wurden gewonnen und in Position gebracht. Die Oligarchie witterte die Opposition. Sie versuchte, Anna bis zur Krönungszeremonie von jedem Kontakt mit der Außenwelt ohne Zeugen abzuschirmen. Aber Ostermann durchbrach die Blockade – unter anderem mit Hilfe von Briefen, die unter das Lätzchen von Birons Baby geschoben wurden, das Annas Patenkind war und jeden Morgen zu ihr gebracht wurde.[5]

Und so kam der 25. Februar 1730, an dem die neue Zarin im Kreml Hunderten von Adligen, Würdenträgern des Reiches, Offizieren und den ersten russischen Intellektuellen eine große Audienz gewähren sollte. Zur peinlichen Überraschung des Hochadels wurden plötzlich Petitionen vorgetragen, die von der Zarin verlangten, daß sie die gleichen absoluten Rechte für sich beanspruche, die ihre Vorgänger besaßen. Es kam zu dramatischen Szenen, zu stundenlangem Manövrieren. Am Ende zerriß die neue Zarin vor aller Augen und unter dem Jubel der Versammlung die Urkunde, in der sie die Bedingungen des Hochadels hatte anerkennen müssen, und im Angesicht der Säbel der Garde wagte die Oligarchie keinen Widerstand. Die unbeschränkte Herrschaft war gesichert. Dankbar ernannte Anna Ostermann zum Grafen, vor allem aber war dies nun die Stunde Birons. Der »Oberkammerjunker« wurde zum Oberkammerherrn und schnell auch zum eigentlichen Dirigenten des russischen Staates. »Rußland wird von einer Frau und einem Favoriten regiert«, spottete bald König Friedrich Wilhelm I. von Preußen.

Aber nun mußte die Herrschaft gesichert werden, und damit begann der circulus vitiosus. Die Dolgorukis hatten in Biron von Anfang an ihren Gegner gesehen und er den seinen in ihnen: Sie hatten die Unverfrorenheit besessen, von Anna zu verlangen, daß sie ihn nicht von Mitau nach Petersburg mitbringe. Um ihren Einfluß zu mindern, wurden sie mit wenigen Ausnahmen in die Provinz geschickt, vom Hof verbannt. Ein neues Garderegiment wurde gegründet, in dessen Offiziersrängen vor allem die Baltendeutschen vertreten waren. Der »Oberste Geheime Rat« und der Senat, in denen der russische Adel tonangebend war, wurden allmählich entmachtet. An ihre Stelle trat als entscheidende Instanz ein Kabinett, in dem zwar natürlich auch Russen vertreten waren wie der Großkanzler Golowkin, in dem aber Ostermann die wichtigste Rolle spielte. Die beiden Brüder Löwenwolde wurden an den Zarenhof gezogen, als Generaladjutant und Kommandeur des Garderegiments der eine, als Oberhofmarschall der andere – von dem man später übrigens auch sagte, daß er die Rolle eines »zweiten Liebhabers« der Zarin spielte. Denn der Prozeß der Entmachtung des russischen Adels bedingte eben auch, daß die Fremden, und das hieß vor allem, die Deutschen, zusammenwuchsen und sich gegenseitig den Rücken stärkten, mochten zwischen ihnen auch noch so tiefe Unterschiede in Charakter, Neigung und Sonderinteressen bestehen.

Münnich, der Feldmarschall

In diesen engen Kreis trat bald auch als bedeutende Persönlichkeit jener Burchard Christoph von Münnich, den wir kurz schon am Anfang des Kapitels eingeführt haben. Er stammte aus einem oldenburgischen Adelsgeschlecht, hatte sich als junger Offizier in der hessischen Armee einen guten Namen gemacht, galt als namhafter Ingenieur. Mit 26 Jahren war er bereits Oberstleutnant, wurde vom Kurfürsten von Sachsen angeworben, als dieser König von Polen geworden war, dann in Warschau von einem Gesandten Peters des Großen – ausgerechnet einem Dolgoruki – entdeckt, der ihm den Posten eines Generalleutnants in russischen Diensten anbot. Peter der Große hatte ihm 1723 den Bau des gigantischen, bis dahin aber fehlkonstruierten Ladogakanals anvertraut. Nachdem er kurz vor seinem Tod das Fortschreiten des Werkes überprüft hatte, stellte er Münnich dem Senat mit den Worten vor: »Niemals habe ich einen Fremden in meinen Diensten gehabt, der so große Werke so entwerfen und ausführen kann wie er, und Ihr sollt alles tun, was er verlangen wird.«[6] Katharina I. ernannte Münnich 1727 zum General en chef, und nach der Teileröffnung des Ladogakanals 1728 wurde er Graf des russischen Reiches und Gouverneur von Petersburg.

An der ersten Auseinandersetzung der Zarin Anna mit ihrem russischen Adel war Münnich offenbar nicht beteiligt. Aber schnell schien der Mann mit der ungeheuren Energie den neuen Machthabern unentbehrlich. 1732 wurde er von Anna zum Generalfeldmarschall ernannt und an die Spitze des Kriegskollegiums gestellt. Jetzt hatte er das gesamte Heerwesen unter sich, und er – ebenso wie Ostermann ein unermüdlicher Arbeiter – entfaltete nun mit einer Mischung von Weitblick, Organisationstalent, Draufgängertum, großer Brutalität und Ruhmsucht eine Aktivität, die ihn zur gefürchteten Schwertspitze des russischen Reiches machte.

Das bekamen zuerst die Polen zu spüren, die sich, wie immer, von Frankreich (oder auch mal anderen) als Vorposten und Rammbock gegen Rußland sowohl wie Deutschland aufbauen ließen. Das Königreich Polen ragte damals noch weit in heute russisches Territorium hinein, die russische Politik mußte deshalb darauf bedacht sein, daß niemand auf den Warschauer Thron gelangen würde, der als Vertreter einer rußlandfeindlichen Richtung gelten konnte. Eben damals war aber die Thronfolge offen, und Frankreich suchte jenen Stanislaw Lesczczynski zum König zu machen, der während des Nordischen Krieges ein Bündnis mit den Schweden geschlossen hatte, also Gegner Peters des Großen geworden und von diesem schließlich verjagt worden war. Im übrigen war er seit 1725 auch Schwiegervater des Königs von Frankreich.

1733 drang deshalb eine russische Armee in Polen ein, vor der sich Lesczczynski nach Danzig zurückzog. Dort eilte ihm zwar eine französische Flotte plus einem französischen Truppenkontingent zu Hilfe. Aber das Oberkommando über die bis dahin eher vorsichtig operierenden Russen hatte Münnich selbst übernommen. Der ließ eilig schwere Artillerie heranschaffen, Danzig und das französische Korps mußten 1734 kapitulieren. Münnichs grausiger Ausspruch bei der Landung des französischen Korps – »Hervorragend, in unseren sibirischen Bergwerken fehlt es an Arbeitskräften!« – wurde nicht wahr gemacht. Er sollte der Aufmunterung seiner etwas mutlos gewordenen Truppe dienen, aber er charakterisiert auch den Mann. Lesczczynski jedenfalls entkam nach Frankreich, den Thron bestieg, entsprechend den russischen Wünschen, König August III. von Sachsen.

Der Verbesserung der russischen Artillerie hatte von Anfang an das Augenmerk des Ingenieurs Münnich gegolten – seitdem war sie bei allen Gegnern russischer Armeen gefürchtet. Aber darüber hinaus hatte der Feldmarschall eine großangelegte Reorganisation des russischen Heeres eingeleitet. Nach preußischem Vorbild und mit Assistenz König Friedrich Wilhelms von Preußen hatte er beispielsweise das adelige Kadettenkorps als Bildungsschule einheimischer Offiziere geschaffen, und Tausende von fremden Soldaten, vor allem Deutsche, arbeiteten für ihn und mit ihm an einer besseren Ausbildung der Armee. In welchem Maße deren Schlagkraft dadurch gestärkt wurde, zeigte sich in dem vierjährigen Türken-Krieg, den Rußland 1735 begann (später erfuhr das, zu seiner peinlichen Überraschung, auch Friedrich der Große). Ostermanns Diplomaten hatten Ziele definiert, die freilich erst sechzig Jahre später von Katharina der Großen, der Deutschen auf dem Zarenthron, erreicht wurden: die Kontrolle der nördlichen Schwarzmeerküste und damit der Mündungen der großen russischen Ströme, die so wichtig für den russischen Außenhandel waren.

Im ersten Feldzug dieses Krieges war Münnich mit einer großen Armee und unter Überwindung ungeheurer Schwierigkeiten des Nachschubs durch 500 km Wildnis bis auf die Krim vorgestoßen, nahm in brillanten Manövern die Befestigungen an der Landenge von Perekop, eroberte Bachtschisserai, die Hauptstadt der Krim, mußte jedoch alles wieder aufgeben, als Seuchen und Meutereien sein Heer dezimierten.

1737 marschierte er mit 70 000 Mann wiederum nach Süden, nahm das stark befestigte Otschakow an der Mündung des Bug und errang in schwierigster Lage und gegen zahlenmäßig weit überlegene türkische Truppen unter rücksichtslosem Einsatz seiner Soldaten und dank deren Todesmut bei Chotin in Beßarabien den glänzendsten Sieg über türkische Heere, den russische Armeen bisher an ihre Fahnen heften konnten. Der Feldzug war tief in das türkische Gebiet hineingetragen worden, und mit Recht konnte Münnich nun einen Friedensvertrag erwarten, der die Erwerbungen festschreiben würde; er dachte sogar an die Eroberung Konstantinopels. Zu seiner Wut und grenzenlosen Enttäuschung unterschrieb statt dessen die Petersburger Regierung – anscheinend gegen den Rat Ostermanns – einen Frieden, dessen Vorteile für Rußland nur drittrangig waren.

Der Hauptgrund dafür waren die Mißerfolge, die das verbündete Österreich in seinem gleichzeitigen Feldzug an der türkischen Balkan-Flanke erlitten hatte, und die es dazu verführten, mit den Türken »den schimpflichsten Friedensvertrag in der österreichischen Geschichte« abzuschließen.[7] Andere Gründe waren die innere Krise, in welche inzwischen die Herrschaft Birons das russische Reich gestürzt hatte und vermutlich auch dessen Eifersucht auf den siegreichen Feldherrn. So konnte die französische Diplomatie, die sich scheinheilig den Russen als Vermittler anbot, während sie gleichzeitig die Schweden zu einem Angriff auf die russische Nordflanke zu animieren suchte, den Türken am Verhandlungstisch fast all das zurückgewinnen, was sie auf dem Schlachtfeld verloren hatten. Von den glänzenden, freilich mit viel, viel russischem Blut erkauften militärischen Triumphen Münnichs blieb im wesentlichen ein neuer Respekt vor den russischen Waffen in ganz Europa übrig, dazu das nun einsetzende russische Überlegenheitsgefühl gegenüber den Türken und die folgenschwere Tatsache, daß die christlichen Balkanvölker von jetzt an ihre Hoffnungen auf Befreiung vom türkischen Joch stärker auf Rußland als auf Österreich zu richten begannen.

Als Münnich im Februar 1740 als Sieger in Petersburg glänzend empfangen wurde, hatte sich freilich die innenpolitische Szene schon verdüstert. Nicht nur der Hochadel, auch der Dienstadel und die breiten Massen waren von dumpfem Groll gegen die »Deutschen-Herrschaft« erfüllt. Das war vor allem die Schuld Birons. Nicht, daß es diesem an Qualitäten ganz gefehlt hätte. Der kluge und erfahrene preußische Gesandte in Petersburg, von Mardefeld, schrieb Biron »guten Verstand, reifes Urteil und großen Scharfblick« zu, freilich auch einen starken Hang zum Jähzorn. Und der kritische Rußland-Historiker Stählin urteilt:

> »Ohne daß er ein Staatsamt bekleidete, war er doch die tonangebende Persönlichkeit ... Die Unsicherheit seiner Stellung aber führte ihn zu tiefem Mißtrauen gegen alle«, und dazu sei ein Zug gekommen, »der den Balten aus ihren Erlebnissen eigen ist: die Verachtung allen russischen Wesens.«[8]

Welcher Art freilich die von Stählin diskret erwähnten »Erlebnisse« der Balten waren, macht eine Botschaft deutlicher, die 1702 der Feldmarschall Scheremetjew an den Zaren Peter schickte. Das war der Kommandant jener russischen Armee, die eben die Landstriche am Finnischen Meerbusen und im nördlichen Livland okkupiert hatte, und er teilte seinem Herrscher mit, »daß der Allmächtige Gott und die Allerheiligste Mutter Gottes deinen Wunsch erfüllt haben: Alles haben wir geplündert und verwüstet, so daß in diesem Lande zu zerstören nichts mehr übrig ist.«[9] Und so ähnlich war es den Balten ja schon fünfzig und hundertfünfzig Jahre vorher gegangen.

Man wird, wenn man das Bild der Ära Biron betrachtet, jedenfalls drei Dinge im Gedächtnis haben müssen: erstens, daß es von jenen zuerst gemalt worden ist, die Alexander Herzen hundert Jahre später »die Slawophilen jener Tage« genannt hat, also die Gruppen um die spätere Zarin Elisabeth; zweitens, daß es von russischen Historikern restauriert wurde, die zu den bekannten Slawophilen der Jahre nach 1870 gehörten, also von Leuten, die sich bemühten, die »Ära der Deutschen-Herrschaft« zur Waffe ihrer feindseligen Propaganda gegen das deutsche Kaiserreich umzuschmieden; drittens, daß jene Deutschen, die mit der Zarin Anna zur Macht kamen, in der Tat vor einer zentralen Aufgabe standen, die jedermann den tiefen Groll des russischen Volkes eingetragen hätte, der die Sache des russischen Staates ernst nahm: Sie mußten die Steuern eintreiben, mit denen die Hinterlassenschaften Peters des Großen überhaupt erst bezahlt werden konnten.

Birons Schurkenstücke

Denn Peter hatte mit seinen endlosen Kriegen und seinen Veränderungen im Innern den Staat schwer verschuldet. Er hatte enorme Steuern zur Deckung der Kosten ausgeschrieben, die weder er noch Katharina oder Peter II. wirklich eingetrieben hatten. Die Korruption der Steuerbeamten war enorm – nach einigen Schätzungen landeten siebzig Prozent der aufgebrachten Gelder in ihren Taschen.[10] Wenn die Regierung Annas halbwegs Ordnung im Staat haben wollte, mußte sie rückständige und aktuelle Steuern mit genau den gleichen drakonischen Mitteln einzutreiben versuchen wie Peter, und unvermeidlich mußte das »den Deutschen« unvergleichlich mehr Feindschaft einbringen als den Sprossen der Romanows. Wenn Puschkin 1835 von Biron schrieb, er habe »nur das Unglück gehabt, Deutscher zu sein«, auf ihn seien »alle Schrecken der Regierung Annas abgeladen worden, die wiederum nur dem Geist der Zeit und der Moral des

Volkes entsprachen«,[11] so verdient das Beachtung. Mina Curtiss meint in ihrer sehr sorgfältigen Studie: »Die Grausamkeit und der Terror während der Regierung Annas widersprachen schwerlich dem Zeitgeist, und würde es die Fremdenfeindlichkeit der Russen nicht gegeben haben, dann wäre Birons Name nicht gleichbedeutend mit ›böse‹ geworden.«[12] Sie kann sich vorstellen, daß ein moderner, vorurteilsloser Biograph Birons bei ihm Qualitäten entdecken könnte, die ihm die Zeitgenossen nicht zugestanden haben.

Selbst wenn es so wäre, müßte wohl genügend an ihm hängen bleiben, was den deutschen Beobachter nur unglücklich stimmen kann. Biron verfügte über alle Kassen und nahm die Bittschriften in Empfang. Kein höherer Beamter hätte ihn mit seinen Berichten umgehen können. Während sich Ostermann, Münnich und so viele andere Deutsche bei allen persönlichen Schwächen gleichzeitig unbestreitbare Verdienste um den russischen Staat erworben hatten, konnte der Favorit allenfalls von sich sagen, daß er die bestehende Struktur verteidigte. In erster Linie hieß das: sich selbst. Eine Vertrauenskrise zwischen Regierung und Gesellschaft war eingetreten, die zwar einerseits das notwendige Produkt der schon geschilderten Zustände war, die aber bedeutend verschärft wurde durch den mit persönlicher Habsucht verbundenen maßlosen politischen Ehrgeiz Birons und seine Brutalität.

Bald nach dem Regierungsantritt Annas war jene Geheime Kanzlei mit ihren Schrecken, Mißbräuchen und Folterungen wieder in Tätigkeit gesetzt worden, die unter Peter II. für wenige Jahre abgeschafft worden war und die erst ein anderer »Teil-Deutscher« auf dem Zarenthron, Peter III., endgültig in der Versenkung verschwinden ließ. Alle, von deren Seite Kritik oder Verunglimpfung der Regierung bekannt wurden, konnten plus Angehörigen und Dienerschaft ihre Opfer werden. 1731 hatte dieses Schicksal ein Mitglied der Familie Dolgoruki getroffen, den Feldmarschall Wassilij Wladomirowitsch. Er wurde zuerst zum Tode verurteilt und dann zu lebenslänglichem Kerker nach Schlüsselburg gesandt. 1735 war eine Kampagne gegen die große Familie der Golyzins eröffnet worden. Ihr Haupt, Fürst Dmitrj Golyzin, war 1730 führend an der Ausarbeitung der Bedingungen des Hochadels für die Thronfolge Annas beteiligt gewesen; auch er verschwand in Schlüsselburg. Dann verschaffte sich der Favorit durch List und Erpressung den Titel des Herzogs von Kurland. Dem kurländischen Adel blieb keine große Wahl: Als er die Hauptkirche von Mitau betreten wollte, in der über die Nachfolge des verstorbenen Titelträgers zu beraten war, fand er sie von Kavallerie umstellt. Anschließend wütete Biron unter jenen Familien – Deutsche in diesem Falle –, die ihm einst die Aufnahme in das kurländische Adelsregister verweigert hatten.

Überhaupt war die deutsche Abstammung keineswegs ein sicherer Schutz vor Verfolgung: Auch jener Heinrich Fick, der für Peter den Großen so bedeutsame Arbeit geleistet hatte und inzwischen Vizepräsident des Handelskollegiums geworden war, mußte in die Verbannung wandern, weil er sich respektlos über Zarin plus Liebhaber geäußert hatte. Verwandte beförderte dieser in bedeutsame Stellungen, betrieb sogar, allerdings vergeblich, die Einheirat seines Sohnes in das Romanowsche Kaiserhaus und arbeitete so ungebrochen wie nur irgendein Glücksjäger jener Epoche an seiner persönlichen Bereicherung, daß bei seinem Sturz das Vermögen der Familie auf die ungeheure Summe von 14 Millionen Rubel geschätzt wurde – als sonderbarstes Stück erschien in der Inventarliste ein goldener Nachttopf.

All dies konnte die Position der Deutschen im russischen Reich nur prekärer machen. Und als es 1739 schien, als wollte die Zarin gerade jener alten, reichen und weitverzweigten Familie Dolgoruki, die den wütendsten Grimm gegen die Fremden hegte, eine Wiederannäherung an den Hof gestatten, fühlten sie sich alle ernstlich bedroht. Spätestens beim Tod der Zarin drohte ihnen eine verderbliche Umzingelung. Ihr suchten sie mit einem Schlag zuvorzukommen, der so schreckenerregend war, daß er ganz Europa aufhorchen ließ. Unter der Beschuldigung des Hochverrats wurden zunächst die Häupter der Familie, dann natürlich ein weiter Anhang verhaftet, und auf der Folter wurden ihnen Geständnisse abgepreßt, die ihren Untergang bedeuteten.

Das Gefühl sträubt sich dagegen, irgendeiner Aussage Wert beizumessen, die unter den Qualen der Tortur gemacht wurden. Man wird dennoch vermerken müssen, daß die Hauptbeschuldigung, die Verschwörer hätten die Schweden zu einem Angriff auf Rußland zu inspirieren gesucht, um in dessen Wirbel die Machthaber zu Fall zu bringen, genau jenem Plan entsprach, den kurz darauf eine andere Gruppe von Unzufriedenen mit besserem Erfolg verwirklichte. In jedem Fall erzeugten das Ausmaß und die Grausamkeit der Hinrichtungen und Verbannungen, die sich anschlossen, auf die Dauer mehr Zorn als Angst in der russischen Gesellschaft. Aller Welt wurde deutlich, daß der Boden unter den Füßen der Herrscher vulkanisch war. Und war es 1739 noch der alte Hochadel, der eingeschüchtert werden mußte, so richtete sich schon im folgenden Jahr eine neue Verfolgungswelle mit ähnlich grausamen Strafen gegen den kühnen Umsturzversuch von Aufsteigern aus dem nachwachsenden russischen Dienstadel. Wohl hatte ihr Haupt, Wolynski, ein ehrgeiziger und intriganter, intelligenter, aber undisziplinierter Mann, Biron persönlich herausgefordert und beleidigt. Aber nichts konnte doch die Unmenschlichkeit rechtfertigen, mit der dieser zurückschlug. Die Gesamtzahl der Unglücklichen, die in der Ära Biron hingerichtet oder verbannt worden waren, wurde schließlich auf 20 000 geschätzt – weniger sicherlich, als der barbarisch strenge Peter der Große auf dem Gewissen hatte und nicht halb soviel wie die Zahl jener, die in der folgenden »goldenen Ära« der Elisabeth nach Sibirien verbannt wurden. Aber zu viele für eine Regierung, die mit einigem Recht als Fremdherrschaft empfunden wurde.

Doch die Tage Birons waren nun gezählt. Die Zarin, sein einziger solider Rückhalt, starb im Oktober 1740, hauptsächlich, wie man meinte, an den Folgen unmäßigen Essens und Trinkens. Biron bewog sie zu einem Testament, in dem sie zu ihrem Nachfolger den dreiviertel-deutschen, acht Wochen alten Iwan VI. erklärte, Sohn ihrer halbdeutschen Nichte Anna Leopoldowna von Mecklenburg und des Fürsten Anton Ulrich von Braunschweig. Biron aber sollte Regent sein, bis Iwan VI. siebzehn Jahre alt sein würde. Nun stand also die »deutsche Regierung« nicht einmal mehr im schützenden Schatten eines russischen Kaisers – der Zarenthron selbst war in deutscher Hand.

Unbegreiflicherweise fand es Biron sogar in dieser prekären Lage für angemessen, nicht nur ein herausforderndes Verhalten gegenüber den Eltern des Baby-Zaren zu zeigen, sondern auch gegenüber Münnich und Ostermann. Zwischen diesen dreien hatte es immer Differenzen gegeben. Was sie zusammengehalten hatte, war das gemeinsame Interesse am Überleben. Jetzt begannen Münnich und Ostermann zu fürchten, daß sich Birons nächster Schachzug gegen sie selbst richten würde. Sie verbanden sich mit dem Braunschweiger Fürstenpaar, verhafteten Biron nachts in einer Blitzaktion – geleitet von Münnich und seinen beiden Vertrauten, den Generalen von Manstein und von Bismarck (!) – und schickten nun ihn selbst nach Sibirien. Es war der November 1740. Ein guter Stern gab dem leidenschaftlichen Ingenieur und Architekten Münnich ein, für Biron nach eigenem Entwurf ein warmes, komfortables, von Palisaden gegen

Wölfe und Bären geschütztes Landhaus errichten zu lassen – er sollte es bald selbst beziehen.

Anna Leopoldowna wurde nun die Regentin – auch sie nur für ein knappes Jahr. Denn wie besessen von den peinigend widersprüchlichen Gefühlen, einerseits im Besitz ungeheurer Macht zu sein und andererseits den Boden unter ihren Füßen in Bewegung zu verspüren, fuhren die Deutschen fort, sich gegenseitig das Messer an die Kehle zu setzen. Rivalitäten tauchten zwischen Münnich und Ostermann auf. Der Feldmarschall hatte sich nach Birons Entlassung zum ersten Minister gemacht, und es mißfiel dem bisherigen Lenker der großen Politik, daß er nun im Schatten des Marschalls stehen sollte. Beide hatten widersprüchliche außenpolitische Konzepte: Münnich konnte den schmählichen Friedensschluß der Österreicher mit den Türken nicht vergessen, der ihn um die Früchte seiner Siege gebracht hatte, und wollte auf eine einseitig pro-preußische, anti-österreichische Politik umschwenken. Ostermann, immer kühl auf das russische Interesse bedacht, hatte zwar, der Linie Peters des Großen folgend, eine im Prinzip preußenfreundliche Orientierung, und der preußische Gesandte war der einzige gewesen, der jederzeit bei ihm Zutritt hatte. Aber dennoch war er sich der Notwendigkeit bewußt, auch die österreichische Karte im russischen Spiel zu behalten. Als Friedrich II. Anstalten machte, in Schlesien einzufallen, ließ er ihm eine ausdrückliche Warnung vor den Spannungen zukommen, die dann mit Rußland eintreten würden. Er hielt Münnich für viel zu kenntnislos in internationalen Angelegenheiten, als daß man ihm die Lenkung des russischen Reiches überlassen könnte, teilte dies auch der Regentin mit, und fand bei ihr offene Ohren.

Denn Anna Leopoldowna hatte von Anfang an das herrische Auftreten Münnichs nicht gepaßt – und herrisch war nun in der Tat der Feldmarschall immer gewesen, nie wäre er sonst der Sieger von Chotin geworden. Er habe, so fand sie nun, Biron nur aus Ehrgeiz gestürzt, nicht deshalb, weil er ihr habe helfen wollen – und machtsüchtig waren die Erfolgsmenschen dieser und anderer Zeiten nun einmal allesamt. So entließ sie ihn nach wenigen Monaten, im März 1741, aus allen seinen Ämtern. Ostermann wurde nun der starke Mann, aber beide bereiteten damit nur den Boden für den Putsch der Elisabeth mit Hilfe der Leibgarde vor, für den Putsch also der Tochter Peters des Großen aus zweiter Ehe. Nach dem Tod der Zarin Anna Iwanowna hatte man sie bei der Nachfolge planvoll und sträflich übergangen, weil man wußte, daß sie sich in den Händen des russischen Dienstadels befand. In dessen Händen und in denen der französischen Diplomatie, die zusammen mit den Schweden den Putsch der Garde vom November 1741 geplant, organisiert und finanziert hatte, weil sie mit dem deutschen Einfluß in Petersburg Schluß machen wollte.

Das Braunschweiger Fürstenpaar wurde nun zusammen mit Thronfolger Iwan in die eisige Gegend am Weißen Meer verbannt, wo es nach Jahren des Vegetierens starb. Iwan VI. wurde mit 16 Jahren von den Eltern getrennt und in die Kerker von Schlüsselburg versenkt, wo er in geistiger Umnachtung schließlich ermordet wurde. Münnich und Ostermann wurden verhaftet, anscheinend gefoltert, zu den fürchterlichsten Todesarten verurteilt, auf dem Richtplatz zuerst zum »einfachen Tod« durch Enthaupten »begnadigt«; dann, als sie schon mit entblößtem Nacken auf dem Schafott lagen, wurde ihnen die weitere Begnadigung zur Verbannung nach Sibirien mitgeteilt. Ostermann kam dort bald um, Münnich nach einem Aufenthalt von zwanzig Jahren noch einmal für kurze Zeit zu hohen Ehren.

Den Staat zusammengehalten

Die Deutschen bewahrten im übrigen ihre persönliche Würde. Münnich, den man zur Vierteilung verurteilt hatte, zeigte, so berichteten Augenzeugen, auf der Richtstätte eine so aufrechte und kühne Haltung, daß man meinen konnte, er stehe an der Spitze seines Heeres. Auf die gleiche Weise habe er sich während des ganzen Prozesses benommen. Den Soldaten, die ihn bewachten, soll er gesagt haben: »So, wie ihr mich vor dem Feinde als braven Mann gesehen habt, wenn ich die Ehre hatte, euch anzuführen, so sollt ihr mich auch bis zum Ende finden.« Ostermann, der ursprünglich gerädert werden sollte, habe die gleiche aufrechte und gänzlich unbewegte Haltung gezeigt, und die einzigen Worte, die er gesprochen habe, nachdem ihm seine Begnadigung zur Verbannung mitgeteilt worden war, seien gewesen: »Gebt mir bitte meine Perücke und meine Mütze wieder.« Die elfjährige Periode der direkten Deutschen-Herrschaft endete gewaltsam, aber für die Deutschen nicht unrühmlich.

Und in dieser Form doch wohl ungerecht. Denn wenn auch die Mißbräuche der Machthaber, die in der gedrängten Darstellung noch massiver wirken, ein schlechtes Bild von ihnen geben, so muß man doch die Zeit und die Umstände berücksichtigen. Im größten Teil des

18. Jahrhunderts ging es in ganz Europa noch ziemlich barbarisch zu, besonders in Rußland. Peter der Große hatte unter seinem eigenen Volk und seinem Adel gewütet, und jene national berauschten russischen Geschichtsschreiber, die im 19. Jahrhundert die Schrekken der »Bironowtschina« ausmalten und im Gegensatz dazu die Glorie der Elisabeth, müssen wohl den Glanz der nicht abreißenden Kette von Hofbällen im Auge gehabt haben, aber nicht das Elend des Volkes und der Folterkammern. Es gab keinen Mächtigen im Rußland des 18. Jahrhunderts, der sich nicht als Entgelt für Taten oder Untaten – und oft nur dafür, daß er sich ohne jedwedes weitere Verdienst als guter Beischläfer dieser oder jener Zarin erwies –, ohne Skrupel bis zum Höchstmaß des Möglichen bereichert hätte.

Wenn der Schweizer Historiker Gitermann zu der Schlußfolgerung kommt, im Hinblick auf die Außenpolitik des Zarenreiches zwischen 1725 und 1741 lasse sich »im großen und ganzen sagen, daß trotz den bedenklichen Umständen, welche im Innern des Landes herrschten, sein militärisches Potential sich auf jener Höhe behaupten konnte, die unter Peter dem Großen erreicht worden war«,[13] dann enthält diese Feststellung ein ganz ungewöhnliches Lob für die »Fremdherrscher«.

Denn Peter der Große hatte ja sein Rußland in einem überaus labilen Zustand zurückgelassen. Nicht nur war das Land psychisch und materiell von seinen großen, unverstandenen Unternehmungen erschöpft. Er hatte auch keinerlei Regelung für die Nachfolge getroffen, und was an einheimischen Prätendenten sowohl für den Thron wie für die obersten Ränge der Regierung zur Verfügung stand, war fachlich, intellektuell und moralisch wenig geeignet. In vielen europäischen Hauptstädten glaubte man, daß Rußland unter diesen Umständen in Anarchie versinken könne oder zumindest auf den vorpetrinischen Zustand zurückfallen würde. Daß es statt dessen seine Machtstellung ausbaute, war eine Leistung, die im russischen Nationalinteresse nicht von einem legitimen, genialen, patriotischen, jeden Widerstand rücksichtslos brechenden eingeborenen Herrscher vollbracht wurde, sondern von Angehörigen eines anderen Volkes, die ihr persönliches Interesse mit dem des Funktionierens des einmal in die Hand genommenen riesigen Apparates verbanden. Mürrisch, aber doch unüberhörbar zollen selbst die weiß Gott nicht deutschfreundlichen amerikanischen Kulturhistoriker Gebrüder Durand diesen Fremden ein knappes Kompliment, wenn sie sagen, daß sie »ihre deutsche Tüchtigkeit in den Dienst des neuen Regimes gestellt«

hätten, und daß Anna, die Zarin, »beifällig lächelte, wenn ihre Deutschen die russische Macht erweiterten«.[14]

Die beste Würdigung dieser Ära der »Deutschen-Herrschaft« gibt aber wohl wieder F. W. Barthold, wenn er schreibt:

»Wenige der Unglücklichen (die während der ›Bironowtschina‹ verfolgt wurden) fielen einer persönlichen Rachsucht des Günstlings zum Opfer, vielmehr dem Prinzip des modernen Rußlands, das in der Herrschaft der Deutschen seine Einheit fand ... Keineswegs hatte Peters blutige Faust dem russischen Adel den Nacken gebrochen; er verschmähte mit seinem Recht die aufgezwungenen Sitten; er wollte nicht die Kraft des Landes dem Streben nach außenpolitischer Geltung, für die ihm der Sinn nicht aufgeschlossen war, hergegeben wissen. Er wollte nach väterlicher Weise im orientalischen Selbstgenügen über seine Leibeigenen herrschen, unbekümmert um die glanzvolle Vertretung seines Vaterlandes im europäischen Staatensystem. Daher dann jener nicht durch die furchtbarste Strenge zum Schweigen gebrachte Haß gegen die ausländischen Minister, die er als leitende Personen erkannte, obwohl sie doch mehr leitende Ideen repräsentierten; daher andererseits der furchtbarste Despotismus, die blutdürstigste Verfolgung, ohne daß die Gewissen der Regierer sich beunruhigt fühlten. Indem sie sich durch Gewaltmittel oben erhielten, wie zwiespältig auch sonst gegeneinander, in einer geharnischten Phalanx sich gegen das alte Moskowitertum zusammenschlossen, sicherten sie die Fortbildung des Staates.«[15]

Was aber die Qualitäten des neuen Regimes der Elisabeth anbetrifft, das die Deutschenherrschaft ablöste, so lassen wir darüber am besten unverdächtige Zeitzeugen sprechen, nämlich die Berichte des britischen Gesandten in Petersburg, Finch, an die Londoner Regierung. Über die Prozesse gegen die gestürzten Deutschen und ihre russischen »Kollaborateure« berichtete er im Januar 1742:

»Die Untersuchungen wider die Gefangenen dauern an. Man kann sich keinen Begriff von der Grausamkeit machen, mit welcher sie behandelt werden. Täglich wird dies immer schlimmer, und zwar, wie man sagt, auf ausdrücklichen Befehl derjenigen, welche gegenwärtig sind, um Ungerechtigkeiten zu verhüten. [Der Gesandte meinte damit die neue Zarin selbst, die an verborgenem Platz den Untersuchungen beiwohnte. d. Verf.] Man muß fürchten, daß Privathaß und persönliche Rache da vorwalten, wo man sie am wenigsten erwarten sollte und wo sie sich am wenigsten schicken ... Die neuen Räte (der Zarin) sind unter sich uneinig, und die Kaiserin denkt gering von ihnen ... Ich kenne hier keinen, der in einem anderen Land für einen erträglich ehrlichen Mann gelten könnte.«[16]

Frankreichs Putsch in Petersburg

Mag das noch den Rahmen des Üblichen nicht allzuweit überschritten haben, so weisen andere Teile seiner Berichte doch auf geradezu einzigartige, die künftige Außenpolitik der Elisabeth charakterisierende Züge hin. Unmittelbar vor ihrem Putsch berichtete er nach London:

»In jedem Falle sollte man Elisabeth vorsichtig behandeln ... und ihr hinreichend Geld geben. Denn da sie ihren Vergnügungen ergeben ist, wird sie soviel Geld durchbringen, als sie bekommen kann.«[17]

Die künftige Kaiserin als lohnendes Objekt von Bestechungen des Londoner Hofes! Aber nicht nur und keinesfalls in erster Linie der Briten. Ihr Putsch war ja in erster Linie von den Beauftragten des Versailler Hofes organisiert und bezahlt worden, und so berichtete Finch im Dezember 1741:

»Der französische Gesandte Chétardie ist noch immer erster Minister [das heißt: erster Minister am Zarenhof! d. Verf.]. Man macht ihm sehr den Hof. Er selbst küßt öffentlich die Janitscharen [damit meint Finch die zaristische Leibgarde. d. Verf.] in den Hofzimmern und wird von ihnen geküßt.«[18] Die Zarin, berichtet Finch weiter, »hat Herrn L'Estocq [einen französischen Emigranten, der vorübergehend in Hannover ansässig gewesen war und ihr beim Umsturz wesentlich behilflich war, d. Verf.] zu ihrem Leibarzt mit 7000 Rubeln jährlichem Gehalt erklärt und ihm das Amt eines Wirklichen Geheimen Rats übertragen, das ihm den Rang eines Obergenerals (General en chef) gibt«. Vom gleichen L'Estocq berichtet Finch: »L'Estocq spricht mit größter Eigenliebe nur von sich. *Ich* schlug vor, *ich* befahl usw. So habe er auch einen Gesandten für London ernannt.«[19] Wenig später, im November 1742, berichtete der Gesandte Wich, der inzwischen Nachfolger von Finch geworden war: »Ich habe L'Estocq dazu gebracht, vom König von England ein Jahresgehalt von 600 Pfund anzunehmen. Er war sehr zufrieden, verspricht viel, läßt sich aber zu gleicher Zeit auch von Frankreich bezahlen.« »Die Franzosen«, sagt Wich in einem früheren Bericht, »spenden viel Geld in Rußland.«

Aber die französische Diplomatie zahlte nicht nur, sie verlangte dafür auch Ware, und zwar von der künftigen Kaiserin, und die versprach deren Lieferung. Das »Harmlosere« war noch, daß der Gesandte La Chétardie schon vor dem Putsch darauf bestanden hatte, Elisabeth müsse »beim Zuschlagen alle Feinde Frankreichs festnehmen lassen und sie vernichten«.[20] Er zählte sogar die Namen auf: Ostermann, Münnich, Löwenwolde, Golowkin – die späteren Opfer! Es war vielleicht der einzige Fall in der Geschichte, in dem ein Verschwörer, der Gesandter einer fremden Regierung ist, alle jene Mitglieder der Regierung, bei der er akkreditiert ist, auf eine Proskriptionsliste setzen konnte, die seiner eigenen Regierung nicht paßten.

Und singulär waren weiß Gott auch die außenpolitischen Konditionen, unter denen der Putsch abrollte. Elisabeth streifte dabei nicht nur »die Grenzen des wirklichen Landesverrats«, wie der stets zurückhaltende Karl Stählin feststellt, sie verübte ihn vielmehr wirklich und in einzigartigem Ausmaß. Der Plan, auf den sich die französische Diplomatie, die von ihr – wie so oft – bezahlten und bestochenen Schweden und eben die russische Thronfolgerin einig waren, bestand darin, daß Schweden Rußland militärisch angreifen sollte, und zwar unter der Parole »Befreiung von der Fremdherrschaft«. Im Schatten dieses Angriffs sollte dann der Putsch der gleichfalls bestochenen Petersburger Garde erfolgen. Eine der Gegenleistungen, die Franzosen und Schweden dafür von Elisabeth forderten, war die Rückgabe der von Peter dem Großen eroberten baltischen Provinzen an Schweden. Dies lehnte Elisabeth ab. Aber sie gestand zu, daß, erstens, Rußland künftig keine Verträge mehr mit Wien und London abschließen würde – früheren Verbündeten –, sondern nur noch mit Frankreich und Schweden – traditionellen Feinden. Zweitens sollte Rußland alle Handelsprivilegien, die es bisher aus guten Gründen den Engländern eingeräumt hatte, annullieren und diese Rechte an Frankreich übertragen. Drittens sollten die Kriegskosten, die Schweden durch den Angriff auf Rußland entstehen würden, von Rußland bezahlt werden. Und viertens sollte Schweden für die Dauer der

Regierungszeit der Elisabeth von Rußland regelmäßig Subsidien erhalten. Frankreich wollte die Tochter Peters des Großen an die Macht bringen, damit sie das Erbe Peters liquidiere. Im Grunde wollte es, wie Bain meint, Rußland »zurück in die Halb-Barbarei« drängen.

Wären die Schweden erfolgreich gewesen, hätten sie selbstverständlich auch zumindest einen Teil jener Ostsee-Provinzen zurückgefordert, die Elisabeth ihnen zu versprechen sich geweigert hatte. Zum Glück für Rußland ging der Angriff für die Schweden militärisch katastrophal aus. Als sie im Juli 1741 von Finnland aus die Offensive eröffneten, wurden sie von tapferen russischen Soldaten unter Führung des schottischen Generals Lacy zurückgeschlagen. Und als sie im weiteren Verlauf des Krieges gar auch noch Helsinki und Åbo verloren, also die ganze finnische Südküste, konnte von den übrigen Zugeständnissen, die Elisabeth ihnen gemacht hatte, ebenfalls keine Rede mehr sein. Sie mußten froh sein, daß sie 1743 im Frieden von Åbo mit ein paar unbedeutenden Abtretungen überaus glimpflich davonkamen – sicherlich glimpflicher, als dies der Fall hätte sein können, wenn die Voraussetzung ihres Angriffs eben nicht die Absprache mit der neuen Zarin gewesen wäre.

Aber man muß sich dies alles vor Augen halten: die Tochter des Gründers des modernen Rußlands, der im siegreichen Kampf gegen Schweden die Krönung seines Lebenswerkes gesehen hat, verspricht dem »Erbfeind« die Rückerstattung seiner Kriegskosten und künftige Subsidien dafür, daß er Zehntausende russischer Soldaten tötet und verstümmelt; die Erbin eines Imperiums, das an allen Fronten von Frankreich bekämpft wurde, verspricht diesem gleichen Frankreich, daß es nur noch mit ihm Verträge schließen wird, Pakte mit möglichen Verbündeten aber meiden und sich also in ein Abhängigkeitsverhältnis begeben wird; und als dann die Armeen des angegriffenen Rußlands mit hohem Blutzoll einen Sieg nach dem anderen erfechten, verzichtet die Zarin darauf, die Früchte zu pflücken – man muß die Bedeutung einer solchen Haltung durchkosten, um nicht nur ein besseres Verständnis für einige der Faktoren zu gewinnen, die im späteren Krieg gegen Friedrich den Großen eine Rolle spielten, sondern um, vor allem, eine Vorstellung von den ethischen Prinzipien zu erhalten, nach denen Rußland in den nächsten 20 Jahren regiert wurde.

Ostermann, den der englische Gesandte in Petersburg Monate vor dem Putsch über die Verhandlungen zwischen Elisabeth und Chétardie unterrichtet hatte, entgegnete diesem ungläubig, er halte die

Vaterlandsliebe der Tochter Peters für zu groß, als daß sie zu einem solchen Plan gegen Rußland ihre Zustimmung geben könne. Auch die Regentin Anna war über Verhandlungen der Elisabeth mit den Franzosen informiert, glaubte sich aber mit einer milden Verwarnung an die nahe Verwandte zufriedengeben zu können – um so eher, als diese mit anscheinend großartiger Schauspielkunst ihre Unschuld heuchelte. Beide mußten diesen Irrtum schwer büßen, an jenem Tag im November 1741, an dem auch die Garde des Zarenhofes in den Krieg gegen die Schweden an der kalten finnischen Grenze eingreifen sollte und die Lorbeeren, die dort zu pflücken waren, viel weniger verlockend fand als die Gelder des Gesandten Chétardie – ganz abgesehen von jenen nun folgenden Beförderungen, die aus dem Gemeinen einen Leutnant, aus dem Unteroffizier einen Major, aus dem Fähnrich einen General machten . . .

Die herrschsüchtigen Deutschen, die Rußland im Sinne Peters des Großen dirigiert hatten, waren die Russen losgeworden. Den nationalen Stimmungen und Gefühlen war Genüge getan worden. Aber daß der Tausch so überaus glücklich war, wenn man die Dinge vom Standpunkt des russischen Staatsinteresses aus betrachtet, wird kaum zwingend zu beweisen sein. In den nächsten Kapiteln werden wir mehr dazu hören.

Wenn sie aber auch aus den führenden Regierungsämtern verschwanden, so hielten sich die Rußland-Deutschen doch in vielen hohen Posten der Armee und der Diplomatie. Ein Balte, der deutsch-britische Graf Fermor, war Friedrich des Großen Gegner in der fürchterlichen Schlacht bei Zorndorf, in der die Preußen nur mit größter Mühe und hohen Opfern einen denkbar knappen Sieg erringen konnten. Als die Kosaken 1760 in Berlin eindrangen, war ihr Oberbefehlshaber der deutsch-baltische General Graf Peter Todtleben. Graf Benningsen, ein gebürtiger Braunschweiger, war der Oberbefehlshaber der russischen Armeen gegen die napoleonischen Truppen im Jahre 1807, in den Schlachten von Preußisch-Eylau und Friedland. Sechs Jahre später führte er das Kommando über die Russen in der Völkerschlacht von Leipzig. Als kurz vorher, im Dezember 1812, der preußische General Yorck von Wartenburg jene Konvention von Tauroggen mit der russischen Armee schloß, die Preußens Übergang von der napoleonischen auf die russische Seite einleitete, konnte er mit dem Kommandanten der anderen Seite deutsch reden. Denn das war der Schlesier Graf Diebitsch, der 1801 von preußischen in russische Dienste getreten war und seine Karriere nach einem neuen siegreichen Türkenkrieg als Feldmarschall beenden konnte. Der Kommandeur jener russischen Einheit, die 1813 den Hamburgern das Ende der napoleonischen Herrschaft ankündigte, war der Oberst von Tettenborn, ein gebürtiger Badener. Und der russische Oberbefehlshaber im ersten großen Kampf des Jahres 1813, der Schlacht bei Lützen, die Napoleon mit seiner Übermacht zwar gerade noch gewann, die ihn aber doch schon in Bedrängnis brachte, war General Wittgenstein. So ging es weiter.

Im Krimkrieg war der eigentliche Held auf der russischen Seite der Oberst Graf Eduard Totleben, der die neuartigen Befestigungen von Sewastopol entwarf und eine führende Rolle bei der Verteidigung hatte. Er, inzwischen General geworden, war es auch, der im Türkenkrieg von 1877 im entscheidenden Kampf bei Plewna den Sieg an die russischen Fahnen heftete; an anderen Fronten zeichneten sich die Generäle von Krüdener, Heimann, Zimmermann aus. Und während des Todeskampfes des Zarentums, im Ersten Weltkrieg, schrieben das erste und das letzte der unglücklichen Kapitel der General Paul von Rennenkampf und Baron von Wrangel, in Ostpreußen 1914 der erste, als Oberbefehlshaber der anti-bolschewistischen südlichen Bürgerkriegsarmee 1919 der andere.

Es war nicht eigentlich so, daß die Deutschen sich in die russischen Dienste drängten. Eher wurden sie von einem Vakuum angesogen. Weder in den Städten noch auf dem Lande gab es in Rußland in ausreichendem Maße jene gebildeten Mittelschichten, aus denen sich in Deutschland und Westeuropa in hohem Maße der Staatsapparat mit fähigen Männern versorgte. Dem unteren Adel fehlte es häufig an Qualifizierung. Der höhere Adel besaß zwar in der Regel ein hohes Maß an Bildung, aber er strebte von vornherein nach den obersten Rängen im Apparat, er eignete sich schlecht für den langsamen Aufstieg, für die mittleren Positionen, schon gar nicht für die unteren. Und doch konnte ausreichende Erfahrung und Sachkenntnis nur von jenen gewonnen werden, die bereit waren, auf der Stufenleiter der Hierarchie allmählich zu avancieren. Dazu kamen Unterschiede der Mentalität. Der deutsche Staatsdiener aller Kategorien und Ränge war schlecht denkbar ohne die Eigenschaften der gleichmäßigen Arbeitsbereitschaft, der Besonnenheit, genauen Kenntnis der Akten, einen gewissen Grad von Pedanterie. Aber gerade die Neigung zu pedantischem Akten- und Quellenwerk war viel geringer bei den ein wenig mehr zur Flüchtigkeit, zu großen Gedankenbögen neigenden Russen.

So kam es, daß rühmliche oder weniger rühmliche deutsche Namen sehr zahlreich auch im russischen Zivildienst und in der Innenpolitik auftauchten: Da gab es Paul von Pestel, den Revolutionär, und von Benckendorff, den Chef der Geheimen Polizei, Plehve, den Reaktionär, und Graf Witte, den Fortschrittler. Vor allem aber wimmelte es von ihnen im Auswärtigen Dienst: Meyendorff, Mohrenheim und Stackelberg, Budberg, Lieven, Brunnow – für die wichtigsten Gesandten des Zarenreiches im 19. Jahrhundert war Französisch die Amtssprache, Deutsch die Muttersprache.

Armeeführung und Diplomatie: zur Hälfte Deutsche

Den besten Eindruck von der Bedeutung der Deutschen für die gesamte russische Regierung geben amtliche russische Ziffern. Danach war gegen 1880 – zu einer Zeit, in der man die Zahl der Deutschen in den Ämtern schon planvoll zu vermindern begann – der Prozentanteil der Deutschen in verschiedenen Regierungsressorts wie folgt:

Ziviladministration 32 %
höhere Truppenkommandos 41 %
Senat 33 %
Ministerium des Äußeren 57 %
Finanzministerium 27 %
Verkehrsministerium 34 %
Marineministerium 39 %
Kriegsministerium 45 %
Post und Telegraph 62 %
Hofministerium und Adjutanten des Kaisers 39 %

Und das bei einem Prozentsatz der deutschen Bevölkerung im gesamten russischen Reich von 1,1 %![21]

Und zu all dem kam der Stammbaum des Hauses Romanow. Unter allen Erben Peters des Großen gab es nur zwei »echte Russen«:

Anna Iwanowna und Elisabeth Petrowna.

Der Enkel Peters des Großen aus erster Ehe, Peter II., Sohn des von Peter zum Tode gemarterten Zarewitsch Alexej, war Halb-Deutscher – seine Mutter eine Prinzessin von Braunschweig. Ebenso Peter III., Enkel Peters aus zweiter Ehe, Sohn eines Herzogs von Holstein.

Katharina die Große war, bekanntlich, eine preußische Prinzessin, ihr Sohn Paul I., je nachdem, ob man Peter III. für seinen Vater hält oder Katharinas Liebhaber Saltykow, entweder zu Dreiviertel oder zur Hälfte Deutscher.

Und da Paul I. eine württembergische Prinzessin geheiratet hatte, war Alexander I. entweder fast gänzlich deutscher Abstammung oder ein »Dreiviertel-Deutscher«.

Dann verlor sich der russische Blutanteil immer mehr. Alexander I. heiratete eine Prinzessin von Baden, sein Bruder Nikolaus I. eine Tochter König Friedrich Wilhelms III. von Preußen, Alexander II. eine Prinzessin von Hessen, Nikolaus II., der letzte Zar, wiederum eine hessische Prinzessin. Das Haus Romanow konnte kaum deutscher sein.

Die Folgen dieses übergroßen Anteils der Deutschen an der russischen Regierung und Verwaltung mochten positiv sein für den russischen Staat, aber sie waren nicht gut für das deutsch-russische Verhältnis. Da die Deutschen nicht mehr die direkten Herren waren wie in den Zeiten der »Bironowtschina«, traf sie zwar nicht mehr ein allgemeiner Haß. Aber da sie doch die sehr ins Auge fallenden Gehilfen und Vertrauten eines großenteils deutschstämmigen Herrscherhauses waren, das seinerseits genügend Anlaß zur Kritik und Opposition bot, richtete sich ein Teil des Widerwillens notwendigerweise auch gegen sie. Denn es war ja nicht so, daß sie diesem Rußland allgemeines Glück und Gedeihen hätten bringen können – dazu fehlte es zu sehr an den erforderlichen Antrieben aus dem russischen Gesellschaftskörper selbst. Sie konnten das unbeholfene, in allen Achsen knirschende Staatsgefährt etwas besser laufen lassen als es ohne sie gegangen wäre. Aber das war zu wenig, denn sie blieben bei alledem Fremde, distanziert auch von der russischen Mentalität. In den Augen großer Teile des Volkes, namentlich der schmalen, ehrgeizigen Intelligenz, waren sie die Säulen eines korrupten Hofes, die Stützen von Herrschern, die ihrem eigenen Volke mißtrauen mußten.

Am deutlichsten äußerten dies natürlich jene, denen es im Grunde um den allgemeinen Umsturz und um die Vernichtung des Zarentums zu tun war. Die meisten von ihnen wagten es nicht, ihre wirklichen Ziele öffentlich zu nennen, um so lieber schlugen sie auf die Deutschen ein.

Verheimlichung seiner letzten Ziele lag natürlich dem Deutschenfeind Nummer eins fern, Michail Bakunin, dem Vater des Anarchismus. Er stammte aus einer adeligen Familie, hatte hochgestellte Verwandte, besaß eine Intelligenz und Bildung, die sogar den Zaren beeindruckte, gehörte in seinen jungen Jahren zu den »Links-Hegelianern« und war bei alledem beherrscht von den wilden Grundinstinkten des ordnungsfeindlichen Kosakentums. Die Staatsbildung in Rußland war nach ihm das Ergebnis ausländischer Einflüsse: der türkischen Knute, der byzantinischen Kirche und der deutschen Bürokraten und Soldaten. Der Scharfblick, den er besaß, machte es ihm unmöglich, die wichtigsten positiven Seiten der Deutschen zu übersehen: ihre organisatorische Begabung und Tüchtigkeit, ihren Fleiß, ihre großen Beiträge zu Kunst und Wissenschaft wie, vor allem, ihre soldatischen Qualitäten – Eigenschaften, die nach seiner schon 1872 verkündeten Erkenntnis bedeuteten, daß das Zarenreich in einem künftigen Krieg mit Deutschland keine Chance haben würde. Nur die Revolution in Rußland und ganz Europa könne das Deutsche Reich zu Fall bringen.[22]

Aber weil diese Deutschen für ihn der Inbegriff der verhaßten Bürgerlichkeit und damit Staatlichkeit waren, standen sie auch im Zentrum seiner Attacken. »Es ist Zeit, daß die Deutschen aus Rußland abziehen«, sagte er schon 1862 in seiner Schrift »Romanow, Pugatschew oder Pestel?«. Später, nach der Reichsgründung, spricht er von »dieser verfluchten deutschen, ihrem Wesen nach bourgeoisen und also staatlichen Zivilisation«, der es gelungen sei, sogar in die Seelen der slawischen Patrioten zu dringen:

> »Sie wurden in eine germanisierte, bourgeoise Gesellschaft hineingeboren, lernten auf deutschen Schulen und Universitäten, haben sich angewöhnt, deutsch zu denken, zu fühlen und zu wollen, und wären perfekte Deutsche geworden, wenn das Ziel, das sie verfolgten, nicht anti-deutsch wäre: mit deutschen Mitteln und Wegen glauben sie, die Slawen vom deutschen Joch befreien zu können.«[23]

Bakunin dagegen schwebten andere Wege des Kampfes gegen das Germanentum vor. Er will – und auch darin ist er prophetisch –, daß die Slawen sich aufgrund ihrer (vermeintlichen) Gemeinsamkeiten im Charakter und ihrer gleichen Haltung gegenüber dem Staatsanspruch des deutschen Volkes vereinen, »um alle Staaten zu zerstören ... und dabei mit einem engen Bündnis mit den romanischen Völkern beginnen, die von der Eroberungspolitik der Deutschen bedroht sind ... Weil das deutsche Volk allgemeinen Haß und Angst gegen sich weckt, hat es die Slawen vereint, denn der Haß gegen die Deutschen ist tief im Herzen der slawischen Völker verwurzelt«, und dieser Haß werde die Slawen zu einem Bündnis mit den Romanen verlocken.[24] 1914/15 war dieses Bündnis Realität geworden.

Der Haß gegen die deutsche Bügerlichkeit und den deutschen Obrigkeitsstaat verführte Bakunin zu immer neuen Rundumschlägen gegen die deutsche Psyche. Vom »Knuto-Germanischen Kaiserreich« spricht er im Titel eines langen Aufsatzes:

> »Um die Slawen zu disziplinieren«, behauptet er, »muß man sie unter dem Knüppel halten, während jeder Deutsche den Knüppel küßt, freiwillig und aus Überzeugung. Seine Freiheit besteht gerade darin, daß er ... sich vor jeder Obrigkeit verbeugt.«[25] »Was den deutschen Bourgeois unzufrieden macht«, sagt er an anderer Stelle,[26] »ist nicht das Einem-Herrn-gehorchen-Müssen; denn das ist seine Gewohnheit, seine zweite Natur, seine Religion, seine Leidenschaft, sondern die Bedeutungslosigkeit, die Schwäche, die relative Ohnmacht dessen, dem er gehorchen muß und will. Der deutsche Bourgeois besitzt im höchsten Grade jenen Hochmut aller Diener, die in sich selbst die Bedeutung, die Größe, die Macht ihres Herrn wiedergeben.«

Man fragt sich, ob Bakunin nicht vielleicht Mängel, die er am Charakter des eigenen Volkes entdeckte, unter ungünstiger Beleuchtung am Beispiel eines anderen Volkes sezierte. Aber daß der Mann, der schon in den frühen siebziger Jahren des vergangenen Jahrhunderts die weltverändernde Bedeutung der künftigen Luftfahrt und ihre umwälzende Rolle für Gedanken- und Personenaustausch, Militär, Transport und Handel voraussah, bei seinen Betrachtungen der Deutschen lediglich Gespenster sah, wird man nach den Erfahrungen dieses Jahrhunderts wohl auch nicht behaupten können.

Um aber solche Äußerungen richtig bewerten zu können, muß man daran erinnern, daß es in Deutschland gleichfalls die sozialen Umstürzler waren, die am lautesten zum Krieg gegen Rußland trommelten. Marx und Engels marschierten ihnen voran, aber auch Bebel und Liebknecht folgten. Für sie war Rußland die Stütze der europäischen Reaktion, namentlich der deutschen, und die Macht Rußlands und des Zarentums mußte ihrer Meinung nach vernichtet werden, bevor die große Revolution ins Werk gesetzt werden konnte. Pikanterweise schrieb Engels gerade an Bakunin, daß »der Groll auf Rußland die erste revolutionäre Leidenschaft der Deutschen« sei.[27] Hier wie dort schlug man den Sack und meinte den Esel, unterschob dem Volke eine Stimmung, die in Wirklichkeit nur bei den Agitatoren anzutreffen war. Wie ideologisch, wie wenig vom Gesichtspunkt nationaler Interessen her das alles gedacht war, zeigt sich darin, daß die wildesten deutschen Hetzer gegen das Zarenreich auf der Linken gleichzeitig die größten Polenfreunde waren, obwohl es doch auf der Ebene der staatlichen und nationalen Interessen gerade die polnische Frage war, die Deutsche und Russen zusammenband.

Während aber die anti-russischen Parolen in Deutschland nur ein bescheidenes Echo fanden, weil es im Innern nicht hinreichend Zündstoff dafür gab, lag dieser in Rußland zuhauf. Je stärker die Kritik am System und an den allgemeinen Zuständen wurde, desto breiter wurden deshalb auch die Kreise, die von der Stimmung gegen die Deutschen erfaßt wurden. Typisch dafür ist wieder der mit Ressentiments aller Art aufgeladene Alexander Herzen, der 1859 in seiner Londoner Emigrationszeitschrift »Die Glocke« die deutsche Oberschicht in Rußland als »arrogant, brutal und bösartig« beschrieb und ihr vorwarf, daß sie weder gewillt noch fähig sei, Rußland und die Russen zu begreifen.[28] Und schon 1848, in einer relativ pro-deutschen Phase, hatte Herzen in einem Brief an Herwegh[29] in einer reichlich idealisierenden Betrachtung russischer Verhältnisse geschrieben:

> »Ich spreche von jener inneren, sich ihrer selbst nicht ganz bewußten Kraft, welche das russische Volk unter dem Joche der mongolischen Horden und der deutschen Bürokratie, unter den orientalischen Knuten eines Tataren und unter den occidentalischen Spießruten eines Korporals so wunderbar erhielt.«

In einer Klage über die Mißstände auf dem russischen Lande glaubt er, den Deutsch-Balten die Schuld an der Parzellierung der Böden und an der Einführung des Privateigentums in der ganzen russischen Landwirtschaft geben zu müssen. Gerade bei Herzen meint man zu spüren, wie oft persönliche oder nationale Minderwertigkeitsgefühle den politischen Feuilletonisten die Feder bei dem Versuch führten, alle beklagten landeseigenen Übel auf jene Fremden abzuwälzen, die sich als Lastträger anboten.

Aber daß sich das Russentum generell durch die Präsenz und die große Rolle der vielen Deutschen provoziert fühlte, machen zwei Schriftsteller deutlich, die repräsentativer sind. Der eine ist wieder Dostojewskij. Er stellt beispielsweise Betrachtungen darüber an, warum es ein Glück für Rußland gewesen sei, daß Peter der Große vom Versuch einer Eroberung Konstantinopels Abstand genommen habe und schreibt dabei:

»Wenn wir schon im finnischen Petersburg dem Einfluß der benachbarten Deutschen nicht zu entrinnen vermochten, der Deutschen, die uns zwar auch nützlich gewesen sind, dafür aber die russische Entwicklung, bevor ihr wahrer Weg zu Tage getreten, außerordentlich paralysiert hatten, wie hätten wir dann im großen und eigenartigen Konstantinopel ... dem Einfluß der Griechen entgehen können, die doch unvergleichlich feiner sind als die rohen Deutschen ...«[30]

Nun konnte aber – was Dostojewskij wissen mußte – Peter der Große selbst in seinen kühnsten Träumen nicht an eine Eroberung Konstantinopels denken. Der Eindruck drängt sich auf, daß der große Dichter hier eine gequälte Analogie konstruiert hat, nur deshalb, um seinem Ressentiment gegen die Vergewaltigung der »russischen Seele« einen besonders beißenden Ausdruck zu verschaffen.

Am frappierendsten sind aber die Worte, mit denen Alexander Solschenyzin russische Empfindungen zu diesem Problem während des Ersten Weltkrieges schilderte, jener Solschenyzin, den wir doch schon so freundlich über Deutschland reden gehört haben. In »November Sechzehn« legt er die Meinung seines Helden Oberst Worotynzew mit unübertroffener Prägnanz in den folgenden Worten dar:

»Seine eigene Einstellung zu den Deutschen in russischen Diensten war zwiespältig. Dutzende von ihnen kannte er seit Jahrzehnten als grundanständige Offiziere. Dennoch war etwas Ungehöriges an ihrer großen Zahl, ein von Peter dem Großen überkommener Fehler, ein grundsätzlicher Irrtum. So ehrenhaft sie auch dienten, sie dienten nur dem Thron, das russische Leben drang nicht in ihre Seelen. Und darum gehörten sie auch alle nicht hierher. Peter hatte Rußland ein deutsches Imperium aufgezwungen, und das war es geblieben.«

Dann:

»Im Hinterland wie an der Front kursierten die gleichen Witze über den Zaren bei großen Paraden: ›Er nahm eine Suite deutscher Generale gefangen‹ ... ›Von allen Seiten von Deutschen eingekreist, streckte er die Waffen nicht.‹«[31]

Danach beschreibt Solschenyzin die Gefühle einer weniger intellektuellen Bürgerin:

»Sie war in die ›Gesellschaft von 1914‹ eingetreten... Später beschloß die Gesellschaft, die deutsche Überfremdung zu bekämpfen. Eine gute Sache! Irina litt schon lange unter dieser deutschen Bedrückung. Schon vor dem Kriege hatte sie sich gefragt: Wie lange noch werden die Deutschen Rußland regieren? Und trotzdem, wie sehr die Gesellschaft die deutsche Überfremdung auch bekämpfte, trug genau wie früher jeder fünfte General, Offizier, Senator oder Angehörige des Staatsrats einen deutschen Namen. Und seit dem Frühjahr stand Stürmer an der Spitze der Regierung – welche Schande!«[32]

Natürlich war die Mißstimmung über den außerordentlichen Einfluß der Deutschen in Rußland nicht der entscheidende Grund für den Zusammenprall von 1914 gewesen. Dieser Brand hatte sich am Panslawismus entzündet, an Bestrebungen, die mit denen Österreich-Ungarns unvereinbar waren. Aber es war auch nicht so, daß dieses Ressentiment gegen die »Deutschen-Herrschaft« ohne jeden Einfluß gewesen wäre. Es war ein Reizstoff, der Panslawismus und russischem Nationalismus zusätzliche Nahrung gab, weil er die Minderwertigkeitskomplexe schürte, auf deren Boden jeder Nationalismus wächst. Jene anti-deutsche Pressehetze der achtziger Jahre in Rußland, der dann meistens eine anti-russische Pressehetze in Deutschland folgte und beiden zusammen eine gefährliche Trübung des deutsch-russischen Verhältnisses, war nur teilweise von »oben« inspiriert. Je länger sie dauerte, desto mehr verselbständigte sie sich. Und zu dem Bündel von Emotionen, aus dem sie wucherte, gehörte eben auch die Aversion gegen die »deutsche Überfremdung«, – wie umgekehrt die Sympathiewelle für die Franzosen teilweise der Tatsache entsprang, daß auf die zwölfhundert Kilometer weiter entfernten, großenteils unbekannten Wesen nur Illusionen projiziert werden konnten und keine Frustrationen.

Einen beklemmenden Eindruck vom Funktionieren des verhängnisvollen Räderwerks, in dem panslawistische Träumereien diffuse anti-deutsche Ressentiments mobilisierten, die ihrerseits die außenpolitische Stoßrichtung verschärften, geben wieder die Aufzeichnungen des deutschen Botschafters in Moskau, General von Schweinitz. Aus dem Jahr 1886 berichtet er:

»Ich darf wohl ohne Übertreibung sagen, daß noch nirgends und niemals die Presse einen so nachteiligen Einfluß auf die auswärtigen Beziehungen eines Staates ausgeübt hat wie jetzt in Rußland ... Dazu kommt, daß hier die Regierung stumm ist und ihre Politik weder in der Presse noch auf der Tribüne kundgeben und verteidigen kann.«

Da der deutschfreundliche Außenminister Giers machtlos gegen diese Kampagne sei und selbst am meisten darunter leide, habe er, der Botschafter, eine Unterredung darüber mit dem Innenminister Graf Tolstoi geführt:

»Ich lenkte seine Aufmerksamkeit auf einen Artikel der ›Novoje Wremja‹, in welchem gesagt wurde, das russische Volk sehne sich danach, sein Blut im Kampf gegen Deutschland zu vergießen. ›Wenn dies wahr ist‹, sage ich, ›dann muß ich meiner Regierung schreiben, daß es Zeit ist, sich zumindest diplomatisch vorzubereiten. Wenn es nicht wahr ist, warum erlauben Sie, daß es ungestraft und unwiderlegt gedruckt werden darf?«[33]

Schweinitz schreibt dann, daß die Fürstin Kotschubey im Zusammenhang mit dieser Pressekampagne dem Zaren berichtet habe, daß ein Feuilleton der »Novoje Wremja« in verächtlichem Ton von den deutschen Frauen rede, während doch »die meisten russischen Kaiserinnen und Großfürstinnen deutsche Frauen waren und sind«. Der Zar habe zugesagt, mit dem Minister des Innern über diese Sache zu reden, aber seitdem sei eine Woche vergangen, ohne daß etwas geschehen sei. Über die Haltung des Zaren hatte Bismarck 1879 gegenüber Kaiser Wilhelm I. gesagt, daß ihn »schon das Bewußtsein der deutschen Abstammung seiner Dynastie ängstlich und unfähig macht ... sich von der unberechenbaren elementaren Gewalt dieser slawischen Revolution zu emanzipieren«.[34] 1881 war Alexander II. ermordet worden, die Dinge wurden schlimmer, und Bismarck sagte voraus, daß die Kampagne »steigende Gegenverstimmungen« erzeugen werde, die sich nicht rückgängig machen lassen werden und die Wege festlegen.

Wer mobilisierte diese Kampagne, wenn es doch nicht der Zar war, nicht der Außenminister und nicht die Regierung als solche? Botschafter von Schweinitz äußerte sich darüber nur in Andeutungen. Von »federgewandten, kaum halbgebildeten Leuten, häufig durch verfehlte Existenz verbittert« sprach er 1877 in einem Bericht an Berlin. Im Januar 1882 meldete er, daß hinter den beiden Ministern, die allgemein gegen das Interesse der deutsch-russischen Freundschaft wirkten (Ignatjew, der bald gehen mußte, und Pobedonoszew), »unverantwortliche Moskauer Journalisten stehen, welche alle bestehenden Staatseinrichtungen laut verdammen, die Organe der Regierung, die Beamtenwelt schmähen, die staatliche Autorität methodisch untergraben, kurz, wie sie verkünden, alles, was zwischen Zar und Volk steht, wegräumen wollen«.[35] Erinnert es nicht an das, was Bakunin über die Deutschen, den Fluch der staatlichen Autorität und die Revolution gesagt hatte? Im Dezember 1883 führte der Botschafter ein Gespräch mit Alexander III. über besorgniserregende Truppenkonzentrationen auf beiden Seiten. Der Zar sagte ihm dabei, es ärgere ihn am meisten, daß das deutsche Mißtrauen ausgerechnet gegen ihn gerichtet sei. »Nein«, antwortete Schweinitz darauf, »unser Mißtrauen richtet sich nicht gegen Eure Majestät, sondern gegen Ihre Feinde.« In einem späteren Gespräch (im Januar 1888) sagte er: »Okkulte Kräfte treiben zum Krieg, um der Revolution zum Sieg zu verhelfen.«

Wer waren diese verborgenen Kräfte? Lange, bevor Lenin im Ausland konspirierte – im Jahre 1881, nach der Ermordung von Zar Alexander II., schrieb Schweinitz, die gutgemeinten, aber schlecht ausgeführten und undurchdachten russischen Erziehungsreformen hätten eine Masse oberflächlich gebildeter und schlecht erzogener junger Menschen aus ihren »naturgemäßen Verhältnissen« gerissen, in die sie nicht mehr zurückkehren wollten, ohne aber fähig zu sein, sich in höhere Positionen hinaufzuarbeiten. Unzufrieden mit sich und der Welt, in der sie keinen Platz finden können, der ihren nur auf Halbbildung gestützten Ansprüchen gerecht werden könnte, »richten diese Jünglinge ihren Haß gegen den Staat, der sie unentgeltlich zu viel lernen ließ, um genügsam zu bleiben, und zu wenig, um glücklich zu werden. In diesen Elementen finden die in der Schweiz und in London lebenden Leiter der europäischen Umsturzpartei die Organe zur todesmutigen Ausführung ihrer Befehle.«[36] Wer diese im Ausland lebenden »Leiter der europäischen Umsturzpartei« waren, darüber läßt er sich nicht aus.

»Ein Krieg gegen die Elemente der Ordnung«

In einem seiner vielen Gespräche mit dem Zaren über die Presse hatte von Schweinitz 1876 Alexander II. gesagt, daß die öffentliche Meinung Europas zwar völlig überzeugt sei von seiner Redlichkeit, seiner Uneigennützigkeit und seinem Friedenswillen, »aber beunruhigt sei durch eine zweite Strömung in Rußland«. Der Zar hatte zwar zugegeben, daß es eine solche zweite Strömung gebe, aber, so hatte er gesagt, »sie ist nicht stark genug, um mich aus meiner Bahn zu drängen«.[37] Damals hatte sich der Botschafter von dieser Versicherung noch befriedigt gezeigt. Auch 1886 versichert er noch, daß die Politik Alexanders III. »auf Frieden gerichtet« sei. Aber bald darauf muß er notieren, daß er aus russischen Äußerungen anläßlich eines Empfanges »die Überzeugung heraushört, daß der Frieden nur solange wie des Zaren Tage« dauern werde.[38]

Die Überzeugungen der russischen Herrscher waren kein genügend starker Damm mehr gegen eine öffentliche Meinung, die in großem Maße das Produkt der »veröffentlichten Meinung« geworden war, ohne daß sie im geringsten den Interessen des russischen Staates und Volkes entsprach. Mit gutem Grund hatte Kaiser Wilhelm I. in einem etwas aufgeregten Briefwechsel mit Alexander II. 1879 geschrieben:

> »Ich fürchte die nihilistische Partei, die im Verein mit dem Panslawismus ihre feindselige Sprache gegen die Nachbarländer führt, um jeden schlimmen Konflikt für ihre subversiven Pläne zu benutzen.«

Und Bismarck schrieb 1887 in einem Exposé für das letzte Gespräch zwischen Kaiser Wilhelm I. und Alexander III.:

> »Der nächste Krieg würde viel weniger den Charakter eines Krieges der einen Regierung gegen die andere tragen als den eines Krieges der roten Fahne gegen die Elemente der Ordnung.«

Rußland sollte die Wahrheit dieser Voraussage in weit stärkerem Maße erfahren als Deutschland.

Chauvinisten und Revolutionäre arbeiteten sich in die Hände, und die ersten besorgten das Geschäft der letzteren. Neben beiden und als verbindendes Glied gab es genügend radikale Elemente, welche sowohl die Idee der »Befreiung« der Balkanslawen wie die des sozialen Umsturzes hatten und beide gleichzeitig erfüllen zu können meinten. Und je mehr die soziale Krise sich zuspitzte, je schwächer das zaristische System wurde, desto mehr fühlte sich dieses auch gezwungen, dem außenpolitischen Radikalismus nachzugeben. Bakunin war tot, aber sowohl sein soziales wie sein internationales Programm war in Rußland aktueller denn je geworden, und junge Adelige wurden von ihm ebenso erfaßt wie Fabrikarbeiter. Am Ende des Jahrhunderts war wenig übriggeblieben von der Bewunderung für die deutsche Kultur, die deutsche Dichtung, die deutsche Philosophie, die das Jahrhundert eingeläutet hatte.

Es waren also gerade nicht staatliche oder nationale Interessen, die Rußland 1914 gegen Deutschland trieben, so wenig, wie es staatliche oder nationale Interessen waren, die Hitler-Deutschland 1941 seinen Überfall auf die Sowjetunion nahelegten. Es waren neben den »okkulten« Einflüssen aus dem Ausland im ersten Falle immer ideologische Wirrköpfe und politische Abenteurer, die Konflikte mit den fürchterlichsten Folgen für beide Völker provozierten. Das staatliche und das nationale Interesse hatten immer Zusammenarbeit zwischen Deutschen und Russen verlangt, so, wie dies Peter der Große anvisiert hatte; nicht auf der Grundlage jener russischen Präponderanz freilich, die er am Beginn der Entwicklung seiner Konzepte im Sinn zu haben schien, sondern mit Berücksichtigung der Interessen beider Parteien, zu der ihn ja schließlich ein besseres Verständnis der europäischen Gesamtlage veranlaßt hatte.

Nach einem Dreivierteljahrhundert deutsch-russischer Feindschaft scheint Rußland nun zu dieser Politik, zu Peters Ideen zurückkehren zu wollen, zur Öffnung nach Westen, zur Freundschaft mit Deutschland. Vielleicht sind die Voraussetzungen dafür besser denn je. Die Illusionen des Panslawismus, die der Stalinismus aufgenommen und nur in ein ideologisches statt in ein völkisches Gewand gekleidet hatte, sind im Studel der untergehenden Ideologie versunken. Und auf deutscher Seite wird für die nächsten tausend Jahre gewiß niemand mehr daran denken, es ließe sich auf Rußlands Kosten im Osten »Lebensraum« für das deutsche Volk finden – eine Idee übrigens, die schon zu Hitlers Zeiten hoffnungslos altmodisch hätte erscheinen müssen. Den ersten Schritt zur Wiederannäherung der beiden Völker hat Rußland getan, als es den Abbruch von Mauer und Stacheldraht unterstützte, dann der Vereinigung der beiden deutschen Staaten zustimmte. Den zweiten Schritt müssen die Deutschen tun, indem sie die alte Aufgabe der Deutschen gegenüber Rußland erfüllen: wirtschaftlichen, organisatorischen und technischen Beistand zu leisten.

Aber für das Resultat dieser Hilfe wird es entscheidend sein, ob die Deutschen in der Lage sind, die alten Fehler zu vermeiden; ob sie genügend Einfühlungsvermögen besitzen, um bei all ihren Vorschlägen und Projekten das russische Lebensgefühl nicht zu verletzen; genügend Takt, um das russische Selbstwertgefühl zu achten; ob sie es verstehen, nicht als auftrumpfende Besserwisser vor dem Hintergrund ihrer Wirtschaftswunder zu erscheinen, sondern als verständnisvolle Ratgeber; ob bei ihnen die Haltung des reichen Spießers durchscheint oder die des guten Partners. Alles Geld, das aus deutschen Quellen nach Rußland fließen könnte, würde nach aller Erfahrung auf die Dauer das Gegenteil des Erwünschten produzieren, wenn es mit einer Attitüde der Herablassung gegeben und angelegt würde statt mit der aufrichtig gemeinten Frage, wie dem russischen Volk, der russischen Gesellschaft und dem russischen Interesse am besten gedient ist. Alle Versuche, neue Unternehmen und Systeme nur nach deutschem Vorbild einzurichten und nicht auch danach, was die »russische Seele« akzeptieren kann, würden am Ende nur Wegbereiter neuer Konflikte sein. Wir können nicht nur profitorientierte Banker, Kaufleute und Techniker als Botschafter Deutschlands nach Rußland entsenden; beinahe ebenso wichtig sind einfühlsame Kenner russischer Geschichte und russischer Interessen. Was die Stunde verlangt, ist Einsicht in die Notwendigkeit, in Rußland eine Wirtschaftsordnung zu fördern, deren marktwirtschaftlicher Charakter doch auch jene kollektivistischen Züge nicht außer Acht läßt, die für das russische Volk allem Anschein nach unentbehrlich sind.

Wir müssen für eine lange Zukunft planen, nicht für den Profit von morgen. Den Gewinn müssen wir in großen Zeiträumen berechnen. Das Axiom der beinahe dreihundertjährigen Nachbarschaft von Deutschen und Russen ist, daß immer dann, wenn Geringschätzung und Mißachtung des anderen, gekoppelt mit überschäumendem Selbstbewußtsein, den einen oder anderen den Weg der Feindschaft wählen ließen, alle beide später Grund zur Reue gehabt haben. Weil einmal der eine, einmal der andere verkannte, wie komplementär die Interessen sind, ist Deutschland so lange geteilt gewesen und – immer noch – potentielles Schlachtfeld für den dritten Weltkrieg; aus dem gleichen Grund ist Rußland nach hundert Jahren Leid und Anstrengung immer noch so arm. Wohlstand *und* Sicherheit werden beide Völker nur durch Kooperation miteinander finden.

Es gibt Grund zu der Annahme, daß diese Erkenntnis zu den wesentlichen Elementen der neuen russischen Außenpolitik gehört. Eben deshalb war vielleicht im Westen der Widerstand gegen eine wirkliche Vereinigung der beiden deutschen Staaten so groß – ein Widerstand, den manche mit offenen Worten bekräftigten, andere mit Taten, die ihren Worten zuwiderliefen.

Dieses vielfältigen Widerstandes wegen werden die Deutschen

sicherlich nur in mühseligem Prozeß einen Grad außenpolitischer Handlungsfreiheit erlangen, der es ihnen gestatten könnte, in der politischen Realität die Hand zu ergreifen, die ihnen das neue Rußland entgegenzustrecken scheint. In dieser neuen russischen Politik, an die nach Hitlers Greueln in Rußland noch vor kurzer Zeit niemand zu denken gewagt hätte, spiegelt sich nicht zuletzt jene Großzügigkeit wider, der sich Russen oft gerühmt haben. Und mit Großzügigkeit und nicht nur mit Profitrechnungen sollten wir ihnen auch antworten, in der Hoffnung, daß eine neue lange Ära der Zusammenarbeit unvermeidlich ihre Früchte auf jedem Gebiet des Lebens abwerfen wird.

III. Ouvertüre an der Oder

Die Geburtsstunde der heutigen Probleme Europas, speziell Deutschlands, schlug im Jahr 1713. Zum ersten Mal bricht jetzt herein, was uns während des ganzen 20. Jahrhunderts in Atem hält: der Aufstieg Rußlands zu einer Höhe der Macht, von der aus es den Rest Europas ernstlich bedrohen kann; die ersten Regungen des preußischen Militärstaates, der einer bis dahin ohnmächtig zersplitterten norddeutschen Mitte Rückgrat und Kraft geben kann; das Streben der alten und neuen europäischen Flügelmächte – hier Englands und Frankreichs, dort Rußlands – die Mitte zu besetzen, Preußen in das eigene Bündnissystem zu ziehen; der fast verzweifelte Versuch dieser preußischen Mittelmacht, nicht in die Netze der rivalisierenden Gruppen und in das vernichtende Räderwerk der Kriegführung zu geraten; statt dessen durch mehr oder minder ausgeprägte Neutralität das ohne große Risiken Erreichbare zu erlangen; schließlich die weise Entscheidung der Flügelmächte, den Druck auf Preußen zu vermindern und sich mit seiner Puffer-Rolle zu begnügen.

In einem Zeitraum von nur dreizehn Jahren, in der Periode von 1713 bis 1726, rollte auf einer kleinen norddeutschen Bühne ein Schauspiel ab, in dessen Verlauf sich alle Fragen stellen, die uns auch heute beschäftigen. Nur, daß dank der schließlich überall bewiesenen Umsicht der Ausgang unablässiger Manöver kein tragischer ist wie zweimal in diesem Jahrhundert, sondern im Gegenteil recht glücklich; nur, daß in dieser Periode diplomatische Experimente gemacht wurden, deren Resultate späteren Epochen als tragfähige Grundlage erscheinen konnten. Zum ersten Mal dämmert in diesen Jahren eine Erkenntnis auf, die uns als das Axiom preußisch-russischer Beziehungen erscheinen will: daß beide Staaten schon deshalb zu gutnachbarlichen Beziehungen gezwungen sind, weil sie sich nicht mit Gewinn befehden können. Jeder Versuch Rußlands, Preußen zu dominieren, wird für den Rest der Welt unerträglich und fordert anti-russische Koalitionen von allzu großer Stärke heraus, während Preußen gegen Rußland keine Ziele hat, die das enorme Risiko gewaltsamer Auseinandersetzungen wert sind, und in anti-russischen Koalitionen immer nur zum Handlanger fremder Interessen wird.

Dem aufmerksamen Beobachter wird es nicht schwerfallen, hinter den zeitbedingten Umständen und Begriffen von damals Zeitloses, Gegenwärtiges zu entdecken. Die aufstrebende Seemacht England beispielsweise legt Interessen an den Tag, die durchaus Ähnlichkeit mit denen des meerbeherrschenden Amerikas von heute haben. Polen ist, trotz anderer Grenzen und Herrscher, immer Polen; Frankreich vom Gefühl der Rivalität zur europäischen Mitte erfüllt, dauernd auf der Suche nach Partnern, die helfen können, diese einzudämmen. Für das alte, ein wenig deutsche, mehr übernationale habsburgische Kaiserhaus zwar gibt es jetzt keine ins Auge fallende Entsprechung. Und doch ist der Gedanke nicht von der Hand zu weisen, daß die schnell wachsende Eifersucht dieser einstigen Ordnungsmacht Mittel-, Süd- und Südosteuropas auf das neue Preußen manchen Zug enthält, der dem Verhältnis des sich heute bildenden »einigen« Europa zur Bundesrepublik Deutschland nicht fremd ist.

In diesem Jahre 1713 trat in Berlin Friedrich Wilhelm I. seine lange Regierung an, der keinen Tag zögerte, jenen Militärapparat aufzubauen, mit dessen Hilfe sein Sohn Preußen zur europäischen Großmacht erhob. In das Jahr 1713 fällt der Friede von Adrianopel zwischen Rußland und der Türkei, der Peter den Großen in die Lage versetzte, sich im großen »Nordischen Krieg« wieder mit ganzer Kraft dem schwedischen Feind zuzuwenden. Im September 1713 eroberte seine Armee Stettin, die Schlüsselposition Schwedens in Deutschland, und übergab sie zur treuen Verwahrung dem Preußenkönig. In eben jenem Jahr wurde der Friede von Utrecht geschlossen, der den langen Spanischen Erbfolgekrieg seinem Ende entgegenbrachte und den erschöpften Mächten des westlichen Europa gestattete, ihren Blick nach Osten zu richten, wo sich zu ihrem Schrecken so plötzlich die russische Macht aufgebaut hatte. Zum ersten Mal ertönt in diesem Jahr 1713 in London die Warnung vor der Gefährdung des europäischen Gleichgewichts. Und zum ersten Mal machen England und Frankreich der jungen preußischen Macht das Anerbieten einer Verbindung, die kaum verhüllt eine Spitze gegen Rußland richtet.

Wie war es zum »Nordischen Krieg«, dem Auslöser dieses ersten Ost-West-Konfliktes, überhaupt gekommen? 1700 war er ausgebrochen. Es standen sich Schweden auf der einen, Rußland, Dänemark und Polen/Sachsen – die drei »Nordischen Alliierten« – auf der anderen Seite gegenüber. Und alle vier waren Räuber großen Stils, so friedlich die meisten von ihnen heute auch sein mögen – Räuber ist immer, wer sich gerade stark genug für die Rolle fühlt; weniger das »Ob« ist fraglich als das »Was« und »Wie«, nicht das Ziel, sondern die Methode (und, natürlich, die Effizienz von Desinformation und Camouflage).

Schweden hatte sich zuerst im 16. und 17. Jahrhundert das blühende deutsche Ordensland im Baltikum unterworfen, im wesentlichen das heutige Lettland und Estland, die Gegend südlich von Riga bis zum heutigen Leningrad, später Karelien und Ingermanland. Dann, im Dreißigjährigen Krieg, angetrieben von französischen Einflüsterungen und gestützt auf französische Finanzhilfe, hatte es seine gewaltige Angriffs- und Ausfallposition an den norddeutschen Küsten gebaut: im Gebiet zwischen Weser und Elbe, um Verden und Bremen, in Wismar, vor allem aber in Pommern mit Stettin, Usedom und Wollin, Rügen und Stralsund. Hier, in Usedom, war 1630 Gustav Adolf mit seinem Heer gelandet, von hier aus zu seinem Kreuzzug in Deutschland aufgebrochen, der das Reich so furchtbar verwüstet und entvölkert zurückgelassen hatte. Von hier aus konnten die Schweden, als Frankreichs Degen, immer wieder und überall nach Deutschland hineinschlagen. Aber auch – und das machte die Sache für den Zaren unerträglich – nach Polen, und über Polen nach Rußland.

Schweden hatte auch in Dänemark einen alten Gegner. Auf der skandinavischen Halbinsel stritten sich beide über Teile des heutigen Südschwedens und über Norwegen, in Deutschland um die Küsten. Dänemark hatte 1676 Oldenburg erworben, 1686 mit langer Belagerung vergeblich Hamburg unter seine Botmäßigkeit zu zwingen versucht. Aber schon davor war ein bitterer dänisch-schwedischer Streit um Schleswig-Holstein entstanden, der von erheblicher Bedeutung für die Weltgeschichte werden sollte.

Überaus komplizierte Rechtstitel und politische Verhältnisse hatten zu einer Art deutsch-dänischer Doppelherrschaft über die Herzogtümer geführt. Immer wieder hatte das System die Dänen zum Versuch bewogen, das ganze Land bis vor die Tore Hamburgs und Lübecks in ihre Gewalt zu bringen, zumindest aber wollten sie Schleswig bis an die Stadtgrenzen Kiels haben.[1] Immer wieder hatten umgekehrt die Herzöge von Schleswig-Holstein ihre Souveränität über das ganze Gebiet herzustellen versucht und dabei regelmäßig die Hilfe Schwedens gefunden. Für Schweden war Schleswig-Holstein ein Bindeglied zu seinen Besitzungen zwischen Weser und Elbe. Deshalb hatte es den Holsteinern oft genug Hilfstruppen ins Land

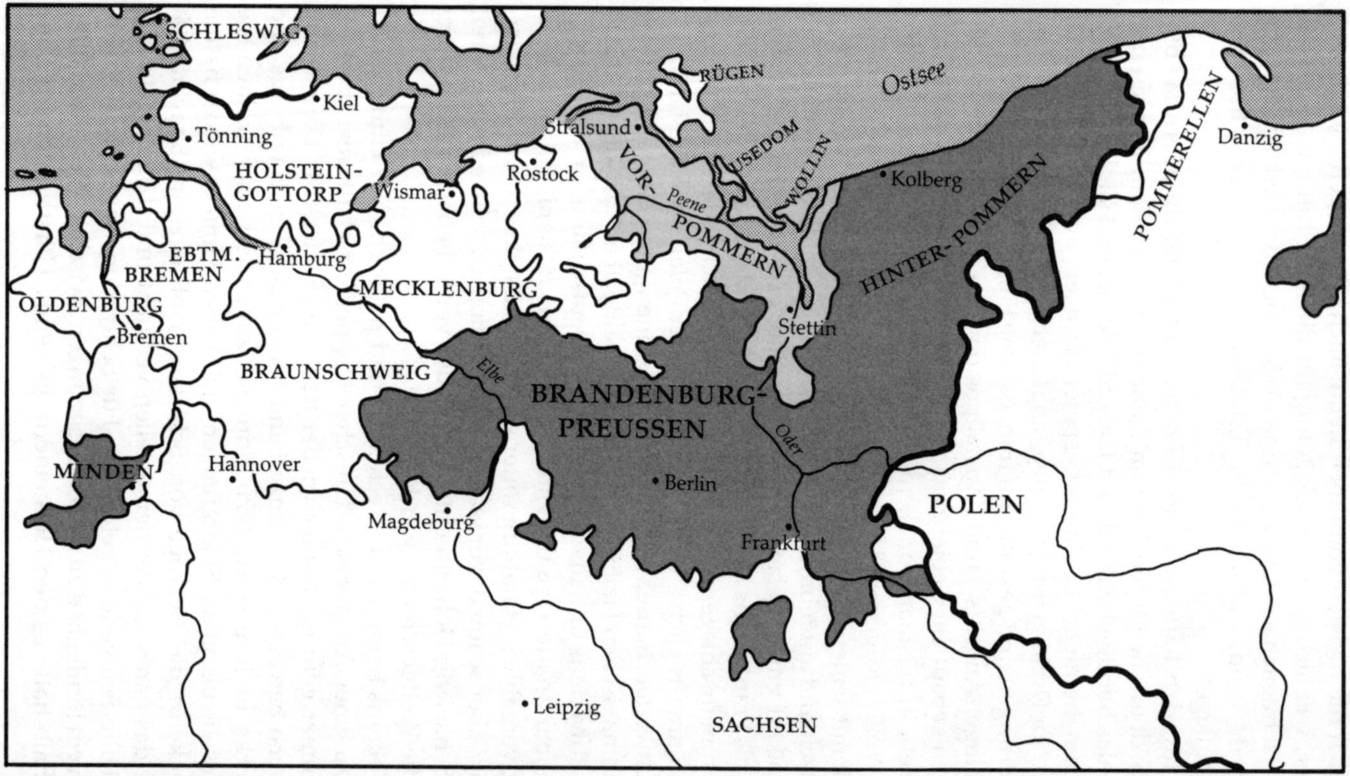

Norddeutschland um 1700

geschickt. Wenn sich aber Schweden von den dänischen Ansprüchen auf Schleswig-Holstein in seinen deutschen Besitzungen bedroht fühlte, so Dänemark durch die schwedische Position in den Herzogtümern an seiner Südflanke. Genau am Ende des alten Jahrhunderts hatten die Schweden wieder einmal die holsteinischen Rechte gegen die Dänen vertreten, und Dänemark fühlte sich herausgefordert. Aber allein konnte es nicht daran denken, die Schweden anzugreifen.

Es suchte nach Verbündeten, und der erste, der sich fand, war Polen. Polen war damals immer noch riesig groß in der Folge einer Heirats- und Aggressionspolitik, die es betrieb wie andere Großmächte auch, nur daß es, anders als andere Großmächte, innerlich schon so zerrissen war, daß es eigentlich froh über jedes Jahr hätte sein müssen, in dem seine Nachbarn nicht ihrerseits an seinen Grenzen zu knabbern begannen. 1697 hatten die polnischen Magnaten einen ausländischen Potentaten zum König von Polen gemacht, den jungen sächsischen Kurfürsten August den Starken. Als August II. bestieg er den Thron, getreu dem Prinzip des Absolutismus wollte er Königs- und Staatsmacht auch in Polen stärken. Aber das wäre nur auf Kosten des polnischen Adels gegangen, und um dessen Widerstand auszuräumen, gedachte er dem polnischen Nationalismus durch neue Eroberungen zu schmeicheln. Sein Blick fiel auf die reichen schwedischen Besitzungen an den baltischen Küsten mit ihren immer noch deutschen Städten. Die Dänen erkannten Augusts Interesse, schlugen ihm eine Allianz vor. Aber so groß des Polenkönigs Land und Ambitionen waren, so wenig durchschlagskräftig war sein Heer. Deshalb wollte er Rußland zum Werkzeug polnischer Interessen machen.

Zar Peter hatte gerade seinen ersten Türkenkrieg etwas mühsam zu einem knappen Erfolg gesteuert – nur den Hafen Asow hatte er gewonnen, als Rußlands ersten Ausguck ins Schwarze Meer. Sein österreichischer Alliierter war nach den großen Siegen des Prinzen Eugen eigene Wege gegangen, und allein mußte sich Peter zu schwach fühlen, da unten den weiten Weg bis ins offene Mittelmeer, am Bosporus vorbei, für Rußland freizuboxen. So lag ihm der Gedanke nahe, sich einer anderen, nähergelegenen Küste zuzuwenden, eben der baltischen. So stark wie die Türken, glaubte er, waren die Schweden nicht, und an dieser nördlichen Front witterte er auch die möglichen neuen Verbündeten. 1698 traf er sich auf der Heimreise von seinem legendären »Incognito«-Besuch in Holland mit dem Polenkönig in Rawa, einem kleinen Nest nicht weit von Lodz. Der informierte ihn über seine Gespräche mit den Dänen, und schnell war man sich über die Grundzüge der Dreier-Allianz einig. August II. verlangte aus der erhofften schwedischen Beute für Polen das ganze Livland mit Riga, überdies Estland mit Reval und dazu Stettin. Dem Zaren gestand er Karelien und Ingermanland zu, also die um das spätere Petersburg liegenden Provinzen. Die Dänen sollten in Deutschland nehmen, was sie konnten.

Aufstieg und Niedergang eines Kriegsgottes

So war es 1699 zur formellen Offensiv-Allianz der drei »Nordischen Alliierten« gekommen. Die Polen/Sachsen waren die ersten gewesen, die losschlugen. Im Februar 1700 hatten sie im Handstreich versucht, Riga zu besetzen. Der war kläglich mißlungen, und nicht viel besser war es den Dänen ergangen, die einen Monat später in Schleswig-Holstein einfielen. Als Schwedens junger Kriegsgott Karl XII. blitzartig vor Kopenhagen auftauchte, um seinen holsteinischen Freunden beizustehen, war dem Dänenkönig nichts anderes übriggeblieben als ein schneller Frieden. Der bedingte, daß er erstens wieder einmal Schleswig-Holsteins Unabhängigkeit und Souveränität anerkennen und zweitens aus der eben erst gegründeten Koalition ausscheiden mußte. Er unterzeichnete am gleichen Tag, an dem der Herrscher Rußlands seinen Truppen Marschbefehl gegen Schweden gab.

Aber auch Peter hatte Karl XII. unterschätzt. Er hatte Narwa zu erobern versucht, jenen Hafen am finnischen Meerbusen, der dem heutigen Petersburg vorgelagert ist – einem Petersburg, das damals nichts als eine Sumpflandschaft an der Mündung der Newa war und das Peter dann inmitten entsetzlicher Kriegswirren buchstäblich auf den Knochen von Zehntausenden von Zwangsarbeitern aus dem Morast emporschießen ließ. Aber da, vor Narwa, war wiederum viel schneller, und mit größerem Heer als irgend jemand geglaubt hatte, der Schwedenkönig aufgetaucht. In Erwartung der Niederlage hatte Peter nicht eben ruhmvoll sein Heer im Stich gelassen, und dieses war von den Schweden zerschmettert worden. Nur: anders als seine Verbündeten verfügte der Zar über ein riesiges Territorium, große Menschenmassen, Zeit und einen stählernen Willen. Und so war es ihm schließlich gelungen, nach dem kältesten Winter, den Europa im 18. Jahrhundert gekannt hatte – dem Winter von 1708/09, als in Venedig alle Kanäle zugefroren und die französischen Nordseeküsten mit dickem Eis bedeckt waren –, das erschöpfte, dezimierte und isolierte Schwedenheer beim südrussischen Poltawa entscheidend zu schlagen. Karl XII. rettete sich mit wenigen Getreuen in die Türkei.

Mit dem Untergang des schwedischen Heeres war eine Wasserscheide in der europäischen Politik und im russisch-schwedischen Verhältnis erreicht. Von nun an neigte sich die Waagschale auf die russische Seite. Zwar hatten die Jahre von 1710 bis 1713 noch einmal das Zwischenspiel eines russisch-türkischen Krieges gesehen, der den Schweden eine gewisse Entlastung gebracht hatte – eines Krieges im übrigen, der einmal mehr bewies, daß der Zufall seine gewichtige Rolle in der Weltgeschichte spielt. Denn in diesem Krieg hatte sich Peter, mindestens ebenso leichtsinnig wie vorher Karl XII. ihm selbst gegenüber, mit seiner Armee von einer sechsfachen türkischen Übermacht einschließen lassen. Nach menschlichem Ermessen war er schon türkischer Gefangener – wenn die Türken gewollt hätten. Aber der Großwesir ließ sich bestechen, durch die Diamanten des Schmucks Katharinas, die sich an Peters Seite im Lager befand, wie auch durch leere Worte und politische Luftschlösser, die Katharinas Diamanten elegant verpacken sollten. Und so war es dann 1713 zu jenem neuen Türkenfrieden gekommen, in dem Peter lediglich den Hafen Asow wieder aufzugeben hatte und der ihm im übrigen den Rücken freigab für seinen Endkampf mit den Schweden.

Der Krieg im Norden war allerdings nie eingeschlafen. Russische Armeen hatten inzwischen die baltischen Länder erobert. Es war manchmal wild dabei hergegangen. Nicht, weil der Zar das so gewünscht hätte, ganz im Gegenteil, sondern weil seine Truppe damals eben noch ziemlich rauh war. Von der Eroberung von Narwa 1704 gibt es eine Erzählung, die das doppelte Drama, das für die Baltendeutschen und das in Peters Seele, so deutlich werden läßt. Nach langer Belagerung waren die russischen Soldaten bei ihrem letzten Sturm in Blutrausch gefallen und begannen abzuschlachten, was ihnen in den Weg kam. Um die Katastrophe zu stoppen, die seine Politik durchkreuzen konnte, stach der Zar mit dem Degen einige seiner eigenen Soldaten nieder und ging dann in das Schloß, wo der schwedische Kommandant Horn gefangen vor ihn gebracht wurde. Er gab ihm im ersten Zorn eine Ohrfeige und sagte ihm: »Du, du bist allein an dem vielen unnötig vergossenen Blut schuld und hättest schon längst die weiße Fahne hissen sollen, da du weder Hilfe noch irgendein anderes Mittel zur Rettung der Stadt erwarten konntest. Zugleich schlug er seinen noch blutigen Degen auf den Tisch und rief zornig: »Sieh hier meinen noch von russischem und nicht von schwedischem Blut nassen Degen, mit dem ich meine eigenen Soldaten von den Exzessen der Plünderung abgehalten habe, um die armen Einwohner der Stadt von der Schlachtbank zu retten, auf die sie deine Hartnäckigkeit geliefert hatte.«[2] Vielleicht ist es wahr.

Von 1710 an war der Krieg dann wieder an der ganzen Ostseeküste aufgeflammt. Das alte Dreier-Bündnis hatte sich neu belebt, nachdem sich die Kunde von Poltawa in Europa verbreitet hatte. Die Dänen hatten ihren Appetit auf Schleswig-Holstein nur mühsam unterdrückt. Und der Polenkönig, der 1706 von Karl XII. bis in seine sächsische Heimat verfolgt worden war und dem polnischen Thron hatte entsagen müssen, war wieder in Warschau eingezogen. Beide glaubten, daß nun nichts Ernstes mehr zu riskieren war, daß nur noch das Fell des schwedischen Löwen verteilt werden mußte – das eben, leider, hauptsächlich ein deutsches Fell war.

Aber auch dieses Mal kamen beide nicht ohne die Russen weiter. Der schwedische Löwe zeigte auch tödlich verwundet noch gefährliche Pranken. Wenn er schon für den Augenblick die baltischen Provinzen verloren geben mußte, so wollte er doch auf jeden Fall seine norddeutschen Positionen behaupten. Später, bei günstigerer Konjunktion, konnte er dann von ihnen zum Gegenangriff in Richtung Polen–Rußland ausbrechen. Für den klarsichtigen Peter war das ebensowenig eine verlockende Aussicht wie für die unglücklichen norddeutschen Schlachtfeldbewohner. Und so war 1711 zum ersten Mal in der Geschichte ein russisch-polnisches Heer durch Pommern und Mecklenburg nach Holstein gezogen – nicht ohne Plünderungen –, um den Dänen im Kampf gegen die Schweden zu assistieren.

Jetzt, im Jahre 1713, war nach wechselvollen Kämpfen die letzte Feldarmee, die Schweden auf deutschem Boden noch besaß, von dänischen, russischen und polnisch-sächsischen Truppen in die Festung Tönning an der holsteinischen Nordseeküste gedrängt und eingeschlossen worden. Und nun stellten sich bedeutsame Fragen: Wenn sich die Armee ergeben mußte, was absehbar war, dann konnte Schweden auch seine übrigen Positionen in Norddeutschland – Stralsund, Wismar, Rügen, vor allem Stettin – nicht mehr behaupten. Wer würde sie aber erwerben?

Polen erhob – schon damals! – trotz minimalster Kriegsleistungen Anspruch nicht nur auf die baltischen Provinzen, sondern auch auf Pommern und Stettin, hatte sich den Platz vom Zaren versprechen lassen. Aber der traute den Polen nicht über den Weg, sie ihm ebensowenig, und Preußen hatte ein unbedingtes Interesse daran, den Hafen weder in polnische noch in andere Hände fallen zu lassen, sondern ihn selbst zu kontrollieren. Es war, sozusagen, sein Hausschlüssel, eine unentbehrliche Garantie seiner Sicherheit und der aller deutschen Ostsee-Länder. Grauenhaft waren in diesen letzten Kriegsjahren die norddeutschen Küstenprovinzen von den westwärts und ostwärts marschierenden Heerhaufen der Kriegführenden ruiniert worden. Russen, Polen, Sachsen, Dänen und Schweden hatten Kontributionen erhoben. Altona war von den Schweden eingeäschert worden, dann, zur »Rache«, Wolgast, Garz und Anklam von den Russen. Diese Greuel konnten sich wiederholen, wenn Pommern und insbesondere Stettin weiter in fremden Händen blieben. Aber auch aus politischen Gründen konnte Preußen nicht zugeben, daß jetzt etwa Russen oder Polen die Schweden in Stettin ersetzten. Denn dann wäre es von Osten und von Norden umklammert gewesen, und mit ihm das mittlere Norddeutschland.

Auch den westlichen Mächten, auch England und Frankreich wäre das unakzeptabel erschienen. In Westeuropa hatte es hinreichend Aufsehen erregt, daß die Truppen des russischen Riesen jetzt die norddeutschen Küsten entlangzogen, daß Feldmarschall Menschikow 1711 in Greifswald sein Hauptquartier aufgeschlagen, der Zar selbst 1712 seine Truppen vor Stralsund inspiziert hatte. Damals waren die westlichen Mächte im Spanischen Erbfolgekrieg noch damit beschäftigt, sich gegenseitig den Schädel einzuschlagen. Aber nun waren beide Staaten frei, sich mit den Russen zu beschäftigen. Deshalb hatten sowohl London wie Versailles gleich 1713 der brandenburgisch-preußischen Regierung gemeinsame Beratungen über die Wiederherstellung des Friedens im Norden auf neuen Grundlagen vorgeschlagen. So rollte in diesem Frühjahr 1713 die pommersche Frage auf Preußen zu. Und damit die Bündnisfrage zwischen Ost und West.

Denn nach der Truppenbesichtigung in Holstein und Pommern war im März 1713 auch Zar Peter in Berlin aufgetaucht. Er hatte dem jungen König Friedrich Wilhelm ein erstes Allianzangebot gemacht. Preußen, so schlug er vor, solle in den Krieg gegen Schweden eintreten; als Gegenleistung sollte es Elbing erhalten – jenen einst blühenden Hafen im Land des Deutschen Ordens an der ostpreußischen Grenze, der sich 1466 unter die polnische Oberhoheit hatte fügen müssen, 1657 von Polen an Preußen verpfändet, bisher aber weder eingelöst noch an Preußen abgetreten worden war. Es war nicht das erste Mal, daß der Zar mit solchen Gedanken an Preußen herantrat. Im September 1712, noch in der Regierungszeit König Friedrichs, hatte er vor Stralsund zu einem preußischen General gesagt, er wünsche eine Allianz mit Preußen und würde dafür Stettin bieten. Auf die Frage, gegen wen die Allianz gerichtet sein solle, antwortete er: »Gegen Polen.«[3] Aber kaum daß Gespräche darüber begonnen hatten, bei denen die Preußen im übrigen den Wunsch nach Elbing voranstellten, zerschlugen sie sich auch wieder. Denn die Schweden hatten eine Gegenoffensive begonnen, die Belagerung von Stralsund mußte aufgegeben werden, und erst jetzt kamen die Dinge wieder in Fluß.

Das Ringen um die Schlüsselposition Stettin

Friedrich Wilhelm war selbst erst ein paar Wochen im Amt. Stettin erschien ihm in der Tat als der große Preis. Aber unerfahren, wie er war, und mit einer ihm unzureichend erscheinenden Rüstung wollte er sich weder auf die eine noch auf die andere Seite schlagen. Er konnte dabei nur von der einen oder anderen Partei abhängig werden und allen Kriegsgefahren ausgesetzt sein. Zunächst wollte er an der alten Neutralität festhalten. Preußen schien ja für alle Seiten wichtig geworden zu sein. Was immer die Maximalziele Zar Peters in Norddeutschland sein mochten, sein Minimalziel war, daß Preußen eine Barriere gegen Schweden bilden und künftige Ausfälle der nordischen Reiter in Richtung Osten von den deutschen Häfen aus verhindern sollte. Auch Dänemark wünschte eine preußische Barriere gegen Schweden, überdies auch schon einen Puffer gegen Rußland. Zu Frankreich und England bestanden gute Beziehungen. So schien es Friedrich Wilhelm am besten, abzuwarten. Er sagte dem Zaren, daß er ein Jahr Zeit brauche, um seine Finanzen und sein Militär instand zu setzen. Dann werde man sehen, und in der Zwischenzeit könne das russische Projekt geprüft werden.

Aber die Dinge begannen sich schneller zu bewegen, als der König geglaubt hatte. Die in Tönning eingeschlossenen Schweden kapitulierten schon Ende April. Russen und Polen zeigten Eile, in Richtung Osten abzumarschieren und dabei im schwedischen Pommern aufzuräumen, zu allererst in Stettin. Und Preußen fühlte sich früher zu Entscheidungen gedrängt, als ihm lieb war. Wieder regierte der Zufall, half dem König, einen Fuß in die Stettiner Tür zu setzen, ohne daß er sich vorerst allzusehr exponieren mußte. Der Zufall bestand in der Person des Freiherrn von Görtz.

Das war ein Mann aus mitteldeutschem Uradel, der zuerst in holsteinische, dann in die Dienste Karls XII. trat, und der sich vielleicht den Ruf eines genialen Staatsmannes hätte erwerben können, wäre nicht sowohl die holsteinische Sache wie die des Schwedenkönigs von der Geschichte zum Scheitern verurteilt gewesen. Weshalb er schließlich nach Karls plötzlichem Tode auf einem schwedischen Schafott sein Leben verlor. »Ihr Hof«, sagte wenige Jahre vorher Zar Peter zu einem holsteinischen Abgesandten, »scheint mir unter Görtzens Einfluß wie ein Nachen, auf den man den Mast eines Kriegsschiffes gesetzt hat. Der kleinste Seitenwind muß ihn zum Kentern bringen.«[4] Der scharfsichtige Herrscher hatte den Nagel auf den Kopf getroffen, nur war damals, im Frühsommer 1713, der gefährliche Seitenwind noch nicht aufgekommen. Und weil das kleine Schleswig-Holstein nicht nur für die nächsten Jahre, sondern für die europäische Politik des nächsten Jahrhunderts eine so ungewöhnliche Bedeutung bekam, müssen wir hier kurz auf seine Rolle eingehen.

Görtz, damals Hauptberater des holsteinischen Hauses Gottorp, versuchte nicht ohne Erfolgsaussicht, die sinkende Sache des Herzogtums an den Nagel der großen Diplomatie zu hängen. Der Aufhänger dafür war die Verwandtschaft seines Herzogs mit dem schwedischen Königshaus. Er war der bestplazierte Kandidat für die Nachfolge auf dem schwedischen Thron. Darauf ließ sich in der Görtzschen Vision ein großräumiger schwedisch-russischer Friede mit den Bindegliedern Schleswig-Holstein und Preußen gründen. Schweden sollte die militärisch unhaltbar gewordenen Plätze in Norddeutschland jetzt aufgeben, um später neue Positionen gewinnen zu können. Was es in Pommern verlor, konnte es wenige Kilometer entfernt wiederbekommen, wenn nämlich Herzog Karl Friedrich die schwedische Krone gewann, das heißt, wenn sich Schweden und Schleswig-Holstein verbanden.

Deshalb schlugen die Holsteiner in Berlin das folgende Arrangement vor: Der gegenwärtige schwedische Kommandant in Stettin soll das Gebiet kampflos räumen und es von einer gemischten preußisch-holsteinischen Truppe besetzen lassen. Dann soll Preußen die *vorläufige* Verwaltung des ganzen schwedischen Pommerns erhalten. Aber Herzog Karl Friedrich soll sich verpflichten, das Gebiet von Stettin einschließlich der Vorinseln für *dauernd* an Preußen abzutreten, sobald er König von Schweden geworden sein würde. Als Gegenleistung soll Preußen sowohl die Thronfolge des Herzogs in Stockholm unterstützen wie auch die Unabhängigkeit des gesamten Schleswig-Holsteins von Dänemark. Der Plan war mit dem Statthalter für die schwedischen Provinzen in Deutschland abgesprochen. Er bot den Preußen den Vorteil, daß sie in Stettin einziehen konnten, ohne die Neutralität aufzugeben. Daß der holsteinische Jongleur es darauf abgesehen hatte, sie in eine anti-dänische Position zu manövrieren, konnten sie wohl nicht übersehen. Aber daß dies dem Zaren Peter gar nicht passen konnte, war ihnen zunächst nicht klar.

Schon deshalb nicht, weil die Görtzsche Idee von der künftigen Rolle Holsteins zu einem engeren Verhältnis zwischen ihm und Zar Peters Freund, dem Feldmarshall Menschikow, geführt hatte. Als dieser in Holstein lag, hatte Görtz mit ihm ein gewaltiges Projekt beredet. Er schlug ihm die Anlage eines Nord-Ostsee-Kanals auf holsteinischem Gebiet vor (mehr oder weniger den späteren Kaiser-Wilhelm-Kanal), der russischen Schiffen zugänglich sein und sie in die Lage versetzen würde, die dänische Kontrolle an den Ostsee-Ausgängen und den dänischen Sundzoll zu umgehen.[5] Menschikow sah die enorme geopolitische Bedeutung eines solchen Seeweges und des ganzen Herzogtums für Rußland. Die Möglichkeit des freien Zugangs in die Nordsee tauchte damit auf.

Wenn auch Menschikows Idee damals noch keineswegs vom Petersburger Hof geprüft und gebilligt war – wie wir gleich sehen werden –, scheint sie doch auch den Zaren selbst fasziniert zu haben. Jedenfalls kann sie sehr wohl eine Erklärung für sein späteres großes Interesse an Holstein sein, auch dafür, daß er dem Herzog Karl Friedrich eine seiner Töchter zur Frau gab: die Mutter des späteren Zaren Peter III. Und jedenfalls erklärt sie wohl, warum die holsteinischen Abgesandten im Hauptquartier Menschikows vor Stettin offene Türen fanden, und warum es schließlich dem Berliner Hof geraten schien, auf die holsteinischen Ideen einzugehen. Im Juni 1713 unterzeichneten sie mit Holstein den Vertrag.

Selbstverständlich unterrichteten die Preußen davon sofort die Russen. Denn Friedrich Wilhelm wollte Stettin im Einverständnis mit allen, ganz besonders aber im Einverständnis mit dem Zaren. In der Tat billigte Menschikow den Plan. Er machte nur einen Vorbehalt: Wenn entgegen dem Projekt Stettin doch mit Gewalt genommen werden müßte, so sollte es allein durch preußische Truppen besetzt werden. Die Gegenleistung, die Rußland dafür verlange, sei, daß

Preußen künftig Durchbrüche schwedischer Truppen nach Süden und Osten mit Waffengewalt verhindern werde. Zwar, sagte der Feldmarschall, sei der Zar vertraglich gebunden, Stettin und das ganze schwedische Pommern den Polen zu überlassen. Aber von russischer Seite werde alles getan werden, um die Zustimmung des Polenkönigs zur Vereinbarung mit Preußen zu erlangen.

Das Projekt hatte nur den einen Nachteil, daß es nicht mit dem schwedischen Kommandanten in Stettin abgesprochen war. Das war ein braver Soldat, der für hochfliegende Politik wenig Sinn hatte und seine Festung nur übergeben wollte, wenn er durch überlegene Gewalt dazu gezwungen würde. Die war für ihn noch nicht erkennbar, und Menschikow sah sich vor der Notwendigkeit einer zeitraubenden Belagerung. Nun stellte er den Preußen eine Bedingung für den ihnen zugedachten Gewinn: daß sie sich zumindest indirekt am Krieg beteiligten, nämlich durch die Ausstattung seiner Armee mit Geschütz, Munition und Proviant.

Seiltanz zwischen den Bündnissen

Zum dritten Mal innerhalb eines Jahres war Preußen nun von Rußland vor die Allianzfrage gestellt und wieder lehnte es ab. Die Risiken schienen in militärischer wie politischer Hinsicht unüberschaubar, die Neutralität ein zu kostbares Gut. So mußte Menschikow sich allein an die Eroberung machen, die notwendige Artillerie beschaffte er sich vom sächsischen Feldmarschall Flemming. In wenigen Wochen war die schwedische Besatzung, mehr noch die Bevölkerung Stettins mürbe. Abordnungen geängstigter Bürger, die nach den baltischen Beispielen angstvoll die Deportation nach Rußland befürchteten, erschienen bei den preußischen Beobachtern. Die Russen hatten militärisch erreicht, was sie wollten. Sie konnten, wenn sie es so wünschten, als Eroberer in Stettin einziehen. Und wenn sie hätten bleiben wollen, hätte sie so bald niemand herauszwingen können.

Aber sie wollten nicht nach Stettin, und sie wollten es auch nicht behalten. Was sie daran hinderte, war einmal der Gedanke an die vielfältige Gegnerschaft, die sie sich damit eingehandelt hätten. Vor allem aber wollten sie die Freundschaft Preußens, notfalls eben auch mit einem neutralen Preußen. Er habe vom Zaren Befehl, sagte Menschikow gegenüber den preußischen Unterhändlern, alles zu König Friedrich Wilhelms Befriedigung einzurichten.[6] Und der hatte richtig gerechnet: Die Russen waren bereit, ihm Stettin zu übergeben, ohne daß er den Finger gerührt, ohne daß er sich exponiert hatte.

Anfang Oktober 1713 kam er in Schwedt, einem kleinen Nest vor Stettin, mit Menschikow zum Abschluß. Die holsteinischen Diplomaten, unermüdlich zwischen Menschikow, den Preußen und sogar Sachsen pendelnd, vermittelnd, immer darauf bedacht, den einen gegen den anderen auszuspielen und dabei das beste für Holstein herauszuholen, hatten schließlich eine politische Brücke gebildet, über die der Preußenkönig gehen konnte. Der sogenannte »Schwedter Hauptrezeß« zwischen Friedrich Wilhelm und Menschikow bestimmte, daß es »nicht in des Zaren Absicht sei, alles, was er eingenommen, zu behaupten«. Stettin einschließlich des Landstrichs bis zur Peene sowie Anklams und Wolgasts sollte Preußen bis zum Ende des Krieges in Besitz und Verwaltung gegeben werden. Dasselbe sollte später mit Stralsund und Wismar geschehen. Preußen mußte sich verpflichten, die Schweden nicht wieder nach Pommern kommen noch sie von dort Ausfälle machen zu lassen. Es versprach, bis zum Ende des Krieges neutral zu bleiben und dem Zaren die Kosten der Belagerung zu ersetzen. Die russische Seite verpflichtete sich, mit Schweden nicht eher Frieden zu machen, bis es entweder alle preußischen Zahlungen rückerstattet oder das ganze Gebiet endgültig an Preußen abgetreten haben würde.

Es war für Preußen ein Vertrag von eminenter Bedeutung. Er hatte nur zwei Schönheitsfehler; eben weil Friedrich Wilhelm an seiner Neutralität hatte festhalten wollen, konnte er auch nicht verhindern, daß die Holsteiner sich ins Geschäft gedrängt hatten; sein früherer Vertrag mit ihnen war in den Vertrag mit Menschikow eingegangen. Sie handelten als Beauftragte Schwedens; nur so konnte der König den Anschein wahren, daß er zwischen den Parteien stünde. Und zweitens hatte der Zar diesen Vertrag noch nicht ratifiziert. Preußen hatte einen Fuß in die Stettiner Tür geklemmt. Aber das große Ziel mußte erst noch gesichert werden, und das erwies sich als schwierig. Was nämlich Menschikow ebenso wie der König zu gering veranschlagt hatten, war, daß der preußisch-holsteinische Vertrag ebenso wie alle anderen holsteinischen Aktionen eine scharfe anti-dänische Spitze trug. Dänemark war aber immer noch ein Alliierter Rußlands, und zwar im Augenblick ein unentbehrlicher. Das eine, die schönen Perspektiven einer russisch-holsteinischen Verbindung, war Zukunftsmusik, das andere die Realität der Gegenwart.

Die Dänen bekamen bald Kenntnis vom preußisch-holsteinischen

Vertrag. Sie wußte, daß sich Preußen für jene Souveränität des Hauses Gottorp über das ganze Schleswig-Holstein einzusetzen versprochen hatte, die sie so erbittert bekämpften. Sie hörten, daß Menschikow den Preußen Wismar zugesagt hatte, und wollten die Stadt doch selbst. Schnell entstanden preußisch-dänische Spannungen, und Kopenhagen ließ den Zaren wissen, daß Dänemark einen Separatfrieden mit Schweden schließen würde, falls er den Schwedter Vertrag ratifiziere. Das war ein überwältigendes Argument. Dänische Assistenz zu Lande und zur See schien dem Zaren wichtig, wenn er die Schweden aus Norddeutschland vertreiben, unerläßlich, wenn er in Schweden landen wollte. So konnte man wohl in Berlin nicht sehr erstaunt sein, als im Dezember schließlich eine Erklärung Peters einlief, die Dänemarks Wünschen Rechnung trug. Mit dem Schwedter Vertrag, teilte er mit, sei der preußisch-holsteinische nicht zu vereinbaren. Preußen habe sich darin zu Dingen verpflichtet, die des Verbündeten Interessen schwer beeinträchtigten. Rußland könne sich dem nicht anschließen. Es war klar: Solange sich Preußen von den holsteinischen Ansprüchen nicht distanzierte, war Dänemark von Preußen im Rücken bedroht. Und solange war die Zustimmung des Zaren zu den Vereinbarungen nicht zu erwarten.

Der preußisch-russische Garantievertrag

Preußen mußte sich zu einer Anpassung bequemen, die seinem Wunsch nach strikter Neutralität nicht entsprach. Es verstehe sich von selbst, ließ Friedrich Wilhelm in Petersburg mitteilen, daß im Falle widersprechender Artikel der spätere den früheren Vertrag überhole.[7] In keiner Weise werde man etwas zu Gunsten Holsteins unternehmen, was dem Schwedter Vertrag widerspreche. Auch der Zar begann einzulenken. Wenn Preußen ihm gegen jedweden Widerspruch seine Unterstützung für den Erwerb der Provinzen Ingermanland und Karelien am Finnischen Meerbusen verspreche, so ließ er Berlin wissen, werde er in gleicher Weise den preußischen Besitz von Stettin bis zur Peene garantieren. Das entschied die Sache.

In letzter Minute unternahm Frankreich einen Versuch, die sich anbahnende preußisch-russische Verständigung zu torpedieren – den ersten in der Geschichte, keineswegs den letzten. Es versprach, von Schweden, seinem alten Freunde, die Überlassung Stettins an Preußen zu erwirken, wenn Preußen eine Allianz nicht mit Petersburg, sondern mit Stockholm gegen Petersburg schließe. Es stellte in Aussicht, daß sich Polen, der andere alte Freund, der schwedisch-preußischen Allianz anschließen könnte –, daß Frankreich sie unterstützen würde. Die Aufgabe sei, sich der Übermacht des Zaren entgegenzustemmen.[8] Frankreich schlug Preußen, mit anderen Worten, die Verbindung mit allen alten Gegnern Deutschlands vor. Das Manöver war zu unsolide, zu risikoreich, als daß sich Friedrich Wilhelm dafür hätte begeistern können.

Im Juni 1714 wurden die gegenseitigen preußisch-russischen Garantieverträge unterzeichnet. Sie gingen noch über die mündlichen Äußerungen des Zaren hinaus. Er versprach, Frieden mit Schweden nur unter der Bedingung zu schließen, daß Preußen Stettin bis zur Peene einschließlich Wolgast, Usedom und Wollin erhalte. Preußen versprach dem Zaren Unterstützung für die Einverleibung Ingermanlands, Kareliens und Estlands. Weitere russische Eroberungen würden von Preußen nicht behindert werden, der Zar würde Vergrößerungen des preußischen Hauses fördern. Die Schwedter Vereinbarungen hatten einerseits eine solidere politische Grundlage bekommen, andererseits waren sie geändert worden, und nicht zu Gunsten Preußens: Von Wismar und Stralsund war nicht mehr die Rede, offensichtlich mit Rücksicht auf Dänemark. Daß dies eine kluge Entscheidung war, sollte sich bald zeigen.

Auch, was den Zaren zur Eile bewogen hatte, warum er sich Preußens hatte versichern wollen. Gerüchte über eine Rückkehr Karls XII. aus der Türkei häuften sich. Schweden kratzte mit letzter Kraft an Soldaten und Kriegsmaterial zusammen, was noch zu haben war. Im Oktober und November wagte der Schwedenkönig jenen legendären Ritt, der ihn vom türkischen Bender durch die kaiserlichen Balkanlande über Regensburg zurück nach Stockholm führte. Der Krieg, das war allen klar, würde nun in ein neues Stadium treten. Eilig wurden neue Allianzen geschmiedet, neue Beutepläne gemacht – gehandelt wurde mit deutschen Provinzen.

Hannover, dessen Kurfürst eben, im August 1714, als Georg I. auch König von England geworden war, sah die Möglichkeit, sich mit englischen Hilfsmitteln im »schwedischen Deutschland« zu bereichern; England begann die Chance zu entdecken, mit Hilfe Hannovers eine große Position in Deutschland zu gewinnen. Er würde an der Allianz gegen Schweden teilnehmen – als Kurfürst von Hannover, nicht als König von England – ließ kurz nach der Thronbesteigung Georg I. Dänen, Preußen und Russen wissen, wenn Hannover dafür Verden und Bremen erhalten würde. Das hatten zwar gerade eben die Dänen mit Beschlag belegt. Aber geschwächt und bedroht, wie sie waren, stimmten sie zu, unter der Voraussetzung, daß sie im Austausch Wismar, Stralsund und Rügen erhalten würden. Das hatte sich zwar bereits der Preußenkönig ausgesucht. Aber schon im Abkommen mit dem Zaren war, wie wir sahen, davon nicht mehr die Rede gewesen. Eine englische Garantie für das wirklich Unentbehrliche schien Friedrich Wilhelm wichtiger als ein schlecht gedeckter Anspruch auf das ganze Pommern. Auch er stimmte zu – fürs erste waren die politischen Fronten abgesteckt, der Kampf konnte beginnen.

Es war Karl selbst, der ihn Ende April 1715 auslöste mit einer handstreichartigen Besetzung von Usedom. Dort grub er sich ein, verstärkte seine Befestigungen, wartete auf die Zersplitterung seiner Gegner. Er vertraute den Künsten des Freiherrn von Görtz, der inzwischen in seine Dienste getreten war, vor allem aber der französischen Diplomatie, die mit immer neuen Projekten die Gegner Schwedens zu verwirren und spalten suchte. Das war sein Unglück, denn Friedrich Wilhelm ließ sich nicht dupieren.

Als endlich die Allianzverträge ratifiziert waren, begannen Ende Juni 1715 Preußen, Dänen und Sachsen die Offensive – Hannover war sonderbar zögerlich, warum, sollte sich schnell zeigen. Stralsund und Wismar wurden von Preußen und Dänen eingeschlossen. Stralsund war die wichtigste Position, die noch in schwedischer Hand war, Karl XII. hielt sie für uneinnehmbar, er kommandierte dort selbst. Aber der werdende preußische Militärstaat begann schon, Köpfe zu entwickeln, die dem Schwedenkönig gewachsen waren. In einer heftigen, blutigen Kampagne entrissen die Preußen ihren Gegnern im Sommer zuerst Usedom, Wolgast, Peenemünde. Damit standen sie im Rücken von Rügen. Im November wurde es von Preußen, Dänen und Sachsen erobert. Damit war Stralsund schwer bedroht. Am Heiligabend 1715 fiel die Festung nach tapferer Gegenwehr. Karl XII., der bis zum Ende ausgeharrt hatte, konnte in letzter Minute entkommen – auf einem Schiff unter dreien, von denen die beiden anderen zerschossen wurden.[9]

Es war eine militärische Großtat. Schweden, vor wenigen Jahren noch eine militärische Supermacht, war – bis auf Wismar, wo es nur schwache Kräfte hatte und das im nächsten Jahr fiel – von deutschem Boden vertrieben. Die gewaltige Angriffsposition, die es seit fast hundert Jahren gegen das Reich hatte, war verloren. Man konnte

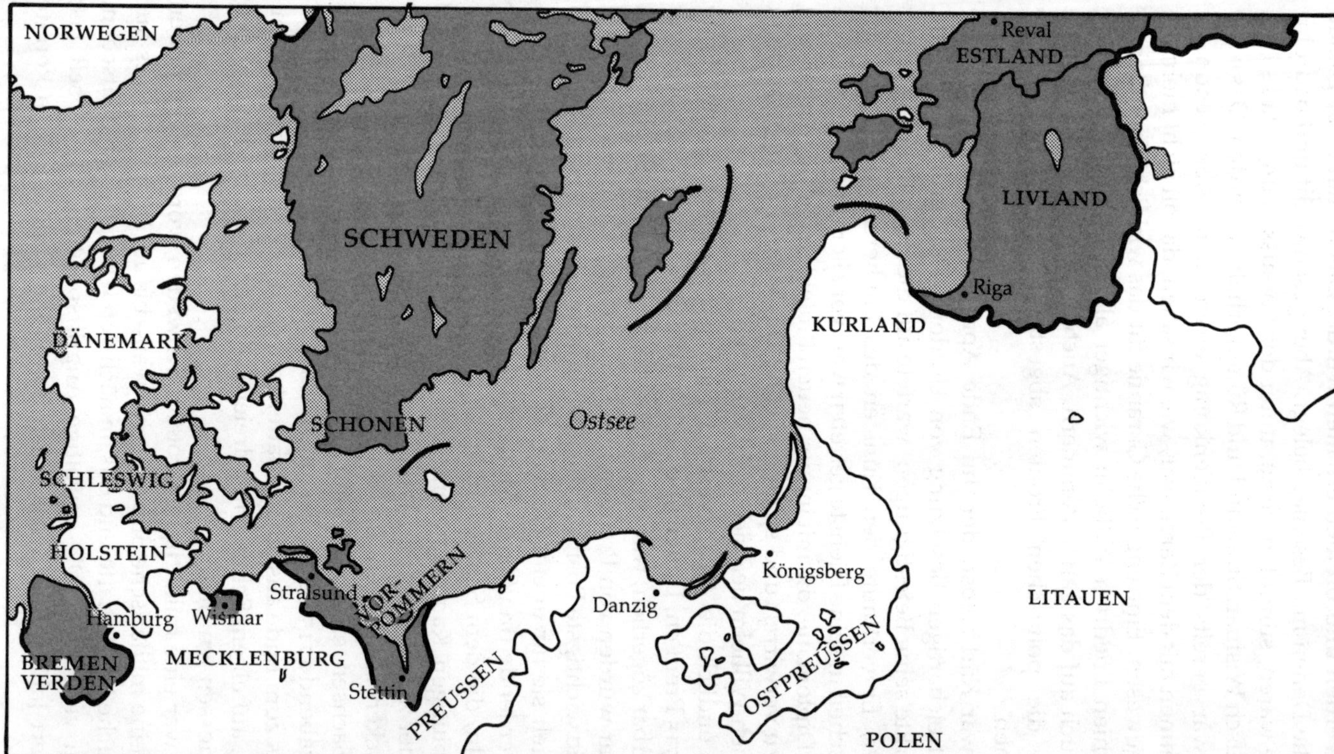

Schwedens Angriffs- und Ausfallposition in Deutschland und im baltischen Raum um 1712

auch sagen: Frankreich hatte keine nördliche Front mehr gegen Deutschland. Preußen schien sich nun im Besitz Pommerns östlich der Peene einschließlich Stettins einigermaßen sicher fühlen zu können. Es hatte viel durch seine eigene wachsende militärische Stärke erreicht. Aber unmöglich hätte sich diese Veränderung der Lage, dieser Gewinn, ohne die Kraftakte der Russen ergeben können, und nicht ohne die preußisch-russischen Arrangements.

Der erste Ost-West-Konflikt

Eben das war es auch, was entgegen allen Hoffnungen, die nach dem Fall Stralsunds gehegt werden konnten, dazu führte, daß Preußen schließlich noch zehn weitere aufgeregte Jahre nicht nur um seine Gewinne, sondern um seine Existenz zu zittern hatte. Rußland war anderen zu stark geworden, aber auch Preußen. Mochte es auch Reibungen zwischen den beiden geben und sogar Mißtrauen, so hatten sich doch auch Gemeinsamkeiten gezeigt, Gemeinsamkeiten, die Preußens Erstarken begünstigt hatten. Das war allen ein Dorn im Auge. Neue Allianzen bildeten sich, die sich gegen die Aufsteiger wandten. Preußen geriet in das Räderwerk der Rivalitäten, Befürchtungen, Eifersüchteleien, Drohungen und Verlockungen, die in jener Epoche des werdenden neuen europäischen Staatensystems besonders wild und hektisch wucherten. Es begann ein richtiges Räuberspiel der Mächte, es entfaltete sich ein Dschungel, in dem jedem in jedem Moment Gefahr aus irgendeinem dunklen Fleck drohte. Aber nichtsdestoweniger waren die Grundmotive doch charakteristisch für das künftige Europa. Ganz plötzlich war Preußen in den modernen Ost-West-Konflikt hineingezogen.

Man muß sich, wenn man in diesem Dschungel nicht die Orientierung verlieren will, immer wieder die Leitmotive der Akteure ins Gedächtnis rufen. Da ist zuerst als alles bewegende Kraft der Zar. Mit halbbarbarischer Brutalität und Verwegenheit einerseits, mit genialem Blick andererseits will er die großen Interessen Rußlands durchsetzen. Er ist immer fasziniert vom offenen Meer, erkennt die Begrenzung auch des eben erst gewonnenen Tors zur Ostsee, denkt schon an die Sicherung des Ausgangs zur Nordsee. Für ihn ist Deutschland ein Land von immenser Bedeutung. »Deutschland beschäftigte ihn mehr als irgendein anderes Land, außer Schweden«, sagte später Friedrich Engels.[10] Er hat noch nicht gelernt – aber er begreift schnell auch dies –, daß der Versuch einer Verwirklichung der kühnsten Träume auch den maßvollen Erfolg gefährden kann. Er hat der Welt Rußlands enorme Kraft gezeigt, wenn sie nahe den eigenen Grenzen entfaltet wird. Er hat noch nicht verstanden, daß die Schärfe des russischen Schwertes abnimmt, je weiter entfernt von den Quellen seiner Macht es gebraucht wird.

An zweiter Stelle England. Es ist unablässig und mit Falkenblick auf die Dominanz der Wasserwege, der Welthandelsstraßen, der überseeischen Positionen bedacht. Es hat im 17. Jahrhundert die Seemacht Spaniens und Hollands heruntergedrückt, im Spanischen Erbfolgekrieg Frankreichs überseeische Position geschwächt, den Handel nach dem spanischen Amerika und der Levante zu dominieren begonnen. Es hat sich 1713 im Asiento-Vertrag das Monopol des riesigen Sklavenhandels nach dem spanischen Amerika gesichert – eines der mörderischsten Unternehmen der Weltgeschichte, aber eine der Hauptquellen des neuen englischen Reichtums. Plötzlich entdeckt es die Gefährdung eines anderen wichtigen Seewegs, der Ostsee, durch Rußland, und plötzlich reißt es sein Steuer herum: Es geht bis an die Grenze des Krieges, um den neuen Rivalen niederzutreten – und hätte ihn geführt, wenn es nur Gehilfen gefunden hätte.

Dann der Kaiser in Wien. Er behauptet noch, das Reich zu vertreten. Aber mindestens mit einem Bein steht er längst außerhalb des Reiches. Er ist fasziniert von seinen Interessen in Süd-, Südwest-, Südosteuropa, nur gelegentlich und dann in einem eher negativen Sinn kümmert er sich um den deutschen Norden. Seine Deutschlandpolitik erscheint wie eine Funktion seiner Interessen in Spanien, Sizilien, Neapel, Mailand. Man könnte meinen, daß er schon im Dreißigjährigen Krieg seine Position in Deutschland entscheidend geschwächt hat, weil er sie seinen italienischen und spanischen hintanstellte. Im Spanischen Erbfolgekrieg und im Barrierevertrag geschieht das gleiche. Aber eifersüchtig wacht er doch darüber, daß im Reich keine neue Macht entsteht, die er als Rivalen empfinden und die den Zufluß jener Hilfsmittel verringern könnte, die er aus Deutschland für außerdeutsche Zwecke zieht. Preußen ist im Visier.

Schließlich Preußen selbst: von Ehrgeiz und Eigensucht beseelt und doch beständig von der Furcht erfüllt, zwischen die Räder zu kommen und von allen verlassen zu werden. Jeden Augenblick sucht es eine neue Absicherung nach dieser oder jener Seite. Politik ist für dieses Preußen ein permanenter Balanceakt, der immer wieder an die Grenzen der Unglaubwürdigkeit führt. Es will nicht auf seine Ambitionen verzichten und möchte sich doch immer wieder in ein Mauseloch verkriechen. Es tritt schwer gerüstet auf die Bühne und handelt nicht selten wie ein Krämer. Es weckt bei anderen Befürchtungen, und hat doch selbst soviel Angst. Ja, man könnte meinen, daß jene »deutsche Lebensangst«, von der heute soviel gesprochen wird, in jenen Jahren produziert worden ist. Es ist das Lebensgefühl der deutschen Mittellage.

Die Wendung der Dinge im Nordischen Krieg trat ein, als der Zar ein Versprechen wahrmachte, das er im Herbst 1715 dem Dänenkönig gegeben hatte. Er wollte im nächsten Frühjahr mit einem Heer in Dänemark sein, damit sie beide gemeinsam mit einer Landung in Schweden den Krieg beenden könnten. Nun kam er, aber mit größerer Macht als man im Westen erwartet hatte. Und die russischen Regimenter zogen auch nicht auf kürzester Strecke und unauffällig ihres Weges. Sie machten lange in Polen Station, der Zar landete mit seiner Flotte in Danzig, nahm dort große Paraden ab, erpreßte von den Bürgern einen hohen Beitrag zum Krieg. Es war kaum ein Zweifel, er fühlte sich in Polen als Herr im Haus, er wollte die russische Dominanz festigen. Es blieb ihm, nebenbei gesagt, auch kaum eine andere Wahl.

Polen war immer antirussisch gewesen. Jetzt befand es sich im Zustand innerer Auflösung, es war bereits ein »gärender Maischbottich«.[11] Sein Adel wachte eifersüchtig über die extremste Auslegung seiner Rechte. Der sächsische König, der die Staatsmacht stärken wollte, befand sich im dauernden Konflikt mit ihm. Als August II. nach der Schlacht von Poltawa vom Zaren wieder auf den Thron gehoben worden war, hatte der Adel auf der Beibehaltung jener Art von »Freiheit« bestanden, die vor allem darin lag, daß im Reichstag, dem Sejm, jedes Gesetz abgelehnt werden konnte, wenn sich auch nur eine einzige Stimme dagegen erhob. Es war dem König unmöglich, von den Adelsgütern regelmäßig Steuern zu erheben; hierzu war jedesmal die Zustimmung des Sejm notwendig. Das Heer war dementsprechend klein und schlecht besoldet.

Alle Reformversuche des eigentlich recht verständigen Sachsenkönigs wurden als Ausdruck des Bestrebens gewertet, Polen von Sachsen abhängig zu machen und die Polen den Deutschen unterzuordnen.[12] Und diese Befürchtungen bestanden keineswegs nur wegen des angeblichen sächsischen Absolutismus. Der Adel war sich auch der Tatsache bewußt, daß Sachsen wirtschaftlich und sozial sehr viel weiter entwickelt war als Polen, und er sorgte sich darum, daß das aktive, produzierende und handeltreibende sächsische Bürgertum ansteckend auf das polnische wirken und damit seine eigene Herrschaft gefährden würde.[13] Eine Herrschaft, die bisher auch deshalb so unumschränkt sein konnte, weil es im ganzen großen Polen nur etwa 500 Kaufleute gab.[14] So war der Adel, obwohl er sich auf einen König aus polnischem Geblüt nicht hatte einigen können, auch nur unter einem Bündel von Einschränkungen bereit, dem Sachsen-König ein ohnehin ziemlich machtloses Zepter in die Hand zu geben. Er sollte beispielsweise nur mit Zustimmung der Adelsversammlung das Land verlassen dürfen, Sachsen sollten in Polen weder Ämter noch Ränge im Heer bekleiden oder Güter erwerben dürfen, und vor allem sollten sich keine sächsischen Truppen in dem ohnehin unzureichend verteidigten Land aufhalten dürfen.

Die Königsmacht konnte, mit anderen Worten, einem Zustand, der an Anarchie grenzte, kaum steuern. In der Sicht Zar Peters hieß dies: irgend jemand mußte das Vakuum füllen. Wenn es nicht Rußland war, würde es eine andere Macht sein, die Polen gegen Rußland gebrauchen konnte. Aber indem der Zar sein Interesse erkannte und wahrte, schob sich der Schatten seiner Macht auch bedrohlich näher an den Rest Europas heran.

Um so näher, als er gleichzeitig seine Hand nach Mecklenburg auszustrecken schien. Während die Vorhut seiner Truppen sich in irritierenden, Mißtrauen weckenden Vor- und Rückmärschen über Pommern nach Westen schob, feierte er gleichzeitig in Danzig die Vermählung seiner Nichte Katharina mit dem Herzog von Mecklenburg. Ihm, teilte der Zar mit, wolle er Wismar als Hochzeitsgeschenk übergeben, den von Schweden 1648 geraubten Hafen, der seitdem schwer befestigt worden war. Der Herzog, ein rücksichtsloser, herrschsüchtiger, starrsinniger Autokrat, lag in einem Dauerkonflikt mit seinem Adel, dessen Aufsässigkeit mit der seiner polnischen Standesgenossen konkurrieren konnte. Er suchte nicht nur die politische Unterstützung des Zaren, er forderte auch russische Truppen an, mit deren Hilfe er seinen Adel gefügig machen wollte. Und der Zar schien nur zu gern bereit, seine Wünsche zu erfüllen – und Gegenforderungen zu stellen. Im April 1716 wurde ein »Bündnisvertrag« zwischen Rußland und Mecklenburg unterzeichnet. Peter versprach darin dem Herzog ein großes Truppenkontingent, dazu Wismar und Warnemünde sowie diplomatische Unterstützung bei ausländischen Höfen, während der Herzog seinerseits russischen Schiffen Landerechte in mecklenburgischen Häfen gewährte, den Durchmarsch russischer Truppen nach Dänemark und den Bau russischer Magazine durch diese Truppen.[15] Das konnte im Westen nur Besorgnis erregen. Zwar schien äußerlich zunächst alles nur auf die momentane Situation bezogen. Aber der Verdacht mußte wachsen, daß der Zar Wismar als Flottenstützpunkt zu gewinnen und eine feste Position im Deutschen Reich zu erhalten hoffte. Die Folge war eine wachsende Feindseligkeit vor allem in London.

Sogar von den befreundeten Preußen wurde das Gehabe der »moskowitischen« Abgesandten und Kommandeure ziemlich oft als anmaßlich empfunden. Und wie leicht der Zar selbst in seinem Auftreten gegenüber Schwächeren solchen Urteilen Raum bot, mag die folgende, von dem unübertrefflichen Barthold wiedergegebene Episode zeigen, die sich zwar ein Jahr später ereignete und eines amüsanten Zuges nicht entbehrt, aber auch die Konsternation erklärt, mit der man den Zaren »im Westen« beobachtete.[16] Im Herbst 1717 befand er sich – ein gekrönter Deutschland-Reisender wie nach ihm nur noch Alexander I. – auf der Rückreise von Paris in Magdeburg. Dort hatte sich auch der Bruder des französischen Kanzlers eingefunden, um ihn zu begrüßen.

> »Er fand ihn auf zwei russische Damen gestützt, deren Brüste er streichelte, was er übrigens auch fortsetzte, während man ihn feierlich anredete. So sonderbar die Szene war, sie war nichts im Vergleich zu dem, was sich am folgenden Tag ergab. Die Herzogin von Mecklenburg, seine Nichte, war zusammen mit ihrem Gatten eilig aus Schwerin gekommen, um ihn willkommen zu heißen und anschließend nach Berlin zu begleiten. Der Zar eilte ihr entgegen, umarmte sie zärtlich und führte sie in ein Zimmer, wo er sie auf ein Canapé legte und dann – ohne die Tür zu schließen und weder Rücksicht auf jene nehmend, die im Vorzimmer geblieben waren, noch auf den Herzog von Mecklenburg selbst – auf eine Weise handelte, die deutlich machte, daß nichts sich seinen Leidenschaften entgegenstellen konnte.«

Der Bericht stützt sich auf zwei Augenzeugen – wir wollen, wie der erstgenannte Autor, hoffen, daß sie keine Verleumder waren.

Der Preußenkönig allerdings war von der Attitüde und den Ambitionen des Zaren weniger beunruhigt als andere. Er konnte sich auf eine unverbrauchte, ständig wachsende Armee stützen, und in ihrer rustikalen, auf das Wesentliche gerichteten Art hatten die beiden Respekt voreinander. Friedrich Wilhelm betrachtete den Zaren und

Karl. XII. als die größten Männer des Jahrhunderts.[17] Er war »von einer merkwürdigen Affinität für ... Peter erfüllt, die fast bis zu dessen Tode anhielt«.[18] Aber darüber hinaus verbanden beide Herrscher konkrete Interessen: Das gegenüber Schweden ohnehin und dazu das gegenüber Polen.

Der König von Preußen lag mit den Polen im Konflikt, seitdem der polnische Reichstag 1701 die Anerkennung des preußischen Königstitels verweigert hatte. In Berlin begann man über die Frage nachzudenken, wie man durch Erwerbungen in Westpreußen eine Verbindung zwischen Pommern und Ostpreußen schaffen könnte. August II. war mehrfach an Preußen mit der Idee herangetreten, Polen durch Gebietsabtretungen an Preußen, Rußland und Österreich zu verkleinern, wenn er dafür die Unterstützung der Nachbarn für eine Stärkung der Königsmacht in Warschau erhalten könnte.[19] Aber daß Preußens Interesse mit diesem Hof und mit diesen Mitteln zu dienen sei, glaubte man in Berlin nicht. Man war im Gegenteil aus ganz ähnlichen Gründen wie der Zar für die »Polnische Freiheit«, das heißt, für den Adel. Die polnische Frage war schon jetzt, bevor noch Friedrich der Große und Katharina die Teilung Wirklichkeit werden ließen, ein wichtiges Bindeglied zwischen Rußland und Preußen geworden.

Vor diesem Hintergrund trafen sich der Zar und Friedrich Wilhelm Mitte Mai 1716 in Stettin. Was immer es an Reibungen zwischen den Kommandeuren und Diplomaten beider Staaten gegeben hatte, schien weggewischt. Der König teilte später mit, das Treffen habe zur völligen gegenseitigen Befriedigung geführt. Auf des Zaren Wunsch habe er sich bereit erklärt, Wismar dem Herzog von Mecklenburg zukommen zu lassen, allerdings mit geschleifter Festung. (Sie wäre, hatte er bei früherer Gelegenheit gesagt, »wie ein Rasiermesser in der Hand eines Kindes«.) Auch wolle er die geplante Landung in Südschweden zumindest mit Transportschiffen unterstützen, wenn schon nicht mit Soldaten, wie der Zar gewünscht hatte.

Während also zwischen Rußland und Preußen alles im Lot zu sein schien, braute sich das Gewitter über den russisch-dänisch-britischen Beziehungen zusammen. Der erste Blitz zuckte über Wismar. Die Stadt, immer noch von Schweden gehalten, war von relativ schwachen dänischen, hannoveranischen, preußischen Truppen belagert. Sie hätte längst gefallen sein können. Aber ein Bündel von Hintergedanken in Hannover und London schien eine merkwürdige Unlust zu produzieren, die Schweden endgültig aus Deutschland zu vertreiben.

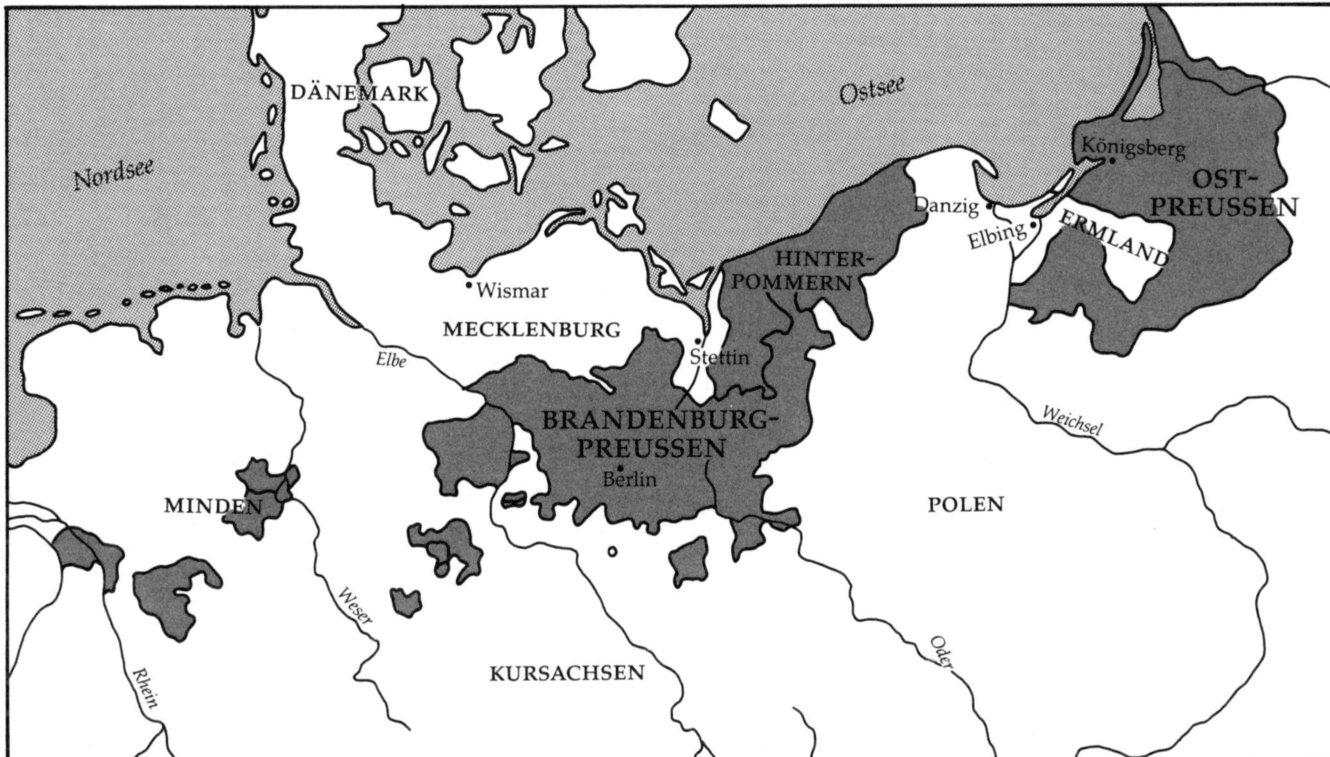

Brandenburg-Preußen in Deutschland zu Anfang der Regierung Friedrich Wilhelms I.

Damit endlich Ernst gemacht würde, ließ der Zar – vereinbarungsgemäß – seine Armee nach Mecklenburg marschieren. Die Schweden erkannten, daß es gefährlich wurde, und lieber als den Russen wollten sie sich den Stammverwandten ergeben. Die russische Vorhut, deren bloßes Herannahen doch die Kapitulationsbereitschaft erzwungen hatte, wollte mit zu den Besatzungsmächten gehören. Aber vom dänischen Kommandanten wurde sie brüsk zurückgewiesen, selbstverständlich nach Rücksprache mit Hannover. Nicht nur der russische Kommandeur war empört, auch der Zar. Sein Unmut richtete sich gegen alle, am meisten aber gegen den hannoveranischen König von England, von dem er den stärksten Gegenwind verspürte.

Noch glaubte er nicht, daß die lange geplante gemeinsame Landung in Gefahr sei. Ende Mai reiste er nach Altona, um dort gemeinsam mit dem Dänenkönig ihre Details zu regeln. Die Dänen waren in Not – Karl XII. war dabei, sie aus Norwegen herauszuwerfen. So schien es ihnen das geringste Übel, sich den Russen in die Arme zu werfen, und gemeinsam stellte man den Aktionsplan gegen Schweden fertig. Dann bewegte sich der Zarenhof nebst großem Troß nach Kopenhagen – und es dauerte und dauerte. Weil man nicht nur über Krieg sprechen konnte, gab es auch Herrenabende. An einem gab es zwischen König Frederik und Zar Peter eine Unterhaltung, über die man bald an europäischen Höfen schmunzelte. Der König, von dem jeder wußte, daß er sich Anna Sophie von Reventlow als sehr teure Geliebte hielt, fragte den Zaren, ob er eigentlich auch eine Mätresse habe. Worauf Peter antwortete: »Ich habe einen ganzen Haufen Huren, aber die sind weit billiger als Ihre eine. Und Sie sollten für Ihr Geld auch lieber Schiffe bauen lassen!«[20] Das war eigentlich ein etwas grimmiger Humor, der Zar ließ schon erkennen, daß sich bei ihm Unmut anzustauen begann, und auch, wo dessen Quellen lagen.

Es war nämlich eine große Streitmacht, die sich in Dänemark versammeln sollte – und der russische Teil davon wuchs und wuchs. Er wurde so stark, daß die Dänen zu fürchten begannen, der russische Aufmarsch könnte am Ende ihnen selbst gelten.[21] Zum großen Ärger der Russen gingen sie so weit, Patronen an die Bürger von Kopenhagen zu verteilen, um einem Handstreich vorzubeugen. Geschütze der Dänen wurden auf die russischen Transportschiffe gerichtet.[22] Müßig zu sagen, daß britische Einflüsterungen ihren Argwohn nährten. Das Resultat war, daß der Sommer mit militärischen und diplomatischen Aktionen verging, aber ohne die geplante Aktion. Dann, im Oktober, teilten Dänen und Russen mit, daß die Landung in Schweden aufs nächste Jahr verschoben sei. Den Wunsch des Zaren, seine Truppen in Dänemark überwintern zu lassen, lehnten sie ab. Er führte sie in mecklenburgisches Quartier zurück. Der Zar hatte bei früherer Gelegenheit spöttisch gesagt, daß »die Dänen mit ihrer Flotte umgehen wie ein alter Bräutigam mit seiner jungen Frau: er streichelt sie, er küßt sie, aber er kommt niemals zur Hauptsache«.[23] Jetzt war die Sache zu ernst geworden für Witz und Ironie. Wie ernst, das zeigt seine Vermutung, die Briten hätten die Dänen zur Verzögerung der Landung in Schweden veranlaßt, damit die russische Armee dort im Winter ohne Proviant und Quartier in ihren Erdlöchern untergehe.[24] Eine Vermutung, die schon deshalb nicht fern lag, weil die Dänen keine Vorbereitungen für die Versorgung der Landungstruppe getroffen hatten. Ein tiefer Zwist zwischen den Alliierten war offenbar geworden.

Was waren die Gründe? Der russische Aufmarsch, einerseits doch erbeten und vereinbart, hatte in London und Kopenhagen die Furcht vor einer russischen Dominanz der Ostsee emporschießen lassen. Über Nacht wandelten sich die bisherigen Verbündeten in Feinde. Über Nacht kamen sie zu der Erkenntnis, daß es besser wäre, die schwedische Position innerhalb gewisser Grenzen zu erhalten, um eine russische Vormachtstellung nicht erst entstehen zu lassen.

Allianz London–Wien gegen Petersburg–Berlin

Die Wucht, mit der England reagierte, erklärt sich aus der enormen Bedeutung, die der Ostsee und dem Ostseehandel damals zukam. Von dort kamen viele Rohstoffe, vor allem aber alles, was zum Schiffsbau nötig war, Holz an erster Stelle. Es war, nur wenig übertrieben, die Öl- und Golf-Region unserer Tage. Und nicht zuletzt war die Ostsee die Ausfallposition für die Nordsee. Würde Rußland mit seinem gewaltigen Hinterland die dominierende Macht in der Ostsee, dann hätte sie vom Zaren wie ein gewaltiges Hafenbecken benutzt werden können. Ihm den Sund zu verschließen, schien England damals so bedeutsam wie mehr als hundert Jahre später die Aufgabe, ihm den Weg vom Schwarzen Meer zum Mittelmeer durch Sperren am Bosporus und an den Dardanellen zu verriegeln. Die Seemacht England konnte Rußland nur eingeschlossen ertragen. Gerade jenen Zustand, den alle Kenner Rußlands als Ursache für die Rückständigkeit des Moskowiterreiches ansahen, den Mangel an offenen Küsten, betrachtete England als lebenswichtig für sich selbst. Mit solcher Wut wandte sich die Seefahrer- und Handelsnation gegen den neu auftauchenden Rivalen, daß der britische König in jenem Herbst 1716 seinem Kabinett den Gedanken unterbreitete, die ganze russische Flotte vor den dänischen Küsten zu vernichten, den Zaren gefangenzunehmen und solange festzuhalten, bis seine Truppen Dänemark und Deutschland verlassen hätten.[25]

Was nun aber die Reizbarkeit in London noch erhöhte, war die russische Verbindung zur Preußen. Nicht nur, weil sie die russischen Interventionsmöglichkeiten in Deutschland erhöhte. Auch, weil das alte Welfenhaus in Hannover, das mit Georg I. zwar keine Kontrolle über die britische Politik bekommen hatte, sie aber doch beeinflussen konnte, seit langem im Hause Brandenburg einen Rivalen im norddeutschen Raum gesehen hatte. So verbanden sich hannövrische und britische Neigungen, und sie fanden einen Partner im deutschen Kaiser.

Die habsburgischen Interessen im tiefen Süden Europas waren in jenem Augenblick gefährdet durch einen Doppelangriff von Türken und Spaniern. Nur mit Hilfe der englischen Flotte konnte das Haus Habsburg verhindern, daß Spanien ihm in den Rücken fiel, während es sich auf dem Balkan mit den Türken schlug, und daß spanische Landungsheere vor Österreichs Besitzungen in Süditalien aufkreuzten. Überdies aber fühlte man in Wien ebenso wie in London, daß man ein Hühnchen mit Preußen und Russen zu rupfen habe. Eine Vergrößerung Preußens, wie sie sich mit der Eroberung Stettins ergeben hatte, empfand das Haus Habsburg als schwere Kränkung. Die Stadt unter Reichsverwaltung zu stellen, erschien ihm wünschenswert, eine Rückgabe an Schweden immerhin diskutabel. Denn auch in Wien hielt man nun eine schwedische Position im Reich zur Ausbalancierung Preußens und Rußlands nicht für das größte aller Übel. Und selbstverständlich konnten dem Kaiser ebensowenig wie sonst jemandem die russischen Truppenbewegungen in Norddeutschland, vor allem die Stationierung in Mecklenburg, auf die Dauer akzeptabel erscheinen. So schlossen England und Österreich im Juni 1716 eine Allianz, die nur für den Augenblick primär gegen Spanien gerichtet war; danach sollten Preußen und Rußland an die Reihe kommen. Alle Bemühungen zielten darauf ab, die beiden zu entzweien.

Nicht, daß Friedrich Wilhelm die Gefahr verkannt hätte, die von den Moskowitern kommen konnte. Aber man hatte in Berlin keine

Neigung, das Kind mit dem Bade auszuschütten. Und über der russischen Anmaßung vergaß man nicht die Anmaßungen der anderen. Das galt gerade auch für Mecklenburg. Gewiß war, was sich dort tat, überaus unerfreulich. Bürger und Adlige begannen, sich vor den russischen Einquartierungen über die Landesgrenzen in Sicherheit zu bringen, flüchteten nach Hamburg und Lübeck, manchmal schwimmend über die Elbe.[26] Aber hinter dem großen Geschrei, das die Londoner Politik darüber machte, meinte man vor allem die hannövrische Absicht zu erkennen, Mecklenburg selbst in die Finger zu bekommen und Preußens alte Rechte auf das Land zu verdrängen. Jedenfalls ließ Berlin wissen, der König vertraue auf das Wort des Zaren, daß er nichts vom Reich an sich bringen wolle.[27] Ein Teil der russischen Truppen sei schon auf dem Rückmarsch nach Polen, und wenn der Zar bedrohliche Absichten gehabt hätte, würde er sich mit Artillerie ausgestattet haben, statt sich welche zu leihen. Im übrigen stimmte der König einer neuen Zusammenkunft mit seinem russischen Partner zu.

Sie fand im November 1716 in Havelberg statt. Der Zar befand sich auf seiner zweiten Westeuropa-Reise, auf jener, die wir anekdotisch schon gestreift haben. Wieder nutzte er die Gelegenheit, sich mit seinem preußischen Alliierten abzustimmen. Beide sahen die Gefahren, beide wollten sich noch einmal einander versichern. Dem König ging es vor allem darum, eine Garantie für das Gewonnene zu erhalten. Der Zar wollte vor allem Sicherheit für seine Truppen in Mecklenburg – ohne preußischen Rückhalt hingen sie in der Luft. So kam die Havelberger Deklaration vom 26. November 1716 zustande, in der sich Zar und König militärische Hilfe für den Fall zusagten, daß irgendjemand sie zwingen wollte, das den Schweden Entrissene wieder zurückzugeben. Überdies bestätigten sie ihre Vereinbarung vom Mai: Wismar sollte mit geschleiften Befestigungen dem Herzog von Mecklenburg gegeben werden. Das war der Nagel, an dem man bald darauf den Preußenkönig hängen wollte.

Die Krise brütete das ganze Jahr 1717. Abermals erbot sich der Zar, zusammen mit den Dänen den entscheidenden Schlag gegen Schweden zu führen. London ließ alle Minen springen, um Kopenhagen zur Ablehnung zu bewegen, und es fand offene Ohren. »Besorgnisse, die einmal in den Gesichtskreis getreten sind«, sagt Ranke zu dieser Phase, »wirken immer fort, auch wenn die Umstände, die sie veranlaßt haben, sich ändern.«[28] Einstweilen war der Zar militärisch lahmgelegt.

So versuchte er es mit der Diplomatie. Er stoppte auf seiner Westeuropa-Reise im Haag, um Verhandlungen mit den Schweden einzuleiten – Verhandlungen, die zu nichts führten, und doch in ganz Europa Aufsehen erregten. In Versailles war er kaum erfolgreicher. Die eleganten Herren am Hofe Ludwigs XV. staunten über den Gast aus dem wilden Osten. »Groß war die Verlegenheit, wie man mit einem so mächtigen und klarblickenden Fürsten umzugehen habe, der zugleich voller Grillen steckte und einen Rest barbarischer Sitten bewahrte.«[29] Man hatte ihn nicht eingeladen, man konnte ihn nicht abwimmeln, so schickte man sich in das Unvermeidliche.

Es gibt über diese erste persönliche Begegnung eines russisches Zaren mit der großen Welt des Westens eine Fülle von Berichten, die den Zusammenstoß der Kulturen deutlich machen und bei aller gelegentlichen Komik doch der politischen Relevanz nicht ganz entbehren. In Calais, wo der Zar, von Belgien kommend, die erste längere Station machte, hatte man ihn im dringenden Verdacht, die charmante Frau des Gerichtspräsidenten in sein Bett ziehen zu wollen.[30] Es gibt lange und zeitraubende Streitereien mit dem Zaren, in welcher Art von Karossen er und seine 57 Personen zählende Gefolgschaft die Weiterreise nach Paris antreten sollen. Zwischendurch erscheint – als Abgesandter des Regenten von Frankreich, Philipp von Orleans, der für das Kind Ludwig XV. die Geschäfte führt – der Marquis de Mailly-Nesle. Er will den Zaren begrüßen. Er findet aber – es ist das russische Osterfest – alle Russen so stockbetrunken, daß er die Ansprache erst am nächsten Tag halten kann. Gereizt durch die Geziertheit des Abgesandten, der sich mehrmals am Tage umkleidet, knurrt Peter: »Monsieur de Mailly-Nesle tut mir wirklich leid; er hat einen so schlechten Schneider, daß er keinen passenden Anzug finden kann.«[31]

In Paris häufen sich die verblüffenden Szenen. Der Regent hatte für den Monarchen die prächtige Wohnung der Königin-Mutter im Louvre vorbereiten lassen; statt dessen wählte der Zar das einfachere Hotel Lesdiguières, wo er sich aber, weil ihm auch dort die zugemuteten Räume zu prunkvoll erscheinen, ein Feldbett aufschlagen läßt. Mit dem Besuch des Regenten am nächsten Tag ist der Zar nicht zufrieden, er besteht darauf, daß er, protokollgerecht, vom siebenjährigen König begrüßt wird. In der Tat tauschen darauf der Riese aus dem Osten und der kleine, schon allzu höfisch dressierte Junge, demnächst unumschränkter Herrscher Frankreichs, protokollgerechte Artigkeiten aus. Dann, beim Abschied, vergißt der Zar die Etikette, faßt das Kind um den Leib, hebt es hoch und küßt es in der Luft. Aller Verpflichtungen ledig, kann er sich endlich seiner Leidenschaft für Entdeckungen hingeben. Die macht er, teilweise, auch bei Prostituierten – deren lobende Worte über seine Potenz er dann weitergibt;[32] vor allem aber zieht er, von den Passanten ob seiner Körpergröße und seines herrischen Auftretens bewundert, aufs Geradewohl in die Stadt, um technische Entwicklungen zu studieren: hier Arbeiten an einer Drehbrücke, dort ein Pumpwerk und eine Teppichweberei, da ein Observatorium und eine Augenoperation, schließlich die Sorbonne und die Académie Française. Er erzwingt sich Zutritt zur 82jährigen Madame de Maintenon – zweite Frau Ludwigs XIV. und eine zeitlang die wahre Herrscherin Frankreichs – die vor ihm in ihr Bett geflüchtet war und setzt sich ungeniert auf den Rand desselben. Er küßt die Büste Richelieus und ruft dabei aus: »Ich gäbe die Hälfte meines Reiches, wenn er mich lehren könnte, die andere zu regieren!« Die Franzosen mokieren sich über die Unmengen, die er ißt und trinkt. Insgesamt gibt man sich beiderseits so höflich wie möglich und zeigt Wohlwollen.

Aber politisch ergab sich nichts Nennenswertes. Der Regent und seine Berater waren im Grunde Anglophile. Sie gaben am Ende doch ihrem Bündnis mit den Engländern den Vorrang und speisten den Zaren mit einem inhaltslosen Freundschaftsvertrag ab. Der Himmel hatte sich für Peter verdüstert. Und so schien es ihm auf der Rückreise geraten, sich abermals mit Friedrich Wilhelm auszusprechen. Dieses Mal machte er in Berlin Station.

Auch darüber Anekdoten in Fülle. Seine Ehefrau Katharina, die er, während er an den Hof weltmännischen Glanzes reiste, in Holland zurückgelassen hat, enthält er nun den einfacher zugeschnittenen Preußen nicht vor. Bei einer Besichtigung des Museums für antike Statuen, auf das Friedrich Wilhelm sehr stolz war, zeigt sich der Zar über eine »heidnische Gottheit in sehr anstößiger Haltung« entzückt. Sehr erheitert verlangt er, daß Katharina vor aller Welt diese obszöne Figur küsse. »Sie wollte sich dagegen wehren«, schrieb später die Markgräfin von Bayreuth, Schwester Friedrichs des Großen, »aber da wurde der Zar sehr böse« ... und sie tat schließlich, was er wollte.[33] Widerwillig mußte der König dem Zaren die kleine Kostbarkeit zum Geschenk machen. Im übrigen, schreibt die gleiche, eher mißgelaunte Zeitzeugin, erregten Peter und sein Gefolge Anstoß durch ihre Mißachtung der Sitten, Maßlosigkeit und Unordnung. Im Schloß Monbijou, das man den Gästen als Quartier überlassen hatte, habe es nach ihrem Auszug ausgesehen »wie nach der Zerstörung Jerusalems«. Die Königin habe es neu renovieren lassen müssen.

Wenn es also dieses Mal, wie es scheint, einige atmosphärische Störungen zwischen Gast und Gastgeber gab, so liefen sie parallel zu politischen. Was der Zar von Friedrich Wilhelm wollte, war ein gemeinsamer militärischer Plan für den Fall, daß sich bisherige Freunde in Feinde verwandeln sollten. Dieser sehr wahrscheinlich gewordene Fall bereitete allerdings auch in Berlin inzwischen mehr Kopfzerbrechen als zuvor. Eben drang durch Europa die Nachricht von dem großen Sieg Prinz Eugens über die Türken bei Peterwardein. Die Stellung des Kaisers im Reich mußte dadurch gestärkt werden. Die Londoner Politik, die den Kaiser gegen Rußland wie Preußen zu mobilisieren suchte, würde dadurch kühner werden. Schon drängte sie immer lauter auf preußische Beteiligung an einer Militäraktion gegen die Russen in Mecklenburg. Daß der Zar seine Truppen dort nach und nach abmarschieren ließ, daß nur noch 3000 Mann als eine Art Garde des Herzogs in seinem Sold dableiben sollten, änderte an der Feindseligkeit wenig. Denn Georg I. wollte keine Verständigung, sondern Kampf. Und er war stärker geworden; er hatte sich nicht nur mit Frankreich verständigt, auch Holland hatte sich angeschlossen. Die Gewichte in Europa hatten sich verschoben.

Friedrich Wilhelm in der Zange

Zwischen Wien und London in der Zange, war der preußische König abgeneigt, sich zu exponieren. Er strebte in seine Mittelstellung zurück. Er hatte nicht nur des Zaren Wunsch abgelehnt, mit ihm ein Abkommen über die Stationierung des russischen Kontingents in Mecklenburg zu schließen. Er war auch nicht für exakte militärische Pakte zu gewinnen. Und er gestand hier, in Berlin, dem Zaren, daß er gerade eigene Friedensfühler zu den Schweden ausgestreckt habe. Die hatten zwar nur ergeben, daß den Schweden an nichts anderem gelegen war als an der Spaltung der ehemaligen Verbündeten; und zu solchen Kontakten konnte sich der König schließlich ebenso berechtigt sehen wie der Zar und die Engländer. Aber sie enthüllten doch eine gewisse preußische Distanz zu Rußland. Eine Distanz, die neu war und die einen Akzent noch dadurch erhielt, daß die Preußen durchblicken ließen, man habe sie mit allerlei Unerfreulichem über den Inhalt der russisch-schwedischen Gespräche gefüttert. Von London aus natürlich.

Dem Zaren lag viel an Preußen. Er fühlte, daß eine wichtige Stunde gekommen war. Deshalb schrieb er aus Petersburg dem König einen beschwörenden Brief.[34] Er versicherte ihm feierlich, daß er nie ohne Preußen mit Schweden einen Vertrag schließen werde. Er gab ihm sein »unverbrüchliches Wort«, daß ihm dies nie in den Sinn gekommen sei, daß Preußen »auf unsere Freundschaft vollkommen vertrauen kann, daß wir uns niemals von Eurer Majestät trennen lassen werden«. Und er drückte die Hoffnung aus, daß der König sich gleichfalls in nichts einlassen werde, ohne sich vorher mit Rußland zu verständigen. Aber all dies besagt schon, daß er in Berlin einen neuen Wind gespürt hatte, oder besser: daß er gemerkt hatte, wie Berlin unter einer westlichen Sturmböe zu zittern begann.

Denn in der Tat war in London und Wien der Plan zur Vollendung gereift, Preußen entweder zur Aufgabe seiner Verbindung mit Rußland und zur Einfügung in ein britisch-österreichisches Friedenssystem zu zwingen oder es zu zertrümmern. Die Gelegenheit schien günstig. Die englische Flotte hatte im Mittelmeer die spanische vernichtet und Österreich, wie versprochen, den Rücken freigehalten; der Kaiser stand vor dem Abschluß seines glorreichen Türkenfriedens von Passarowitz. Österreich und England vereint waren auf einer Höhe der Macht wie nie. Von dieser Position aus prasselten auf die preußische Politik die Forderungen und Rügen: Nur weil Preußen dem Zaren den Rücken freihalte, könne er immer noch Truppen in Mecklenburg halten; gemeinsam müsse man die Russen nicht nur aus Deutschland, sondern auch aus Polen herauswerfen. Das war eine neue, höchst wichtige Forderung.

Sie zeigte dreierlei an. Erstens, daß sich der Polenkönig London und Wien anschließen wollte, weil ihm der Zar zu mächtig geworden, weil er ihm bei seinem Streben nach der absoluten Herrschaft in Warschau in den Weg getreten war.[35] Zu deutlich spielten die Russen die Rolle des Zŭngleins an der Waage zwischen den streitenden polnischen Parteien. August II. suchte ein Arrangement mit seinen polnischen Untertanen, zu dessen Komponenten die Befriedigung sowohl des polnischen Anti-Russismus wie des Anti-Germanismus gehörte. Zweitens wurde klar, daß die Londoner Politik nicht dabei Halt machen wollte, den Zaren aus Deutschland herauszudrängen. Sie stellte im Ostseeraum dem russischen Dominatsanspruch ihren eigenen entgegen: Sie wollte auch Polen zu einem Gegengewicht gegen Rußland aufbauen. Und drittens ergab sich, daß der habsburgische Kaiser preußischen Wünschen entgegentreten wollte, etwa im Verein mit Rußland Kurland zu erwerben – davon wird gleich die Rede sein – oder das Loch zwischen Pommern und Ostpreußen durch den Erwerb polnischen Gebietes zu stopfen. Was sich hier unter anderem abzeichnete, war das erste westliche Bündnis zur Erhaltung der Unversehrtheit Polens gegen Preußen und Rußland.[36]

Auf diesen Grundlagen wurde im Januar 1719 zwischen den Höfen von London, Wien und Warschau ein Vertrag geschlossen, der, obwohl dem Anschein nach defensiver Natur, in Wirklichkeit einer Kriegsallianz gegen Preußen und Rußland sehr nahe kam. Seine zentralen Bestimmungen waren, daß sowohl jene russischen Truppen, die dem Herzog von Mecklenburg zur Verfügung gestellt worden waren, wie auch die russischen Truppen in Polen zum Abzug aufgefordert werden sollten. Verweigerten sie ihn, sollten sie mit militärischen Mitteln dazu gezwungen werden. Wenn Preußen diesen Truppen in irgendeiner Weise Hilfe leisten oder wenn Rußland den Abzug aus Mecklenburg oder Polen verweigern sollte oder wenn irgendwelche Pläne zur Abtrennung von Provinzen Polens zugunsten Preußens oder Rußlands ins Werk gesetzt würden – wenn einer dieser Fälle eintreten sollte, würden sich die drei Alliierten mit ihrer ganzen Streitmacht auf Preußen und Rußland werfen. Andere Mächte, insbesondere Dänemark und Holland, sollten zum Beitritt aufgefordert werden.

Preußen spürte eine Bedrohung wie nie zuvor. Es sah sich vor entscheidende Fragen gestellt. Den Wortlaut des Wiener Vertrages kannte es noch nicht. Aber soviel war klar, daß ein enormes gegnerisches Bündnis im Anrücken war, und daß Engländer hier, Russen dort sich in Geheimverhandlungen mit jenem Schweden, mit dem doch Preußen immer noch im Kriegszustand war, gegenseitig zu überbieten suchten. Wer konnte wissen, was dabei herauskommen würde?

Im Angesicht der Gefahr machte der Zar seinen letzten Versuch, von Friedrich Wilhelm Gewißheit zu erhalten. Wiederum wollte er klären, was man konkret in militärischer Hinsicht gemeinsam unternehmen wolle, wenn England und der Kaiser den Zusammenstoß wagen sollten. Und er bot für diese gemeinsame militärische Planung schon im vorab einen hohen Preis: den allmählichen Erwerb Kurlands, des südlichen Teils des heutigen Lettlands, mit seinen deutschen Städten Libau und Mitau. Formal stand das Herzogtum noch unter polnischer Lehenshoheit, tatsächlich lag es in der russischen Machtzone; ursprünglich von deutschen Herzögen und Adligen regiert, befand es sich jetzt unter der Herrschaft der jüngeren Nichte des Zaren, der späteren Kaiserin Anna, Geliebte jenes Biron, von dem wir schon berichteten. Über Kurland war zwischen Berlin und Petersburg schon oft gesprochen worden; jetzt bot der Zar konkret die Heirat der Herzogin mit dem preußischen Markgrafen von Schwedt an, dem Sprossen einer Nebenlinie des Hauses Hohenzollern. Nicht sofort, aber sicherlich im Lauf der Entwicklung wäre Kurland auf diese Weise an Preußen gekommen. Es war, wie sich bald zeigen sollte, die letzte ernsthafte Gelegenheit, das alte baltische Deutschordensland an das Reich zu binden.

Aber Friedrich Wilhelm lag der Gewinn etwas zu fern, und die Drohung der Wiener Allianz etwas zu nah. Wenn Österreich, England, Dänemark attackierten, würde er für ungewisse Zeit die Hauptlast zu tragen haben; er stand in der vordersten Front, sein Land würde Schlachtfeld sein. Er war bereit, mit Petersburg militärische Abreden für den Fall zu treffen – einen im Augenblick nicht drohenden Fall – daß England und Österreich ihnen mit Gewalt die eroberten Gebiete wieder nehmen wollten. Aber das vom Zaren so dringlich gewünschte militärische Arrangement für den recht wahrscheinlich gewordenen Fall einer habsburgisch-englischen Militäraktion gegen die russischen Restverbände in Mecklenburg garnierte er mit Konditionen, in denen es sich praktisch auflöste. Der Vertrag kam nicht zustande – es war das letzte Mal, daß der große Peter Preußen umwarb.

Nun lag allerdings nichts näher, als daß sich Preußen – die erste große Kurve in der ohnehin verschlungenen Bahn – England und dem Kaiser näherte. Sobald sich im Januar 1719 die Kunde vom Abschluß der Wiener Allianz verbreitete, ließ der König mitteilen, daß er beitreten wolle. Und als im März auf eine Ordre des Kaisers hannövrische Truppen in Mecklenburg einrückten, um den Herzog zur Räson zu bringen, bat dieser in Berlin vergeblich um Hilfe. Friedrich Wilhelm fühlte, wie er seinem Gesandten in Petersburg schrieb, ein Messer an seine Gurgel gesetzt.[37] Die russischen Truppen, ohne preußischen Rückhalt in hoffnungsloser Position, zogen aus Mecklenburg ab. Am Ende war es also wohl doch die englisch-österreichische Drohung, gestärkt durch das Arrangement zwischen London, Versailles und Den Haag, die sich durchgesetzt hatte.[38] Und die Russen marschierten auch nicht nach Polen, wo sie immer noch ein Stein des Anstoßes gewesen wären, sondern weiter weg, bis ins Baltikum. Denn im Norden hatte sich die Lage verändert.

Karl XII. von Schweden war, wie es dem tollkühnen Krieger zukam, im Dezember 1718 in einem Festungsgraben bei Friedrichshall gefallen. Die neue schwedische Regierung liebäugelte nicht – wie der Held in seiner Schlußphase – mit einem »russischen« Friedenskonzept, sondern mit einem »englischen«. Der Zar hatte alle Hoffnungen auf eine Verhandlungslösung verloren und konzentrierte seine Truppen in den baltischen Häfen, um von dort allein nach Schweden zu springen. Polen war plötzlich frei von Russen. Ob nicht auch diese Rückverlegung vom britisch-österreichischen Druck mitbestimmt war, ob Peter nicht die Gefahr einer zweiten Front fürchtete und abbiegen wollte, ist unbestimmt. Jedenfalls war nun auch der zweite Grund für den Angriff entfallen, den London, Wien und Warschau hatten führen wollen. Der große Krieg gegen Preußen und Rußland war nicht ausgebrochen.

Aber ihr erstes Ziel hatte die »Wiener Allianz« erreicht. Berlin hatte, kein Zweifel, klein beigegeben. Nun ging man ans Werk, Preußen gegen Rußland in Stellung zu bringen. Und für Berlin war plötzlich nicht nur eine Drohung dar, sondern auch eine Verlockung. Im Londoner Kabinett begannen die britischen Minister über die hannövrischen die Oberhand zu gewinnen. Das hieß, London war nicht mehr preußenfeindlich aus Prinzip, im Gegenteil: Wenn Preußen die Rolle spielte, die man ihm in London zudachte – nämlich eine rußlandfeindliche – dann sollte es eine Belohnung erhalten. Aus London kamen die Spitzenpolitiker nach Berlin, und Lord Stanhope sagte Friedrich Wilhelm beim Mittagessen, daß er populär sei in England, deshalb nämlich, weil England ihn brauche. England habe eine schöne Flotte, der König ein schönes Landheer, beide sollten zusammenwirken.[39]

In diesem Sinne schlug London dem König eine Allianz vor. Sie sollte einerseits Schweden zwingen, Preußen Stettin bis zur Peene abzutreten, und England versicherte, daß es mit seiner Flotte den nötigen Druck ausüben könne. Aber diese Allianz verlangte gleichzeitig von Preußen, gemeinsam mit England und dessen Verbündeten alles notwendige zu tun, um eine Friedensregelung für den Norden herbeizuführen – eine Friedensregelung, die selbstverständlich den britischen Wünschen entsprechen sollte, namentlich auch den Handelsinteressen.[40] Preußen verpflichtete sich überdies gegenüber Schweden, dem Zaren künftig weder direkte noch indirekte Unterstützung zu geben.[41] Dagegen hatte es Schweden eine sehr hohe Entschädigung für die Abtretung Stettins zu zahlen, und die englischen Unterhändler machten keinen Hehl daraus, daß diese Hilfe Schweden gegen Rußland stärken solle. Das einzige, was Friedrich Wilhelm abbiegen konnte, war ein Artikel, der ihn auch noch verpflichtet hätte, Polen und seinen König gegen irgendwelche Absichten und Ansprüche anderer zu schützen – gegen russische und seine eigenen!

Über Sinn und Wirkung dieses Vertrages konnte es keinen Zweifel geben. Indem Preußen, Dänen und Polen dank englischer »bewaffneter Vermittlung« Frieden mit Schweden machten, ließen sie den Zaren im Stich. England wurde die Möglichkeit geboten, sich offen auf die schwedische Seite zu stellen. Schweden konnte sich, derart entlastet und unterstützt, mit neuer Kraft gegen seinen Gegner wenden und dessen Vorschläge ablehnen. Preußen sollte das Lager wechseln: von einem Verbündeten Rußlands zu einem De-facto-Verbündeten seiner Gegner. Es wurde »umgedreht«. Wie sehr sich beide Unterzeichner darüber klar waren, belegt allein die Tatsache, daß ein Geheimartikel den Preußen alle erforderliche militärische Unterstützung Englands für den Fall zusicherte, daß sie »aus Haß« gegen diesen Vertrag von einer ungenannten Macht angegriffen werden sollten.[42]

Friedrich Wilhelm ging dieser Frontwechsel gegen die Natur. Er sah wohl, daß Staatsraison und Umstände ihn nahelegten. Trotz des russischen Rückzugs aus Mecklenburg und Polen hing immer noch das Schwert der Wiener Allianz über seinem Haupte. Und obwohl er Stettin aus russischer Hand als Geschenk zur einstweiligen Verwaltung bekommen hatte, war es doch noch nicht endgültig gesichert. Der weitere Verlauf des russisch-schwedischen Krieges war angesichts der neuen englischen Rußlandfeindschaft unabsehbar geworden. Mit größerer Wahrscheinlichkeit schien ihm eine Allianz mit England sowohl Besitz wie Sicherheit zu bringen. Aber die dubiose Moral dieser Staatsraison blieb ihm ebensowenig verborgen wie die Zweifelhaftigkeit ihres langfristigen Nutzens.

Er war, sozusagen, ein unfreiwilliger Schüler Machiavellis, und so versuchte er zunächst, sich moralisch zu entlasten, indem er Peter über die britischen Offerten informierte. Der war schockiert. Er ließ dem König mitteilen, daß er die geplante Allianz mit England als Bruch aller preußisch-russischen Verträge ansehen müßte. Und er machte zugleich die extremsten Vorschläge, wie die Trennung vom König zu vermeiden wäre: Er wollte selbst Mitglied der britisch-preußischen Allianz werden; er erbot sich, England/Hannover alle Eroberungen in Deutschland aus schwedischem Besitz – also Bremen und Verden – zu garantieren; er versprach alle denkbaren Begünstigungen für den britischen Rußland-Handel; er wollte Preußen die überaus vorteilhafte Rolle des Vermittlers zwischen England und Rußland bei den Verhandlungen über die künftige Friedensordnung im baltischen Raum zuweisen.

Friedrich Wilhelm griff begierig nach dieser Möglichkeit, er machte sich den Briten gegenüber zum Anwalt der russischen Wünsche. Es war umsonst. Den Briten ging es nicht um die Verständigung mit einem machtvollen Rußland, sondern um eine baltische Ordnung mit einem gedemütigten Rußland, nicht um ein Preußen zwischen England und Rußland, sondern um ein Preußen mit England gegen Rußland.

»Ich muß den Mantel auf beiden Schultern tragen«

Der Konflikt und die Zumutung des Treubruchs machten Friedrich Wilhelm seelisch und körperlich krank.[43] Es gibt dafür kein ähnliches Beispiel in der Geschichte. Der König hinterließ Aufzeichnungen für seine Nachkommen, die man nur mit Bewegung lesen kann.[44] Es steht darin:

> »Wollte Gott, ich hätte nicht versprochen, den Vertrag zu schließen. Es ist ein böser Geist, der mich regiert hat... Es ist hier auf Erden nichts als Falschheit und Betrug; ich werde Golowkin (dem russischen Gesandten) erklären, daß ich den Mantel auf zwei Schultern tragen muß. Den Zaren zur Hand zu haben, ist mein Interesse, da, wenn ich ihm Geld schicke, ich soviel Truppen haben kann als ich will... Mit den Engländern ist alles Betrügerei... Ich signiere den Vertrag, aber ich halte ihn nicht und werde dann, wenn ich die Maske abwerfe, der ganzen Welt sagen, was die falschen Freunde mit mir vorhaben.« Seinen Nachkommen gibt er den Rat, »sich zu hüten, solche Freunde anzunehmen, und meinen schlimmen, gottlosen Maximen in diesem Traktat nicht zu folgen, sondern die Freunde, die man einmal hat, beizubehalten und die falschen Freunde abzuweisen«.

Seinen Hauptberater, Ilgen, der ihm beständig zu diesem Vertrag geraten hat, läßt er in einer Randnotiz wissen, er glaube, »daß es mein Interesse ist, daß der Zar mächtig ist, denn dadurch werde ich selbst geschätzt... Wenn ich fest bleibe und der Zar mit mir hält, schlafe ich so sicher, als wenn ich im Himmel wäre.«[45] Er werde den Vertrag dennoch signieren mit einem »Herze wie der Teufel«, aber »nichts halten, was gegen den Zaren ist«. Mehr als einmal spricht er in Randnotizen davon, daß die »Engländer lauter Betrüger« seien.[46] Seine Minister läßt er schriftlich wissen, daß es sie die Köpfe kosten werde, wenn er durch diesen Vertrag unter »Englands und des Kaisers Joch« kommen werde.[47]

Es war das erste Beispiel, der Vorbote künftiger preußisch-deutscher Seelenqualen. Bismarck war 150 Jahre später in einer ähnlichen Situation zwischen Rußland und England/Österreich zur Zeit des Berliner Kongresses. Das Deutsche Reich nach Bismarck war so in der Zange zwischen Rußland und einem Österreich, dessen Bindung an Frankreich und England drohte. Und die heutige Situation Deutschlands zwischen dem neuen Rußland und den Ansprüchen der atlantischen Welt entbehrt durchaus nicht jeder Ähnlichkeit.

Aber der König unterzeichnete, wie er schon vorhergesagt hatte, dennoch, mit dem Datum des 4. August 1719. Er hatte den Briten mündlich als Bedingung für seine Unterschrift genannt, daß sie alsbald ihrerseits Verhandlungen mit dem Zaren beginnen müßten. Tatsächlich hatte der britische Unterhändler dies auch zugesagt. Aber als die Unterschrift geleistet war, dachte man in London nicht mehr daran, das Wort des Unterhändlers einzulösen.

Allerdings hielten die Briten ihr Wort im Hinblick auf Stettin. Sie erpreßten die Schweden, indem sie sagten, daß andernfalls die schwedisch-britische Allianz nicht zustande kommen könne, die Schweden für die Zukunft den Schutz der englischen Flotte versprach. Den aber brauchte Schweden verzweifelt. Denn Wochen vorher war Zar Peters Galeerenflotte in Südschweden gelandet. Ein russisches Heer zog seitdem durchs Land – bis in die Gegend von Stockholm alles verwüstend. Schweren Herzens gaben die Schweden Stettin preis, ihr Juwel an der Ostsee, wie sie vorher Bremen und Verden an König Georgs deutsches Hannover abgetreten hatten, wie sie kurz nachher im Frieden mit Kopenhagen der Einverleibung Schleswigs ins dänische Königreich zustimmten – alles in der Hoffnung, daß England ihnen dafür an der baltischen Küste wiederbeschaffen werde, was sie schon verloren hatten. Eine Hoffnung, die trog.

Preußen war nun endlich im legalen Besitz dessen, was es so lange zu erreichen versucht hatte – am 1. Februar 1720 wurde der preußisch-schwedische Vertrag abgeschlossen. Aber der Weg dahin war krumm gewesen, er hatte in seiner Schlußphase die russische Freundschaft ramponiert. Und das wollte der König nicht nur nicht, es entsprach auch nicht seinem Interesse. Denn mit Rußland hatte er ein großes gemeinsames Anliegen: die polnische Frage. Über sie suchte er eine Versöhnung mit dem Zaren. Kaum daß seine Unterschrift unter dem Abkommen mit England trocken geworden war, ließ er in Petersburg mitteilen, daß es der preußischen Freundschaft mit Rußland keinen Abbruch tun solle. Er wies darauf hin, daß die Umtriebe des polnischen Hofes gegen Preußen wie gegen Rußland gerichtet seien, er bot eine vertragliche Verständigung über die gemeinsame Polen-Politik an. In der Tat antwortete der Zar nach einer kurzen Weile des Zürnens im September 1719, daß er gegen den Vertrag mit Schweden nichts einwenden wolle, wenn der König in den polnischen Affären weiter mit ihm zusammenarbeiten werde.[48]

Das schien dem König die goldene Gelegenheit. Auf preußische Anregung kam ein Vertragsentwurf zustande. Sein wichtigster Punkt war, daß die Freiheiten des polnischen Adels erhalten bleiben sollten. Außerdem sollten entgegen den Bestrebungen des polnischen Katholizismus die Protestanten und Griechisch-Orthodoxen in Polen gesichert und ein von Polen aus versuchter Angriff auf Rußland oder Preußen gemeinsam abgewehrt werden. Die Russen waren ganz damit einverstanden. Aber sie sahen in den preußischen Vorschlägen nur allgemeine Absichten für eine fernere Zukunft, und ihnen brannten andere Fragen auf den Nägeln. Sie hatten zusätzlich zwei konkrete Wünsche: erstens, daß Preußen versichere, keine Engagements gegen Rußland eingegangen zu sein noch künftig eingehen werde; zweitens, daß Preußen den Truppen keiner dritten Macht den Durchmarsch gegen Rußland gestatten werde.

Die preußischen Diplomaten erkannten wohl, worauf die Forderungen abzielten. In seiner ersten Allianz mit Rußland, die ihm den *faktischen* Besitz von Stettin brachte, war Preußen ein russisches Bollwerk gegen Nordwesten gewesen. In seiner Allianz mit England, die ihm den *legalen* Besitz von Stettin ermöglichte, wurde es zu einem westlichen Bollwerk gegen Rußland. Jetzt wollte Rußland ihm den Vertrag mit England verzeihen – falls es wieder ein Bollwerk gegen Westen würde. Sie konnten sicher sein, daß ihre Zustimmung von England als Vertragsbruch angesehen werden würde, und davor hatten sie Angst. So bemühten sie sich, den Durchmarsch-Artikel im russischen Entwurf im Sinne der Londoner Interessen zu verwässern – mit dem Resultat, daß sie das russische Mißtrauen erhöhten statt es zu besänftigen.

Die Folge war, daß Rußland eine Schwenkung in Richtung auf den Wiener Kaiser vollzog. Der Zar sah sich allein gegen eine gestärkte Schwedenmacht, die mit Preußens Assistenz englische Unterstützung zu erwarten hatte. Er unterrichtete den kaiserlichen Hof nicht nur über das ganze Ausmaß des russischen Argwohns gegenüber Preußen, russische Abgesandte behaupteten auch, daß es Preußen gewesen sei, das durch allerlei Ränke in der Vergangenheit für die Verstimmung zwischen Wien und Petersburg gesorgt habe. Das war eine Mitteilung, auf die man in Wien gewartet hatte. Das Haus Habsburg hatte gar nichts Prinzipielles gegen Rußland. Man hatte nur etwas gegen Rußlands Rückendeckung für Preußen. Jetzt war es von Rußland verlassen, und daß es vom Londoner Hof keine solide Unterstützung zu erwarten hatte, ahnte man. Preußen schien sich zwischen alle Stühle gesetzt zu haben. Um so härter meinte nun die Wiener Regierung gegen die Berliner in einem Religionsstreit vorgehen zu können, der damals in heute unbegreiflich erscheinender Weise abermals durch Deutschland raste und das Reich fast in die Zustände vor dem Dreißigjährigen Krieg zurückzuführen schien. »Die Katholischen« waren von religiösem Eifer gepackt wie lange nicht mehr, und umgekehrt hatte sich der fromme Friedrich Wilhelm recht unvorsichtig an die Spitze einer protestantischen Gegenbewegung gesetzt. Eine neue kaiserliche Aktion gegen Preußen, diesmal mit der geistlichen Standarte statt der anti-russischen, schien vor der Tür zu stehen.

In Preußen war man sehr besorgt, aber besorgt über die Annäherung zwischen Zar und Kaiser waren auch die Briten. Sie hatten die anti-russische Stimmung am Wiener Hofe überschätzt. Der Kaiser, das erkannten sie jetzt, hatte sie nur so lange gebraucht, wie er mit den Türken beschäftigt war, wie sie ihm die Spanier vom Leibe halten sollten. Im kalten diplomatischen Kalkül waren die Wiener Herren den Londonern durchaus nicht unterlegen. Und doch brauchten die Lords den Kaiser unbedingt, weil ohne ihn der Schlag gegen den Zaren nicht zu führen war – ein Schlag, der ihnen doch unabdingbar erschien, wenn sie die russische Macht im nordischen Raum reduzieren, wenn sie auch dort wie überall jenes »Gleichgewicht der Kräfte« zustande bringen wollten, das es ihnen erlaubte, mit dem geringsten eigenen Kraftaufwand den Ausschlag zu geben und zu dominieren. Vor den Augen der Welt hatte sich England den Schweden gegenüber verpflichtet; England wollte nicht gern wortbrüchig werden – aber die englische Nation hatte auch wenig Lust, selbst große Opfer in einem schweren Rußland-Krieg zu bringen. So suchten die Londoner Politiker nach einem neuen Weg, um sich des Kaisers doch noch zu versichern, und sie meinten, auch einen zu entdecken. Und der schien über Preußen zu führen. Mit Preußens Hilfe wollten sie den Wienern den Mund wäßrig machen.

Britische Verlockungen im politischen Dschungel

Im Herbst 1720 ließ die englische Diplomatie in Berlin wissen, daß große Preise zu gewinnen wären, wenn Preußen sich an einem Rußlandkrieg beteiligen würde. Sie offerierten zunächst polnische Gebiete wie den Distrikt Elbing. Friedrich Wilhelm und seine Berater ließen sich auf das Eis führen. Sie hatten Stettin in der Tasche, jetzt bekamen sie Appetit auf mehr. Die Gewissen waren nicht mehr so empfindlich. Im Verlauf der Gespräche mit den Lords müssen der König und seine Berater den starken Eindruck hinterlassen haben, daß sie bereit wären, sich an dem geplanten Krieg gegen den früheren Verbündeten zu beteiligen – mit 30 000 Mann.[49] Allerdings wollten sie außer Elbing und dem Ermland auch noch den Rest Vorpommerns mit Stralsund und Rügen nebst anderen Kleinigkeiten. Und Voraussetzung für die ganze Sache sei weiter – so hatten die Engländer die preußischen Gesprächspartner verstanden –, daß sich der Kaiser an dem Krieg beteiligen würde.

Es fällt schwer zu glauben, daß es dem gleichen Preußenkönig, der bisher so besorgt jede Verwicklung in den großen Krieg vermieden hatte, jetzt mit dem Abenteuer eines Rußlandkriegs ganz ernst sein konnte. Vielleicht wollte er nur einmal seine Ansprüche auf jene Gebiete in die große Politik einführen, später würde man dann schon sehen. Aber die Briten waren keine Zauderer. Mit dem, was sie als Preußens Angebot verstanden hatten, im Gedächtnis, reisten sie an den Wiener Hof, um dort die anti-russische Angriffsallianz schmackhaft zu machen. Preußen schien bereit, meinten die Engländer, die Hauptlast bei einer Verwicklung zu tragen, die so vorteilhaft für alle sein könnte.

Die Spitzen der Wiener Politik trauten ihren Ohren nicht – das war mehr, als sie erhofft hatten. Sie bewogen Lord Cadogan, das, was die Engländer angeblich von Berlin gehört hatten, zu Papier zu bringen. Dann ließen sie sich das Papier übergeben. Dann sandten sie es weiter – an die Russen via Polen.[50]

Denn der kaiserliche Hof hatte nie im Ernst daran gedacht, in die polnisch-russischen Weiten zu marschieren. Mochte er das Wachsen der russischen Macht auch nicht ohne Besorgnis registriert haben, wichtiger war ihm für noch unabsehbare Zeit die russische Assistenz gegen die Türkei. Und wenn es ihm dabei gelang, das aufgekommene Mißtrauen Petersburgs gegen Berlin weiter anzustacheln, damit Rußland Preußen in Schach hielte, dann um so besser. Das letzte, was er wünschen konnte, wäre eine so große Stärkung der Stellung Preußens gewesen, wie sie im Gefolge eines Sieges über Rußland eingetreten wäre.

So fiel denn der englische Offensivplan etwas kläglich in sich zusammen. Ohne Habsburg konnte Preußen nicht daran denken, zu marschieren, ohne Preußen hatte England keinen Festlandsdegen. Und England allein konnte sich um so weniger in diesem Augenblick in Händel einlassen, als ein über Nacht ausgebrochener großer Börsen- und Finanzskandal die ganze Insel lähmte. So beschränkte es sich dem Zaren gegenüber auf Drohgebärden. Wohl tauchte die große englische Flotte im Sommer 1721 vor Stockholm auf. Aber sie zeigte sich entweder nicht willens oder nicht in der Lage, einen neuen verheerenden Einfall der russischen Truppen in Schweden zu verhindern; sie war ja auch schon im Vorjahr vor Reval aufgekreuzt, angesichts allzu vieler russischer Kanonen aber unverrichteter Dinge wieder abgezogen. Als der Zar im August eine neue Invasion mit ihrem wohlbekannten Schrecken ankündigte, gingen die Schweden in die Knie. Nach langer, tapferer Gegenwehr unterzeichneten sie am 10. September 1721 jenen Frieden von Nystadt, der dem langen Nordischen Krieg ein Ende machte, dem Zaren die baltischen Provinzen einschließlich Rigas bescherte, die Aufnahme der neuen russischen Großmacht in das europäische Konzert bedeutete.

Das Ende hätte für Friedrich Wilhelm vielleicht glücklicher sein können. Er war beim Wechsel der Allianzen oder beim Spiel damit bei aller Vorsicht doch nicht vorsichtig genug gewesen. Er war seinen eigenen Prinzipien untreu geworden. Während der größte Trumpf der gefährdeten preußischen Mittelmacht ihre Berechenbarkeit war, hatte ihn einen Moment der Dschungel wilder Machtpolitik verlockt, in dem sich nur die größten Raubtiere straflos tummeln können. Er hatte weder seinen Kredit noch seinen Besitz vermehrt. Er behielt Stettin, für das er, wie sich dann ergab, nicht unbedingt die Engländer gebraucht hätte. Aber er hatte das Vertrauen des Zaren verloren. Preußen wurde am Petersburger Hof billiger gehandelt, man fühlte sich dort dem deutschen Kaiser wieder näher als Friedrich Wilhelm, und was das bedeuten konnte, sollte sein Sohn erfahren. Vergeblich hatte der König in den letzten Kriegsmonaten dem Zaren nahegelegt, den Schweden auch noch Stralsund und Rügen für Preußen abzupressen, mit dem ihm Peter bei früherer Gelegenheit gewinkt hatte.[51] Er bekam nicht einmal eine Antwort darauf.

Obwohl im Nordischen Krieg nun die Waffen schwiegen, stand die letzte Runde im ersten europäischen Ost-West-Konflikt erst noch bevor. Und obwohl sie Preußen dem Abgrund vielleicht noch näher brachte, mischten sich in ihrem Verlauf genau wie in der eben abgeschlossenen die Elemente des Dramas mit denen der Farce.

Es war der tiefe Haß des Zaren auf jenes England, das ihm so systematisch den Traum vom offenen Meer zu rauben suchte, und die gleich unerbittliche Feindschaft Englands gegen jeden, der seine Schiffahrtswege kreuzen konnte, die diese Runde einläuteten. Der Zar wußte wohl, daß er erst ein Etappenziel erreicht hatte. Er hatte weiter die Nordsee-Ausgänge im Visier. Im November 1723 gab er die Vermählung seiner Tochter mit dem Herzog von Holstein bekannt. Im Februar 1724 schloß er mit dem eben noch bekriegten Schweden eine Allianz, deren Ziel es war, den Herzog wieder in seine schleswigschen Lande einzusetzen, notfalls mit Gewalt. Der Stoß zielte dem Anschein nach in erster Linie auf Dänemark, das ja Schleswig erobert hatte, in Wirklichkeit auf England, das Dänemark den Besitz Schleswigs garantiert hatte.

England brütete noch Rache für Schwedens Niederlage, die es nicht hatte verhindern können. Es war nur zu bereit, den Fehdehandschuh aufzunehmen. Doch unvermutet zeigte sich gleichzeitig ein zweiter Gegner: Österreich, das gestern noch mit England verbündet, heute mit dem Zaren befreundet war. Die Habsburger, die sich vor kurzem noch mit Spanien geschlagen hatten, schlossen 1723 mit eben diesem Spanien eine Allianz. Sie schien primär gegen Frankreich gerichtet, aber zwei Punkte waren darin, die auch die Briten trafen – an der empfindlichsten Stelle: Der Kaiser wollte im damals noch habsburgischen Belgien, in Ostende, eine große Handelsgesellschaft gründen; Spanien wollte ihm umfassende Privilegien für den Handel mit seinen weiten amerikanischen Besitzungen geben. Und überdies kündigte der Kaiser an, daß er im Streit zwischen Spanien und England über das eben von England geraubte Gibraltar »vermitteln« wolle. Das konnte nur heißen, daß er die spanische Sache unterstützen würde. Im Norden sah England nach wie vor seinen Ostsee-Handel gefährdet; jetzt tauchte auch eine Bedrohung der jüngst erst gewonnenen Dominanz des Handels mit Amerika und der Levante auf. London antwortete mit der Gründung einer Allianz, die den alten wie den neuen Gegner treffen sollte.

Eine englisch-französische Verbindung zu diesem Zweck war schon gegründet, als Preußen der Beitritt nahegelegt wurde. Holland – damals noch eine beachtliche Seemacht – sollte der vierte im Bunde sein, Schweden den Russen abspenstig gemacht und wieder für England gewonnen werden. Für Friedrich Wilhelm waren zwei große Köder ausgelegt. Man nannte ihm als Hauptziel des Vertrages die »Verminderung« des habsburgischen Kaiserhauses, sogar dessen Entthronung.[52] Einige der habsburgischen Erblande sollten unter die Verbündeten verteilt werden. Mit den »spanischen Niederlanden«, ungefähr dem heutigen Belgien entsprechend, das damals noch ein Teil des Reiches war, sollte der Anfang gemacht werden; den König selbst suchte man mit dem Erwerb Schlesiens zu verlocken.[53] Die Gründung der kaiserlichen Handelsgesellschaft in Ostende sollte der Auslöser des Krieges werden – so sehr war England davon überzeugt, daß jeder einen Kriegsgrund liefert, der gleichfalls an der Mehrung seines Wohlstands arbeitet.

Und als besonderen Bonbon versprach man Friedrich Wilhelm die Ehe seiner beiden Kinder mit Englands Königskindern. Für ihn, den Aufsteiger aus Brandenburg, schien die dynastische Verbindung mit der Noblesse der Noblesse bestechend, viel mehr aber noch für seine Gemahlin. Für sie drehte sich preußische Politik mit jedem Monat mehr nur noch um diese Doppel-Heirat. Sie stammte ja aus dem hannövrischen Welfenhaus, das sich so gern am Stil Altenglands orientierte. Sie litt unter den engen Verhältnissen des Berliner Hofes, wo der »Soldatenkönig« jeden Taler für immer neue Bataillone sparte, statt daß er weltstädtischen Hauch einziehen ließ. Die Ehe war nicht glücklich. In solcher Lage fand das Königspaar das Eheprojekt unwiderstehlich. So unwiderstehlich, daß Friedrich Wilhelm, zum Entsetzen seiner Ratgeber, diese »hannövrische Allianz« unterzeichnete, ohne sich Rechenschaft über die Implikationen und Konditionen zu geben.

Die wichtigste dieser Implikationen war, daß sowohl von der

englischen Zielsetzung her wie durch verschlungene Vertragsklauseln und allgemeine Umstände die Zielscheibe der Allianz außer dem Kaiser auch der Zar war. Als der Vertrag unterschrieben war, bedeuteten die Engländer den Preußen, daß sie mit ihm auch Holsteins Ansprüche auf Schleswig abzuwehren gedachten, die doch von Rußland so gefördert wurden.[54] Und überdies wurde bald klar, daß, während London, Paris und Berlin Pakte schmiedeten, auch Österreicher und Russen nicht untätig geblieben waren. Eine Allianz zwischen ihnen stand vor dem Abschluß. Zwar richtete sie sich primär gegen die Türkei. Das aber war für beide Mächte ein zentrales Anliegen. Deshalb war es auch klar, daß Rußland es den Briten nie gestatten würde, den Kaiser zu erniedrigen. Wenn aber die Russen, mit Österreich verbündet, gegen England marschierten, dann selbstverständlich auch gegen ein mit England verbündetes Preußen.

»Für ihre unnützen Händel bin ich zu klein«

Und was nun die Konditionen betraf, unter denen der Zusammenprall stattfinden würde: in Berlin entdeckte man bestürzt, daß England ebenso wie Frankreich nur recht geringe militärische Vorbereitungen getroffen hatte. Die Hauptlast würde also von Preußen zu tragen sein. Recht spät wurde dem König klar, daß man ihn eingefangen hatte, damit er für andere die Kartoffeln aus dem Feuer hole. So gern er geholfen hätte, den Kaiser von seinem Podest zu zerren, so wenig Lust hatte er, sich ohne triftigen Grund im englischen Interesse mit dem Zaren zu schlagen. Mit Russen, die ihm sehr nah auf der Haut und den Briten ziemlich fern waren, die sein Land sehr leicht zum Schlachtfeld machen konnten, während England, im sicheren Besitz seiner überlegenen Flotte, allenfalls ein Expeditionskorps riskiert hätte. Seinen Chefminister instruierte er nun, Engländern und Franzosen zu bedeuten, »wenn sie auch die ganze Welt über den Haufen schmeißen wollten und ließen nur die Russen zufrieden – einverstanden ... Aber wenn ich mich in ihre unnützen Händel mischen solle, dazu wäre ich zu klein«; die europäische Balance zu regeln, die sie wünschten, käme ihm nicht zu.[55]

Was dem König die Klarsicht erleichterte, war zweifellos, daß der Londoner Hof, kaum daß die Allianz unterzeichnet war, von seinem Heiratsversprechen für die Königskinder wieder abrückte. Der Schlag traf schmerzhaft. So schnell er konnte, strebte der König aus dem vorderen Graben heraus. »Durch die Lage seines Landes ist der König von Preußen gezwungen«, hatte Marschall Villars, der große französische Feldherr, bei der Betrachtung der preußischen Politik im Jahre 1726 gesagt, »entweder neutral zu bleiben oder in die Offensive zu gehen.«[56] Das war die militärische Fassung des deutschen Schicksalsthemas. Der König konnte nicht einsehen, was ihm die Offensive bringen sollte. Zwar konnte er die einmal unterzeichnete Allianz kaum noch kündigen. Aber was er vorher versäumt hatte, holte er doppelt nach. Um das Bündnis praktikabel zu machen, ließ er in London mitteilen, bedürfe es militärischer und politischer Vorbedingungen. Und die schraubte er so hoch, daß er kaum geglaubt haben konnte, die westlichen Alliierten würden sie erfüllen.

Weder wollten noch konnten sie. Sie hatten aber auch wenig Lust, die Arbeit allein zu verrichten. Und deshalb kam es zwar bis 1730 noch zu aufgeregten Augenblicken im Verhältnis zwischen der westlichen und der östlichen Machtgruppe, in denen ein neuer großer europäischer Krieg wieder einmal ganz nahe zu sein schien. Aber am Ende zeigte sich Konzessionsbereitschaft auf beiden Seiten und jene diplomatische Lösung, auf die man kaum gekommen wäre, hätten die Preußen sich einspannen lassen.

Noch während der König dabei war, die Zündschnur seiner westlichen Allianz zu durchschneiden, bemühten sich seine Diplomaten, wieder mit Rußland ins reine zu kommen. In der Tat hatte er nie mit dem östlichen Nachbarn brechen wollen. In wirklicher oder scheinbarer Naivität hatte er vor Unterzeichnung des hannövrischen Vertrags erklärt, er trete ihm nur unter der Voraussetzung bei, daß nichts in ihm enthalten sei, was seinen Abmachungen mit dem Zaren zuwiderlaufe. Er hatte sogar angefragt, ob man nicht auch Rußland zum Beitritt einladen wolle – natürlich war er abschlägig beschieden worden. Doch als er jetzt mit Petersburg wieder anbändelte, standen ihm nicht mehr alle Türen offen.

Der große Zar war im Februar 1725 gestorben. Seine Frau hatte als Katharina I. ihre kurze Herrschaft angetreten. Aber hinter Katharina dirigierte ganz im Sinne Peters Menschikow die große Politik, jener Menschikow, der einstmals Katharina »entdeckt« hatte und von dessen großen Plänen in und mit Holstein wir schon hörten. Er suchte einen verläßlichen Verbündeten gegen England, und den sah er, nach allen Enttäuschungen, nicht mehr in Preußen. Viel eher in Österreich – der Macht, die Friedrich Wilhelm am meisten fürchtete und die nun hoffte, daß Rußland Preußen fortan fallenlassen werde.

Wenn trotzdem noch für beide Staaten alles gutging, wenn es zu einer russisch-preußischen Verständigung kam, die in anderthalb Jahrhunderten nur eine kurze Unterbrechung fand, dann lag dies nicht zuletzt daran, daß hinter Menschikow ein klügerer Kopf aufgetaucht war: Ostermann. Wir hatten ihn im letzten Kapitel kennengelernt. Er verstand nicht nur die russischen Probleme am besten, wie Peter einmal von ihm sagte, sondern auch die preußischen, die gesamteuropäischen. Wohl versuchten die Russen zunächst das gleiche Spiel wie kurz zuvor die Briten: Sie wollten Preußen »umdrehen«. Sie forderten seinen Beitritt zur neuen Allianz mit Schweden; die Teilnahme am Bemühen, dem holsteinischen Herzog sein Schleswig wiederzugeben – und damit auch am anvisierten Krieg mit Dänemark und England. Sie wünschten überdies ein Durchmarschrecht für russische Armeen, die Schleswig für Holstein rückgewinnen sollten.

Der König konnte dem unmöglich zustimmen. So offenkundig war seine Allianz mit London und Versailles nicht zu brechen. Er hatte auch kein Interesse daran, abermals russische Truppen in seinen Provinzen und an seinen Flanken zu sehen. Sie hätten womöglich für sein Land die Schlachtfeldsituation heraufbeschwören können, die er so unbedingt vermeiden wollte. Er wollte Freundschaft mit Rußland wie mit England, nicht aber, daß er sich mit einer Allianz mit diesen die Feindschaft jener anderen einhandelte. So machte er Gegenvorschläge. Im Prinzip war er für die Rückgabe Schleswigs an Holstein. Aber er wollte sich an keiner russischen Allianz mit diesem Zweck beteiligen. Er gab den Russen keine Durchmarschrechte. Aber wenn sie auf anderem Weg nach Holstein oder Dänemark gelangten, würde er sie nicht hindern. Und schließlich forderte er von der Zarin als Preis für den Vertrag ihre Versicherung, daß sie bei allen Unternehmen gegen Dänemark Hannover – das deutsche Land des englischen Königs – nicht angreifen werde.

Und die Zarin gab sie und half damit dem Preußenkönig, seine östliche und seine westliche Allianz ins Gleichgewicht zu bringen. Denn Rußland arbeitete an einer Neubestimmung seiner Außenpolitik auf lange Sicht. Es brauchte dafür Österreich *und* Preußen. Wien war ihm mit Blick auf den Süden unerläßlich, Berlin mit Blick auf den Norden. Ein freundschaftlich gesinntes Preußen, das schon im Eigeninteresse Durchmärsche fremder Truppen gegen Rußland nicht gestatten würde, das also Pufferfunktion ausübte, blieb ihm auch dann wichtig, wenn es die Ausbreitung russischer Macht nach Westen hinderte. Und überdies gab es die polnische Frage. Sie tauchte nur in Hintergrundgesprächen der Verhandlungsführer und einer einseitigen Deklaration der Zarin auf. Im Kern waren sich beide Mächte darin einig, daß sie bei der polnischen Thronfolge Hand in Hand arbeiten wollten. Das hieß, daß sie gemeinsam Polen unter Kontrolle halten würden. Ein Thema, schon von Peter dem Großen angeschlagen, wurde weitergeführt, bis es Friedrich II. und Katharina einem Höhepunkt zutreiben sollten.

Ob aber Rußlands Zusammenarbeit mit den beiden deutschen Vormächten Bestand haben würde, das hing davon ab, ob es eine Versöhnung zwischen Berlin und Wien herbeiführen konnte. Daran arbeitete nun die Petersburger Diplomatie mit Entschlossenheit – und war sich dabei ganz der Tatsache bewußt, daß nichts in England wie in Frankreich größeren Ärger bereiten konnte. Die Russen machten in Wien klar, daß sie keinesfalls eine Allianz wünschten, die eine Spitze gegen Berlin trage; sie wiesen in Berlin auf die Vorteile eines Ausgleichs mit Österreich hin. Sie suchten ein Gleichgewicht in ihrem Verhältnis zu beiden deutschen Staaten und Allianzen mit beiden gleichzeitig.

Und die Russen fanden bei Friedrich Wilhelm offene Ohren, er hatte ähnlich zu denken begonnen. Nach mühsamen Verhandlungen wurde Ende Dezember 1728 ein preußisch-österreichischer Vertrag geschlossen, der auch das definitive Ende der Allianz des Königs mit England bedeutete. Eine Verständigung der drei Mächte im östlichen Teil Europas war damit eingeleitet, die im Zeichen des Wortes Friedrich Wilhelms stand, daß »eine Allianz der drei schwarzen Adler ungleich zuverlässiger ist als die mit den westlichen Mächten.«[57] Das Arrangement währte bekanntlich nicht ohne Unterbrechung. Tragische Irrtümer in Wien, Berlin und Petersburg führten zu einem Zusammenbruch in der Jahrhundertmitte. Aber von 1762 an hielt es in dieser oder jener Variante wieder für genau 125 Jahre.

So entwickelte sich Preußens Debut im modernen europäischen Staatensystem. Nach einer Serie schier unglaublicher Wendungen, gefährlicher Haarnadelkurven, die nicht allesamt unerläßlich waren und doch verständlicher Teil eines politischen Experiments, nach Augenblicken, in denen es der Katastrophe eines großen Krieges auf seinem Boden ins Gesicht sehen mußte – nach diesen aufgeregten dreizehn Jahren hatte Preußen das Schicksal seiner Mittellage begriffen: die Notwendigkeit, mit Ost wie West in Freundschaft zu leben und sich von keiner Seite erpressen zu lassen, wenn es Frieden haben wollte. Aber in Friedrich Wilhelms Sicht – und auch darin folgte ihm

Preußen das ganze 19. Jahrhundert – sollte die Mittelposition eine leichte Schlagseite haben – nach Osten.

Seine letzten Worte an Kronprinz Friedrich am 28. Mai 1740, zwei Tage vor seinem Tod, aufgezeichnet vom Staats- und Kabinettsminister Heinrich von Podewils, enthielten die folgenden Mahnungen:

»Der Kronprinz würde am besten fahren, wenn er... den Frieden so lange als möglich zu erhalten suchte und keinen Krieg leichtfertig anfinge, weil man nicht allemal Meister wäre, denselben zu erledigen, wie man wolle«...

...»Mit Rußland hätten seine Majestät gute Freundschaft und Harmonie zu halten jederzeit gesucht. Sie empfehlen dies auch dem Kronprinzen, da in einem Krieg mit Rußland sehr viel zu riskieren, aber nichts von ihm zu gewinnen wäre. Indessen müßte man doch auch den Russen nicht viel trauen«...

...»Was den Königlich Britischen Hof anbetrifft... wird es der König von Großbritannen ... an keinen Schmeicheleien, Avancen, Offerten... und Ränken fehlen lassen, um den Kronprinzen in seine jetzigen Händel einzuflechten... und sich seiner mächtigen Assistenz... für die Erreichung seiner Absichten zu bedienen. Seine Majestät bitten den Kronprinzen inständig, sich wohl in Acht zu nehmen und auf Ihrer Hut zu sein und sich nicht zu Engagements bewegen zu lassen, die ihm schädlich sein könnten und von denen andere allein den Profit ziehen könnten«... »Wie natürlich die Freundschaft zwischen den Kronen Englands und Preußens wegen der Religion, des gemeinschaftlichen Interesses und anderer Motive mehr wäre, sei hinlänglich bekannt, aber England qua Hannover und wegen der beständigen Eifersucht und Mißgunst beider Häuser gönnte dem Königlichen Haus nicht die geringste Vergrößerung...«

»... Im allgemeinen wäre Frankreich nicht viel zu trauen, weil es andere Mächte nur zu hintergehen trachte, daher man sich in den Verhandlungen und Pakten mit dieser Krone besonders in Acht nehmen müsse...«

IV. Die wunderbare Rettung des Hauses Hohenzollern

Das erste, was der neue König getan hatte, war, den wichtigsten Rat des verstorbenen Königs beiseite zu schieben, beinahe verächtlich. Statt den Frieden so lange wie möglich zu wahren, hatte er ihn so schnell wie möglich gebrochen. Aus unbedeutendem Anlaß, eher mutwillig, hatte er einen Krieg gegen eine wirkliche Großmacht angefangen, gegen das habsburgische Österreich. Einen Krieg noch dazu, der schwerlich im »gesamtdeutschen« Interesse lag, weil es nur darum ging, ob Schlesien von dieser oder jener mehr oder weniger deutschen Macht regiert werden sollte. Und dieser erste Schlesische Krieg, von 1740 bis 1742, hatte zum nächsten geführt, und dieser zum dritten, der später der Siebenjährige Krieg genannt wurde und in dem sich Österreich die Unterstützung anderer europäischer Großmächte wie Frankreich und Rußland, auch die Schwedens und Sachsens, zu verschaffen gewußt hatte. Und nun, am Ende des Jahres 1761, war die Lage für Friedrich II., den man später Friedrich den Großen nannte, aussichtslos geworden. Das Abenteuer, auf das er sich 1740 eingelassen hatte – aus Ehrgeiz und Ruhmsucht, wie er später selbstkritisch bekannte –, schien ihn unvermeidlich in die Katastrophe zu führen.

In jene Katastrophe, die der Krieg für seine viereinhalb Millionen Untertanen längst geworden war. Viereinhalb Millionen – das war die Einwohnerzahl Preußens einschließlich Schlesiens, bevor Friedrich II. 1756 jenen Präventivangriff unternommen hatte, der zwar zuerst Sachsen niederwarf, aber danach Schlesien und das ganze Preußen zum Schlachtfeld gemacht hatte. Der seinen Landen gerade jenes Schlachtfeld-Schicksal bereitet hatte, das sein Vater so sorgsam zu vermeiden bemüht war. Jetzt, nach mehr als fünf Kriegsjahren, mochte Preußen noch knapp über vier Millionen Einwohner zählen. An die hundert seiner Dörfer und Städte waren bereits vollständig vernichtet, Hunderte anderer schwer beschädigt. Hunderttausende waren auf den Schlachtfeldern geblieben oder durch Krankheit und Hunger umgekommen, weite Landstriche von kriegsfähigen Männern entvölkert. Schlesien, mit dessen Erwerb der König Preußen und das Haus Hohenzollern so unerhört hatte stärken wollen, schien der Mühlstein um seinen Hals zu sein, der ihn unerbittlich in den Abgrund zog.

Von Anfang an hatte er die Risiken unterschätzt, die der Angriff auf Österreich ohne tatkräftigen Verbündeten mit sich bringen würde: die Hartnäckigkeit und Fähigkeit, die Österreichs Maria Theresia entwickeln konnte; die Besorgnis, die sich bei allen Nachbarn wegen der Störung des europäischen Gleichgewichts einstellen mußte; das Mißtrauen, das ein so großer Raubzug allenthalben über seine künftigen Absichten entstehen lassen würde; die Möglichkeit großer Koalitionen gegen ihn, die – wie es in einer französisch-österreichischen Abmachung hieß – auf die »totale Zerstörung Preußens« gerichtet waren;[1] und nicht zuletzt die Stärke und die Kampfkraft der russischen Armeen. Er hatte allzusehr darauf vertraut, daß er die beste Armee in Europa habe, daß er schlagen könne »wen er wolle, wann er wolle«. Aber auch mit der besten Armee in Europa konnte man nicht gegen alle zugleich in allen Himmelsrichtungen siegreich sein, vor allem nicht, wenn die eigenen Hilfsquellen so bedenklich schmal waren. Wiederholt hatte Friedrich in diesem Krieg an Selbstmord gedacht, zuerst wohl 1757, nachdem ihn Daun, der tüchtige Österreicher, bei Kolin geschlagen hatte. Und jetzt mehr denn je.

Seit 1759 hatten sich die entscheidenden Faktoren dieses Krieges gegen ihn gewendet. Von der Niederlage, die ihm die russische Armee unter Saltykow 1759 bei Kunersdorf zugefügt hatte, der schwersten, die er in diesem Kriege hatte einstecken müssen, hatte er sich nie mehr erholt. Er hatte zwar im August 1760 die Österreicher bei Liegnitz knapp geschlagen. Aber sechs Wochen später rückten die Kosaken in Berlin ein und erpreßten rund zwei Millionen Taler Lösegeld – fast die Hälfte der britischen Hilfsgelder, die Friedrich (damals noch) erhalten hatte. Dann, im November 1760, hatte er bei Torgau noch einmal über die Österreicher gesiegt, aber es war ein Pyrrhussieg – Friedrich ließ mehr Tote auf dem Schlachtfeld zurück als sein Gegner, und das war das letzte, was er sich leisten konnte. Seine Feinde hatten von Anfang an nicht darauf gesetzt, das Genie der Kriegführung mit einem einzigen Schlag niederzuwerfen. Sie verließen sich auf die ungeheure Überlegenheit ihrer Mittel und Reserven, die Preußens Armeen allmählich zermürben mußten. Und dieses letzte, entscheidende Stadium des Krieges, in dem die blanke Erschöpfung Preußen zum Untergang verurteilte, schien jetzt, gegen Ende des Jahres 1761, erreicht.

Man hatte sich in diesem Jahr keine größeren Schlachten mehr geliefert, außer daß die Österreicher im September die Festung Schweidnitz einnehmen konnten, mit Vorratslagern, die hatten helfen sollen, Friedrichs Truppen über den Winter zu bringen. Aber die Texte für den Schlußakt des großen Dramas schienen geschrieben. Österreicher und Russen vereinigten sich zu einer Streitmacht von 130 000 Mann, um auf Berlin zu marschieren. Friedrich hatte ihr nichts annähernd Gleichwertiges entgegenzustellen. Die allgemeine Überlegenheit der im Feld stehenden feindlichen Truppen über seine eigenen belief sich jetzt auf etwa 3:1. Und seine Soldaten waren nicht mehr, was sie zu Anfang des Krieges, etwa bei Leuthen, waren. Mehr und mehr waren sie demoralisiert worden, an den Sieg glaubten sie nicht mehr. Kommandeure berichteten dem König, daß seine Männer sich beim nächsten Kampf ergeben wollten.[2]

Zu all dem kam, daß die Briten, mit ihren Subsidien eine unentbehrliche Hilfsquelle Friedrichs, aus dem Krieg aussteigen wollten. Wie 1713 den deutschen Kaiser im entscheidenden Kampf gegen Frankreich ließen sie jetzt den preußischen König in seiner Schicksalsstunde im Stich. Der Mohr hatte ja auch wieder seine Schuldigkeit getan. Der Siebenjährige Krieg war nicht etwa nur ein Ringen um die Ordnung des europäischen Kontinents. Seine andere, womöglich noch wichtigere Seite war der Kampf zwischen England und Frankreich um die Beherrschung der übrigen Welt. Frankreich war im 18. Jahrhundert, nachdem Spanien so weit zurückgefallen war, Englands schärfster und einziger Rivale auf den Meeren. Und weil seine wirtschaftlichen und finanziellen Mittel ebenso wie seine Bevölkerungszahl der britischen gewaltig überlegen waren – es hatte um die Jahrhundertmitte etwa 25 Millionen Einwohner im Vergleich zu rund 10 Millionen auf der Insel –, und weil seine Küstenlinien kaum wesentlich ungünstiger waren als die des Vereinigten Königreichs, hätten im Grunde ihm und nicht den Briten die Kontinente zufallen müssen. Aber aus einem Instinkt der Rivalität mit seinem deutschen Nachbarn heraus, der schwerlich allein der rationalen Überlegung zugeordnet werden kann, hatte Frankreich seit Richelieu seine Energien vor allem auf den beständigen Angriff in Richtung Osten und die Eroberung der Rheingrenze gerichtet. Nur mit der linken Hand griff es nach der Weltherrschaft – aber auch diese linke Hand war für lange Zeit erstaunlich kräftig gewesen. Sie hatte ausgereicht, Kanada und den größten Teil dessen, was heute die USA sind, unter französische Herrschaft zu bringen – das ganze amerikanische Zentrum etwa von

Colorado bis Kentucky und von Minnesota bis Louisiana einschließlich der Flußsysteme des Mississippi und Ohio. Ebenso einen Teil der Karibischen Inseln, strategisch wichtige Punkte im Indischen Ozean, vor allem aber wichtige Zentren in Indien selbst, nördlich von Kalkutta und um Pondicherry.

Seit dem Beginn des 18. Jahrhunderts hatte England das Ringen um die Welt begonnen. Wir sprachen schon davon, daß es sich im Laufe dieses Expansionsprozesses 1713 im Asiento-Vertrag von Spanien das Monopol des Sklavenhandels nach dessen amerikanischen Besitzungen hatte verschreiben lassen. En passant (und weil in diesen Zeiten gerade in England soviel von Humanität und Zivilisation die Rede ist) sei dazu noch vermerkt, daß nach britischen Berechnungen allein beim Sklavenhandel mit Britisch-Westindien im Lauf der Zeit rund 16 Millionen Schwarze lediglich infolge der unerträglichen Transportbedingungen starben oder lebend ins Meer geworfen wurden. Was die Sklavenhändler, zu denen die angesehensten englischen Reeder gehörten, freilich nicht schwer traf, weil es für jeden Todesfall eine Versicherungssumme gab, deren Einlösung manchmal profitabler sein konnte als der Verkauf der Sklaven am Bestimmungsort, wenn es da gerade einen Überfluß an schwarzer Ware gab.[3] Es war vermutlich der größte Völkermord in der Geschichte. Und jetzt, am Beginn des Siebenjährigen Krieges, war es für England ums Ganze gegangen.

William Pitt der Ältere hatte dem Parlament versprochen, daß er, wenn England sich mit Preußen verbände, die halbe Welt auf den Schlachtfeldern Deutschlands erobern könnte. Dieses Versprechen hatte er getreulich erfüllt. Während die Franzosen ihre Anstrengungen zersplitterten und große Armeen für den Kampf gegen Friedrich aushoben statt Flotten zu bauen, beschäftigten die Briten ihren Rivalen mit den paar Millionen Talern, die sie Preußen zukommen ließen, und konzentrierten im übrigen alle Anstrengungen auf Seeherrschaft und Kolonien. Und dabei waren sie sehr erfolgreich gewesen. 1760 mußten die Franzosen in Kanada kapitulieren, zwischen 1759 und 1762 verloren sie ihre Besitzungen in der Karibik, mit Kanada und dem Seeweg über den Golf von Mexiko auch den Zugang zu ihrem großen Territorium im Zentrum Amerikas. 1757 hatten die Briten in der Schlacht von Plassey nördlich von Kalkutta gesiegt, die ihnen die Herrschaft über Nordwestindien sicherte, dann verloren die Franzosen Pondycherry. Und nun hatte England alles, was es wollte.

Während alle anderen Teilnehmer an diesem Krieg furchtbar verarmten, war England reich geworden. Plötzlich besaß es ein riesiges Imperium. Es wurde Zeit, Frieden mit den Franzosen zu schließen, deren Kassen leer geworden waren. Preußen war entbehrlich geworden.

Es traf sich, daß Georg II. von England 1760 gestorben war und Georg III. an den Verhältnissen in Deutschland weniger interessiert war als sein Vater. William Pitt widerstrebte es, Friedrich zu verraten. Aber das allgemeine Drängen in England nach dem Separatfrieden mit Frankreich war stärker als er. Im Oktober 1761 war er zurückgetreten, und sein Nachfolger, der Earl of Bute, forderte nicht nur den Preußenkönig energisch zum Frieden auf, sondern verweigerte ihm auch jede weitere finanzielle Unterstützung. Er ging so weit, auch Österreich einen Separatfrieden anzubieten, in dem England bereit war, sich für die Abtretung zumindest von Teilen Schlesiens an Österreich einzusetzen, ja, er versuchte mit allen Mitteln, Rußland militärisch an der Seite Österreichs zu halten. Es half Friedrich wenig und schadete London nicht viel, daß er nun die Briten nicht mehr als bündnisfähig ansah; daß er später die Art und Weise, wie er von Bute »verraten, verkauft und meuchlerisch attackiert« wurde, in einer Art, wie sie »kaum von den Feinden entwickelt werden konnte«, als »abschreckendes Beispiel« der Nachwelt überlieferte.[4] In jenem Moment hielt man in allen europäischen Hauptstädten Friedrichs Tage für gezählt.

Genau in diesem Augenblick wendet sich die russische Außenpolitik um 180 Grad. Am 5. Januar 1762 stirbt in Petersburg die Zarin Elisabeth, Friedrichs wütende Feindin, und Peter III. gelangt auf den Thron, ein Bewunderer des preußischen Königs. Nur Stunden nach seinem Regierungsantritt befiehlt er den Stopp aller militärischen Operationen gegen Friedrich, wenige Wochen darauf verkündet er das Ende des Krieges gegen Preußen. Am 25. Mai 1762 unterzeichnet der neue Zar einen Friedensvertrag mit dem König, in dem er auf alle Faustpfänder verzichtet, die russische Truppen gegen Preußen in Besitz genommen hatten. Auch auf Ostpreußen, das Elisabeth von Preußen hatte lostrennen wollen. Am 10. Juni 1762 macht sich Peter sogar zum Verbündeten Friedrichs und tritt an seiner Seite in den Krieg gegen Österreich und Frankreich ein. Es dauert dann allerdings nur noch 18 Tage, bis er durch einen Staatsstreich vom Thron gestoßen wird und jene Frau die Zügel des Zarenreiches in die Hand nimmt, die schon zu Lebzeiten Katharina die Große genannt wird. Aber Katharina setzt die allgemeine Linie der Politik des ermordeten Gatten fort.

Das heißt, es bleibt beim Friedensschluß, nur das frische Militärbündnis löst sie auf – einstweilen. General Tschernitschew, der russische Kommandant, der gerade mit seinen Truppen zum Preußenkönig gestoßen war, wird beordert, sich nach Rußland zurückzuziehen. Aber Friedrich kann ihn überreden, die Instruktion der neuen Zarin drei Tage lang geheimzuhalten. So fällt es ihm leichter, General Daun, den Österreicher, am 21. Juli 1762 bei Burkersdorf zu schlagen, dann die Festung Schweidnitz zurückzugewinnen. Und als es dann noch im Oktober seinem Bruder, dem Prinzen Heinrich, gelingt, den Österreichern bei Freyburg in Sachsen eine Niederlage zu bereiten, ist Maria Theresia zum Frieden bereit. Auch Österreich ist ermattet, ohne Rußland kann es nicht weiterkämpfen. So kommt es im Februar 1763 zu jenem Frieden von Hubertusburg, der Schlesien bei Preußen beläßt und Preußen als neue Großmacht in das europäische Staatensystem integriert.

Innerhalb eines Jahres hatte sich Friedrichs Schicksal vollständig gewandelt. Hätte es jenen Wechsel in Petersburg nicht gegeben, wäre Preußen von der Landkarte verschwunden, Brandenburg auf die Dimensionen eines von mehreren mittelgroßen deutschen Fürstentümern zurückgeschnitten worden. Eine deutsche Einigung würde es vermutlich nicht gegeben haben, zumindest keine unter Preußens Führung. Friedrich II. wäre in die Geschichtsbücher als sehr begabter Heerführer, im übrigen als eher gewissenloser politischer Abenteurer eingegangen. Jetzt zog er als Triumphator, schon als »der Große«, an der Spitze seiner Truppen in Berlin ein.

An diesem Punkt setzt in den Geschichtsbüchern die Vernebelung, die tendenziöse Darstellung ein, die alle Kausalitäten verwischen will. Nur ein Wunder, so liest man meistens, habe Friedrich gerettet. Und dieses Wunder wird dann auch noch jeder Logik und Lehrhaftigkeit beraubt, indem man Peter III. als Narren darstellt, nicht etwa als jemanden, von dem man sinnvolle russische Politik erwarten könnte. Im Gegenteil: entweder um Preußen aus der Dankespflicht zu reißen oder um das russisch-französische Bündnis der Elisabeth zu rehabilitieren, jedenfalls um in Peters Entscheidung nicht etwa eine Konstante der russischen Politik aufschimmern zu lassen, wird allenthalben nachgebetet, daß Peter ganz im Widerspruch zu Rußlands Interessen gehandelt habe. So, als hätte nicht Katharina seine Politik fortgeführt, als hätte sie nicht die Möglichkeit gehabt, seine Entscheidung grundsätzlich zu revidieren. Der Effekt, und oft genug auch der Sinn dieser Darstellung ist klar: Wenn die

Wende in Petersburg eher ein komischer Zufall war, dann ist auch nichts dauerhaft Gültiges, nichts Charakteristisches daraus abzuleiten, dann sind keine Lehren für Grundsätzliches im preußisch-russischen Verhältnis daraus zu ziehen.

In Wirklichkeit war in jenem Jahr 1762 in Petersburg kein größeres Wunder passiert als jene vielen, die immerfort und allenthalben in der Welt geschehen. Man könnte es auch ein Wunder nennen, daß die Zarin Elisabeth die Schwelle zum Jahr 1762 überhaupt hatte überschreiten können. Denn sie war seit langem krank gewesen, und die Eingeweihten am Petersburger Hof hatten seit 1756 mit ihrem baldigen Ableben zu rechnen begonnen. 1757 war sie in aller Öffentlichkeit zusammengebrochen. Seit dem Ausbruch des Krieges hatte man sich Gedanken über die Nachfolge gemacht – folgenschwere, wie wir bald sehen werden. Und die Außenpolitik dieser Elisabeth war nicht etwa einem Diktat russischer Interessen gefolgt, nicht etwa der goldenen Regel russischer Politik, ganz im Gegenteil: sie stand eher im Gegensatz zu der ihres Vaters, nämlich Peters des Großen; sie entsprach nicht der ihrer anderen Vorgänger, und ganz bestimmt stand sie im Gegensatz zu der ihrer großen Nachfolgerin und deren Nachfolgern. Es war, Preußen gegenüber, viel eher die Entscheidung Peters III., die sich in die große Linie der russischen West-Politik einfügte.

Was war der Kriegsgrund?

Über Peters des Großen langes Werben um Preußen haben wir schon gehört. Und Katharina die Große schloß nicht nur, nachdem sie 1762 Peters III. Allianz mit Preußen aus Opportunitätsgründen aufgelöst hatte, 1764 eine neue Allianz mit Friedrich. Für sie stand schon Jahre vor ihrem Regierungsantritt, noch zu Lebzeiten der Elisabeth, während sie als Gattin des damaligen Großfürsten Peter eine sehr prekäre Existenz am Petersburger Hof führte, Friedrich II. von Preußen zusammen mit England als künftiger Bündnispartner Rußlands fest. Sie hat diese Idee in einem faszinierenden Briefwechsel mit dem damaligen englischen Gesandten in Petersburg, Williams, festgehalten.[5] Rußland hat keinen Kriegsgrund gegen Preußen, schreibt sie darin. Aber sie war vorsichtig genug, diesen Standpunkt ebenso wie den Widerstand gegen die Allianz mit Frankreich und Österreich nach außen von ihrem Mann, dem späteren Zaren, vertreten zu lassen, den sie bei der nächsten Gelegenheit vom Thron entfernte. Weil sie das seit vielen Jahren geplant hatte, nicht etwa, um eine unglückliche Politik zu korrigieren.

Die Preußenfeindschaft der Elisabeth, die den Siebenjährigen Krieg erst möglich gemacht hatte, entbehrte nicht ganz der rationalen Komponente. Aber sie war das schwächere Element in der Politik der Zarin gewesen, stärker war die irrationale Seite.

Die rationale Komponente bestand in der von manchen Hofkreisen, namentlich aber vom Großkanzler Bestuschew gehegten Befürchtung vor den Folgen der schnell wachsenden Macht Preußens. Bestuschew glaubte, daß Preußen künftig Absichten auf die baltischen Staaten haben werde, namentlich auf Kurland, das doch nach Peters des Großen Tod immer mehr dazu bestimmt schien, ein Teil des russischen Imperiums zu werden. Er nahm an, daß Friedrich das polnische Westpreußen erwerben wolle, während doch Rußland einen kontrollierenden Einfluß im *ganzen* Polen behalten wollte. Er und andere am Petersburger Hof wollten Ostpreußen von Brandenburg losreißen, wobei unentschieden blieb, ob man es behalten oder an Polen geben wolle, wofür dann Polen östliche Landesteile an Rußland abzutreten hätte. Bestuschew war, hier wieder in der Tradition russischer Politik, entschieden anti-französisch – sehr im Gegensatz zu seiner Zarin. Und das seit 1741 bestehende preußisch-französische Bündnis schien ihm zu bedeuten, daß Preußen die Angriffsposition Frankreichs in Richtung Osten stärken würde. Vor allem aber war für Bestuschew Österreich eine unantastbare Größe. Es schien ihm und anderen ein unentbehrlicher Alliierter im Kampf gegen die Türkei, eine Schwächung seiner Macht deshalb nicht tolerabel, Preußen deshalb ein Feind.

Die Aufzählung macht klar, auf wie dünnem Fundament die russische Kriegsmotivation ruhte. Das preußisch-französische Bündnis, dies hätte Bestuschew klar sein müssen, war rein taktischer und vorübergehender Natur, es mußte angesichts der Grundlagen französischer Deutschlandpolitik bald bitterer Rivalität weichen. Und was die angeblich geplante preußische Ostexpansion betrifft: Der friedliche Vater des preußischen Kriegskönigs hätte sich zwar gern Kurland von Peter dem Großen schenken lassen, wenn das ohne alle Umstände gegangen wäre. Aber jegliches Risiko für die entfernte Provinz schien ihm unangemessen. Friedrich II. hatte an den Erwerb Kurlands nie gedacht. Westpreußen war allerdings ein preußisches Ziel. Aber jeder Preußenkönig war sich auch darüber im klaren, daß in dieser Richtung nichts ohne Rußland zu holen war. Rußland seinerseits konnte bei realistischer Betrachtung nur mit Preußens Hilfe hoffen, Polen unter Kontrolle zu halten: Es hatte oft genug erfahren müssen, wie emsig andere Mächte – Frankreich vor allem, aber gelegentlich auch England, Österreich, die Türkei – daran arbeiteten, Polen gegen Rußland »umzudrehen«. Noch auf dem Warschauer Reichstag im Krisenjahr 1720 haten die Vertreter Englands und Schwedens versucht, die polnischen Magnaten zum offenen Krieg gegen Rußland zu treiben, indem sie ihnen Hoffnung auf den Erwerb von Kiew und Smolensk machten, und nur die vereinten Bemühungen des preußischen und des russischen Gesandten, die ebenso wie die Briten mit allen Mitteln der Bestechung arbeiteten, hielten damals Polen in der Neutralität.

Friedrich lag daran, diese preußisch-russische Kooperation unbedingt aufrechtzuerhalten. Er fürchtete Rußland mehr als jeden anderen Staat, und an einer dauerhaften Freundschaft lag ihm mehr als an jeder anderen. Nichts macht das klarer als eine Botschaft, die er am 1. Juni 1743 an Mardefeldt, seinen Gesandten in Petersburg, richtete. »Ich würde niemals daran denken, Rußland leichtfertig zu provozieren«, hieß es darin. »Im Gegenteil: es gibt nichts in der Welt, was ich nicht tun würde, um mit diesem Imperium immer gute Beziehungen zu unterhalten.«[6]

Und was eine Eroberung Ostpreußens betrifft: Schon Bestuschews Nachfolger, der Großkanzler Woronzow, machte Elisabeth mitten im Krieg darauf aufmerksam, daß ein Erwerb dieser Provinz Rußlands nur die Feindschaft vieler anderer europäischer Mächte bringen werde, die Rußlands weitere Ausdehnung nach Westen nicht wünschten.[7] Und dabei wußte Woronzow noch nicht einmal, daß es tatsächlich im französisch-österreichischen Vertrag von 1757 eine Geheimklausel gab, in der es hieß, daß Rußland nach dem Sieg *von jedem territorialen Gewinn ausgeschlossen sein sollte.* Es sei *»nur eine Hilfsmacht«, die »keinen Anspruch auf Eroberungen«* habe.[8] Eine Klausel, die ganz allein die russische Kriegsbeteiligung als Unsinn entlarvt. Denn zumindest in den Augen Frankreichs, des von Elisabeth so heiß geliebten, bedeutete sie die entschiedene Ablehnung jedweder Erweiterung Rußlands, nicht nur in Ostpreußen, sondern auch in Ostpolen. Würde aber Rußland Ostpreußen an Polen gegeben haben, dann hätte es gerade jene Macht gestärkt, die es seit drei Generationen zu schwächen bemüht war, und eine andere zerschlagen, mit deren Hilfe es allein Polen kontrollieren konnte. Nur mit Preußen, nicht gegen Preußen waren russische Interessen in Polen zu behaupten.

Bestuschew, ein kleiner Nachfolger des großen Ostermann, machte eine Politik aus Clichés, und das zeigte sich selbst im Falle Österreich, unter allen seinen Argumenten noch das gewichtigste. Wohl war Österreich ein bedeutender Verbündeter des Zarenreiches gewesen und konnte es noch eine Weile sein. Aber schon damals zeichnete sich ab, daß ziemlich bald – und mit jedem neuen Sieg über den Sultan immer schneller – die Interessen der beiden Verbündeten auf dem tiefen Balkan zusammenstoßen mußten; daß die Alliierten von heute die Rivalen von morgen waren. Schon 1770, nur sieben Jahre nach dem Ende des Siebenjährigen Krieges, wurde ein russisch-österreichischer Krieg wegen der russischen Vorstöße in den türkischen Balkan eine sehr naheliegende Möglichkeit. Es war gewiß Rußlands Interesse, Friedrich II. zur Mäßigung gegenüber Österreich zu mahnen, im Sinne der einst von Ostermann anvisierten gleichgewichtigen Beziehung zu beiden deutschen Mächten. Am besten hätte es schon 1741/42, gleich nach dem ersten Schlesischen Krieg, Friedrich zu einer vorteilhafteren Regelung für Maria Theresia drängen sollen. Ostermann hatte das in der Tat geplant – bevor er von Elisabeth »liquidiert« worden war –, und Friedrichs Mäßigung nach seinem Sieg im Zweiten Schlesischen Krieg 1745 war vielleicht schon eine Folge russischer Drohgebärden gewesen. Aber voll waren die diplomatischen Möglichkeiten, die damals bestanden, aus diesen oder jenen Gründen nicht genutzt worden. Jetzt gegen Preußen mit aller Kraft zu Felde zu ziehen, um Österreich zu nutzen, hieß nur, im Norden einen schwer entbehrlichen Verbündeten zu zerschlagen, um im Süden einen potentiellen Gegner aufzubauen.

Die Folge eines eventuellen Sieges der Alliierten über Preußen hatte Williams, der englische Gesandte, im schon erwähnten Briefwechsel mit Katharina vorausgesagt: Frankreich und Österreich würden dann den Kontinent beherrschen und Rußland als nicht mehr benötigtes Werkzeug beiseite schieben.[9] Diese Allianz mit Frankreich – der Bestuschew allerdings widerstrebt hatte – war eine andere der Widersinnigkeiten des von Elisabeth geforderten »Systems«. Denn Frankreich war ja der alte Hauptfeind Rußlands, der ständige Verbündete und Inspirator aller Gegner des Zarenreiches, der Türken, Schweden, Polen. Nur sechs Jahre nach dem Tod der Zarin war der Versailler Hof wieder dabei, wegen der nächsten Polen-Krise eine große anti-russische Koalition zu schmieden. Er hetzte in Konstantinopel wie in Stockholm und Warschau zum Krieg gegen Rußland, er suchte Wien und Berlin gegen Petersburg in Stellung zu bringen.

»Die wesentlichen Interessen Frankreichs verlangen nicht nur, daß Krieg zwischen Rußland und der Türkei geführt wird«, hieß es in einer Instruktion des französischen Außenministers Marquis de Choiseul an einen seiner Beauftragten vom Januar 1768, »sondern daß er so bald und so heftig wie möglich geführt wird.« Es sei »außerdem wichtig, daß Polen zum Kriegsschauplatz gemacht wird«, und »wenn man auch Sympathien für dieses unglückliche Königreich haben mag«, so sei doch die Notwendigkeit größer, Polen, Schweden und andere Teile Europas »von der Pest des russischen Ehrgeizes und Despotismus zu befreien«.[10] Wenn Choiseuls großer Plan nicht gelang, dann nicht zuletzt deshalb, weil Preußen alle gegen Rußland gerichteten Pläne hintertrieb – Preußen, das Bestuschew und Elisabeth zum Hauptfeind erklärt hatten! Es ist charakteristisch für die Politik der Elisabeth, daß das, was vom Beginn des 17. Jahrhunderts bis ins späte zwanzigste als entscheidend wichtiger Sektor der russischen Außenpolitik galt, nämlich die Polen-Politik, unter dem Regiment dieser Zarin in den Hintergrund trat. Rußland nahm an den inneren Auseinandersetzungen in Polen kaum noch teil. »Der polnische Hof zollte den Wünschen aus Petersburg weniger und weniger Aufmerksamkeit. Der polnische Reichstag wagte es, ... oft eine unfreundliche Haltung (gegenüber Rußland) einzunehmen ... Die russische Polen-Politik schien ihren Zusammenhang verloren zu haben.«[11] Selbstverständlich hatten alle Nachfolger nichts Eiligeres zu tun, als all diese Verworrenheiten zu revidieren. Kein Zweifel, die historische Entwicklung hat ihr Urteil gesprochen: Sie läßt die Politik der Elisabeth als Absurdität erscheinen und nicht die Peters III.; sie hat die Entscheidung Peters bestätigt, nicht die der Elisabeth.

Aber es hätte nicht nur die außenpolitische Logik eine andere grundsätzliche Entscheidung der Zarin gefordert, auch der Verlauf des Krieges und seine wirtschaftlichen und sozialen Folgen legten eine Revision der Politik nahe. Großkanzler Woronzow sagte der Zarin im November 1760, daß die Regierung nicht mehr die Mittel zur Fortführung des Krieges habe, daß ein Frieden notwendig sei, je früher, desto besser.[12] Er wies auf ein riesiges Defizit im Staatshaushalt hin. Im Senat diskutierte man über Massendesertionen aus der Armee, über die Unzufriedenheit der Bauern wegen der hohen Steuern, über Brandstiftungen, die von Deserteuren verübt wurden und enorme Schäden bei der Ernte verursachten.[13] Peter III. sagte nach seinem Regierungsantritt, daß man Jahre brauchen werde, um die Armee wieder aufzubauen.

Wenn trotz alledem die Kriegsparole gegen Preußen dominieren konnte – was trübte dann das Urteil? Es waren hauptsächlich wohl private Gründe. Das galt in eingeschränktem Maße schon für den Großkanzler, obwohl er doch noch der Sachkundigste, Überlegenste, Prinzipientreueste von allen war. Er hatte die Einkreisungspolitik gegen Friedrich betrieben, als auch England noch anti-preußisch und an Bündnissen gegen Friedrich interessiert war, das heißt, bevor es kurz vor Kriegsausbruch ganz überraschend zu einem großen Wechsel der Allianzen und zu einem englisch-preußischen Bündnis gekommen war. Und er, der Großkanzler, hatte von England viel Geld bekommen.

»Von dieser Stunde an bin ich des Königs Freund«

Die Briefe der britischen Gesandten in Petersburg an ihre Regierung geben darüber interessanten Aufschluß. Am 4. Juli 1755 – ein Jahr vor Kriegsausbruch – berichtete beispielsweise Williams nach London, nicht nur Großkanzler Bestuschew sei für das Bündnis mit London gegen Berlin, sondern jetzt auch Vizekanzler Woronzow. Die Seele Woronzows sei aber Herr Olfufiow. Für 1500 Dukaten bar und ein Jahrgeld von 500 Dukaten könne er Olfufiow gewinnen und guten Gebrauch von ihm machen. Die dritte Person, die man gewinnen müsse, sei Herr Wolkow, der Geheimschreiber Bestuschews. Dafür sei ein Geschenk von 500 Dukaten und ein Jahrgeld von 250 nötig.[14] Am 24. Juli genehmigt die britische Regierung (Lord Holderness) diese Zahlungen, und am 9. August meldet Williams nach London, daß ein Vertrag mit Rußland unterzeichnet worden sei (hauptsächlich gegen Frankreich gerichtet, aber auch gegen Preußen, das in diesem Moment noch mit Frankreich befreundet war). Und Bestuschew erhält nun, wie Williams weiter berichtet, für diesen Vertrag 10 000 Pfund und bat, auch Woronzow »eine außerordentliche Gabe« zu bewilligen.[15] Bestuschew wirke sehr nützlich für England, bemerkt Williams weiter:

> »Sein Gesicht zeigte die größte Freude, als er fand, daß meine Anerbietungen seinem Geiz genügten. Auch Woronzow tut das

Seine. Möchten Seine Majestät deshalb die Gnade haben und ihm über seinen gewöhnlichen Lohn noch etwas geben, etwa ihm einen Ring kaufen. 500 Pfund, so verwandt, werden an diesem Hofe künftig große Wirkung tun.«

Dann, Anfang 1756, fand der Wechsel der Allianzen statt, England, dem es bei alledem immer nur um die Sicherung Hannovers ging, wurde der Verbündete jenes Preußen, das die Zarin haßte. Und Bestuschews Stellung wurde schwierig. Aber auch in dieser Lage fand er den Reiz des Geldes unwiderstehlich. Am 9. Juli 1756 berichtet Williams, Bestuschew habe ihm geklagt, daß die Zarin ihm jährlich nur 7000 Rubel gebe, davon könne er nicht leben. Der König von England möge ihm ein Jahresgehalt von 2500 Pfund anweisen. Dann wolle er ihm künftig »dienen und ganz anhängen«.[16]

Am 8. August bewilligt die britische Regierung diese Forderung. Nun will Williams die Gegenleistung: Er versucht, Bestuschew, den alten Gegner Preußens, für Preußen, den neuen Verbündeten Englands, zu gewinnen. Ganz kann er damit unmöglich durchkommen. Denn inzwischen hat, was Williams nicht wissen kann, ein großer russischer Staatsrat gegen die einzige Stimme des Großfürsten Peter den Krieg gegen Preußen beschlossen. »Aber«, berichtet Williams am 18. September 1756, »je deutlicher meine Winke über die Größe der Summe wurden, desto mehr gab er nach. Zuletzt reichte er mir die Hand und sagte:

›Von dieser Stunde an bin ich des Königs (Friedrichs!) Freund, doch sehe ich nicht, wie ich ihm jetzt dienen kann. Hätte ich dies zwei Monate früher gewußt, hätte sich vieles machen lassen. Aber er hat den Krieg begonnen, und nichts kann die Zarin hindern, Österreich beizustehen; alle Beschlüsse darüber sind gefaßt. Doch mögen Sie dem König von Preußen versichern, ... daß ich bereit bin, sobald sich die Gelegenheit bietet, ihm durch mehr als bloße Worte zu beweisen, daß ich zu seinen Diensten stehe.‹«

Bestuschew fügte hinzu, er hoffe, diese Veränderungen und Erklärungen würden als das größte Geheimnis behandelt werden.[17] Tatsächlich scheint er sein Wort gehalten zu haben – wir kommen noch darauf zu sprechen; es hat ihn viel gekostet.

Aber wenn es mit den Überlegungen zum Wohle Rußlands – Überlegungen, bei denen doch immerhin das Schicksal Hunderttausender von Soldaten auf dem Spiel stand – schon bei den führenden

Staatsmännern so aussah, dann stand es bei der Zarin selber noch schlimmer.

Sie war sicherlich die unseriöseste aller Herrscher und Herrscherinnen, die in der Neuzeit auf dem Zarenthron gesessen haben. An dieser Stelle kann kein vollkommenes Porträt des Charakters ihrer Herrschaft gegeben werden, doch greifen ihre persönlichen Schwächen derart ineinander und in ihrer Ballung so entscheidend in die große Politik ein, daß wenigstens der Mechanismus ihrer Entscheidungsprozesse skizziert werden muß. In vollständigem Gegensatz zu ihrem Vater war sie bar allen Interesses für die Zusammenhänge des Staatswesens, im Gegensatz zu Katharina gänzlich anti-intellektuell, von einer rein auf das Persönliche bezogenen Intelligenz, maßlos faul, maßlos verschwendungssüchtig und gänzlich ihren persönlichen Vergnügungen ergeben.

Daß sie von dem Begriff des Staatsinteresses eigentlich überhaupt keine Vorstellung hatte, haben wir schon im zweiten Kapitel im Zusammenhang mit jenem Putsch geschildert, den Frankreich organisiert und finanziert hatte, um sie auf den Thron zu bringen. Dem König von Frankreich und dem französischen Gesandten La Chétardie, dem Drahtzieher des Putsches, war sie seitdem nahezu bedingungslos ergeben. Als sich La Chétardie nach gelungenem Umsturz bei ihr darüber beschwerte, daß er sich mit dem alten Kanzler Tscherkasskij nicht unterhalten könne, weil dieser nur russisch spreche, hatte sie – die neue Zarin – ihm geantwortet: »Was kümmert Sie das? Sie werden nur mit mir zu tun haben. Die anderen Gesandten mögen sich das einrichten, so gut sie können!«[18] Und in der Tat hatte La Chétardie in der Folge stundenlange Audienzen bei der Zarin, in deren Verlauf sie ihn einmal bat, ihr das Porträt des französischen Königs zu schenken, das sich in der Gesandtschaft befand. Denn, sagte sie, »er ist der einzige Herrscher, für den ich, seit ich denken kann, Neigung empfunden habe«. Sie, die zeitlebens nicht begriffen hatte, daß England nicht auf dem Landwege zu erreichen ist,[19] war unentwegt und entgegen allen Vorstellungen ihrer Minister bestrebt, das Schicksal Rußlands an das Los Frankreichs zu binden,[20] jenes Frankreichs, das unentwegt der Freund aller Feinde Rußlands war.

»Das Reich der Plünderung eines jeden preisgegeben«

Leider blieb die französische Politik von ihrer Sentimentalität gänzlich unbewegt, leider traten bald die offenkundigsten Beweise zutage, daß Versailles Türken und Schweden zu neuen Feldzügen gegen Rußland anzustacheln suchte, leider wurden Briefe aufgefangen, in denen Amelot, der französische Außenminister, sich gegenüber der Hohen Pforte in der verletzendsten Weise über die Zarin und ihr Reich geäußert hatte.[21] Es kam zu einer Krise in den französisch-russischen Beziehungen, und La Chétardie mußte abberufen werden.

Aber während er noch in Petersburg war, begann die Zarin mit ihm eine Liebesbeziehung, quartierte sich mit ihm eine Woche lang in das altberühmte Dreifaltigkeitskloster ein, wo die andächtigen Mönche prächtige Gemächer für die Zarin bereithielten. Sie fiel aus allen Wolken, als sie Jahre später erfuhr, daß der gleiche La Chétardie bei anderer Gelegenheit über sie an seine Regierung berichtete:

> »Die Liebe für Nichtigkeiten, das Entzücken über eine Toilette ... beschäftigen die Zarin ganz und gar ... Der Gedanke an das geringste Staatsgeschäft erschreckt sie und macht sie kopfscheu ... So groß ist die Leichtfertigkeit der Zarin, daß man schon viel gewonnen zu haben glaubt, wenn man sie dazu bringt, einen Teil dessen zu tun, was zu tun in ihrem Interesse läge« etc.[22]

Die »leichtfertige« Zarin sagte sich auch nicht, daß ihr Verhalten anderen ausländischen Gesandten Anlaß für die spöttischsten Kommentare geben mußte. »Der liebenswürdige Gallier hat einen leicht zu erobernden Platz im Sturm genommen«,[23] meldete etwa der preußische Gesandte Mardefeld seinem König, und solche und ähnliche Berichte sollten folgenschwer werden. Als La Chétardie schließlich doch abreisen mußte, schickte sie ihm einen reitenden Boten mit der Botschaft nach: »Niemals wird man Frankreich aus meinem Herzen reißen!«[24] Sie mußte – damals schrieb man das Jahr 1742 – 14 Jahre warten, bis Frankreich, durch den großen Wechsel der Allianzen gezwungen, schließlich Rußlands Hilfe brauchen konnte.

Eines der Merkmale ihrer Frankophilie war, daß die 15 000 kostbaren Toiletten, die man nach ihrem Tode in ihren Schränken fand – überdies auch 2500 Paar Schuhe –, alle in französischem Stil gehalten, meistens in Paris gefertigt waren; bezahlt von einem Rußland, dessen Massen in der erbärmlichsten Armut lebten. Da sie ihrer Verschwendungssucht wegen ständig neuer Geldmittel bedurfte, wurde die

Zarin persönlich von ausländischen Höfen als Objekt der Bestechung betrachtet. Der Gesandte Williams empfahl am 11. August 1755 auf Empfehlung von Großkanzler Bestuschew (!) seiner Regierung »etwa 50 000 Pfund für die Börse der Zarin«, um sie endgültig für den damals geplanten englisch-russischen Vertrag zu gewinnen.[25] Ganz abgesehen davon, daß nach seiner Meinung auch die von England an Rußland zu leistende Subvention – in einem Geheimartikel des Vertrages vereinbart – »ohne Zweifel in die besondere Börse« der Zarin gehe, und zwar für ihre Palastbauten.[26]

Über den Eindruck, den der Petersburger Hof etwa zur Zeit des ersten Eindringens russischer Truppen in Ostpreußen auf ausländische Beobachter machte, gibt ein Bericht des holländischen Abgeordneten de Swardt vom 16. Oktober 1757 Auskunft. Es heißt darin:

> »Die Auflösung, Unordnung und Willkür in Rußland ist furchtbar. Die Kaiserin sieht und hört niemand als die Schuwalows, unterrichtet sich über nichts, fährt fort in ihrer alten Lebensweise und hat buchstäblich das Reich der Plünderung eines jeden preisgegeben. Niemals war Rußland in einem verwirrteren, bejammernswerteren Zustand. Es ist nicht der geringste Schatten mehr übrig von Treue, Ehre, Vertrauen, Scham oder Billigkeit: man sieht nichts als unbeschreibliche Eitelkeit und Verschwendung ... Die alten Familien und das gemeine Volk sind aufs Grausamste unterdrückt durch all diese aus dem Nichts emporgehobenen Leute. Die Kinder der angesehensten Häuser werden gezwungen, Personen der niedrigsten Herkunft zu heiraten, welche gerade in Gunst stehen.«[27]

Das Günstlingswesen zusammen mit der extremen Trägheit dieser Kaiserin hatte bizarre politische Folgen. Da sie der Meinung war, daß geistige Arbeit häßlich mache, mußten ihre Minister sie oft Monate vergeblich um die Unterzeichnung auch nur der wichtigsten Akten bitten. Jenen Teil der Regierungsgeschäfte und der Politik aber, der irgendwann doch erledigt werden mußte, überließ sie häufig ihren jeweiligen Liebhabern. Auch darüber geben Berichte von Diplomaten in Petersburg faszinierende Auskunft. Der Vorgänger des schon zitierten englischen Gesandten Williams, Guy Dickens, berichtete am 18. Februar 1755 nach London, daß keinerlei Geschäfte in Petersburg erledigt werden könnten, erstens wegen der vielen Bälle und Festlichkeiten, zweitens wegen der Abneigung der Zarin gegen jede Arbeit. Würde der Großkanzler seinem Rat folgen, dann würde er »jeden

Morgen um zehn Uhr in den Zimmern des alten Günstlings sein, wo die Zarin oft ein- und ausgeht. Da würde er Gelegenheit finden, ihre Beschlüsse zu beschleunigen.«[28] Am 25. März klagt der Gesandte, daß immer noch nichts gehe; »der Großkanzler sieht und spricht die Zarin nie«. Jedes Ding werde durch schriftliche Eingaben verhandelt, welche der Kanzler »dem *jungen* Günstling Iwan Schuwalow« übersende, dieser aber der Zarin vorlegt, »falls er findet, daß sie bei Laune sei, Geschäfte abzumachen«. Aber auch dann wurde weniger nach der Laune der Zarin als nach der Laune des Günstlings entschieden.

Dessen Zustimmung mußte, wie man in Petersburg glaubte, zunächst gewonnen werden, »bevor irgendeine Sache mit der Zarin aufgenommen werden konnte«.[29]

Und deshalb mußte Williams, der Nachfolger von Dickens also, am 9. Juli 1756 nach London berichten, Großkanzler Bestuschew habe ihm gesagt:

> »Unser Unglück ist, daß wir jetzt einen jungen Günstling (Graf Schuwalow) haben, der französisch sprechen kann, die Franzosen und ihre Moden liebt und gern sähe, wenn ein französischer Gesandter mit zahlreichem Gefolge hierher käme. Seine Macht ist so groß, daß man ihr nicht wiederstehen kann.«[30]

Der Leichtsinn des preußischen Frauenfeindes

Wie Elisabeth schon als Prinzessin im Planungsstadium ihres Putsches einen »frankophilen Kreis« um sich versammelt hatte, so berief sie auch jetzt ihr persönlich ergebene Männer, auch gegenwärtige oder frühere Liebhaber, in die höchsten Gremien.

Zu ihnen gehörte der »junge Günstling« Schuwalow und dessen Bruder, aber auch ein früherer, Alexander Buturlin, den sie, ohne daß er irgendwelche Verdienste hätte aufweisen können, nach Regierungsantritt zum General und später zum Senator befördert hatte.[31] Und allen war natürlich bestens bekannt, daß Elisabeth, die allmächtige Gönnerin, einen unauslöslichen Haß gegen Friedrich von Preußen im Herzen trug – natürlich einen persönlich bedingten.

Der hatte sie schon gekränkt, als Elisabeth am Anfang ihrer Herrschaft eine Braut für ihren Neffen Peter suchte und dabei auf eine

Prinzessin des preußischen Hauses verfallen war. Friedrich winkte ab, und zwar, wie das bei seinem Umgang mit Frauen so der Fall war, auf wenig zartfühlende Weise. Offiziell schützte er Gründe der Religion vor. Aber er machte überdies kein Geheimnis daraus, daß er niemals eine Prinzessin aus dem Haus Hohenzollern auf dem Thron eines Landes sehen möchte, dessen Besitzer so leicht ein gewaltsames Ende finden könnten. Elisabeth, die Putschistin, erfuhr diese Äußerung, und sie vergaß ihm das nie. Aber Schlimmeres kam dazu.

Der preußische Frauenfeind hatte sich in unbegreiflichem Leichtsinn, stolz auf seine spitze Zunge, in einer töricht-hochmütigen Anwandlung, die ihn und vor allem sein Volk sehr viel kostete, über die Amouren der Zarin lustig gemacht und sie zusammen mit der Pompadour eine »der drei ersten Huren Europas« genannt, die Pompadour außerdem noch »Cotillon Quatre« (als vierte Mätresse Ludwigs XV.) und ähnliches.[32] Das war es, was ihm die Zarin nie verzeihen konnte, ebensowenig die Pomapdour. Das war der Grund dafür, daß der Gesandte Williams am 11. April 1756 – immer noch vor Kriegsausbruch – nach London berichten konnte: »Der Zarin Widerwille gegen die Person und die Macht des Königs von Preußen bricht sehr oft hervor.«[33] In einer Konferenz, in der die Getreuen dieser Zarin Sitz und Stimme hatten – einer Zarin voll *persönlichen* Widerwillens gegen den König von Preußen – war die Entscheidung für den Krieg gegen Preußen gefallen; jene Entscheidung, die der Großkanzler Bestuschew im Auge gehabt hatte, als er gegenüber Williams sagte, im Augenblick könne er auch für viele Pfunde nichts machen, »alle Beschlüsse sind gefaßt«. So wenig von einleuchtenden sachlichen Motiven war die russische Politik damals geleitet, daß Friedrich II. bis unmittelbar vor Kriegsausbruch glaubte, er könne auf die Hilfe eines russischen Truppenkontingents gegen Frankreich rechnen, in Stärke von 30000 Mann.

Geschichtsschreibung war zu allen Zeiten entstellend, besonders aber im Falle der Elisabeth und ihres Nachfolgers. Das europäische Publikum war – leider – für die Historie am empfänglichsten in einer untergegangenen Epoche – in der zweiten Hälfte des 19. Jahrhunderts und im beginnenden 20. Jahrhundert, als die Oberschichten noch durchweg erhebliches Bildungsinteresse hatten und als noch nicht alle Energien der Jagd nach dem in Geldwert ausgedrückten Erfolg galten. Unglücklicherweise war aber auch in jener Epoche Geschichtsforschung keineswegs frei. Häufig war sie von dynastischen Interessen abhängig, häufig ergab sie sich nationalen. Solowjew zum Beispiel, der bekannte russische Historiker, wußte, daß Alexander II. sein Werk über die russische Geschichte noch im Manuskript lesen wollte. Aber von Solowjew und ähnlich motivierten Autoren haben sich viele Historiker in der ganzen Welt bei ihren Rußlandbeschreibungen leiten lassen. Dazu kam, daß in jener Phase der Nationalismus aller europäischen Völker seinen Gipfelpunkt erreicht hatte. Das Bedürfnis der Glorifizierung der eigenen Geschichte war unwiderstehlich. So entstand die Verführung, über die furchtbaren Schwächen der Elisabeth, der letzten »reinen Russin« auf dem Zarenthron, hinwegzusehen. So entstand der Wunsch, Katharina, die Stammutter aller folgenden Zaren-Generationen, möglichst fleckenlos erscheinen zu lassen. Aus beidem folgte, daß Peter III., der die Politik der einen widerrief und dessen Tod im Sündenregister der anderen steht, nicht nur kritisch – aber objektiv – behandelt werden durfte, sondern lächerlich gemacht werden mußte.

Dabei nahm man alle Hürden, die schon die Logik hätte errichten müssen. Man kam, beispielsweise, nicht auf die Idee, ernsthafte Kritik an einem einzigen der Programme in der Ära der Katharina zu üben, obwohl doch diese Katharina fast ausnahmslos die Initiativen fortführte, die Peter III. in den kurzen Monaten seiner Herrschaft in so erstaunlicher Vielfalt unternommen hatte. Das galt gerade auch für das Feld der Außenpolitik. Katharina setzte dort nicht unfreiwillig fort, was Peter begonnen hatte, wie oft unterstellt wird, sie hatte genau die gleichen Intentionen. Williams, der oft zitierte englische Gesandte, erhielt beim Abschied von Petersburg am 19. August 1757 zwei eigenhändige Briefe des Großfürsten Peter und der Großfürstin Katharina. Das war, wohlgemerkt, bereits *nach* dem Eintritt Rußlands in den Krieg gegen Preußen. In dem – französisch gehaltenen – Brief Peters hieß es:

> »Ich zweifle nicht an Ihrer Verbundenheit mit meinen Interessen. Sie sind in mehr als einer Hinsicht an diejenigen Englands gebunden. Ich hoffe, daß der gemeinsame Feind unserer beiden Länder dies eines Tages spüren wird.« Der »gemeinsame Feind« war selbstverständlich das mit dem Rußland der Elisabeth verbündete Frankreich. In dem Brief der Großfürstin hieß es: »Ich werde jede denkbare Gelegenheit ergreifen, um Rußland zu seinen wahren Interessen zurückzuführen; die darin bestehen, eng mit England verbunden zu sein, ... und ihm zu helfen, im Interesse ganz Europas und besonders Rußlands die Oberhand über unseren

gemeinsamen Feind Frankreich zu gewinnen, dessen Größe die Schande Rußlands ist.«[34]

Die Gemeinsamkeit der Standpunkte in der wichtigsten Frage ist vollständig. Anti-Elisabethanischer ging es nicht mehr. Und dennoch bemühte man sich, bei dem einen absurd zu finden, was zu den großen Zügen der anderen zählte.

Peter und die Rückzüge der Generäle

Man vermied auch angemessene Folgerungen aus dem Verhalten der russischen Feldherren nach sämtlichen Schlachten dieses Krieges. Dies war nämlich höchst sonderbar, und die Tatsachen an sich waren seit je Gegenstand lebhafter Diskussionen gewesen. Das Charakteristikum dieses Verhaltens war, daß jedesmal weiträumige Rückzüge angetreten wurden, gleichgültig, ob der Sieg noch so groß oder die Niederlage noch so knapp war. Man könnte fast sagen, bevor 1762 Peter III. Friedrich retten konnte, ließen ihm die russischen Generäle immer genug Sauerstoff, damit er überleben konnte.

Meist ist das so verstanden worden, daß sie damit, so unterschiedlich auch die Situationen waren, letztlich auf einen Druck reagierten, der in irgendeiner Form vom Großfürsten Peter kam – auch seine Gattin konnte ja nur auf dem Umweg über ihn zu einer politischen Potenz werden. Dieser Großfürst mit seiner Preußenfreundlichkeit war jedoch im Umkreis der Elisabeth isoliert. Wäre er dazu noch jener Schwachkopf gewesen, als den man ihn porträtierte, hätte dann seine formale Rolle als Thronfolger ausgereicht, die Feldherren zu beeindrucken? Fast wirkt in den Berichten jener Zeit im Hinblick auf den Krieg das großfürstliche Haus wie eine Nebenregierung. Aber solche Nebenregierungen kommen nicht aus der Nervenheilanstalt.

Da war zuerst der Fall Großjägerndorf. Am 30. August 1757 hatte dort in Ostpreußen der Feldmarschall Apraxin, ein Hofgeneral, mit dreifacher Übermacht die Preußen unter General Lehwald schwer geschlagen. Kurz vorher hatten die Österreicher bei Kolin und die Franzosen bei Hastenbeck gesiegt. Der Triumph der Alliierten schien nahe. Für Apraxin lag nichts näher als ein Vorstoß in Richtung Berlin. Statt dessen begab er sich geradezu fluchtartig auf den Rückzug ins Baltikum, verbrannte einen Teil seines Trosses, vernagelte die Kanonen. In Petersburg, Wien und Versailles schrie man Verrat. Apraxin wurde verhaftet, starb in der Haft, große Untersuchungen folgten. Letzte Klarheit haben sie nie erbracht. Die Behauptungen des Feldmarschalls und seines Stellvertreters, Nachschubschwierigkeiten und die Sorge wegen des Herannahens des Winters hätten den Rückzug nahegelegt, sind selbst bei Berücksichtigung aller russischen Nachschubschwächen unglaubhaft; die gleiche Armee, die im Spätsommer nach ihrem Sieg flüchtete, hatte nachher mitten im angeblich so gefürchteten Winter keine Schwierigkeiten, den Rückweg nach Ostpreußen anzutreten.

Aber bei den Untersuchungen fand man Briefe an Apraxin – Briefe von Katharina. Sie enthielten nur eine einzige halbwegs verfängliche Stelle – aber warum hatte sie dem Feldmarschall überhaupt geschrieben, geschrieben, obwohl ihr das verboten war? Warum verbrannte der Großkanzler Bestuschew, sofort nachdem er von der Verhaftung Apraxins erfuhr, einen Teil seiner Korrespondenz? Warum tat Katharina das gleiche? Und in welchem Zusammenhang stand der Rückzug Apraxins mit einem schweren körperlichen Zusammenbruch, den die Zarin eine Woche nach der Schlacht erlitt? Die Eingeweihten wußten, daß Apraxin ein Verbündeter Bestuschews war; daß Bestuschew mit den Schuwalows, den Günstlingen der Elisabeth, und mit Vizekanzler Woronzow tief verfeindet war; daß er im Falle des Todes der Elisabeth, im Falle einer Nachfolge-Krise also, vom Schuwalow-Kreis das Schlimmste befürchtete; daß er sich deshalb Katharina und ihrem Kreis eng genähert hatte. Zu Recht nahmen sie wohl an, daß Apraxin den Rat zum Rückzug von Bestuschew – oder *auch* von Bestuschew – empfangen hatte. Deshalb wurde nun auch der Großkanzler verhaftet, dann wieder freigelassen, aber von seinem Amt entfernt. Hätten sie gewußt, was erst die Nachwelt erfahren sollte, daß der Großkanzler dem britischen Gesandten jenes Versprechen gegeben hatte, dem Preußenkönig bei der nächsten Gelegenheit »zu Diensten« zu sein; daß er mit Katharina für den Fall des Todes der Elisabeth Pläne für eine Doppelherrschaft von ihr und Peter über Rußland nebst einer eigenen großen Rolle für sich selbst skizziert hatte, Pläne, die nur mit Hilfe von Apraxins Armee abgesichert werden konnten, die man dann aber in Petersburg und nicht im fernen Preußen brauchte – hätten sie solche Beweise in Händen gehabt, wäre es wohl dem Kanzler wie Katharina an den Kragen gegangen. Dank mangelnden Beweismaterials und großartiger Schauspielerei kam Katharina mit vorübergehender Ungnade und anschließendem Fußfall vor der Zarin sehr glimpflich davon.

Sehr glimpflich, weil in Wirklichkeit kaum Zweifel daran bestehen können, daß alle späteren Grübeleien russischer (und deutscher) Historiker über die möglichen Nachschubschwierigkeiten der Armee nur dem Zweck dienen sollten, die Zerrissenheit und den Widersinn der russischen Politik unter Elisabeth zu verkleistern. Denn Apraxin hatte im Zusammenspiel mit dem für den König von Preußen gewonnenen Bestuschew und mit Katharina bereits im Vorjahr den Abmarsch der russischen Armee in Richtung Ostpreußen planvoll verzögert. Er spielte in Petersburg »die Rolle eines Vermittlers und Verbindungsmannes zwischen einflußreichen Persönlichkeiten und diente damit dem Großfürsten und seiner Frau sehr gut ... Er war bereit, Peter und Katharina eine Kontrolle seiner Aktionen zu erlauben«.[35] Katharina selbst deckte die wahren Zusammenhänge auf. In ihren Memoiren schreibt sie in einer jener Passagen, an deren Glaubhaftigkeit zu zweifeln kein Anlaß besteht, Apraxin habe ständig genaue Nachrichten über den Gesundheitszustand der Zarin erhalten, der sich von Tag zu Tag verschlechterte:

> »Aber er hielt die Gefahr für größer, als sie tatsächlich war und glaubte, es wäre zweckmäßiger, nicht weiter in Preußen einzudringen. Er zog es vor, sich bis in die Nähe der russischen Grenzen zurückzuziehen, unter dem Vorwand von Proviantmangel, denn er sah voraus, *daß der Krieg im Falle des Ablebens der Zarin sofort beendet werden würde.*«

Das heißt, wenn Peter auf den Thron käme, zusammen mit Katharina.

Und das vorauszusehen, war für Apraxin gar nicht schwer, denn er mußte doch noch die Stimme des Thronfolgers im Ohr gehabt haben. Der hatte nämlich in jenem Staatsrat, in dem der Krieg gegen Preußen beschlossen worden war, neben ihm gesessen und sich als einziger so vehement dagegen ausgesprochen. An einen maßgeblichen Einfluß Peters auf Apraxin glaubte, wie er in seiner Darstellung des Siebenjährigen Krieges schreibt, übrigens auch Friedrich II.[36] Aber Apraxin kannte überdies spezielle Anliegen Katharinas – sie sagt es selbst. Als der Feldmarschall 1756 Vorbereitungen traf, um das Kommando über die für den Krieg gegen Preußen bestimmten Truppen zu übernehmen, kam seine Frau zu Katharina zum Abschiedsbesuch.

»Ich sprach mit ihr«, schreibt die künftige Zarin, »über meine Besorgnis bezüglich des Gesundheitszustandes der Kaiserin und wie sehr ich die Abreise ihres Mannes gerade zu diesem Zeitpunkt bedauerte, da ich mich so wenig auf die Schuwalows verlassen könnte, die ich für meine persönlichen Feinde hielt. Sie erzählte dies alles ihrem Mann, dem meine Gewogenheit für ihn ebenso angenehm war wie dem Grafen Bestuschew ...«

Im Klartext heißt das: Katharina ließ Apraxin ausrichten, daß er im innenpolitischen Krisenfall so schnell wie möglich nach Petersburg kommen sollte, falls ihm seine Karriere lieb sei. All diese Gründe zusammen müssen es gewesen sein, die in Apraxin ernste Zweifel an der Idee weckten, »seine Armee in diesem Feldzug vorbehaltlos einzusetzen, weil er wußte, daß durch Elisabeths Tod der ganze Aufwand schlimmer als lediglich bedeutungslos werden könnte«.[37] Oder, wie es Kaplan noch deutlicher ausdrückt:

»Eine Schlacht gegen einen König zu führen, der das Idol des rechtmäßigen russischen Thronfolgers war, bedeutete (für Apraxin), daß er für sich eine Katastrophe heraufbeschwören würde.«

Von der Einstellung Peters und Katharinas wußte aber selbstverständlich auch einer der Stellvertreter Apraxins bei Großjägerndorf, der Graf Fermor. Der hatte ein Jahr später bei Zorndorf den Oberbefehl – Fall Nummer zwei. Es war ein Gemetzel, das mehr Tote kostete als die Schlacht von Waterloo, und Friedrich war nur mit ganz dünnem Vorsprung Sieger geblieben – selbst dies ist nicht ganz unumstritten, manche Historiker sprechen noch heute von einem Unentscheiden. Aber die Zahl der Toten und Verwundeten war bei den Russen wesentlich höher als bei den Preußen, und es war Fermor, der sich vom Schlachtfeld zurückzog. Das allerdings in guter Ordnung. Nur, warum ging er dann nicht irgendwo in die Nähe zurück, wo er gefährlich hätte bleiben können? Warum zuerst bis nach Hinterpommern, von da an die Weichsel, und das, obwohl er große Verstärkungen erhält? Die Zarin nahm ihm das übel, hielt seine Erklärungen für unglaubwürdig, sandte ihm eine Rüge. Es hieß darin:

»Sie werden in Zukunft Entschlüsse wie die von Ihrem Kriegsrat gefaßten unterlassen. Sie werden Ausdrücke unterlassen wie: ›Falls das Wetter, die Umstände und die Bewegungen des Feindes dies gestatten.‹ Dies alles sind nur Ausdrücke der Unentschlossenheit.«[38]

Für die Kämpfe des nächsten Jahres bekamen die Russen abermals einen neuen Befehlshaber, Saltykow. Und er fügte in der Tat 1759 dem Preußenkönig bei Kunersdorf, nicht weit von Berlin, die schwerste Niederlage zu, die er in diesem Krieg erlitten hatte. Aber – Fall Nummer drei – obwohl die preußischen Verluste diesmal viel höher waren als die russischen, obwohl die Preußen das Schlachtfeld fluchtartig verließen: Saltykow war es, der sich weit zurückzog. Statt nach Berlin zu marschieren, vor dessen Toren ihn Friedrich mit den Trümmern seiner Armee und in verzweifelter Stimmung erwartete, weil er sich etwas anderes als Saltykows Stoß auf die Hauptstadt schwer vorstellen konnte! Aus Schlesien, wohin er ging, sandte Saltykow an die Zarin die Botschaft:

> »Ihre Kaiserliche Majestät ... weiß ja, daß der König von Preußen seine Niederlagen teuer verkauft. Ein zweiter solcher Sieg, und ich werde gezwungen sein, mit einem Stock in der Hand nach Sankt Petersburg zu wandern, um aus Mangel an Meldereitern die Nachricht selbst zu überbringen.«[39]

Eine einleuchtende Begründung für seinen Rückzug nach einem großen Sieg – sie stimmte nur nicht. Saltykow hatte von rund 66 000 Russen und Österreichern »nur« 16 000 Mann verloren, der König von Preußen hatte nur noch 26 000 Mann. In Petersburg kam man schnell dahinter, und der Feldherr erhielt eine rügende Botschaft nach der anderen. Man forderte ihn zum Angriff auf, zum Vorstoß nach Brandenburg, zur Kooperation mit den Österreichern. Er scherte sich nicht darum, marschierte bis nach Polen zurück, brüskierte die österreichischen Verbündeten, wo er konnte.

Auch Saltykow hatte in seinem Hinterkopf sicherlich den Großfürsten. Und der sorgte dafür, daß man ihn nicht vergaß: Fermor, der in Pommern stand, bekam im nächsten Jahr einen Brief von Peter mit der Aufforderung, dafür zu sorgen, daß seine Truppen sich in Preußen gesittet betrügen. Es konnte ihm nicht entgangen sein, daß das eine Mahnung zu allgemeinem Wohlverhalten war. Um so weniger, als er schon vorher gehört haben mußte, daß der Großfürst den preußischen Grafen Schwerin, der in der Schlacht von Zorndorf Fermors Gefangener wurde, in Petersburg mit den Worten empfangen hatte: »Wäre ich Kaiser, befänden Sie sich hier nicht als Kriegsgefangener!«[40]

Die Schlußfolgerung ist kaum vermeidbar: Elisabeth hatte nicht die volle Kontrolle über die Kriegführung, hatte in dieser Frage nicht die ganze Macht. Ein politischer Widerstand regte sich, der die Operationen lähmte, und die Quelle dieses Widerstandes war das großfürstliche Haus, letztlich der Großfürst selbst. Er hatte diesen Widerstand schon vor dem Ausbruch des Krieges an jedem Tag deutlich gemacht; er hatte sich nie gescheut, seine Meinung derjenigen der Zarin offen entgegenzusetzen. Am besten zeigt das ein Wortwechsel, der – von Katharina in einem Brief an den Botschafter Williams wiedergegeben – zwischen ihm und Alexander Schuwalow stattfand. Der brachte ihm im Sommer 1756 ein Memorandum zur Unterzeichnung, mit dem ein Botschafteraustausch zwischen Rußland und Frankreich als Vorstufe zum russisch-französischen Bündnis gegen Preußen eingeleitet werden sollte. Peter verweigerte die Unterschrift. »Ich bin weder hinreichend glücklich mit dem Vizekanzler (der damals stark profranzösisch war) noch mit Douglas (einem damals in Rußland tätigen französischen Agenten), über dessen Manöver ich gut informiert bin«, sagte er; »ich werde ihnen dieses Vergnügen nicht bereiten.« Schuwalow bemühte sich, Peter umzustimmen, aber der blieb fest. Eine Allianz mit Frankreich sei unstatthaft, er unterschreibe nichts, wovon er in seinem Herzen wisse, daß es falsch sei. Als Schuwalow ihm sagte, daß die Verhandlungen zu weit fortgeschritten seien, als daß sie noch abgebrochen werden könnten, antwortete Peter:

»Um so schlimmer. Wenn man nach meiner Meinung fragt, wenn eine Sache getan ist, verweigere ich die Unterschrift.«[41]

Solche und andere Konfrontationen beeindruckten nicht nur die russische Generalität. Während der ganzen Kriegszeit enthüllte das Spiel der Argumente »deutlich den Wunsch mehrerer führender Personen am Petersburger Hof, gute Beziehungen mit Peter zu pflegen«.[42]

Dessen Position mußte zusätzliches Gewicht dadurch bekommen, daß sie im allgemeinen Bewußtsein eher der Tradition russischer Politik seit Peter dem Großen entsprach als die Politik der Zarin. Weshalb Peter ja auch gleich nach seiner Inthronisierung zum englischen Gesandten sagen konnte, er habe »nie von irgendeinem früheren Konflikt zwischen dem Hause Brandenburg und den russischen Zaren gehört«. Wenn aber der Widerstand des Großfürsten derartige Konsequenzen hatte, dann konnte dieser selbst unmöglich eine quantité négligeable gewesen sein.

Das Urteil der Verschwörer und Profiteure

Wer und was war dann der Mann, ohne den es »Friedrich den Großen« nie gegeben hätte – und also auch nicht Bismarck, den Reichseiniger? Selbst in populären Wochenzeitschriften liest man heute über ihn bunte Stories, und sie halten sich alle an die überlieferten Clichés. Sein Leben war danach vom ersten bis zum letzten Tag eine Kette von Torheiten, wenn nicht gar Abscheulichkeiten. Die Frühehe mit Katharina konnte er nicht vollziehen, weil er impotent war. Überdies neigte er zum Stottern. Infantil, wie er war und blieb, spielte er statt mit seiner jungen Frau mit Puppen und Holzsoldaten. Von seinem Hofgesinde umgeben, nahm er in Generalsuniform Paraden seiner Miniaturarmeen ab. Dazu ein Kriegsgerichtsprozeß mit Todesurteil gegen eine gefangene Ratte, die sich erfrecht hatte, eine aus Stärkemehl hergestellte Schildwache anzuknabbern. Geistige Interessen hatte er nicht, und seine intellektuelle Kapazität grenzte an Debilität. Deshalb hatte er nur Umgang mit geistlosen Menschen, meistens holsteinischen Offizieren. Mit denen betrank er sich ständig. Statt sich bei seiner Armee beliebt zu machen, stellte er bei Schloß Oranienbaum eine holsteinische Truppe zusammen, mit der er exerzierte, wenn er nicht soff. Die russische Armee verbitterte er durch die Einführung preußischen Drills und preußischer Uniformen. Statt sich mit seiner Frau zu verständigen, beschimpfte er sie. Zwischen seine und ihre Gemächer quartierte er seine Mätresse ein. Die Prinzessin Daschkowa schließt ihren Bericht über die törichten Streiche des neuen Zaren mit den Worten:

> »Am Morgen der erste Korporal auf der Wachtparade zu sein, dann kräftig zu essen, guten Burgunder zu trinken, den Abend mit seinen Spaßmachern und einigen Frauen zuzubringen und die Befehle des Preußenkönigs auszuführen, darin bestand das Glück Peters III., und seine ganze siebenmonatige Regierung zeigte täglich das gleiche inhaltslose Wesen.«[43]

Kein Wunder, daß man ihn vom Thron entfernen mußte.

Der Schönheitsfehler an all diesen saftigen Darstellungen ist nur, daß ihre Objektivität aus den augenscheinlichsten Gründen stärksten Zweifeln unterliegen muß. In keinem Kriminalfall der Welt würde man Urteile über den Ermordeten ernst nehmen, die von den Anstiftern, den Tätern, den Freunden von beiden oder den Profiteuren der Tat stammen. Aber genau dies ist der Sachverhalt im vorliegenden

Falle. Katharina, die nach sieben Monaten ihren Gatten vom Thron stieß, nachdem sie sich sieben Jahre auf die Tat vorbereitet hatte, mit Hilfe eines Freundeskreises, der anschließend mit ihrem Einverständnis Peter ermordete und den sie deckte, hatte selbstverständlich das größte Interesse daran, ihre Aktionen der Nachwelt als zwingende patriotische Tat erscheinen zu lassen. Auf ihren Memoiren beruhen die meisten Details, die über Peter erzählt werden. Die Daschkowa, die wir zitiert haben, eine passionierte Intrigantin, gehörte zu den führenden Verschwörern. Andere Urteile über Peter stammen im Kern von Liebhabern Katharinas, zum Beispiel von Poniatowski, der ihn in seinen Memoiren einen »Harlekin im Gewande des Prinzen« nannte – ausgerechnet jener Poniatowski, der später als letzter König von Polen eine weiß Gott eher komische als tragische Rolle spielte. Wieder andere von bedingungslos pro-französischen russischen Hofleuten im Umkreis der Elisabeth, die den ebenso bedingungslos pro-preußischen Peter schon deshalb haßten, weil sie, seine spätere Großmut nicht ahnend, von seiner Thronbesteigung für ihre Existenz das Schlimmste fürchteten.

Gesammelt wurde all dies mit einer Akribie, die leider objektivere Quellen aussparte, nach der deutschen Reichseinigung gerade auch von westeuropäischen Geschichtsschreibern. Deren Darstellungen mit ihren planvollen Übertreibungen und Auslassungen wirken manchmal wie Produkte der Boulevardpresse. Es ist, als wenn man diesem Zaren auch nach hundert und zweihundert Jahren nicht verzeihen konnte, daß er Preußen-Deutschland nicht schon im Moment seiner Geburt durch den Gang der Geschichte begraben ließ; als wenn man die Idee einer westeuropäisch-russischen Allianz gegen Deutschland dadurch hochhalten zu müssen glaubte, daß man deren erste Trägerin, Elisabeth, glorifizierte und im Kontrast dazu Peter III. als reinen Narren malte. Ihre Helfer waren dabei nicht selten russische Historiker aus der Zeit der beginnenden russischen Deutschenfeindschaft. Liest man etwa die Erzählung Kljutschewskijs über Peter III., auf die sich so viele westliche Wiederkäuer stützten, dann vermitteln sowohl die Diktion wie die Grobschlächtigkeit der Darstellung und der geistige Vernichtungswille einen Eindruck, der Erinnerungen an die Schauprozesse einer späteren Ära wachzurufen vermag.

Und übrigens gab es schon in jenen Zeiten und nicht erst unter den medialen Bedingungen von heute die Möglichkeit der internationalen Zensur. Berichte, die eher günstig über Peter III. urteilten, konnte

Katharina zum Beispiel in Paris, der damaligen Welthauptstadt des Druckwesens, erfolgreich unterdrücken. Rulhières »Revolution 1762« wurde auf ihr Betreiben von Ludwig XV. nicht zur Veröffentlichung zugelassen. Aber der König, der in Petersburg mehr Geheimagenten hatte als irgend jemand sonst, schrieb an den Rand des Buchtextes: »Der Fehler Peters III. war es, daß er seiner Frau zuviel Freiheit gelassen hat und zu wenig auf die Gruppe ambitiöser junger Männer achtete, die sich um sie bildete.«[44] Über den allgemeinen Wert der Berichte, die damals aus den Petersburger Hofkreisen in die Welt verbreitet wurden, urteilte ein deutscher zeitgenössischer Beobachter, C. F. Schwan:

> »Sobald Peter III. den Thron bestiegen hatte, wurde er in jeder Hinsicht groß und weise ... Jedermann sprach über seinen hervorragenden Intellekt; man lobte ihn für alles und schrieb ihm Tugenden zu, die er gar nicht besaß ... War er nicht schließlich ein würdiger Enkel Peters des Großen? Aber kaum hatte ihn das Unglück ereilt, war er nichts als ein Narr, ein Schurke und Verräter, unwert, auf dem Thron seiner Vorfahren zu sitzen.«[45]

Wer war Peter III. wirklich?

Seit etwa Mitte des 20. Jahrhunderts hat eine ernsthaftere Forschung mit der Revision dieses Geschichtsbildes begonnen. Es ist nicht etwa so, daß dabei aus Schwarz Weiß geworden wäre. Viele der Details, die kolportiert werden, stimmen in den großen Zügen. Aber die wirksame Lüge besteht nie aus freien Erfindungen. Sie kommt durch verzerrende Beleuchtung und Unterschlagung zustande, dadurch, daß man einen wahren Teil erzählt, einen anderen übertreibt, einen dritten fortfallen läßt, Zusammenhänge löscht, richtige Erklärungen unterdrückt und falsche nahelegt. Wenn man die Schichten ablöst, mit denen das Bild übermalt worden ist, entdeckt man, daß der wahre Peter zwar keineswegs etwa eine faszinierende Erscheinung gewesen ist, eher ein schwacher, neurotischer Mensch, daß er aber von guten Intentionen, richtigen Instinkten, weitblickenden Vorbildern und brauchbaren Erkenntnissen geleitet worden ist – ein Monarch, der besser war als manche vor und manche nach ihm und der mit mehr Glück und mehr Härte viel rühmlicher hätte enden können. Kurz, man entdeckt eine historische Erscheinung, die von den Geschichtsbüchern vielleicht übler als andere Zeitgenossen mißhandelt worden ist.

Karl Peter Ulrich aus dem Hause Holstein-Gottorp war 1728 in Kiel geboren worden, ein Enkel Peters des Großen, Großneffe Karls XII. Von seinen Großeltern war einer russisch, einer litauisch (Katharina), einer schwedisch, einer deutsch. Er hatte viel Pech mit seiner Kindheit und Erziehung. Die Mutter, Tochter Peters des Großen, starb zwei Monate nach seiner Geburt. Der Vater, Herzog Karl Friedrich von Holstein-Gottorp, starb, als der Knabe 11 Jahre alt war. Bemerkenswert war er nur deshalb, weil er mit unermüdlichem holsteinischen Patriotismus alle Welt für die Rechte des von Dänemark vergewaltigten Landes zu mobilisieren suchte – auch und gerade Rußland. Im übrigen war er ein armseliger Erzieher mit einer unglücklichen Neigung zu militärischen Spielereien, die er – ebenso wie die holsteinische Egozentrik – mit allzugroßem Erfolg auch seinem Sohn einflößen konnte. Der befand sich bis zum Alter von sieben Jahren in der ausschließlichen Obhut von Frauen, hatte von vornherein eine schwächliche Gesundheit. Dann kam der Vater auf die Idee, dem Jungen den Soldatenstand »von der Pieke auf« beizubringen: mit sieben Jahren wurde er Rekrut, mit neun Jahren zum Unteroffizier »befördert«, mit zehn Jahren zum Leutnant, durfte stolz an der Spitze seiner Truppen marschieren. Wollte man ihn strafen, verweigerte man ihm die Teilnahme am militärischen Zeremoniell. Um nennenswerten Unterricht kümmerte sich niemand – beigebracht wurde ihm nur deutsch und französisch. So nahm er vor allem die Denkweise und die Manieren der holsteinischen Offiziere an, die ihn umgaben. Und die waren meistens in preußischen Diensten gewesen.

Das alles wäre nicht zu schlimm gewesen – unzählige Prinzen dürften ähnlich aufgewachsen sein –, hätte nach des Vaters Tod sein Vormund nicht den elendsten Erzieher für Karl Peter Ulrich ausgesucht, der in Holstein gefunden werden konnte: den eben deswegen in die Geschichte eingegangenen Hofrat Brümmer. Er war ein Sadist, der den Jungen aus geringstem Anlaß grausam strafte, ihn peitschte oder stundenlang auf Erbsen knien ließ oder, wenn etwa Aufgaben nicht wunschgemäß erfüllt wurden, auf die schimpflichste Art vor den Hofbeamten demütigte. Immerhin wußte oder ahnte man, daß der Junge für den Thron eines großen Landes erzogen werden sollte, für den russischen oder den schwedischen. Man tippte auf den schwedischen, erzog ihn im lutherischen Glauben, setzte den gerade begonnenen Russisch-Unterricht ab, begann mit Schwedisch – bis ihn, als er knapp 14 Jahre alt geworden war, seine Tante, die Zarin Elisabeth, ziemlich Hals über Kopf als Thronerben nach Petersburg holen, ihn dort nun Russisch lernen und im griechisch-orthodoxen Glauben unterweisen und taufen ließ und ihm Liebe zu Rußland beibringen wollte.

Aber der Junge wollte einfach nicht. Er war ohne jede Nestwärme aufgewachsen, sein einziger schwacher Halt war der Vater mit seinen Fixierungen gewesen. Gesundheitlich und psychisch war er überfordert, ein ausgesprochener Spätentwickler, und unter dem Terror des Sadisten Brümmer war eine Neurose gewachsen. Schon früh zeigte sich bei ihm ein dominierendes Grundgefühl der Angst, das sich aber in eigenartiger Weise auf eine eher körperliche, physische Aktion verlangende Seite beschränkte und in auffallendem Gegensatz zu der geistigen, eher passiven Courage stand, die er im Lauf seines ganzen Lebens bewies. Die Furcht hatte sich mit Trotz gekoppelt. Ideale von Männlichkeit, Ehre und Preußentum waren ihm eingeprägt worden, ohne daß man ihm verständig die Fähigkeiten mitgegeben hätte, sie zu erreichen. Eine Art von Leistungsverweigerung stellte sich ein. Die neuen Anforderungen in Petersburg schreckten ihn eher, als daß sie ihn mit Stolz erfüllten. Er hatte kein Selbstvertrauen, viel eher Minderwertigkeitskomplexe. Und der Hof, an den er gebracht worden war – »verschleppt«, wie er später sagte – beunruhigte ihn weiter. Nirgendwo ein vertrautes Gesicht außer dem des gräßlichen Brümmer, der ihn begleitete. Er hatte Heimweh nach Holstein – »Kiel hat mehr Vorzüge als das ganze russische Reich«, sollte er bald sagen.[46] Er war keineswegs etwa dumm, wenn auch nicht scharfsinnig. Aber das, was ihm begegnete, suchte er nicht zu bewältigen, sondern in seiner Seele ballte sich Abwehr.

Bald, nachdem dieses Kind an den Petersburger Hof gekommen war, prüfte man seine Kenntnisse – und fand es recht unwissend. Man gab ihm jetzt einen guten Hauslehrer – Jakob von Stählin, von dessen Erzählungen über Peter den Großen wir eine wiedergegeben haben. Aber auch der konnte ihm angesichts eines geringen Grades von Aufmerksamkeit und ausgesprochener Abneigung gegen alles »Pauken« nur relativ wenig an Wissen mitgeben. Er stellte ein hervorragendes Gedächtnis fest, aber mangelnde Fähigkeit – oder Neigung – zum Erfassen aller Theorie. Vor allem sprang der Jüngling nicht über die Barriere seines Widerwillens. Französisch und Schwedisch hatte er passabel in Kiel gelernt. Seine Abneigung gegen das Russische war so groß, daß er es zeitlebens nur gebrochen sprach. Am weitesten kam Stählin mit einer »spielerischen« Methode der Wissensvermittlung – ein recht moderner Standpunkt, nur gab es leider damals noch keine ausgereiften Einsichten, wie sie heute die Kinderpsychologie vermittelt. Und wenig Verständnis für Heranwachsende, die ihre Beine nicht ruhig halten können, zum »Kasperln« neigen. Befand sich aber dieses schwierige Kind in Phasen, in denen Aufschwünge und Fortschritte deutlich wurden, dann kamen schwere Krankheiten, die es zurückwarfen.

Daß er sich nichtsdestoweniger entwickelte, zeigt eine offensichtlich durch Augenzeugen verbürgte Schilderung von Georg Helbig, des besten Biographen, den Peter III. hatte. Die Szene spielt, als Peter 16 Jahre alt war. Je älter der Großfürst wurde, heißt es da, desto weniger verbarg er seinen Unwillen gegen Herrn von Brümmer. Dieser hörte jedoch nicht auf, dem Thronfolger harte Verweise zu geben.

> »Peter stritt oft dagegen und mit ziemlich viel Verstand, ärgerte sich aber dabei so sehr, daß er oft krank wurde. Einst war Brümmer unüberlegt genug, sich so zu vergessen, daß er mit geballter Faust auf den Prinzen zuging. Stählin und Bergholz waren im Zimmer, liefen dazwischen und hielten den Schlag ab. Peter erschrak heftig und fiel auf ein Sofa. Dann sprang er auf ... und wollte die Wache rufen ... Stählin hinderte es und redete beiden zu ... Indessen war der Großfürst in sein Schlafzimmer gegangen und hatte seinen Degen geholt. Als er wieder hereinkam, sagte er zu Brümmer mit großer Ruhe: ›Dies soll ihr letzter Exzeß gewesen sein. Wenn Sie sich je wieder ... so gegen mich vergehen, stoße ich Ihnen den Degen durch den Leib.‹ Er setzte noch viele Äußerungen hinzu, die zwar hart, aber mit Verstand angebracht und gut gesagt waren.« Wenige Wochen später erhielt Peter das Diplom der Volljährigkeit als Herzog von Holstein. Peter ging damit vergnügt in sein Zimmer, in dem wiederum die Herren Stählin, Brümmer und Bergholz versammelt waren und sagte zu den beiden letzteren: »Hier sehen Sie ... ich bin regierender Herr, und nun ist das Befehlen an mir. Adieu, ich brauche Sie nicht mehr, und werde Sie in Holstein zu versorgen suchen!«[47]

Von jetzt an hätte alles besser gehen können, wäre nicht der Schrekken Brümmer durch einen anderen abgelöst worden: Katharina, die Heirat. Zu so manchen anderen unerfüllbaren Ansprüchen kam der unerfüllbarste von allen. Die unmittelbare Ursache dafür waren die Ängste und Schuldgefühle der Zarin. Sie war durch einen Putsch an die Macht gekommen, in den Kerkern schmachtete Iwan, der Sohn der Anna Leopoldowna, der mehr Anrecht auf den Thron hatte als sie. Sie schlief nie vor Morgengrauen ein, weil sie glaubte, daß irgendjemand genau wie einst sie selber in der Nacht den nächsten Staatsstreich inszenieren könnte. Zur Legimitation ihrer Herrschaft hatte sie den Enkel Peters des Großen aus dem gleichen Zweig wie sie selbst aus Kiel nach Petersburg geholt. Aber das reichte noch nicht: dieser Thronfolger mußte selbst noch einen Thronerben produzieren, damit die Dynastie gesichert war. Und deshalb sollte er so schnell wie möglich ins Ehebett.

Nur, daß er für dieses Ehebett überhaupt nicht reif war, weder psychisch noch physisch, und daß sie eine Partnerin aussuchte, die ihn dafür noch weniger tauglich machte. Sophie Auguste Friederike von Anhalt-Zerbst, die spätere Katharina die Große, auf die sie schließlich aus verschiedenen Gründen verfallen war, ergänzte Peter nicht; sie waren wie Granit zu Holz. »Obwohl sie ihm an Güte des Herzens nachstehen mußte, übertraf sie ihn doch sehr an Verstand«, schreibt Helbig. Und in unendlich höherem Maße besaß sie Ehrgeiz. Katharina wurde eine der herausragenden Gestalten auf Fürstenthronen. Sie war ein bemerkenswert schönes Weib und sicherlich eine aufregende Gespielin für Mordskerle im Bett. Aber sie mußte eine unerbittliche Rivalin für jeden sein, der ihrem Herrschaftsstreben in den Weg kam, und furchterregend für jeden Ehemann, der von seinen Stärken nicht überzeugt sein konnte.

Peter muß diese neue Unterlegenheit, der man ihn auslieferte, sofort gespürt haben. Denn er machte ihr, wie Katharina in ihren Memoiren berichtet, sehr bald nach ihrer Ankunft eine Eröffnung, die man wohl nur als Abwehrmanöver verstehen kann: Er erzählte seiner Braut in spe von seiner angeblichen »Verliebtheit« in irgendeine Hofdame – er, der von »Liebe« kaum die Spur einer Ahnung haben konnte. Dann geben ihm, zwischen Verlobung und prunkvoller Hochzeit im Alter von knapp 17 Jahren, eine Pockenerkrankung und deren Folgen den Rest. Noch kaum genesen, führt man ihn mit Katharina zusammen. Die kann ihr Entsetzen nicht verbergen: ein verquollenes Gesicht, die Kopfhaare abrasiert, darauf eine lächerliche Mütze, Narben, die bleiben werden. »Erkennst Du mich noch?« fragt er. Sie stammelt einen Glückwunsch zur Genesung und rennt dann weg, wirft sich weinend auf ihr Bett. Beide empfinden tief: sie wird ihn nie als Mann akzeptieren.

Vermutlich hat Katharina den ohnehin schwächlichen Jüngling schon damals psychisch impotent gemacht – über die Potenz muß hier geredet werden, denn sie wird zu *der* Staatsaffaire, zum Mittelpunkt des ganzen Dramas. Von den Praktiken der Liebe wußten beide wenig, aber unter dem Anflug ihrer Gefühlskälte regrediert er weiter, baut sozusagen einen Schutzwall des Infantilismus auf. Katharinas Memoiren klingen in diesem Punkt glaubhaft, zumindest im Ansatz, daß sie zwar von ihren Damen ins Hochzeitsbett gebracht wird, daß aber der junge Großfürst erst Stunden später erscheint, weil er sein Souper endlos ausdehnt; daß er dann mit einer Art Kasperl-Puppen spielt; daß in den folgenden Flitterwochen-Tagen im ehelichen Schlafzimmer Soldatenspielen und Exerzieren angesagt ist. Denn *das* kann der junge Mann, das hat er von frühen Kindertagen an in Holstein gelernt, da kann er allen anderen etwas vormachen, das hat er deshalb schon Jahre vorher mit seinem ganzen Hofgesinde so ausgiebig geübt, daß viele über die Marotte spotten. Was er jetzt gebraucht hätte, wären Verständnis und Nachsicht gewesen. Aber das konnte er natürlich von keiner Sechzehnjährigen erwarten – und nicht an diesem Hof der Elisabeth, an dem die Qualität von Männern sich entweder an ihren Fähigkeiten zur Intrige bemaß oder an ihrer Potenz.

Das Unglück mit Katharina

Rulhière berichtet, Katharina habe über diese militärischen Spielereien im Schlafzimmer Jahre später gesagt: »Es schien mir, als wenn ich für andere Sachen gut gewesen wäre!«[48] In der Tat, vom Üben mit Gewehrgriffen kamen keine Thronfolger. Nach einiger Zeit stellte das auch die Zarin fest. »Es sind auch keine zu erwarten«, sagt ihr Katharina knapp und gibt ihr damit zu verstehen, daß Peter impotent sei – bei ihr zumindest. Die Zarin muß es eigentlich schon früher erfahren haben, von den tuschelnden Hofschranzen, die das junge Paar unentwegt belauerten, einige davon Spione des Kanzlers Bestuschew – wir sprechen noch über die Gründe –, einige Spione der Elisabeth. Und weil der Thronerbe des Thronerben unbedingt her muß, wird Katharina schließlich unter der geheimen Protektion des Großkanzlers Bestuschew und der Zarin ein Liebhaber zugeführt, der Kammerherr Saltykow, in den sie sich längst verschossen hat. Und bald darauf kommt dann auch Sohn Paul zur Welt, der spätere unglückliche Zar. Ein Zar, der seine Mutter bitter haßte, seinen Vater – den offiziellen Vater – mit einem nachträglichen denkbar prunkvollen Begräbnis rehabilitierte und dessen Mörder zittern machte, bis er selbst ermordet wurde.

Aber war Peter der Vater? Er hat Paul, der 1755 nach neun unglücklichen Ehejahren geboren wurde, als seinen Sohn anerkannt, aber er hat es nie richtig geglaubt. Hat er nur die Beschämung und den Skandal gefürchtet, falls er die Vaterschaft leugnen würde? Oder hat er Gründe, die seine eigene Vaterschaft glaubhaft machen konnten? Es könnte so scheinen. Was war dann die Ursache seiner anfänglichen Impotenz? Wie ist sie geheilt worden? Viel Tinte ist darauf verwendet worden. War es eine Phimose, eine Vorhautverengung, die Peter – unter anderem – zunächst schon aus physischen Gründen den Vollzug der Ehe unmöglich gemacht hat? Der Marquis de Castèra, ein Rußlandreisender im letzten Viertel des 18. Jahrhunderts mit offensichtlich besten Verbindungen zur französischen Botschaft und offensichtlicher Aversion gegen Katharina, berichtet darüber im Detail: Wie Saltykow, aus Sorge um seine persönliche Sicherheit, die Frage zu vernebeln sucht, wer denn der Vater von Katharinas erstem Kind sein könnte; wie er deshalb den furchtsamen Peter, der sich keinesfalls der Operation aussetzen will, zusammen mit anderen Saufkumpanen, die alle über die Angelegenheit orientiert sind, in einen Rauschzustand versetzt; wie schließlich ein berühmter Chirurg das Zimmer betritt und auf Drängen der ganzen Gesellschaft und mit Zustimmung Peters den kleinen Eingriff vornimmt; worauf dann Peter zeugungsfähig und sogar gelegentlicher Bettgenosse seiner Frau wird.[49] Sogar Helbig scheint am Schluß seines Werkes diese Version zu unterstützen.

Die Memoiren Katharinas hingegen enthalten keinen Hinweis dieser Art. Aber auch sie ist daran interessiert, die Frage zumindest offenzuhalten, ob im 19. Jahrhundert nicht vielleicht statt einer Dynastie Romanow eine Dynastie Saltykow Rußland regiert hat. Und so erzählt sie, in zwar verhüllter, aber doch unzweideutiger Form, daß im Zusammenspiel zwischen der Zarin, dem Kammerdiener Peters und ihrer eigenen Kammerfrau eine hübsche deutsche Witwe gefunden wurde, die Peter die benötigten Nachhilfestunden gab. Mit Erfolg, wie sie impliziert, woraus wiederum gefolgert werden kann, daß sie diesen Erfolg überprüfen konnte. Sie äußert in folgenden Teilen jedenfalls keine Verwunderung, wenn sie von Frauengeschichten ihres Mannes erzählt, bei deren Vermittlung sie selbst ihre Hand im Spiel hat. Das muß alles nicht stimmen. Wie sie so manches anscheinend nur mit der Absicht erzählt, sich vor der Nachwelt und dem Sohn reinzuwaschen und Peter lächelnd lächerlich zu machen, mag sie auch hier lediglich die ihr passendste Version gewählt haben.

Aber mochte auch Katharina inzwischen ihr eigenes Interesse begriffen haben, dem Großfürsten wenigstens durch vorübergehende Freundlichkeit die Möglichkeit zu geben, sich als der Vater zu fühlen oder in Hofkreisen als der Vater zu erscheinen – das Verhältnis zwischen ihnen war unheilbar geworden. Bis zum Auftauchen Saltykows hatte es zumindest ein praktisches Interesse gegeben, das sie zusammenband: die gemeinsame Feindschaft gegen den mächtigen Bestuschew. Aber dann war es Bestuschew gewesen, der Katharina »im Staatsinteresse« Saltykow zuführte, und mit dem Staatsinteresse fand er den Schlüssel zu ihrem Herzen. Nun gab es nicht mehr die Koalition Peter und Katharina gegen Bestuschew, sondern die stillschweigende Koalition Katharina-Bestuschew gegen Peter, und die öffnete ihr – mußte Bestuschew auch bald danach abtreten – weitere Türen.

Längst war der einst kindlich-freundschaftliche Umgangston im großfürstlichen Haus zu kalter Förmlichkeit geworden. Sie stritten oft, und dann war Katharina, wie aus ihren Aufzeichnungen hervorgeht, von herablassender Überlegenheit des Verstandes, er quittierte, wie sie glauben macht, mit Grobheiten. Wie er selbst diese Beziehung und seine Rolle empfand, das drückte er vielleicht unmittelbar nach Pauls Geburt durch die Wahl seiner »Mätresse« aus. Sie hieß Elisabeth Woronzowa, war die Tochter des Vizekanzlers. Im übrigen war sie am auffallendsten durch ihren gänzlichen Mangel an äußeren Reizen – Katharina nennt sie häßlich –, durch ihre pummelige Figur, wußte auch mit geistigen Gaben nicht zu glänzen, und besaß vielleicht nur die Gutmütigkeit, sich »Mätresse« nennen zu lassen, obwohl sie zunächst kaum mehr als eine gute Freundin war.

Sie war das genaue Kontrastprogramm zu Katharina. Warum hatte er sie gewählt? Vielleicht, weil er bei ihr Wärme fand? Weil er keine Anforderungen an sich gestellt sehen wollte? Oder auch, weil er Katharina sagen wollte: So wenig wichtig sind mir äußere Reize? Und auch, weil er ausdrücken wollte: Wir beide sind gleich wenig wert? Vielleicht von allem etwas. Die Wahl erinnert an jene depressive Tiefstapelei, die in einem späteren Apercu von Peter zum Ausdruck kommt, einen Apercu, das die Katharina-Verehrerin Daschkowa in ihren Memoiren weitergegeben hat, anscheinend ohne zu begreifen, daß sie den gehaßten Peter damit eigentlich anziehend machte. »Mein Kind«, hat er ihr danach gesagt, »denken Sie daran, daß es viel weniger riskant ist, mit einem Narren wie mir zu verkehren als mit diesen großartigen Intellektuellen, die einer Zitrone den ganzen Saft auspressen und sie dann wegwerfen.«[50]

Leider war ein Mann, der diese Komplexe hatte, keiner, der sich dazu berufen fühlen konnte, ein Weltreich zu regieren. Noch dazu eines, das seinen Instinkten so fremd war. Und daß er das deutlich zu erkennen gab, verschlimmerte seine Lage bis fast zur Unerträglichkeit. Schon, als ihm im Alter von 15 Jahren eine nach Petersburg entsandte schwedische Delegation die schwedische Thronfolge antrug – der König von Schweden war schwer erkrankt –, schon damals hatte er seinem Unmut darüber Luft gemacht, daß es ihm verwehrt sei, das Angebot anzunehmen. Sehr zum Ärger des Petersburger Hofes, wie man sich denken kann. Als er 23 war, kam die Nachricht, daß der schwedische König gestorben sei und Peters Cousin die Nachfolge antrete. »Da haben wir die Bescherung!« rief er unbedacht in einem größeren Kreis aus. »Hätte man mich nicht mit Gewalt in dieses vermaledeite Rußland verschleppt, wo ich wie ein Gefangener gehalten werde, dann säße ich heute auf dem Thron einer zivilisierten Nation!«[51] Es war nicht das letzte Mal, daß er, selbst mehr Slawe als Schwede oder Deutscher, seiner Geringschätzung der Russen allzu deutlich Ausdruck gab. Und es war zweifellos nicht der Weg, sich in Rußland Freunde zu verschaffen.

Aber es stimmte, daß er nahezu wie ein Gefangener lebte. Die Hauptursache dafür war sein Dauerkonflikt mit Großkanzler Bestuschew, ein Konflikt, der manche Ursachen hatte. Eine davon war, daß Bestuschew den jungen Großfürsten beständig zur Aufgabe seiner Ansprüche auf Schleswig gegen irgendwelche Kompensationen überreden wollte, im Interesse einer russischen Verständigung mit dem dänischen Hof. Peter lehnte das hartnäckig ab. Weit wichtiger aber war das Thema »Preußen«. Der Großkanzler, sehr früh ein Preußenfeind, hatte auch sehr früh die Faszination erkannt, die von Friedrich II. auf den Thronfolger ausging. Er hatte darin sofort eine Gefahr für sich selbst gesehen. Um so intensiver war er bemüht gewesen, den jungen Mann von der Zarin und dem ganzen Geschäft der Politik zu trennen. Dann kam das Projekt der »preußischen Heirat«. Die Zarin betrieb es aus sentimentalen Gründen – die Prinzessin von Anhalt-Zerbst war eine Verwandte ihres einstigen Verlobten, der unmittelbar vor der Heirat gestorben war. Aber Bestuschew sah nicht die Verbindung »Peter und Katharina«: Er sah nur eine Verbindung »Preußen und Rußland«.

Sie versetzte ihn in Wut. Wir erzählten schon von seinem Netz von Spionen. Es arbeitete nicht nur im großfürstlichen Haushalt, nicht nur in Petersburg, sondern in ganz Europa.

> Es war »das vorzügliche Geschäft« dieser Spione, »den Großfürsten bei Elisabeth anzuschwärzen. Seine kleinsten Fehler wurden aufgestochen, das leichteste Vergehen vergrößert und ihm Laster angedichtet, die er noch nicht an sich hatte, die er aber nach ihrem Willen noch bekommen sollte. Sie gingen soweit, die Zarin fürchten zu lassen, daß ihr Neffe anfinge, ihr gefährlich zu werden. Die schwache Elisabeth war nur zu sehr geneigt, diesen heimtückischen Zuträgern Gehör zu schenken. Von Natur argwöhnisch, verabscheute sie nunmehr denjenigen, von dem sie nie etwas zu fürchten hatte.«[52]

Die Folge war ein Paket von »Maßregeln«, mit denen Bestuschew und Elisabeth gemeinsam das junge Paar förmlich unter Belagerungszustand hielten. Innerhalb des Palastes mußten sie besondere, leicht überwachbare Zimmer beziehen. Jeder private Briefverkehr wurde ihnen untersagt. Es war ihnen verboten, ihre Residenzen ohne ausdrückliche Genehmigung der Zarin zu verlassen. Mit der Zarin durften sie kein Gespräch über ein Thema führen, das sie nicht selbst angeschnitten hatte. Der Großfürst wurde systematisch von Staatsgeschäften ferngehalten, soweit die Zarin ihn nicht ausdrücklich dazu bestimmte.

Ist es ein Wunder, daß er um so verbitterter wurde? Daß er sich im Schloß Oranienbaum, das ihm Elisabeth zur Hochzeit geschenkt hatte, eine holsteinische Gegenwelt baute, zu der, leider Gottes, auch jene wachsende holsteinische Soldatentruppen gehörte, die ihn viel kostete und mit der er seiner törichten Exerzierlust frönte? Daß er dabei weit mehr, als ihm bekömmlich war, in Saufgelagen Zuflucht und Selbstbestätigung suchte? Aber es war keineswegs so, wie die Verleumdungsmaschinerie glauben machen wollte, daß diese Gelage zu einer alltäglichen Erscheinung und mit den Jahren schlimmer wurden. An einem Hof, an dem von Peter dem Großen bis zu Elisabeth Sauf- und Freßorgien nicht nur durchaus üblich waren, sondern zu den männlichen Heldentaten zählten, haben solche Anschuldigungen ohnehin einen merkwürdigen Klang. Aber wir müssen uns nur Katharinas eigene Beschreibung dieses Hofes vor Augen halten, um ihren Stellenwert ganz erfassen zu können. Es heißt darin:

> »Karten- und Glücksspielerei ... waren lebensnotwendig an einem Hof, wo niemand Konversation zu machen verstand, wo jeder jeden von Herzen haßte, wo bösartiges Geschwätz als geistreich galt und jede politische Äußerung als Majestätsbeleidung. Dunkle Machenschaften hielt man für Klugheit, Wissenschaft und Kunst kamen nie zur Sprache, denn kein Mensch wußte etwas darüber, man konnte darauf wetten, daß die Hälfte des Hofes kaum lesen konnte, und es würde mich wundern, wenn mehr als ein Drittel schreiben konnte.«

Und von diesem Hof sollen verläßliche Urteile über Peter gekommen sein?

Wenn wir den besten Berichten glauben wollen,[53] dann trank Peter zwar anfangs viel, nicht zuletzt deshalb, weil er dies seinen Holsteinern schuldig zu sein glaubte. Aber seine Konstitution war zu schwächlich dafür, und er schränkte den Alkoholgenuß deshalb immer mehr ein. Mit welcher Vorsicht manche Berichte aufzunehmen sind, zeigen Äußerungen des französischen Gesandten Breteuil aus einer späteren Zeit. Zwischen ihm und dem inzwischen zum Zaren gewordenen Peter hat sich danach ein Gespräch über die Endphase des Krieges abgespielt, das der angeblich trunkene Monarch mit der Bemerkung begann, er zweifle an den Siegesaussichten des mit Frankreich verbündeten Spanien. Der Botschafter konterte, Frankreich und Spanien könnten in diesem Punkt wie auch im Hinblick auf den Krieg gegen Preußen ganz ruhig sein, »wenn nur Eure Majestät die Allianz mit Frankreich erhalten«. Peter schwieg einen Moment und sagte dann: »Ich will Frieden haben.« Der Botschafter entgegnete, auch Frankreich wolle Frieden, aber einen ehrenhaften. »Machen Sie es, wie es Ihnen gut dünkt«, rief darauf der Zar. »Ich will Frieden haben, machen Sie es nun, wie Sie denken.«[54] Wenn Peter im Zustand der Trunkenheit seinen Friedenswunsch auf diese Weise an den Mann bringen konnte, ist man versucht, zu sagen, dann war das immer noch besser, als wenn Elisabeth in einem der bei ihr auch keineswegs selbstverständlichen Wachzustände vor dem österreichischen Gesandten sagte, sie werde den Krieg bis zum Ende durchhalten »und wenn sie ihren letzten Soldaten und ihren letzten Rubel opfern müßte«.[55] Ihren letzten Soldaten – für welchen Kriegsgrund?!

Aber vermochte Peter auch im Verlauf seiner Reife der Trunksucht Zügel anzulegen – der schwächste seiner schwachen Punkte blieb Katharina. Bevor Bestuschew ihr Saltykow zugeführt hatte, war sie wenigstens in der Feindschaft zum Kanzler mit ihrem Mann verbunden. Danach wurde sie zu Bestuschews Alliiertem. Peter blieb künftig nicht nur ohne ihre guten Ratschläge für sein praktisches Verhalten, die sie ihm schon im eigenen Interesse gegeben hatte – »Madame la ressource« soll er sie deshalb, ihren Memoiren zufolge, genannt haben –, sondern sie behandelte ihn auch mit zunehmender Geringschätzung. Als Bestuschew im Februar 1758 über den Fall Apraxin stürzte, war auch klar geworden, daß er mit Katharina in einer Verbindung stand, die Peters Thronfolge ernstlich beeinträchtigen mußte. Er hätte seiner Frau einen Strick daraus drehen, wenigstens für die Zukunft größte Vorsorge treffen können. Statt dessen beschränkte er sich auf bescheidene Vorwürfe, um sich darauf »dem süßen Gefühl der Verzeihung zu überlassen«.[56]

Dann kam jene Affäre, von der man eigentlich schließen müßte, daß ihn ein masochistisches Verhältnis an Katharina band. Saltykow hatte gehen müssen, der Zarin wegen – sie sah seine Mission als erfüllt an, er konnte nur noch stören. Katharina war kurze Zeit solo, dann kam sie durch Vermittlung des englischen Botschafters an Poniatowski. Das war ein sehr wohlerzogener Pole aus bester Familie, der noch dazu pro-preußisch war und sich deshalb auch bei Peter einzuschmeicheln wußte. Aber wenn die Zarin wußte, was in Katharinas Schlafzimmer passierte, mußte das dann der Großfürst nicht gleichfalls ahnen? Als man erfuhr, daß Katharina wieder schwanger war – im Herbst 1757 –, machte er ja auch nicht zufällig seinem Unmut durch den Ausruf Luft: »Gott allein weiß, wie meine Frau immer schwanger wird. Ich weiß nicht, ob das Kind von mir ist und ob ich es anerkennen soll!«[57] Ein Ausruf, der Katharina erschreckte, weil er sie kompromittieren konnte.

Auch die Zarin wurde nun ärgerlich und wollte diesen neuen Störenfried nach Hause schicken. Aber Peter ließ sich von Katharina überreden, alle Hebel in Bewegung zu setzen, um ihn in Petersburg zu halten. Mit allzu großem Erfolg. Denn eines Abends im August 1758 überraschte Peters Wache den Polen, der inzwischen Gesandter seines Landes geworden war, in Katharinas Garten in der Verkleidung eines Friseurs. Der Großfürst war in Begleitung, nichts konnte geheim bleiben. Er ließ ihn zunächst festsetzen, Poniatowski glaubte, sein letztes Stündlein sei gekommen. Aber dann zog es Peter vor, den ganz großen diplomatischen Zwischenfall zu vermeiden. Noch am gleichen Abend sicherte er seiner Frau Verzeihung zu, und sie heuchelte Reue. Nach Poniatowskis Memoiren – aber auch sie sind mit jener Vorsicht zu genießen, die gegenüber einem eitlen Selbstdarsteller angebracht ist – wurde er in den folgenden Tagen von Peter mehrmals zum Souper eingeladen. Beim ersten Mal sei er vom Thronfolger mit den Worten begrüßt worden: »Du bist doch ein Narr, mir nicht gleich zu sagen, was los ist. Diesen ganzen Ärger hätten wir uns ersparen können.« Dann holte er Katharina und führte sie Poniatowski mit den Worten zu: »Da ist sie – hoffentlich seid ihr jetzt alle zufrieden.« Peter wollte kein Spielverderber sein, und er hatte gegenüber Katharina die Segel längst gestrichen; aber sein Großvater hatte sich in einem ähnlichen Fall sehr, sehr anders verhalten.

Die Affäre hatte noch ein Nachspiel bei der Zarin. Sie war natürlich darüber unterrichtet, sie war gereizt und ließ den Großfürsten zu sich kommen. Ihre eigenen Geschichten betrachtete sie, die unverheiratet war, als Privatsache, hier aber sah sie das Prestige der Dynastie auf dem Spiel, zu Recht. Poniatowski, darin war sie unerbittlich, mußte Petersburg auf dem schnellsten Wege verlassen. Katharina wollte sie in ein Kloster stecken.[58] Vielleicht hoffte oder erwartete sie, daß Peter wenigstens dieses Mal Härte zeigte. Statt dessen bat er um Verzeihung für die Gemahlin. Er erhielt sie auch. »Aber«, fügte Elisabeth hinzu, »Du und Elisabeth Woronzowa werden es bereuen, denn ich kenne Katharina.«[59] Von Politik verstand sie nichts, von Menschen einiges. Peter begann sich allmählich für wirkliche Politik zu interessieren, von Menschen verstand er nichts. Das hatte er zu büßen.

Eine Neurose führt zur Normalität

Aber – so muß man nach dieser knappen Skizze seines Charakters wohl fragen – begriff er Politik wirklich? Oder war die pro-preußische, pro-friederizianische Haltung dieses Neurotikers vielleicht wirklich nichts anderes als eine Marotte? Worin bestand das Wesen des außenpolitischen Konfliktes, in den sich dieser Thronerbe, der in Rußland »wie ein Staatsgefangener gehalten« wurde, hineinstürzte?

Er trat tatsächlich viel zu früh auf – schon, als Peter knapp 17 Jahre alt war –, als daß man unterstellen könnte, es hätte von vornherein auf seiner Seite ein gutes Kalkül dahintergestanden. Seine ersten Ursachen liegen sicherlich in Peters psychischen Schwierigkeiten.

Der unverstandene junge Mann entwickelt eine um so heftigere, um so verklärendere Neigung zur holsteinischen Heimat, je fremder Leute und Land um ihn herum werden. Schwächlich und ängstlich, wie er ist, und doch gleichzeitig von dem eingetrichterten Wunsch nach Stärke, Tugend und Größe erfüllt, entdeckt er in Friedrich II. von Preußen eine Identifikationsfigur, einen Helden, der ihn mittels Symbiose selbst stark und mutig werden läßt. Und dieser Peter ist nicht so gedemütigt, nicht so gebrochen und schwach, daß er dem vielfältigen Druck seiner Umgebung willenlos nachzugeben bereit ist. Im Gegenteil: Er leistet Widerstand. Widerstand in einer Form, die einem nicht verschlagenen, nicht gerade scharfsinnigen Menschen einzig möglich ist: offen und trotzig und allein, zunächst nur auf seine hohe Stellung und das Einverständnis Katharinas gestützt. Aber während sie, scharfsinnig und verschlagen, ihre pro-preußische Neigung sehr diskret hält, trägt er preußische Uniform.

Und doch wäre die Folgerung falsch, daß Peters Preußenpolitik nur als das Produkt einer Neurose betrachtet werden dürfte. Die neurotische Seite ist nur eine ihrer Komponenten, und man muß sogar sagen: eine unerläßliche. Denn sie allein sorgt für die Schubkraft, die nötig ist, um schnell genug den Preußenkönig zu entlasten, um wirksam genug die in der Anlage verfehlte Politik der Vorgängerin zu korrigieren. Kein kluger Taktiker hätte sich zu dieser Roßkur entschlossen. Die Wucht der einmal eingeleiteten Bewegung war ja so enorm. Und doch ging, vom russischen Staatsinteresse aus betrachtet, diese Bewegung so eindeutig in die falsche Richtung. Wir zeigten es schon: Ihre logische Rechtfertigung ist nicht zu entdecken. Bestuschew, der seine Politik mitten im großen Sprung nach vorn durch einen Salto rückwärts zu korrigieren sucht, der für ihn dann wirklich politisch mortal ausgeht – dieser Bestuschew hat schwerlich Anspruch auf Lorbeerkränze der Nation. Und die Neigungen der Elisabeth konnten schon wegen ihrer gänzlichen Kenntnislosigkeit, ihres vollständigen Desinteresses für Staatsangelegenheiten keine rationale Basis haben. Die Frau, die Ratschläge zu ihren Problemen in langen Gesprächen mit Heiligenfiguren suchte und auch zu bekommen meinte, die sich zu Tode aß und trank, die ihre Liebhaber von Dorfmusikanten zu Feldmarschällen, von Straßenfegern zu Kammerherren machte und Rivalinnen um die große Rolle der Schönsten auf dem Ball die Zunge herausreißen ließ – eine solche Frau konnte die Inspiration zu ihrer Preußenpolitik nur aus dem gekränkten Herzen erhalten. Daß sie gleichfalls einer Neurose entsprang, und zwar einer sehr massiven, bedarf angesichts von hundert Einzelheiten, die über Elisabeths Leben und ihre Herrschaft bekannt sind, kaum einer Frage. Sie näher zu untersuchen, wäre eine interessante Aufgabe. Nur hatte eben, geschichtlich gesehen, diese Zarin das Pech, daß sich ihre Neurose in keiner Weise fruchtbringend in das russische Staatsinteresse fügen wollte.

In diesem Punkt war Peter glücklicher. Mag auch das Ausmaß seiner Bewunderung für Friedrich II. neurotischen Ursprungs gewesen sein, so doch nicht das pro-preußische Prinzip. Wie immer seine Sympathien begründet waren – es bot sich ihnen die Gunst, daß sie sich an der tatsächlichen Interessenlage Rußlands und an der außenpolitischen Realität emporranken konnten. Eben deshalb auch an großen Vorbildern und an guten Beratern. Peter mußte, um im politischen Sinne Recht zu behalten, nicht unbedingt selbst die ganze Komplexität der internationalen Situation durchschauen. Es reichte, daß er eine Moral entwickelte, die sich aus dem Erschrecken über die Unmoral um ihn herum nährte und ihn nach einer Alternative greifen ließ. Er mußte nur tun, was er wirklich tat: sich mit den wichtigsten außenpolitischen Leitlinien und Erfahrungen Peters des Großen identifizieren. Und er mußte sich nur – und dies spricht zumindest für seinen Instinkt – an kluge Männer im Staatsapparat halten; an Männer, die Peter gern loyal dienen wollten, weil sie selbst den Kurs der Elisabeth für unglücklich hielten und den Thronfolger zu lenken verstanden oder lenken zu können hofften. Dimitrij Wolkow, der wichtigste seiner Berater, formal nur Privatsekretär, de facto eine Art von Premierminister, wäre ein zweiter Ostermann geworden, wenn Katharina nicht geputscht hätte.

Mag es auf den Einfluß dieser Berater, auf Peters eigene Entwicklung oder auf beides zurückzuführen sein: Des neuen Zaren Begeisterung für Friedrich II. war durchaus nicht bedingungslos, und sie stand auch nicht isoliert im politischen Raum. Peters Preußenpolitik war Teil eines größeren außenpolitischen Konzeptes, und daß »sein ganzes Glück« darin bestanden hätte, »die Befehle des Königs von Preußen auszuführen«, wie die Daschkowa schrieb, war Geplapper. Dieses größere Konzept hatte hier und dort naive Züge, aber doch einige andere, denen sowohl Vorgänger wie Nachfolger beipflichten konnten. Vieles war zum Zeitpunkt von Peters Ermordung erst im Entwurfsstadium, andere Grundlinien standen fest. Das galt vor allem für die Polen-Politik.

Sie wurde in Geheimartikeln des russisch-preußischen Bündnisvertrages vom Juni 1762 behandelt, deren allgemeines Ziel eine lockere Kontrolle Polens in seiner gegenwärtigen Gestalt war.[60] Das geltende Wahlsystem, das den Adel gegenüber dem König stärkte, sollte beibehalten werden. Der König selbst sollte niemals mehr Ausländer sein – was früher die französische oder die österreichische Intervention in Polen erleichtert hatte –, sondern gebürtiger Pole aus dem Haus der Piasten, dessen Linie gemessen pro-russisch und propreußisch war. Die religiösen Dissidenten – Protestanten und Griechisch-Orthodoxe – sollten geschützt werden. Das war seit Jahrhunderten eine erstrangige innenpolitische Streitfrage in Polen, und eben deshalb bot sie beiden Mächten, vor allem Rußland, hervorragende und sogar legitime Möglichkeiten der Einmischung. Katharina sollte sie nur wenige Jahre später in vollem Maße nutzen. Sie, die den Vertrag unmittelbar nach dem Umsturz widerrief, erneuerte ihn zwei Jahre später mit genau diesen Klauseln. Sie hatten maßgebliche Bedeutung in den folgenden Jahren, auch bei jener schicksalhaften polnischen Königswahl des Jahres 1764, bei der die Zarin ihrem Ex-Liebhaber Poniatowski eine Krone aufs Haupt setzte, die allzu schnell ihre schmerzvollen Dornen zeigen sollte.

Auch das Problem Kurland wurde zwischen Peter und Friedrich geregelt – und zwar nicht zu Preußens Gunsten. Wir erinnern uns, daß zur Zeit Peters des Großen und kurz danach die Anwartschaft auf die Herrschaft im Herzogtum, das formal immer noch ein polnisches Leben war, zwischen Preußen und Rußland hin- und hergeschoben wurde. In den vierziger und fünfziger Jahren war der Herzogsstuhl vakant geblieben, 1758 war er mit Genehmigung Elisabeths an Polen/Sachsen gekommen. Nun wurde festgelegt, daß Kurland an das Haus Holstein-Gottorp – und damit an Rußland – kommen sollte. Bei Rußland ist es dann auch geblieben, und die russische Position im Baltikum wurde entsprechend gefestigt. Von einer Abtrennung anderer polnischer Territorien wurde in dem Vertrag nichts gesagt. Aber weitere Entwürfe und Gedanken Peters machen deutlich, daß er schon Möglichkeiten anvisierte, die später von Katharina verwirklicht wurden.[61]

Daß ein Prozeß der Verselbständigung Peterscher Außenpolitik im Entstehen war, machen auch Pläne für einen Ausgleich zwischen Preußen und Österreich deutlich, die unter seiner Ägide entworfen wurden. Zu deren Grundlagen sollte gehören, daß Preußen Schlesien oder Teile davon an Österreich unter der Voraussetzung zurückgeben sollte, daß es in Polen und Mecklenburg die von ihm angestrebten Erweiterungen erhalten würde.[62] Die Realität der Politik Friedrichs II. ist von diesen Plänen kaum genügend berücksichtigt worden, aber nicht das Detail ist hier interessant, sondern der Grundgedanke einer Balance und eines Interessenausgleichs zwischen den drei großen »östlichen Mächten«. Es war schon von Ostermann entworfen worden, er wurde von der späteren russischen Politik weitergeführt. Der brave Gefolgsmann des Preußenkönigs wäre dieser Zar schwerlich geblieben. Manches weist im Gegenteil darauf hin, daß die russische Interventionsneigung in deutschen Fragen in ihm einen ihrer Vorläufer hatte.

Entwickelte sich aber Peters außenpolitisches Konzept teilweise im Geheimen und nicht leicht einsichtig, so wirkte seine innere Politik wie ein Paukenschlag. Und größtenteils war die Überraschung angenehm. Ein Beobachter, der Peter mit gutem Grund kritisch betrachtete, der Franzose Breteuil, berichtete seiner Regierung einen Monat nach Peters Amtsantritt, der Zar sei tatsächlich »etwas ganz anderes als das, was er bisher vor der Welt zu sein schien«. Er sei klug in seiner Regierung und aufgeklärt. Ein Peter freundlich gesinnter Diplomat, der Brite Keith, schrieb um die gleiche Zeit nach London, daß alle Arten von Regierungsgeschäften schneller ablaufen als bisher, daß der Zar alle Aktivitäten ansporne. Er gebe die nötigen Aufträge, Antragsteller hätten leichten Zugang zu ihm.[63] Crusenstolpe urteilt:

> »Der Großfürst war als inkonsequent, heftig und bizarr bekannt; der Zar zeigte sich gerecht, geduldig, verträglich und aufgeklärt; seinen Feinden verzieh er aufrichtig: Peter Schuwalow, der immer gegen ihn integriert hatte, Elisabeths alten Günstling Rasumowsky, ja selbst Iwan Schuwalow überhäufte er mit Gnadenbezeugungen, obschon der letztere sich gegen ihn höchst unwürdig benommen hatte.«[64]

Was jetzt bei Peter hervorbrach, war nicht nur politischer Reformwille, sondern auch der einfache menschliche Wunsch, Gutes zu tun. Er hatte sich hier und dort schon früher gezeigt, im Ausmaß seiner Dankbarkeit etwa gegenüber Soldaten, die ihn vor Gefahren bewahrt hatten, oder in seinem persönlichen Einsatz bei Brandkatastrophen.[65] Nun, nach der Thronbesteigung, ritt er durch die Straßen Petersburgs, mit vollen Händen Geld unter die Volksmassen werfend. Die

Soldaten versicherten ihn mit lauten Rufen ihrer Treue, »und obwohl seine Feinde lange daran gearbeitet hatten, ihn der Menge verhaßt zu machen, zeigte sich bei seiner Thronbesteigung auch nicht das geringste Zeichen eines Widerwillens gegen ihn.[66] Er behielt die meisten von Elisabeths Ministern im Amt; gestattete der Riesenmenge der von Elisabeth nach Sibirien Verbannten – 80 000 sollen es gewesen sein – die Rückkehr, ohne neue an ihre Stelle zu bringen; löste die verhaßte Geheimpolizei mit ihren Folterkammern auf; ersetzte die Knute im Heer durch mildere Strafen; erließ ein religiöses Toleranzedikt, das den verfolgten und geflüchteten »Altgläubigen« die Rückkehr nach Rußland erlaubte; half den Armen durch eine Senkung der Salzsteuer; bezahlte die Schulden seiner Frau, ohne nach ihrer Entstehung zu fragen; räumte ihr bei offiziellen Zeremonien die gleiche Rangstufe ein wie sich selbst, manchmal ließ er ihr den Vortritt.[67]

Und daneben bescherte er dem Land fortschrittliche Gesetzeswerke, zu fortschrittlich vielleicht in mancher Hinsicht, jedenfalls aber durchdrungen vom Geist der Aufklärung. Natürlich war ihr komplizierter Inhalt lange vorher den Köpfen guter Beamter entsprungen. Aber die Funktion des Herrschers ist ja nie die Formulierung von Texten gewesen, sondern die Wahl von Beratern. Und dieser Monarch, der sich täglich Vortrag über die Staatsangelegenheiten halten ließ, täglich Konferenzen abhielt, in schwierigen Fällen selbst die Entscheidungen traf, oft unerwartet die Gerichtssäle oder den Senat inspizierte[68] – dieser sich von der Ära der Elisabeth so gänzlich und so wohltuend unterscheidende Zar hatte sich nicht nur seine Berater ausgewählt, sondern entschied auch über die politische Richtung und innerhalb der allgemeinen Richtung manchmal über den besonderen Weg. Und das war vielleicht zumindest im Ansatz auch ein Werk Friedrichs des Großen.

Denn die Inspiration zu der Idee, ein moderneres, fortschrittlicheres Staatswesen einzurichten, mag Peter wohl nicht zuletzt durch einen Briefwechsel mit dem König erhalten haben. Er begann noch vor dem Ausbruch des Siebenjährigen Krieges. Friedrich schreibt dazu, er habe die Freundschaft mit diesem Fürsten schon gepflegt, als er erst Herzog von Holstein war, »und aufgrund einer Sensibilität, die schon im menschlichen Verkehr selten ist, noch seltener aber zwischen Herrschern, hatte er ein dankbares Herz zurückbehalten«.[69] Der Briefwechsel ging über geheime Kanäle, selbst Bestuschews Geheimpolizei ahnte zwar die Tatsache, konnte aber nie Einzelheiten erfahren. Jedenfalls soll er von Bedeutung gewesen sein. Der schon berühmt gewordene König erteilte darin seinem Petersburger Schüler »Lehren in der Regierungs- und Kriegskunst« und soll ihm auch »gutgemeinte Verhaltensmaßregeln für sein Privatleben« gegeben haben.[70]

Das wichtigste jener Gesetze, die heute als Beginn einer neuen Ära der Reformen in Rußland betrachtet werden, war wohl das Manifest über die Befreiung des Adels von der Dienstpflicht für den Staat. Sie war von Peter dem Großen eingeführt worden, dauerte 25 Jahre, galt für Armee und Verwaltung. Ehedem war sie nützlich für Rußlands Entwicklung gewesen, hatte das Land mit der nötigen Zahl von Staatsdienern versorgt; mit der Zeit hatte sie die Verwaltung verkrustet und die wirtschaftliche Entwicklung gelähmt. Das Manifest verfolgte zwei Ziele: die Entwicklung einer professionellen Beamtenschaft und ein langsames Zurückfluten der in der Hauptstadt ausgebildeten Adligen in das weite Land. Denn dort sollten allmählich lokale Selbstverwaltungen entstehen, fortschrittlichere Denkweisen einziehen, und das allgemeine Lebens- und Wirtschaftsniveau gehoben werden. Man war – wie modern! – zu der Erkenntnis gelangt, daß die Unzulänglichkeiten aller lokalen Aktivitäten die Hauptschwäche des Riesenreiches sei.

Zwar legte sich das Manifest dem Einwand offen, daß es dem Eigeninteresse der Adligen entgegenkam. Es gab ihnen Gelegenheit, mehr als bisher für ihre privaten Besitzungen zu tun. Aber das lag auch im Interesse des Staates. Indem sie sich selbst bereicherten, sollten sie gleichzeitig den Wohlstand der Gesellschaft heben. Der Adel war über die Veränderung so erfreut, daß er Peter eine Statue aus Gold errichten wollte. Peter ließ seinen Vertretern sagen, daß sie das Metall vernünftiger verwenden sollten, er hoffe, daß er sich im Herzen des russischen Volkes ein dauerhafteres Denkmal errichten könne. Diese Hoffnung trog. Aber als Katharina das Manifest nach Peters Ermordung stückweise und mit nur leichten Änderungen Wirklichkeit werden ließ, produzierte es jene Wirkungen, die seine Väter gewünscht hatten.

Der wirtschaftlichen Belebung sollten auch Peters liberale Handels- und Zollgesetze dienen. Manches an ihnen und an ihren Begründungen erinnert an die Probleme der russischen Reformer heute. Es ging um die Begünstigung der Privatinitiative an Stelle der staatlichen Monopole, um Anreize für Grundbesitzer und Bauern, mehr zu produzieren, um Erleichterungen für Händler, damit sie mehr exportieren und um eine größere Mobilität von Arbeitskräften. Neue Zollgesetze und verringerte Zölle sollten für eine Entwicklung der Häfen sorgen, damit Rußland kommerziell besser erschlossen werden könne als durch die langen, teuren Landverbindungen. Das allgemeine Problem, mit dem Peters Regierung zu ringen hatte, war der Ausgleich der durch den Krieg, durch die kostspieligen Rüstungen schwer ins Rutschen gekommenen Handelsbilanz. Und so bemühte er sich vor allem um den Getreideexport, der seinerseits die Landbesitzer zu einer besseren Nutzung der Böden bewegen sollte. »Wir könnten die ganze Welt ernähren«, hieß es in einer seiner Botschaften, »was man schon daran sehen kann, daß wir so große Mengen von Getreide für die Produktion von Alkohol verwenden.«[71] Das hat einen bekannten Klang.

Es war wohl auch in erster Linie der Geldmangel des Staates, der Peter dazu trieb, einen Gesetzesakt zu forcieren, zu dem ihn sein Anti-Klerikalismus ohnehin geneigt machte: die Säkularisierung der Kirchengüter. Das Problem war nicht neu, nur hatte keiner von Peters Vorgängern die Courage gehabt, es wirklich anzupacken. Jetzt war es brennend geworden: Der Staat war verarmt, die Kirche schwamm in Geld. Sie besaß zu Beginn des 18. Jahrhunderts schätzungsweise die Hälfte der landwirtschaftlich nutzbaren Fläche, rund ein Siebentel aller Leibeigenen.[72] Ein soziales Moment kam dazu: seit Jahren war aufgefallen, daß Unruhen unter den Leibeigenen der Kirche besonders häufig waren. Peter sorgte dafür, daß jene Bauern, die rebelliert hatten, amnestiert wurden.[73] Die frei werdenden Kirchengüter sollten nicht vor allem vom Adel aufgekauft werden können, sondern unter staatliche Verwaltung kommen; die Bauern dieses neuen staatlichen Systems wurden von der Leibeigenschaft befreit. Die Mönche erinnerte der neue Zar daran, daß sie ja doch gelobt hätten, auf die Reichtümer des irdischen Lebens zu verzichten, der Kirchenführung rief er ins Gewissen, daß sie die »Verteidigerin der Armen und Unschuldigen sein« solle.[74]

Das war ohne Zweifel ein sehr bedeutendes und im Prinzip nötiges Gesetzeswerk. Es klang gut in den Ohren der russischen Bauern; bei ihnen wurde der neue Zar auch populär. Aber sie waren keine Macht, eine Macht hingegen war die Kirche. Und die fühlte sich nicht nur durch unnötige Schärfen im Gesetz herausgefordert, sondern auch durch die anti-klerikale Tonart, von der es begleitet wurde. »Diese Archimandriten und diese Popen zu attackieren«, schrieb später Friedrich II., »hieß, sich unversöhnliche Feinde zu machen.«[75] Der

Zar hätte, meint er weiter, mit sachter Hand an diese Reform gehen und sich Zeit lassen müssen. Aber er tat leider das Gegenteil. Er wollte auch die Ikonen aus den Kirchen entfernt sehen und empfahl den Gutsbesitzern die Abschaffung ihrer privaten Kapellen auf den Landsitzen. Dem Oberhaupt der orthodoxen Kirche sagte er barsch, daß die Popen sich die Bärte scheren lassen und lutheranische Kleidung anstelle ihrer langen orientalischen Gewänder tragen sollten, worauf der Erzbischof ihm erwiderte, daß in diesem Fall die Priester von den Gläubigen erschlagen werden würden.[76] Es war ein aufgeklärter Geist, in dem Peter die Kirchenprobleme anging, und später übernahm Katharina mit fester, aber sachter Hand nach und nach die wesentlichen Züge auch dieses Gesetzes. Aber die lutheranische Rigorosität, mit der Peter die neuen Gedanken der ganz anders gearteten russischen Frömmigkeit zumuten wollte, gehörte nicht zu Rußland, und fast schien es, als wenn sein Hauptmotiv bei dieser anti-klerikalen Offensive die Nachahmung des preußischen Freidenkers auch auf dem geistigen Felde sei. Jedenfalls bewies er abermals, wie sehr es ihm an Anpassungsvermögen an die Gefühle seiner Umgebung fehlte.

Ein Mangel, der sich auch in der Hartnäckigkeit zeigte, mit der er jetzt der Garde preußische Uniformen und preußischen Drill aufzuzwingen suchte und endlich auf die verhängnisvollste Weise in dem Versuch der Befreiung seines Schleswigs von der dänischen Okkupation mit Hilfe der russischen Armee. Es war durchaus nicht so, daß Schleswig-Holstein außerhalb der russischen Interessensphäre jener Epoche lag – im voraufgegangenen Kapitel haben wir ja das genaue Gegenteil gezeigt. Peter III. konnte sich auch hier in der Tradition der Politik Peters des Großen fühlen. Zu streng hat man ihm vorgeworfen, daß er die russische Macht für ein Ziel mißbrauchen wollte, das Rußland fremd war. Wäre er erfolgreich gewesen, dann hätte das Zarenhaus seinen Einfluß in Deutschland und im nordischen Raum erheblich ausgebaut – mehr als Preußen und Deutschland hätte lieb sein können. Aber Peter berücksichtigte die Tagesumstände nicht. Er hatte es mit einer Armee zu tun, die vom Krieg erschöpft war und Frieden wünschte. Die Staatskassen waren, wie er selbst geklagt hatte, leer. Und Dänemark war nicht isoliert, es konnte wegen der Besorgnis, die ein russischer Stoß so nahe den Nordseeküsten überall erregen mußte, auf mancherlei Hilfe rechnen. Beinahe blind bemerkte Peter den Unmut in der Truppe über den neuen, unnötigen Feldzug nicht, schlug alle Warnungen seiner besten Berater in den

Wind, auch die des Preußenkönigs, der mit gutem Grund um das Leben seines Retters bangte.

»Ich gehe allein durch die Straßen von Petersburg«

Wir wiesen schon auf den Briefwechsel hin, den es seit langem zwischen den beiden gegeben hatte. Als Peter Zar geworden und Friedrich einen Waffenstillstand angeboten hatte, schrieb ihm dieser:

> Wenn jemand »sich mit solchem in unseren Tagen ungewöhnlichen Edelmut verhält, dann hat er ein Recht darauf, bewundert zu werden... Und das ist es, was Eure Kaiserliche Majestät antreffen... Ich setze all mein Vertrauen in Sie und schwöre Ihnen eine loyale und ewige Freundschaft.«

In Peters Antwortbrief, der so bezeichnend für ihn ist, hieß es:

> »Eure Majestät lachen sicherlich über mich, wenn Sie mich so sehr loben. In Wirklichkeit müssen Sie verwundert über meine Nichtigkeit sein, während ich über die Taten Eurer Majestät nur staunen kann... Ich erkenne in Eurer Majestät einen der größten Helden, den die Welt je gesehen hat.«[77]

Nun, einige Monate später versuchte dieser Held seinen jungen Bewunderer vor dem Abgrund am Arm zu fassen.

»Die Freundschaft, die Dankbarkeit, die Wertschätzung«, die er »für die ausgezeichneten Eigenschaften dieses Fürsten hatte«, schreibt Friedrich selbst,[78] hätten ihn dazu geführt, die heikle dänische Angelegenheit in einem besonderen Brief anzuschneiden. Um ihn von der ganzen Kriegsidee abzubringen, suchte er zunächst alle Gründe für eine Verschiebung des Feldzuges auf das nächste Jahr zusammen. Er drängte »vor allem darauf, daß der Zar, bevor er sein Land verlasse und in einen Krieg ziehe, sich in Moskau krönen lasse, um seine Person in den Augen seiner Nation um so unverletzlicher zu machen«. Er erwähnte sogar »die Revolutionen, die in Rußland während der Auslandsaufenthalte Peters des Großen ausgebrochen waren«.

Aber leider machte sein Brief wenig Eindruck. Peter antwortete – wie Friedrich berichtet – mit den folgenden Worten:

»Meine Ehre erfordert, daß ich die Dänen wegen der Schmach, die sie mir und meinen Ahnen angetan haben, zur Rechenschaft ziehe... Eine Krönungszeremonie für mich würde zu große Kosten verursachen; dieses Geld wird besser gegen Dänemark verwendet werden... Was Ihr Interesse für meine Person betrifft, so bitte ich Sie, sich nicht zu beunruhigen: Die Soldaten nennen mich ihren Vater; sie sagen, daß sie es vorzügen, von einem Mann regiert zu werden als von einer Frau; ich gehe allein, zu Fuß, durch die Straßen von Petersburg; wenn jemand mir Böses wollte, hätte er seine Absicht längst ausführen können; aber ich tue aller Welt Gutes und ich vertraue allein auf den Schutz des Himmels; mit diesem werde ich nichts zu fürchten haben.«[79]

Der Himmel schützte ihn nicht, den Verschwörern, die jeder andere sah, außer ihm selbst, bot er eine offene Flanke. Und so wurde er von seinen Kindheitstraumata eingeholt. Der Befreiungsfeldzug für Schleswig gegen Dänemark war bei ihm zur fixen Idee geworden. Verbal hatte er ihn, sozusagen, schon Jahre vorher eröffnet, wenn er, vom Alkohol befeuert, von militärischen Husarenstücken gegen die Dänen schwadronierte, an denen er teilgenommen haben wollte und die er doch schon aus Altersgründen nie vollbracht haben konnte. Nun wollte er alle Frustrationen seiner Jugend mit einem Schlage löschen, alle großen Träume ausleben, alle Ängste mit einer großen Pose aus der Welt schaffen. Doch für die Heldenrolle war er nicht geschaffen.

Hat ihm aber auch das Schicksal mit dieser Holstein-Problematik eine Falle gestellt, so bleibt er doch Initiator ebenso wie Staffettenträger großer, dauerhafter russischer Bewegungen nach außen und im Innern. Katharina – man muß es immer wieder sagen – hat auch jene seiner Entwürfe weitergeführt, aus denen sie ihm einen Strick gedreht hatte. Das Bündnis mit Preußen wurde zum Eckstein auch *ihrer* Außenpolitik. Aber ob Katharina, wenn nach dem Tode der Elisabeth sie statt Peter auf den Thron gekommen wäre, schnell genug die fast abenteuerlich erscheinende Entschlußkraft gefunden hätte, die russische Politik um 180 Grad zu drehen und den letzten Ansturm der Armeen auf Friedrich II. plötzlich anzuhalten, das steht doch im Zweifel. Dazu gehörte wohl ein Mensch, der so gebaut war wie eben Peter.

Ein Kompliment für diesen Zaren, das man später gerne überging, machte Castèra in seinem Bericht über die ersten Tage nach dem Putsch:

> »Die eifrigsten Anhänger Katharinas«, schreibt er, »waren doch nicht ohne Unruhe. Einige Regimenter murrten und bereuten schon, ihren rechtmäßigen Herrscher verraten zu haben. Das Volk ... beklagte diesen unglücklichen Fürsten. Es vergaß seine Fehler, seinen Eigensinn, seine Schwächen, und erinnerte sich nur seiner guten Eigenschaften und seines Unglücks. Die Matrosen warfen den Garden laut vor, ihren Herrn für Bier und Branntwein verkauft zu haben. Man befürchtete daher einen neuen Aufstand. Diese Furcht wurde durch Nachrichten aus Moskau noch vermehrt.
>
> Der Gouverneur von Moskau, der durch Katharina von der Revolution unterrichtet war, ließ die fünf Regimenter, aus denen die Garnison bestand, auf den großen Platz des alten Zarenpalastes aufmarschieren; dahin berief er auch das Volk, das in Mengen herbeiströmte. Mit lauter Stimme las er nun die Ukase ab, worin die Kaiserin ihre Thronbesteigung ankündigte, ... und schloß mit einem lauten: ›Es lebe die Kaiserin Katharina!‹ Allein das Volk und die Soldaten beobachteten ein tiefes Stillschweigen. Er wiederholte diesen Aufruf. Dasselbe Stillschweigen dauerte fort. Nur ein dumpfes Murren unterbrach es, die Soldaten äußerten ihren Unwillen, daß die Garden bloß nach eigener Willkür über den Thron zu entscheiden wagten.«[80]

Im preußisch-russischen Verhältnis kam schließlich alles wie es hatte kommen sollen – in letzter Stunde. Mit jenem Frieden zwischen Peter III. und Friedrich II., den Katharina einhielt und ausbaute. Aber wie es hätte kommen können, wenn durch Leichtsinn, Irrationalität, Fehlkalkulation und beiderseitige Geringschätzung die Weichen falsch gestellt worden wären – auch das hatte sich in diesen Schicksalsjahren unübersehbar gezeigt. So unübersehbar, daß man meinen sollte, selbst heute noch müßten die Staatsmänner auf beiden Seiten die Lehre daraus ziehen.

V. Polen zwischen Rußland und Preußen

Polen, das ewig leidende –; Polen, das tapfer um seine Freiheit ringende –; Polen, das von seinen Nachbarn in Armut gestoßene –; Polen mit seinem Anspruch auf Hilfe der ganzen Welt: aus solchen Pinselstrichen besteht in weiten Teilen Europas und Amerikas seit langem das Polen-Bild. Ein Polen-Bild, das man mit den polnischen Teilungen von 1772, 1793 und 1795 beginnen läßt und das mit den Verbrechen Hitler-Deutschlands im Grunde nur seine Vollendung gefunden hat.

Es ist ein Polen-, Deutschland-, Rußland-Bild, das mit bestem Erfolg auch den jüngeren deutschen Generationen eingehämmert wurde und das nicht nur die wünschenswerte Bereitschaft zur Völkerverständigung wecken, sondern Schuldgefühle verewigen, enorme Verzichte als Selbstverständlichkeiten hinstellen und auf neue Leistungen vorbereiten soll. Und überdies ist es ein Polen-Bild, das Deutschland und Rußland gemeinsam in die Rolle der Bösewichte versetzen und ein Schreckgespenst aller westlichen Politik bannen helfen soll: eine deutsch-russische Kombination, von der einst Männer wie der britische Geopolitiker Sir Halford Mackinder die Beherrschung der Welt fürchteten. Polen in der Mitte zwischen den beiden, zusammen mit Tschechen und »Groß-Serbien« (mit slowenischen und kroatischen Vasallen!) als sie trennender und gegen sie operierender Faktor, materiell und politisch von allen Drittmächten gestützt – ein solches Polen sollte die gefährliche Möglichkeit verhindern helfen. Bevor das Mackinder im Jahr 1919 so deutlich aussprach, hatten manche westliche Staatsmänner ähnlich so gedacht und gehandelt. Und genau das war einer der Gründe, warum das gefürchtete Unglück immer heraufkam.

Denn eigentlich war alles anders, und das Bild, dessen wichtigste Pinselstriche wir nachzuziehen versuchten, ist falsch. Keine innere Logik verbindet die polnischen Teilungen des 18. Jahrhunderts mit der Explosion des Bösen im 20. Jahrhundert, mit dem Phänomen Hitler. Die Geschichte dieser Teilungen ist überaus lehrreich, aber nicht, weil sie zeigt, wie die Welt in Gut und Böse, in Schafe und

Wölfe zerfällt. Verursacher der Teilungen sind alle, Preußen, Russen und Österreicher natürlich, die Profiteure; aber auch Polen, Franzosen, Engländer. Die Teilungen sind eine Lektion in klassischer Machtpolitik, in maßvoller und kluger, wie 1772 von Friedrich II. und Katharina praktiziert, oder mit jener Mischung von Skrupellosigkeit und selbstzerstörerischer Freßgier, wie 1793 von Friedrich Wilhelm II. Sie zeigen, wo Preußen-Deutschland und Rußland in einer Art kooperieren konnten, die durchaus ihren vitalen Interessen entsprach, und wo sie in die Irre gingen. Sie beleuchten grell abermals die Risiken jeder preußischen Politik, die sich auf England zu stützen suchte, um gegen Rußland marschieren zu können. Aber sie zeigen auch, wie sich eine Nation – in diesem Falle die polnische – nie und unter keinen Umständen verhalten darf, wenn sie nicht unvermeidlich das Objekt der Begierden und Angriffe ihrer Nachbarn werden will.

»Wenn man die Geschichte der Regierungen Polens liest«, sagte Rousseau, »dann ist es schwer zu verstehen, wie ein so sonderbar konstruierter Staat überhaupt so lange bestehen konnte.«[1] Ein aufmerksamer britischer Polen-Reisender jener Zeit schrieb unmittelbar vor dem Untergang des polnischen Staates:

> »Es gibt noch den Namen Polen, aber die Nation existiert nicht länger. Allgemeine Korruption und Käuflichkeit durchziehen alle Schichten der Gesellschaft.«[2]

150 Jahre später meinte ein amerikanischer Autor:

> »Das Bemerkenswerte ist nicht, daß Pläne für die Teilung so oft vorgebracht worden sind, sondern daß sie bis dahin nie verwirklicht wurden.«[3]

Kaum jemand, der sich ernstlich mit der Geschichte Polens befaßt hat, würde wohl dem Urteil eines sehr mit Polen sympathisierenden deutschen Beobachters widersprechen, der schrieb:

> »Ein Staat von 20 Millionen Einwohnern, wie es das Polen des Jahres 1772 war, ist nur dann ohne Erschütterung des ganzen Kontinents aus der Reihe der Staaten zu streichen, wenn dafür innere Voraussetzungen vorhanden sind, die vor der Geschichte ein größeres Gewicht haben als der Eroberungs- und Zerstörungswille eines oder mehrerer mächtiger Nachbarstaaten.«[4]

Und weil die »inneren Voraussetzungen« dementprechend waren, ist an allen europäischen Höfen jener Zeit schon Jahrzehnte vor dem

Polen in seiner größten Ausdehnung

Grenze von 1494 nach der Vereinigung mit Litauen

Grenze von 1660

Grenze von 1772, vor der ersten Teilung

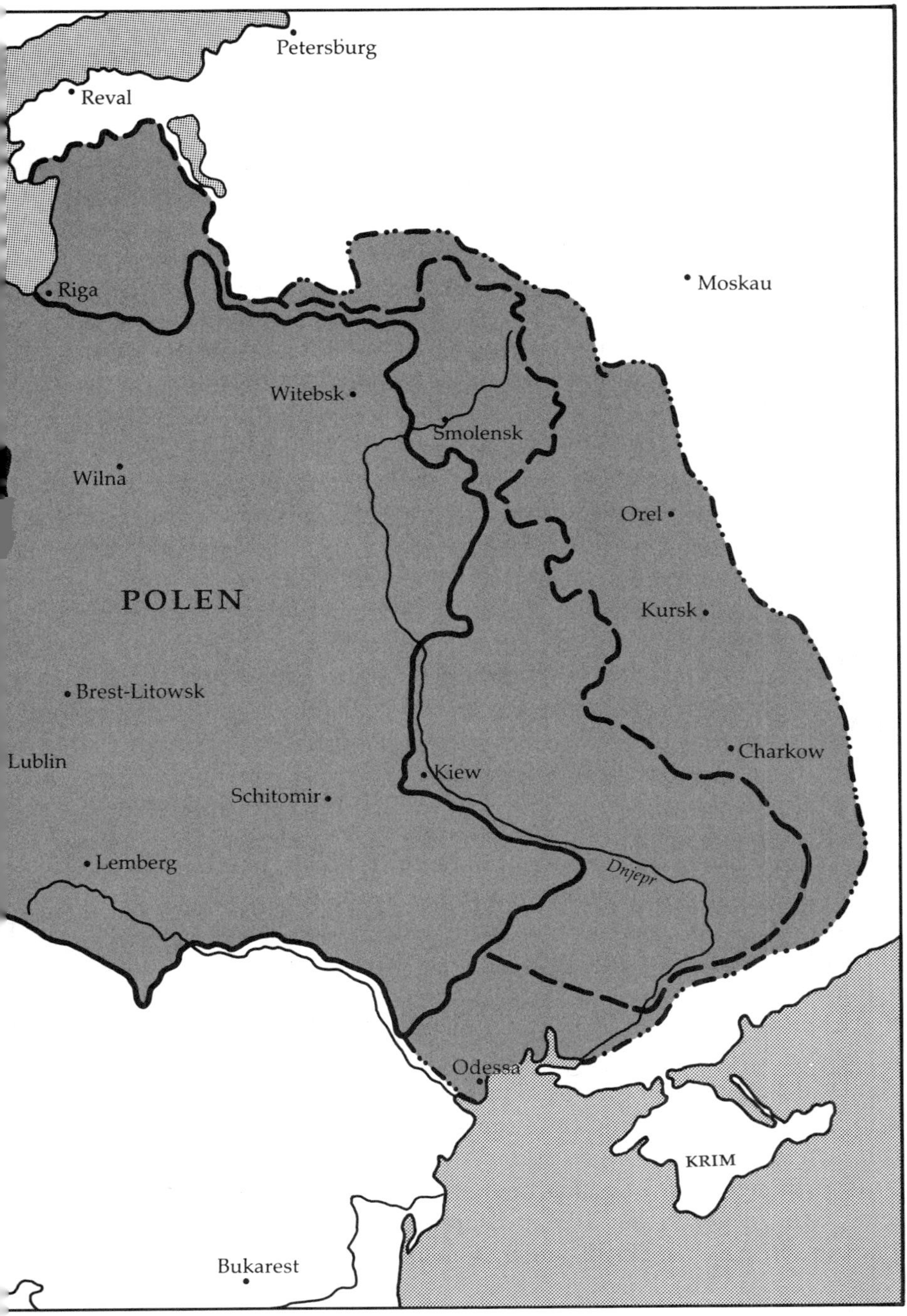
Petersburg
Reval
Riga
Moskau
Witebsk
Smolensk
Wilna
Orel
POLEN
Kursk
Brest-Litowsk
Charkow
Lublin
Kiew
Schitomir
Lemberg
Dnjepr
Odessa
KRIM
Bukarest

Eintreten des Ereignisses weniger die Frage diskutiert worden, ob es zur Teilung Polens kommen werde, sondern nur die Frage »wann«.

1. Das polnische Panorama

Dabei ziehen die Urteile, die wir zitierten, gar nicht in Betracht, daß der so beschaffene Staat selbst von den frömmsten Nachbarn nicht mit Desinteresse hätte betrachtet werden können, weil er nämlich selbst auf die eine oder andere Weise eine Bedrohung für sie gewesen war. Entweder hatte er sie direkt attackiert, oder mit ihnen im Streit um Territorien gelegen, auf die auch sie Ansprüche geltend machen konnten, oder ihren Besitzstand verbal angefochten, oder sich direkt und indirekt zum Verbündeten eines ihrer Feinde gemacht. Kurz, Polen hatte sich, bevor es in den Zustand einer geradezu absurden inneren Schwäche verfiel, verhalten wie jede andere Macht auch: expansionslüstern. Und so war es kaum ein Wunder, daß seine Nachbarn den Zustand seiner Schwäche benutzten, um sich nicht nur Vorteile, sondern auch Sicherheiten zu verschaffen. Nicht etwa nur gegenüber Polen, sondern auch voreinander. Denn so sehr das polnische Vakuum sie anzog, so sehr fürchteten sie doch jeden Machtzuwachs, den der eine oder andere von ihnen dort gewinnen und eines Tages gegen den Freund von heute ausspielen konnte.

Vielleicht war Polen sogar noch etwas expansionslustiger gewesen als andere. Denn es war ja kein Zufall, daß es etwa um die Mitte des 17. Jahrhunderts ein Riesenreich war, das größte in Europa nach dem russischen. Seine Grenzen erstreckten sich damals von Reval und Riga bis 150 km vor Odessa, von Schlesien bis ungefähr 250 km vor Moskau und fast bis Charkow in der östlichen Ukraine. Kiew und Smolensk, alte russische Städte, waren damals weit hinter der vordersten Linie »fest in polnischer Hand«. Und selbst 1772, am Vorabend der ersten Teilung, rund 200 Jahre, nachdem Moskau seine Gegenoffensive begonnen hatte, lag Polens Ostgrenze noch immer nur wenige Kilometer von Smolensk und Kiew entfernt, Kurland, südlich von Riga mit seiner alteingesessenen deutschen Bevölkerung, wurde von ihm immer noch als polnisches Lehen betrachtet, immer noch lag seine Grenze gegen die Türkei knapp nördlich von Odessa. Als einzige europäische Macht außer dem napoleonischen Frankreich hatten es 1610 die Polen geschafft, Moskau zu erobern und zu besetzen. Aber anders als Napoleon konnten sie sich dort nicht nur vier Wochen halten, sondern anderthalb Jahre. Und anders als Napoleon wollten sie Moskau nicht nur besetzen, um Rußland zum Frieden zu zwingen, sondern um das ganze moskowitische Fürstentum ihrem eigenen Imperium anzuschließen.

Die Polen in Moskau

Es ist eine farbige Eroberungsgeschichte, die mindestens zu streifen sich lohnt, weil sie sich zwar nicht ins westliche, durchaus aber ins russische Geschichtsbewußtsein eingegraben hat und nicht zufällig von Puschkin und Mussorgski verewigt wurde. In den russischen Wirren nach Iwans des Schrecklichen Tod war eine Gruppe polnischer Magnaten auf einen Mann gestoßen – den berühmten »falschen Demetrius« – der sich als identisch mit dem für ermordet gehaltenen Zarensohn ausgab und also als legitimer Thronanwärter. Als Schwindler erkannten sie ihn bald. Aber wichtiger war ihnen der Gedanke, daß sie Land, Geld und Macht im russischen Reich gewinnen könnten, wenn sie ihn als Puppe mit ihren Truppen auf den russischen Thron bringen könnten. Mit dem Segen und der Assistenz des polnischen Königs und der polnischen Kirche stellten sie eine Privatarmee auf. Der König verhandelte sogar selbst mit dem Thronanwärter und ließ sich von ihm die Abtretung zweier Provinzen und die Zulassung der Jesuiten in Moskau versprechen. Es fand sich eine polnische Schöne, die Magnatentochter Marina Mniszek, der zwar die Windigkeit der Thronansprüche dieses Demetrius gleichfalls nicht verborgen blieb, die aber doch hoffte, mit seiner Hilfe Zarin zu werden und ihn deshalb heiratete.

Russische Bojaren, denen es darum ging, den Moskauer Regenten zu stürzen, und russische Hungerleider, die auf die Wiederkehr goldener Zeiten hofften, halfen den Polen 1605 beim Einzug in den Kreml. Ein knappes Jahr konnte sich der »falsche Demetrius« auf dem Zarenthron behaupten – dann hatte sich in weiten Kreisen der Eindruck gefestigt, daß er Moskowien den Polen, der katholischen Kirche und den polnischen Sitten ausliefern wolle. Die gleichen Bojaren, die ihm den roten Teppich ausgerollt hatten, stürzten ihn, um einen der ihren auf den Thron zu bringen. Den Leichnam des getöteten Demetrius verbrannten sie, stopften die Asche in eine Kanone und schossen sie in Richtung Polen. Aber damit gehörte

Rußland noch keineswegs wieder den Russen, im Gegenteil, jetzt ging zwischen beiden Nationen der Kampf erst richtig los.

Der Zwist im russischen Hochadel hielt an, der Hunger der Armen und ihre rebellische Stimmung gleichfalls, ein neuer »falscher Demetrius« tauchte auf und behauptete, er sei identisch mit dem ersten. Und die Polen hatten Blut geleckt. Zuerst stellten sich polnische Söldner und Söldnerführer hinter den Usurpator Nummer zwei, dann boten andere polnische Magnaten, wiederum mit stillschweigender Billigung des Königs, eine mehrere tausend Mann starke Armee auf, russische Abenteurer und Rebellen schlossen sich an. Als Kuriosum sei vermerkt, daß sich die schöne Marina, Gattin des »falschen Demetrius« Nummer eins, vor einer bedeutungsvollen Wahl sah: War der zweite »falsche Demetrius« tatsächlich identisch mit dem ersten, dann war sie auch seine Gattin und konnte hoffen, wieder in den Kreml zurückzukehren. Leugnete sie seine Identität, dann war neben der Scheinlegitimität des ganzen polnischen Unternehmens auch ihre eigene Hoffnung dahin. Sie entschied sich dafür, in dem Fremdling den Angetrauten zu entdecken, hatte aber doch ernste moralische Bedenken, mit ihm ohne das Sakrament der Ehe ins Ehebett zu gehen. Und in größter Heimlichkeit ließ sie sich deshalb von einem Jesuiten auch mit der Nummer zwei trauen – in Heimlichkeit natürlich deshalb, weil ja das Bekanntwerden der zweiten Trauung eine Leugnung der Identität von Nummer eins mit Nummer zwei gewesen wäre . . .

Was jetzt den Wiedereinzug der polnisch-russischen Truppen in Moskau hinderte und den Widerstand der regierungstreuen Russen stärkte, war jenes Verhalten der Polen, das schon den Sturz des »ersten Demetrius« beschleunigt hatte: ihre Disziplinlosigkeit, ihre Neigung zu Plünderungen, ihr politisches Auftrumpfen, die Tatsache, daß sie ihr Einverständnis mit dem polnischen König nicht zu leugnen vermochten. Die Gefechte, halb noch Bürgerkrieg, halb schon Krieg zwischen den Staaten, gingen hin und her, gestalteten sich für den neuen Moskauer Zaren aber doch so schwierig, daß er die Schweden um Hilfe anrief. Das gab dem polnischen König den erwünschten Grund zum direkten Eingreifen. Denn mit den Schweden stritt er sich – um den Besitz des immer noch vorwiegend deutschen Livlands.

Einer polnischen Kriegserklärung an Moskau folgte der Marsch eines großen polnischen Heeres vor die Hauptstadt. Wieder gab es eine russische Partei, die ihm assistierte – diesmal Teile des niederen

Adels, der die Bojarenherrschaft loswerden wollte. Und fast hätte jetzt wirklich der polnische Einfluß in Moskau auf lange Zeit einen nie gekannten Höhepunkt erreichen können. Niederer und höherer russischer Adel einigten sich nämlich aus ganz entgegengesetzten Gründen darauf, den Sohn des polnischen Königs zum russischen Zaren zu machen, wenn nur das moskowitische Reich vom polnischen unabhängig bleiben und die griechisch-orthodoxe Staatsreligion nicht angetastet werden würde. Aber das war dem König Sigismund zu wenig. Er selbst wollte russischer Zar werden, russische Gebiete für Polen annektieren und den Rest des Moskowiterreiches mit Polen in irgendeiner Form verbinden. Er wandelte deutlich auf den Spuren Stefan Bathorys, seines tüchtigen Vorgängers, des ersten polnischen Königs, der an die Eroberung ganz Rußlands gedacht und schon Pläne für die Organisierung der Dnjepr-Kosaken als militärisches Hilfskorps entworfen hatte.[5] Schon mischte er sich in moskowitische Regierungsgeschäfte ein, eine starke polnische Garnison hielt Moskau besetzt. Und das war zuviel für die Russen. Der Polen-Haß begann sie zu einigen.

Im ganzen Land wurden Landwehren gebildet, die nun – im Frühjahr 1611 – mit der Belagerung der polnischen Truppen in Moskau begannen. Die Polen versuchten Ersatzarmeen heranzuführen, schlossen flüchtige Pakte mit aufständischen Kosaken, eroberten und annektierten Smolensk, von dessen 80 000 Einwohnern nach schwerer Belagerung noch 8000 übrigblieben.[6] Aber gegen den Widerstand des Landes, das unter Führung von Geistlichen in nationalreligiöse Ekstase versetzt worden war – ähnlich wie später im Kampf gegen Napoleon – kam der Entsatz nicht durch. Anderthalb Jahre lang verteidigte sich die polnische Garnison im Kreml, nachdem sie die Moskauer Wohnviertel niedergebrannt hatte. Am 22. Oktober 1612 mußte sie kapitulieren. Tapfer waren sie gewesen. Aber auf die Russen hatten sie einen häßlichen Eindruck gemacht, und das polnisch-russische Verhältnis hatte eine bedeutende Prägung erfahren.

Wie das polnische Großreich entstand

Aber wie war es überhaupt zur Bildung eines polnischen Großreiches gekommen, das so gefährlich für Moskau hatte werden können? Die Geschichte beginnt in der zweiten Hälfte des 14. Jahrhunderts – es ist die Geschichte der polnisch-litauischen Vereinigung. Polen sah sich damals im Norden, in der Gegend des späteren West- und Ostpreußens, mehr und mehr von den Rittern des Deutschen Ordens bedroht – ähnlich wie sein Nachbar Litauen. Ebenso wie Litauen sah es große Expansionsmöglichkeiten in östlicher und südöstlicher Richtung. Schon um 1350 hatte es Galizien mit Lemberg erobert und den Versuch gemacht, sich des Fürstentums Moldawien am Schwarzen Meer zu bemächtigen, einen Versuch, der allerdings blutig scheiterte. Und ebenso wie der polnische Adel strebte auch der litauische nach immer größeren Vorrechten gegenüber seinen Herrschern und seinen Bauern. Er sah mit Bewunderung und Neid, was die Polen in dieser Hinsicht bereits erreicht hatten – zum Beispiel die Befreiung von allen Steuerlasten; und gleichzeitig suchte er nach Absicherungen gegen das russische Bevölkerungselement im eigenen Haus. Alles schien für eine Verschmelzung zu sprechen. So kam es im Jahre 1386 zur sogenannten »Personalunion« zwischen beiden Staaten. Der litauische Großherzog Jagiello trat zum Christentum über und heiratete die polnische Thronerbin Jadwiga, die zu diesem Zweck ganz gegen ihre heißen Wünsche eine Verlobung mit Wilhelm von Österreich lösen mußte. Es war zunächst eine lockere Verbindung, die den Litauern viele Rechte beließ, anfangs auch noch heftige Konflikte zwischen beiden Staatsteilen erlaubte, die sich aber mehr und mehr festigte. Zu den treibenden Kräften dabei gehörte die katholische Kirche. Denn Litauen war immer noch weitgehend heidnisch, und der Vatikan sah dort ein weites Feld für weiteres Vordringen.

Aber weder er noch die polnischen Magnaten dachten lediglich an den heidnischen Teil des Landes. Litauen war damals ein Großreich, und nur der kleinste Teil seiner Bevölkerung wirklich litauisch. Jenes relativ kleine Territorium, das heute die litauische Sowjetrepublik darstellt, war nur das expansive Kerngebiet des Staates. In einem erstaunlich schnell voranschreitenden Eroberungsprozeß hatten die – nichtslawischen – Litauer riesige ehemalige russische Gebiete und Fürstentümer ihrem Reich eingegliedert. Schätzungsweise Neunzehntel des litauischen Territoriums waren ursprüngliches russisches Gebiet, und ungefähr Fünfsechstel der Bevölkerung waren nach Sprache und Kultur russischer Herkunft[7] – Weißrussen, wie man später sagte, als sich die kulturellen und politischen Unterschiede zum Großfürstentum Moskau vertieften. Dementsprechend war diese Bevölkerung auch griechisch-orthodoxer Religion, und kulturell war sie erheblich höher entwickelt als das Eroberungsvolk. Für lange Zeit – noch lange nach der Union mit Polen – waren die Amts-

und Schriftsprache des Großherzogtums Litauen weder litauisch noch polnisch, sondern russisch.[8] Manchmal war dieser Eroberungsprozeß gewaltsam verlaufen, namentlich in Smolensk oder im südlich gelegenen Wolhynien. Oft begegnete ihm auch nur minimaler oder überhaupt kein Widerstand. Der Grund dafür war die Zerschmetterung des südrussischen Staatswesens durch den furchtbaren Mongolensturm des Jahres 1242. Er ließ nur schwache russische Fürstentümer zurück, die sich manchmal nicht ungern unter fremden Schutz begaben, um eine Wiederholung der Tartaren-Überfälle zu verhindern. Und so war in wenig mehr als hundert Jahren ein litauisches Riesenreich zusammengekommen, das von der Ostsee bis zur Schwarzmeerküste und vom Bug bis Wjasma vor den Toren Moskaus reichte.

Aber je größer ihr Imperium wurde, desto mehr wurden die Litauer auch gewahr, daß sie von der Masse der Eroberten aufgesaugt werden würden, wenn nicht ein Gegengewicht dazu gefunden würde. Diese Gegengewichte waren die Union mit Polen und die katholische Kirche. Von den litauischen Großfürsten wurde künftig der Katholizismus einseitig begünstigt[9] – und nur den Litauern, den Heiden, lag ja zunächst die Möglichkeit des Übertritts zum Katholizismus, zur polnischen Staatsreligion, nahe. Nur jenen Magnaten und Adeligen Litauens, die den katholischen Glauben angenommen hatten oder ihn demnächst annehmen wollten, wurden gleich nach der Personalunion von 1386 ähnliche persönliche Rechte gegeben – etwa Besitzrechte – wie den polnischen.[10] Und so oft auch in der folgenden Ära dem polnischen und litauischen Adel von den Königen und Großherzögen immer neue Rechte zugestanden wurden – immer wurde daran festgehalten, daß den Nichtkatholiken der Zugang zu den wichtigen Staatsämtern und zum Großfürstlichen Rat verwehrt blieb. Bei der Bedeutung, die diesem während des 15. Jahrhunderts zukam, mußte sich das »als empfindliche Zurücksetzung der Russen auswirken«.[11]

Das war einer der Gründe dafür, daß es in der ersten Hälfte des 15. Jahrhunderts zu langen und blutigen Auseinandersetzungen im neuen Großstaat kam, bei denen sich das litauische und das russische Element der Adelsklasse gegen das polnische verbündeten und dabei sogar eine Allianz mit dem Deutschen Orden in Livland eingegangen waren. Der Konflikt löste sich dann nach und nach in der Art, daß die polnische Seite der litauischen und russischen immer weitergehendere soziale Vorteile und Rechte anbot, während immer mehr russische Bojaren und Magnaten zum Katholizismus fanden. Aber das betraf doch nur die oberste Schicht, nicht die Massen, und es blieb dabei, daß die Religion eine Waffe der Nationalitäten und sozialen Klassen im Kampf gegeneinander war – ein Umstand, der von entscheidender Bedeutung für die weitere Entwicklung werden sollte.

Die explosive religiöse Frage

Je stärker sich nämlich im Verlauf des 16. Jahrhunderts die politische Rivalität zwischen Litauen-Polen und dem Großfürstentum Moskau entwickelte, desto mehr erhielt eine religiöse Frage politische Bedeutung: die Unterordnung der orthodoxen Kirche Litauens unter den Moskauer Metropoliten, die bis dahin gegeben war. Sie stärkte das Gemeinsamkeitsgefühl der Russen auf Kosten des Zusammenhalts des polnisch-litauischen Staates. Denn daran konnte ja kein Zweifel sein: sowohl von ihrer Geschichte wie von ihrer Abstammung, Religion, Kultur und Sprache her waren Weißrussen und Ukrainer Ostslawen und nicht, wie die Polen, Westslawen. Die ältesten litauischen Chroniken sind nicht nur russisch geschrieben, sondern gehen auch »ganz selbstverständlich von der Auffassung aus, daß die russischen Gebiete des Großfürstentums Litauen ein Teil der gesamten Rus' sind« – das heißt, ein Teil der Gesamtheit der altrussischen Stämme.[12]

Spezialisten streiten sich darüber, ob das Ukrainische eine Sprache oder nur ein Dialekt des Großrussischen sei. Aber die Mehrheit kommt doch zu dem Urteil, daß es »mehr Gleichartigkeiten als Verschiedenheiten« gibt, daß nur der Akzent einen wesentlichen Unterschied aufweist.[13] Haxthausen vertrat die Ansicht, daß »die Sprache der Weißrussen und der Kleinrussen eine Dialektverschiedenheit von der Großrussischen hat, doch lange nicht so stark wie etwa die von Harzbewohnern und Braunschweigern«.[14] Zwar ließ die politische und kulturelle Entwicklung die Unterschiede zwischen den verschiedenen Stämmen der Rus' immer größer werden. Aber manches verbindende Element blieb übrig. Verschoben sich einmal die Gewichte zwischen dem polnisch-litauischen Staat und dem Großfürstentum Moskau, dann lag in dieser nationalen Aufteilung Polen-Litauens die Saat zu einem großen Konflikt.

Das war der Grund für die verhängnisvolle Kampfstellung, die der polnisch-litauische Staat gegen die orthodoxe Kirche bezog. Es begann zunächst damit, daß er die litauische Orthodoxie von Moskau zu lösen suchte. In Kiew, damals noch unter der Herrschaft Polen-Litauens, richtete er 1458 mit Hilfe des Vatikans eine besondere Metropolie ein. Allerdings waren darüber weder die orthodoxen Bischöfe glücklich noch gar die Massen. Aus der folgenden Periode stammen die ersten Berichte über eine feindliche Stimmung der russischen Bevölkerung innerhalb Litauens gegen die neue Herrschaft.[15] Zu Beginn des 16. Jahrhunderts erfolgten Übertritte russischer Bojaren Litauens auf die Seite des Moskauer Großfürsten, Übertritte, die ausdrücklich mit der Verfolgung »der griechischen Lehre ... durch die Gewalt der römischen Lehre« begründet werden.[16]

Zwar entschied sich im Laufe der Entwicklung der größte Teil der russischen Oberschicht im polnisch-litauischen Staat für Polen gegen Moskau. Denn die lockere, den Standesinteressen der Aristokratie weit entgegenkommende politische Ordnung Polens war ihr bedeutend sympathischer als die Moskauer Autokratie. Sie entwickelte schließlich ein eigenes Interesse am Bestand des litauisch-polnischen Staates, und deshalb traten schließlich ihre oberen Ränge selbst zum Katholizismus über, ja, sie polonisierten sich. Aber indem sie so »ihr eigenes Volkstum verrieten«[17] und seiner Führung beraubten, bereiteten die westrussischen Hochadeligen auch den Boden für jene wilden, sowohl sozial wie religiös und national gefärbten Aufstände vor, die von der zweiten Hälfte des 17. Jahrhunderts an das polnische Reich erschütterten und dann zu den Auslösern der ersten Teilung gehörten.

Denn im neuen Riesenstaat konnte von einer Gleichheit der Volksgruppen keine Rede sein. Organisation und Dynamik Polens waren viel kräftiger als die Litauens, an einer dominierenden Rolle Polens in dem »gemeinsamen« Staatswesen konnte von Anfang an kein Zweifel bestehen. So war es denn auch die polnische Seite, die bald zu einer ziemlich rücksichtslosen Expansion innerhalb der neuen Landesgrenzen ansetzte. Mochte auch der russisch-litauische Adel im neuen Staat sein Schäfchen ins trockene bringen können, so galt das doch nicht für die unteren Ränge der Gesellschaft. Vor allem nicht für die in den fruchtbaren südöstlichen Ländern des Staates, etwa der heutigen West-Ukraine. Dorthin stieß mehr und mehr der polnische Adel vor und unterwarf sich die Eingeborenen zu einem Volk der versklavten Leibeigenen, dessen jämmerlichen Zustand wir noch schildern werden. Auf der Flucht vor ihren polnischen Unterdrükkern verschlug es bald viele ukrainische Bauern in die Steppengebiete der Ost-Ukraine, wo sie zusammen mit anderen Elementen – auch Bauern aus Großrußland, sogar Tataren und Deutschen – zu jenen Kosaken wurden, die später mehr als einmal als die Rächer ihrer Väter auftraten und das verhaßte polnische Reich an den Abgrund führten.

Der Polonisierungsprozeß im ganzen Litauen beschleunigte sich, als im Jahr 1569 aus der Personalunion zwischen Polen und Litauen, die dem Großfürstentum noch einige Unabhängigkeit gelassen hatte, eine Realunion, eine vollständige staatliche Verbindung wurde. Den letzten Anstoß dazu hatte der wachsende Druck gegeben, den Litauen in seinen russischen Gebieten von Moskau aus spürte. Polen und Litauen waren von da an eine unteilbare Adelsrepublik und besaßen in Warschau einen gemeinsamen Reichstag. Welcher Art diese Verschmelzung war, erhellt daraus, daß Litauen dabei an Polen seine südlichen Provinzen Wolhynien, Podolien und das alte Herzogtum Kiew zu übergeben hatte. Die Polen machten in dem neuen Reich höchstens etwa 45 Prozent der Bevölkerung aus – vermutlich weniger –, Weißrussen, Litauer, Deutsche, Juden und andere stellten zusammen die Mehrheit. Aber natürlich wurde nun die Ostgrenze des früheren Litauens die polnische Grenze genannt, die polnische Grenze gegen Schlesien und Brandenburg keinesfalls die litauische ...

Die schnelle Folge dieser staatlichen Verschmelzung war das mit Macht vorangetragene Unternehmen einer religiösen Union. 1596 wurden die katholische und die orthodoxe Kirche miteinander verbunden. Von den Orthodoxen mußte der Papst in Rom als Oberhaupt anerkannt werden, während sie lediglich ihre Kirchenrituale behalten durften. Es war der zweite, diesmal viel weitergehende Schlag gegen das Moskauer Patriarchat und seine Anziehungskraft – und daneben eine Kampfansage an das Russentum. Ein Teil der orthodoxen Geistlichkeit, wiederum vor allem die höheren, aus dem Adel stammenden Ränge, folgte der Warschauer Führung, und die gleiche Entscheidung traf nun auch jener westrussische Adel, der bisher noch nicht zum Katholizismus übergetreten war. Aber das Arrangement war zu klar zugunsten des Vatikans und damit Polens ausgefallen, als daß es nicht auch auf heftigen Widerstand stoßen mußte. Um so eher, als die Römische Kirche durchaus nicht bereit war, die neuen »Uniierten« in kirchlichen oder staatlichen Fragen als wirklich gleichrangig zu betrachten – sie blieben die »armen Verwandten«.[18] Die Opposition kam von unten, von der bäuerlichen Masse, der unteren, nichtadeligen Geistlichkeit und der Masse der Stadtbevölkerung. Aber wer sich widersetzte, wurde nun in mancher Weise verfolgt.

»Sie wurden in der Ausübung ihres Gottesdienstes behindert, ihre Priester öffentlich verspottet und mißhandelt, ihre Kirchen ... verpachtet ... Viele Städte stießen die Orthodoxen aus dem Stadtrat, ja auch aus der Bürgerschaft. Der Haß gegen die Polen stieg im ganzen Osten, und die Massen wurden von den nichtuniierten Priestern aufgereizt.«[19] 1621 klagte ein ukrainischer Abgeordneter im polnischen Reichstag, daß in orthodoxen Klöstern »jetzt Vieh gehalten wird statt Mönche«.[20] Die Kluft im Staat vertiefte sich. Die Kosaken, »in ihrer Mehrheit eigentlich der Religion gegenüber indifferent, fanden sich plötzlich in die unerwartete Rolle von Verteidigern der Orthodoxie versetzt«.[21] Und sie bekamen Verbündete aus den Städten. Dort wurden die traditionellen Kleinhändler griechisch-orthodoxer Religion allmählich von reicheren Händlern verdrängt, die aus Polen kamen. Aber die ukrainischen Händler waren in Bruderschaften organisiert, die mit der orthodoxen Kirche verbunden waren, und sie nahmen nun Kontakt mit den Kosaken auf. »Die Kosaken sahen keinen Widerspruch darin, polnische Großgrundbesitzer auszurauben, ihnen die Kehle durchzuschneiden, und sich gleichzeitig als Verfechter des orthodoxen Glaubens auszugeben.«[22] In der Mitte des 17. Jahrhunderts führte diese Auseinandersetzung zu jenen riesenhaften Kosaken-Aufständen unter Bogdan Khmelnitzky, die das ganze östliche Polen bis nach Lemberg zum Kampfplatz machten.

Doch ungeachtet aller Gegenwehr ging die Polonisierungswelle weiter. Gegen Ende des 17. Jahrhunderts verabschiedete der Warschauer Reichstag ein Gesetz, das im Gerichtswesen und in der Verwaltung dieser südöstlichen Gebiete das Ukrainisch-Russische verbot und Polnisch und Latein als Amtssprache einführte. 1699 verbot der Pazifizierungs-Reichstag Orthodoxen und Juden, sich in Kamieniec-Podolsk niederzulassen, das gerade von den Türken zurückgewonnen worden war.[23] Keine Frage, daß hier von religiöser und nationaler Unterdrückung gesprochen werden konnte. In den Augen weißrussisch-ukrainischer Autoren spiegelt noch heute diese Entwicklungsphase »polnischen chauvinistischen Imperialismus« wider.[24] Es dauerte auch nicht sehr lange, bis russische Regierungen die entsprechenden Parolen fanden. Die gemeinsame Orthodoxie war das wichtigste Bindeglied, das den verschiedenen Zweigen der Ostslawen ein Gefühl der Gemeinsamkeit der Rus' gab, und mit der Verteidigung des Glaubens konnten die jeweiligen russischen Regierungen wirksam sowohl an ihre eigenen Untertanen wie an große Teile derjenigen des polnischen Königs appellieren.

Mit der Schilderung der polnischen Expansion in östliche Richtung sind wir der Entwicklung des gesamten polnisch-litauischen Staatswesens vorausgeeilt. Lange, bevor die Verbindung mit Litauen sich so erfolgreich für Polen im Osten auszuwirken begann, hatte sie im Westen ihre Früchte im Kampf gegen den Deutschen Orden getragen. Der hatte im 13. Jahrhundert die polnisch-westslawischen Gebiete an der Ostseeküste besetzt, zuerst das Kulmer Land am östlichen Weichselufer, dann Ostpreußen, schließlich Danzig und Pomerellen, also den nördlichen Teil des späteren Westpreußens. Polen war damit vom Meer abgeschnitten. Am Ende des 14. Jahrhunderts begann der Orden mit der Eroberung von Schamaiten, dem nördlichen Teil des heutigen Litauen. Polen wie Litauen spürten jetzt den Zwang, sich den Rittern entgegenzustemmen. Eine Auseinandersetzung begann, die zuerst zum Triumph Polens führte, dann ein wesentlicher Beitrag zu den polnischen Teilungen und zur Katastrophe des Zweiten Weltkrieges wurde.

Kampf um West- und Ostpreußen

1410 konnten Polen und Litauen gemeinsam dem Orden in der Schlacht bei Tannenberg jene historische Niederlage beibringen, die den Ansturm der Deutschen zurückwarf. Zwar hatte der Sieg keine großen unmittelbaren Folgen, ein Angriff der Ungarn auf Polen kam dem Orden zu Hilfe. Im »ersten Thorner Frieden« mußte er lediglich das kaum gewonnene Schamaiten wieder abgeben. Aber die Ordensritter hatten den Nimbus der Unbesiegbarkeit verloren. Das merkten sich nicht nur Polen und Litauer, das animierte fast noch mehr die deutschen Städte im Ordensland und die größtenteils deutschen Landadelsstände, die gegen die harte Hand des Ordens aufbegehrten. Er brauchte Geld für seine Kriege, verhängte neue Steuern, wurde zum wirtschaftlichen Konkurrenten der Städte. Diese und der Landadel wehrten sich, begannen größere Freiheiten von Polen zu erhoffen, verbündeten sich mit ihm. Es war diese deutsch-polnische Koalition, keineswegs der polnisch-litauische Doppelstaat allein, die in einem zwölfjährigen Scharmützelkrieg den Orden schließlich auf die Knie zwang. 1466 mußte er im »zweiten Thorner Frieden« Pomerellen, das Kulmer Land, Elbing, Marienburg, Danzig und das Bistum Ermland an Polen abgeben. Den Rest Ostpreußens konnte er behalten, in einem Verhältnis, das einer polnischen Lehensherrschaft nicht unähnlich war: der Orden mußte aus dem Verband des Deutschen Reiches ausscheiden, der Hochmeister des Ordens wurde polnischer Reichsfürst.

Der Kampf schien entschieden, als ein weiteres halbes Jahrhundert später ein neuer Hochmeister die polnische Oberherrschaft abschütteln wollte und dabei abermals militärischen Schiffbruch erlitt. Es blieb ihm nichts anderes übrig als im Frieden von Krakau des Jahres 1535 den polnischen König formell als Lehensherrn anzuerkennen. Aber weil er reiche internationale Verbindungen hatte, gelang ihm ein kluger Schachzug. Unter dem persönlichen Einfluß Luthers verwandelte er das verbliebene Ordensland in eine weltliche Herrschaft, und vom polnischen König konnte er als Entgelt für seinen Lehenseid Ostpreußen als erbliches Herzogtum erhalten. Dieser neue Herzog aber war der Markgraf Albrecht von Brandenburg-Ansbach, ein jüngerer Sproß des fränkischen Hohenzollernhauses. Einem späteren brandenburgischen Erben, dem Großen Kurfürsten, gelang es 1660 im Frieden von Oliva, die polnische Lehensherrschaft abzuschütteln und seine Souveränität in Preußen durchzusetzen. Und damit wurde eine große europäische Frage eröffnet. Denn je stärker das aufstrebende Haus Brandenburg wurde, desto mehr mußte es bestrebt sein, seine weitverzweigten Besitzungen zusammenzufassen. Vor allem dadurch, daß es die Landbrücke von Berlin nach Königsberg schlug. So war die Umwandlung des Ordensstaates in das weltliche Herzogtum im Grunde einer der Wegweiser, der in die Richtung der polnischen Teilungen zeigte.

Auch deshalb, weil der Deutsche Orden diese »Landbrücke« eindrucksvoll geprägt hatte. So zweifelhaft auch seine Eroberungs- und Herrschaftsmethoden gewesen waren – daß er eine große kulturfördernde Kraft entfaltet hatte, kann nicht bestritten werden. Die Städte, die er in kurzer Zeit in einer Gegend gründete oder steil aufstreben ließ, die bisher unterentwickelt, wenn nicht gar Wildnis war – Danzig, Kulm, Thorn, Elbing, Königsberg, Braunsberg –, erreichten kulturell im nördlichen Europa eine Spitzenstellung. Sie waren prominente Mitglieder der Hanse. Die Kaufleute Elbings, das im 13. und 14. Jahrhundert der führende Hafen des Preußenlandes war, verkehrten in Stockholm und London ebenso wie in den holländischen und nordfranzösischen Häfen.[25] Danzig war um 1400 mit etwa 20000 Einwohnern fast ebenso groß wie Hamburg oder Nürnberg, etwa doppelt so groß wie Frankfurt oder Basel, und es war eine rein deutsche Stadt, ebenso wie manche andere Orte des Ordenslandes.[26]

Ihre Baudenkmäler zeugen noch heute – oder zeugten bis zum Ende des Zweiten Weltkrieges – davon.

Vorwiegend deutsch war aber bis zum zweiten Thorner Frieden auch das flache Land geworden: Der Orden hatte Siedler aus allen deutschen Ländern, Württemberger ebenso wie Flamen, geholt. In den folgenden Jahrhunderten setzte in Westpreußen eine Re-Polonisierung ein, die hier stärker, dort schwächer verlief. Wenn uns auch Angaben, nach denen vor der ersten Teilung Polens 1772 »noch mindestens 50 Prozent der Bevölkerung Westpreußens deutsch waren«[27] als zu hoch gegriffen erscheinen – daran, daß das Land immer noch starke deutsche Züge hatte, kann kaum ein Zweifel bestehen. Wichtig wurde dabei: Nach der Reformation nahm vor allem die deutschstämmige Bevölkerung den Protestantismus an. Ebenso wie im polnischen Osten die Orthodoxie, so wurde auch im Westen das abweichende religiöse Bekenntnis ein kulturell-nationales Kennzeichen. Daher jene späteren polnischen Kampagnen gegen die »Dissidenten« auch im westlichen Landesteil, die im Grunde Ausdruck des polnischen Nationalismus und seiner symbiotischen Verbindung mit dem Katholizismus waren. Daher auch jenes spätere Beharren der Russen und Preußen auf den »Rechten der Dissidenten«, hinter dem sich staatliche und historische Ansprüche verbargen.

Aktualität erlangten sie dadurch, daß sich im Laufe der Zeit die Machtverhältnisse zuungunsten des polnischen Riesenreiches verschoben, und zwar nicht zuletzt gerade wegen seiner Eroberungskriege. Denn bei ihren Feldzügen mußten sich die polnischen Könige auf einen waffentragenden Adel stützen, dessen Charakteristika sich doch sehr von denen aller anderen europäischen Staaten unterschieden. Erstens war er ungewöhnlich zahlreich: Unterschiedlich wird er auf rund ein Neuntel oder gar ein Siebentel der *polnischen* Bevölkerung des Reiches geschätzt. Zweitens war er von einer ungewöhnlich rebellischen, egozentrischen, streitsüchtigen, anti-sozialen Gemütsverfassung, vor allem von persönlichen Klassen-Interessen bewegt, aber kaum je von Interessen der Gemeinschaft und des Staates, obwohl das Vokabular von nationalem Pathos überströmte. So sonderbar erschien scharfblickenden deutschen Beobachtern im 19. Jahrhundert das Verhalten dieses Adels in der Geschichte, daß sie sich die Frage stellten, ob Adel und Massen tatsächlich dem gleichen Volk entstammten oder ob sich im Laufe einer noch dunklen Vorgeschichte zwei verschiedene Rassen übereinandergelagert haben könnten.

Droysen, Haxthausen und andere vermuteten, daß dieser Adel sich aus dem östlichen Reitervolk der Sarmaten gebildet habe, und auch die Gebrüder Durand sprechen im Zusammenhang mit Adels-Sitten von einem »asiatischen Element im polnischen Charakter«, womit sie zweifellos nicht das ganze Volk, sondern eben die Oberklasse meinten.[28] Es gab eine unüberbrückbare Kluft zwischen jenem adeligen Siebentel oder Neuntel der Bevölkerung, das sich allein als »Nation« empfand, und dem im Grunde außerhalb der Nation lebenden Rest. Die ländliche Masse versank in einen von Jahrhundert zu Jahrhundert sich katastrophal verschlechternden Zustand der Leibeigenschaft und blieb willen- und ausdruckslos in ein geschichtliches Dunkel gehüllt. Das adelige Siebentel aber war pausenlos mit dem Ausbau seiner sozialen Vorrangstellung sowohl gegenüber den ländlichen Massen wie den wenigen Städten und den Königen beschäftigt. Und eine hervorragende Gelegenheit, den König zu erpressen, entdeckte er meistens gerade dann, wenn der Monarch zu Feldzügen aufgerufen hatte und von der Hilfe der Waffenträger abhängig war.

Das Chaos wird zur Institution

Schon am Ende des 13. Jahrhunderts war in Polen die Steuerfreiheit für geistliche Güter eingeführt worden – für die Güter eines Klerus, der sich ausschließlich aus Vertretern des Adels zusammensetzte. 1374 mußte die Krone alle Abgaben des Adels bis auf einen bedeutungslosen Minimalbetrag aufheben; Mitte des 17. Jahrhunderts wurde selbst diese symbolische Besteuerung abgeschafft. Kurz darauf erpreßte der Adel sich Entschädigungen für Kriegsdienste, die außerhalb der Landesgrenzen geleistet wurden.[29] 1440 wurde festgelegt, daß es eine Verurteilung von Adligen nur durch den Spruch geistlicher und weltlicher Großer geben durfte.[30] Von 1454 an mußten vor Entscheidungen über wichtige Staatsangelegenheiten die vielen Landtage des Adels befragt werden. Um 1466 verschaffte sich der Adel das ausschließliche Recht des Landbesitzes – ein tödlicher Stoß für Bauern und Bürger. 1501 entband sich der Adel von seinem Treueid gegenüber dem König, wenn dieser sich nicht den Bestimmungen der Magnaten fügte.[31] Und das Jahr 1505 brachte mit der berühmten Verfassung von Radom einen Höhepunkt im Prozeß der Machtergreifung des Adels: Sie bestimmte, daß für alle Zukunft »Nichts Neues« (Nihil Novi) von den polnischen Königen bestimmt werden dürfe, wenn es nicht von den verschiedenen zentralen und lokalen Vertretungen des Adels genehmigt werde.

Das polnische Königtum hatte damit auf den Rest seiner gesetzgeberischen Gewalt verzichtet. Das wäre durchaus nicht schlimm gewesen, wenn der Adel jetzt seinerseits die Verpflichtung gespürt hätte, im Interesse des Staates tätig zu werden. Aber nichts lag ihm ferner. Er sah nur sein persönliches Interesse und das seiner Klasse, soweit es sich mit dem persönlichen deckte. Im Königtum, das er lediglich als Repräsentationsinstanz akzeptierte, entdeckte er gerade deshalb seinen Feind, weil es potentiell Interessenvertreter der Allgemeinheit sein konnte. Das System blieb noch einigermaßen funktionsfähig, solange die Krone von den einheimischen Jagellonen getragen wurde. Aber als 1572 die Dynastie erlosch, führte der Adel ein Wahlkönigtum ausländischer Thronbewerber ohne heimische Machtbasis ein. Schon der erste der Wahlkönige, Heinrich von Valois, mußte sich seine Erhebung durch das Zugeständnis der Überwachung seiner Tätigkeit von einem Gremium von 16 Senatoren erkaufen. Spätere Regelungen im nächsten Jahrhundert sahen vor, daß der König keine Soldtruppen aus eigenen Mitteln anwerben durfte – ein Recht, das im übrigen jedem Magnaten zustand –, daß er seine Beiträge zum Unterhalt des stehenden Heeres verdoppeln mußte, während der Adel die seinen senkte und anderes mehr. Im Laufe dieses anarchischen Prozesses entmachtete sich schließlich der Adel als regierungsunfähiges Organ selbst.

Er wirkte auf zwei Ebenen: im Umkreis des Hofes durch den Senat, in dem wichtige Hofbeamte und führende Magnaten direkt vertreten waren; daneben gab es in dem locker gefügten Land ein halbes Hundert lokaler Verwaltungsbezirke, die ihre eigenen Landtage hatten. Im Laufe der Zeit konnte der Adel durchsetzen, daß die Könige sämtliche dieser Landtage vor bedeutenderen Entscheidungen zu konsultieren hatten. Um den Prozeß zu vereinfachen, wurde schließlich am Regierungssitz neben dem Senat eine zweite Kammer, die »Landbotenkammer«, ins Leben gerufen, die von den Landtagen beschickt wurde und zusammen mit dem Senat den Sejm, den Reichstag, bildete. In der Theorie hätte das die erste und schönste Demokratie der Welt sein können. In der Praxis wurde daraus ein politischer Witz, über den ganz Europa lachte.

Denn in ihrer strikten Verweigerung jeden Gemeinschaftsdenkens setzten die adligen Landtage für ihre Warschauer Vertretung das Prinzip der »übereinstimmenden Meinung« durch. Am Anfang bedeutete das nur, daß jedes Gesetz eine unbestimmte »überwältigende Mehrheit« finden mußte. Bald entwickelte sich aber daraus das Verlangen nach Einstimmigkeit. Jeder einzelne »Landbote« – wie die Vertreter der Landtage genannt wurden – konnte jedes Gesetzesvorhaben der Zentralregierung zu Fall bringen. Dafür, daß er die Interessen seines Distriktes gegen jede Warschauer Mehrheit durchsetzte, sorgte daheim eine strikte Überwachung. Der Reichstag ähnelte mehr und mehr einem internationalen Kongreß von Gesandten.

Wenn aber ein einzelner »Landbote« sein freies Stimmrecht, sein »liberum veto«, gegen den Wunsch der Mehrheit ausübte, scheiterte nicht nur das betreffende Gesetz. Um zu verhindern, daß kontroverse Gesetze überhaupt eingebracht wurden, bürgerte sich ein, daß die einzelne »Nein«-Stimme zusammen mit dem betreffenden Gesetz auch sämtliche anderen zu Fall brachte, die bisher vom Reichstag bewilligt worden waren, und daß überdies der Reichstag aufgelöst werden mußte. Zum ersten Mal machte 1652 ein Abgeordneter von diesem »liberum veto« Gebrauch. Seitdem wurden bis zur ersten Teilung 120 Jahre später ungefähr vier Fünftel aller Reichstagssitzungen und Gesetzgebungsprozesse auf diese Weise gesprengt.

De facto war das Land somit unregierbar geworden. Da es aber nichtsdestoweniger mächtige Gruppen gab, die ihre Interessen durchsetzen wollten, entwickelte sich das Recht zur Bildung bewaffneter »Konföderationen«. Sie konnten verschiedenen Zwecken dienen. Im besten Falle dienten sie zur Regelung einer Streitfrage mit bewaffneter Macht »auf seiten des Königs«. Im – häufigeren – schlechteren Fall wurden sie aber auch gegen den König oder einfach von einer Gruppe von Magnaten gegen die andere gebildet. In der Tat lief das System, wie Moltke später spottend sagte, auf »die Legalisierung des Bürgerkrieges« hinaus. Ein gängiges europäisches Witzwort der Epoche nannte es »Anarchie, gemildert durch Bürgerkrieg«. Erschöpft vom letztlich ergebnislosen Kampf mit seinem Adel sagte Jan Sobieski, einer der bedeutendsten der polnischen Könige, im Jahre 1696 auf dem Totenbett seinen Landsleuten »unvermeidlichen Ruin und Verdammung« voraus.[32]

Die Annahme wäre indessen verfehlt, daß damit zumindest innerhalb des Adels ein Höchstmaß an Demokratie hergestellt worden wäre. Das Gegenteil war der Fall, und das Wort von der »polnischen Adelsfreiheit« gehört zu den polnischen Legenden. Ein Vorstoß des niederen Adels in dieser Richtung scheiterte schon im 15. Jahrhundert an den wirtschaftlichen Tatsachen. Der Adel war einfach zu zahlreich, und die Magnaten verstanden es, immer größere Besitzungen in ihrer Hand zu konzentrieren, während Erbteilung die kleineren immer ärmer machte. Die Gesamtzahl der Magnatenfamilien mochte im 18. Jahrhundert – je nachdem, wo man den Grenzstrich zieht – zwanzig bis hundert betragen. Die Besitzungen der bedeutenden unter ihnen waren unermeßlich, sie führten einen Hof wie die Könige und hatten ihre Privatarmeen. Sie erkannten kein Gesetz an und »konnten jeden, der ihnen nicht ebenbürtig war, nach Lust und Laune mißhandeln.[33] Vor den Gerichten gab es keinen Schutz gegen sie, denn sie waren die reale Macht, die Gerichte aber »waren nicht dazu da, die öffentliche Ordnung aufrechtzuerhalten« – schrieb Nisbet Bain, einer der hervorragendsten Kenner der Geschichte Polens, im Jahre 1909 –, »sondern dazu, die privaten Interessen zu fördern ... ›So liederlich wie ein Gericht‹ lautete ein beliebtes Sprichwort in Polen«.[34]

Unter diesen Magnaten waren beispielsweise die Czartoryski so mächtig, daß man sie nur »die Familie« nannte. Der russische Gesandte Keyserling bezeichnete ihr Land als »kleine, ziemlich gut geordnete Republik innerhalb der großen, schlecht geordneten«.[35] Die Besitzungen des Fürsten Karol Radziwill waren mindestens halb so groß wie Bayern. Von den Potocki sagte man, daß sie fünfzig Kilometer in jeder Richtung reiten konnten und dabei doch nie ihren Besitz verlassen würden. Dieser Hochadel ergab sich aus Prinzip einer schier unglaublichen Verschwendungssucht. Nur wer sinnlos vergeudete, galt etwas, und manche ruinierten sich, um ein riesiges Gelage ausrichten zu können. Manchmal wurde dafür das verpfändet, was man in Polen eine Stadt nannte. Fürst Radziwill gab 1781 für ungeheure Summen ein Fest für 4000 Personen. Bei Jagdpartien gehörte es zum Vergnügen der großen Herren, die Felder der eigenen Bauern zu verwüsten. Der Genuß- und vor allem der Trunksucht waren keine Grenzen gesetzt. Kronfeldherr Branicki sagte, wie Bain erzählt, dem König Stanislaus Augustus einmal in allem Ernst, daß er nicht hoffen könne, jemals populär zu werden, wenn er nicht mindestens zweimal wöchentlich betrunken sei.

Unterhalb der Gruppe der Magnaten gab es eine relativ kleine Schicht mittlerer Adliger, deren Zahl auf 30000 geschätzt worden ist, und die so gut wie möglich versuchten, den Lebensstil der Großen nachzuahmen. Der Rest der runden Million von Adligen war mehr oder weniger »adliges Proletariat«, das mit jedem halben Jahrhundert in tiefere Armut versank und nichts anderes war als der willige, schlecht bezahlte, ausgehaltene Erfüllungshilfe der Großen, sei es in deren Privattruppen, sei es als politisches Stimmvieh in den Landtagen. So stolz dieses adlige Proletariat auf seine wirkliche oder angebliche Abstammung war, so bestechlich war es doch – meistens für kleine Summen –, und mit ihm als Werkzeug kontrollierten die Magnaten sowohl die Land- und Kreistage wie den Reichstag. Häufig genug waren diese Abgeordneten aber nicht nur *einer* großen Familie treu, sondern verkauften ihre Stimmen an den Meistbietenden oder auch an ausländische Mächte. Das waren im übrigen die Glücklicheren dieser Schicht. Viele andere sanken so weit herab, daß sie sich keinerlei Dienstpersonal halten konnten und selbst ihren Boden bestellen mußten, ja, sich in einem beinahe leibeigenen Zustand bei Verwandten verdingen mußten. Es gab nicht wenige von ihnen, deren Lebenshaltung sich nicht mehr sehr von jener der bäuerlichen Massen unterschied.[36]

Die versklavten Bauern

Die Bauern – das war der in rechtlicher und politischer Hinsicht eigentlich kaum existente Rest der polnischen Gesellschaft, ein Rest, der im 18. Jahrhundert ihren bei weitem größten Teil ausmachte – mehr als drei Viertel der Bevölkerung; die Zahl der Juden wurde mit rund einer Million berechnet, die der Geistlichen mit etwa 600 000.[37] Von einem recht passablen Zustand, den sie bis zum Ende des 14. Jahrhunderts hatte, war die Landbevölkerung schließlich vom Adel auf ein Niveau in der Nähe der Sklaverei herabgedrückt worden. Denn darin hatte das letzte Ziel seines Kampfes gegen das Königtum bestanden: daß er sich freie Hand für die Unterjochung aller anderen Bevölkerungsgruppen, der Bauern und der Stadtbevölkerung, verschaffen wollte. Zu Beginn des 18. Jahrhunderts waren die polnischen Bauern die elendsten sozialen Wesen in ganz Europa. Coxe, der englische Polen-Reisende, schilderte sie »ärmer und unglücklicher als alle anderen Menschen, die wir auf unseren Reisen gesehen haben«,[38] und es gab kaum einen westlichen Beobachter, der sich nicht entsetzt über ihren Anblick äußerte. In schmutzigen, ärmlichen Lehmhütten lebend, meistens in einem Raum zusammen mit dem Vieh, im Sommer halbnackt, im Winter in Lumpen gehüllt, waren nach dem Urteil mancher Historiker »ihre Lebensbedingungen kaum unterscheidbar von denen der Tiere«.[39] »Ich sehe«, zitiert Bain einen

Reisenden, »Millionen von Menschen, ... sie alle abgezehrt, ausgemergelt, schmutzig, mit eingesunkenen Augen, gebeugten Rücken, schmalen Brustkörben, ununterbrochen arbeitend.« Ein anderer bemerkt über diesen Unglücklichen, den Bauern: »Er kriecht eher als daß er geht... Seine allgemeine Apathie macht ihn unfähig zu heller Freude ebenso wie zu tiefem Kummer. Er steht wie versteinert vor Dir und ist indifferent sowohl gegen Schläge wie Versprechen.« Zeitgenössische englische Beobachter bezeichneten die polnischen Leibeigenen einfach als »Sklaven«.[40]

Die Versklavung hatte damit begonnen, daß die Magnaten sich in den Besitz riesiger Ländereien setzten, die ursprünglich der Krone gehörten. Zu Beginn des 16. Jahrhunderts banden sie die Bauern an den Boden und führten ein System der unentgeltlichen Zwangsarbeit auf den Herrenhöfen ein, das sich von einem Werktag pro Woche bis zu sechs Werktagen im 18. Jahrhundert steigerte. Da sie kaum Zeit hatten, ihre eigenen kleinen Anwesen zu bearbeiten, bedeuteten die periodisch einsetzenden Mißernten regelmäßig den Tod für Hunderttausende.[41] Schon eine Gesetzesurkunde aus dem Jahre 1496 berichtet, daß es in Polen mehr Bettler gebe als in jedem anderen Lande.[42] Seit dem 17. Jahrhundert entvölkerten sich dadurch und durch die Flucht vieler Bauern zu den Kosaken der Ukraine weite polnische Landstriche:

> »Viele Dörfer verschwanden, und in fast allen anderen verringerte sich die Einwohnerzahl bedeutend. Wo es Hunderte von Häusern gab, blieb manchmal nur ein Drittel zurück.«[43]

In diesem »Inferno der Sklaverei« – wie Lelewel es nannte – war der Großgrundbesitzer der Herr über Leben und Tod. Auf manchen polnischen Grundbesitzungen in der Ukraine standen permanent Galgen, an denen die Leibeigenen für geringe Vergehen gehängt werden konnten.[44] Sie wurden ausgepeitscht, wenn sie in der Nacht ein Nachbardorf besucht hatten, Karten spielten oder zu spät zur Arbeit kamen.[45] Ihre Frauen und Kinder konnten als Geschenke weggegeben werden. Zu Beginn des 16. Jahrhunderts war ihnen bereits das Recht genommen worden, ihre Kinder ein Handwerk lernen oder zur Elementarschule gehen zu lassen.[46]

Henryk Frankel zitiert in seinem Werk die einsame Stimme des polnischen Predigers Peter Skarga, der im Warschauer Reichstag schon gegen Ende des 16. Jahrhunderts die Adligen vergeblich mit den Worten mahnen wollte:

»Wieviel Blut des unschuldigen Abel hat unsere Erde schon getrunken, das zum Himmel nach Rache schreit ... Dieses Blut der Untergebenen und Bauern, das ungemindert fließt, welche Strafe wird es für dieses Königreich heraufbringen? Ihr sagt es selbst, daß es kein Land auf der Erde gibt, wo Untergebene und Bauern mehr unterdrückt werden, unter einer absoluten Herrschaft, die der Adel ohne jede rechtliche Schranke ausnutzen kann ... Der wütende Adlige oder der Präfekt des Königs nimmt dem Armen, was er besitzt und tötet ihn, wann er will und wie er will, und er mag keine Vorwürfe hören.«

Der Adel blieb taub. In der zweiten Hälfte des 18. Jahrhunderts sprach Coxe von einem System adligen Freibeutertums, in dem »einige wenige Mitglieder der Gesellschaft über dem Gesetz stehen, während die Mehrheit von seinem Schutz ausgeschlossen ist«.[47]

Wenn aber der polnische Adel den Bauern mit Verachtung zum Sklaven machte, dann bekämpfte er den städtischen Bürger eher mit Haß. Denn der Bürger, der Handwerker, der Kaufmann, der Gelehrte und Beamte verkörperte ein Element, das diesem Adel völlig fremd war und von dem er Gefahr für seine Alleinherrschaft witterte: das der Ordnung, Übersicht, Lernwilligkeit, Sparsamkeit, Planung – kurz und gut, die Instinkte der staatsbildenden europäischen Mittelklasse. Und natürlich war es kein Zufall, daß die Bürger jener wenigen polnischen Städte, die zählten, in der Blütezeit Polens in erstaunlich großer Zahl entweder deutscher Abstammung oder deutsch geprägt waren und daß die meisten Städte das deutsche Stadtrecht besaßen.

Die deutschen Ansiedler und Bürger waren von den polnischen Königen aus dem Hause der Piasten im Lauf des 13. Jahrhunderts ins Land gerufen worden. Ein Grund dafür waren die Verwüstungen des Mongoleneinfalls gewesen, ein anderer, daß die polnischen Fürsten wohl eine Einsicht hatten, die später auch Karl Marx gewann: daß die Kunst des Städtebaus in dem Maße abnimmt, in dem man von Mitteleuropa weiter nach Osten kommt. Jedenfalls gelang »die massenhafte Kolonisation des Landes durch fremde Einwanderer vortrefflich ... Industrie und Handel erhoben sich mächtig«.[48] Krakau erhielt bereits 1228 deutsches Stadtrecht, Lemberg um 1300, Lublin 1317. Die Stadtbevölkerung, schreibt Rose, war beim polnischen Adel am Ende des 15. Jahrhunderts »unpopulär wegen ihres starken deutschen Elements«.[49] Auch Lord notiert, daß »die polnischen Städte im Mittelalter vor allem von Deutschen bevölkert wurden, die nach deutschem Recht lebten und vom Rest der Nation durch Sprache, Sitten und Interessen getrennt waren«.[50] Vor allem galt das für Krakau, dessen schönste Bauten in jener Glanzzeit errichtet wurden. Wie stark das deutsche Element dort war, beweist allein die Tatsache, daß erst 1537 die deutsche Predigt in der Krakauer Marienkirche beim Hauptgottesdienst verdrängt wurde und erst um diese Zeit in den Krakauer Stadtbüchern die ersten polnischen Aufzeichnungen einsetzten.[51]

Aus der Phase der beginnenden Polonisierung am Anfang des 16. Jahrhunderts zitiert Rose einen polnischen Geistlichen mit einem Aufruf, der Bände spricht:

> »Was für eine Beleidigung und eine Kränkung ist dies für alle Polen!« heißt es da. »In verschiedenen Städten wird in unseren Kirchen die Predigt deutsch gehalten, sogar in den am höchsten angesehenen Bauwerken. Da ich erkenne, daß die Natur zwischen diesen beiden Sprachen und auch aus anderen Gründen ewigen Gegensatz und Widerwillen eingepflanzt hat, rufe ich dazu auf, daß die Predigten künftig nicht mehr in Deutsch gehalten werden. Laßt die Leute Polnisch lernen, wenn sie in Polen zu leben wünschen.«

Und so hatten denn auch am Ende des 15. Jahrhunderts die Städte den Höhepunkt ihrer Entwicklung erreicht. Parallel zur Polonisierung begannen die entschlossenen Bemühungen des Adels, sie ihrer wirtschaftlichen und rechtlichen Vorteile zu berauben. Es war ein voller Erfolg: Die Städte verarmten rapide. Zunächst wurden ihre Vertreter aus dem Reichstag verdrängt. Nur die Abgeordneten von Krakau durften noch eine Weile erscheinen, begegneten aber schließlich soviel Feindseligkeit und Verachtung, daß sie gegen Ende des 16. Jahrhunderts freiwillig auf ihr Recht verzichteten. Dann setzte der Adel den Ausschluß der Bürger von allen Staatsämtern durch. Schließlich wurde ihnen verboten, Land außerhalb der Stadtgrenzen zu erwerben. Am verhängnisvollsten wirkte sich aber das schier aberwitzig anmutende Bestreben des Adels aus, jeden denkbaren wirtschaftlichen Profit aus den klassischen bürgerlichen Aktivitäten in die eigenen Hände zu bekommen, ohne daß er doch eine Ahnung vom Funktionieren einer Volkswirtschaft gehabt hätte.

Die Grundbesitzer sicherten sich zunächst das Monopol des Getreideexports, des wichtigsten polnischen Exportprodukts – mit dem Resultat, daß er zu Anfang des 18. Jahrhunderts noch ein Achtel dessen betrug, was er ein halbes Jahrhundert zuvor gewesen war. Eine Weile blieb dann den Städten noch der Export ihrer eigenen Produkte erlaubt, bis ihnen auch dies zunehmend erschwert wurde. Vom Import wurden sie dadurch abgeschnitten, daß sich der Adel das Recht sicherte, selbst alle Produkte zu importieren, die er benötigte. Und das zollfrei, ebenso, wie er ja auch für seine Getreideexporte keine Ausfuhrzölle entrichtete! – ein Schmarotzer-System, das es vermutlich in der Welt nicht zum zweiten Male gab. Aber auch vom Inlandsmarkt wurden die Städte abgedrängt. Denn um alle städtischen Produkte möglichst billig zu erhalten, setzte der Adel auf dem Umwege über die Starosten durch, daß er selbst die Preise der städtischen Produkte festsetzte, infolgedessen auch die Gewinnspannen: sieben Prozent für Polen, fünf Prozent für Deutsche, drei Prozent für Juden.[52] Weil das noch nicht genügte, machte sich der Adel auch zu seinem eigenen Fabrikanten. Im Verlauf der Versklavung der Bauern hatte er genügend billige Arbeitskräfte erhalten. Mit ihnen gründete er auf eigenem Besitz handwerkliche Kleinbetriebe, von denen die Leibeigenen den größten Teil ihres Eigenbedarfs kaufen mußten. Was sie nicht selbst herstellen konnten, mußten sie gleichfalls beim Grundherrn erwerben, denn er hatte sich außerdem ein Handelsmonopol auf seinem Boden verschafft. Die ökonomische Kriegführung gegen die Städte war das einzige, was in dieser »Adelsrepublik« bis zur Perfektion gediehen war. Und damit gleichzeitig die Kriegführung gegen den eigenen Staat. Denn die Bürger der Städte waren es ja in erster Linie gewesen, die jene Steuern zahlten, von denen sich ihr adliger Feind längst befreit hatte.

Es war in erster Linie diese systematische Aushungerung der bürgerlichen Bevölkerung, die den Ruin der polnischen Städte heraufbeschwor. Zu Beginn des 18. Jahrhunderts boten sie das trostloseste Bild: die meisten Häuser verlassen oder nur noch Ruinen, die Straßen mit Gras und Unkraut bewachsen. Ein polnischer Autor, Potocki, schrieb 1744, daß »mit der einzigen Ausnahme von Warschau die ersten Städte im Lande mit Räuberhöhlen verglichen werden können«.[53] Im ganzen riesigen Land gab es überhaupt nur noch sieben Städte mit über 10 000 Einwohnern, und die meisten anderen der sogenannten Städte »waren lediglich ländliche Ansiedlungen und Ansammlungen strohbedeckter Hütten, wo ein paar Juden, Handwerker und Klempner eine armselige Existenz fristeten«.[54] Krakau hatte um 1530 rund 80 000 Einwohner und war eine der bedeutendsten Städte Europas. 1787 zählte es noch wenig über 9000.[55] In

Lemberg hatten sich einige der öffentlichen Plätze in Felder verwandelt. Die Straßenpflaster versanken unter immer mehr Schlamm, die Beschaffenheit von Brücken und Wegen wurde immer schlimmer. Ohnehin wurde vom polnischen Straßensystem gesagt, daß es eher ein Verkehrshindernis als ein Mittel der Kommunikation sei. Die wenigen Kaufleute, die es noch gab, konnten »in den halbdeutschen Städten Danzig und Thorn gefunden werden«[56] oder in einem halben Dutzend königlicher Gemeinden. Und so war schließlich ein Zustand eingetreten, den Bain mit den folgenden Worten beschreibt:

> »Es war monströs, daß diese ungeheure Republik ... mit ihrem Überfluß an Getreide aller Art ..., mit immensen Weiden und gutem Vieh, mit einem reichen Flußsystem ... – es war monströs, daß ein solches Land, von der Natur dazu bestimmt, die Kornkammer Europas zu werden, verrotten sollte, ohne Schiffe, ohne Handel, ohne Geschäftstätigkeit, ohne Geld, dazu gezwungen, viele lebensnotwendige Dinge zu importieren.« ... Der unbedingte Wille der Adligen, »daß keine andere Klasse außer ihnen selbst irgendwelche Privilegien haben sollte, hatte unvermeidlich zum Verschwinden des einheimischen Kaufmanns, der Handwerkerinnungen und zur Versklavung der Bauern geführt«.[57]

Wer aber nun glauben sollte, daß dieser Adel wenigstens die einzige Funktion ausgeübt hätte, auf die er sich berief, nämlich die, Polens »Schwert und Schild« zu sein, würde sich täuschen. Die Kavallerie-Aufgebote des polnischen Adels hatten sich vom 15. bis zum 17. Jahrhundert und noch 1683 unter Jan Sobieski vor Wien Kriegsruhm erworben. Aber das war in jener Zeit, in der Artillerie und raffiniertere Kriegstechnik noch keine bedeutende Rolle spielten. Je weiter sich die Waffentechnik entwickelte, desto nötiger wurden Organisation, Training, Disziplin und Geld – all das, was der polnische Adel weder aufbringen wollte noch konnte. Vom Beginn des 18. Jahrhunderts an wurden die polnischen Waffenträger ein Anachronismus, das Gespött der Nachbarn. Die Adeligen hörten auf, regelmäßigen Militärdienst zu leisten. Theoretisch wäre der König berechtigt gewesen, in Krisenzeiten ein allgemeines Aufgebot des Adels einzuberufen. Aber während dessen Kampfkraft gegen einen ausländischen Feind minimal gewesen wäre, würde es sich nach aller Erfahrung doch sehr wirksam nach innen gerichtet haben, als Pressionsmittel des unteren Adels gegen König und Magnaten. Beide verzichteten deshalb im 18. Jahrhundert gern darauf, sich dieser zweifelhaften Waffe zu bedienen.[58]

Die verbliebene schlechte Möglichkeit war eine besoldete Truppe. Aber der Adel verweigerte Steuerleistungen selbst für diesen Zweck, und was die Könige aus ihren Kassen locker machen konnten, reichte gerade für eine Zwergtruppe ohne Artillerie, für eine Armee mit großen Mengen von Offizieren und wenigen undisziplinierten, schlecht bewaffneten Soldaten, brauchbar für Paraden, von geringem Nutzen in Kriegszeiten. Und diese Armee konnte kaum die halbe Stärke jener Maximalzahl von 23 000 Mann erreichen – 23 000 Mann für das ganze Riesenreich! –, die der eifersüchtige Adel im Zusammenwirken mit dem russischen Zaren dem polnischen König 1717 als Obergrenze gestattet hatte. Man konnte diesen Akt auch als die formelle Festschreibung der polnischen Ohnmacht durch die polnische Oberschicht selbst betrachten.

Bleibt über diese dünne Oberschicht der Großgrundbesitzer noch knapp nachzutragen, daß ihre Bildung und Erziehung – wie wiederum Bain so anschaulich ausbreitet – meistens »im besten Falle rudimentär« war, im wesentlichen »aus einer oberflächlichen Kenntnis des Lateins« bestand, kaum aber in der Fähigkeit, selbst Briefe oder auch nur entzifferbare Sätze zu schreiben; daß die Religiosität gerade jener ultrakonservativen Großen, die in der Zukunft eine so große politische Rolle spielen sollte, sich oft genug auf das peinliche Einhalten aller Riten und Zeremonien beschränkte, ohne daß sie bei den meisten eine Vertiefung erfuhr, bei manchen im Gegenteil von krassem Aberglauben begleitet war; und daß alle Haus-Mönche und Haus-Priester bei Radziwills und Potockis trotz manchem Bemühen nur wenig an der alltäglichen Grausamkeit gegenüber Dienstpersonal und anderen Unterworfenen ändern konnte.

Warum wir so breit über die inneren und äußeren Verhältnisse Polens in den Jahrhunderten vor der Teilung berichtet haben? Weil sie die Hauptgründe für die Teilung darstellen. Weil ohne ihre Darstellung die Teilungen unverständlich bleiben würden. Weil sie Mythologien zerstören. Hätte der polnische Adel nicht jene Verhältnisse geschaffen, die wir geschildert haben, würde keiner der Nachbarn an eine Teilung auch nur gedacht haben können. Bedenkt man, wie lange ganz Europa sich über die Schwäche Polens im klaren war, wie bedenkenlos damals ebenso wie in unseren Tagen die Starken sich die Ohnmacht der Schwachen zunutze machten, dann ist es in der Tat erstaunlich, daß Polens Grenzen solange unangetastet blieben. Vielleicht war ein Hauptgrund dafür, daß Friedrich II. ganz Mittel- und Osteuropa solange mit seinem Angriff auf Habsburg in Atem hielt.

Als sich dann aber die Nachbarn wieder mit Polen zu befassen begannen, teilten sie im Grunde kein Volk und keine Nation. Volk und Nation waren vom polnischen Adel vernichtet worden. Zu den Bedingungen, die erst ein Volk und eine Nation ins Leben rufen, gehört ein Mindestmaß von Loyalität und Solidarität, die von den unteren Klassen den oberen und – als unerläßliche Voraussetzung dafür – von den oberen den unteren erwiesen werden. Im Polen des 18. Jahrhunderts waren auch die letzten Reste davon untergegangen. Dort gab es ein Territorium und eine Klasse, und geteilt wurden im Grunde nur Territorium und Klasse. Dem entsprach – wir werden noch davon hören – der im Grunde minimale Widerstand, dem die Teilungsmächte begegneten. Die oben und die unten fanden sich im großen und ganzen mit den Teilungen ab, sofern ihre soziale Lage sich nicht verschlechterte. Der heroische Kampf von Thaddäus Kosciuszko 1794 ist kein Gegenbeweis; er kann wegen seiner Vereinzelung eher noch als Beleg für diese Sicht gelten.

2. Der Weg zur ersten Teilung

Es war das Vakuum im polnischen Raum, das alle europäischen Mächte anzog, und die polnischen Magnaten taten noch etwas dazu. Da sie sich auf ihren Besitzungen wie unabhängige Herrscher fühlten, pflegten sie auch quasi-diplomatische Beziehungen mit ausländischen Höfen. Und da sie sich ständig im Streit miteinander befanden, lag ihnen der Gedanke niemals fern, ausländische Mächte um Unterstützung für ihr jeweiliges Anliegen anzurufen. Im Polen des 18. Jahrhunderts gab es im höheren Adel eine russische und eine französische, eine österreichische und eine sächsische, sogar eine preußische Partei. Polnische Königswahlen entwickelten sich zu einem Wettkampf zwischen französischem, russischem, preußischem, österreichischem und manchmal auch britischem Einfluß, der für die Nachbarn immer gefährlich war. Frankreich, die stärkste europäische Macht an der Wende vom 17. zum 18. Jahrhundert und lange danach, sah in Polen einen natürlichen Verbündeten sowohl gegen den deutschen Kaiser in Wien wie gegen die aufstrebende russische Macht und später auch gegen Preußen. Ludwig XIV. beispielsweise hatte Polen eine »ewige und unauflösliche Allianz« vorgeschlagen, die sich vor allem gegen das Haus Habsburg und den deutschen Raum richten sollte.[59] England versuchte immer wieder – 1720 etwa und 1791 – Polen in anti-russische Koalitionen zu ziehen. Die ganze polnische Geschichte ließ im übrigen keinen Zweifel an der im Prinzip anti-deutschen und anti-russischen polnischen Einstellung. Erst 1667 hatte ja Rußland Smolensk von Polen zurückgewinnen können, erst 1686 hatte Polen die Rückgewinnung Kiews durch Rußland bestätigt, und noch gegen Ende des 17. Jahrhunderts hatte Jan Sobieski geplant, mit französischer Hilfe Teile Brandenburgs für Polen zurückzuerobern. Zu Interventionen in Polen sahen sich also die Nachbarn schon deshalb immer wieder gezwungen, weil andernfalls ihre vitalen Interessen gefährdet gewesen wären.

Peter der Große, der sowohl die Gefahren des polnischen Vakuums wie auch die Chancen erkannt hatte, die es für Rußland bot, läutete eine russische Polen-Politik ein, die zunächst eine gemeinsame russisch-preußische Bewachung Polens anvisierte, dann, als er Grund zum Ärger über den Berliner Hof bekam, auf die Einbeziehung ganz Polens in die russische Machtsphäre abzielte. In dieser Form konnte das für Preußen kaum akzeptabel sein. Denn nicht nur hatte es, da es Ostpreußen besaß, ein dringendes Bedürfnis, durch Rückeroberung Westpreußens die Landbrücke nach Königsberg und einen Zusammenhang zwischen seinen weitverstreuten Territorien zu schaffen. Friedrich II. hatte überdies im Siebenjährigen Krieg erfahren müssen, wie gefährlich es für Preußen sein konnte, wenn Polen nicht Pufferzone war, sondern den Russen als Aufmarschgebiet zur Verfügung stand. Vollständige Handlungsfreiheit im ganzen Polen konnte Preußen dem riesigen Nachbarn nur überaus ungern zugestehen, und nachdem Friedrich Preußen die Großmachtrolle verschafft hatte, begann man das auch in Petersburg zu verstehen. So trieb ein Rad das andere.

In der Ära der Zarin Elisabeth, also zwischen 1741 und 1762, hatte Rußland eine Europa-Politik betrieben, die seinen klassischen Interessen fremd gewesen war. Im Verlauf dieser Irrfahrt war Polen, obwohl es sich als Durchmarschgebiet zur Verfügung stellte, politisch drauf und dran, dem russischen Einfluß zu entgleiten. 1758 hatte Elisabeth sogar Kurland, also das heutige südliche Lettland, an das Haus Sachsen gegeben, und da die sächsischen Kurfürsten damals die Könige Polens waren, schien es an Polen zurückzufallen. Eine Revision dieser Polen-Politik galt den Nachfolgern der Elisabeth als vordringlich.

Wenige Wochen, nachdem Peter III. im Mai 1762 Frieden mit dem Preußenkönig geschlossen hatte, entwarf er mit ihm ein weiteres Abkommen, das die langfristige Haltung beider Länder gegenüber ihrem gemeinsamen Nachbarn festlegen sollte. Abgesehen davon, daß es Kurland in die Rolle eines russischen Protektorates zurückbrachte, legte es drei wichtige Maximen für die inneren Verhältnisse Polens fest: Erstens sollte das Land jenes »freiheitliche« Wahlrecht einschließlich des Liberum Veto beibehalten, das die Masse des polnischen Adels wünschte, das aber gleichzeitig auch seine staatliche Ohnmacht bedeutete; zweitens sollten die religiösen »Dissidenten« – Griechisch-Orthodoxe im Osten, aber auch 250 000 Protestanten im Westen – jene religiösen und bürgerlichen Rechte zurückerhalten, die ihnen nach und nach genommen worden waren; drittens sollte die polnische Königskrone nach dem Tode des gegenwärtigen sächsischen Monarchen an einen gebürtigen Polen aus dem alten Hause der Piasten zurückfallen.

Friedrichs Bündnis mit Katharina

Das Abkommen erlangte zunächst keine Rechtskraft, weil Peter wenige Tage nach der Unterzeichnung von Katharina gestürzt wurde. Aber es war wohl vor allem dem Kopf seiner klugen Berater entsprungen, und darum blieb es die Leitlinie russisch-preußischer Polen-Politik. Zwei Jahre später wurde es von Friedrich und Katharina in sogar noch präziserer Form abermals geschlossen. Und wenn sich auch langfristig die Vereinbarung über die religiösen »Dissidenten« – unter denen man stillschweigend ja auch nationale Minderheiten verstand – als das Wichtigste erwies, so war die erste Station des nun anhebenden Dramas doch die Frage der Nachfolge auf dem polnischen Thron.

Preußen wie Rußland sahen in einem Polenkönig aus dem sächsischen Haus eine Gefahr für sich selbst. Nicht nur, weil die Sachsen ursprünglich mit dem Gedanken eines Großreiches gespielt hatten, das von Dresden bis Kiew reichen sollte; aktueller und gefährlicher war, daß die sächsischen Kurfürsten ein enges persönliches und politisches Verhältnis zu Österreich und Frankreich hatten. Um so eher konnten sie fähig und willens sein, Polen in einen starken, preußen- und rußlandfeindlichen Staat umzuwandeln. Das war keineswegs weit hergeholt. Ludwig XV. schmiedete ab und an ähnlich

Die erste Teilung Polens

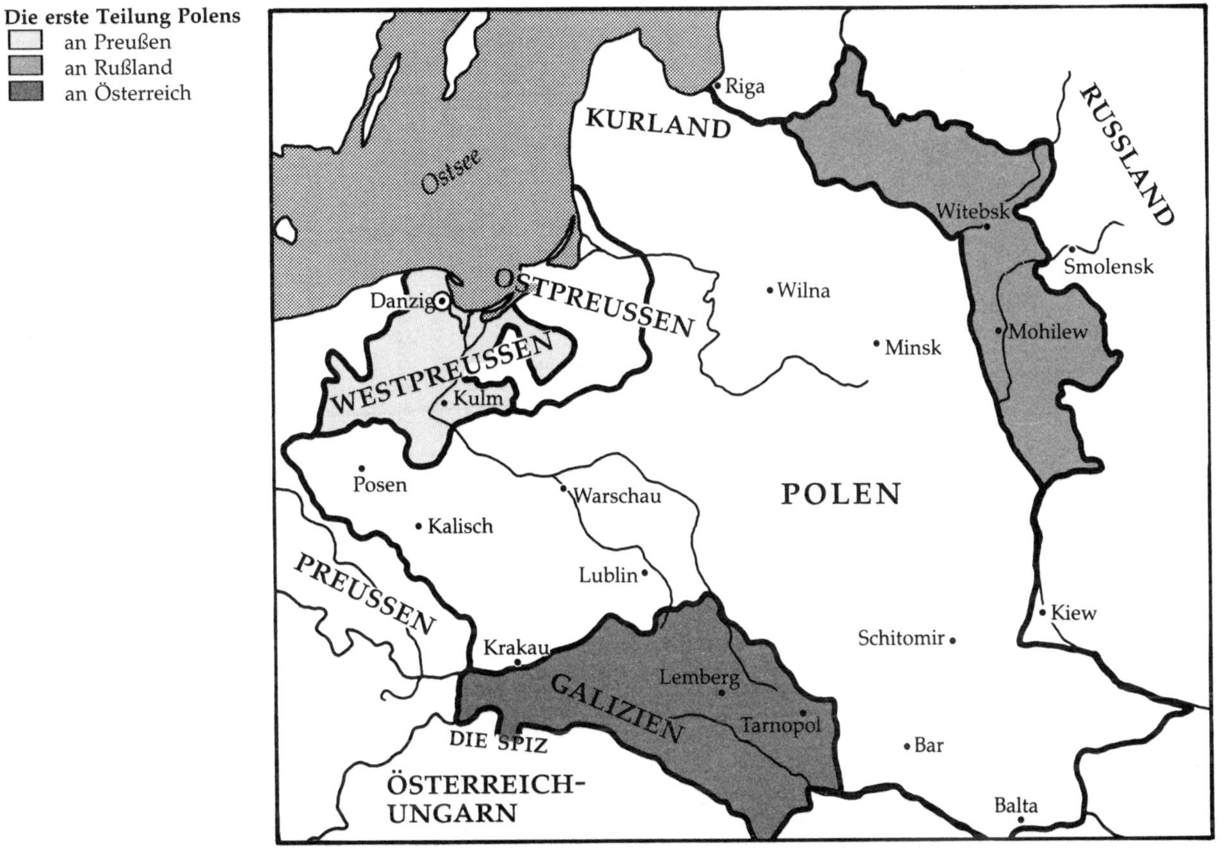

wie sein glanzvollerer Vorgänger Pläne mit dem Ziel, Rußland mit Hilfe Polens die Tür nach Europa zu verriegeln, und im Siebenjährigen Krieg war Sachsen der Verbündete Österreichs und Frankreichs gegen Preußen gewesen. So war es also auch nur natürlich, daß nun, als erste Berichte über eine Erkrankung des polnischen Königs durch Europa gingen, Frankreich und das Haus Habsburg mit unterschiedlichem Engagement eine neue sächsische Kandidatur in Warschau förderten. Berlin sah darin die Gefahr einer neuen Einkreisung. Petersburg hätte davon ein weiteres Schwinden seines Einflusses in Polen fürchten müssen. Das war das letzte, was die neue Zarin gestatten wollte. Sie hatte ein genau gegenteiliges Programm: Sie wollte einen Polenkönig von Rußlands Gnaden, der ein Garant für die russischen Interessen in Polen sein würde. Das konnte nur ein gebürtiger Pole sein, denn kein Pole konnte sich in dem von Fraktionen zerrissenen Land halten, wenn er nicht Rußlands und Preußens Unterstützung hatte.

Der Knoten schürzte sich schnell: Im Oktober 1763 starb in Warschau August III., und Prinz Xaver von Sachsen bewarb sich um die Nachfolge. Wie es nicht anders sein konnte, bildeten sich in Polen zwei Parteien: eine pro-russische und eine pro-sächsisch-österreichisch-französische. Die pro-russische wurde von der »Familie« gestellt, also von den Czartoryski, die pro-sächsische von einer anderen Gruppe von Magnaten, unter ihnen die Radziwill und Potocki. Was die Dinge in Zukunft enorm komplizieren sollte, war die Tatsache, daß die pro-russische Partei eigentlich eine reformerische Innenpolitik durchsetzen wollte, die Rußland äußerst unerwünscht war, während die pro-sächsisch-österreichische gerade jenen Ultra-Konservatismus vertrat, der in Katharinas Konzept paßte. In Petersburg ahnte man das. Aber das waren Sorgen für später. Im Augenblick war der Zarin nur eines wichtig: daß ihr Gesandter in Warschau, Graf Keyserling, mit vielen Bestechungsgeldern und mit Hilfe eines russischen Truppeneinmarsches, um den die Czartoryski gebeten hatten, »ihren Mann« im Kampf um den Warschauer Thron nach vorn brachte. Ihr Mann, das war Stanislaus Poniatowski, ihr früherer Liebhaber, ein Verwandter der Czartoryski. Zu »ihrem Mann« hatte sie ihn wohl nicht zuletzt deshalb auserkoren, weil sie in seinen Armen erkannt hatte, daß er aus weichem Holz geschnitzt war. Und einen weichen Mann in Warschau brauchte sie, weil sie dort die erste Stufe der Leiter zu ihrem Ruhm betreten wollte.

Die pro-sächsisch-österreichisch-französische Partei protestierte gegen russischen Truppeneinmarsch und Souveränitätsverletzung, sammelte ihre eigenen Truppen, rief die Höfe von Versailles und Wien um Hilfe an. Sie wurde enttäuscht. Frankreich war im Augenblick vollständig mit sich selbst beschäftigt. Und so eifrig die Wiener Politik in Warschau dem sächsischen Kandidaten auch unter die Arme zu greifen suchte, so sehr der österreichische Staatskanzler Fürst Kaunitz der russischen Dominanz in Polen widerstrebte – einen Alleingang konnte und wollte das noch vom Siebenjährigen Krieg ermattete Österreich in Polen nicht wagen. Die Entschlossenheit Katharinas ließ ihn von einem Kräftemessen zurückschrecken. Zumal deshalb, weil er inzwischen zumindest in großen Zügen Kenntnis vom russisch-preußischen Akkord erhalten hatte.

Am 11. April 1764 hatten Friedrich und Katharina den schon erwähnten, lange diskutierten Vertrag geschlossen. Er legte nicht nur eine gemeinsame Polen-Politik fest, sondern war auch eine förmliche und sehr enge Militärallianz. In einem normalen Kriegsfall versprachen sich die beiden Staaten gegenseitige Unterstützung mit einem Hilfskorps von zusammen 12 000 Mann, notfalls sollte aber die gesamte Streitmacht des einen vom anderen zu Hilfe gerufen werden können. Friedrich hatte ein solches Bündnis ersehnt, weil es ihn vor dem Wiedererstehen jener schrecklichen Koalition schützte, die ihn zwei Jahre früher in den Abgrund zu stürzen schien. Insbesondere stellte es ja eine russische Garantie für den Besitz Schlesiens dar. Aber dafür hatte er auch einen hohen Preis bezahlen müssen.

Er verpflichtete sich nicht nur, die Wahl des Kandidaten der Zarin in Warschau mit allen Mitteln zu unterstützen und im Falle innerer Unruhen im Gefolge der Thronstreitigkeiten Truppen an der polnischen Grenze aufmarschieren zu lassen. Er mußte auch das außenpolitische Risiko der russischen Intervention voll mittragen. Wenn nämlich eine fremde Macht in Polen zugunsten der antirussischen Partei militärisch eingreifen sollte, versprach Friedrich in einer Geheimklausel, 20 000 Mann zur Unterstützung des russischen Heeres nach Polen zu entsenden. Sollte aus diesem Grund ein Angriff auf das Territorium einer der Vertragsparteien erfolgen, sagten sie sich eine weitere Unterstützung von 20 000 Mann zu.[60] Die übrigen Bestimmungen entsprachen den beiderseitigen Interessen. Friedrich und Katharina kamen überein, daß sie »im Notfall sogar zur Waffengewalt ihre Zuflucht nehmen« wollten, falls jemand in Polen »einen Umsturz der Verfassung und der Grundgesetze« versuchen sollte. Mit anderen Worten: Falls jemand in Polen die Voraussetzungen für ein Erstarken des Staates und damit für eine Politik schaffen würde, die den russischen und preußischen Interessen entgegengesetzt war.

Friedrich unterschrieb nicht frohgemut. So wichtig ihm einerseits der Pakt mit Rußland war, so sehr fürchtete er, daß die Polen-Klauseln ihn in einen neuen Krieg mit Österreich und Frankreich verwickeln könnten. Aber die Angst erwies sich als unbegründet. Auch Fürst Kaunitz blieb dabei, daß ein Krieg wegen Polen seinem Lande nicht zumutbar sei. Ohnehin war seine größte Sorge nicht so sehr die Königswahl gewesen als die bange Ahnung, daß Preußen sich im Zusammenspiel mit Rußland eines Stückes polnischen Territoriums bemächtigen könnte – eine Ahnung, die sich jedenfalls im Augenblick nicht erfüllte. Die polnische Oppositionspartei der Radziwill, Potocki, Branicki etc. aber brachte trotz vieler großer Worte nur wenige tausend Mann armselig bewaffneter Truppen zusammen, mit denen sie es nicht wagen konnte, den Russen entgegenzutreten. Auch von dieser »Armee« ging in den folgenden Wochen Schar für Schar ins russische Lager über.

So löste sich die pro-sächsische Fraktion stillschweigend auf; ihre Führer gingen ins Ausland oder zogen sich in entfernte Winkel des Landes zurück, ihre Güter wurden von der Czartoryki-Partei konfisziert. Nichts konnte mehr den 7. September 1764 verhindern, den Tag, an dem Stanislaus Poniatowski einstimmig zum König gewählt wurde – von einem polnischen Reichstag, der sich der Präsenz der russischen Truppen im Weichbild Warschaus nur allzu bewußt war. Als Stanislaus Augustus bestieg er den polnischen Thron. »Ich gratuliere zum König, den wir gemacht haben«, schrieb Katharina an Panin, den preußenfreundlichen Leiter ihrer Außenpolitik, »ich sehe, wie fehlerlos alle von Ihnen getroffenen Maßregeln waren.«

Kann man, wie manche Historiker, in diesem russischen Diktat mit preußischer Unterstützung schon die Einleitung der ersten Teilung Polens sehen? Eher das Gegenteil. Schon Peter der Große, schon die Zarin Anna hatten polnische Könige mit Waffenhilfe auf den Thron gebracht, ohne daß sie dabei an etwas anderes als an den russischen Einfluß im *ganzen* Polen dachten. Bei Katharina war das nicht anders. Wohl hatte, als in Petersburg die Nachricht vom Tode des Polenkönigs eintraf, der einflußreiche Vizepräsident des russischen Kriegskollegiums, Graf Tschernitschew, im Staatsrat ein bedeutungsvolles Memorandum unterbreitet. Rußland solle die Gelegenheit nicht verstreichen lassen, hieß es darin, um polnische Gebiete zu erwerben, die von einer griechisch-orthodoxen Bevölkerung bewohnt seien und

Rußland einen besseren strategischen Schutz geben würden. Aber Katharina und die Mehrheit des Rates folgten ihm nicht und waren der Meinung, daß solche Pläne über das gegenwärtig Erreichbare hinausgingen.[61] Der Plan wanderte zu den Akten.

Als im Dezember 1763 Gerüchte aufkamen – vermutlich von Wien ausgestreut –, Rußland und Preußen wollten Teile Polens an sich reißen, eilten der russische und der preußische Gesandte in Warschau gemeinsam zum Primas, um sie in schriftlicher und entschiedener Form zu dementieren. Katharina wollte zunächst nicht mehr als die Wiederherstellung, vielleicht Erweiterung des alten russischen Einflusses in Polen. Nach Berechnungen des Grafen Panin verlor Rußland ein Drittel an Kraft und Vorteilen, wenn Polen nicht in seine Abhängigkeit kam.[62] Die Abhängigkeit Polens – das war sein Plan und der seiner Gönnerin. Nicht die Teilung.

Und Friedrich? Der hatte zwar in seinem ersten politischen Testament aus dem Jahre 1752 seinen Nachfolgern die Erwerbung Westpreußens als ein wichtiges politisches Ziel genannt. Aber inzwischen hatte er die Schrecken des Siebenjährigen Krieges erfahren. Was er jetzt wünschte, war nichts als die Sicherung des Friedens, was er vor allem fürchtete, waren Umstände, die neue kriegerische Verwicklungen androhten. Wenn ihm der Zufall Westpreußen in den Schoß werfen sollte, würde er zugreifen, keine Frage. Doch diese Situation zeichnete sich 1764 für ihn nicht ab.

Allerdings war es klar, daß mit der Wahl Poniatowskis auch die heikle Frage der Dissidenten in Polen größere Bedeutung gewinnen würde. Sie hatte seit Beginn des Jahrhunderts in Europa Wellen geschlagen. Im polnischen Vielvölkerstaat waren die Dissidenten das Erbe der polnischen Eroberungen. Die Unterschiedlichkeit der Nationen drückte sich auch in der Unterschiedlichkeit des Glaubens aus. Und um die Nation zu verschmelzen, entfalteten Kirche und Staat eine sich beständig verschärfende Repressionspolitik gegenüber den Nichtkatholiken, die sich sehr von der religiösen Toleranz unterschied, wie sie im letzten Drittel des Jahrhunderts unter dem Einfluß der Aufklärung im Rest Europas in Mode kam. Soweit sie die Orthodoxen betraf, stellte sie, wie Stählin meint, eine Rache für den Verlust Kiews im 17. Jahrhundert dar.[63] Vom ersten Viertel des 18. Jahrhunderts an mehrten sich die Hilfeersuchen der unterdrückten religiösen Minderheiten Polens an die interessierten ausländischen Staaten, vor allem an Rußland und Preußen. 1724 hatten die sogenannten »Thorner Bluturteile« gegen Protestanten – großenteils deutschstämmige, die in Streitereien mit Katholiken verwickelt waren – das ganze protestantische Deutschland erregt, keinen mehr als den frommen Friedrich Wilhelm I. Und auch Peter der Große war von seinen polnischen Glaubensgenossen mehrfach um Schutz gebeten worden, hatte sich aber mit verbalen Vorstellungen in Warschau begnügt, weil er mit Schweden und Briten andere Sorgen hatte.

Jetzt, da der Warschauer Thronwechsel die Gelegenheit bot, war man in Petersburg und Berlin entschlossen, einem Zustand ein Ende zu setzen, der nicht zu Unrecht als provokativ empfunden wurde. Aber Aktionen zugunsten der Dissidenten waren auch Interventionen, und die konnten Weiterungen haben. Friedrich ging mit sehr viel größerer Zurückhaltung daran als Katharina, ja, er zeigte gegenüber dem ganzen religiösen Engagement sogar Mißbehagen. Er erkannte, wie er in einer Notiz an seinen ersten Minister Hertzberg schrieb, daß sich die Zarin damit »eine unabhängige Partei in Polen zu bilden beabsichtigt, die sich allen ihren Wünschen fügen wird«.[64] Und das mißfiel ihm aus zwei Gründen: Erstens konnte er an einer allzu ausgeprägten russischen Dominanz in Polen nicht interessiert sein. Zweitens fürchtete er immer noch eine Intervention des katholischen Österreich und jenen Zusammenprall, in den er als Alliierter Rußlands verwickelt werden würde. Aber in der Polenfrage gab eben nicht er den Ton an, sondern Katharina.

Der Kampf um die Gleichberechtigung der Religionen

Der ganze Konflikt brach schon in der »Regierungserklärung« auf, die zwischen dem neuen König Stanislaus Augustus und dem polnischen Reichstag ausgehandelt worden war. Er verspreche, so erklärte der König vage, den Dissidenten »Frieden in der christlichen Religion«. Das war für die Zarin akzeptabel. Aber im gleichen Zusammenhang mußte er hinzufügen, daß er diesen Frieden im Geiste der polnischen Verfassungen von 1717, 1733 und 1736 verstehe – und das waren Verfassungen, die unter dem Einfluß der Jesuiten sehr zuungunsten der Dissidenten ausgefallen waren.[65] Orthodoxe und Protestanten waren darin sozusagen unter Ausnahmerecht gestellt, und noch einmal war festgehalten worden, daß sie staatliche Ämter und Würden nicht bekleiden dürften. Es war eines der vielen zwiespältigen Versprechen, die der neue König unter dem Druck der gegensätzlichen inneren und äußeren Umstände abgeben sollte. Und man kann wohl vermuten, daß dem polnischen Adel das Schicksal nicht oder nicht so bald widerfahren wäre, das er später beklagte, wenn er sich an jenen Teil der Erklärung des Königs gehalten hätte, der wie ein Versprechen an die Zarin klang; wenn Einsicht und Toleranz vorgewaltet hätten und nicht religiöser Fanatismus.

In der harten Wirklichkeit mußten die beiden Seiten, die sich gesucht und auf dem Warschauer Krönungsreichstag auch gefunden hatten, bald erkennen, daß sie sich ineinander sehr getäuscht hatten. Die »russische Partei« – die Czartoryski und Poniatowski selbst – hatte allen Ernstes geglaubt, Katharina habe ihr mit Friedrichs Assistenz in den Sattel geholfen, damit sie ein Reformprogramm gebären könne, an dem doch weder Rußland noch Preußen das geringste Interesse haben konnte: finanzielle und materielle Stärkung von Staat und Armee; Abschaffung des Liberum Veto im Reichstag; Konsolidierung der Regierungsautorität. Aber sie dachte nicht daran, sich mit Adel und katholischer Kirche zu überwerfen, um Katharinas Hauptanliegen der Erfüllung näher zu bringen, das der Gewährung gleicher Recht für die Dissidenten. Sie wußte, daß sie sich dabei nicht nur die Finger verbrennen würde, sondern die ganze Haut. Vergeblich gab Graf Panin seinem Gesandten in Warschau versöhnliche Instruktionen, etwa der Art, daß er die Czartoryski-Partei auf ihre Dankesschuld gegenüber der Zarin hinweisen möge oder daß er, wenn er schon nicht alles für die Dissidenten zu erreichen vermöge, sich doch wenigstens auf den wichtigsten Teil konzentrieren solle. Eine Entfremdung zwischen den Partnern von gestern war die Folge, erste Gewitterwolken zogen auf.

Die Zarin war nicht gewillt, sich ausgerechnet in Polen einen Nasenstüber zu holen, nachdem sie eben erst den Thron gewonnen hatte. Sie wartete eine Weile. Aber als man sich in Warschau weiter taub stellte, schickte sie im Sommer 1765 einen griechisch-orthodoxen Bischof mit einer Liste von Forderungen an den polnischen Hof. Zu ihnen gehörte der Wunsch nach Rückgabe von 200 griechisch-orthodoxen Kirchen und Klöstern, die seit 1687 beschlagnahmt worden waren, die Wiederherstellung der alten Freiheiten der griechisch-orthodoxen Bevölkerung, unter anderem völlige Freiheit bei der Ausübung religiöser Zeremonien, vor allem aber freien Zugang des griechisch-orthodoxen Adels zu allen staatlichen Ämtern.[66] Weder der König noch die Czartoryski zeigten sich bereit, für diesen Katalog zu fechten: Aber Stanislaus Augustus berief für den Oktober 1766 den Reichstag ein. Dort sollte, wie man in Petersburg hoffte, das Dissidenten-Thema in aufgeschlossenem Geist behandelt werden.

Aber daran war nicht zu denken. Schon im Vorfeld der Reichstagssitzungen entfaltete sich eine aufgeregte Agitation. Für die russischen Wünsche gab es kein gutes Wort. Niemand war lautstärker als der einflußreiche Bischof von Krakau, Soltyk, der in Briefen und Flugblättern Gott anrief, daß er jene Bemühungen zuschanden machen möge, mit denen die Dissidenten sich den Katholiken gleichsetzen wollten.[67] Es schüchterte ihn nicht ein, als ihm Katharinas neuer Gesandter Repnin den abermaligen Einmarsch russischer Truppen und sogar seine Verbannung ankündigte, falls er nicht einlenke. Es änderte sich auch nichts, als Katharina diplomatische Hilfe protestantischer Staaten, vor allem Preußens, aber auch Englands und Hollands für ihre Sache erbat und erhielt. Es blieb wirkungslos, daß sie dem polnischen König sagte, sie wolle nicht ruhen, bis alle polnischen Nichtkatholiken den Katholiken gleichgestellt würden. Als der Reichstag im Oktober 1766 eröffnet wurde, erklärte Bischof Soltyk in einer flammenden Rede, daß er seinen Kopf unter den ersten Stein legen wolle, der für den Bau einer Kirche der Dissidenten verwendet werde.[68]

Der tausendjährige Kampf der östlichen mit der westlichen Kirche hatte einen Wendepunkt erreicht.[69] Vergeblich richteten in den nächsten Tagen sowohl der russische wie der preußische Gesandte Erklärungen an den Reichstag, in denen sie offiziell die Wünsche ihrer Regierungen zu den Fragen der Minderheiten vorbrachten. Mehr Eindruck machte auf die Abgeordneten am 12. November eine Erklärung des päpstlichen Nuntius, der sie aufforderte, die Rechte der Dissidenten unter keinen Umständen zu erweitern.[70] Wenige Tage später machte der Reichstag unter stürmischem Applaus und einstimmig einen Vorschlag der polnischen Bischöfe zum Gesetz, das den Titel »Der heilige römisch-katholische Glaube« trug, ausdrücklich dessen Sicherung gegen Griechisch-Orthodoxe und Protestanten festlegte, die einschränkenden Gesetze gegen beide Gruppen aus den Jahren 1717, 1733 und 1736 bestätigte und gleichzeitig auch die Strafen für deren Verletzung gegen »Personen jedweden Standes«.

Es war ein harter Schlag gegen die russische Politik. Stanislaus Augustus hatte ihr nicht geholfen, sondern im Gegenteil ihre Schwierigkeiten noch vermehrt, als er im Austausch für seine Unterstützung der Bischöfe deren Assistenz für ein Reformprogramm zur Stärkung der königlichen Gewalt zu erhalten suchte. Am entschiedenen Widerstand des russischen Gesandten war das freilich gescheitert. Aber niemand konnte annehmen, daß die Zarin die Pille schlucken würde, die ihr der Reichstag verordnet hatte, oder daß sie die Unbotmäßigkeit des Königs übersehen hätte. Sie konnte das auch kaum, wenn sie nicht einen vielleicht fatalen Rückschlag für die russische Position in Polen und für sich selbst in Kauf nehmen wollte. In der brisantesten politischen Frage hatte sich das offizielle Polen der Kooperation mit Rußland entzogen. Die politischen Konstruktionen, die der Zarin jetzt noch zur Gebote standen, trugen den Keim der Gewalt schon in sich.

Statt auf den König und die Czartoryski begann sie jetzt auf jene zu setzen, die sie eben noch bekämpft hatte: auf die »Traditionalisten«, auf die Radziwill, Potocki, Branicki. Im Hinblick auf die Landesverfassung war das gar nicht unnatürlich. Denn jener politische Reformeifer, der sich beim König und den Czartoryski gezeigt hatte, war ja nicht nur den russisch-preußischen Interessen entgegengesetzt. Er entsprach auch keineswegs den Wünschen der Adelsmehrheit, schon gar nicht denen dieser »traditionalistischen« Ultra-Konservativen. Versprach ihnen die Zarin in diesem Punkte ihre Unterstützung, dann waren sie zu jeder Koalition mit ihr bereit. Nur: aus den Reihen dieser gleichen Traditionalisten kam auch der härteste Widerstand gegen jede religiöse Toleranz. Eine Koalition zwischen ihnen und der Zarin war mithin von vornherein brüchig, beruhte auf gegenseitiger Täuschung. Fürs erste konnte die russische Politik die hochadeligen Ultras mit dem Versprechen locken, daß sie mit ihnen zusammen das ganze Reformprogramm des Königs und der Czartoryski zerstampfen werde: keine Beschränkung des Liberum Veto, keine starke Königsgewalt, keine Erhöhung der Steuermittel des Staates. Aber auf längere Sicht war der Konflikt auch mit ihnen unvermeidbar, und die Zarin konnte dabei nur auf das Überredungsmittel ihrer Macht setzen.

Zunächst belebte sich die Landschaft wieder mit den bunten polnischen Blüten. Im ganzen Lande wurden »Konföderationen« gebildet – unter dem Schutz russischer Waffen, mit Hilfe der Energie russischer Offiziere, manchmal auch mit russischem Geld. Die wichtigste »Konföderation«, die von Radom, war jene der Traditionalisten. Aber im Osten entstand auch eine der Griechisch-Orthodoxen, im Westen, in Thorn, eine der Protestanten. Ihr Zweck war es, eine Sondersitzung des Reichstages zu erzwingen, auf der das Ergebnis der letzten revidiert werden sollte. Einen Augenblick schien es, als würde die Regie des russischen Gesandten funktionieren. Die Häupter der hochadeligen Konföderation ließen sich in einem Sinne vernehmen, der den Ausgleich mit den Dissidenten greifbar nahe erscheinen ließ. Doch dann begannen die Bischöfe ihre Warnungen und Mahnungen einzuwerfen. Eine Stimmung entstand, die den russischen Gesandten glauben ließ, daß er sich im Zeitalter der Kreuzzüge befinde, die auch seine Bemühungen um einen Kompromiß mit Bischof Soltyk zum Scheitern verurteilte; lieber lasse er sich in Stücke hauen, sagte ihm Soltyk, als daß er den Grundsatz der Gleichheit von Katholiken und Dissidenten zugeben werde.[71]

Am Eröffnungstag der Reichstagssitzung meldete sich einmal mehr auch der päpstliche Nuntius zu Wort.

> Vor den in der Residenz Radziwills versammelten Führern der Konföderation »las er ein Schriftstück des Papstes vor und suchte in feuriger Ansprache die Gemüter zu entflammen. Er hatte die Genugtuung, allseitiges Schluchzen zu hören, selbst Radziwill rollten die Tränen die Wangen herab. Als die Vorlesung des Breve geendet, hörte man den fast einstimmigen Ruf, Gut und Blut für die katholische Kirche opfern zu wollen, und die Versammlung erbat sich den Segen des päpstlichen Vertreters. Noch hatte sich die Erregung nicht gelegt, als Repnin (der russische Gesandte) eintrat. ›Hören Sie auf zu schreien, sonst werde ich ein Spektakel anheben, welches stärker sein wird als das Ihrige‹, rief er der schluchzenden Versammlung zu. Man habe sich auch zur Erhaltung des katholischen Glaubens konföderiert, erwiderte man ihm. Niemand wolle diesen antasten, entgegnete Repnin, der Glaube hindere nicht, jedem sein Recht zuteil werden zu lassen und die Verträge zu halten.«[72]

Unter solchen Auspizien wurde die Reichstagssitzung eröffnet. Sofort gerieten die Anträge der Russen und Dissidenten in das Abwehrfeuer der Bischöfe und ihrer Verbündeten. Wieder versicherten erregte Streiter, daß sie »Leben und Eigentum« für die Verteidigung des Glaubens einsetzen wollten, Vermittlungsversuche der Krone schlugen fehl. Der Ruf nach dem Abzug der russischen Truppen in Polen wurde lauter. Wenn er das Ziel erreichen wollte, das die Zarin ihm und sich selbst gesteckt hatte, dann sah der russische Gesandte nur noch die Möglichkeit, die er schon angedeutet hatte: Er ließ die Häupter der Kampagne gegen den Gedanken der Toleranz-Politik – die Bischöfe Soltyk, Zaluski und zwei ihrer prominenten Mitstreiter – verhaften und nach Rußland deportieren. Der polnischen Herausforderung war eine russische gefolgt. Repnin hatte alle Konzilianz abgelegt. Man habe, sagte er den Bischöfen und Senatoren, nicht über Vorschläge zu diskutieren, sondern zu tun, was die Zarin wünsche.

Der Schrecken im Reichstag war groß, um so größer, als der russische Gesandte Verhaftungen androhte, falls er sein Ziel nicht anders erreichen könne. Und im ersten Moment wirkte er. Ende Februar billigte der Reichstag – immer im Angesicht der russischen Truppen – einen polnisch-russischen Vertrag, der bedeutsame innen- und außenpolitische Vereinbarungen enthielt. Die Orthodoxen und die Protestanten erhielten, was sie wünschten: gleiche Rechte bei der Besetzung öffentlicher Ämter und Würden; das Recht, ihre eigenen Kirchen zu bauen und nach Belieben Gottesdienste zu halten; gleiche Behandlung in Steuerfragen; Verfahren gegen Dissidenten nur vor Gerichten aus Vertretern aller Religionen; Ehen zwischen Katholiken und Dissidenten werden gestattet. Überdies sah der Vertrag auch die Garantie der polnischen Verfassung, der Regierungsform und der Gesetze durch die Zarin vor, mit anderen Worten: er gab Rußland ein Interventionsrecht, sobald innenpolitische Veränderungen angestrebt wurden. Er unterband Reformen, wie sie vom König und »der Familie« angestrebt wurden. Aber er enthielt auch ein bedeutendes russisches Zugeständnis: die Garantie aller polnischen Grenzen und Besitzungen.

Ähnlich wie in der Politik ging es, en passant gesagt, auch im sehr Privaten zu. Repnin machte, wie der unvergleichliche Adolf Beer berichtete, Stanislaus Augustus zwar seine Geliebte abspenstig, die Frau des Fürsten Adam Czartoryski. Aber als Entschädigung dafür erhöhte er ihm die Dotationen, die der polnische König von der russischen Zarin bekam . . .

Der Aufstand der Ultras

Wohl hatte nun Katharina einen Triumph errungen. Wohl hatte sie gezeigt, daß sie ihren Willen in Polen mit drastischen Mitteln durchsetzen konnte, wenn die Sache ihr ebenso wichtig wie publikumswirksam schien. Wohl erkannte nun alle Welt, daß die russische Position in Polen stärker geworden war denn je und russische Macht unbedenklich gebraucht wurde. Aber bedenkt man, wie lange der polnische Adel für die nun garantierten Verfassungsrechte gestritten hatte; zieht man in Betracht, daß religiöse Toleranz nicht das schlechteste Markenzeichen eines modernen Staates war; berücksichtigt man, daß die Polen sich geradezu planvoll in eine Position größter Schwäche manövriert hatten – behält man diese ganze Szenerie im Auge, dann konnten die jetzt geschaffenen Zustände eigentlich kaum als unerträglich gelten. Besonders dann nicht, wenn man die russische Grenz- und Besitzgarantie in Betracht zieht und die Tatsache, daß die Zarin den Abzug ihrer Truppen in Polen befahl, da ihre Mission erfüllt schien.

Daß dies eine gute Absicht blieb, war nicht ihre Schuld. Es lag an einer polnischen Konter-Bewegung gegen den gerade unterzeichneten »ewigen« polnisch-russischen Vertrag. Drei Wochen, nachdem sich der Warschauer Reichstag aufgelöst hatte, bildete sich in dem südpolnischen Städtchen Bar nahe der türkischen Grenze eine Konföderation all jener, die der Gesandte Repnin in Warschau zwar überrollt, aber nicht kampfunfähig gemacht hatte. Bischof Soltyk hatte geholfen, sie vorzubereiten, noch bevor er verhaftet worden war, andere Vertreter des Hochadels und der hohen Geistlichkeit hatten die Pläne weitergetrieben, und nun wurde losgeschlagen – verfrüht, wie später noch manchmal, noch bevor jene sächsische, österreichische und französische Hilfe gesichert war, die zu beschaffen der Bischof Krasinski in Richtung Westen aufgebrochen war.

Die Konföderation von Bar war von nationalem und religiösem Eifer erfüllt, »Priester und Mönche fachten den Fanatismus zur hellen Lohe an«.[73] Sie wollte das Land vor Ruin und Unterdrückung retten, den römisch-katholischen Glauben mit ihrem Leben verteidigen, alte Adelsfreiheiten bewahren, den »Emporkömmling« Stanislaus Augustus vom Thron jagen. Sie verwarf den gerade geschlossenen russisch-polnischen Vertrag, sammelte ihre Truppen und begann mit militärischen Einzelaktionen hier und dort. Aus allen Teilen des Landes erhielt sie Solidaritätserklärungen. Aber sie war so beklagenswert organisiert, daß sie für die russischen Kommandeure kein ernsthafterer Gegner sein konnte. Nachdem sich diese erst einmal von ihrer Überraschung erholt hatten, schritten sie mit Unterstützung des Königs zur Gegenaktion. Das war nun allerdings ein König, der inzwischen von fast jeder polnischen Fraktion verlassen war.

Auf der Seite der Konföderierten war freilich das Bild nicht vertrauenerweckender. Selbst die Regierung in Versailles verzichtete auf jene Intervention zu ihren Gunsten, die sie zuerst durchaus erwogen hatte. Der von ihr an Ort und Stelle entsandte Beobachter konnte nur die Befürchtungen bestätigen, die sie von Anfang an gehegt hatte. Wo ihm Lager von einigen tausend Mann angegeben worden waren, fand er nur einige hundert, von einer angeblich vorhandenen Artillerie sah er nichts. Es handele sich, berichtete er, »nur um eine jener vorübergehenden Bewegungen, denen sich der polnische Überschwang so leicht überläßt«.[74] Immerhin führte dieser Überschwang zu einer Kriegführung von seltener Grausamkeit auf beiden Seiten. »In Lublin«, schreibt Adolf Beer, »goß man Kosaken brennendes Pech in den Hals und hieb ihnen Arme und Beine ab . . . Die Russen verfuhren nicht menschlicher . . . Konföderierte, die ihnen in die Hände fielen, schätzten sich glücklich, wenn ihnen nur allsogleich der Kopf abgehauen wurde.«

Im Frühsommer 1768 waren fast alle Stützpunkte der Konföderierten einschließlich des Hauptsitzes Bar von Russen und polnischen Krontruppen erobert. Zu Hilfe kam ihnen dabei im Süden des Landes ein Aufstand der versklavten orthodoxen ukrainischen Landbevölkerung gegen ihre polnischen Unterdrücker, der ebenfalls mit größter Wut und Grausamkeit geführt wurde, sich auch gegen Priester und Juden richtete, auf rein polnische Gebiete übergriff und »zu einem Klassenkampf auf Leben und Tod« wurde.[75] Die Russen halfen schließlich, ihn zu ersticken.

In den anderen Regionen bildeten sich zwar auch in der Folge immer neue Konföderationen, die den allgemeinen Unwillen über die Präsenz der Russen im Lande oder die königlichen Reformbestrebungen oder die neuen Rechte für die Minderheiten ausdrückten. Allenthalben gab es Scharmützel. Aber die Konföderationen lösten sich oft ebenso schnell wieder auf wie sie entstanden waren, und sie hatten so viele gegensätzliche Programme, daß das rebellische Feuer in dem allgemeinen Chaos auch bald wieder ersticken und eine neue Art von Ordnung hätte zustande kommen können – wenn es nun nicht eine andere ausländische Intervention gegeben hätte. Denn in der vorderen Front intervenierte jetzt die Türkei, aber hinter ihr agierte Frankreich. Es war dieser Vorgang, von ebensoviel Skrupellosigkeit angetrieben wie von Kurzsichtigkeit, das Gegenteil dessen erreichend, was er anstrebte, durch den schließlich alle Weichen in Richtung auf die Teilung gestellt wurden.

Polens südliche Grenze lag damals nur etwa 200 km vom Schwarzen Meer entfernt, die türkische Grenze lag viel weiter nördlich als heute, nämlich genau an der polnischen. In dem jahrhundertealten Ringen zwischen dem Zaren- und dem Osmanen-Reich spielte es eine bedeutende Rolle, ob Polen neutral war oder ob es von Rußland kontrolliert wurde. Als die russischen Truppen in Polen für den Kampf gegen die Konföderation von Bar verstärkt werden mußten, wurde man in Konstantinopel unruhig. Als die Konföderierten sich immer weiter in Richtung auf die türkische Grenze zurückzogen, verstärkte sich die Nervosität, und als eine Kosakeneinheit bei der Verfolgung von Aufständischen beim Örtchen Balta die türkische Grenze überschritt und das Nest verwüstete, schrillten in Konstantinopel die Alarmglocken. Frankreich hatte den Sultan seit geraumer Zeit zum Krieg gegen Rußland zu drängen versucht. Jetzt gaben die Überredungskünste und Bestechungsgelder des französischen Gesandten den Ausschlag.

Am 6. Oktober 1768 erklärte die Pforte den Russen den Krieg – auf ihre Art, indem sie den russischen Gesandten in den Kerker warf. Und Frankreich glaubte, daß ihm ein großartiger Schachzug gelungen war.

»Die Interessen Frankreichs verlangen den Krieg«

Waren die Konföderierten von Bar auch von den russischen Truppen schwer geschlagen worden, so existierten doch noch vielerorts ihre Splitter, und nach dem Kriegsausbruch bekamen sie für die französische Politik einen neuen Stellenwert. Choiseul, der französische Chefminister, schickte ihnen einen neuen Emissär und Berater, den Chevalier de Chateaufort. Ihm gab er eine Reihe von Instruktionen und gedanklichen Leitlinien mit auf den Weg, die Herbert Kaplan in seinem bemerkenswerten Buch über die erste Teilung wiedergegeben hat.

Es hieß darin:

»Die Interessen Frankreichs verlangen nicht nur entschieden, daß Krieg zwischen den beiden Imperien [Rußland und der Türkei, d. Verf.] geführt wird, sondern daß er mit Macht und so bald wie möglich unternommen wird. Es ist ebenso wichtig, daß Polen zum Kriegsschauplatz gemacht wird, und wenn man auch Sympathie für das unglückliche Königreich empfinden mag, so muß sich diese doch der Notwendigkeit beugen, Polen, Schweden und einen großen Teil Europas vor der Plage der russischen Ambitionen und des russischen Despotismus zu schützen ... Was die Konföderierten im allgemeinen betrifft, so verdienen ihre Streitereien, ihre Unfähigkeit, ihre Unzuverlässigkeit, Unbeständigkeit kein Vertrauen von unserer Seite. Sie handeln nur aus privaten und persönlichen Gründen. Sehr wenige von ihnen orientieren sich an den wirklichen Interessen ihres Landes. Sie haben keine festen Ziele, kein System, keine gemeinsamen Ansichten, keine Hilfsquellen ... In dieser Verfassung würden sie eigentlich nur Verachtung und Vergessenheit verdienen, wenn nicht ... die Notwendigkeit der Bekämpfung Rußlands mit ihrer Sache verbunden wäre.«

Die derart gering geschätzten Polen sollte Chateaufort nun weiter gegen die Russen aufreizen. Er sollte dabei helfen, aus den vielen verstreuten und desorganisierten Konföderationen im Lande eine große, besser organisierte zu schmieden. Und er sollte die Türken ermutigen, wichtige Festungen in Polen zu besetzen. Die Regierung in Versailles stattete ihn zu diesem Zweck mit Geldmitteln aus.[76] Es war eine Politik, die die polnischen Gemüter sehr erhitzte, weil sie an der Niederlage Rußlands nun nicht mehr zweifeln zu müssen glaubten, aber auch eine mit Konsequenzen, die sich auf Polens Schicksal denkbar ungünstig auswirken mußten.

Die französische Politik beunruhigte Friedrich noch mehr als Katharina. Er war davon überzeugt, daß sie auf einen allgemeinen europäischen Konflikt hinarbeitete, und es boten sich ihr dafür so viele Möglichkeiten. Welchen Ausgang der russisch-türkische Krieg auch immer nehmen mochte, er barg die große Gefahr einer Verwicklung Preußens in sich. War – der wahrscheinlichste Fall – Rußland erfolgreich, dann mußte verhältnismäßig früh ein russisches Vordringen auf dem Balkan auf Österreichs Widerstand treffen. Denn auf der Vormarschstraße der russischen Armeen lagen die Donaumündungen, und die Donau war nun einmal wirtschaftlich wie politisch die Hauptschlagader der habsburgischen Monarchie. Es war ein Unterschied, ob sie in der Hand der kränkelnden Türkei oder der wachsenden russischen Macht waren. An einem bestimmten Punkt mußte hier der Kaiser der Zarin ein Halt zurufen.

Aber schon vor dem Ausbruch des türkischen Krieges hatten die Ereignisse in Polen Friedrich besorgt gemacht. Auch sie hatten die Tendenz, Österreich zu verwickeln. Friedrich unterstützte die Zarin in den polnischen Fragen, aber er mahnte sie auch immer wieder zur Vorsicht. Genau wie sie war er entschieden gegen jede Stärkung der polnischen Zentralgewalt, aber er war viel weniger engagiert in den

Das ottomanische Imperium und die umstrittenen Balkan-Länder vor dem Krim-Krieg

religiösen Streitereien. Die Verbindungen zwischen dem polnischen und dem österreichischen Katholizismus standen ihm klarer vor Augen als ihr. Immerhin erschien auch den Russen die Möglichkeit eines österreichischen Eingreifens in Polen so naheliegend, daß auf ihr Drängen im Frühjahr 1767 eine zusätzliche militärische Vereinbarung mit Berlin getroffen worden war: Wenn Österreich in Polen militärisch eingreifen sollte, dann würde Preußen Österreich attackieren und Rußland Preußen mit einem Hilfskorps beistehen, notfalls mit seiner gesamten Armee. Preußen würde dafür eine Entschädigung auf österreichische Kosten erhalten. Aber das war eine Eventualität, die Friedrich keineswegs glücklich stimmte. Sein ganzes Bemühen galt deshalb einer Dämpfung aller beider Konfliktherde. Er war angenehm überrascht, als er entdeckte, daß das gleiche Interesse auch der Wiener Hof hatte.

So bitter Fürst Kaunitz, der österreichische Kanzler, die Niederlage im Siebenjährigen Krieg noch immer empfand – auch Österreich hatte eine lange Ruhepause dringend nötig, auch in Wien fürchtete man sehr einen neuen Konflikt. Und ähnlich wie Friedrich voller Skepsis gegenüber russischen Anregungen war, die Interessen Preußens und Rußlands durch ein Bündnis mit England abzusichern – mit jenem England, zu dessen Politik er keinerlei Vertrauen mehr empfand –, so ähnlich begann das Vertrauen Österreichs in sein altes Bündnis mit Frankreich wankend zu werden. In Berlin wie in Wien begann man überdies zu entdecken, daß das Übergewicht Rußlands beunruhigende Formen annehmen könnte, wenn die beiden deutschen Großstaaten sich fortgesetzt haßerfüllt gegenüberstehen würden. So begannen sich beide zu einem neuen Verhältnis vorzutasten, das für die nächste Zukunft bedeutungsvoll sein sollte.

Im August 1769 kam es in Neisse zu einem Treffen zwischen Friedrich und Joseph II. von Österreich, das die erste Annäherung seit dem schrecklichen Streit brachte. Groß war das unmittelbare Resultat nicht, immerhin verständigten sie sich darüber, daß sie beide im Falle eines großen europäischen Krieges neutral zu bleiben wünschten – so lange wie eben möglich. Aus eben diesem Grunde waren sie für eine schnelle Beendigung des russisch-türkischen Krieges und für eine baldige Befriedung Polens. Es waren, wie man sieht, nicht etwa die späteren Teilungsmächte, die die Krise schürten.

Wie nötig die preußisch-österreichische Annäherung war, zeigte sich schnell. Die russischen Armeen eilten im Türkenkrieg von Erfolg zu Erfolg. Im Oktober 1769 eroberten sie Bukarest, am Jahresende hatten sie fast das ganze spätere Rumänien in der Hand, das, was man damals die Fürstentümer Moldau und Walachei nannte. Genau, wie Friedrich dies befürchtet und wie Frankreich dies erhofft hatte, zeigte sich jetzt die österreichische Regierung alarmiert. Zuerst konzentrierte sie Truppen an der türkisch-österreichischen Grenze, dann warnte sie Petersburg, daß sie eine Festsetzung Rußlands an den Donaumündungen als Kriegsgrund betrachten würde.

Wenn die Katastrophe vermieden werden sollte, dann war nach Friedrichs Meinung eine maßvolle Politik seines russischen Verbündeten nötig, sowohl gegenüber der Türkei wie gegenüber Polen. Er bot sich Katharina als Vermittler auf ihrer Seite an, schlug Österreich als Vermittler auf der türkischen Seite vor, und verständigte sich über ein solches Programm im September 1770 bei einem zweiten Zusammentreffen mit Joseph II. und Kaunitz im mährischen Neustadt. Kaunitz trug dem König auf, der Zarin mitzuteilen, daß Österreich eine erhebliche Änderung des Gleichgewichts im Orient nicht hinnehmen könne und daß eine Befriedung Polens dem Frieden mit der Pforte dienlich sein werde. Es klang fast ultimativ. In einem Brief an die Zarin entledigte sich Friedrich seines Auftrags in polierter Form. Und er entwickelte dabei eine Idee, die für Polen unter den Umständen nicht vorteilhafter hätte sein können: die polnischen Dissidenten sollten auf einen Teil ihrer Forderungen verzichten, vor allem darauf, daß sie im polnischen Reichstag vertreten sein sollten; wenn sie dem zustimmten, könnte er die Österreicher veranlassen, hinreichenden Druck auf die polnischen Katholiken auszuüben, damit diese auf die übrigen Forderungen der Dissidenten eingingen.

Die Zarin war im Vollgefühl ihres Triumphes über den Sultan. Daß sie da unten Vermittler nötig haben sollte, sah sie nicht ein. Diesen Teil der Vorschläge ihres preußischen Alliierten lehnte sie mit vielen höflichen Komplimenten ab. Aber erstaunlicherweise fand sie seine Anregungen in der polnischen Frage akzeptabel. Wenn die Dissidenten die Garantie uneingeschränkter Rechte bei der Ausübung ihrer religiösen Praktiken hätten, antwortete sie, könnten sie ihren Anspruch auf Vertretungen im Senat und bei der Besetzung hoher staatlicher Ämter aufgeben. Es waren schöne Schreibtisch-Gedanken, von niemandem außer dem so verzweifelt um Frieden ringenden Friedrich ganz ernst genommen. Die polnische Realität sah so aus, daß russische Patrouillen in Warschau mit Steinen und Dachziegeln beworfen, mit Flinten und Pistolen beschossen wurden und daß der russische Gesandte von Saldern fürchtete, im Falle eines Abzugs der

Truppen des russischen Generals Waymarn würde der König innerhalb von 24 Stunden gesteinigt werden.

Jeder Versuch eines Kompromisses zwischen und mit den streitenden polnischen Fraktionen war ein ganz hoffnungsloses Unternehmen geworden. Auch deshalb, weil Choiseul in Versailles sowohl für eine Verlängerung des russisch-türkischen Krieges wie der polnischen Unruhen arbeitete, und für dieses Programm – allerdings vergeblich – auch die Unterstützung des Wiener Hofes suchte. Rußland sollte nach seinem Wunsch mit Polen und der Pforte »noch für einige Jahre beschäftigt bleiben«. Und damit dies auch gewiß möglich wurde, schickte er den polnischen Konföderierten sowohl französische Offiziere – unter ihnen den damaligen Kapitän und späteren berühmten General Dumouriez – wie Subsidien. Wie Dumouriez seine Mitstreiter schildert, verdient notiert zu werden. Der polnische Adel, schrieb er später, sei zwar tapfer, opferfähig und leidenschaftlich freiheitsliebend.

> »Aber der soziale Körper mit dem Herrentum an der Spitze und den Sklavenmassen unten war für ihn ein Monstrum. Und seltsam genug erschien ihm auch das undisziplinierte, schlecht bewaffnete Konföderationsheer der adligen Reiter unter den in sich zerspaltenen Führern, die in asiatischem Luxus, unsinniger Verschwendung, endlosen Gastereien und Bällen, bei Würfel- und Kartenspiel ihr Leben verbrausten.«[77]

Teils unter französischen und türkischen Einflüssen, teils, weil es ihnen ganz einfach an nüchterner Überlegung fehlte, steigerten sich die Aufständischen in immer extremere Stimmungen. Weder erschien ihnen noch ein Arrangement mit dem König erträglich, noch eines mit Russen und Dissidenten. Versuche der Russen, mit neuen Köpfen und neuen Konföderationen eine neue politische Basis für ein Arrangement zu finden, scheiterten. Kein polnischer Prominenter wollte sich mehr mit ihnen einlassen. Stanislaus Augustus bedeutete Wolkonski, dem neuen Gesandten der Zarin, daß nur ein Verzicht auf die Dissidenten-Rechte, ein russischer Truppenrückzug und ein russischer Verzicht auf das Vetorecht in polnischen Verfassungsfragen die Basis für eine Befriedung des Landes sein könne. Das mochte seine Berechtigung haben. Aber es wäre nichts anderes gewesen als ein Triumph der anti-russischen Parteien in Polen, ein Triumph der französischen und türkischen Politik, eine beispiellose Niederlage der Zarin und der größte Rückschlag, den die russische Polen-Politik seit

100 Jahren erlitten hatte. Und das ausgerechnet jetzt, im Angesicht größter russischer Waffenerfolge gegen die Türkei und eines soliden Bündnisses mit jenem Staat, der im Augenblick als stärkste europäische Militärmacht galt, mit Friedrichs Preußen!

Das Balkan-Gewitter zieht nach Polen

Während sich also der Himmel über Polen weiter verdunkelte, ballten sich gleichzeitig auch die Gewitterwolken über den Mündungen der Donau. Wohl bestand am Wiener Hof immer noch Uneinigkeit darüber, wie und unter welchen Umständen man den Russen dort entgegentreten sollte. Aber die Kampfbereitschaft wuchs. Im Juli 1771 wurde in Konstantinopel ein österreichisch-türkisches Bündnis unterzeichnet, dessen Ziel aus österreichischer Sicht zwar nur war, das Überschreiten der Donau durch die Russen zu verhindern und einen »guten« Frieden zu erwirken, mit dem aber die Türken dem Gedanken jedweder Gebietsabtretung an die Zarin ein Ende setzen wollten. Sie waren bereit, dafür viel Geld in die österreichischen Kriegskassen fließen zu lassen. Friedrich war nun mehr denn je davon überzeugt, daß ein Krieg unwiderruflich bevorstehe, falls nicht Rußland seine Forderungen erheblich herabschrauben würde. Und dafür waren die Aussichten schlecht. Nur Gott allein, schrieb er voller Pessimismus in diesen Monaten an seinen Bruder, würde das Resultat des Brandes kennen.[78]

Es war dieser polnisch-türkische Zusammenhang, der die Szene für den dramatischen Schlußakt bereitete. Ungefähr gleichzeitig muß einigen Köpfen in Berlin, Petersburg und wohl auch in Wien der Gedanke gekommen sein, daß sich alle Risiken vermeiden ließen und daß sich alle in den türkischen Fragen kompromißbereit zeigen würden, wenn alle in Polen gewinnen würden. Polen wurde der Blitzableiter aller Spannungen. Es hatte nach dem Willen der französischen Diplomatie zum Schlachtfeld werden sollen, auf dem die russischen Ambitionen scheitern würden. Statt dessen wurde es das Feld eines politischen Handels, auf dem alle Nachbarn ihr Jahrhundert-Arrangement trafen.

Die Schlußphase des Spiels begann mit der berühmten Reise des Prinzen Heinrich, Friedrichs II. Bruder, nach Petersburg. Der Prinz war von Friedrich zu einer wichtigen Mission nach Stockholm entsandt worden, bei der Zarin hatte er sich – sozusagen auf einem

Umweg bei der Rückreise – ohne Wissen seines Bruders selbst eingeladen. Sie hatte die Visite gern angenommen. Es gab zwischen beiden Höfen viel zu besprechen, nach Friedrichs Meinung vor allem und fast ausschließlich das türkische Problem. Aber Prinz Heinrichs Phantasie war kurz vorher durch eine Äußerung angeregt worden, die der österreichische Gesandte in Berlin gegenüber dem König gemacht hatte. Etwas unvermittelt hatte er gesagt, daß für Preußen der Gewinn des polnischen Westpreußen doch ein großer Vorteil sein würde.[79] Der Wiener Regierung mochte nur daran gelegen sein, preußisch-russische Rivalitäten um Polen anzustacheln; aber der Prinz hatte seinem königlichen Bruder zugeredet, aus der Idee etwas zu machen. »Ich möchte Dich als Herrn der baltischen Küste sehen«, hatte er ihm gesagt. Friedrich antwortete in einem Brief an Heinrich abwehrend: er sei ein alter Mann und habe den Appetit seiner Jugend verloren. Er schmeichle sich nicht, für ein solches Unternehmen noch die Gunst des Schicksals zu genießen.[80]

Jetzt gab er seinem Bruder vor allem den Wunsch mit auf die Reise, daß er Katharina zu einer maßvollen Politik gegenüber der Türkei bewegen möge wie auch dazu, »den Polen keine unzumutbaren Bedingungen zu stellen«. Viel klarer als Katharina erkannte er die Bedeutung der Donau-Fürstentümer Moldau und Walachei für den europäischen Frieden. Nie, so schrieb er seinem inzwischen in Petersburg angekommenen Bruder zur Weitergabe an die Zarin, werde Wien in die Abtrennung dieser Fürstentümer von der Türkei einwilligen. Vielmehr werde sich dann eine österreichisch-türkische Verbindung ergeben – er sieht den Krim-Krieg des 19. Jahrhunderts voraus.[81] Er beklagt die Blindheit der russischen Staatsmänner, beschwört Katharina, die Angelegenheit nicht als Bagatelle zu behandeln. Polen ist ihm in diesem Moment eine Frage zweiten Ranges. Darüber nachzudenken – so schreibt er Heinrich – sei Zeit, wenn man über die große Frage von Krieg und Frieden klarer sehen würde.[82]

Aber plötzlich veränderte ein österreichischer Schritt die Lage, den niemand erwartet hatte. Österreichische Truppen hatten Ende 1769 die Spiz besetzt, eine bedeutende polnische Provinz südlich von Krakau mit mehreren »Städten«. Zuerst schien es, als wenn es sich um eine vorübergehende Maßnahme zur Sicherung dieser Grenzregion vor den Unruhen handele. Dann, im Spätsommer 1770, erweiterten die Österreicher die besetzte Zone und machten klar, daß sie dazubleiben gedächten. Der Vorwand war, daß es sich um altes ungarisches Gebiet handele, das rückgeführt werden müsse.

Am 8. Januar 1771 berichtete der preußische Gesandte in Petersburg seinem König, die russische Regierung sei der Meinung, daß Preußen und Rußland nicht Unrecht tun würden, wenn sie dem österreichischen Beispiel bei der Teilung polnischen Territoriums folgen würden. Er gab zu verstehen, daß Rußland eben jene ostpolnischen Gebiete mit ihrer russisch-orthodoxen Bevölkerung zu erwerben wünsche, die in dem Plan Tschernitschews von 1763 vorgesehen waren. Am Abend dieses selben 8. Januar hatte Prinz Heinrich ein lockeres Tischgespräch mit der Zarin.

> »Sie sagte mir in scherzhaftem Ton«, schrieb er seinem Bruder, »daß die Österreicher zwei Bezirke in Polen besetzt hätten und ihre Truppen an diese neue Grenze vorgeschoben hätten. Sie fügte hinzu: ›Warum tut eigentlich nicht jeder das gleiche?‹« Der Prinz gab zurück, daß sein Bruder zwar wegen der Pest einen sanitären Kordon durch Westpreußen nach Ostpreußen gezogen habe, daß aber dieser durchaus keine Besetzung darstelle. »Aber warum besetzt er es nicht?«, fragte sie lächelnd. Einen Augenblick später kam Graf Tschernitschew zu ihm, schnitt das gleiche Thema an und sagte: »Aber warum besetzen Sie nicht Ermland? Es ist schließlich nötig, daß jeder etwas abbekommt.«[83]

Die erste polnische Teilung war eingeleitet!

Man wird sagen können, daß die russische Politik lange die beiden Möglichkeiten im Auge hatte, die ihr das polnische Chaos bot: Sicherstellung ihres dominierenden Einflusses in einem Polen, das im übrigen seinen territorialen Bestand wahren konnte, oder Gebietserweiterungen auf polnische Kosten. Sie gab der ersten Möglichkeit den Vorzug, solange sich eine Chance dafür bot. Als der Widerstand des polnischen Nationalismus jede Hoffnung auf die erste Möglichkeit zerschlagen hatte, lag die zweite nahe.

Das aber war ein Weg, den Rußland nicht allein gehen konnte. Er hätte Krieg mit den anderen Nachbarn Polens bedeuten können, weil sie Rußland nicht zu nahe an ihren Grenzen zu sehen wünschten. Sie mußten beteiligt werden. So ergab sich Preußens Chance und die Österreichs. Und für alle, nicht nur für Friedrich, war es gleichzeitig die Möglichkeit, den Streit um die türkischen Grenzlinien zu entschärfen. Nie, ließ der König seinen Gesandten in Petersburg ausrichten, werde Österreich in eine Abtrennung der Provinzen Moldau und Walachei von der Türkei einwilligen. Aber er könne garantieren, daß es keinen Krieg mit Österreich geben werde, wenn Rußland sich auf

Kosten Polens schadlos halten würde.[84] Das war die Überlegung, die den Ausschlag gab.

Aber allerdings wollte Friedrich das Geschäft nicht zu dem Niedrigpreis, den Tschernitschew erwähnt hatte. Und er wollte es ganz ohne Risiko. Er zögerte eine Weile, weil er Zweifel daran hatte, ob die österreichische Regierung tatsächlich mit von der Partie sein würde. Noch wichtiger war ihm, die Festigkeit der russischen Absichten zu überprüfen. Ohne die einmütige Zustimmung des russischen Hofes wollte er in dieser brisanten Sache nicht den kleinsten Schritt unternehmen, und er glaubte zu wissen, daß die Meinung in Petersburg gespalten war. Die Mehrheit der Ratgeber der Zarin und Katharina selbst waren für die Teilung. Aber Graf Panin, immer noch Katharinas wichtigster Berater, gab sich zumindest den Anschein, als wenn ihm die Entwicklung zu schnell ginge. Immerhin hatte ja Rußland gerade noch den territorialen Bestand der Adelsrepubik garantiert. Friedrich hielt sich zurück, bis ihm sein Bruder Mitte Februar nach langem Aufenthalt in Petersburg über die genaue Situation am russischen Hof mündlichen Bericht erstattete. Anscheinend erfuhr er, daß Panin entweder weit davon entfernt war, in Petersburg den Ton anzugeben, oder es nur aus taktischen Gründen für ratsam hielt, die Preußen aufs Tempo drängen zu lassen. Jetzt spürte der König die Gunst der Stunde und tat Panin den Gefallen.

Er ließ ihm durch seinen Gesandten sagen, was Panin sicherlich ebensogut wußte: daß es ja die polnischen Konföderierten gewesen seien, die die Grundlagen des polnisch-russischen Vertrages zerstört hätten, und daß sie auch der auslösende Faktor des russisch-türkischen Krieges gewesen seien. Im Mai 1771 war es soweit. Auch Graf Panin zeigte keine Bedenken mehr. Inzwischen hatte er sich davon überzeugt, daß die Gefahr eines Krieges mit Österreich genauso groß war, wie Friedrich immer behauptet hatte, und daß er deshalb auf die Zusammenarbeit mit Preußen in höherem Grade angewiesen war, als er früher glaubte. Im russischen Ministerrat erklärte Panin nun, daß als Konsequenz der österreichischen Aktion in der Spiz Preußen sowohl das Recht habe wie auch beanspruche, polnische Gebiete an seinen Grenzen zu erwerben. Gemeinsam mit Preußen könne auch Rußland »die Gelegenheit ergreifen, an die wir immer gedacht haben, um zu verwirklichen, was wir alle wünschen – nämlich unsere Grenze mit Polen in Übereinstimmung mit dem Verlauf der Ströme zu bringen« – womit er die Düna und den Dnjepr meinte. Der Rat stimmte zu.[85] Es ist schwer zu glauben, daß Rußland sich zu dieser historischen Entscheidung im Sinne alter Wünsche durch den Rat des Königs von Preußen bestimmen ließ. Die Interessen stimmten ganz einfach überein.

Der preußisch-russische Vertrag

Zu regeln waren noch zwei Probleme: die genaue Größe des preußischen Anteils und die Beteiligung Österreichs. Über das erste war die Verständigung mit Rußland ziemlich einfach. Wohl wünschte Friedrich ein Westpreußen, das Danzig und Thorn einschloß. Aber Danzig war Polens einziger Hafen, einer der wichtigsten in der Ostsee. Seine Freiheiten waren von allen Zaren seit Peter dem Großen immer wieder garantiert worden. Thorn, an viele Flußnetze angeschlossen, war Polens wichtigster Binnenhandelsplatz. Als Panin ins Feld führte, daß Rußlands Prestige schwer beschädigt werden würde, wenn es seine Versprechen gegenüber Danzig brechen wollte, daß überdies das ewig um seinen Handel besorgte England mit Sicherheit intervenieren würde, wenn Preußen sich in den Besitz dieser Schlüsselposition setzen würde, war der König zum Verzicht auf beides bereit. Am 17. Februar 1772 wurde dann in Petersburg das preußisch-russische Teilungsabkommen unterzeichnet.

Sehr viel größere Schwierigkeiten bereiteten die Österreicher. Ihre Politik zielte darauf ab, durch fortwährende Drohgebärden gegen Rußland – und damit indirekt auch gegen Preußen – jede Vergrößerung ihrer beiden Nachbarn so gering wie möglich zu halten, gleichzeitig aber dabei selbst brillant ins Geschäft zu kommen. Die Provinzen, an denen sie interessiert waren, lagen auf dem Balkan; Polen wünschten sie im Grunde intakt zu halten, um dort sowohl Preußen wie Russen zu blockieren. Und obwohl sie gerade eine Allianz mit der Türkei abgeschlossen hatten; obwohl die Pforte schon dabei war, ihre Goldpakete an den österreichischen Grenzstationen abzuliefern; obwohl Fürst Kaunitz den Sultan zu größtem Kampfeseifer anspornte – trotz all solcher Verpflichtungen kreisten seine Gedanken und die Josephs II. vor allem um die Frage, wie man es anstellen könnte, daß die Türkei anstelle Polens aufgeteilt werden würde. Was von ihrem Standpunkt aus den großen Vorteil gehabt hätte, daß dann Preußen, weil es ja keine gemeinsame Grenze mit dem Osmanenreich hatte, leer ausgegangen wäre.

Erst, als man in Wien die Widerhaken und Fußangeln solcher

Projekte ganz begriff – sollte man Serbien und die Adria-Provinzen nehmen oder lieber Moldau und Walachei? –, erst, als sich der Eindruck festigte, daß Preußen und Russen schon zu einem Arrangement gekommen seien und am Ende Österreich draußen vor der Tür stehen könnte, und erst, als schließlich Graf Panin in Petersburg dem österreichischen Gesandten konkret den Vorschlag machte, an der Teilung Polens mitzuwirken – nach vielen Wendungen und Drohungen also ging die Wiener Regierung auf die Idee ein. Aber auch jetzt entwickelte sie zunächst die verwirrendsten Vorschläge. Ihren Gedanken, daß Preußen sich aus dem polnischen Kuchen ein beliebig großes Stück herausschneiden, dafür aber Schlesien an Österreich zurückgeben solle, lehnte der verblüffte Friedrich aus dem Handgelenk ab. Den alternativen Plan, Serbien und Bosnien aus dem Leib der Türkei zu nehmen und der Donaumonarchie einzugliedern, hatte Petersburg schon akzeptiert, als er von Wien wieder zurückgezogen wurde. Als dann aber nach allen Finten Kanzler Kaunitz mit der wirklichen österreichischen Forderung kam, gingen den Staatsmännern in Berlin und Petersburg die Augen über.

Das katholische Österreich, das auch nicht die Spur eines historischen Anspruchs auf irgendwelche polnischen Gebiete geltend machen konnte, schnitt für sich aus dem Land der polnischen Glaubensbrüder den fettesten Brocken heraus: ungefähr das ganze Südpolen bis vor die Tore von Krakau im Westen, von Radom weiter nördlich und einschließlich Lublins, Lembergs und Tarnopols. »Wahrlich, meine Herren«, rief Friedrich aus, als ihm der österreichische Gesandte diese Wünsche präsentierte, »Sie sind keine Kostverächter, Sie haben einen guten Appetit. Die Gebiete, die Sie beanspruchen, sind fast so groß wie meine und Rußlands zusammen!«[86] Fürst Kaunitz, der sich nicht nur als der klügste, sondern auch als der honorigste Staatsmann Europas empfand, zeigte sich darob pikiert, aber unter dem Druck von Preußen und Russen steckte er dann doch ein bißchen zurück. Lublin gab er auf, an Lemberg hielt er fest. Seine Partner schickten sich darein. Am 5. August 1772 wurde der Teilungsvertrag zwischen den drei Mächten in Petersburg unterzeichnet.

Sie fanden es vorteilhaft, daß er auch vom polnischen Reichstag bestätigt würde. Die Prozesse, die dabei anzuwenden waren, kannten sie gut. Sie verfügten über einen gemeinsamen Bestechungsfonds. Teils damit, teils mit prozeduralen Kunstgriffen, und nicht zuletzt mit der Androhung von Gewalt erreichten sie, was sie wollten. Russische und preußische Truppen hielten die wichtigsten Plätze

Warschaus besetzt. Abgeordneten, die widersprechen wollten, drohte der russische Gesandte harte Maßnahmen an. Aber so ernst war das meistens nicht gemeint, denn auch jene Abgeordneten, die öffentlich eine heroische Attitüde einnahmen, »beeilten sich, hinter der Szene in einem wilden Wettlauf ein Vermögen zu machen«.[87] Bis zur Unterzeichnung der Abtretungen hatten die drei Mächte 45 000 Dukaten ausgegeben.[88] Im Grunde waren die Kaufpreise billig.

Das sonderbarste Bild bot, wie immer, Stanislaus Augustus alias Poniatowski, der König. Heute hörte man von ihm pathetische Deklamationen, daß der Tod einem Leben in Schmach vorzuziehen sei, morgen war seine Hauptsorge, daß er von den drei Teilungsmächten zur Deckung seiner privaten Lebenshaltung das Monopol für den Salzhandel zugestanden bekomme. Heroisch war wiederum Bischof Soltyk aus Krakau, der, aus der Verbannung heimgekehrt, zuerst den Gesandten der Teilungsmächte tiefste Ergebenheit in die Beschlüsse ihrer Souveräne heuchelte, um hinter dieser Fassade um so besser jenen Widerstand im Reichstag zu organisieren, der sich eben organisieren ließ und schließlich gegenüber dem russischen Gesandten die Maske abwarf. »Was Sie Treulosigkeit nennen«, zitiert ihn Beer, »nenne ich eine politische Tat, eine erlaubte List. Sie müssen nämlich wissen, daß ich in meiner Jugend bei den Jesuiten in die Schule gegangen bin.«

Aber am Ende wußte Stanislaus Augustus den Abgeordneten doch nur mitzuteilen, daß das Land ruiniert sei, wenn sie sich nicht fügten. Er hatte schließlich auch keine Armee, mit der er es hätte verteidigen können. Als der Reichstagspräsident am 25. September 1773 den Abgeordneten die Teilungsverträge zur Billigung vorlegte, erhielt er keine Antwort. Ein undeutliches Gemurmel interpretierte er schließlich als Zustimmung und gab die Ratifizierung bekannt. Etwas verwundert muß man sich fragen, warum jetzt ein immerhin doch erheblicher Grad von Bereitschaft zur Akzeptierung einer Notwendigkeit aufgebracht wurde, die für den Staat fatal war, während vier Jahre vorher die sehr viel bescheideneren Wünsche Katharinas auf so erbitterten Widerstand gestoßen waren.

Polen hatte rund dreißig Prozent seines Territoriums und rund ein Drittel seiner Bevölkerung verloren. Preußen gewann 38 000 Quadratkilometer mit einer Bevölkerung von 580 000 Menschen, Rußland 97 000 Quadratkilometer mit etwa 1,3 Millionen Einwohnern, Österreich 90 000 Quadratkilometer mit 2 Millionen Bewohnern. Aber Polen war, knapp hinter Frankreich, immer noch der drittgrößte europäische Staat. Es hatte noch viel zu verlieren, wenn es nicht eine kluge Politik betrieb.

Bei seinem Bruder bedankte sich Friedrich für dessen Vorarbeit beim Erwerb Westpreußens nach der ersten Inspektionsreise durch die Provinz mit den folgenden Worten:

> »Es ist sehr vorteilhaft vom politischen wie finanziellen Standpunkt... Allerdings wird mir dieses Stück Land viel Arbeit machen, denn ich glaube, daß Kanada [das Kanada des Jahres 1772; d. Verf.] etwa ebenso gut verwaltet ist wie dieses Pomerelien. Keine Ordnung, kein System. Die Städte sind in einem bedauernswerten Zustand. Kulm zum Beispiel sollte 800 Häuser haben, aber es stehen keine 100, und ihre Einwohner sind entweder Juden oder Mönche. Und es gibt immer noch viel Elend.«[89]

Verdienten die Teilungsmächte wirklich jene Verdammung, die ihnen später im Westen zuteil wurde? Die Zeitgenossen waren nicht dieser Meinung. Sie wunderten sich eher über die Zurückhaltung der drei Mächte. »Ganz Europa war sich darüber klar, daß die polnische Aristokratie durch Egoismus und Borniertheit selbst verschuldet hatte, was nun geschah. Die von den Annexionen betroffene Bevölkerung leistete nicht nur keinen Widerstand, sie manifestierte vielmehr mancherorten ihre Dankbarkeit für die Befreiung vom Regime der polnischen Magnaten.«[90] Voltaire sandte Friedrich und Katharina seine Gratulation. Die Reaktion des Königs von England auf die Mitteilung der drei Mächte über die Teilung beschränkte sich auf die Feststellung, er wolle voraussetzen, daß sie von der Gerechtigkeit ihrer Ansprüche überzeugt seien.

Und auch heute, in einem Zeitalter, das vor allem immer dann die internationale Moral entdeckt, wenn sie sich gegen Deutschland oder Rußland anwenden läßt, würden wir sagen: Diese Urteile sind zumindest solange ungerecht, wie nicht eine neue internationale Ordnung und ein neues internationales Sittengesetz gefunden worden sind, von denen leider bis jetzt keine Spur zu entdecken ist. Die Welt war, bedauerlicherweise, weder damals ein Naturschutzpark, noch ist sie es heute, und ihr fehlte gestern wie auch später das karitative Element. Es ist jeder Nation nur ein gewisses Maß von Schwäche, Konfusion, mangelnder Voraussicht und fehlendem Realitätssinn gestattet, wenn sie nicht bestraft werden oder die Begehrlichkeit ihrer Nachbarn wecken will. Wenn man in Westeuropa noch heute vom

»Raub Polens« spricht, dann kann es Deutschen und Russen nicht verwehrt sein, internationale Vergleiche anzustellen.

Was war etwa 1681 der französische Griff nach dem unzweifelhaft deutschen Elsaß und nach Straßburg? Wie legitim war die Eroberung der mexikanischen Nord- und Westprovinzen durch die USA im Jahre 1848? Und wie bewertet man dann die Eroberung Irlands durch England in der Mitte des 17. Jahrhunderts mittels eines Krieges, bei dem immerhin fast 40 Prozent der irischen Bevölkerung umkamen,[91] und der also auch der erste Völkermord der europäischen Geschichte war? Sobald England sich öffentlich und reuevoll an die Brust schlagen würde, statt lediglich irische Terroristen anzuprangern, wären spätere Anklagen gegen deutsche und russische Polen-Politik glaubwürdiger. Und dabei konnten weder Frankreich noch England mit dem Argument historischer Ansprüche und alter Rechte, mit Angehörigen der gleichen Religion und Nation im beanspruchten Gebiet aufwarten, wie das 1772 immerhin in gewissem Maße Friedrich II. und in noch höherem Grade Katharina möglich war.

Lassen wir die Kirche im Dorf der alten, internationalen Gemeinde, sehen wir die Dinge im Kontext jahrtausendealter Machtpolitik, dann wird man sagen müssen: Rußland und Preußen hatten eine gute Gelegenheit genutzt, alte, wichtige Interessen, die dem ganzen damaligen Europa verständlich waren, in maßvoller Weise durchzusetzen. Sie taten dabei ihrem Opfer kein allzu großes Unrecht, weil es nämlich auf den abgetretenen östlichen Landesteil ohnehin keinen legitimen Anspruch hatte, während es seinen begründeten Anspruch auf das umkämpfte Westpreußen dadurch kompromittierte, daß es ein Gebiet, das unter dem Deutschen Orden wirtschaftlich und kulturell aufgeblüht war, dem Verfall ausgesetzt hatte. Frankreichs Anrecht auf das Elsaß, Englands auf Irland, Amerikas auf Kalifornien, Texas, Arizona, Utah, Nevada und Neumexiko waren schlechter begründet.

Aber so überlegen, zunächst zurückhaltend, im richtigen Augenblick zugreifend, dabei maßvoll und konform mit der internationalen Moral seiner Zeit, vitalen Interessen seines Staates gehorchend, aber sie nicht überschreitend – so vertretbar, mit anderen Worten, Friedrich II. an dieser ersten Teilung Polens mitgewirkt hatte, so schrecklich und absurd war das Bild der preußischen Politik bei der zweiten und dritten Teilung. Sie trug in allem das Stigma der schwächsten Könige, des infamsten innenpolitischen Systems, die Preußen in seiner Geschichte produziert hatte.

Nicht etwa, daß jeder weitere preußische Gewinn auf Kosten Polens hätte ausgeschlossen sein müssen. Alle europäischen Höfe, sogar manche Polen, hielten vielmehr bestimmte, begrenzte preußische Ansprüche für unvermeidlich und waren gewillt, sie hinzunehmen. Schon Friedrich hatte nur widerwillig auf Danzig und Thorn verzichtet und gemeint, daß sich das bei späterer Gelegenheit nachholen lassen werde. Und die Posener Ecke rannte derart keilförmig in den neuen Leib Preußens hinein, daß Preußen – wie auch jede andere Großmacht an seiner Stelle – nur auf die nächste Chance warten konnte, sie »abzurunden«. Man lebte noch in der »Gründerzeit« des europäischen Staatensystems, in der sich jeder vergrößerte, wie er konnte. Napoleon sollte wenige Jahre später zeigen, wie unersättlich die Habgier auch alter Kulturnationen sein konnte, und England war ihm mit bestem Beispiel vorangegangen. Daran gemessen war das, was noch Friedrich im Auge hatte, wenn er nach Osten schaute, ausgesprochen bescheiden, fast möchte man sagen: preußisch-kleinkariert.

3. Auf Irrwegen zur zweiten Teilung

Jene Polen-Politik aber, die dann seine Nachfolger betrieben, ist Ausdruck der schrecklichsten Verirrung in Preußens Geschichte, geeignet, preußischen Beobachtern noch heute die Schamröte ins Gesicht zu treiben. Nicht nur wegen ihrer Hemmungslosigkeit gegenüber Polen, nicht nur, weil sie jeden gesunden Hausverstand vermissen ließ und stellenweise lächerlich wirkte. Auch deshalb, weil sie von solcher Geringschätzung der preußischen Führungskaste für das eigene Volk zeugt, daß sie den ganzen Jammer feudalistischer Unterdrückung wiederauferstehen läßt.

Nach der ersten Teilung deutete allerdings, im Gegensatz zu landläufigen Meinungen, durchaus noch nichts auf die Unvermeidlichkeit einer zweiten. Die Absicht der Zarin war es vielmehr, das ganze Polen in einem protektoratsähnlichen Zustand an Rußland zu binden. Aber es sollte ein verhältnismäßig mildes und wohlmeinendes Protektorat sein, und weil sie neue große Pläne gegen die Türkei hatte, war sie an Ruhe und Ordnung in Polen interessiert. Sie wollte keine polnische Anarchie mehr, sondern ein gewisses, mit russischen Interessen verträgliches Maß an Reform und Fortschritt. Unter der Regie ihres Botschafters war ein regierungsähnliches beratendes Gremium in Warschau geschaffen worden, das besondere Abteilungen für Armee, Polizei, Finanzen, Steuern und die Außenpolitik besaß und dem Land zum ersten Mal seit langem eine gewisse Steuerung gab. Die Regierung verfügte jetzt über höhere Geldmittel. Sie erlaubten es beispielsweise, die bisher eher auf dem Papier existierende Armee auf 18 000 Mann zu bringen. 30 000 Mann hatten die Russen vorgeschlagen – der Adel reduzierte die Zahl, weil er fürchtete, eine so starke Truppe könnte den König zu mächtig werden lassen. Die neue Steuerordnung machte auch die Entwicklung eines Elementarschulsystems möglich, das hoffnungsvolle Ansätze zeigte. Gleichzeitig begann sich in den Städten neue Aktivität zu regen. Die im Land eingekehrte Ruhe war der Entwicklung von Handelsunternehmen günstig, eine bürgerliche Mittelklasse begann sich zu entwikkeln, die Einwohnerzahl Warschaus verdoppelte sich innerhalb von 15 Jahren. Nicht sehr viel, aber doch einiges war in Bewegung geraten, und die russischen Truppen wurden 1780 aus Polen abgezogen.

Polen hätte also eigentlich mit der Entwicklung relativ zufrieden sein können – wären nicht eben gerade diese Reformen einer starken ultra-konservativen Fraktion überaus zuwider gewesen, und hätte nicht die Tatsache, daß sie unter russischer Regie zustande gekommen waren, ihren Russenhaß noch verstärkt. Und hätten nicht andere Gruppen auf dem entgegengesetzten Ende des politischen Spektrums noch weitgehendere Reformpläne gehabt, die aus den entgegengesetzten Gründen gleichfalls darauf abzielten, die ganze russische Vorherrschaft bei der nächsten Gelegenheit abzuschütteln.

Katharinas großer Orient-Plan

Diese Gelegenheit schien sich wegen der Orientpläne der Zarin zu ergeben. Sie drohten, auf nicht weniger hinauszulaufen als auf eine Veränderung des ganzen weltpolitischen Systems, und sie zwingen uns deshalb zu einem Blick auf das ganze weite europäische Panorama. Katharina strebte nichts Geringeres an als die Vertreibung der Türkei aus Europa. Türkische Provinzen auf dem Balkan sollten für Rußland gewonnen, das untergegangene Byzanz mit ihrem Großenkel Konstantin als Herrscher wiedererrichtet, auf rumänischem Boden ein Königreich Dacien mit ihrem Feldmarschall und Ex-Geliebten Potemkin an der Spitze geschaffen werden. So großartige Projekte mußten zu erheblichen Spannungen sowohl mit England wie mit Preußen und anderen Staaten führen.

Denn wie konnte man zum Beispiel in Berlin übersehen, daß solch ein Anwachsen der russischen Macht bei gleichzeitiger Ausschaltung der türkischen die Balance auf dem Kontinent verschieben und Preußen immer stärker unter den Druck des östlichen Riesen geraten lassen würde? Noch schlimmer wurde die Sache dadurch, daß Katharina ihr Unternehmen zusammen mit Österreich in die Wege leitete. Über alle Eroberungen hinaus, die sich die Habsburger von einem Feldzug auf dem Balkan versprachen, meinten sie darin auch eine Gelegenheit zu erblicken, ihren preußischen Rivalen am russischen Hof auszustechen. Beide schlossen 1781 eine Allianz, die zwar nach russischer Meinung gegen die Türkei, nach den Wiener Erwartungen aber nicht zuletzt auch gegen Berlin gerichtet war.

Das preußische Problem war nicht einfach, aber eine mit kühlem Kopf gemachte Berliner Politik hätte sich wahrscheinlich dennoch für Abwarten entschieden. Sie hätte ins Kalkül ziehen können, daß Österreich und Rußland unvermeidlich einander ins Gehege kommen würden, je größer ihre Fortschritte wurden; daß England von einem Zusammenbruch der Türkei noch mehr tangiert gewesen wäre als Preußen und deshalb als erster einschreiten mußte; daß Frankreich, der älteste Verbündete des osmanischen Reiches, früher oder später zur Gegenaktion schreiten würde; daß Rußland in den polnischen Fragen am Ende immer auf eine Zusammenarbeit mit Preußen zurückgreifen müßte. Aber zu so gelassener Betrachtung war man in Berlin nicht geneigt.

Die preußische Regierung jener Tage fühlte sich noch sehr im Aufwind der unerhörten Energieleistung Friedrich II. und seinem Ruhm verpflichtet. Sie betrachtete die russisch-österreichische Allianz als Herausforderung, der sie massiv entgegentreten zu müssen glaubte. Im August 1788 schloß sie ein Bündnis mit England, das unzweideutig gegen Rußland und Österreich gerichtet war. Ihm war ein Bündnis mit Holland, Englands Trabanten auf dem Kontinent, vorangegangen, und diese Dreier-Allianz machte sich pro forma ausgezeichnet, denn in einem Geheimartikel verpflichteten sich die Briten sogar zur Hilfeleistung mit 50000 Mann außer ihrer Seemacht.[92] Mit Hilfe eines solchen Systems schien sich eine internationale Lage sehr zum Vorteil Preußens zu verwandeln, die ohnehin ihre verführerischen Aspekte hatte.

Denn Frankreich war durch den Prozeß der großen Revolution

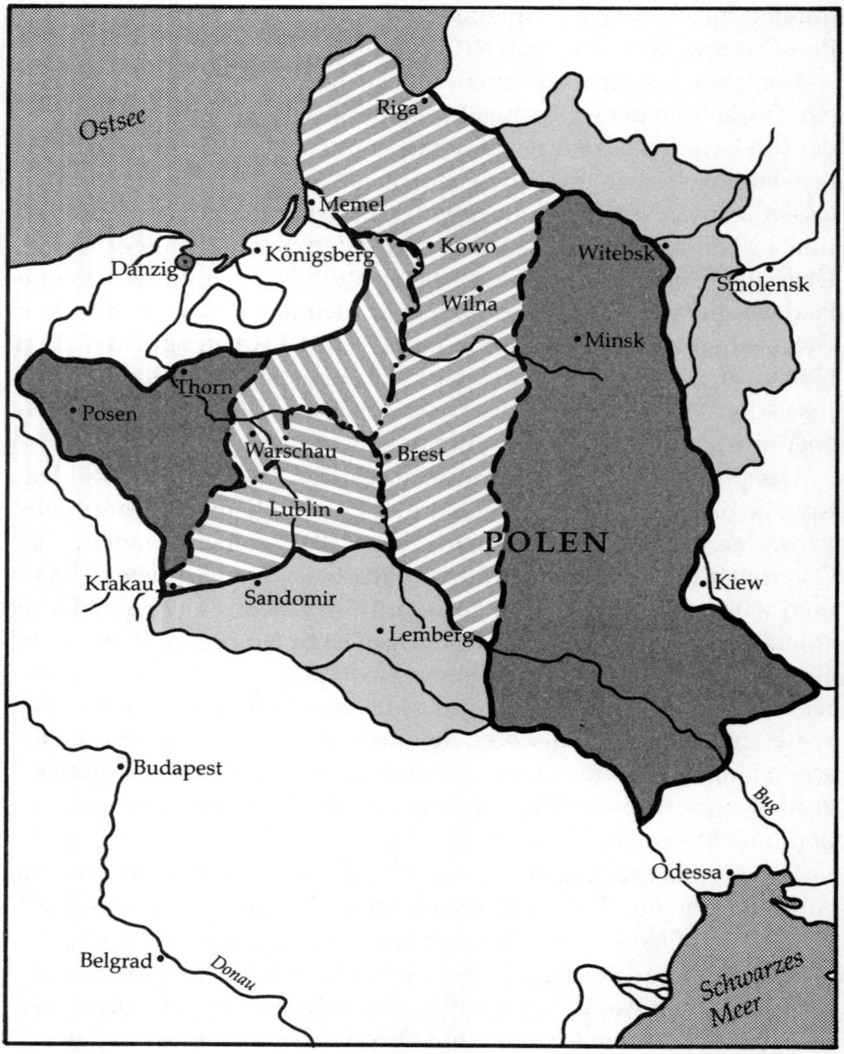

Die zweite und dritte Teilung Polens

- Gebiete, die bei der 2. Teilung an Preußen und Rußland abgetreten wurden
- bei der 3. Teilung an Preußen
- bei der 3. Teilung an Österreich
- bei der 3. Teilung an Rußland

vorübergehend handlungsunfähig geworden. Rußland befand sich in einem schweren Krieg sowohl mit der Türkei wie mit Schweden. Österreich war, als Verbündeter Rußlands, nicht nur an der türkischen Front schwer beschäftigt, sondern überdies von Revolutionen in Ungarn und Belgien – damals noch die »österreichischen Niederlande« – bedroht. Und in Polen entfaltete sich eine wachsende antirussische Bewegung, die sich durch das Bündnis zwischen Preußen und England/Holland sehr ermutigt fühlte. Eine so günstige Situation bot sich nach der in Berlin vorherrschenden Meinung jedem Staat nur alle Jahrhunderte einmal. Aus ihr mußte sich etwas machen lassen.

Allerdings gab es zwei verschiedenartige Vorstellungen von den dabei anzuwendenden Methoden. Die preußischen »Politiker des Angriffs« wollten eine radikale Lösung mit militärischen Mitteln. Während Rußland mit der Türkei, Schweden, Polen und einer kleinen preußischen Hilfsarmee beschäftigt werden sollte, hätte sich nach ihrer Meinung die preußische Hauptmacht auf Österreich zu stürzen, in zwei oder drei Feldzügen das Kaiserreich niederzuringen, Teile Böhmens und Mährens für Preußen zu gewinnen und so die Frage der Vormachtrolle in Deutschland ein für allemal zugunsten Preußens zu entscheiden.[93] Preußen, so argumentierten diese Gruppen, befinde sich mit seiner weit zerdehnten Staatsgestalt immer in einer prekären Lage. An allen natürlichen Kraftquellen seien ihm seine beiden Nachbarn jeder für sich überlegen. Der Abstieg eines so schnell zu hohem Ruhm gekommenen Staates wie Preußen sei unvermeidlich, wenn es nicht eine so glückliche Stunde wie diese nutze, um seine beiden Rivalen mit entschlossenen Schlägen zu bändigen.

Das war freilich nicht die Meinung des preußischen Kabinetts und vor allem nicht die des leitenden Ministers Hertzberg. Auch er wollte die einmalige Stunde nutzen, aber mit diplomatischen Mitteln. Es ging ihm nicht um den Triumph über Habsburg und Rußland, sondern um das konkrete Ziel einer Erweiterung der Landbrücke nach Ostpreußen. Das ganze Europa kreiste für ihn um Danzig und Thorn, der türkisch-russisch-österreichische Krieg reduzierte sich bei ihm auf die Frage, wie er so gewendet werden könne, daß er Preußen in den Besitz beider Städte nebst Umfeld bringen könne. Zu diesem Zweck entwarf er diplomatische Reißbrettskizzen, die den Spott mancher europäischer Höfe ernteten, weil sie in einem luftleeren Raum beheimatet zu sein schienen. Sie variierten je nach der Lage an den türkischen Fronten, enthielten aber immer die gleichen vier Elemente: erstens sollte die Türkei mäßige Kriegsgewinne der Russen wie der Österreicher tolerieren; dafür würde sie – zweitens – eine Garantie für den Restbestand ihres europäischen Imperiums von Preußen und England erhalten; als Gegenleistung für seine Gewinne auf dem Balkan würde – drittens – Österreich den größten Teil Galiziens an Polen zurückgeben; und das dankbare Polen würde – viertens – Danzig und Thorn nebst Umfeld an Preußen abtreten. Mit anderen Worten: die einen sollten Blut und Gut opfern, aber sich Beschränkungen beim Abkassieren auferlegen, damit der letzte umsonst haben konnte, was er schon lange erhalten wollte. Das Unglück war, daß weder Türken noch Österreicher noch Polen eines der anvisierten Territorien freiwillig abzutreten bereit waren. Die überaus komplizierte Rechnung war also ohne einen einzigen der drei Wirte gemacht.

Eben dies war der Grund dafür, daß schließlich die Absichten der preußischen Kriegspartei und die des politischen Grundstücks-Spekulanten Hertzberg auf ein gemeinsames Gleis mündeten, das unausweichlich auf Krieg sowohl mit Österreich wie mit Rußland hinzuführen schien. Das ganze Projekt des Landerwerbs in Polen hing ja am türkischen Nagel. Die Pforte mußte bereit sein, türkisches Land an Österreich und Rußland abzutreten, damit ein Friede zustande kommen konnte, der Danzig und Thorn an Preußen fallen lassen würde. Ohne sich selbst irgendwie festzulegen, verlangten nun aber die mit allen Wassern gewaschenen türkischen Diplomaten für die allgemeine Idee des Zusammengehens mit Preußen Höchstpreise. Und da Preußen in Konstantinopel einen Gesandten hatte, der selbst der Kriegspartei angehörte,[94] endete das intrigenreiche Spiel zwischen Berlin und der Pforte am 31. Januar 1790 mit der Unterzeichnung eines preußisch-türkischen Vertrages, den die einen in Berlin freudig begrüßten und über den die anderen die Hände rangen.

Denn in Überschreitung seiner Vollmachten hatte der Gesandte Dietz aus einer »bewaffneten Vermittlung« Preußens im Krieg ein preußisch-türkisches Schutz- und Trutzbündnis gemacht, das den Eintritt Preußens in den Krieg gegen Österreich und Rußland nur noch zu einer Frage von Monaten zu machen schien. Zwar mußte der Vertrag in Berlin noch ratifiziert werden. Würde man aber nicht ratifizieren, dann wäre man zusammen mit dem türkischen Verbündeten die ganze schöne Idee des Landgewinns in Westpreußen und auch die englische Unterstützung losgewesen. Die »Jahrhundertchance« wäre ungenutzt geblieben. Dazu war man in Berlin keineswegs bereit. Der König und sein Minister begannen, sich mit dem Gedanken an den großen Krieg zu befreunden. Am 3. April schrieb Hertzberg an seinen Gesandten in Konstantinopel, der König sei sehr bereit zum Kriege, wenn Wien und Petersburg sich nicht zur Abtretung Galiziens und der Aufgabe der Balkan-Provinzen Moldau und Walachei an die Türkei bereit zeigten.[95] Am 30. März hatte er ihn bereits wissen lassen, der König werde im Kriegsfall »mit drei Armeecorps von je 50000 Mann und 30000 Mann Polen« die Österreicher angreifen, »während ein anderes Corps von 30000 Mann die Russen beschäftigt. Aber es muß alles Mögliche geschehen, damit die Türken Ende Mai im Felde erscheinen und den Krieg mit aller Kraft führen, damit wenigstens 100000 Österreicher und 100000 Russen beschäftigt werden und der König nicht die ganze Macht der beiden großen Monarchien allein gegen sich hat.«[96]

So begann denn im Frühjahr 1790 die preußische Militärmaschinerie sich in Bewegung zu setzen. Der große Kampf schien unvermeidlich. Da änderten zwei Ereignisse den Lauf der Welt, das eine gänzlich unvorhersehbar, das andere um so eher zu erwarten. Das erste war der Tod des kriegs- und kampfbereiten österreichischen Kaisers Joseph II. Das Zepter nahm nun Leopold II. in die Hand, ein weiser Mann aus florentinischer Schule, der die Überlastung Österreichs erkannt hatte, den Zusammenbruch aufhalten wollte, von der alten Preußenfeindschaft nicht viel hielt und um des Friedens mit Berlin willen zu manchen Konzessionen an die Türkei und anderswo bereit war.

Gerade, als im Frühjahr 1790 Friedrich Wilhelm II. seine Armeen in Schlesien zum Angriff gegen Österreich aufmarschieren ließ und die Österreicher die ihren in Böhmen, gerade, als ganz Europa den Entscheidungskampf erwartete und auch Goethe angereist kam, um sich ein großes Spektakel nicht entgehen zu lassen – gerade in diesem Moment begann Leopold II., sich mit versöhnlichen Briefen an die Berliner Adresse zu wenden. Er wäre bereit, schrieb er, auf nennenswerte Eroberungen auf türkische Kosten zu verzichten. Er stimme im Prinzip dem Status quo an den türkischen Grenzen zu. Allerdings sei er nicht bereit, den Polen Galizien zu überlassen, damit Preußen Danzig und Thorn gewinnen könne. Für die Berliner Regierung war das nun allerdings der wichtigste Punkt. Und als sie deshalb ihre Kriegsdrohung verstärkte und die Karten hinwerfen wollte, schienen die österreichischen Unterhändler selbst in *dieser* Frage einlenken zu wollen – als das berechenbare zweite Ereignis eintrat: die Engländer intervenierten, samt holländischem Gefolge, und zwar zugunsten der Österreicher.

Sie waren entzückt, als der neue österreichische Kaiser sie wissen ließ, daß er den Status quo gegenüber der Türkei akzeptiere. Für Preußen war das eher ein Vorwand für jene Intervention gewesen, an deren Ende der Gewinn von Danzig und Thorn stehen sollte, für England aber war die Sicherung der Türkei das wirkliche und alleinige Ziel. Sie wollten den Kontinent in der Balance halten, um desto unbelästigter in der Welt ihre eigene Macht zu mehren, und sie dachten nicht daran, anderen das gleiche zu gestatten – auch nicht den Preußen. Schon gar nicht, wenn etwa Preußen durch den Gewinn von Danzig und Thorn seine Position als Handels- und Seemacht in der Ostsee beträchtlich hätte stärken können. Und gerade in dem Moment, in dem Minister Hertzberg in den Verhandlungen mit den Österreichern glaubte, endlich dem Ziel all seiner Mühen nahe zu sein – gerade in diesem Moment teilten die nach Schlesien geeilten Gesandten Englands und Hollands mit, daß sie zu solchen preußischen Plänen die Hand nicht reichen könnten. Alles, was sie interessiere, sei der türkische Status quo.[97] Für den Rest handele Preußen auf eigene Rechnung.

Die Kriegslust des preußischen Königs sank darauf erheblich. Ohne England war ein Krieg gegen Österreich mit Beteiligung Rußlands zu riskant, die Kriegsdrohung nicht mehr glaubwürdig. Sein großer Plan war offenkundig gescheitert. Nichts wollte er mehr wissen von der Niederringung Österreichs, noch nicht einmal von Hertzbergs bescheidenen Erwerbsplänen bei Danzig und Thorn. Statt dessen unterzeichnete er im Juli in Reichenbach eine Konvention mit Österreich, die er als Triumph auszugeben bemüht war, und die doch einen erheblichen Rückschlag für die preußische Politik darstellte. »In der Form eines Ultimatums«, schrieb ein Spötter, »erhielt Leopold von den Preußen seine eigenen Friedensbedingungen. Es war ihm recht, wenn sie ihm diktiert wurden.«[98]

Wohl verzichtete die Wiener Regierung in Reichenbach auf alle ins Gewicht fallenden Eroberungen türkischen Gebietes, und ein paar christliche Provinzen des Sultans durften weiter unter der osmanischen Mißwirtschaft stöhnen. Friedrich Wilhelm II. konnte, was er so sehr wünschte, als »Schiedsrichter Europas« posieren. Aber um welchen Preis? Die »Jahrhundertchance« war vertan, und der große Truppenaufmarsch hatte ihn, wie Minister Hertzberg später schätzte, 40 Millionen Taler gekostet – einen guten Teil des Kriegsschatzes

Friedrichs des Großen. Viel politisches Renommée war verloren. Österreich war zu einem Rückzug gezwungen worden, aber unter Bedingungen, die seinen inneren Zusammenhalt eher stärkten als schwächten. Das beste, was man von der Konvention sagen konnte, war, daß sie ein besseres Verhältnis zwischen den beiden deutschen Großstaaten einleiten konnte, sozusagen eine Wende von der offenen Rivalität zur versteckten. Gleichzeitig aber war sie ein Beitrag zur weiteren Verschlechterung der Beziehungen mit Rußland. Denn unter Preußens Druck schied ja nun Rußlands österreichischer Alliierter aus dem Krieg gegen die Türkei aus, und Friedrich Wilhelms Bemühungen um die Rolle des »Schiedsrichters« im Balkan-Krieg hatte ohnehin längst den Ärger der Zarin erregt.

Preußen im englischen Kriegsbündnis

Seit dem Abschluß der beiden gegensätzlichen Allianzen waren die preußisch-russischen Beziehungen von Tiefpunkt zu Tiefpunkt geeilt. In dem Maße, in dem Preußen die Balkan-Händel benutzen wollte, um in Westpreußen Gewinne zu machen, war Polen in das Spannungsfeld beider Mächte geraten. Als Antwort auf die preußische Allianz mit England hatte die Zarin den Polen ein Bündnis aufzureden versucht, das auch noch eine Grenzgarantie enthalten sollte – ein schwerer Schlag für alle preußischen Hoffnungen. Aber die Polen hatten die Bildung der englisch-preußischen Koalition und das Wachsen der Spannungen zwischen dieser und Rußland mit großen Hoffnungen und heißem Herzen verfolgt. Der Kriegskurs, auf den sich die beiden Parteien einließen, schien ihnen die Chance zu geben, das Joch der russischen Oberaufsicht abzuschütteln. In verblüffendem Maße war Preußens Einfluß in Warschau gewachsen, und so gelang es der Berliner Politik, das Bündnisangebot Katharinas an Polen mit einer Botschaft an den Warschauer Reichstag zu durchkreuzen. Darin wurden nicht nur die Absichten der Zarin massiv kritisiert, sondern auch den Polen statt eines Bündnisses mit Rußland eines mit Preußen in Aussicht gestellt.

Plötzlich war zwischen Preußen und Rußland ein Kampf um den vorherrschenden Einfluß in Polen entbrannt. Nie zuvor hatte eine preußische Regierung daran gedacht, das überwiegende russische Interesse an Polen in Frage zu stellen. Nie hätte sie sich jetzt daran gemacht, wenn sie nicht von der Permanenz ihrer Allianz mit England und der Dauerhaftigkeit der englischen Frontstellung gegen Rußland überzeugt gewesen wäre.

Die »große östliche Krise« war der Hintergrund all der erregten Debatten, die jetzt im Warschauer Reichstag stattfanden. Jedermann in Polen erwartete, daß Preußen und England in den schon entbrannten Krieg zwischen Russen, Türken und Schweden eingreifen würden. Fast alle glaubten, daß eine einmalige Gelegenheit gekommen sei, die Lage Polens zu verbessern. Nur waren sie wieder ganz entgegengesetzter Meinung über die besten Wege zu diesem Ziel. Der König war für eine gemäßigte Reformpolitik an der Seite Rußlands, für Vorsicht bei jeder Bewegung. Damit traf er aber durchaus nicht die Stimmung im Lande, vor allem nicht die der sich jetzt bildenden großen Bewegung der »Patrioten«. Deren Ziele waren die völlige Befreiung Polens von russischer Vormundschaft und ein innenpolitisches Reformprogramm, über dessen Details zwar keine genauen Vorstellungen bestanden, das aber jedenfalls den Aufbau einer großen Armee erlauben sollte. Neben König und »Patrioten« standen als dritte große Gruppe die »Traditionalisten«, denen nichts wichtiger war als die Erhaltung aller alten »Adelsfreiheiten« und die jederzeit als »russische Partei« aufzutreten bereit waren, wenn nur Rußland den König ebenso wie die Reformer in Acht und Bann tun würde.

Der maßvolle, mit dem russischen Gesandten Hand in Hand arbeitende Stanislaus Augustus konnte die aufgeregten Gemüter am wenigsten begeistern, die »Patrioten« mit ihrem Programm polnischer Größe um so mehr. Was sie allerdings brauchten, war eine ausländische Rückenstütze, die, wie sie meinten, unter den Umständen nur von Preußen kommen konnte. Nach Berlin hatten sie schon vor dem Zusammentreten des großen Reichstages ihre Fühler ausgestreckt – mit nur zu großem Erfolg! Das preußische Angebot einer Allianz mit Polen, dazu eine weitere preußische Erklärung, in der den Polen ganz im Gegensatz zur Meinung der Zarin das Recht zugesprochen wurde, ihre Verfassung nach Belieben zu ändern – all das machte auf den Reichstag einen ungeheuren Eindruck. Die »Patrioten« hatten mit einem Schlag Oberwasser. Zum ersten Mal schien Polen einen mächtigen Beschützer zu haben – oder vielmehr zwei und drei, denn hinter Preußen sah man ja die Seemächte, England und Holland. Man träumte von der Aufnahme Polens in das große antirussische Bündnis, dem dann auch noch Schweden angehören würde. Und mit Leidenschaft machte man sich an die Zerstörung all dessen, was in den letzten Jahren unter russischer Anleitung an Regierungseinrichtungen geschaffen worden war: »Rußland anzuklagen, das war jetzt der Weg zur Popularität, und die Zarin persönlich anzugreifen, wurde für eine patriotische Tat gehalten.«[99] Ernste Warnungen des russischen Botschafters, die von der Zarin Katharina garantierte Verfassung nicht zu verändern, wurden mit Geringschätzung aufgenommen. Wieder erhob sich der Ruf nach dem Abzug aller russischen Truppen. Und die Zarin gab ihm nach, obwohl sie wegen ihres Türkenkrieges die polnische Ukraine als Durchmarschgebiet gut hätte gebrauchen können.

Mit Polen gegen Rußland

Im Irrgarten ihrer Trugbilder schritten die patriotischen Polen und der tolldreiste preußische Hof bis zum Abschluß eines förmlichen Bündnisses. Die Polen hatten es vorgeschlagen, Minister Hertzberg in Berlin – für dieses Mal auf dem Boden friderizianischen Realitätssinns – hatte es entsetzt abwehren wollen. Aber der König, überzeugt vom Nutzen einer polnischen Hilfstruppe im bevorstehenden großen Kampf mit Österreich und Rußland – setzte es durch. 1789 begannen die Verhandlungen. Kurz vor ihrem Abschluß kam die preußische Seite auf die Idee, daß sie den Polen als Entgelt für dieses Bündnis vorher wenigstens noch Danzig und Thorn abknöpfen sollte. Den Führern der »Patrioten« war nicht unbekannt, wie sehr man in Berlin beide Plätze wünschte, und einigen von ihnen schien der Preis erwägenswert. Aber dem national gestimmten Land waren solche Forderungen nicht zuzumuten, sie lösten in Polen vielmehr Empörung aus, wirkten wie eine kalte Dusche. Die Preußen verzichteten schließlich auf ihr Ansinnen, aber dieses erste Rencontre noch vor dem Abschluß zeigte auch ihnen schon das Unnatürliche der Liaison.

Der Vertrag wurde dessen ungeachtet am 29. März 1790 unterschrieben, knappe zwei Monate nach dem türkischen. Er sah nicht nur den militärischen Beistand im Falle eines Angriffs vor, sondern auch eine preußische Garantie für den Fall russischer Versuche, in die inneren Angelegenheiten Polens einzugreifen. Das preußische Verlangen nach Danzig und Thorn war in der Klausel versteckt, daß ungeregelte territoriale Fragen auf freiwilliger Basis geregelt werden könnten.

Einen unsinnigeren Vertrag hat Preußen wohl nie unterzeichnet. Die wichtigsten Forderungen, die es hatte, richteten sich gegen jenes Land, mit dem es sich jetzt verband, andere gegen das Haus Sachsen, dessen Kurfürsten die polnischen »Patrioten« mit Friedrich Wilhelms Segen wieder zum polnischen König machen wollten. Und nicht nur der militärische Apparat des neuen Verbündeten war minimal, in Berlin wußte man auch bestens über die Unbeständigkeit aller polnischen Richtungen und Meinungen Bescheid. Der Pakt war gegen Rußland gerichtet, mit dem in Frieden und Freundschaft zu leben Friedrich Wilhelm I und Friedrich II. ihre Nachfolger dringlich gemahnt hatten. Wenn Abrundungen Preußens auf Kosten Polens noch als nötig betrachtet wurden, dann waren sie mit vertretbaren Risiken immer nur mit Rußland, nicht gegen Rußland zu erreichen. Und wenn verhindert werden sollte was in der Tat verhindert werden mußte, daß nämlich das ganze Polen Rußland als Aufmarschraum zur Verfügung stand, dann gab es dafür andere kostengünstige Kombinationen. Der Höhepunkt der Torheit aber war, daß sich Preußen nun ohne Not auf Kriegskurs gegen Rußland begab, im Vertrauen auf eine Allianz mit England, bei der es in der vordersten Front hätte stehen müssen, während die Briten vom sicheren Hinterland aus den Verlauf der Ereignisse, die Größe ihres Einsatzes und die Art des Friedens nach eigenem Ermessen hätten diktieren können.

Aber nachdem nun Preußen und England den Status quo an den türkischen Grenzen gegen Österreich durchgesetzt hatten, hielten sie es für unerläßlich, die gleiche Lektion auch der Zarin zu erteilen. Während des ganzen Herbstes 1790 drängten ihre Gesandten in Petersburg die Zarin, sich den englisch-preußischen Vorstellungen zu beugen.[100] Als sie das glatt ablehnte, hielt man in London und Berlin den Griff zu den Waffen für unvermeidlich. Allerdings begeisterten sich am preußischen Hof nur der König und sein Kreis dafür, ansonsten herrschte über den Gang der Dinge Bestürzung.

Die große Mehrzahl der Generale und Minister betrachtete die Konfrontationspolitik gegenüber Rußland als ein Unglück. Prinz Heinrich, der Bruder Friedrichs II., riet entschieden ab. Minister Hertzberg hielt einen Krieg mit Rußland »für die größte Katastrophe, vielleicht das Grab der preußischen Monarchie«.[101] Eine Invasion Rußlands, so sagten die Militärs, würde eine Wiederholung von Poltawa bringen, ein Desaster also, wie es 80 Jahre früher Karl XII. widerfuhr. Zudem hatte Katharina schon begonnen, ihre türkischen Pläne zurückzuschneiden. Der »gesamteuropäische« Gegendruck schien ihr doch zu groß. Sie träumte nicht mehr von der Wiedererstehung des »Byzantinischen Reiches«. Sie hatte sich auf Zonen beschränkt, deren Erwerb ihr nun allerdings unerläßlich schien: auf die strategisch wichtige Festung Otschakow am Schwarzen Meer beispielsweise und Besarabien.

In Berlin begann man zu schwanken. Der alte Gedanke, Danzig und Thorn auf dem Wege eines gütlichen Austausches zu erhalten, belebte sich wieder. Wenn man der Zarin Otschakow und Beßarabien zugestand, ließen sich dann nicht auch die preußischen Wünsche befriedigen? Man wußte, daß viele am russischen Hof ähnlich dachten, in erster Linie Potemkin, der starke Mann. Zwar hatte sich der König in seine europäische Schiedsrichterrolle verbissen, zwar spürte er die starke Neigung, sich an der Zarin für die Mißachtung zu revanchieren, die sie ihm offenkundig entgegenbrachte. Aber zu schnellen Meinungsänderungen war dieser König nur allzu bereit. Und als sich im Verlauf zäher Verhandlungen mit London und Warschau über die große anti-russische Koalition ergab, daß die Polen ihm auch weiterhin nicht den kleinsten Bonbon dafür geben wollten, daß er sie von der russischen Vorherrschaft befreien würde; daß sie ihm trotz englischer Fürsprache noch nicht einmal Danzig überlassen wollten, wiewohl sie selbst von der Wiederoberung von Kiew träumten;[102] als England mit der genauen Definition seiner Ziele und Versprechen zu zögern und zu zaudern schien – als sich alle diese Enttäuschungen ergaben, da war der preußische König schon dabei, aus dem Reich der Chimären wieder auf den Boden der Realitäten zurückzufinden und mit Hilfe seines neuen österreichischen Partners die Rückkehr zu freundschaftlichen Beziehungen mit der Zarin zu suchen. Aber da trat mit seiner ganzen Energie William Pitt d. J., der englische Kabinettschef, auf den Plan.

Es war von Anfang an vor allem die Londoner Politik gewesen, die den Kreuzzugsgedanken des preußischen Königs Rückhalt gegeben hatte. Mit Pitt an der Spitze schien die britische Regierung wieder einmal in Rußland ihren großen Gegner erkannt zu haben. Gerade jene Mächte, gegen die Katharina anrannte, Polen und die Türkei, schienen Pitt – ganz wie vordem der französischen Politik – die wichtigsten Bollwerke gegen das wachsende Zarenreich zu sein. Die Türkei begann man in England jetzt als den Sperriegel zu begreifen, der Rußlands Weg ins Mittelmeer abblocken sollte. Polen sollte dem russischen Einflußbereich entwunden werden, weil es Rohstoffe besaß, die England bisher aus dem Zarenreich bezog, Holz und

Getreide vor allem; die Insel konnte auf diese Weise von guten Beziehungen zu Petersburg unabhängig werden. Mit solchen Zielen arbeitete die Londoner Regierung am Zustandekommen der großen Allianz, der außer England, Preußen und Holland auch Polen, Schweden, Dänemark und die Türkei angehören sollten; und im Januar 1791 – gerade, als man sich in Berlin wieder anders orientieren wollte – hatte sie ihren Plan fertig. Die britischen, holländischen und schwedischen Flotten sollten in der Ostsee gegen Rußland offensiv werden, Preußen, Polen, Schweden und Türken mit ihren Armeen zu Lande. Der Krieg sollte im Frühjahr beginnen – falls die Zarin nicht klein beigeben, auf jedweden Gewinn gegenüber der Türkei verzichten und sich in die britische Weltordnung fügen sollte. Was man immerhin für möglich hielt, denn die Macht, die da gegen sie auf die Beine gebracht werden sollte, war ja in der Tat imposant.

So imposant, daß der berauschte preußische König alle Gedanken an ein Arrangement mit der Zarin vergaß, den englischen Plänen seine volle Zustimmung gab und dem österreichischen Kaiser das Versprechen abnahm, daß er im Falle eines Krieges mit Rußland neutral bleiben würde. Nur eine Bedingung stellte er den Briten: daß ihr letzter Plan endgültig und zuverlässig sei. Als sie dies mit Freuden bejahten, als der britische König eine kriegerische Botschaft ans Parlament schickte, als die britische Flotte sich zum Auslaufen in Richtung Ostsee bereit machte – als an Englands Haltung überhaupt kein Zweifel mehr möglich erschien, marschierte eine preußische Armee von 90 000 Mann an den russischen Grenzen auf. Der König wollte sich an ihre Spitze setzen. Er war bereit, die Landeskinder für die Rückgabe der fernen Festung Otschakow am Schwarzen Meer an die Türkei zu opfern. Aber eine feste Zusage, als Lohn dafür wenigstens Danzig von Polen zu erhalten, hatte er nicht in der Tasche. England hatte lediglich seine Fürsprache zugesagt. Es war Ende März 1791.

In der Tat war die Lage Rußlands kritisch. Es hatte drei Jahre lang einen zwar erfolgreichen, aber kräftezehrenden Krieg an seinen Süd- und Nordflanken geführt. Der Angriff einer so großen neuen Koalition konnte tödlich sein. Und so war es nicht erstaunlich, daß sich in Petersburg die Mehrheit der Minister für einen anderen Kurs entschied, als er der Zarin genehm war: nämlich für ein friedliches Arrangement mit der westlichen Koalition, vor allem mit Preußen – und das letztere auf der Basis einer neuen Teilung Polens. Um ein Haar wäre es auf diesem Wege zum Ausgleich mit Berlin gekommen.

Schon hatte die Zarin eine Botschaft entsprechenden Inhalts an den preußischen König auf den Weg gebracht. Da fiel, noch bevor der russische Kurier eintraf, in Berlin die Entscheidung für den englischen Kriegsplan, da hatte der unselige Monarch seinen Minister Hertzberg, der sich verzweifelt gegen den »englischen Despotismus« zur Wehr gesetzt hatte, in die Wüste geschickt.[103] Und nun entschloß sich die Zarin zum unbeugsamen Widerstand. Sie erreichte damit den größten Triumph ihres Lebens und die peinlichste Niederlage ihres Berliner Widersachers.

Englands neue Kehrtwendung

Denn kaum sechs Wochen, nachdem England alle Pläne mit seinem preußischen Alliierten fest verabredet, nachdem sich das auf England setzende Preußen gegenüber Rußland derart bloßgestellt hatte – im Mai 1791 –, machte die britische Politik eine vollständige Kehrtwendung und ließ ihren preußischen Alliierten im Stich. Wieder einmal.

Kriegswillig waren in England wohl Ministerpräsident und Kabinett gewesen, aber kriegsunwillig waren Öffentlichkeit und Kaufmannschaft. Für sie war Rußland ein ausgezeichneter Kunde – daß Polen je einer werden würde, bezweifelten sie mit Recht. Als die bisher geheimgehaltenen Kriegspläne des Kabinetts an die Öffentlichkeit drangen, erhob sich ein Sturm der Entrüstung, der Pitt seinen Sturz befürchten ließ. So schandhaft er selbst das Verhalten empfand, zu dem er sich nun gezwungen sah: er mußte gegenüber der Zarin kapitulieren. Und da Preußen allein an ein russisches Abenteuer, noch dazu eines ohne jeden triftigen Anlaß, noch nicht einmal denken konnte, riß er es in seine Niederlage mit hinein. Weil er noch nicht einmal mehr mit einem Flottenaufmarsch drohen durfte, blieb seinem und dem preußischen Abgesandten am Petersburger Hof nur übrig, alle Wünsche der Zarin gegenüber der Türkei zu akzeptieren. In England konnte man das mit Gelassenheit hinnehmen, schließlich hatte man selbst die Wende eingeleitet. Aber Friedrich Wilhelm, das englische Anhängsel, erhielt eine hochverdiente Ohrfeige.

Doch der Hauptleidtragende war nun Polen. Gegenüber der Zarin hatte es sich – gleichfalls nicht zuletzt durch die englische Politik verführt – hoffnungslos kompromittiert. Aber gleichzeitig hatte für Preußen das Bündnis mit Polen nun selbst in den Augen der Halbblinden jeglichen Sinn verloren, ja, es war zum Ärgernis geworden.

Wenn, wie nun sogar dem König klar wurde, für Preußen weder eine führende Rolle im ganzen Polen denkbar war, noch eine auch nur geringe Grenzverbesserung mit polnischer Zustimmung, dann mußte endlich der Gedanke Raum greifen, daß preußische Wünsche in Polen nur zusammen mit russischen erfüllt werden konnten. Aber gerade davor hatte die preußische Majestät im letzten Augenblick noch eigenhändig eine weitere Hürde errichtet.

Genau in jenem Monat nämlich, in dem die Entscheidung über Krieg und Frieden zwischen Rußland und der von England als Senior und Preußen als Junior geführten Koalition auf der Kippe stand, am 3. Mai 1791, hatte sich der polnische Reichstag eine Verfassung gegeben, die endgültig alle Brücken zur Zarin abbrach und den vollständigen Umsturz der polnischen Verhältnisse bedeutete. Der polnische vierjährige Reichstag war 1788 – nach dem Abschluß des preußisch-englischen Bündnisses – unter dem Schutz Preußens zusammengetreten. Seine Mehrheit war erfüllt von lobenswerten fortschrittlichen Gedanken. Aber jahrelang – solange nämlich, wie die Lage Polen begünstigte und Rußland im türkischen Krieg gefesselt blieb – war die Zeit mit patriotischen Reden vertan worden. Jetzt, als die russisch-westliche Krise auf dem Höhepunkt war, aber England schon die Weichen in Richtung auf die Kapitulation zu stellen begann, jetzt wurde man sich in Warschau darüber klar, daß die Zeit drängte.

Was nun beschlossen wurde, war in der Tat sehr konstruktiv und zeugte von dem Wunsch breiter Kreise der Adelsrepublik, Polen die Möglichkeit der Selbstbehauptung zurückzugeben. Das wichtigste war, daß Polen in eine erbliche konstitutionelle Monarchie mit parlamentarischer Kontrolle umgewandelt werden sollte. Nach dem Tod des gegenwärtigen Königs sollte die Krone dem Haus Sachsen angetragen werden. Im Parlament sollte das Liberum Veto abgeschafft werden, ebenso das Recht der Bildung außerparlamentarischer Konföderationen. Die Städte sollten eine gewisse Autonomie erhalten, Bürgerliche zu höheren Ämtern zugelassen werden. Für die Masse der polnischen Bevölkerung freilich, für die Leibeigenen, ergab sich kaum eine Änderung. Die sechs Siebentel der Nation blieben, was sie waren. Eine vage Formulierung, daß sie »unter den Schutz des Reichstages« gestellt werden sollten – eines Reichstages der Grundbesitzer – war alles, wozu der Adel sich aufraffen konnte. Aber das ganze Werk war ohne Frage ein bedeutender Fortschritt, und nicht zu Unrecht ist in Polen lange Zeit die Erinnerung an diesen 3. Mai als nationaler Feiertag begangen worden.

Die neue Verfassung hatte nur zwei gewaltige Haken: Erstens war sie ein klarer Bruch der polnischen Verträge mit der Zarin, die ja die alte Verfassung garantiert hatte. Zweitens war der Reichstag ursprünglich keineswegs etwa einmütig für ein solches Werk. Eine durchaus beachtliche Gruppe von Magnaten und ihren Anhängern hätte ihm nie zugestimmt. Und weil der König und die anderen Befürworter der Reform das wußten, setzten sie die neue Verfassung mit Hilfe einer Art von Staatsstreich durch. Sie arbeiteten ihren Gesetzesvorschlag im geheimen aus und riefen ihre Anhänger für den 3. Mai, den Tag unmittelbar nach den Osterferien, zusammen, während die Opposition noch für den Rest der Ferien weit draußen auf dem Lande weilte. Und dann brachten sie das Gesetz am gleichen Tage ein und durch – mit nur einer Handvoll Gegenstimmen. Der Jubel aller Fortschrittler war groß. Aber sogar die Gesandten Englands, Preußens und Hollands protestierten gegen das Verfahren, der russische Gesandte dachte nicht daran, seine Legalität anzuerkennen, ebensowenig die überrollten Gruppen der pro-russischen Reaktion.

Das ganze Werk konnte auch nicht mit den Interessen Preußens übereinstimmen. Ein starkes Polen war das letzte, was eine Berliner Regierung jemals wünschen konnte. So empfand das jedenfalls der Berliner Ministerrat. In einem Bericht an Friedrich Wilhelm II. legte er dar, daß im Falle der Dauerhaftigkeit dieser Verfassung Polen für Preußen außerordentlich gefährlich, vielleicht sogar zerstörerisch werden könnte.[104] In diesem Augenblick und mit diesem Grund hätte der König die beste Gelegenheit gehabt, sein fatales Bündnis mit der Adelsrepublik aufzukündigen. Niemand hätte ihm einen Vorwurf machen können.

Aber er tat das Gegenteil. Obwohl durch einige Berichte über Londoner Kursschwankungen schon gewarnt, war er immer noch im Irrgarten seines »englischen Systems« gefangen. Er glaubte an Umwege der englischen Politik, nicht an eine Kehrtwendung. Noch immer betrachtete er den Krieg mit Rußland als nächstliegende Möglichkeit, ein gutes Verhältnis zu Polen deshalb als notwendig. Und so drückte er sowohl gegenüber dem polnischen Botschafter wie dem polnischen König seine Befriedigung über die neue Verfassung aus und verstieg sich gar zu der Formulierung, daß die Übertragung der polnischen Krone auf das Haus Sachsen »die enge Freundschaft und Harmonie zwischen Preußen und Polen nur festigen kann« – eine Äußerung, für die ihn Friedrich II. in Küstrin festgesetzt haben würde.

So unvergleichlich verblendet dieser König war, eines kann man nicht sagen: daß er es mit Polen nicht ursprünglich gut gemeint hätte. Eben weil er das preußische Interesse und die Politik der europäischen Mächte, vielleicht das Wesen der Politik überhaupt so gründlich mißverstand, war er Polen gegenüber lange Zeit nahezu selbstlos. Den beständig vorgebrachten Wunsch nach Danzig und Thorn konnte er als bescheidenes Entgelt für die großen Dienste gelten lassen, die er Polen zu erweisen gewillt war. Hätten die Polen es bewilligt, wer weiß, ob es dann zu den späteren Teilungen gekommen wäre.

Die Französische Revolution führt zur Versöhnung

Aber dieses Kapitel war mit der englischen Kehrtwendung abgeschlossen. Nun liefen alle Ströme in die andere Richtung. Am Ende jenes Monats, an dessen Anfang er die polnische Verfassung noch herzlich begrüßte, hatte der König endlich die neuen internationalen Realitäten begriffen. Für ihn war die Welt auf den Kopf gestellt. Die Allianz mit England war praktisch tot. Gegenüber Rußland hatte er sich in eine blamable Position gespielt. Das Bündnis mit Polen war nichts als ein Bleigewicht. Jene hervorragende internationale Situation, die noch vor wenigen Monaten die Preußen nach den höchsten Lorbeeren greifen ließ, hatte statt irgendwelcher Gewinne nichts als Kosten und einen Hauch von Lächerlichkeit eingebracht. Preußen mußte ein neues internationales »System« entwerfen. Was bot sich anderes an als jenes bessere Verhältnis zu Österreich, das mit der Konferenz von Reichenbach eingeläutet worden war? Der Gedanke einer österreichisch-preußischen Allianz wurde akut, die den einen Partner von seinem bisherigen britischen, den anderen von seinem russischen Bundesgenossen unabhängiger machen sollte.

In Wien hatte man guten Grund, darauf einzugehen. Denn inzwischen entwickelte die französische Revolution immer neue Hitzegrade und sengte niemanden mehr als den Kaiser Leopold. Marie Antoinette, die französische Königin, war seine Schwester, und als ihr Leben in Gefahr geriet, erwarteten die europäischen Monarchen wirksame Hilfe für das französische Königshaus von niemandem mehr als von ihm. Am meisten drängte Katharina. Niemand verfocht die anti-revolutionäre Sache so entschlossen wie sie. Für seine Vorsicht auch in dieser Frage überschüttete sie den Kaiser mit herben

Worten. Aber allein konnte und wollte Österreich gegen die französische Revolution nicht zu den Waffen greifen. Wenn gehandelt werden mußte, dann allenfalls zusammen mit Preußen. Und der preußische König war dazu nicht nur bereit, er drängte sogar. Er war von ähnlich absolutistischem Geist erfüllt wie die Zarin, Feuer und Flamme für die ritterlich-romantische Idee, an der Spitze seiner Armee das französische Königspaar aus den Klauen der Plebejer zu retten. So wurde die Französische Revolution zur Brücke, über die Berlin, Petersburg und Wien wieder zusammenfanden, das einigende Band für die drei östlichen Höfe.

Katharina hatte Berlin während des ganzen Sommers 1791 ihr Ressentiment fühlen lassen. Aber in dem Maße, in dem sich die französische Krise zuspitzte, wurde sie freundlicher. Im Oktober 1791 schrieb sie sogar an Friedrich Wilhelm einen wohlwollenden Brief. In Berlin war man schon vorher zu der Meinung gekommen, daß die geplante Allianz mit Österreich nur der Anfang einer Versöhnung mit Rußland sein könne, ja, daß auf ihr sogar das Hauptgewicht liegen müsse. Und sowohl in Berlin wie in Petersburg hatte man dabei das gleiche Ziel im Auge: Polen. Die Zarin hatte den Polen ihre antirussischen Pläne und ihre Verfassung vom 3. Mai nicht vergeben. Zwingende russische Interessen verlangten aus ihrer Sicht ebenso wie aus der ihrer Vorgänger ein schwaches Polen unter russischer Kontrolle. Wenn sich die Polen damit partout nicht abfinden konnten, war die Alternative die Teilung. Wenn sie Berlin und Wien zum Vorgehen gegen Frankreich anspornte, dann auch deshalb, um selbst um so mehr Handlungsfreiheit gegenüber Warschau zu haben.

Aber auch die Preußen jagten, wenn sie zur gemeinsamen Aktion gegen Frankreich bliesen, noch einem anderen Hasen nach. Sie glaubten, für ihren Einsatz im Westen Anspruch auf eine Entschädigung, eine Belohnung zu haben. Die konnte es, da Preußen keine gemeinsame Grenze mit Frankreich hatte, nicht auf Kosten des künftigen Kriegsgegners geben; Preußen wünschte sie vielmehr auf Kosten Polens. Auf Kosten jenes Polens, mit dem der König vor kurzem noch das anti-russische Bündnis geschlossen hatte. Und jetzt wollte er sich nicht mehr mit Brosamen zufrieden geben. Während er früher beständig nur nach Danzig und Thorn verlangte, hatte er jetzt, da die Zarin in Polen ohnehin reinen Tisch machen wollte, viel mehr im Auge.

So legte sich das Netz um Polen, auf dessen englische Herstellungsteile zu verweisen man nie vergessen sollte. In noch höherem

Maße als die mißglückte französische Intervention zur ersten Teilung war zwanzig Jahre später die englische ein Beitrag zur zweiten. Was den Bruch der Zarin mit Polen unvermeidlich gemacht hatte, war das polnische Bündnis mit Preußen, die polnischen Bemühungen, in die anti-russische Koalition aufgenommen zu werden, vor allem aber die Verfassung vom 3. Mai. Nie hätte selbst dieser verblendete Preußenkönig den Polen seine Unterstützung angeboten, nie hätten die Polen die Kühnheit besessen, allen Interessen und Mahnungen der Zarin entgegen sich im Handstreich die neue Verfassung zu geben, wenn nicht beide im Vertrauen auf das große englische Bündnissystem erfüllt gewesen wären. Die Würfel über Polen wären nicht gefallen, wenn es sich nicht der Verführung englischer und der im englischen Fahrwasser schwimmenden preußischen Politik überlassen hätte.

Das Werkzeug, das Katharina für ihre Revanche in Warschau suchte, fand sie unter jenen Gruppen der polnischen Aristokratie, die am 3. Mai um ihr Votum im Warschauer Reichstag gebracht worden waren. Die Reformer jenes 3. Mai hatten nie ernsthaft hoffen können, daß ihr Machtanspruch anders als im Rahmen eines westlichen Systems durchsetzbar sein würde. Nachdem dieses System geplatzt war, tat die im Reichstag überrollte Gruppe das, was seit Generationen so viele andere überrollte Unzufriedene gleichfalls getan hatten: einige ihrer Exponenten, darunter so mächtige wie Felix Potocki und Branicki, der Befehlshaber der Krontruppen, wandten sich wenige Wochen nach dem Coup vom 3. Mai an Rußland. Und mit russischer Hilfe bildeten sie eine neue Konföderation – die berühmt-berüchtigte Konföderation von Tarnowice –, die nun die russische Armee gegen die Warschauer Regierung zu Hilfe rief. Sie wollten den König stürzen, die Warschauer »Umstürzler« von der Macht entfernen, zur alten Landesverfassung und den alten »Adelsfreiheiten« zurückkehren, die russische Oberaufsicht akzeptieren. Den Warschauer Reformern warfen sie vor, daß sie die Pariser Revolution nachahmen wollten. Natürlich war es nicht ihre Absicht, die Teilung des Landes einzuleiten. Aber als sich die russischen Truppen erst einmal auf diesen polnischen Ruf in Bewegung gesetzt hatten, waren sie es und nicht mehr die Männer von Tarnowice, die das Gesetz des Handelns in ihrer Hand hatten. Am 19. Mai 1792 überschritten zwei russische Armeen, insgesamt rund 100 000 Mann, die polnische Grenze, während gleichzeitig der russische Gesandte in Warschau in einer Note die Verfassung vom 3. Mai und die Verletzung der Verträge mit Rußland als unannehmbar erklärte

Das ewige Wort vom »preußischen Verrat«

Theoretisch hätte jetzt das polnisch-preußische Bündnis in Aktion treten müssen. Selbstverständlich war es seit einem Jahr selbst dem König als widersinnig erschienen. Aber die gottverlassene Berliner Diplomatie hatte sich bisher damit begnügt, größte Kühle gegenüber Warschau zur Schau zu tragen, ohne den Schein, auf dessen Einlösung die Polen pochen konnten, mit welchem Argument auch immer vorzeitig zu zerreißen. Dabei war sie von der Zarin nicht nur über den russischen Einmarsch im vorhinein orientiert worden – schon im April; überdies war eine neue polnische Teilung schon seit drei Monaten Gegenstand von Kulissengesprächen zwischen allen drei »östlichen« Hauptstädten. Zwar war Katharina zu machtbewußt, als daß sie sich in ihrem polnischen Revier allzusehr in die Karten schauen lassen und Berlin oder Wien feste Versprechen hätte geben wollen. Aber sie und noch mehr ihre Minister waren sich doch auch sehr der Notwendigkeit guter Beziehungen zu den beiden deutschen Nachbarn bewußt, und an einen russischen Alleingang konnten sie nicht ernsthaft denken. Schon Ende Februar 1792 hatte deshalb die Zarin in Berlin und Wien mitgeteilt, daß sie angesichts der Gefahren der Lage in Polen und insbesondere der neuen Verfassung eine Vereinbarung der drei Mächte in der polnischen Frage in Übereinstimmung mit ihren gemeinsamen Interessen wünsche. Nichts konnte den Preußen mehr entgegenkommen.

Um so unerklärlicher bleibt, warum die Berliner Diplomatie keinen Weg fand, sich rechtzeitig von ihrer polnischen Allianz zu lösen; warum sie sich der Peinlichkeit aussetzte, dem polnischen Abgesandten, der nach dem russischen Einmarsch die Preußen an ihre Beistandspflichten erinnerte, nur ein Bündel dürftiger Ausreden zu präsentieren; warum Friedrich Wilhelm erst jetzt dem Polenkönig gegenüber die Verweigerung des Beistands damit begründete, daß der Coup vom 3. Mai die Lage Polens derart verändert habe, daß die vorher abgeschlossene Allianz keine Gültigkeit mehr haben könne. So, als hätte nicht er selbst leichtfertig diese Verfassung begrüßt; so, als wenn er nicht elf Monate lang Zeit gehabt hätte, die neue Meinung, die er ja aufgrund späterer Informationen hätte gewinnen können, öffentlich kundzutun. Den Polen hat dieser unselige König jedenfalls bis heute Gelegenheit gegeben, vom großen preußischen Verrat zu sprechen. Auch jenen ihrer Freunde im Westen, die gerne Gelegenheiten suchen, den deutschen Namen zu schädigen.

Die russische Armee brauchte gute zwei Monate, um den Widerstand der polnischen Regierungstruppen zu brechen – viel schneller konnte sie über die großen Distanzen ohnehin nicht marschieren. Der Rest polnischer Kampfbereitschaft wurde durch einen König unterminiert, der zwar einst, als Liebhaber der ihn jetzt so furchtbar tyrannisierenden Katharina, deren unglücklichen Ehemann einen Feigling genannt hatte, der sich nun aber selbst als das gerade Gegenteil eines Widerstandskämpfers zeigte und vor allem zwei Dinge im Sinn hatte: die Rettung sowohl seiner Krone wie der russischen Subsidien für seine privaten Vergnügen. Die Kämpfe endeten damit, daß sich der König auf das Gebot der Zarin der Konföderation von Tarnowice – das heißt, der »russischen Partei« – anschloß. Im November 1792 hielt Felix Potocki mit seinen Leuten triumphalen Einzug in Warschau, und nun erhielt auch die Konföderation Zulauf von allen, die unter dem neuen Zepter was sein und was werden wollten. Aber jetzt, nachdem dieser Akt der Wiederherstellung russischer Macht vollzogen war, mußte auch geklärt werden, wie er sich mit den Interessen der deutschen Nachbarn Polens vertrug, und wie er sich in das von der Zarin selbst ins Gespräch gebrachte »Konzert« zwischen Rußland, Preußen und Österreich fügen sollte.

Darüber hatten sich Diplomaten aller drei Länder seit dem kläglichen Scheitern des englischen Kriegsplanes Gedanken gemacht. Gespräche über eine neue Allianz zwischen Preußen und Rußland hatten schon Wochen vor dem russischen Einmarsch in Polen begonnen. Im August, keine zehn Tage nach dem Einzug der Russen in Warschau, kamen sie zum Abschluß. Auch diese Allianz – eine Ergänzung der schon existierenden russisch-österreichischen – enthielt eine »Polen-Klausel«, auch in ihr war von einem »Konzert« bei der Regelung der polnischen Fragen die Rede. Aber konkret war darüber nichts zu lesen.

Das Problem bestand im Grunde darin, daß es mit einer lockeren russischen Oberaufsicht in Polen jetzt nicht mehr getan sein konnte – das einmal angestachelte polnische Nationalgefühl ließ sich so einfach nicht mehr drosseln. Aber ein straffes russisches Protektorat über das ganze Polen mußte auf jeden Fall mit den Sicherheitsinteressen Preußens, auch mit denen der habsburgischen Monarchie kollidieren. Die Lösung, die allen preußischen und den meisten russischen Ministern das Wasser im Munde zusammenlaufen ließ, war eine Reduzierung Polens auf dem Wege einer neuen Teilung auf solche Weise, daß der polnische Rest innenpolitisch machen konnte was er wollte, ohne seinen Nachbarn noch gefährlich werden zu können. Notwendigkeit und Habgier schienen da glücklich Hand in Hand zu gehen. Es war nur keine Lösung, die Österreich verführerisch empfand.

Die Wiener Regierung war im polnischen Raum im wesentlichen saturiert und fand dort nur wenig Erstrebenswertes. Aber natürlich erkannte sie, daß Preußen in Polen noch einiges zu gewinnen hatte, fürchtete den preußischen wie auch den russischen Machtzuwachs und war deshalb für die Erhaltung der Unabhängigkeit Polens. Sie war beunruhigt von den neuen Ideen, die sie in Berlin und Petersburg wahrnahm und suchte bei allen Verhandlungen mit beiden in puncto Polen so stark wie möglich zu bremsen. Wenn sie das Spiel von Preußen und Russen nicht verderben, wenn sie kooperieren sollte, dann mußte man ihr einen Gewinn an anderer Stelle verheißen, und einen solchen hatte sie in der Tat im Auge.

Seit langer Zeit hatte der Wiener Hof sich von den »Österreichischen Niederlanden« – dem heutigen Belgien – trennen wollen, wenn er dafür eine sinnvolle andere Erwerbung machen könnte. Sie lagen zu weit entfernt, waren zu schwer zu verteidigen, zerrissen das habsburgische Territorium. Was er dagegen seit langem begehrte, war Bayern. Und gerade in diesem Augenblick glaubte man an allen Höfen sicher zu wissen, daß der bayrische Kurfürst bereit sei, sein Land aufzugeben und ein adäquates anderes Territorium zu übernehmen, wenn ihm dafür der Erwerb einer Königskrone zugestanden würde – ein Wunsch, der damals in München noch unerfüllbar schien. Ein Königtum in den »Österreichischen Niederlanden« würde ihm, wie man annahm, durchaus erwünscht sein. Auf die Erwerbung Bayerns durch Österreich als Kompensation für preußische Gewinne in Polen einigten sich also die handelnden Staatsmänner in Wien und Berlin, die Zarin wurde im Juli 1792 davon informiert, und die russischen Minister schienen erfreut. Sie, oder jedenfalls eine Mehrheit unter ihnen, wünschten die Übereinstimmung, weil auch sie die polnischen Affären zum Abschluß bringen wollten.[105]

Es würde den Rahmen unseres Themas sprengen, wenn wir im Detail die vielen Hürden beschreiben würden, an denen der Plan schließlich scheiterte. Alte Rivalitäten zwischen dem Wiener und dem Berliner Hof führten zu gereiztem Feilschen um geringe Vorteile, die der einen oder anderen Seite durch den Erwerb dieses oder jenes Territoriums erwachsen würde. Die britische Politik mischte sich ein, die es höchst ungern gesehen hätte, wenn in Belgien – Englands Pforte zum Kontinent – künftig die schwachen Wittelsbacher anstelle der starken Habsburger die Wache gegen Frankreich hätten übernehmen sollen. Am wichtigsten aber war, daß im April 1792 der Krieg zwischen der französischen Revolutionsregierung und Österreich/Preußen ausgebrochen war, und daß er einen ganz anderen Verlauf nahm, als alle Welt erwartet hatte. Statt daß Österreicher und Preußen als »Ordnungsmacht« in Paris einzogen, drangen französische Truppen bis zum Rhein und auch in die »Österreichischen Niederlande« vor. Der bayerische Kurfürst konnte nun nicht daran denken, München gegen Brüssel einzutauschen. Und damit war gleichzeitig der österreichischen Zustimmung zum preußischen Gebietserwerb in Polen der Boden entzogen. Ein einseitiger Machtzuwachs Preußens in Polen schien der Wiener Regierung wie eine Majestätsbeleidigung. Solange der belgisch-bayerische Ländertausch nicht gesichert war, sollte nach ihrem Wunsch und Verständnis auch die polnische Teilung auf die lange Bank geschoben werden. Zunächst sollte eine zweite militärische Kampagne den Sieg im Westen – und damit Belgien – bringen.

Aber in der preußischen Führung hatten viele schon der ersten Kampagne gegen Frankreich nur unlustig zugestimmt. Zwar hing das Herz des Königs immer noch an der edlen Mission der Rettung des »monarchischen Prinzips« und der Monarchen in Frankreich. Aber im Grunde hatte man keine Reibungspunkte mit dem französischen Staat. Das Kabinett war zur Teilnahme am Krieg hauptsächlich deshalb bereit gewesen, weil es sich ein Anrecht auf die »Entschädigung« in Polen sichern wollte. Dort drängte die Stunde zum Zugreifen, dort gab es Interessen, die für den preußischen Staat bedeutender waren als die Frage der Regierungsform in Frankreich. Und in Polen wollte man sich nicht länger hinhalten lassen. Ende Oktober 1792 ließ Friedrich Wilhelm die Wiener Regierung wissen, daß er zwar zu einer zweiten Kampagne gegen Frankreich bereit sei, aber nur unter der Bedingung, daß er seinen Anteil in Polen *sofort* in Besitz nehmen könne. Die gleiche Mitteilung ging an Katharina, und die sah sich nun unter Zugzwang.

Sie hatte während des ganzen Sommers und Herbstes die beiden deutschen Mächte in der Polen-Frage immer wieder gelockt und abgeblockt. Die Teilung hatte sie von Anfang an im Auge, aber sie wollte nicht diejenige sein, die den anrüchigen Plan zuerst auf den Tisch legte. Ihre Diplomaten hatten soviel von den russischen Gedankengängen angedeutet, daß sie die preußischen aus der Reserve locken konnten. Aber irgendein Versprechen hatten sie nicht gemacht. Im September wurden die Höfe in Berlin und Wien zwar angeregt, ihre Ansprüche zu präzisieren. Aber im Oktober schien die Zarin unter dem Eindruck der traurigen Vorstellung, die Preußen und Österreicher in Frankreich gegeben hatten, wieder alle Teilungspläne zurückstellen zu wollen. Um Geschäfte mit so schwachen Partnern, schien sie zu glauben, mußte man sich nicht reißen. Überdies gab sie wohl nur widerwillig und unter dem Diktat der Realpolitik von einem Lande etwas ab, in dem sie sich als Hausherrin fühlte – wie vor ihr Peter der Große und nach ihr Alexander I.

Die neue preußisch-russische Verständigung

Aber im Spätherbst 1792 hatte sie sich zu entscheiden. Friedrich Wilhelms Ankündigung, daß er keinen Mann mehr gegen die Jakobiner ins Feld stellen wolle, wenn man ihn in Polen weiter zappeln lasse, traf Katharina nicht nur als Selbstherrscherin aller Reußen, die an eine Koexistenz mit der Revolution gar nicht denken konnte. Sie mußte auch daran interessiert sein, daß Österreich, immer ein wichtiger Alliierter Rußlands, nicht ohne Rückenstütze gegen Frankreich blieb. Überdies begannen sich die Briten nach dem polnischen Problem zu erkundigen, nachdem sie, zum nicht geringen Ärger in Petersburg, von Wien auf die geheimen Verhandlungen aufmerksam gemacht worden waren. Sie konnten intervenieren und alles sehr erschweren. Vor allem aber war in Polen eingetreten, was man lange vorhersehen konnte: Als Reaktion auf den russischen Einmarsch und nicht zuletzt unter dem Einfluß der Französischen Revolution war ein Russenhaß entstanden, der eher früher als später zur Revolte mit unvorhersehbaren Komplikationen führen konnte. Schon ergingen sich die Polen »in unendlichen Fabeleien über die Fortschritte der Franzosen, die sie bei Dresden, ja, in der Nähe ihrer Grenzen wähnten«.[106] Jetzt mußte schnell gehandelt werden. Und wenn Österreich immer neue Schwierigkeiten machte, Garantien wollte, die nicht gegeben werden konnten, Wünsche anmeldete, die unerfüllbar waren, dann mußte eine preußisch-russische Verständigung ohne Österreich her.

Auf einer Polen-Karte, die der preußische Gesandte Graf Goltz im November 1792 vor ihr ausbreitete, ließ die Zarin einen neuen russischen Grenzstrich ziehen, und der Preuße brachte seine Wünsche vor.[107] Ende Dezember begannen die preußisch-russischen Verhandlungen über die zweite Teilung Polens im Detail, schon am 23. Januar 1793 waren sie abgeschlossen, Ende Februar wurden die Verträge von beiden Regierungen ratifiziert. Preußen beanspruchte und erhielt einen Brocken polnischen Landes, der weit über alles hinausging, wovon man in Berlin bisher gesprochen hatte. Seine Grenzen reichten jetzt von Tschenstochau über Rawa bis nach Mittelpolen, bis fast in das Weichbild von Warschau. Noch erheblich mehr schnitt Katharina aus dem polnischen Kuchen heraus; das ganze östliche Polen von Kurland über Pinsk bis zur galizischen Grenze einschließlich der polnischen Ukraine. Es blieb ein polnischer Reststaat, der in der Tat unbedeutend geworden war.

Katharina freilich konnte für ihren Grenzstrich ein Argument anführen, das Friedrich Wilhelm gänzlich fehlte. Schon im Frühsommer 1791, als sie bereits die Notwendigkeit einer polnischen Teilung ins Auge faßte, hatte sie an Potemkin geschrieben: »Wir werden neue Untertanen gewinnen, die derselben Religion und gleichen Blutes sind wie wir.«[108] Im Grunde setzte sie nur die Tradition des »Sammelns der russischen Länder« fort, die von den Moskauer Großfürsten mehr als zweihundert Jahre früher begonnen worden war. Sie nahm ein Gut, das zuerst Litauen, dann Polen zu Unrecht an sich genommen hatte.

Nicht so Friedrich Wilhelm. Mit Ausnahme von Danzig und Thorn sammelte er nur polnische Untertanen. Für Danzig, für Thorn, selbst für die Posener Ecke und Gnesen hätte er Gründe anführen können, die nicht nur die Zeitgenossen, sondern auch die Nachwelt verstanden hätten: strategische Notwendigkeiten, historische und kulturelle Anrechte, religiöse Gemeinsamkeiten. Aber der Raubzug nach Mittelpolen hinein ließ und läßt sich nicht entschuldigen. Gewiß war es Preußens dringendes Interesse, sich den immer weiter wachsenden russischen Riesen ein Stück vom Leib zu halten. Aber diesem Anliegen war durch andere Arrangements, eventuell jene, wie sie 1815 der Wiener Kongreß fand, besser zu dienen. Der Griff nach Mittelpolen, Vorläufer des nächsten bei der dritten Teilung, war vor allem ein Ausdruck feudaler Menschen- und Völkerverachtung: Verachtung der Polen gewiß auch, aber ebenso der Deutschen, die unweigerlich polonisiert worden wären.

Es konnte auf die Dauer nur die Folge haben, Preußen »zu einem halbslawischen Mischreich« zu machen,[109] nicht unähnlich der

Donaumonarchie, die daran zugrunde ging. Jenen, die ihn vollzogen, ging es nicht um Größe, Charakter, Kultur, Sicherheit der Gemeinschaft, die zu regieren sie berufen waren, sondern um das Ausquetschen von noch mehr Untertanen. Es war ein bis dahin beispielloser königlicher Verrat am eigenen Volk, dem sein beamteter und nicht beamteter Adel in der Hoffnung auf großen Gewinn nur zu gern folgte. Und sie alle fanden in den folgenden Jahrhunderten, wenn auch mit veränderten Vorzeichen, immer wieder Nachahmer: in jenen westpreußischen Grundbesitzern, die im 19. Jahrhundert massenweise billige polnische Landarbeiter auf ihre neuen Güter zogen und damit das schon »eingedeutschte« Land repolonisierten; in jenen Industriellen der Gründerjahre, die Hunderttausende billiger polnischer Grubenarbeiter ins Ruhrgebiet transportierten, wo sie noch zu Beginn des 20. Jahrhunderts Dutzende polnischer Landsmannschaften bildeten; nicht zu reden von der Asiatisierung weiter Teile Deutschlands in der zweiten Hälfte des 20. Jahrhunderts.

Unmittelbar nach Unterzeichnung des Vertrages marschierten die preußischen Truppen über die Grenze. Gegenüber allen anderen Mächten war das Ergebnis der preußisch-russischen Verhandlungen streng geheim gehalten worden, sogar gegenüber Wien. Um so näher lag es, daß Berlin den Einmarsch zunächst mit der Notwendigkeit begründete, den Geist der Französischen Revolution niederzuschlagen, der sich in Polen erhoben habe und Preußens Provinzen bedrohe. Natürlich ließ sich davon niemand täuschen. Als die russischen Truppen keinen Schuß abgaben, um die Preußen zu stoppen, begriffen die Polen die Zusammenhänge. Auch die Männer von Tarnowice, von denen die Russen gerufen worden waren. Für manche von ihnen war die Erkenntnis eine Tragödie, andere nahmen sie leicht, solange ihre sozialen Vorrechte nicht berührt wurden.

Widerstand gegen den preußischen Einmarsch gab es nicht. Die in Grodno tagende polnische Regierung der Konföderierten raffte sich lediglich zu einem feierlichen Protest und einem Appell an die polnische Nation auf, sich für eine Massenerhebung bereitzuhalten. Wie hohl die Geste war, geht daraus hervor, daß ihre Führer den Russen zu verstehen gaben, es handle sich dabei lediglich um einen harmlosen Akt zur Beruhigung der Öffentlichkeit. Als der russische Gesandte nichtsdestoweniger diesen Appell wegen der Störung der öffentlichen Ruhe rügte, erließ die Konföderation einen neuen, mit dem sie den ersten praktisch zurückzog.[110] Vorsichtshalber untersagte der russische Oberkommandierende in Polen jede polnische

Truppenbewegung – es gab kaum Anzeichen dafür, daß sie ernsthaft geplant war. War auch ein Raubzug dieser Art alles andere als eine glorreiche Tat, wird man doch sagen müssen, daß sich ihn die Nation mit erstaunlicher Gelassenheit gefallen ließ.

Österreich legt sich quer

Der Widerstand, mit dem es Preußen einstweilen zu tun hatte, kam von Österreich. Erst zwei Monate nach der Unterzeichnung des Teilungsvertrages war Wien vom genauen Inhalt informiert worden. Die Empörung kannte kaum Grenzen. Weder hatte die österreichische Regierung das Ausmaß der preußischen und russischen Ansprüche erwartet, noch das praktische Verschwinden des polnischen Großstaates von der Landkarte. Was sie am tiefsten traf, war die Endgültigkeit der preußischen Erwerbung, bevor Österreich seinen Teil in der Hand hatte. Und dabei war die Hoffnung auf den Gewinn Bayerns inzwischen endgültig zerronnen, nicht nur, weil dem Wittelsbacher inzwischen die Lust zu Extravaganzen vergangen war, sondern auch, weil der Wiener Hof gegenüber der Londoner Regierung hinter den Kulissen schon auf die ganze Austausch-Idee verzichtet hatte. Sich die Freundschaft der Briten im großen weltpolitischen Spiel für die Zukunft zu erhalten, war ihm zu Recht wichtiger erschienen als das Beharren auf einem immer flüchtiger werdenden alten Traum.

Immerhin hatte er noch eine Karte in der Hand, und die hatte ihm die Zarin zugesteckt: Im polnischen Teilungsvertrag hatte sie den preußischen König verpflichtet, den Krieg gegen die französischen Revolutionäre fortzuführen, bis die gemeinsamen Kriegsziele erreicht worden seien. Wurde er aber mit einem Sieg abgeschlossen, dann war es Österreich möglich, seinen Ausgleich für die preußischen Gewinne in Frankreich statt in Bayern zu holen. Unterstützt von der zaristischen Diplomatie entwickelte man nun mit diesem Blickwinkel in Wien weitreichende Pläne: nicht nur das Elsaß und Lothringen, auch die ganze Mosellinie von Thionville bis Nancy sollte nach Möglichkeit an Habsburg kommen.[111]

Die Frage war nur, wie man die Preußen darauf festnageln konnte. Nie war ja die Mosellinie als Kriegsziel angesehen worden. Um Kriegseifer und Dienstbeflissenheit der Preußen zu steigern, suchte die Wiener Diplomatie sie mit Unsicherheiten in den polnischen

Dingen zu ängstigen. Dort hatte sich bereits ein schwer durchdringlicher Drahtverhau vor das Berliner Bemühen gelegt, die polnische Erwerbung auch rechtmäßig verbrieft zu bekommen. Der Schein konnte nur vom polnischen Reichstag ausgestellt werden. Auf Wunsch Katharinas hatte er sich in Grodno versammelt, um über die Teilung zu beschließen. Und dort versteifte sich plötzlich der polnische Widerstand gegen die Abtretung an Preußen auf eine Weise, hinter der die preußische Diplomatie mit Recht sowohl die Hand der Zarin als auch jene der Wiener Regierung vermutete.

Allerdings machte das den Berliner Hof nicht fügsam, sondern erhöhte nur die ohnehin längst vorhandene Reizbarkeit. Wohl hatte die zweite gemeinsame Kampagne gegen Frankreich begonnen, und sie hatte auch zu beachtlichen Erfolgen geführt. In den Niederlanden rückten die Österreicher vor, Mainz war zurückerobert worden, bei Pirmasens hatten die Preußen eben einen neuen Sieg errungen. Aber die Kriegskassen waren leer, und die politischen und militärischen Rivalitäten mit Österreich verhinderten, daß die militärischen Erfolge in einen entscheidenden Sieg umgemünzt werden konnten, ja, daß auch nur ein überzeugender Kriegsplan zustande kam. Ein wichtiges preußisches Kriegsziel gab es ohnehin nicht, und der Gewinn Elsaß-Lothringens war nicht in Sicht. Nicht, was sich an der französischen Front abspielte, sondern die Vorgänge in Grodno waren für die preußische Politik wirklich wichtig, und die waren inzwischen bis zu einem Punkt der Peinlichkeit gediehen, der ein massives preußisches Eingreifen nötig zu machen schien. Zu einem Zweifronten-Krieg – in Frankreich *und* Polen – aber sah sich die Berliner Regierung nicht in der Lage.

Im September 1793 überraschte sie deshalb alle Welt mit der Erklärung, daß ein großer Teil der preußischen Frankreich-Armee nach Polen verlegt würde, damit man dort mit Kraft auftreten könne. Der König selbst werde sich an die Spitze dieser Truppen stellen. Überdies werde Preußen nur noch dann ein weiteres Jahr gegen Frankreich im Feld stehen, wenn andere Mächte – England und Holland vor allem – die Kosten dafür tragen würden. Das Bündnis mit Österreich war damit in seiner ursprünglichen Form gelöst, jedenfalls mußte es eine neue Grundlage nach preußischem Gusto bekommen.

Katharina hatte den Stimmungsumschwung im preußischen Hauptquartier rechtzeitig gespürt. Es gehörte zu den Grundlagen ihrer Politik, Preußen in der anti-französischen Front zu halten, und sie hatte kein Interesse daran, eine große preußische Armee in Polen auftauchen zu sehen. Nachdem sie während des Spätsommers ganz im Sinne der österreichischen Wünsche – und vielleicht auch, um den Klassenunterschied zwischen ihr und Friedrich Wilhelm zu betonen – den preußischen Gesandten vor dem polnischen Reichstag in die größten Verlegenheiten hatte laufen lassen, begann sie nun plötzlich wieder in Grodno Dampf zu machen.

Trauerspiel im polnischen Reichstag

Dort war von ihr der polnische Reichstag zur schlimmsten und in mancher Hinsicht skandalösesten Sitzung seiner Geschichte zusammengetrommelt worden. Grodno schien ihr dafür geeigneter als Warschau, weil es tiefer in der russischen Machtzone lag. Stanislaus Augustus hatte es zunächst abgelehnt zu erscheinen. Er wußte ja, was von ihm erwartet wurde. Aber als die Zarin sich bereit erklärte, seine privaten Schulden zu bezahlen, die sich auf 1 566 000 Dukaten beliefen, stimmte er zu.[112] Die Wahlen zu dieser Reichstagssitzung waren unter der bewährten Regie des russischen Botschafters abgelaufen. Wieder gab es einen gemeinsamen russisch-preußischen Bestechungsfonds für die Auswahl der Abgeordneten, und wo das nicht genügte, halfen Drohgebärden russischer Truppen nach. Am 17. Juni 1793 trat der Reichstag zusammen, dessen halbe Mitgliedschaft, wie man schätzte, Bestechungsgelder der beiden Teilungsmächte in der einen oder anderen Form angenommen hatte, obwohl es auch eine kleine, aber lautstarke nationalistische Gruppe gab.

Vielleicht war es ihr Beispiel, das die Bestochenen zwang, eine Fassade aufzubauen, die »patriotischer« war als ursprünglich geplant. Jedenfalls war schon, als nur die Abtretung an Rußland zur Debatte stand, das Feuerwerk des rhetorischen Widerstandes größer, als Baron Sievers, der russische Gesandte, geglaubt hatte. Doch war das Schauspiel, ach, ein Schauspiel nur: Die gleichen Abgeordneten, die tagsüber im Reichstag in Verzweiflung ausbrachen, waren nicht selten abends die reich bewirteten Gäste des russischen Gesandten.[113] Und so hatte Baron Sievers nach fünf Wochen aufgeregter Szenen, nach Verhaftungen radikaler Oppositioneller durch Kosaken und Freundschaftsbekundungen hinter den Kulissen, nach Tumulten, die den Reichstag in den Ruf ausbrechen ließen, daß er lieber nach Sibirien gehen als den Schandvertrag unterzeichnen wolle und nach weisen Besänftigungen durch den König – nach all diesen

Mühen hatte Katharinas Gesandter schließlich erreicht, was er wollte: Am 23. Juli 1793 billigte der Reichstag die polnischen Abtretungen an Rußland. Aber keineswegs war damit schon das Schicksal des Vertrages mit Preußen entschieden.

Vielmehr hatten die polnischen Verbündeten Rußlands im Reichstag den Vertrag mit der Zarin unter der Voraussetzung durchgebracht, daß sie mit Preußen gar nicht zu verhandeln gedächten. Der klassischen polnischen Deutschenfeindschaft hatte der preußische König mit seinem nicht eingelösten Allianzvertrag jene neue Nahrung gegeben, die sie brauchte, um sich bis zum Haß, gemischt mit Verachtung, zu steigern. Das Wort vom preußischen Verrat war in aller Munde. Der preußische Gesandte in Grodno war, ohne den Rückhalt preußischer Truppen, der einsamste Mann auf dem mißachtetsten Posten der Welt. Was er verzweifelt gebraucht hätte, wenn er den Vertrag mit Preußen hätte durchbringen wollen, wäre die massive Unterstützung durch den russischen Gesandten gewesen. Aber die blieb plötzlich aus.

Im Gegenteil: So rücksichtslos Sievers vorher die Polen traktiert hatte, wenn es um die russischen Anliegen ging, so sanft war er ihnen gegenüber jetzt. Im Reichstag wurde Preußen unablässig als Ursache allen polnischen Unglücks dargestellt – vom Zarenhof kam keine Rückendeckung; als der preußische Gesandte in Petersburg auf eine russische Intervention drängte, wurde ihm kühl geantwortet: »Politik ist eben ein Spiel; Rußland hat das große Los gezogen, die anderen müssen für sich selbst sorgen.«[114] Nach fünf Wochen erbitterter Debatten zeigte sich der Reichstag unter nun doch allmählich wachsendem russischem Druck nur dann bereit, den Teilungsvertrag zu billigen, wenn vorher ein für Polen günstiger Zollvertrag mit Preußen beschlossen würde. Darüber konnten Monate vergehen. In Berlin schien das unakzeptabel.

Aus der stark vom Lokalkolorit geprägten Sicht des preußischen Gesandten beim Reichstag hatten die Schwierigkeiten unter anderem recht handfeste Gründe: zu geringe Bestechungsgelder an eine bestimmte Gruppe von Abgeordneten. In einem Bericht an seine Regierung vom 3. August 1793 gab er ein Sittenbild der Ereignisse in Grodno, das wert ist, festgehalten zu werden.

Er schrieb:

»Die Abgeordneten des Reichstags, die an eine Sitzung von zwei bis drei Wochen glaubten, sind [wegen der Länge der Beratungen,

d. Verf.] verzweifelt. Sie wollen alle abreisen, und da das Leben hier sehr teuer ist, stehen sie vor der Notwendigkeit, ihre alten Sachen zu verkaufen ... Wir haben versprochen, ihnen Vergütungen und Entschädigungen zu geben, aber erst nach der Unterzeichnung des Vertrages, nicht vorher. Das hat bereits gute Wirkung gehabt, und uns ist sogar eine große Zahl der Abgeordneten der Opposition zugesichert worden, mit der Folge, daß diese Leute, in der Hoffnung, etwas gewinnen zu können, sich mittlerweile danach drängen. Man hatte zu große Beträge an die Großen gezahlt, aber den Kleinen zu wenig gegeben, obwohl sie doch im Reichstag den meisten Lärm machen ... Die Gesamtkosten dieses Planes [den der preußische Gesandte zusammen mit dem russischen entworfen hatte, d. Verf.] könnten sich für jede Regierung auf 18 000 bis 19 000 Dukaten belaufen. Sie sind dringend nötig, um uns eine Mehrheit zu sichern ... Die meisten der Abgeordneten sich hier ohne Geld angekommen, und viele von ihnen sogar ohne Anzüge, aber alle haben geglaubt, daß sie sich bei dieser Gelegenheit bereichern können. Da dies nicht eingetreten ist, sind sie jetzt mißgestimmt und wollen mit allen Mitteln den Reichstag sprengen.«[115]

Einen ähnlichen Eindruck von der Szene hatte übrigens Katharina. Sie schrieb an ihren Gesandten in Grodno:

»Es ist wohl nicht nötig, Sie darauf aufmerksam zu machen, daß es unter all jenen, die sich entschlossen haben, als Abgeordnete zu diesem Reichstag zu kommen, vielleicht keinen gibt, der mit einer anderen Absicht hierher gekommen ist als mit der, für seine eigenen Interessen zu sorgen.«[116]

Aber wenn dem so war, dann war natürlich auch die Vermutung der Berliner Regierung um so begründeter, daß der Widerstand im Reichstag nicht zuletzt äußere Ursachen hatte, vor allem die Politik der Zarin. Katharina hatte ihrem Gesandten die veränderte Gangart nicht nur deshalb anbefohlen, weil sie mit den Peinlichkeiten für Preußen den tiefverletzten Österreichern ein Trostpflaster geben wollte. Sie wollten auch den Polen ein Vergnügen machen, weil sie nämlich Rest-Polen in eine Art russisches Protektorat umzuwandeln gedachte und dafür ein Minimum polnischer Loyalität brauchte. Preußen glaubte sie auf die gleiche Weise begreiflich machen zu können, daß seine Ansprüche in Polen nun ihre letzten Grenzen erreicht hätten. Und vielleicht gefiel sie sich auch gegenüber Friedrich Wilhelm in einem Katze-und-Maus-Spiel. Aber in diesem Falle sprang die Katze etwas zu kurz.

Als man in Berlin das Steuer herumzureißen begann, als man mit dem Abbruch des Feldzuges in Frankreich und der Verlegung großer preußischer Truppeneinheiten nach Polen zu drohen begann, ja sogar an einen Krieg gegen Polen dachte,[117] wurde der Zarin das hohe Risiko ihres Spieles klarer. Ihr Gesandter bekam neue Instruktionen. Plötzlich sah sich der überraschte Reichstag der massivsten physischen Bedrohung ausgesetzt. Am 22. September wurden vier oppositionelle Abgeordnete verhaftet, am 23. September wurde der Reichstag von russischen Truppen abgeriegelt. Der russische General Rautenfeld verkündete, daß keiner der Abgeordneten das Haus verlassen dürfe, bevor sie nicht den Vertrag mit Preußen ohne weitere Bedingungen gebilligt hätten. Nach erregten Szenen versank um Mitternacht der Reichstag in Schweigen. Nach einigen Stunden kündigte Rautenfeld an, daß er zu extremen Maßnahmen greifen müsse, wenn nichts geschähe; um drei Uhr morgens ging er zur Tür, um, wie er sagte, die Soldaten hereinzurufen. In diesem Moment erhob sich der Reichstagspräsident mit der Frage an die Abgeordneten, ob sie dem Vertrag mit Preußen zustimmten. Als niemand antwortete, legte er das Schweigen als Zustimmung aus – offensichtlich war das Verfahren vorher vereinbart worden. Am nächsten Tag wurde der Vertrag mit Preußen unterzeichnet.

Gespenstisch, wie die Szene wirkte: Wem bei der Schilderung die Tränen in die Augen wollen, muß sich auch das Porträt des heiteren Lebens jenseits der Reichstagssitzungen in Grodno vor Augen führen, wie es Lord in seinem Buch über die zweite Teilung Polens entwirft.

> »Obwohl die Stadt nahezu im Belagerungszustand war und die Straßen voller russischer Soldaten und Kosaken«, schreibt er, »gab es in den Häusern der Bürger eine ununterbrochene Reihe von Vergnügungen und Feiern. Während des ganzen Reichstages zeigten die Führer der Mehrheit ihre sprichwörtliche polnische Gastfreundschaft – mit russischem Geld. Die Abgeordneten strömten von den tragischen Szenen in der Kammer zu den Bällen und Banketten: Ihre Mission bestand darin, abwechselnd vom russischen Gesandten beköstigt und verhaftet zu werden. Die Lobsprüche auf Sievers überstiegen alles, was man für möglich hält. Ende

Juli feierte die Gesellschaft von Grodno acht Tage hintereinander den Namenstag des Mannes, der die Republik gerade gezwungen hatte, die Hälfte ihres Territoriums abzutreten... ›Man glaubt hier‹, schrieb ein angeekelter Beobachter, ›daß keine Nation jemals ihr Land und ihre Menschen so heiter weggegeben hat wie die Polen.‹ Die Republik verschwand inmitten von Feiern und Illumination.«[118]

Die zweite polnische Teilung bedeutete in Wirklichkeit das Ende Polens, allerdings nicht deshalb, weil, wie so oft gesagt wird, die dritte Teilung unter den Nachbarn schon beschlossene Sache gewesen wäre. Wiederum ist das Gegenteil richtig. Der Plan der Hauptakteurin, also Katharinas, war ein ganz anderer, und der Nebenakteur, Preußen, hätte sich mit großer Wahrscheinlichkeit gefügt, hätten die Polen ihn nicht selbst durchkreuzt. Katharina hat zweifellos beabsichtigt, den polnischen Rest als ihr eigenes Jagdrevier zu behalten. Der Vertrag zwischen Petersburg und Warschau, zu dem Baron Sievers den Reichstag in Grodno sofort nach der Billigung der Abtretungsverträge gezwungen hatte, spricht eine ganz eindeutige Sprache. Er unterstellte die Militär- und Außenpolitik Rest-Polens vollständig russischer Leitung; Rußland bekam das Recht zugesprochen, jederzeit Truppen nach Polen entsenden zu können; ohne russische Zustimmung durfte Polen keine Bündnisse und Abmachungen mit anderen Mächten treffen; Verfassungsänderungen in Polen sollten nur mit russischer Zustimmung möglich sein. Es war ein Vertrag, der Rest-Polen an das russische Imperium band und dessen Absicht es nicht zuletzt war, eventuelle künftige Ansprüche Preußens oder Österreichs auf Einfluß oder Territorium in Polen von vornherein zu unterbinden. Ein Vertrag mithin, der eine dritte Teilung geradezu unmöglich machen sollte. Er nahm die spätere Politik Alexanders I. vorweg.

4. Die dritte Teilung

Ein großer Wurf, aber Katharinas Szenario scheiterte an den polnischen Realitäten. Zum zweiten Mal hatte sie den Widerwillen unterschätzt, den ihre Politik in Polen auslöste, und deshalb auch die Notwendigkeit der Kooperation mit ihren alten Partnern. Der Mann, der Polens Ehre rettete, der einzige Widerstandskämpfer von Format, den Polen in all diesen Jahrzehnten hervorbrachte, war Thaddäus

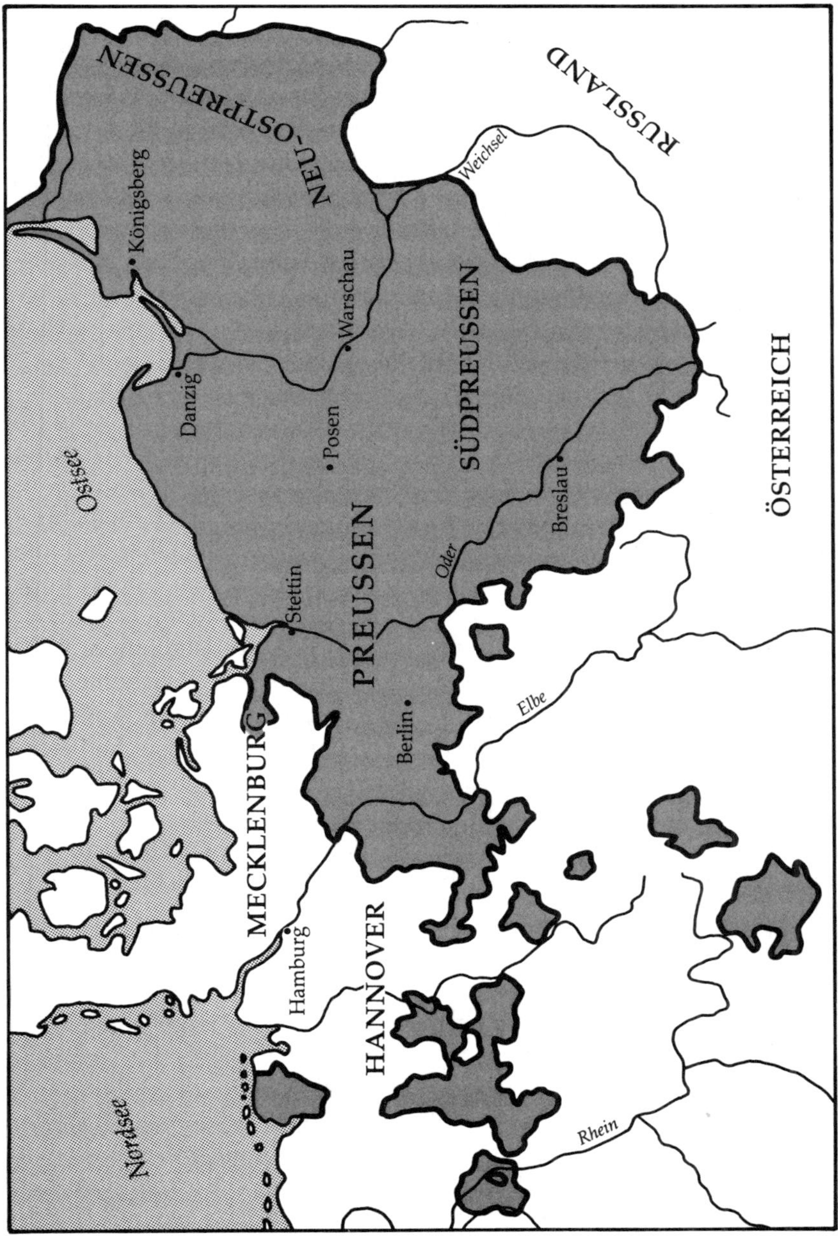

Preußens sonderbare Gestalt nach der dritten polnischen Teilung – ein Staat im europäischen Mittelosten

Kosciuszko, ein Sproß des kleineren Adels, der sich im amerikanischen Unabhängigkeitskrieg Lorbeeren erworben, dort den Rang eines Obersten erhalten hatte und 1791 nach Polen zurückgekehrt war. Anfang 1793 war er zusammen mit anderen polnischen Emigranten über Leipzig nach Paris gegangen, um dort gegen das Versprechen einer anti-preußischen Allianz Polens mit Frankreich die französische Hilfe gegen Rußland zu erhalten. Die bekam er nicht, weil Frankreich in diesem Moment andere Sorgen hatte.

Kosciuszkos tapfere kleine Leute

Dessenungeachtet schlugen seine Gesinnungsgenossen in Polen im März 1794 gegen Rußland los, und er eilte ihnen zu Hilfe. Man machte ihn zum Oberbefehlshaber der provisorischen Regierung des Aufstands, und er erließ – zum ersten Mal in der polnischen Geschichte – einen Aufruf zum bewaffneten Widerstand gegen die Okkupationsmacht an die gesamte polnische Nation, nicht nur den Adel. Einige Tage später glückte es ihm, bei Raclawice nahe Krakau mit zahlenmäßig überlegenen Truppen – hauptsächlich Bauern-Bataillonen, viele von ihnen nur mit Sensen bewaffnet – ein russisches Detachement zu vernichten. Die Nachricht davon führte zu Erhebungen in Warschau und Wilna, zu Aufständen, bei denen nicht nur die russische Besatzung massakriert, gefangengenommen oder vertrieben wurde, sondern auch Repräsentanten der pro-russischen Adelsfraktion. Sogar die nächste Umgebung des Königs wurde verhaftet, er selbst sah sich in der Lage eines Gefangenen, befürchtete sogar das Schicksal Ludwigs XVI.[119]

Das Charakteristikum dieses Aufstandes war es, daß er sich mehr aus den breiten Volksmassen nährte als aus jenen Adelsschichten, die sich so lange als die Verteidiger des Vaterlandes verstanden hatten. In Warschau kämpften Arbeiter und Handwerker – viele davon Deutsche, die sich in der polnischen Hauptstadt angesiedelt hatten – mit wilder Wut gegen die Russen; aber die Namen der berühmten polnischen Familien fehlten – mit einer einzigen Ausnahme – in den Listen der Offiziere von Kosciuszkos Armee. Der größte Teil seiner Kämpfer bestand aus kleinen Landadligen, Bauern, Handwerkern und Händlern.[120] Aber auch so blieb er auf ein Offizierskorps angewiesen, das dem unteren und mittleren Adel entstammte. Und dieser Umstand machte es ihm unmöglich, seinen ursprünglichen Plan auszuführen, der allein einen Erfolg hätte denkbar machen können: die Befreiung der Leibeigenen zur Grundlage des patriotischen Krieges zu machen. Er mußte sich mit dem Versprechen einer Erleichterung ihrer Lage begnügen, einer Verringerung der Frontage – zu wenig, um die große ländliche Masse zu begeistern, zu viel, als daß er nicht das Murren und Mißtrauen der Adligen, vor allem der Magnaten, gegen seine ganze Bewegung geweckt hätte. »Der Adel hielt es für unter seiner Würde, von ›Sklaven‹ gerettet zu werden, selbst wenn sie polnischer Abstammung waren.«[121]

So erfüllte sich das Schicksal der Bewegung schneller, als das notwendigerweise der Fall hätte sein müssen. Im Juni 1794 hatten preußische Truppen die restlichen russischen Einheiten westlich von Warschau verstärkt, im Süden hatte ein preußisches Korps Krakau genommen. Kosciuszko konnte knapp 100 000 schlecht bewaffnete Streiter auf die Beine bringen. Eine seiner Armeen fügte in der Tat überlegenen russisch-preußischen Verbänden im Juni eine Niederlage zu. Aber dann wurde eine andere im September von russischen Truppen unter Suworow bei Teresapol vernichtet, und am 10. Oktober erlitt Kosciuszko selbst bei Maciejowice die entscheidende Niederlage, wurde verwundet und gefangengenommen. Am 4. November stürmte Suworow die Wälle der Warschauer Vorstadt Praga. Dem preußischen König, dessen Truppen sich auch vor Warschau – wie das unter diesem König und dieser preußischen Adelskaste so üblich war – keinerlei Lorbeeren holen konnten, sandte der russische General die peinliche Triumph-Meldung: »Praga raucht, Warschau zittert. Auf den Wällen von Praga Suworow.«[122]

Aber hatten sich auch die Preußen vor Warschau einmal mehr von ihrer schwachen Seite gezeigt – Katharina hatte dieser Aufstand nun klargemacht, daß jenes wohlgeordnete russische Protektorat über Polen, das sie angestrebt hatte, kaum realisierbar war. Es blieb ihr nichts anderes übrig, als die dritte polnische Teilung zu entwerfen. Freilich war sie stark genug, um deren Grundlinien selbst zu ziehen. Dazu gehörte, daß dieses Mal Österreich – an das sie sich übrigens auch zuerst mit einem Hilfeersuchen gewandt hatte – einen größeren Brocken abbekam als Preußen. Die Balance zwischen den beiden deutschen Mächten zu wahren, gehörte zum Erbe, das sie von Peter dem Großen übernommen hatte, und ein neuer Türkenkrieg, bei dem sie Österreich brauchte, schien seine Schatten vorauszuwerfen. Friedrich Wilhelm mußte unter erheblichem russischem Druck das schon eroberte Krakau an Österreich abgeben, dessen polnischer

Besitz sich nun keilförmig von Galizien aus einschließlich Lublins bis kurz vor Warschau erstreckte. Preußen erhielt Warschau selbst und neue polnische Provinzen südlich und östlich von Ostpreußen. Den größten Teil von Rest-Polen schluckte wiederum die Zarin – alles Land bis zum Bug, rund 290 000 Quadratkilometer, fast doppelt soviel wie Preußen und Österreich zusammen. Bei Brest-Litowsk stießen die neuen Grenzen der drei Mächte jetzt zusammen – wie später noch einmal. Am 24. Oktober 1795 unterzeichneten sie ihren Vertrag über die dritte polnische Teilung, am 9. Januar 1796 marschierten die Preußen in Warschau ein. Polen hatte für 125 Jahre aufgehört zu bestehen.

In Europa rührte sich nichts

Wiederum ist zu fragen: Gab es in Europa einen Schrei der Empörung? Durchaus nicht. Frankreich dachte einen Moment lang an aktive Hilfe. Aber solche Anwandlungen vergingen schnell, als die französische Revolutionsregierung sich nüchtern der eigenen Interessenlage erinnerte. Die nämlich legte nahe, die alten guten Beziehungen zu Preußen wieder aufzuwärmen, Berlin von Wien zu trennen und sich deshalb der polnischen Teilung nicht zu widersetzen. In der Tat fanden auf dieser Basis Preußen und Frankreich zum ziemlich schandhaften Baseler Separatfrieden vom April 1795. In England erregte sich zwar die oppositionelle Whig-Partei über die polnische Teilung. Aber die Regierung hatte andere Sorgen. Sie begann wieder einmal in Frankreich den Hauptfeind zu entdecken, und deshalb suchte auch sie ein gutes Verhältnis zu Preußen, überdies auch zu Rußland. Schon im Januar 1793 ließ sie die preußische Regierung wissen, daß sie die polnische Teilung nicht verhindern und eine gänzlich passive Haltung in dieser Frage einnehmen werde.[123] Heftige moralische Skrupel begannen die Westeuropäer in dieser Frage erst 100 Jahre später zu entwickeln.

Seit Peter dem Großen, seit fast 100 Jahren, hatte die Idee in der Luft gelegen, daß Preußen und Rußland kooperieren müßten, um Polen unter Kontrolle zu halten. Hätte sich diese Zusammenarbeit in Bahnen vollzogen, die nicht nur die Moral, sondern, mehr noch, staatsmännische Weisheit hätten diktieren müssen, dann hätte sich später auf preußischer und russischer Seite kein patriotischer Historiker nach besonderen Rechtfertigungen umsehen müssen. Diese

Weisheit hätte vor allem Rücksicht auf das wohlerwogene Eigeninteresse der beiden Staaten im Rahmen der Völkergemeinschaft nehmen müssen. Katharina besaß von diesem gesunden Menschenverstand noch am meisten. Auf den größten Teil dessen, was sie in Polen nahm, konnte sie einen historischen Anspruch geltend machen. Unter volksmäßigen und rassischen Gesichtspunkten war er verdaulich. Und so gern sie, ebenso wie ihr großer Vorgänger, das ganze Polen für sich in Beschlag genommen hätte, so sehr blieb sie sich am Ende doch immer der Notwendigkeit bewußt, die Interessen ihrer Nachbarn in Rechnung zu stellen.

Die schlechteste Figur unter allen machte der preußische König. Sicherlich verlangte das preußische Staatsinteresse, daß die günstige Situation, in der sich das Land befand, zu einem vorteilhaften Arrangement über Polen benutzt wurde. Aber die Art und die Maßlosigkeit, mit der solche Interessen befriedigt wurden, spotteten aller Rechtfertigungsversuche. Im wohlbedachten preußischen Staatsinteresse hätte es gelegen, das zerrissene preußische Territorium durch mäßige Gewinne auf polnische Kosten – Danzig, Thorn, Posen – zu festigen, im übrigen aber einen lebensfähigen polnischen Pufferstaat zwischen Preußen, Rußland und Österreich zu erhalten. Dies hätte den Gedanken Friedrichs des Großen entsprochen, dies war es auch, was – mit wie ungeschickten Mitteln auch immer – der mit Friedrichs Prinzipien aufgewachsene Minister Hertzberg lange Zeit wollte. Die Operation wäre aus mancherlei Gründen nicht leicht gewesen, aber sie ist noch nicht einmal versucht worden... Statt dessen beging man eine Missetat, für die der König, seine Paladine und das ganze feudale System keine Verzeihung finden können, am wenigsten von den Deutschen. Am wichtigsten waren ihnen die polnischen Ländereien, die sie nach der Revolution von 1794, nach der dritten Teilung, gierig in großem Ausmaß beschlagnahmten, unter dem Vorwand, daß der Aufstand wie ein Revolutionsversuch zu ahnden sei.[124] Preußen als Staat war nicht gestärkt, sondern geschwächt worden. Einsichtige Köpfe am preußischen Hof erkannten schon 1812 in diesem polnischen Ballast eine der wichtigsten Ursachen der ganzen schwächlichen Politik, die Preußen in die Unglücksjahre von 1805 bis 1812 geführt hatte.[125]

Aber die Geschichte meinte es auch in diesem Fall mit der preußisch-russischen Zusammenarbeit und ihren Ergebnissen letztlich gut. Der unfreiwillige Helfer dabei war jenes Frankreich, das zugleich gegen Preußen wie gegen Rußland anrannte, das Frankreich Napoleons. Am Ende der napoleonischen Kriege wurden von neuen Männern schließlich die preußischen Ostgrenzen auf eine Linie zurückgenommen und zurückgedrückt, die sie im äußersten Falle von Anfang an hätten haben, die sie nie hätten überschreiten dürfen – auf jene Linie, die sie dann bis 1919 hatten. Der erste Schritt dazu war die preußisch-russische Verständigung von Kalisch 1813, dann gab 1815 der Wiener Kongreß nach vielen Verwicklungen den neuen Grenzen die internationale Anerkennung. Was an ehemals polnischem Land bei Preußen verblieb, war das Maximum, das für Preußen-Deutschland verdaubar sein konnte. Für Frankreich gab es nun keine polnische Drehscheibe mehr als Operationsbasis gegen Rußland oder Deutschland. Und wie der August 1914 erwies, waren diese Ostgrenzen gleichzeitig auch das Minimum an Schutz, das Preußen-Deutschland für den Fall einer Wetterwende in der russischen Politik benötigte. Sie gestatteten es dem Deutschen Reich, das Gros seiner Armeen an die Westfront zu werfen – mit mehr Glück und bei besserem Kalkül hätten sie ihm im Herbst 1914 den Sieg im Westen erlaubt.

In Bromberg 800 Einwohner

Für das eine Siebentel der Bevölkerung Polens, das sich als die »polnische Nation« empfand, also für den Adel und die wenigen Hunderttausend der Stadtbevölkerung, war die Teilung ein Unglück. Die sechs Siebentel, die außerhalb der Nation standen, sozusagen nicht zu ihr zugelassen waren, dürften sie kaum zur Kenntnis genommen haben, jedenfalls nicht mit Protest. Die Wirtschaftslage in den von den Teilungsmächten übernommenen Gebieten war trostlos.

Kaindl schreibt dazu:

> »Die Städte waren verfallen, Handel und Gewerbe unbedeutend, die Landwirtschaft auf einer sehr niedrigen Stufe, die Volksbildung überaus gering . . . Bromberg, die wichtigste Stadt des Netze-Distrikts, zählte 800 Einwohner. Großpolen (der preußische Anteil an der dritten Teilung) glich einer Wüstenei. Die adligen ›Städte‹ zählten oft nur 30 bis 40 Feuerstellen.«[126]

Und Frankel berichtet: »Als der österreichische Monarch 1782 die Bauern von einigen sozialen Lasten befreite, das für die Adligen so profitable Handelsmonopol abschaffte und sogar einige Ländereien unter die Bauern verteilte, war die Mehrheit der galizischen Bauern für die nationale Sache verloren... Es ist deshalb nicht verwunderlich, daß während des ganzen 19. Jahrhunderts die polnischen Bauern in Galizien von ›unserem Kaiser‹ zu reden pflegten.«

Und was in Preußen für die polnische Bevölkerung jenes »Großherzogtums Posen« getan wurde, das der Wiener Kongreß 1815 schließlich den Hohenzollern zuteilte, war nicht wenig. Friedrich Wilhelm III. gab ihm die alten polnischen Landesfarben Weiß-Rot und setzte als Statthalter einen Mann aus den größten der polnischen Familien ein, den Fürsten Radziwill.[127] Die Polen lernten den Segen der allgemeinen Schulpflicht kennen – und der Schulunterricht erfolgte, wo immer gewünscht, in polnischer Sprache. Später folgte das aktive und passive Wahlrecht. Die guten Beziehungen mit dem polnischen Adel hielten freilich nur bis zum Jahre 1823. Damals schaffte die preußische Regierung die im eigenen Lande schon beseitigte Leibeigenschaft auch im Großherzogtum Posen ab. Es dauerte sehr lange, bis der Adel ihr das vergab.

VI. Alexander – Stein – Gneisenau und die Befreiung Deutschlands

Welche Vorstellung haben wir von den Befreiungskriegen? In der Schule lernten wir es etwa so: Zuerst besiegte Napoleon Preußen und Österreich – eine Begebenheit wie manche andere in der Geschichte. Dann ging er selbst im russischen Winter unter. Die Deutschen ergriffen die ersehnte Gelegenheit: Sie erhoben sich wie ein Mann, König und Volk, der König appellierend an sein Volk, und schüttelten das Joch ab. Im wesentlichen Befreiung durch Selbstbefreiung. Russen und Engländer – sicher, sie halfen mit, im Eigeninteresse. Sie waren angegriffen, sie mußten zurückschlagen, gemeinsame Sache machen. Und so marschierten Arm in Arm Preußen und Briten, Russen und Österreicher dem Sieg und dem Triumph über den Unterdrücker entgegen.

Leider ist das nur das offizielle deutsche Geschichtsbild, das monarchisch-obrigkeitsstaatliche. Die Darstellung des Skeletts von Fakten ohne die Gelenke ergibt einen falschen Eindruck vom Funktionieren des ganzen Mechanismus. Die Wirklichkeit war viel beschämender – nicht für das tapfere, empörte Volk, sondern für die Führung. Ohne russisches Drängen hätte es eine Befreiung wahrscheinlich nicht gegeben; Rußland drängte nicht, weil die Umstände es dazu zwangen, sondern aus freiem Willen und mit weitsichtiger Überlegung – es hätte auch anders handeln können; und nur, weil Rußland drängte, gab es später einen »deutschen Rhein« und nicht einen französischen. Weit davon entfernt, ihre Völker zum Kampf gegen den französischen Tyrannen und Landräuber zu führen, boten die deutschen Könige, Fürsten, Kabinette und Polizeichefs das kläglichste Bild der Unterordnung, Anpassung und des Opportunismus. Auf sie paßt das Bild vom Hund, der zum Jagen getragen werden mußte – von den Völkern und dem Zaren.

Die moralische Verfassung des spätfeudalen Deutschlands jener Jahre macht nichts deutlicher als Entstehung und Gründung des »Rheinbundes«. Süddeutsche Fürsten – die Bayern und Württemberger vor allem – waren 1805 von Napoleon als Belohnung für ihre profranzösische Politik mit Land bedacht worden, das er auch dem besiegten deutschen Kaiser abgenommen hatte. Westdeutsche Fürsten hatten sich 1803 bei der Säkularisation mit Napoleons Hilfe durch viel Katzbuckeln in Paris und viele Bestechungsgelder an französische Vermittler Land verschafft, das vorher der Kirche gehört hatte. Alle fürchteten, daß es ihnen auch wieder genommen werden könnte – am ehesten von ihrem großen Gönner, dem Korsen, der Herrscher, die ihm nicht paßten, schnell von ihren Thronen und Thrönchen entfernte. Die Konsequenz, die sie aus der Bedrohung des Deutschen Reiches durch Frankreich gezogen hatten, war nicht, daß sie sich mit den größeren deutschen Staaten zusammenschließen müßten, sondern ganz im Gegenteil: daß sie von dieser Bedrohung profitieren sollten. Wie etwa jener König Friedrich von Württemberg – »ein leidenschaftlicher Feind aller Edlen und Unabhängigen« in den Worten Ludwig Häussers – der in seinem Land »einen Zustand von Willkür und Bedrückung« einrichtete, in dem »nicht nur Freiheit und Rechte des einzelnen, sondern auch Wohlstand und Gedeihen des Ganzen dem Verderben zugeführt« wurden.[1] Um solche Pfründe zu erhalten und zu mehren, suchten sie Napoleons Wünsche bis über jedes damals vorstellbare Ausmaß zu befriedigen.

Der Rheinbund liefert Kanonenfutter

Im Juli 1806 traten 16 süd- und westdeutsche Fürsten aus dem Deutschen Reich aus, gründeten in Paris den »Rheinbund« und baten Napoleon um dessen Schutz und Protektorat. Kaiser Franz in Wien blieb darauf und nach Napoleons dringlicher Aufforderung nur übrig, die Krone des Heiligen Römischen Reiches Deutscher Nation niederzulegen. Zu der hochedlen Gesellschaft gehörten zunächst Württemberg, Baden, Bayern, Hessen-Darmstadt, Nassau, Frankfurt, Würzburg, Berg und kleinere Länder. Später, nachdem Preußen gerade wegen dieser Rheinbund-Gründung Frankreich den Krieg erklärt und verloren hatte, traten andere hinzu, namentlich Sachsen, Westfalen, Mecklenburg-Schwerin. Frankreichs Machtzone, seine Aufmarschbasis, sein Imperium erstreckten sich nun plötzlich bis nach Mitteldeutschland, bis zur Elbe. Es war eine enorme Machtverschiebung in Europa.

Eindeutig war dieser Rheinbund gegen jedes deutsche Interesse gerichtet, eine Säule der französischen Herrschaft über Europa. Seine politische Zentrale war das München des leitenden Ministers Joseph

Graf von Montgelas. Er hatte den politischen Anschluß an Frankreich schon 1801 vollzogen, war durchaus erfüllt von lobenswertem Reform- und Fortschrittswillen, aber in dem Irrtum befangen, daß Bayern in einem napoleonischen Europa die ehrenvolle Rolle einer europäischen Mittelmacht spielen könne. Fürstprimas wurde der bisherige Kurerzkanzler Dalberg, ein kultivierter, toleranter, sogar sozial gesinnter Mann, nur leider ein unpolitischer und schwächlicher »Weltbürger« wie so viele seiner Zeit, der Napoleon hartnäckig mit Karl dem Großen verwechselte und um so eher zum Verräter am Reich werden konnte. Immerhin wurde er dafür 1810 zum Großherzog von Frankfurt erhoben.

Die Leitung der Außenpolitik ihres Bundes übertrugen diese Fürsten Frankreich. Für seine Kriege stellten sie ihm auch ihre Truppen zur Verfügung – am Anfang waren es 63 000 Mann[2], später sollten es mehr werden, Kanonenfutter für die Sicherheit der Dynastien. Die entscheidende Bestimmung des Vertrages war, daß der französische Kaiser als Protektor des Bundes das Recht hatte, alle Bundesmitglieder zur Waffenhilfe aufzurufen, sobald einer der Verbündeten »angegriffen« oder »bedroht« war – eine Bestimmung dehnbar genug, um allen seinen Forderungen Raum zu bieten. Wenig mehr war dieser Rheinbund als »Napoleons Vorratskammer, Kaserne und Kriegskasse«[3], und um das klarzumachen, wurde den Untertanen der Fürsten auch noch untersagt, außerhalb des Bundes Dienste anzunehmen.

Die Unterwerfung hatte freilich schon vor der offiziellen Gründung des Rheinbundes begonnen. Als Napoleon Ende 1804 die neuen rheinischen Provinzen Frankreichs besuchte und in Mainz großes Hoflager hielt, erwiesen ihm die meisten deutschen Kleinfürsten demütig ihre Reverenz. Einer, der nicht persönlich erschien, war der bayrische Kurfürst Max IV. Joseph. Dafür trug er dem französischen Gesandten Otto die folgende Botschaft an Napoleon auf:

> »Legen Sie Seiner Majestät meine Huldigung zu Füßen. Versichern Sie ihn, nur die gegenwärtige Konjunktur hat mich gehindert, mich nach Mainz zu begeben. Seine Majestät wird vielleicht mehr Nachsicht mit mir haben, wenn sie sich zu überzeugen geruht, daß ich mich nur deshalb so angelegentlich mit der Organisation meiner Truppen beschäftige, um sie ihm zur Verfügung zu stellen, wenn er sie verwenden will, und sie dem Dienst unter seinem Befehl würdig zu machen.«[4]

In der Tat sollte Napoleon »sie verwenden«, und zwar bald, im schon geplanten Krieg gegen den deutschen Kaiser in Wien. Der bayrische Kurfürst stellte ihm dafür 1805 nicht weniger als 20 000 Mann zur Verfügung, der Kurfürst von Württemberg auch immerhin 10 000 Mann. Beide verdienten sich auf diese Weise ihre Königstitel.[5]

Der Handel mit eigenen Landeskindern als Kanonenfutter an fremde Staaten hatte allerdings bei westdeutschen Fürsten schon Tradition. An England verkauften sie für den Kampf gegen die aufständischen amerikanischen Kolonien insgesamt 17 000 Mann.[6] Traurige Berühmtheit erlangten vor allem die Fälle des Landgrafen von Hessen-Kassel, dessen Truppen überdies »seit dem Dreißigjährigen Krieg in fast allen europäischen und türkischen Feldzügen kämpften«,[7] und jenes Markgrafen von Ansbach-Bayreuth, der 1781 zum Preis von einer halben Million Taler fast dreieinhalbtausend Soldaten verschacherte, von denen rund zwei Drittel in Amerika umkamen, und unter deren Überlebenden sich der spätere preußische Generalstabschef Gneisenau befand.

Und so war es auch kein Wunder, daß sich unter Napoleons Grande Armée, die 1812 in Rußland einfiel, ein riesiges Heer abkommandierter deutscher Soldaten befand – nicht etwa nur jene 20 000 Mann des preußischen Generals Yorck von Wartenburg, der dann im Dezember 1812 mit der Konvention von Tauroggen den Umschwung der preußischen Politik erzwang. Die Angaben über die genaue Stärke der Grande Armée schwanken, je nachdem, ob man die Reserven und später eingetroffenen Verbände dazu rechnet, zwischen 550 000 und 690 000 Mann. Aber alle Angaben stimmen darin überein, daß die Franzosen nur die knappe Hälfte dieser Armee stellten. In der anderen Hälfte waren zwei Nationalitäten am auffallendsten: rund 100 000 Polen[8] – fast alle Freiwillige, verführt durch des französischen Kaisers Verheißung von neuem polnischen Glanz und neuer polnischer Größe – und etwa 150 000 Deutsche – fast alle Gezwungene –. Die Schätzung stammt von Ernst Moritz Arndt, der damals gleichfalls in Petersburg war.[9] Es waren mehr, als bis dahin jemals ein deutscher Feldherr auf einmal versammeln konnte. Das größte Kontingent, jene, die sich nicht, wie Preußen und Österreicher, vorsichtig und gedeckt an den nördlichen und südlichen Flanken aufhalten konnten, waren die Truppen der Rheinbund-Fürsten – rund 110 000 Mann.[10] Nur Splitter von ihnen kehrten zurück, über Hunderttausend gingen elend zugrunde.

Schon am Anfang der Kämpfe waren die Rheinbund-Kontingente

häufig an den Brennpunkten eingesetzt worden. Die westfälische Armee hatte bis zum 1. August, fünf Wochen nach der Überschreitung des Njemen, schon 2000 Tote;[11] von ihren 16000 Mann kehrten nur 2000 zurück:[12] die Württemberger verloren allein in der Schlacht von Borodino etwa ein Viertel ihres Bestandes.[13] Um diese Gepreßten besser kontrollieren zu können, hatte Napoleon sie auf die ganze französische Armee verteilt, natürlich auch französischen Generälen unterstellt. So klar war die dienende Rolle der Rheinbund-Fürsten, daß der französische Kaiser vom Kommandeur der württembergischen Truppe, dem Kronprinzen, die Bestrafung und »Beseitigung« einzelner Offiziere verlangen konnte, weil sie sich »in den schlimmsten Reden ergehen«.[14]

Dann kam der Rückzug durch die Schneewüste. Schnelle Bilder des Martyriums:

»Die Unglücklichen schleppen sich stolpernd dahin, bis der Schnee oder bis ein Trümmerstück, ein Zweig oder der Körper eines Kameraden sie zum Stolpern bringt, so daß sie hinfallen ... Bald bedeckt sie der Schnee ... Die ganze Straße ist wellenförmig bedeckt mit solchen Erhebungen« ... »Uniformen zu erkennen, war fast nicht mehr möglich. Die Leute hatten keine Stiefel und keine Waffen, ihre Leiber waren eingewickelt in Pelze, ihre Gesichter erschreckend mager. Der Frost hatte bewirkt, daß viele von ihnen wie Neger aussahen« ... »Eine Straße führte auf die Brücke (über die Beresina). Keine Schilderung kann die Verwirrung wiedergeben, den brennenden Wunsch zu fliehen, die Wildheit derer, die um jeden Preis vor den anderen über den Fluß wollten. Gepäckwagen, Kanonen, Equipagen ... hetzten verzweifelt voran, Räder und Achsen brachen. Verwünschungen und Flüche in allen Sprachen Europas ... Die Infanteristen schlugen mit Gewehrkolben kreuz und quer um sich, die Reiter benutzten ihre Säbel, die Wagenlenker ließen die Peitschen wirbeln. Dazu gellte das verzweifelte Geschrei von Kindern und Frauen« ... »Man aß das rohe Fleisch toter Pferde. Diejenigen, deren Hände erfroren waren, knieten nieder, um direkt ins Fleisch zu beißen wie Raubtiere« ... »Einer meiner Freunde ... hatte erfrorene Füße. Als er in Smolensk Verbandsmaterial und Leder vom Fuß nahm, lösten sich drei Zehen. Eine Marketenderin wollte ihrem Kind die Brust geben und entdeckte, daß sie gefroren war.«[15]

Von Fürsten, von Führern, die ihre Landeskinder in dieses Abenteuer geschickt hatten wie in manch andere blutige Schlachten für fremde Interessen zuvor, sollte je ein Anstoß zur deutschen Befreiung zu erwarten gewesen sein?

Das jammervolle deutsche Panorama war in den Bildern von jenem Erfurter Fürstenkongreß des Jahres 1808 zusammengerafft, auf dem Napoleon dem russischen Zaren seine deutschen Satrapen vorführte. Vier Könige und 34 Fürsten aus deutschen Landen huldigten dort dem korsischen Eroberer und »erniedrigten sich zu der elendsten Schmeichelei und Augendienerei« – so später der Freiherr vom Stein –, aus Angst, von ihm gestürzt zu werden. »Das offizielle, abhängige, gleichgeschaltete, protegierte, belehnte, beschenkte, geschändete Deutschland tritt auf.«[16] Napoleon will den Zaren durch das Schauspiel seiner Macht blenden. Das gelingt ihm zwar nicht, aber nicht etwa deshalb, weil seine Statisten die ihnen zugedachte Rolle nicht wunschgemäß spielten. »Mit Unbehagen«, sagt ein paar Jahre später Talleyrand, der Franzose, »erinnere ich mich an die Besprechung von Erfurt, wo man ein Parterre von Königen demütig einem Mann den Hof machen sah, der nicht abließ, sie zu beleidigen.«[17] Napoleons Lässigkeit im Umgang mit den deutschen »Majestäten« kennt kaum Grenzen. »Schweigen Sie, König von Bayern!«, soll er, unter anderem, ausgerufen haben.

Und wie der Herr, so's Gescherr. Die Stadt Erfurt ist illuminiert. Das gehobene Bürgertum überbietet sich in Ehrenbezeigungen. Ein pensionierter Offizier dichtet: »Aus Mangel an Geld schenken wir Napoleon unsere Herzen.«[18] Und der alternde Goethe, hier ganz in der Rolle des Hofdichters, nimmt dankbar die herablassenden Leutseligkeiten des französischen Gewaltherrschers entgegen, sagt später seinem Verleger Cotta, daß ihm in seinem Leben nichts Höheres begegnen konnte als eben jene Minuten mit Napoleon. Übrigens ging er auch nie ohne das Kreuz der Ehrenlegion aus, das ihm jener verliehen hatte,[19] ganz ungerührt von der Beleidigung, die der Imperator allen Deutschen dadurch zufügte, daß er auf dem Schlachtfeld von Jena eine Jagd veranstaltete, bei der er die Hasen ebenso abknallen ließ wie zwei Jahre zuvor die preußischen Grenadiere.[20]

Napoleons deutsche Eroberungen und seine Protektorate:

- französisches Reichsgebiet und die in das französische Reich eingegliederten deutschen Nord- und Ostsee-Gebiete sowie die deutschen linksrheinischen Provinzen
- französische Protektorate und von Frankreich abhängige Staaten

»Betitelte Sklaven und Untervögte«

Man wäre versucht, zu sagen: das ewige Deutschland der Untertanen – gäbe es da nicht auch die heroischen Widerstandskämpfer vom Schlage Scharnhorsts, Gneisenaus, Clausewitz', Blüchers und des Freiherrn vom Stein, des größten deutschen Staatsmannes im 19. Jahrhundert außer Bismarck. Niemand hat vielleicht den Reformer, dessen Deutschland aus einem freien Bürger- und Bauerntum bestehen sollte, besser charakterisiert als Ludwig Häusser in seiner »Deutschen Geschichte«:

> »In Stein«, schrieb er, »ist noch einmal das alte Rittertum des Deutschen Reiches zum schönsten und kraftvollsten Ausdruck gekommen. An hochherzigem Gemeinsinn und lebendigem Gefühl für deutsche Ehre und Unabhängigkeit tat er es den Fürstengeschlechtern jener Jahre weit zuvor. Nicht in dem müßigen Vorrecht einer Kaste sah er die Prärogative des Adels, sondern in dem Berufe, die Besten und Tüchtigsten zu sein in der Nation. Was uns in Deutschland seit langem gefehlt, war nicht das Wissen, die reiche Bildung, die Vielseitigkeit der Ideen. Das alles hatten wir in Fülle, aber es mangelten uns Charaktere. Wie Stein selbst einmal sagte, entscheidet aber in allen großen Situationen Charakter mehr als Geist und Wissen ... In Stein war eine Persönlichkeit erschienen, welche diese Lücke auszufüllen verhieß.«

Was dieser Stein über das Deutschland jener Zeit, über »die Erbärmlichkeit der dynastischen Führungsschicht«[21] zu sagen hatte, macht die Verhältnisse am deutlichsten. Am 6. Oktober 1811 – als Flüchtling unter Napoleons Ächtung in Prag – schreibt er an einen anderen deutschen Patrioten, den hannoverschen Minister Graf Münster. Der allgemeine Unwille in Deutschland, sagt er, habe »die Bande, die den Untertanen an den Fürsten knüpfen, gelöst – er sieht in ihnen entweder feige Flüchtlinge, die nur für ihre Erhaltung besorgt sind ... oder betitelte Sklaven und Untervögte, die mit dem Gut und Blut ihrer Untertanen eine hinfällige Existenz erbetteln«.[22] Am 18. Juni des folgenden Jahres – schon in Petersburg, wohin er im Mai von Alexander I. eingeladen worden war – unterbreitet er dem Zaren eine Denkschrift. Es heißt darin:

> »Die Stimmung der deutschen Bevölkerung ist gegen die jetzige Ordnung der Dinge und deren Urheber erbittert. Sie sieht ihre

Unabhängigkeit, ihr Blut, ihr Vermögen dem Vorteil der Fürsten geopfert, welche sie verraten haben, um ein augenblickliches Dasein zu fristen; sie wird durch fremde Horden unterdrückt, gequält und beleidigt ... Der Landmann wird durch Steuern und Einquartierungen erdrückt, jeder Handelszweig ist vernichtet oder in Schleichhandel verkehrt ... Eine unruhige, tyrannische, mißtrauische Polizei überwacht die öffentliche Meinung; Literatur, Briefwechsel, öffentliche Lehrstühle, alles ist ihr unterworfen.«[23]

Wenige Wochen später entwirft er einen Aufruf an die unter Napoleons Fahnen marschierenden deutschen Soldaten. Er will damit möglichst viele von ihnen zum Übertritt auf die russische Seite in die von ihm mitbegründete deutsche Legion bewegen. Der Aufruf – veröffentlicht unter dem Namen des russischen Oberbefehlshabers Barclay de Tolly – wird kein großer Erfolg, aus vielen Gründen; aber vielleicht auch deshalb, weil der Zar eigenhändig den brisantesten Absatz aus dem Entwurf streicht: »Verrieten auch viele Eurer Fürsten die Sache des Vaterlandes«, heißt es darin, »statt für sie zu bluten und zu fallen, ließen sich auch viele Eures Adels und Eurer Staatsbeamten zu Werkzeugen seines Unterganges gebrauchen, statt dem ehrenvollen Beruf zu gehorchen, seine Verteidiger zu werden« ... – dann folgt der Appell an die Soldaten und Offiziere.[24] Es ist klar, was der Zar dagegen hat: Er will wohl Bewegung in Deutschland, aber keine Revolution. Sie könnte auf sein eigenes Land zurückschlagen. Und er ist eng verwandt mit manchen jener Fürstenhäuser, die der Reichsfreiherr im Visier hat.

Aber der scheut sich nicht, es diesen Häusern direkt zu sagen, und zwar an Ort und Stelle, sozusagen in der Höhle des Bären: in Petersburg. Die Mutter des Zaren, Marie Sophie, ist die Tochter des württembergischen Königs, und sie hat sich, als Napoleon mit 150 000 Deutschen im Gefolge über den Njemen dringt, abfällig über die Deutschen geäußert. Ihr schreibt der Freiherr:

»Eure Majestät haben sehr Unrecht, solches hier auszusprechen, und zwar über ein so großes, treues, tapferes Volk, welchem anzugehören Sie das Glück haben. Sie hätten sagen sollen, nicht des deutschen Volkes schäme ich mich, sondern meiner Brüder, Vettern und Genossen, der deutschen Fürsten. Ich habe die Zeit durchlebt; ich lebte in den Jahren 1791, 1792, 1793, 1794 am Rhein; nicht das Volk hatte schuld, man wußte es nicht zu gebrauchen. Hätten die deutschen Könige und Fürsten ihre Schuldigkeit getan, nimmer wäre ein Franzose über die Elbe, Oder und Weichsel, geschweige denn über den Dnjestr gekommen.«

Es wäre falsch zu glauben, daß sich Steins Zeitgemälde ausschließlich auf die Rheinbund-Fürsten bezöge. Er, der ehemalige leitende Minister des preußischen Königs, kann nicht offen sagen, was er von Friedrich Wilhelm III. denkt. Denn der war ja nicht nur ein früherer Partner des Zaren, er soll auch künftig wieder sein Bundesgenosse werden. Aber wenn er im September 1812 in einem weiteren Brief an den schon erwähnten Grafen Münster von dem »niederträchtigen« Berliner Kabinett spricht,[25] – jenem Kabinett, dem er schon 1807 den Kampf angesagt hatte – dann spricht das Bände über die Berliner Politik, über Steins Meinung vom König ebenso wie von den Ministern. Weit davon entfernt, eine Bastion des Widerstandes zu sein, war dieser König seit eh und je ein Zögerer und Zauderer, und sein »liebster Platz war . . . die diplomatische Schaukel«.[26]

Eine Politik der Halbheiten hatte er schon vor der Niederlage von Jena und Auerstedt geführt. 1805 hatte er lange gezögert, mit Österreich und Rußland gemeinsame Sache gegen Napoleon zu machen. Dann dachte er an eine »bewaffnete Vermittlung« auf der österreichisch-russischen Seite, entschloß sich aber unter dem Eindruck des Schreckens von Austerlitz zu einem blamablen Schutz- und Trutzbündnis mit dem Korsen, noch bevor die Österreicher ihren Frieden mit Napoleon machen konnten. Zu einem Bündnis, mit dem der Eroberer nur Preußen gegen Rußland und England in Stellung bringen und von beiden trennen wollte, während Berlin Russen und Briten versicherte, daß es so nicht gemeint sei und daß man weiterhin gut Freund bleiben wolle. Nachdem er 1806 auf Napoleons Provokation – die Gründung des Rheinbundes – voreilig mit einer Kriegserklärung reagiert und ein veraltetes Heer mit minimaler Moral und unfähigen Kommandeuren in die Katastrophe geführt hatte, erwog er zeitweilig den Anschluß an den Rheinbund. Erst ein Hilfeversprechen Alexanders – das freilich, so großzügig es auch war, nur unvollkommen erfüllt werden konnte – brachte ihn davon ab. Und dann, als trotz allem Heroismus bei der russisch-preußischen Waffentat von Eylau und nach der schlimmen russischen Niederlage von Friedland schließlich doch der schmachvolle Tilsiter Frieden des Jahres 1807 unterzeichnet werden mußte, ging das Schwanken weiter.

Vom Anfang des Jahres 1809 an, seitdem sich der neue französisch-österreichische Krieg abzeichnete, hatten die preußischen Patrioten der Erhebung gegen den Unterdrücker entgegengefiebert. Militärische Vorbereitungen waren getroffen, soweit sie sich unter den Augen der Besatzungsmacht treffen ließen. Die Sache war keineswegs aussichtslos, wenn sie mit Entschlossenheit geführt würde. Aber der König traute weder seinem Volk noch seinen oder den österreichischen Generalen. Er konnte sich nicht entscheiden, schloß sich schließlich dem Argument des Zaren und seiner eigenen »Friedenspartei« an, daß der Augenblick verfrüht und die Niederlage wahrscheinlich sei. Die Patrioten-Partei beginnt zu verzweifeln.

Zwei Jahre später erfolgt, was sie vorhergesehen hat: Napoleons Würgegriff wird fester, französische Truppenaufmärsche ringsum, Preußens Möglichkeiten werden geringer. Am Horizont zieht die Möglichkeit der großen französisch-russischen Auseinandersetzung auf, mit Preußen in der Mitte. Des Hofes bemächtigt sich die Angst, Napoleon könne zum Auftakt des Krieges zuerst einmal Preußen restlos zerschlagen wollen – eine Sorge, die durchaus nicht unbegründet ist. Die pro-französische Partei bekommt Oberwasser. Von März bis Mai 1811 bietet der König geradezu demütig dem Korsen ein Schutz- und Trutzbündnis an – gegen Rußland. Des Königs »größter Wunsch« sei es – sagt Kanzler Hardenberg dem französischen Botschafter – »sich auf die innigste Weise mit Frankreich zu verbinden«.

Aber Napoleon winkt ab, sehr von oben herab. Er braucht Preußen noch nicht, er will auch die Russen nicht vorzeitig alarmieren. Und nun wirft sich Friedrich Wilhelm in die Rolle des Friedensstifters zwischen Paris und Petersburg. Er ist vom heraufziehenden Konflikt viel eher geängstigt, als daß er darin Chancen sehen könnte, er möchte sich viel lieber mit Rest-Preußen zufriedengeben als nach alter Größe streben. Vom Mai 1811 bis zum Januar 1812 beschwört er den Zaren, die Kontinentalsperre gegen England aufrechtzuerhalten – gegen England, seinen potentiellen Verbündeten – er verbürgt sich geradezu für Napoleons Friedenswillen.[27] Als der Zar das unmögliche Ansinnen ablehnt, sich von den expansiven Plänen des französischen Kaisers überzeugt zeigt, gibt der König vorübergehend dem Drängen seiner Patrioten nach. Er zeigt sich zum Bündnis mit Rußland bereit, Scharnhorst darf in geheimer Mission nach Petersburg reisen. Aber dann ist ihm und der pro-französischen Partei das russische Angebot nicht sicher genug: Der Zar sieht angesichts des großen französischen Aufmarsches nicht die Möglichkeit, seine Armeen weit nach vorn zu schieben. Die vorderste Linie ist für ihn der Unterlauf der Weichsel. Scharnhorst und Gneisenau würde das genügen, denn sie planen eine moderne Kriegführung etwa nach spanischer Art, mit uneinnehmbaren Festungsbezirken und Hinterhalten. Aber König und Hof schwenken jetzt in die andere Richtung um, sie wollen Napoleons »treue Bundesgenossen« sein. Am 24. Februar 1812 unterzeichnet der König jenen »Unterwerfungsvertrag«, der Preußen verpflichtet, 20 000 Mann für den Feldzug in Rußland zu stellen und den auf- und durchmarschierenden napoleonischen Armeen jede erdenkliche Hilfe zu leisten. Scharnhorst und Gneisenau nehmen jetzt ihren Abschied und mit ihnen 300 preußische Offiziere, die sich der Schmach entziehen und lieber auf russischer Seite gegen den Unterdrücker als in seinen Diensten für den Ruin des Vaterlandes kämpfen wollen. – Das alles gehört zu den »Niederträchtigkeiten«, die Stein im Auge hatte, als er von Petersburg aus deutsche Politik zu machen suchte.

Nicht, daß des preußischen Königs Lage nicht in der Tat sehr schwierig gewesen wäre, nicht, daß er nicht ständig zwischen verschiedenen Risiken und Übeln zu wählen gehabt hätte, nicht, daß er etwa den Korsen zu bewundern gelernt hätte. Er haßte und fürchtete ihn zugleich. Aber die Furcht lähmte ihn, im ständigen Abwägen zwischen den Übeln verloren er und sein Hof die Direktion, die Willenskraft, die richtigen Nuancen, erweckten den Eindruck, daß sie jeder opportunistischen Erwägung nachgäben, ließen sich treiben statt mitzusteuern, rissen endlich eine Kluft zwischen sich und dem Volk auf. Und begannen so, ganz ähnlich wie die Rheinbund-Fürsten, außer Napoleon auch ihr Volk zu fürchten.

Das Volk hatte nach der Erschütterung von Jena und Auerstedt zunächst getan, was Deutsche immer tun – die Größe und den Glanz bewundert, auch wenn es Größe und Glanz des Eroberers sind. Als Napoleon am 27. Oktober 1806 durch das Brandenburger Tor in Berlin einzieht, umgeben von seinen Mamelucken, Kürassieren und Marschällen, läuten alle Kirchenglocken, und die Berliner rufen »Vive L'Empereur!«. Die preußischen Beamten schwören im Berliner Schloß, dem Kaiser der Franzosen »mit der größten Loyalität« zu dienen und die ihnen anvertraute Gewalt »nicht anders als zur Erhaltung der Ordnung und der öffentlichen Ruhe anzuwenden, auch aus allen meinen Kräften beizutragen, um die Maßregeln und Anordnungen, welche mir für den Dienst der französischen Armee vorgeschrieben werden, auszuführen und weder Briefwechsel noch irgendeine andere Art von Verbindung mit den Feinden derselben zu unterhalten«.[28] Ein großer Teil des geistigen Deutschlands – Schriftsteller, Professoren – ist hingerissen, der französische Kaiser erscheint ihm als Träger des politischen und sozialen Fortschritts. Und manche deutsche Offiziere bewundern ihn. Unter jenen, die später unter seinen Fahnen in Rußland eindringen, sind nicht wenige, die es als eine Ehre betrachten, für den ewigen Sieger zu kämpfen.

Aber bei den Massen hatte die Realität der französischen Herrschaft schnell zur Ernüchterung geführt. Die riesigen finanziellen Leistungen, auf denen Napoleon im Tilsiter Frieden bestanden hatte – 154 Millionen Francs, in absehbarer Zeit unaufbringbar – verarmten Staat und Bürger und führten zur Inflation. 160 000 französische Soldaten mußten von den Bauern ernährt werden. Die Blockierung des England-Handels lähmte den Groß- und Kleinhandel und führte zur Stillegung von Fabriken. »Das Handwerk verkam. Rentiers erhielten keine Zinsen, Hausbesitzer keine Mieten.«[29]

Aus dem Jahre 1811 stammt ein Brief des neuen »Königs von Westfalen« – Jérôme, Napoleons Bruder – an seinen kaiserlichen Protektor, in dem er warnend auf die Stimmung in »seinem« Lande hinwies, die in Preußen nicht anders war:

> »Die Gärung ist auf den höchsten Grad gestiegen«, hieß es darin. »Die mächtige Ursache dieser Bewegung ist nicht allein ... die Ungeduld über das fremde Joch; sie liegt auch ... in der Zugrunderichtung aller Klassen, in dem Übermaß der Auflagen, Kriegssteuern, Unterhalt der Truppen, Durchmärschen und unaufhörlich wiederholten Bedrückungen aller Art. Die Verzweiflung der Völker ist zu fürchten, die nichts weiter zu verlieren haben, weil man ihnen alles genommen hat.« Vorausschauend fügte er hinzu, daß die deutschen Fürsten »selbst die ersten Opfer ihrer Untertanen« werden würden, »falls sie an deren Gewaltmaßregeln nicht teilnehmen«.[30]

Die französische und die russische Partei in Preußen

In der Tat begann die Furcht der Fürsten vor dem Unwillen, den mehr und mehr das Volk über das außenpolitische System zeigte, bald größer zu werden als die Furcht vor dem Tyrannen selbst. Der Korse, von dem man einerseits Entthronung oder gänzliche Zerschlagung des Staates zu gewärtigen hatte, bannte andererseits das Gespenst der Revolution. Es gab am preußischen Hof eine starke Partei, »die vom engsten Anschluß an Frankreich alles Heil erwartete, die dem Emporkömmling der Revolution ... die Frevel gegen ihr eigenes Vaterland verzieh, weil er mit eiserner Despotenfaust die Geister niederhielt, und die bei ihm Schutz suchte gegen die grundstürzenden Reformen im eigenen Staat«.[31] Ein großer Teil dieser Ultrakonservativen behandelte Männer wie Stein und später Hardenberg wegen der Reformen, mit denen jene Preußens Wiederaufstieg bewerkstelligen wollten, wie persönliche Feinde. Er scheute sich nicht, mit den Franzosen zusammenzuspielen, um eine Minderung der alten sozialen und politischen Vorrechte zu blockieren. »Unbedenklich in ihren Mitteln, wie Privilegierte zu sein pflegen«, empfahlen sie beim Hof »Vertrauen zu den Franzosen aufs dringlichste an« und »rieten inständig zur Entfernung Steins samt allen nicht französisch Gesinnten als erste Vorbedingung eines besseren Zustandes«.[32] Und nicht zuletzt war es eine einflußreiche Gruppe in den oberen Rängen der Beamtenschaft, die mit gedankenloser subalterner Obrigkeits-Loyalität weniger im Landesfeind den Gegner sah als in den Widerständlern im eigenen Volk.

Im September 1812 beispielsweise wurde in Prag auf preußischen Antrag von der österreichischen Polizei der frühere preußische Polizeipräsident Gruner verhaftet, ein enger Mitarbeiter Steins, den dieser vor seiner Abreise nach Petersburg mit der Beobachtung französischer Truppenbewegungen beauftragt hatte. Die Berliner Zeitungen unterstanden einer nachdrücklichen preußischen Zensur im profranzösischen Sinne. Eilfertig waren die preußischen Finanzbehörden während des französischen Aufmarsches gegen Rußland die Vollstrecker der Kontributionsforderungen der Besatzungsmacht gewesen. Dienstbeflissen steigerten die Behörden freiwillig alle Maßnahmen zur Durchsetzung der Kontinentalsperre gegen England, die Hälfte der Armee wurde dafür eingesetzt. Bemüht überwachte der Berliner Polizeipräsident LeCoq nach der Niederlage Napoleons in Rußland die immer anti-französischer werdende öffentliche Meinung, stellte – noch im Januar 1813! – besorgt fest, daß sich diese »namentlich unter der geringeren Bürgerklasse« besonders lautstark entwickle.[33] Zusammen mit dem Berliner Stadtkommandanten von Brauchitsch setzte er am 20. Februar 1813 eine von ihm geschaffene »Bürgergarde« gegen diese »geringe Bürgerklasse« ein, als sie einem in Berlin eindringenden Kosakenregiment zu Hilfe kommen wollte.[34] »Nur durch unbeschreibliche Anstrengung«, berichtete von Brauchitsch anschließend seinem König, konnte den »Exzessen« und

»Ausbrüchen« der Bevölkerung gegen die Franzosen schließlich Einhalt geboten werden. Und erwartete für diesen Bericht doch zweifellos zumindest keine Rüge.

Kann es verwundern, daß von diesem Typ höherer Staatsdiener alle jene Patrioten, die ins russische Lager gewechselt hatten und von dort aus den Kampf gegen Napoleon vorzubereiten suchten, mit höchstem Mißtrauen beobachtet wurden? Die glänzendsten Namen waren darunter: außer dem Freiherrn vom Stein etwa der damalige Oberstleutnant Carl von Clausewitz, unser größter strategischer Denker, den man in Berlin der Desertion anklagte; dann der spätere General und Kriegsminister von Boyen, Graf Chasot, Major von der Goltz, Graf Dohna, der Schwager Scharnhorsts, von Stülpnagel und viele andere; Gneisenau war nach London emigriert. Die meisten von ihnen hatten Preußen nach der Unterzeichnung des »Unterwerfungsvertrages« vom Februar 1812 verlassen. Clausewitz hatte damals sein »Bekenntnis« geschrieben, in dem es hieß:

> »Ich glaube und bekenne, daß ein Volk nichts höher zu achten hat als die Würde und Freiheit seines Daseins; daß es diese mit dem letzten Blutstropfen verteidigen soll; . . . daß der Schandfleck einer feigen Unterwerfung nie zu verwischen ist; daß dieser Gifttropfen in dem Blute eines Volkes in die Nachkommenschaft übergeht und die Kraft späterer Geschlechter nehmen und untergraben wird . . . daß ein Volk unter den meisten Verhältnissen unüberwindlich ist in dem großmütigen Kampf um seine Freiheit.«

Aber vielen im Umkreis des Berliner Hofes galten diese Patrioten als »Jakobiner«, »Extremisten« oder »Russenknechte«. Zu Stein hielt der König größte Distanz. Und dieser Hof sollte auch nur eines der Elemente von Widerstand und Selbstbefreiung gewesen sein?

Um all das richtig einstufen zu können, muß man sich vor Augen halten, daß Hitlers Verfahren mit Frankreich ausgesprochen freundschaftlich genannt werden könnte im Vergleich zu Napoleons Maßlosigkeiten gegenüber den Deutschen. Nicht nur, daß er mit dem Rheinbund-Protektorat die Grenze des französischen Machtbereichs bis an Elbe und Böhmerwald vorschob. Er hatte überdies – 1810 – Frankreich direkten Zugang zur deutschen Nord- und Ostseeküste verschafft, indem er Hamburg, Bremen, Lübeck einfach in den französischen Staat eingliederte. Westfalen mit einem Gebiet, das im Osten bis an die untere Elbe reichte und im Südwesten bis in die Rheingegend, war ein mit Frankreich assoziierter Staat unter einem französischen König (mit manchen vornehmen deutschen Mätressen und einem schamlos liebedienernden hohen deutschen Adel). Preußen hatte im Frieden von Tilsit ungefähr die Hälfte seines Territoriums verloren. Die Abtretung der Gebiete aus der zweiten und dritten polnischen Teilung wog – aus späterer Sicht – leicht, ein furchtbarer Schlag aber war der Verlust aller Gebiete westlich der Elbe einschließlich des Dortmunder Kohlereviers. Aus diesen Gebieten war der größte Teil der preußischen Finanzkraft gekommen. Das derart verarmte Rest-Preußen konnte die Reparationsleistungen unmöglich aufbringen. Napoleon verlangte sie, um Preußen restlos zu ruinieren, um es an einem Wiederaufbau zu hindern. Für ihn waren solche Forderungen die Fortsetzung des Krieges mit anderen Mitteln. Vor allem waren sie ein Vorwand für die fortdauernde Besetzung Preußens durch französische Truppen. Und zu all dem kamen die Plünderungen, die Räuberei von Kunstschätzen, die beständigen Demütigungen. Selbst das Diktat von Versailles war mild im Vergleich zu dem von Tilsit.

Wir sagten es schon: Auch der König haßte Napoleon, er hoffte, daß sich die Lage wieder ändern könnte. Als er Napoleon die 20000 Mann des Yorckschen Korps für den Krieg gegen Rußland zur Verfügung stellte, schrieb er – am 31. März 1812 – gleichzeitig an den Zaren:

> »Falls der Krieg ausbricht, werden wir uns nicht mehr Übles antun als unbedingt notwendig ist. Wir werden uns immer daran erinnern, daß wir verbunden sind, daß wir eines Tages wieder Verbündete sein werden und uns, wenn wir auch jetzt einem unausweichlichen Verhängnis nachgeben, dennoch die Freiheit und die Aufrichtigkeit unserer Gefühle bewahren werden. Ja, Sire, seien sie der meinen versichert; sie werden sich nicht ändern, und es soll mein Ruhm sein, Sire, für das ganze Leben Eurer Majestät guter Bruder, Freund und Verbündeter mit Herz und Seele zu bleiben.«[35]

Das klingt nicht schlecht, aber dieser Brief trug den Charakter einer Rückversicherung, für die eine und eher unwahrscheinliche Möglichkeit, daß Napoleons Plan danebenging. Vorwiegend aber glaubte man in Berlin an die andere, an Napoleons Sieg. Ihm gegenüber wollte man sich in erster Linie absichern. »Sich absichern« – das war überhaupt das Losungswort. Nichts, selbstverständlich, gegen taktische Klugheit, wenn dahinter die Kampfbereitschaft steht. Aber am preußischen Hof herrschten die Taktiker vor, die erst zu handeln bereit waren, wenn kaum etwas zu riskieren war, wenn sie ihrer Sache fast ganz sicher sein konnten. Das heißt, wenn die Russen ihnen diese Sicherheit auch verbürgten.

Noch, als die Nachrichten von dem Elend an der Beresina schon in alle Ecken Europas gedrungen waren, Ende Dezember 1812, dachte der König an nicht viel mehr als an eine Friedensvermittlung zwischen Napoleon und dem Zaren. Und eingeschüchtert wie er war, tief versunken im Gefühl seiner Ohnmacht, hat er sich selbst davon wohl nur geringste Belohnung erhofft.

> »Man war weit davon entfernt, die ungeheure Krisis der Machtverhältnisse Europas anders als nach dem Maße diplomatischer Mittel und nach dem Verhältnis nicht der glorreichen Vergangenheit, sondern der nächsten peinlichen Gegenwart zu berechnen ... Von dem unerhörten Gottesgericht, ... von der überwältigenden Wirkung auf die Gemüter der Menschen, von der ganzen Größe der Situation nahm man so wenig als möglich Notiz. An die Möglichkeit einer nationalen Erhebung glaubte man nicht. Am wenigsten vielleicht der König.«[36]

Das Drama Yorcks

Als General von Yorck, der Oberbefehlshaber des preußischen Korps in der Grande Armée, am 30. Dezember 1812 in der Mühle von Tauroggen nach viertägigen nervenzerschleißenden Verhandlungen jene historische Konvention mit der russischen Armee abschloß, die formal seine Neutralität im Krieg festlegte, de facto aber das politische Signal zum Umschwenken Preußens auf die russische Seite gab, tat er das durchaus nicht im wenigstens stillen Einverständnis mit seinem König. Alle Andeutungen, die später von preußischen Historikern in dieser Richtung gegeben wurden, dienten eher der Rehabilitierung des Berliner Hofes. Daß das gerade Gegenteil der Fall war, hat später Yorck selbst bezeugt.[37] Napoleon nannte die Konvention »ein großes politisches Ereignis«.[38] Aber dieses die Lage in ganz Europa verändernde Ereignis war die Tat eines alleingelassenen Offiziers, nicht die des Königs oder seines Hofes.

Eben deshalb hatte er, der konservative, im Geiste des unbedingten Gehorsams erzogene Preuße jenen Gewissenskonflikt auszutragen, dem sich zu Deutschlands Unglück in einem anderen Jahrhundert allzu viele Offiziere entzogen. Er wußte gut, daß er seinen Kopf riskierte. Das Ringen in seiner Seele und um seine Seele war von einer Dramatik, in der sich das Bild Preußens in diesen Jahren widerspiegelte, und die man eben deshalb später gerne unterschlug.

Denn hier stand der König, dort standen die nationalen Interessen – und die Deutschen in russischen Diensten: der Schlesier Diebitsch, Kommandant des russischen Korps, das Yorck gegenüberlag, Clausewitz, sein Adjutant, Graf Dohna, General Wittgenstein, Oberst Tettenborn, Graf Plato – die russische Armee wurde fast von mehr Deutschen als Russen kommandiert. General Paulucci, der Militärgouverneur von Riga, hatte Yorck einen Brief des Zaren übermittelt. Es hieß darin, er, der Zar, »sei bereit, mit dem König von Preußen einen Vertrag zu machen, in dem ... ich gegen ihn die Verpflichtung übernähme, nicht eher die Waffen niederzulegen, als bis es mir gelungen wäre, für Preußen eine Gebietsvergrößerung durchzusetzen, groß genug, um es unter den Mächten Europas die Stelle wieder einnehmen zu lassen, die es vor dem Krieg von 1806 gehabt hat«.[39]

Yorck selbst ist davon überzeugt, daß Napoleon einen möglichst raschen Frieden mit Rußland will und dabei Preußen unbedenklich opfern, das heißt zur Teilung anbieten wird. Eben deshalb schickt er eilig den Major von Seydlitz nach Berlin mit der dringenden Bitte um eine Entschließung des Königs. Aber in Berlin verzögert man die Antwort. Am Weihnachtsabend trifft sich Yorck zwischen den Vorposten mit General Diebitsch. Der sagt ihm, daß die russischen Generale angewiesen seien, die preußischen nicht als Feinde zu behandeln, sondern als künftige Waffengefährten. Er trifft sich mit Clausewitz und dem Grafen Dohna. Mit ihnen verabredet er ein Scheinmanöver, das etwas beweisen soll, was den Tatsachen durchaus nicht entspricht: daß nämlich seine Verbindungen zum Rest der Grande Armée abgeschnitten seien – ein Manöver, das allein der Rechtfertigung vor seinem Monarchen dienen soll.[40] Fast ist Yorck für die Sache gewonnen, kündigt sie, mit dieser Begründung, schon Friedrich Wilhelm an – da kehrt am 29. Dezember der Major von Seydlitz aus Berlin zurück: keine Weisungen, keine Antwort, aber klare Andeutungen, daß die Politik Preußens sich erst ändern könne, wenn sich andere politische Verhältnisse ergeben hätten. Der König spricht von »Mein und des Kaisers von Frankreich eng verbundenem Interesse«.[41] Die von Yorck schon eingefädelte militärische Verständigung mit Rußland ist offenbar verworfen, die schon eingeleitete Trennung von der Grande Armée als Fehler erklärt.

Muß Yorck jetzt nicht zurück – ungeachtet des Jubels, den unter seinen Truppen die Aussicht auf eine Trennung von den Franzosen ausgelöst hat –, wenn er nicht offen ein Meuterer sein will? Verfährt er aber nach dem anscheinenden Sinn der königlichen Mitteilung, so unterwirft er »Preußen der Gewalt Napoleons von neuem und für die Dauer, er besiegelte die Erniedrigung seines Vaterlandes«.[42] Und nun kommt auch noch am gleichen Tage zu der Botschaft des Königs ein Befehl des französischen Oberkommandierenden: sofortiger Abmarsch nach Tilsit. Clausewitz und Graf Dohna befinden sich bei Yorck. Der General fährt sie an:

»Bleibt mir vom Leibe, ich will nichts mehr mit euch zu tun haben. Eure verdammten Kosaken haben einen Boten Macdonalds durchgelassen, der mir den Befehl bringt ... mich mit ihm zu vereinigen. Nun hat aller Zweifel ein Ende ... Ich muß marschieren, ich verbitte mir alle weiteren Unterhandlungen.«

Clausewitz überreicht ihm Schreiben der Generale auf der Gegenseite. Sie sollen noch einmal suggerieren: Das preußische Korps kann nicht mehr zurück. Yorck bittet Clausewitz, ihm ehrenwörtlich zu bestätigen, daß er, Clausewitz, an den Inhalt der Schreiben glaube. Clausewitz gibt ihm ein Ehrenwort mit so vielen Konditionen, daß auch Yorck weiß: es ist keines. Und doch sagt der General nach einem Moment des Nachdenkens: »Ihr habt mich!«[43] Als seine Offiziere darüber in Begeisterung ausbrechen: »Ihr habt gut reden; mir wackelt der Kopf auf den Schultern.« Bei Diebitsch, bei allen Preußen Freudentränen. Aber um sich bei seinem König zu rechtfertigen, muß der General Worte finden, die zu sprechen Sache des Königs wäre. Indirekt erteilt er ihm eine Lektion:

»Als Untertan Eurer Majestät glaubte ich, nur noch auf Allerhöchst Dero Interesse und nicht mehr auf das Ihres Verbündeten sehen zu müssen«, schreibt er ihm an jenem 30. Dezember ... »Jetzt oder nie ist der Zeitpunkt, wo Eure Majestät sich von den übermütigen Forderungen eines Alliierten losreißen können, dessen Pläne mit Preußen in einem mit Recht Besorgnis erregenden Dunkel gehüllt waren, wenn das Glück ihm treu geblieben wäre.« Am 3. Januar, nach dem Einmarsch in Tilsit, ein weiterer Brief. »Der Schritt, den ich getan habe, ist ohne Befehl Eurer Majestät geschehen. Die Umstände und wichtige Rücksichten müssen ihn aber für die Mit- und Nachwelt rechtfertigen, selbst dann, wenn die Politik erheischt, daß meine Person verurteilt werden muß ... Auf vaterländischem Boden hätten Euer Majestät Untertanen ihr Blut für die Rettung der Banden vergeuden sollen, die das Vaterland als Feinde und als Verbündete verwüstet haben, um dann noch ohnmächtiger die Fesseln eines bis zum Wahnsinn exaltierten Eroberers tragen zu müssen ... Sein Haß gegen Preußen kann und wird nie erlöschen ... Eurer Majestät Monarchie ... ist es jetzt vorbehalten, der Erlöser und Beschützer Ihres und aller deutschen Völker zu werden ... Der Zeitpunkt muß aber schnell genutzt werden. Jetzt oder nie ist der Moment, Freiheit, Unabhängigkeit und Größe wiederzuerlangen, ohne zu große und zu blutige Opfer bringen zu müssen.«[44]

Ein enorm verantwortungsbewußter, gewissenhafter, couragierter Offizier. Was für ein König, was für ein Hof, die ihren wichtigsten General im entscheidenden Moment ohne klaren Auftrag lassen, aber mit starken, die eigene Sicherheit abschirmenden Hinweisen, daß er entgegen den Interessen von Staat und Volk handeln soll! Die den General im Feld zum Träger der Entscheidung machen; denen der General klarmachen muß, was die Interessen von Staat und Volk verlangen; und der dafür vom König sofort seines Amtes enthoben und mit Verhaftung bedroht wird!

Denn der Hof sah sich jetzt in die schwerste Verlegenheit versetzt. Er wollte, wie Friedrich Wilhelm sagte, »mit Frankreich nicht zu früh kompromittiert werden«.[45] Er plante, wie ein preußisches Dokument jener frühen Januar-Tage ausführte, in Übereinstimmung mit Österreich ganz allmählich zu rüsten, zunächst noch geraume Zeit »mit ebensoviel Umsicht als Geschick die Rolle des aufrichtigen Verbündeten Frankreichs zu spielen«, Frankreich »in völliger Sicherheit zu wiegen«. Zunächst möchte er dann zusammen mit Österreich die Rolle des Friedensvermittlers spielen. Und erst, wenn und falls Napoleon nach Ende des Frühjahrs einen neuen Rußlandfeldzug begonnen haben und »ein zweites Mal über den Njemen ziehen würde« – erst dann sollten oder könnten Preußen und Österreich vielleicht gemeinsam in Napoleons Rücken und Flanken fallen.[46] Ein Plan, bei dem man sich fragt, was frappierender ist, seine Zaghaftigkeit, seine Hinterlist, sein mangelnder politischer Realismus oder seine militärische Unausführbarkeit. Ein Produkt geduckter Seelen.

Nun aber, nach Yorcks Tat, war die Lage verändert. Im Volk war die Konvention von Tauroggen als das erlösende Signal verstanden worden. Sie brachte Kräfte in Bewegung, die spontan und ohne königliche Führung zu arbeiten begannen. LeCoq, der schon erwähnte Berliner Polizeipräsident, berichtet, »daß die Bevölkerung ... nicht selten in ziemlich lauten Tadel über die Fortsetzung des Bündnisses der Regierung mit Frankreich übergeht«.[47] Der österreichische Gesandte in Berlin, Graf Zichy, warnt um die gleiche Zeit seinen Außenminister Metternich vor »einer Gärung« in Preußen, »die schwer zu beschreiben ist. General Scharnhorst übt unbegrenzten Einfluß aus. Die Militärs und die Chefs der Sekten haben sich unter der Maske des Patriotismus der Zügel der Regierung bemächtigt, der Kanzler (Hardenberg) wird vom Strom fortgerissen.«[48] Unter den »Sekten« versteht man in den Kreisen der Ultra-Konservativen die patriotischen Klubs. Und mehr kann im übrigen der Graf Zichy nicht tun, um das Mißbehagen des gleichfalls ultra-konservativen Metternich über die ganze Entwicklung noch zu vertiefen. Denn der hatte sich schon von den Nachrichten aus Tauroggen entsetzt gezeigt, über einen Akt, in dem er und sein Kaiser den »Geist der Empörung und des Schwindels«, der Revolution und des »selbständigen Befreiungsdrangs« sehen, der beiden »ein Greuel« ist.[49] Über Metternich wird noch viel zu reden sein.

Aber diese Gärung konnte nun nicht mehr aufgehalten werden. Nicht zuletzt wegen der Tätigkeit des Freiherrn vom Stein, der im Januar 1813 als Bevollmächtigter des Zaren im eben von russischen Truppen besetzten Ostpreußen zu wirken begann. Vor allem bemühte er sich um die Organisierung von Landsturm und Landwehr – ohne vorherige Zustimmung des preußischen Königs. Zwar konnte sich der Freiherr auf alte preußische Pläne aus dem Jahre 1808 berufen. Aber jetzt graute manchem in Berlin davor. Das Umfeld hatte sich geändert. Im Zeichen der Proteststimmung in der Bevölkerung und einer sozialen Reformbewegung hatten Landwehr und Landsturm jenen Hauch von »Bewaffnung des Volkes«, den nicht nur Metternich als Vorboten sozialer Veränderungen zu fürchten begann.

In einem überaus aufschlußreichen Bericht nach London schildert der braunschweigische Diplomat und geheime britische Bevollmächtigte in Preußen, der Baron Ompteda, die Lage im Februar 1813:

> »Es scheint«, schreibt er, »daß eine Art heimlicher Zuneigung des Königs für Rußland und seinen Herrscher lange Zeit durch den Schrecken aufgewogen wurde, den ihm Frankreich einflößt. Dieses Gefühl scheint noch nicht gänzlich aus der Seele des Königs gewichen zu sein, und es wird von einer gewissen oppositionellen

Gruppe genährt ... Im übrigen hat der preußische König immer zu einer passiven Rolle geneigt. Es fällt ihm schwer, einen Entschluß zu fassen. Alle außerordentlichen Maßnahmen sind ihm widerwärtig, und unglücklicherweise glaubt er nicht an eine patriotische Bewegung. Er würde unerläßliche Maßregeln oft durch untergeordnete Bedenken durchkreuzen, wäre es nicht der unerschütterlichen Ruhe und der nie ermüdenden Ausdauer des Generals Scharnhorst gelungen, schließlich ans Ziel zu kommen. Aber der König ist nicht mehr in der Lage, die Begeisterung zu unterdrücken, die sich beinahe aller Geister bemächtigt hat und sich auf eine wahrhaft eindrucksvolle Weise offenbart. Wenn er sich weigerte, die Mittel zu gebrauchen, die ihm seine Untertanen entsprechend dem allgemeinen Willen der Nation zur Verfügung gestellt haben, oder wenn er nur zögerte, die Anstrengungen zu unterstützen, die Rußland unternimmt, um die preußische Monarchie wiederherzustellen, halte ich die Revolution für unvermeidlich, und wahrscheinlich würde die Armee selbst das erste Beispiel und das Signal geben. Die zwingende Gewalt der Umstände wird schließlich dem König von Preußen den einzigen Weg vorschreiben, der ihm bleibt, um sowohl sein Land als auch die eigene Dynastie zu retten.«[50]

»Die Regierung vermag nichts mehr gegen den Sturm der Begeisterung«

Es war eine bemerkenswerte Voraussage. In der Tat sprang der König schließlich auf den rollenden Zug; wirklich gelang es ihm und Kanzler Hardenberg, die national-patriotische Bewegung »königlich-preußisch zu kanalisieren«.[51] Aber diese königlich-preußische Regierung war die Getriebene, nicht die Treibende.

Ihre »zögernde Politik hatte alle militärischen Maßnahmen auf das nötigste beschränkt, und erst jetzt (im Februar) begann eigentlich die Formierung der Truppen ... Wenn trotzdem die Neuaufstellung der Armee glückte, so lag das allein an der allgemeinen Begeisterung, Aufopferungsfähigkeit und Tüchtigkeit des preußischen Volkes und dem kühnen, energischen ... Zusammenfassen aller Kräfte durch seine großen Männer, namentlich Stein, Scharnhorst und Gneisenau ... Die Regierung vermochte nichts mehr gegen den gewaltigen Strom der Begeisterung und der Rache.«[52]

Aber, so liest man zwischen den Zeilen, sie hätte gerne ...

Und selbst jetzt noch, Anfang 1813 – die in Rußland zerschlagenen Franzosen waren schon weit mit der Neuformierung ihrer Armee –, kann sich der König nur schwer zu endgültigen Entscheidungen durchringen. Zwar hat er sich auf Scharnhorsts und Hardenbergs Drängen von Berlin, wo er in der Hand der Franzosen war, am 22. Januar endlich nach Breslau begeben, in eine »neutrale Zone«, in der er mehr Spielraum hat. Zwar ist er, auf Hardenbergs Rat, im Prinzip auch bereits zum Bündnis mit dem Zaren bereit. Um Stein davon zu unterrichten, schickt Hardenberg dem Freiherrn einen verschlüsselten Brief nach Ostpreußen, in dem es, in amüsanten Bildern, heißt:

> »Bei der Unsicherheit des Postbetriebes benutze ich eilig diese Gelegenheit, Dich zu benachrichtigen, daß unser guter Vater im Begriff steht, dem Onkel die Ehestiftung durch eine sichere Gelegenheit zu senden, und da vorauszusehen ist, daß alle Punkte ihm recht sein werden, so wird die Verbindung unserer lieben Amalie bald und gewiß zustande kommen.«

Aber die Konditionen dieser Eheschließung sind dem König wichtiger als Hardenberg annimmt; es sind ihm durchaus nicht alle Punkte recht, und der Ehevertrag verzögert sich. Vergeblich bitten ihn preußische Kommandeure, die wissen, wie wichtig unter militärischen Gesichtspunkten der Zeitfaktor ist, »fußfällig«, sie doch »loszulassen« – zum Beispiel der General von Borstell.[53]

Er zittert nicht nur um das Schicksal seiner Hauptstadt, die eben wegen seiner zögernden Vorbereitungen immer noch in der Hand der Franzosen ist. Ebenso besorgt macht ihn die Frage, ob der Frontwechsel sich auch lohnen werde. Die Befreiung Deutschlands ist nicht sein wichtigstes Problem – wie etwa dem Freiherrn von Stein. Er denkt nicht dynamisch, wie man in diesem Augenblick doch zu denken gezwungen sein sollte. Sein Blick ist fixiert auf den Status der Grenzen seines Staates von 1806, obwohl er doch schon weiß, daß das im polnischen Teil seine Schwierigkeiten haben muß. Aber Warschau will er wiederhaben, die Gewinne seines Vorgängers aus der zweiten und dritten polnischen Teilung scheinen ihm von allergrößter Bedeutung, und wie jener ist er gänzlich unberührt von der Frage, ob er damit Staat und Volk polonisieren würde oder nicht.

Aus Petersburg waren in der Tat Nachrichten gekommen, die beunruhigen konnten. Man wußte, daß der Zar plante, ein Polen unter seinem Zepter wiedererstehen zu lassen, das einen Teil jener

Gebiete umfassen sollte, die seit 1798 preußisch geworden waren – wieder muß man auf die Kontinuität der Gedanken von Peter dem Großen über Katharina bis zu Alexander und dessen Nachfolgern hinweisen. Aber Alexander hatte auch in mehreren Erklärungen versprochen, daß Preußen dafür Entschädigungen in Deutschland erhalten solle, und daß er »der Monarchie Friedrichs ihren Glanz und ihre Ausdehnung wiedergeben« wolle.[54] Dem preußischen Gesandten von Schoeler hatte er am 10. Januar »die feierlichste Zusage« gegeben, »den Krieg fortzusetzen, bis Preußen seine ganze vorige Größe und Macht wiedererhalten« habe. Sicherlich: das waren nur generelle Zusicherungen. Sie mußten dingfest gemacht werden, bevor man sich in einen gemeinsamen Krieg wagte. Eigentlich konnten sie nur von jemandem mit größter Autorität verhandelt werden, am besten vom Kanzler selbst. Statt dessen delegiert der Hof einen Mann für den Abschluß des preußisch-russischen Bündnisvertrages, der nicht mehr ist als ein brauchbarer Informant und Auftragsgehilfe, und prompt kommt es, bevor noch das Ringen anhebt, zur ersten Peinlichkeit.

Das preußisch-russische Kriegsbündnis

Der Oberst von dem Knesebeck, der Mitte Februar im Hauptquartier des Zaren in Kalisch eintrifft, ist der Generaladjutant des Königs. Früher gehörte er der pro-französischen Hofpartei an, und ein Verfechter des Arrangements mit Napoleon blieb er bis zuletzt. Stein verabscheut seine beschränkte Denkweise. Jetzt hat er eine Instruktion mit dem Kernstück mitbekommen: Bündnis mit Rußland ja – wenn Preußen das halbe Polen zurückbekommt. Und daran hält Knesebeck fest, versteigt sich in einem Bericht zu der Äußerung, es könne nicht im Interesse Preußens liegen, wenn es als Ersatz für den Verlust polnischer Provinzen deutsche Gebiete westlich der Elbe erhalte.[55] Nach einer Mitteilung des russischen Unterhändlers Nesselrode hat er sogar angedroht. Preußen könnte beim Bündnis mit Napoleon bleiben, wenn ihm sein polnischer Wunsch nicht erfüllt werde.[56] Nicht, daß Knesebeck nicht Grund hätte, das allzu Vage der russischen Versprechen zu beanstanden. Aber es geht ihm nicht um Preußens Stellung in Deutschland, sondern um die in Polen, und darin bleibt er unbeweglich wie ein Sperrfort. Die Verhandlungen laufen sich fest, kostbare Zeit geht verloren. Das Hindernis wird erst überwunden, als der Zar – auf Steins Rat – Knesebeck übergeht und seinen eigenen Bevollmächtigten, den Baron Anstett, zum König nach Breslau schickt. Begleitet von Stein, der leider in Breslau krank wird. Der König denkt nicht daran, ihn zu besuchen.

Jetzt endlich, am 27. Februar, wird nach zweitägigen Verhandlungen das preußisch-russische Kriegsbündnis unterschriftsreif, am 28. wird es im zaristischen Hauptquartier zu Kalisch unterzeichnet. Hardenberg hat es im preußischen Interesse verdeutlicht, aber es entspricht den Linien, die Alexander vorher entworfen hatte. Preußen verzichtet auf den größten Teil der Erwerbungen aus der zweiten und dritten polnischen Teilung, abgesehen von einem nicht genau umrissenen Gebiet, das eine gesicherte Verbindung zwischen Schlesien und Ostpreußen herstellen soll. Es wird die spätere Provinz Posen sein. Dafür soll sein Territorium im nördlichen Deutschland erweitert werden. Beide Teile denken dabei nicht zuletzt an Sachsen. Preußen wird, anders gesagt, wieder zurückverwandelt in einen kraftvollen deutschen Staat. Auf Insistieren des Zaren.

Ein Kuriosum der Verhandlungen, aber so typisch, daß es nicht unerwähnt bleiben darf: So erfüllt ist die preußische Seite vom alles durchbohrenden Gefühl ihrer Schwäche, daß sie die eigene Kriegsleistung vertraglich auf 80 000 Mann begrenzt – und damit ihre Verhandlungsposition in allen künftig auftauchenden politischen und finanziellen Fragen unterminiert –, obwohl ihre Generale in wenigen Tagen 150 000 Mann unter den Fahnen haben werden; so mächtig erscheint ihr der Partner, daß dessen Gewicht unangezweifelt mit 150 000 Mann bemessen wird, obwohl die Russen gerade die Hälfte davon an der Oder haben. Und so klar sich später die preußische Armee als die schlagkräftigste aller drei Truppen erweist: das Trauma von 1806 verschwindet nie, das Gefühl der Schwäche läßt König und Hof nicht los.

Der Wiederaufstieg Preußens beginnt mit dem 17. März 1813: dem Tag, an dem Friedrich Wilhelm endlich den »Aufruf an mein Volk« ergehen läßt, den Aufruf zum Krieg gegen Frankreich, zu dem ihn das Volk und seine Generale schon so lange aufgerufen haben. Zu dem sie ihn aber kaum mit Erfolg hätten drängen können, wenn nicht der Erhebungsgedanke im Volk geweckt und die Volksbewaffnung schon begonnen hätte; wenn nicht der Zar schon im Dezember gedroht hätte, daß er ein preußisches Verharren im Bündnis mit Frankreich als Kriegserklärung gegen Rußland und gegen ihn persönlich betrachten müßte; wenn nicht inzwischen die russischen Truppen in Berlin einmarschiert wären.

Am 25. März erläßt Kutusow, der russische Oberkommandierende, die Proklamation von Kalisch an die Deutschen, die von einem Mitarbeiter Steins verfaßt ist. Die deutschen Fürsten und Völker werden darin aufgerufen, »aus dem ureigenen Geiste des deutschen Volkes« eine deutsche Nationalversammlung herzustellen. Und dann heißt es: man setze voraus, daß kein deutscher Fürst, »indem er der deutschen Sache abtrünnig sein und bleiben will, sich reif zeige der verdienten Vernichtung durch die Kraft der öffentlichen Meinung und durch die Macht gerechter Waffen«. Auch dies eine Blitzlichtaufnahme: die öffentliche Meinung als Strafandrohung gegen die »abtrünnigen« deutschen Fürsten! Der »verdienten Vernichtung« zu entgehen gelang ihnen – mit Ausnahme des Sachsen – durch rechtzeitigen Stellungswechsel dann doch, und die verheißene deutsche Nationalversammlung konnten sie ebenfalls verhindern. Was die »gerechten Waffen« anbetraf: in jenem Augenblick war der größte Teil davon noch in den Händen der russischen Armeen.

Stoppen die Russen an der Weichsel?

Aber war es überhaupt selbstverständlich, daß diese Armeen bis nach Berlin marschiert waren? Daß sie am Kampf um die Befreiung Deutschlands teilnehmen würden? Durchaus nicht. Gneisenau glaubte noch im Dezember 1812, daß die Russen am Njemen haltmachen würden, und er hatte dafür gute Gründe. Die Frage war in Petersburg sehr umstritten, und die Mehrheit war für die Einstellung der Kämpfe so bald wie möglich. Die Petersburger Friedenspartei hatte sich während des Vormarsches der Franzosen gebildet, sie bestand aus so einflußreichen Leuten wie dem Staatskanzlers Rumjanzew, dem Großfürsten Konstantin, dem Kriegsminister Araktschejew, dem Polizeiminister Balaschow. Die entscheidende Frage war, ob Rußland sich damit begnügen solle, den eingedrungenen Feind zu zerschlagen und aus Rußland zu vertreiben, oder ob es über die Weichsel hinausstoßen und den russischen Verteidigungskrieg zum europäischen Befreiungskrieg ausweiten solle. Es war die Frage, von der Deutschlands Schicksal abhing. Die Friedenspartei trat für die erste der beiden Möglichkeiten ein, und niemand anderer als Kutusow, der alte und so überaus populäre russische Oberbefehlshaber, stellte sich ihr – vorsichtig zwar, aber doch unübersehbar – an die Seite.

Er hatte schon Anfang Oktober, gleich nach der Einnahme Moskaus durch Napoleon, einen Abgesandten des französischen Kaisers mit Friedensfühlern freundlicher empfangen, als das dem Zaren recht war, und sich deshalb einen Tadel zugezogen. »Es ist mein fester Entschluß«, hatte Alexander am 9. Oktober an Kutusow geschrieben, »zum jetzigen Zeitpunkt keinen gegnerischen Vorschlag anzunehmen, den Kampf einzustellen und damit die heilige Verpflichtung, das gekränkte Vaterland zu rächen, abzuschwächen.« Zwei Tage vorher hatte er sein Volk beschworen:

> »Nichts von Überdruß und Verzagtheit! Schwören wir uns, Mut und Ausdauer zu verdoppeln! Der Feind befindet sich im verlassenen Moskau wie in einem Grab, ohne Möglichkeit, das Land zu beherrschen, ja, nicht einmal zu existieren ... Unsere Kräfte wachsen und umzingeln ihn ... Sollten wir also aufgeben, wenn doch Europas Blicke uns ermutigen?«[57]

Dann, als Napoleon schon seinen Rückzug angetreten hatte, war dem Herrscher die Verfolgung des zurückflutenden Heeres zu langsam gegangen. Er hielt es für übertrieben, wenn der Marschall seit Anfang Dezember immer wieder auf die zunehmende Erschöpfung der eigenen Truppe hinwies.[58]

Dabei hatte Kutusow in diesem Punkt nur allzu recht. Nicht nur das russische Volk, dessen Städte und Dörfer geplündert und verbrannt waren, auch das russische Heer hatte einen furchtbaren Preis bezahlt. Anfang 1813 bezeichnete Barclay de Tolly, jetzt Stellvertreter Kutusows, in einem Geheimbericht die russische Westarmee als nur noch dem Namen nach eine Armee.[59] Insgesamt hatten die Russen etwa zwei Drittel ihrer Stärke, rund 200 000 Mann, verloren. Die Hauptarmee, die mit 110 000 Mann abmarschiert war, kam mit 27 000 Mann bei Wilna an.[60] »Nie hat eine Verfolgung im Großen mit solcher Anstrengung der Kräfte stattgefunden«, schrieb Clausewitz später darüber. Wenn Kutusow von der Notwendigkeit einer Erholungspause sprach, dann nicht zuletzt deshalb, weil er den Zustand der Armee besser kannte als der Zar.

Aber nicht nur deshalb. Der Oberbefehlshaber war selbst schon müde – er starb wenige Monate später in Bunzlau – und er hatte, wie manche andere, Zweifel am Sinn einer Weiterführung des Feldzuges. Der am Njemen begonnene Krieg sollte nach seiner Meinung am Njemen enden. Gegenüber dem englischen Militärattaché General

Wilson äußerte er nach dessen Bericht: »Warum russisches Blut für die Rettung Europas vergießen? Soll es sich doch selbst retten, mit eigenen Kräften!«[61] Von Napoleons Sturz hätte England mehr Vorteile gehabt als Rußland:

> »Das Erbe würde nicht an Rußland noch an irgendeine Kontinentalmacht fallen, sondern an diejenige Macht, deren Gewalt über die Meere dann vollends unerträglich wäre«.[62]

In Kutusows Sicht lag es in Rußlands Interesse, zwischen der französischen Kontinentalmacht und England das Gleichgewicht zu erhalten. Ganz ähnlich dachte Rumjanzew, der in England schon den künftigen Gegner im Mittelmeer erkannte.

Es war durchaus eine Möglichkeit der russischen Politik. Und wenn Rußland auf diese Möglichkeit gesetzt hätte, dann hätte es mit Frankreich, mit der westlichen Vormacht, zumindest vorübergehend zu einem anderen Arrangement kommen können: zu jenem, das schließlich den Linien von 1945 hätte entsprechen können. So alt sind die Gegebenheiten der europäischen Politik.

Nur: Alexander hatte andere Vorstellungen von der künftigen Weltordnung. Und so ist es kein Wunder, daß er hinter jedem Zögern des Marschalls an der Front auch einen gegensätzlichen politischen Willen vermutet. Wenn jener dem Zaren im Dezember schreibt, daß es »aufgrund der großen Zahl von Nachzüglern und Kranken die äußerste Notwendigkeit gebietet, die Hauptarmee wenigstens für kürzere Zeit in der Umgebung von Wilna haltmachen zu lassen, damit sie nicht ... innerhalb kurzer Zeit vollständig zerfalle«, so antwortet der Monarch, daß »niemals die Zeit für uns so kostbar war wie jetzt ... Nichts gestattet es deshalb unseren Truppen ... auch nur für kürzeste Zeit in Wilna haltzumachen.«[63] Ohnedies hält Alexander seinen Marschall für alles andere als ein Genie. Er hat ihm vorgeworfen, daß er Napoleon an der Beresina nicht vernichtet hatte, weil er zu langsam war, er ist davon überzeugt, daß der Winter mehr zur Niederlage des Gegners beigetragen hat als der Oberbefehlshaber. »Alles, was er gegen den Feind unternahm«, sagte er jetzt dem General Wilson, »tat er, weil er durch die Macht der Verhältnisse dazu gezwungen wurde und nicht anders konnte. Er hat sich selbst zum Trotz gesiegt.«[64] In der Öffentlichkeit preist er Kutusow, verleiht ihm die höchste militärische Auszeichnung – das Großkreuz des St.-Georg-Ordens –, aber tatsächlich schiebt er ihn, seitdem die Oder erreicht ist, in den Hintergrund.

Stein treibt den Zaren an

Ein Mann mehr nach Alexanders Geschmack ist der General Wittgenstein. Denn der prescht immer nach vorn, zuerst über den Njemen, dann über die Oder, mit Streifkorps bis nach Hamburg, wo bei ihrem Herannahen die Bürger selbst die Franzosen herauswerfen – so schnell und so weit nach Westen wie irgend möglich. Er will, was der Zar selbst will: nicht nur Rußland vom Feinde säubern, sondern das Unternehmen zum Befreiungskrieg für Deutschland und ganz Europa machen. »Das ganze Deutschland soll mit uns die Mission der Befreiung übernehmen«, heißt es dementsprechend in der Deklaration von Kalisch, die unzweideutig Alexanders Handschrift trägt – und die des Freiherrn vom Stein. Eine Mission meint Alexander übernommen zu haben, von Gott und der Geschichte ihm aufgetragen, und er will sie gegen alle Widerstände in Petersburg und bei den deutschen Fürsten durchsetzen – die Mission der Befreiung Europas.

Eine Mission, die ihm einzugeben der Freiherr vom Stein sein Möglichstes getan hat. Schon am 18. September, nach der Schlacht von Borodino und vor dem Einzug Napoleons in Moskau, hatte er dem Zaren in einer Denkschrift die Rolle Deutschlands in Europa einzuprägen versucht. Die Ruhe Europas erfordere, hatte er geschrieben, daß Deutschland so kräftig sei, daß es seine eigene Unabhängigkeit erhalten und der Möglichkeit französischer Einfälle in Rußland zuvorkommen könne. Das Thema taucht in den russischen Erklärungen der kommenden Jahre immer wieder auf; und bedenkt man, welche internationale Position das Frankreich von damals innehatte, daß es einfach der Inbegriff der westlichen Weltmacht war, dann hatte der Freiherr wohl erstmals einen Gedanken artikuliert, der bis zu Bismarck und zur Reichseinigung, vielleicht bis Gorbatschow wirkte. Jetzt, da Napoleon auf der Flucht ist, am 17. November 1812, beschwört Stein Alexander abermals, »seine Heere in das Herz Deutschlands zu führen«, eine politische Ordnung in Deutschland herzustellen, »die der Nation ihre Unabhängigkeit wiedergibt und sie instandsetzt, Frankreich zu widerstehen«. Er, Alexander, habe sich »an die Spitze der Mächte Europas zu setzen, die erhabene Rolle des Wohltäters und Restaurators zu spielen.«[65]

Ohne Zweifel hat der Freiherr wesentlich auf den Zaren gewirkt – er war der wichtigste der vielen ausländischen Gäste, Emigranten, Berater, die Alexander in Petersburg beherbergte. Er hat ihn in seiner Entschlossenheit bestärkt, nicht dem Geist der Friedenspartei nachzugeben, den Kanzler Rumjanzew kaltzustellen, Kutusow anzutreiben. Aber ein ganz neues Weltbild war es nicht, das er ihm einpflanzte. Eher wird man sagen können, daß er eine vorhandene, mehr oder weniger scharf umrissene Idee zur konkreten Tat formte, daß Stein und der Zar sich ergänzten wie der Motor und das Steuerrad.

Einen historischen Augenblick lang hat Alexander wohl wirklich geglaubt, er könne mit dem Eroberer koexistieren, in Tilsit und unmittelbar danach, als er selbst in Not war. Schon ein Jahr später, nach Erfurt, war der Traum vorbei. »Bonaparte behauptet, ich sei ein Dummkopf«, schreibt er seiner Schwester Katharina Pawlowna jetzt, 1808, aus Weimar. »Wer zuletzt lacht, lacht am besten.« Im gleichen Weimar sagt er seiner anderen Schwester, Maria Pawlowna, nach dem Treffen mit Napoleon, für ihn und den französischen Kaiser zusammen sei kein Platz in Europa, früher oder später müsse einer von ihnen weichen.[66] Den Bruder seiner Mutter, den König von Württemberg, läßt er wissen:

> »Die Zeit wird kommen, da ich mich für die Rolle, die ich hier spiele, revanchieren werde.«

Aber die schreckliche Probe soll nach seinen Vorstellungen eher später als früher kommen, zunächst will er Kraft sammeln. Deshalb entwickelt er sich zu einem Verstellungskünstler von hohem Format. Stein hatte ihn in den vergangenen Jahren oft verdächtigt, ein Schwächling zu sein. Zu Unrecht. Alexander hatte in Erfurt erkannt, wer sein großer Gegner sein würde, und er hatte dafür zwei entscheidende Gründe: einmal Preußen und Deutschland, zum andern Polen.

Weit mehr, als eine mißgünstige Geschichtsschreibung es später wahrhaben wollte, ist die Deutschland-Politik dieses Zaren statt von Ruhmsucht oder Mystik von durchdachten Vorstellungen geleitet. Vermutlich sind er und seine wichtigsten Berater schon früh mit Vorstellungen vom europäischen Gleichgewicht der Kräfte bekannt geworden, die zu Anfang des Jahrhunderts Friedrich Gentz entwickelt hatte, ein preußischer politischer Schriftsteller und Diplomat, der später in Metternichs Dienste wechselte.[67] Jedenfalls ist er vom Beginn seiner Regierungszeit bis zum Ende des großen europäischen Dramas mit der Rolle Preußens im Rahmen dieses Gleichgewichts beschäftigt. Allerdings: Keineswegs führt ihn reine Selbstlosigkeit dazu. Er hat nichts anderes vor Augen als die Interessen Rußlands.

Ein Rückblick: Bündnis auf dem sinkenden Schiff

Das preußisch-russische Schicksalsproblem stellt sich sofort nach der Katastrophe von Jena und Auerstedt. Die Nachricht hat Rußland im ungünstigsten Moment erreicht. Es ist militärisch schon an der türkischen und der persischen Front engagiert. Nichtsdestoweniger bietet der Zar dem preußischen König augenblicklich Bündnis und Kriegseintritt an, mit 140 000 Mann, wenn Preußen den Kampf fortsetzt. Die Berliner Regierung steht vor einer schweren Entscheidung. Napoleon sagt ihr einen günstigen Frieden zu – es liegt ihm viel daran, Preußen von Rußland zu trennen. Der amtierende preußische Außenminister ist dafür. Hardenberg, der spätere Staatskanzler, hält ihm zwei Argumente entgegen: daß angesichts des Ehrgeizes des Korsen keinem Vertrag mit ihm zu trauen sei, und daß man Alexander nicht durch einen Sonderfrieden verraten dürfe; er habe schließlich die Waffen für die Unabhängigkeit der europäischen Staaten ergriffen. Hardenberg setzt sich durch.

Im April 1807 treffen sich in Memel Friedrich Wilhelm und seine Königin Luise mit dem jungen Zaren. Es ist die dritte persönliche Begegnung in kaum fünf Jahren – viele weitere Treffen werden folgen. Von Alexanders Glanz, seiner Liebenswürdigkeit ist das preußische Paar abermals hingerissen, er erscheint ihm als der Retter. Beide Monarchen unterzeichnen im Hauptquartier Benningsens, des russischen Oberkommandierenden, die Konvention von Bartenstein, in der Rußland Preußen die volle Befreiung und die Rückgewinnung seines ganzen Territoriums verspricht. Es ist ein Versprechen, das Alexander im Augenblick nicht einlösen kann, das Preußens Unglück für den Augenblick vertieft, das aber den Zaren für die Zukunft verpflichtet.

Dem Abschluß der Konvention war die hoffnungsvoll stimmende Februar-Schlacht von Preußisch-Eylau vorausgegangen: gegen den heroischen Widerstand von Benningsens großer russischer Armee und der kleinen preußischen Truppe – unter der tatsächlichen Führung Scharnhorsts – war Napoleon zum ersten Mal der Sieg versagt geblieben. »Ein Gemetzel, keine Schlacht«, sagt er später. »Blutiger als jede Schlacht seit Zorndorf« . . . schreibt Scharnhorst. »Wir haben keinen Fußbreit Boden verloren . . . Die Bravour der Russen übertrifft alles, was Menschen tun können.« Aber sechs Wochen nach Bartenstein, am 14. Juni 1807, stoßen Franzosen und Russen wieder zusammen, bei Friedland, und die Russen erleiden eine vernichtende Niederlage. Napoleon triumphiert, er nennt die Schlacht »eine würdige Schwester von Marengo, Austerlitz, Jena«. Und dann kommt jener Tilsiter Frieden, von dessen Bestimmungen wir schon gesprochen haben: ein Frieden, der Preußens Ende als Großmacht zu besiegeln – und im übrigen eine Ära der französisch-russischen Freundschaft einzuläuten scheint.

In dem berühmten Zelt auf dem berühmten Floß in der Mitte des Njemen treffen sich Napoleon und Alexander, um die Zukunft der Welt zu beraten, und sie scheinen binnen Stunden ein Herz und eine Seele. Alexander gibt sich von seinem Überwinder auf dem Schlachtfeld fasziniert, Napoleon, acht Jahre älter als der dreißigjährige Zar, glaubt, einen willfährigen Schüler gefunden zu haben. Alexander sagt dem Korsen: »Ich werde Ihr Sekundant gegen England sein.« Und so bewegt ist der Eroberer von diesem Versprechen, das ihm Erfüllung seines Herzenswunsches verheißt, daß er es mit dem Satz vergilt: »Ich werde Ihr Sekretär sein und Sie der meinige.«[68] Sie umarmen sich, man sieht sie Arm in Arm gehen, an den Flußufern rufen die Soldaten beider Armeen »Hurrah!«. »Mit vereinten Kräften«, soll Napoleon gesagt haben, »werden wir die Unterwerfung der Welt vollenden und dann im Weltfrieden für das allgemeine Wohl Sorge tragen.«

Auf einer Karte bezeichnet der französische Kaiser die Weichsel als die künftige Grenze zwischen beiden Großreichen, dem französischen und dem russischen, und der Zar ist, wie es scheint, mit kleinen Vorbehalten einverstanden. Er verliert nichts, bekommt Finnland zugestanden, allerdings nicht Konstantinopel – die ganze Tragweite dieser Weigerung Napoleons wird erst das kommende Jahrhundert erweisen. Insgesamt schneidet er so gut ab, daß er der Kontinentalsperre gegen England beitritt. So enttäuscht ist Hardenberg von dem anscheinenden Umsturz aller russischen Politik, daß er an Stein schreibt:

> »Rußland wird aus einem Beschützer der Unabhängigkeit Europas das Werkzeug der Absichten Napoleons, und wir sind dabei die Opfer.«[69]

Am preußischen Hof spricht man vom russischen »Verrat«. Hatte man sich nicht in der Konvention von Bartenstein versprochen, daß keine Partei die Waffen ohne die andere niederlegen werde?

Aber Hardenberg hatte sich getäuscht, jedenfalls auf längere Sicht, ebenso wie Napoleon, und der Vorwurf des Verrats war unhaltbar.

Der Zar hatte aus einer aussichtslosen militärischen Situation das politisch Optimale herausgeholt. Er brauchte nichts dringlicher als eine Atempause. Seine Armee hatte riesige Verluste erlitten. Das Offizierskorps war entschieden kampfunwillig geworden, Benningsen, sein Oberbefehlshaber, forderte energisch den Frieden, Großfürst Konstantin, sein Bruder, warnte vor einer Revolte, wenn man nur Preußens wegen sich weiter abschlachten lassen wolle. Es gibt Grenzen der Opferbereitschaft des einen Volkes für ein anderes. Schließlich war Alexander der Sohn und Enkel von Zaren, die beide von der Armee gestürzt worden waren. Und was das gemeinsame Niederlegen der Waffen anbetraf: die preußische Armee hatte de facto die ihren längst niedergelegt, es gab nur noch kümmerliche Reste von ihr. Alexander mußte es der Zukunft überlassen, wie sich sein weiteres Verhältnis zu Napoleon gestalten würde. Er war bereit, den Frieden zu halten, wenn er dabei Rußlands Interessen wahren konnte. Aber er war nicht bereit zu einem Frieden um jeden Preis. Und einer der Preise, die er nicht zahlen wollte, war der, Preußen als Aufmarschbasis im französischen Block zu lassen.

Der Konfliktstoff mischt sich schon in die Jubeltöne, mit denen in Tilsit die neue Ära der Freundschaft gefeiert wird. Als Napoleon jene Grenzlinie zwischen den beiden Reichen an der Weichsel zieht, macht ihn Fürst Lobanow, der Unterhändler des Zaren, darauf aufmerksam, daß sein Monarch den Besitz des preußischen Alliierten so weit wie möglich zu schützen beabsichtigt.[70] Das gelingt ihm zwar nicht im gewünschten Ausmaß – Napoleon betrachtet Preußen nicht nur als permanenten Feind, er schätzt auch Friedrich Wilhelm zu gering; behandelt den linkischen Monarchen, der – ganz im Gegensatz zu den beiden Kaisern – auch noch schlecht auf dem Pferd sitzt, rücksichtslos; hält ihn für »so dumm wie einen Exerzier-Sergeanten«; fragt ihn, mit Blick auf seinen überladenen Waffenrock, beim Essen spöttisch: »Wie stellen Sie es an, so viele Knöpfe zu knöpfen?«[71] Alexander ist sich der schlimmen Enttäuschung bei seinem preußischen Freund bewußt, schreibt ihm nach Tilsit:

> »Ich habe alles getan, was nur menschenmöglich war. Es ist mir schrecklich, daß ich sogar fast die Hoffnung verloren habe, Ihnen so dienlich zu sein, wie mein Herz es verlangt hätte.«[72]

Aber alles, was Friedrich Wilhelm noch besitzt, verdankt er nur der Fürsprache Alexanders.

»Ihr König verdankt alles dem Zaren«

Napoleon hatte Preußen ursprünglich gänzlich zerschlagen, dem Rheinbund angliedern, auch Schlesien ihm wegnehmen wollen – um den Verbleib Schlesiens bei Preußen ringt der Zar bis 1808. In einem handschriftlichen Brief an den Korsen hatte Alexander in Tilsit für die Sache des preußischen Königs, seines »unglücklichen Verbündeten«, plädiert. Napoleon sagt dem preußischen Bevollmächtigten wenig später:

> »Ihr König verdankt alles der ritterlichen Verwendung des Zaren. Ohne ihn hätte die königliche Dynastie den Thron verloren, den ich meinem Bruder Jérôme überlassen hätte. Unter diesen Umständen muß es Ihr Souverän als eine Gunst von meiner Seite ansehen, wenn ich noch irgend etwas in seinem Besitz lasse.«[73]

Nach Paris zurückgekehrt, erklärt er am 14. August vor der Gesetzgebenden Kammer: »Daß das Haus Brandenburg . . . überhaupt noch regiert, verdankt es der Freundschaft, die ich für den mächtigen Kaiser des Nordens empfinde.«[74] Im französisch-russischen Friedensvertrag heißt es:

> »Aus Achtung für den Kaiser aller Reußen und wegen des aufrichtigen Wunsches, beide Nationen durch unauflösliche Bande der Freundschaft zu verbinden . . . willigt der Kaiser Napoleon ein, dem König von Preußen die nachfolgend genannten eroberten Gebiete zurückzugeben . . .«[75]

Wie um die preußischen Territorien ringt Alexander um die Kontributionen, die sein neuer französischer Freund vom König erpressen will. Sie drohen Preußen zu ersticken. Auf 154 Millionen Francs war die Summe in Tilsit festgelegt worden; daß Frankreich sie nicht reduzieren will, schafft in Petersburg schon Anfang 1808 Mißstimmung. Der Zar erklärt sich bereit, eine Bürgschaft für die preußischen Zahlungen zu übernehmen – Napoleon scheint das nicht zu beeindrucken. Mit russischer diplomatischer Rückendeckung verhandelt eine preußische Delegation in Paris über eine Reduzierung – mit bescheidenem Erfolg: im August 1808 wird die Summe auf 140 Millionen gesenkt, und Frankreich verspricht die Räumung der wichtigen Oder-Festungen – sobald die Kontributionssumme bezahlt ist. Aber die ist immer noch unerfüllbar. Auf der Durchreise nach Erfurt im September 1808 trifft sich Alexander abermals mit dem preußischen Paar, verspricht, wiederum bei Napoleon zu intervenieren. Und kann dann wirklich die Leistung auf 120 Millionen senken – der preußische Unterhändler, Graf Goltz, äußert sich überglücklich. Aber warum sind Alexander diese preußischen Lasten so wichtig? Ist es allein die persönliche Freundschaft zum König? Schuldgefühle wegen der gemeinsam erlittenen Niederlage, deren Folgen im Augenblick nur einer auslöffelt?

Und warum trifft er im Oktober 1807 diese sonderbare Wahl für den Gesandtenposten in Paris, den wichtigsten Auslandsposten, den er zu vergeben hat? Er gibt dem neuen Mann eine Direktive mit, in der er ihn ermahnt, »das Maß innezuhalten, das mit dem wesentlichen Ziel dieser Mission, nämlich der Festigung von Übereinstimmung und Vertrauen« vereinbar sei. Er, der Zar, sei entschlossen, »die Vergangenheit zu vergessen und sehr genau die Verpflichtungen zu erfüllen, die ich jetzt übernommen habe, wobei ich gern die Überzeugung hege, daß der Kaiser der Franzosen seinerseits mit entsprechenden Handlungen fortfahren wird, wie er selbst es mir positiv zugesichert hat«.[76] Aber bei Alexander sind im Verhältnis zu Napoleon Worte und Handlungen nie das gleiche.

Der neue Gesandte nämlich ist der Generalleutnant Graf Peter Tolstoi, ein Karriere-Soldat, den eigentlich nichts für irgendeinen diplomatischen Posten empfiehlt, mit Ausnahme vielleicht eines einzigen Umstandes: daß er Alexanders Vertreter beim Generalstab des preußischen Königs war. Und dieser Generalmajor ist hundertprozentig pro-preußisch, jeder Zoll anti-französisch. Zu allen schönen Sätzen über die »Festigung von Übereinstimmung und Vertrauen« mit dem Kaiser der Franzosen hat ihm der Zar noch eine andere Direktive mitgegeben, die nämlich, daß »die Befreiung Preußens von der französischen Besatzung ein Punkt ist, auf den ich allergrößten Wert lege«.[77] Und es ist diese Direktive, an die sich der neue Botschafter allein hält.

Alle Freundlichkeiten, offizielle wie private, die Napoleon Graf Tolstoi entgegenbringt, nimmt er mit eisigem Lächeln auf. Eine kostbare Spitzenrobe für seine Frau veranlaßt ihn zu knappstem Dank. Gleich nach seiner Ankunft hat er eine Unterhaltung mit dem österreichischen Botschafter Graf Metternich, dem späteren Staatskanzler, der ihm – nach seinem eigenen Bericht – sagt:

> »Wir alle haben nur ein einziges Ziel und können kein anderes haben: unsere Würde inmitten des allgemeinen Umsturzes zu

> wahren . . . Heute schmeichelt Napoleon Ihnen, um sich morgen auf Sie zu stürzen, er wird es mit uns ebenso machen. Wir beide haben ewig gegen seine umstürzlerischen und rücksichtslosen Pläne zu kämpfen . . . Wir haben zwei gleicherweise gefährliche Klippen zu vermeiden: nämlich den Streit mit ihm genauso wie seine unaufrichtigen Schmeicheleien.«

Und Graf Tolstoi antwortet ihm:

> »Ich bin vollkommen Ihrer Meinung. Glauben Sie mir, daß mein Hof genauso denkt, trotz des völlig täuschenden Anscheins. Ich weiß nicht, was diese Leute hier mit mir vorhaben, aber sie sind geprellt, wenn sie glauben, mich einwickeln zu können.«[78]

Das gleiche Doppelspiel genau ein Jahr später, an anderem Ort. Im Gefolge Napoleons tritt Alexander der Kontinentalsperre gegen England bei. Aber gleichzeitig läßt er dem britischen Botschafter in Petersburg, Lord Gower, durch seinen Minister Budberg sagen:

> »Der Zar ist weit davon entfernt, sich mit England zu überwerfen. Nach wie vor betrachtet er diese Macht als seinen besten Verbündeten, und was soeben mit Frankreich beschlossen wurde, ist ein Akt der Notwendigkeit, der keine Dauer haben wird . . . Das wird der Fall aller Friedensschlüsse sein, solange in Frankreich das revolutionäre System besteht. Die Dinge werden ihre frühere Ordnung wiedererhalten: Rußland, England und Österreich werden von neuem Verbündete werden . . .«[79]

Es grollt nicht nur hinter den Kulissen. Die ersten Wolken am russisch-französischen Friedenshimmel ziehen vor aller Augen auf, und zwar wegen Preußens. Auf dem Floß im Njemen hatte sich Napoleon bewegen lassen, dem Preußen-König mehr Land zu konzedieren, als er beabsichtigt hatte. Den Fehler will er nachträglich korrigieren. Während Tolstoi in Paris darauf besteht, daß die französischen Truppen Rest-Preußen räumen sollen, verlangt Napoleons Botschafter in Petersburg, daß Preußen auch noch Schlesien abtrete. Der Korse hat die Möglichkeit, daß es künftig abermals zum Bruch mit Petersburg kommen könnte, nie aus dem Auge verloren. Er will für diesen Fall Preußen so weit schwächen, daß es als Verbündeter Rußlands nicht mehr in Frage kommt. Der Vorwand für die neue Forderung ist, daß – entgegen einer Bestimmung des Tilsiter Vertrages – die russischen Truppen aus den türkischen Donau-Fürstentümern Moldau und

Walachei nicht abgezogen worden sind. Falls er diese Truppen in den Provinzen des Sultans stehen lassen wolle – so läßt Napoleon dem Zaren jetzt sagen –, müsse er darauf bestehen, daß Rußlands preußischer Verbündeter mit angemessenem Land die Zeche bezahle. Eben mit Schlesien.

Dem Zaren und dem ganzen Rußland sind die beiden Donau-Fürstentümer überaus wichtig. Sie liegen auf der Straße nach Konstantinopel zum Mittelmeer. Schon Katharina hatte sie unbedingt haben wollen. Aber Alexander denkt keinen Augenblick daran, auf den Handel einzugehen. Er würde, sagte er zum französischen Botschafter, lieber auf jede Eroberung an der Donau verzichten, wenn sie den Verlust auch nur eines einzigen weiteren preußischen Dorfes nach sich zöge.[80] Fürs erste läßt Napoleon von der Sache ab. Der Aufstand in Spanien beginnt, die Briten zeigen sich unversöhnlich, und noch will er den Zaren nicht verlieren. Er fängt bald damit an, Alexander riesenhafte Projekte anzutragen, die gemeinsame Eroberung Indiens, von der Talleyrand dem Zaren sagt, daß sie nichts als Gaukelei seien, dazu bestimmt, Rußland zu beschäftigen und zu verwirren, während Napoleon den spanischen Aufstand zu ersticken versucht. Aber keinesfalls gibt Napoleon den Gedanken an die völlige Zerschlagung Preußens auf – zwei Jahre später holt er ihn wieder hervor. Und ebenso unbedingt bleibt des Zaren Widerstand dagegen. Wieder die Frage: Was ist der Grund dafür? Nur treue Freundschaft zu Friedrich Wilhelm?

Die vielleicht ein wenig – und ein wenig vielleicht auch die zur schönen Königin Luise –, aber keinesfalls in erster Linie. Weit schärfer, als manche ihm zugestehen wollen, hat der Zar die geopolitischen Grundlagen der Sicherheit seines Imperiums im Blick. Und die beruhen auf Arrangements in dem Raum zwischen Bug und Rhein, die für Rußland befriedigend sind – in einem Raum, in dem das preußische und das polnische Problem miteinander verbunden sind wie in einem System kommunizierender Röhren. Preußen ist für Alexander so wichtig, weil Polen für ihn so wichtig ist.

Ein preußischer Riegel vor dem polnischen Einfallstor

Daß Polen unter russischer Kontrolle bleiben muß, zumindest in den Grenzen, wie sie die dritte Teilung gezogen hat, weil Rußland durch und über Polen tödlich verwundbar ist – das ist ein eherner Grundsatz

Alexanders. Aber daß am Anfang des 19. Jahrhunderts, in der beginnenden völkischen Besinnung der Romantik, die Lösung nicht mehr befriedigend ist, die Katharina notgedrungen durchgesetzt hat, das begreift er auch. Er möchte die Polen glücklicher machen, als sie sind, und sie doch gleichzeitig in der Hand behalten, und so spielt er mit dem Gedanken einer Wiederherstellung Polens – unter russischem Zepter. Es ist ein Gedanke, den ihm namentlich einer seiner polnischen Freunde nahezubringen sucht, Fürst Adam Czartoryski aus uraltem polnisch-litauischem Adel. 1804 macht er ihn zum Außenminister. Aber Czartoryski ist – was sonst? – ein polnischer Nationalist. Das russische Zepter über dem wiederhergestellten Polen muß er – einstweilen – anerkennen; aber so viel wie möglich von Polen soll es natürlich sein. Und so wirbt er beim Zaren für einen Krieg gegen Preußen, früher oder später, weil alle westpolnischen Provinzen zurückgewonnen werden sollen. Das ist sehr weit entfernt von den realen russischen Interessen – Rußlands Hauptsorge ist Napoleon. Und der muß mit brauchbaren Verbündeten abgewehrt werden, nicht zuletzt eben mit Hilfe Preußens. So läßt Alexander seinen polnischen Außenminister 1805 wieder fallen. Aber der Gedanke einer anderen Lösung für das polnische Problem ist damit nicht tot. Schon deshalb nicht, weil Napoleon ihn wiederauferstehen läßt, und zwar in einer Form, die für Rußland recht gefährliche Züge zeigt.

Im Frieden von Tilsit trennt er die Erwerbungen Preußens aus der zweiten und dritten polnischen Teilung vom Rest des Landes, macht daraus das Großherzogtum Warschau, und verbindet es wieder mit Sachsen und einem sächsischen König. Preußen muß außerdem einer Militärstraße zustimmen, die Sachsen mit Polen verbindet und durch Schlesien führt. Russische Erwerbungen werden von dieser politischen Neuschöpfung nicht berührt, deshalb stimmt der Zar ihr zu. Aber er gibt ausdrücklich zu Protokoll, daß er die neue Lösung als Erweiterung Sachsens betrachtet, nicht als Wiedergeburt eines polnischen Staates. Er weiß gut, warum. Napoleon betreibt alte französische Politik. Das neue Großherzogtum Warschau ist von ihm nicht nur als Flankenbedrohung Preußens und Deutschlands gedacht, es dient noch mehr der Eindämmung Rußlands, ja, als Aufmarschbasis gegen Rußland. Wenn von diesem Großherzogtum Warschau der nationale polnische Gedanke ausgeht, wenn Frankreich ihn entzündet – und fünf Jahre später ist es soweit –, dann muß daraus eine Gefahr für die russischen Westprovinzen werden.

Das ist einer der wichtigsten Gründe, warum Preußen für den

Zaren wachsende Bedeutung erhält. Er möchte, daß die französischen Truppen so bald wie möglich das Land seines Freundes räumen, damit Preußen ein Puffer gegen einen französischen Aufmarsch in Westpolen sein kann. Er will so energisch die Verminderung der preußischen Kontributionslasten, damit der Vorwand für den Verbleib der französischen Armeen in Preußen entfällt. Er will Schlesien so unbedingt für Preußen erhalten, damit es der südliche Riegel gegen die Bildung eines polnisch-sächsischen Großstaates bleibt. Polen ist der Nerv, an dem Alexander am empfindlichsten ist. Wer ihn aus Polen verdrängen will, drängt ihn aus Europa hinaus. Um in Europa zu bleiben, will er die Verbindung zu Preußen behalten – zu einem starken Preußen.

Das polnische Problem steht im Mittelpunkt seiner Sorgen, als 1809 der österreichisch-französische Krieg ausbricht. Er hat diesen Krieg zu verhindern versucht, weil er davon eine neue Stärkung Napoleons befürchtet. Anders als der Hof von Wien und anders als die Patrioten in Berlin hält er die Niederlage für sicher, selbst wenn sie alle drei zusammenhalten würden. Der Hauptgrund dafür ist, wie er Friedrich Wilhelm am 7. Mai 1809 schreibt, »der absolute Mangel an guten Generalen« – eine Analyse, die sich schnell als allzu wahr erweist. »Die Verpflichtungen gegenüber meinem Land sind mir heilig. Ich kann es nicht ins sichere Unglück führen«, sagt er dem König und verschafft ihm damit einen Grund mehr, Österreich die preußische Hilfe zu versagen.[81] Da er eine Allianz mit Napoleon hat, tritt er pro forma in den Krieg gegen Österreich ein. In einen Scheinkrieg, in dem es zu keiner einzigen Kampfhandlung kommt, und vor dessen Beginn er dem österreichischen Botschafter sagt: »Meine Lage ist so seltsam, daß ich, obgleich auf der Gegenseite, nicht umhin kann, für euren Sieg zu beten.«[82] Das einzige, was seine Armee tut: Sie marschiert in Galizien ein, das Österreich bei der dritten polnischen Teilung erworben hat – um es vor einer Besetzung durch polnische Truppen abzuriegeln; durch Truppen, die doch Napoleon gegen Österreich mobilisiert hat und die jetzt von Alexanders Generalen mehr bewacht denn als Partner behandelt werden. Von dieser galizischen Episode strahlen in der Form einer Kettenreaktion Streitereien ab, die schließlich zum großen Zusammenprall führen.

Bei Kriegsausbruch hat Alexander den französischen Kaiser davon unterrichtet, daß Galizien »weder ganz noch teilweise« in andere als in russische Hände übergehen darf, weil jede zusätzliche Vergrößerung des Herzogtums Warschau ein Schritt zur Wiederherstellung

Polens und dies wiederum »mit den überragenden Interessen Rußlands unvereinbar wäre«.[83] Aber Napoleon ist durch Alexanders Scheinkrieg gereizt. Er begreift, daß der Zar kein echter Alliierter ist. Ungeachtet der russischen Mahnung muß Österreich im Frieden von Schönbrunn den größten Teil Galiziens an das Warschauer Herzogtum abtreten.

In Petersburg sieht man die Gefahr wachsen, die man gefürchtet hat. Polen wird zum Testfall für das Verhältnis mit Frankreich. Der Zar ist bereit, sich mit der Vergrößerung des Herzogtums Warschau abzufinden, aber nur unter einer Bedingung: daß sie nicht bedeuten soll, was sie zu bedeuten scheint, das heißt, nur dann, wenn Napoleon mit ihm ein bindendes und dauerhaftes Abkommen über »Polen« trifft. Der Inhalt dieses Abkommens soll sein: Der Staat Polen wird niemals wiederhergestellt. Die Bezeichnungen »Polen« und »Pole« werden von beiden Parteien »niemals auf eines der Gebiete angewandt werden, die das frühere Polen bildeten, noch auf deren Einwohner . . . und werden aus sämtlichen offiziellen Akten getilgt werden« . . .

Das geht sehr weit. Aber Caulaincourt, der französische Botschafter in Petersburg, ist besorgt um das französisch-russische Verhältnis. Er sieht es als seine dringende Aufgabe an, das Bündnis zu erhalten. Am 4. Januar 1810 unterzeichnet er diese Polen-Konvention, und der Zar ist so erfreut über das unerwartete Einlenken, daß er sich bei Napoleon wegen früherer Zweifel an den französischen Absichten entschuldigt. Seine Wünsche, schreibt er, seien nun »vollkommen erfüllt«.[84] Ein Irrtum. Napoleon ist sich inzwischen immer klarer geworden über die Brüchigkeit seines Verhältnisses zu Rußland. Um so mehr braucht er die Polen. Er wirft Caulaincourt vor, daß er seine Instruktionen überschritten habe, ratifiziert die Konvention nicht, macht Gegenvorschläge, die dem Zaren nicht akzeptabel erscheinen, beruft Caulaincourt ab. Und läßt sich gleichzeitig von seinem Außenministerium Pläne für die Politik ausarbeiten, die Frankreich im wahrscheinlichen Falle einer weiteren Verschlechterung der Beziehungen zu Rußland verfolgen soll. Außenminister Champagny überreicht sie ihm am 16. März 1810.

Brandenburg als französisches Protektorat?

Es sind wahrhaft historische Dokumente, und sie erlangen um so größere Bedeutung, als sie – wahrscheinlich über Talleyrand – zwei Wochen später in der Hand des russischen Gesandten sind.[85] Das Außenministerium prognostiziert ganz richtig, daß sich Rußland am Ende auf die Seite Englands schlagen und Frankreichs Gegner werden wird. Es visiert zwei Möglichkeiten an: die erste, daß Frankreich gegen Rußland im östlichen Mitteleuropa lediglich eine starke Defensiv-Position aufzubauen habe; die zweite für den Fall, daß Rußland mit Krieg überzogen werden solle. Beide Pläne sehen die Wiederauferstehung Polens und die gänzliche Zerschlagung Preußens vor, sie unterscheiden sich nur in ihrer Radikalität. Der erste, der »Friedensplan« sozusagen, sieht die Verschmelzung Sachsens mit dem Großherzogtum Warschau vor, wobei Schlesien von Preußen getrennt und an Sachsen gegeben wird. Der neue polnisch-sächsische Staat soll eine Armee von 140 000 Mann aufstellen, eine starke Barriere gegen Rußland. Auch Ostpreußen soll von Brandenburg gelöst, Danzig und Königsberg sollen als »Reichsstädte« unter französisches Protektorat gestellt werden. Brandenburg selbst soll zusammen mit Pommern und Hannover eine Erweiterung des »Königreiches Westfalen« werden, über das bereits Napoleons Bruder Jérôme regiert.[86]

Noch atemberaubender ist der »Kriegsplan«, der von Österreichs Mitwirkung auf Napoleons Seite ausgeht – der Korse hat gerade den Ehekontrakt mit der Tochter des habsburgischen Kaisers unterzeichnet. Im Mittelpunkt stehen wieder Polen und Preußen. Polen soll in seiner ganzen alten Größe wiederhergestellt, Rußland bis vor die Tore Kiews und Smolensks zurückgedrängt werden. Schlesien soll an Österreich zurückfallen, Brandenburg einem französischen Prinzen als Großherzogtum übergeben werden, Sachsen mit dem »Königreich Westfalen« vereinigt, also gleichfalls französisches Protektorat werden. Keinem der Nachbarn Frankreichs ist jemals eingefallen, auch nur in wilden Phantasien auf solche Weise mit französischen Provinzen umzugehen.

Auch Napoleon steht diesen Plänen reserviert gegenüber – zu diesem Zeitpunkt noch. Er ist noch nicht zum Krieg mit Rußland entschlossen. Noch will er England mit Hilfe der Kontinentalsperre auf die Knie bringen, noch hofft er, daß ihm Rußland dabei assistiert. Aber Alexander ist die bloße Tatsache, daß man sich in Paris mit solchen Plänen trägt, ein Beweis mehr für die Unvermeidbarkeit des

Zusammenpralls. Falls er noch einen braucht, liefert ihn Napoleon im gleichen Jahr, in Deutschland.

Am 13. Dezember 1810 verkündet er die Einverleibung deutscher Nord- und Ostsee-Gebiete in das französische Reich – mit keiner anderen Begründung als der, daß dies »durch die Umstände geboten« ist. Gemeint ist damit vor allem die bessere Überwachung der Küste gegen englische Konterbande – das reicht ihm für eine schier wahnwitzige Expansion wie diese. Sie betrifft neben Hamburg, Bremen und Lübeck auch Oldenburg. Der Fußtritt, den er damit den niedergeworfenen Deutschen abermals versetzt, ist fast bedeutungslos, sie schicken sich ja in so vieles; tatsächlich finden sich deutsche Deputationen dieser besetzten Gebiete, die in Paris mitteilen, sie fühlten sich stolz und glücklich unter den neuen Herren.[87] Aber schwer wiegt, daß der Herzog von Oldenburg der Onkel Alexanders ist und daß es sich um das Erbteil des Gatten seiner Lieblingsschwester handelt. Zu dem großen politischen Konflikt kommt jetzt die persönliche Kränkung. Am 7. Februar 1811 schreibt der Zar an den preußischen König, er habe aus »sicherer Quelle« in Paris die Nachricht, daß sich Napoleon zum Krieg gegen Rußland entschlossen habe; das Ziel des französischen Kaisers sei die Errichtung einer »Weltmonarchie«.[88] Wie könnte er unter diesen Umständen die Kontinentalsperre fortsetzen, deren Verschärfung Napoleon von ihm seit Ende 1810 immer dringlicher verlangt – jene Kontinentalsperre, die ihn selbst ebenso schädigt wie England, seinen potentiellen Verbündeten?

Statt dessen geht der Zar in die Offensive: Am 31. Dezember 1810 verläßt er das System der Kontinentalsperre, im September 1811 verlangt er gegenüber dem französischen Gesandten als Beweis für Napoleons Bereitschaft zum Frieden zumindest die Reduzierung der französischen Besatzung in Danzig und Stettin, die Demobilisierung der Armee im Herzogtum Warschau und die Rückverlegung der dort stationierten sächsischen Truppen in ihre Heimat.[89]

Der Zusammenhang, den er schafft, ist von zwingender Logik: Rußland ist an seiner polnischen Flanke am verwundbarsten – Polen ist das Einfallstor nach Rußland. Um an dieser Front Sicherheit zu haben, bedarf es eines Preußens, das nicht in gegnerischer Hand ist, eines preußischen Riegels. Das Problem Polen erzwingt die preußisch-russische Interessengemeinschaft. Von der gleichen Logik ist Napoleons Position: Eben weil er Rußland nur über Polen und mit Hilfe Polens niederwerfen kann, muß er Preußen besetzt halten. Das Problem Preußen–Rußland schafft die französisch-polnische Interessengemeinschaft, und dieser Zusammenhang wird der unmittelbare Anlaß für den Kriegsausbruch. Ultimativ fordert der Zar im Frühjahr 1812 von Napoleon die Räumung Preußens – in einem Ton, der die Ablehnung Napoleons schon vorwegnimmt.

Ist es nur der formale Anlaß oder gehört es nicht vielmehr zu den Hauptursachen, ist es nicht vielleicht sogar die wichtigste aller Ursachen? Wir versuchten zu zeigen: Die landläufige Meinung, daß es vor allem Rußlands Ausscheiden aus der Kontinentalsperre war, die den französisch-russischen Krieg verursacht hat, ist zumindest ergänzungsbedürftig. Wohl hat die Kontinentalsperre Rußland schwer geschädigt: Die Großagrarier verloren wichtige Absatzgebiete, die Kaufleute Exportchancen, die Zolleinnahmen sanken, der Binnenhandel stockte, die Inflationsspirale begann sich zu drehen. Es gibt genügend Unzufriedene. Und um sie alle hinter sich zu einen, wirft schließlich der Zar dem Korsen in den Zoll- und Einfuhr-Fragen den Fehdehandschuh hin. Aber das geschieht über einen Graben hinweg, der sich seit zwei Jahren zwischen ihnen aufgetan hat. Am Anfang der französisch-russischen Reibungen, am Anfang des Mißtrauens stand der Konflikt um Preußen und Polen. Der preußisch-polnische Raum ist der archimedische Punkt im Verhältnis zwischen dem Kaiser des Ostens und dem Kaiser des Westens. Der neue Konflikt zwischen ihnen über die Kontinentalsperre erhält seine Schärfe erst aus dem gewachsenen Konflikt über die Rolle Preußens und die Polens.

Denn was wäre passiert, hätte Napoleon England niedergeworfen? Würde er sich dann nicht mit um so mehr Überlegenheit und Anspruch gegen Rußland gewendet haben – via Preußen und Polen? Nichts lag ja näher als die Vermutung, daß er die alte französische Politik wiederaufgenommen hätte, Rußland aus Europa zu verdrängen, auf Asien zurückzuwerfen, und zwar mit Hilfe eben jenes Groß-Polen, das der Bericht Champagnys schon im Auge hatte. Eben deshalb sagte er später auf St. Helena, daß Polen »der Schlüssel zum europäischen Gewölbe« sei;[90] deshalb warf er sich vor, daß er nicht rechtzeitig an die Wiederherstellung Groß-Polens gegangen sei.

Im Zentrum des russisch-französischen Konfliktes stand die Tatsache, daß es für Rußland keine Sicherheit gab, solange nicht in Mitteleuropa eine ihm befreundete Macht stand, die stark genug war, um den Marsch des Kaisers des Westens nach Osten zu bremsen. Nur durch ein wiederhergestelltes, ein starkes Preußen, ein wiederhergestelltes Deutschland, aus dem die französischen Truppen verschwunden waren, konnte die Machtbalance in Europa so reguliert werden, daß Rußland sich wieder ruhig fühlen konnte. Darum ging es im Kern in diesem Krieg. Die Frage war nur: Wie weit konnte der Kaiser des Ostens bei der Befriedigung seiner eigenen Sicherheitsansprüche gehen, ohne die Sicherheit der Könige des Westens zu gefährden? – die ewige europäische Frage.

Sie stellte sich bald in diesem Drama, dessen Höhepunkte so schnell wechselten. Napoleon hatte Moskau keineswegs gebrochen verlassen. Vielmehr mit einer Proklamation, in der es hieß: »Der Kreml, das Arsenal, die Magazine, alles ist zerstört. Diese uralte Zitadelle, die aus den Anfängen der Monarchie stammt, die Paläste der ersten Zaren, das alles ist gewesen. Künftig wird Moskau nur ein Trümmerhaufen sein, eine schmutzige und ungesunde Kloake, ohne politische und militärische Bedeutung. Ich überlasse es den russischen Bettlern und Plünderern.«[91]

Metternich, der Jongleur

Zunächst hatte er die Hoffnung auf einen festen Stand in Polen. Dann kam die Katastrophe auf dem Rückmarsch durch die Schneewüsten. Aber keinesfalls hatte er seine Weltherrschaftspläne aufgegeben. Kaum in Paris zurück, ließ er durchblicken, daß er neue riesige Armeen für einen zweiten Marsch nach Rußland aufstellen wolle. Von der anderen Seite war Alexander auf die deutsche Bühne getreten, Ende Januar stand er schon an der Oder. Berlin und Wien standen in der Mitte, und aus ihr kam ein Mann, der von Anfang an die Doppelrolle des Partners und Gegenspielers Alexanders übernahm: Fürst Klemens von Metternich.

Der österreichische Außenminister dachte gleichfalls in Begriffen des Gleichgewichts, sogar mehr als alle anderen, aber es zeigte sich, daß das Gleichgewicht anders definiert wird, je nachdem, aus welcher Perspektive und Interessenlage man den Zusammenhang beurteilt. Metternich sah die Bedrohung nicht nur aus westlicher, sondern fast mehr noch aus östlicher Richtung: Rußland gedachte er zwar vorübergehend gegen Napoleon zu gebrauchen, langfristig fürchtete er aber in ihm einen Rivalen um die Loyalität der slawischen und balkanischen Völker der Donaumonarchie. Was Preußen betraf, so war er – ganz anders als der alte Kaunitz, dessen Enkelin er geheiratet hatte – durchaus für enge und dauerhafte Zusammenarbeit. Aber nicht entfernt dachte er daran, zusammen mit Berlin deutsche Fragen im deutschen Sinne zu lösen, ihm ging es einzig und allein darum, gemeinsam mit der benachbarten Monarchie den mitteleuropäischen Raum stabil zu halten. So etwas wie ein »gesamtdeutsches Interesse« war ihm fremd, deutsche Zersplitterung kam ihm eher entgegen. Im Vordergrund seines Denkens stand – naturgemäß – das Interesse des österreichischen Vielvölkerstaates, das ihm am besten im Rahmen einer überlieferten staatlichen und sozialen Ordnung gewahrt schien. Damit war er der perfekte Gegensatz zu Stein, der eher formal ein preußischer Staatsbürger und im Kern ein deutscher Patriot und sozialer Reformer war.

Überhaupt war er nicht ein moderner Mensch des 19. Jahrhunderts wie eben Stein, Napoleon und Alexander, sondern ein sehr geschickter diplomatischer Mechaniker dynastischer Interessen, ein Typ des 18. Jahrhunderts, ein raffinierter Jongleur, der aus einer Position der Mitte eine Leidenschaft für das Spiel mit fünf Bällen entwickelte und es beinahe beherrschte. Spätere Historiker haben ihm einen durchdringenden politischen Verstand nachgerühmt, ob mit Recht, mag dahingestellt bleiben. Tatsächlich gehörte er zu den wenigen Männern, die sich nachsagen lassen müssen, daß sie die bedeutendsten Ereignisse ihrer Zeit vollständig verkannt haben: sowohl den Brand von Moskau, den er zum Kriegsalltag rechnete, wie auch die Persönlichkeit und die Antriebskräfte Napoleons.

Die beste Charakterisierung Metternichs hatte vielleicht im Mai 1812 der preußische Kanzler Hardenberg mit den folgenden Worten gegeben:

> »Er liebt die Finasserie in der Politik ... Da er nicht Tatkraft genug hat ... glaubt er, den Charaktermut und die Kraft durch List ersetzen zu können, und wenn auch diese versagt, so gibt er im Augenblick nach, in der Hoffnung, daß eine andere List ihn aus der Verlegenheit herausziehen werde ...« Am liebsten wolle er »von irgendeinem glücklichen Zufall, wie zum Beispiel dem Tod Bonapartes, großen Erfolgen Rußlands gegen ihn oder von irgendeinem anderen unvorhergesehenen Ereignis den günstigen Augenblick erwarten, wo er ohne zuviel Anstrengung Österreich eine Rolle spielen lassen könnte«.[92] Und Häusser sagt von ihm, daß er »mehr schlau war als von weittragender Berechnung«...,

»erfindungsreich in seinen Mitteln, dabei frivol und gegen Ideen und Ideale früh blasiert, besaß er weder die Energie noch die Leidenschaft einer Überzeugung«.[93] Stein nannte ihn »flach, unmoralisch und doppelsinnig«.

Metternichs großer Augenblick kam, als ein gewisser militärischer Schwebezustand zwischen den beiden Parteien eingetreten war. Am 11. März 1813 waren die Russen, bejubelt von der Bevölkerung, in Berlin eingezogen. Die preußischen Streitkräfte wurden dank Scharnhorsts zäher Vorarbeit schnell verstärkt und in Aktion gesetzt. Erste Erfolge hatten Preußen und Russen zu kühnen Vorstößen über die Elbe hinaus ermutigt – zu allzu kühnen. Napoleon hatte Reserven aus Frankreich herangeführt, bei Lützen und Bautzen hatte er im Mai Preußen und Russen mit hauchdünnem Vorteil geschlagen – Pyrrhussiege, aber sie reichten, um die Verbündeten zum Rückzug hinter die Elbe zu zwingen. Beide Seiten mußten neue Ressourcen mobilisieren, bevor sie zu neuen Unternehmen in der Lage sein konnten. Das war der Augenblick, in dem der Wiener Minister auf die Bühne trat, um die Rolle des Züngleins an der Waage zu spielen.

Formal war Österreich immer noch Verbündeter Napoleons. Kein Zweifel, daß es insgeheim eine Niederlage Frankreichs wünschte. Es stand mit Petersburg in Verbindung, es hatte, wenn auch mit jeder nur denkbaren Vorsicht, den Übergang des zaghaften preußischen Hofes in das russische Lager begünstigt. Kein Zweifel auch, daß Rußland und Preußen österreichische Hilfe dringend benötigten. Aber sehr wohl bestanden Zweifel daran, ob Österreich, um einen Sieg über Napoleon herbeizuführen, ein größeres Risiko einzugehen bereit sei, und ob ihm überhaupt an einem vollständigen Sieg über Napoleon lag. Für die ersteren sorgte vor allem Kaiser Franz, der Schwiegervater Napoleons, von dem alle Welt wußte, daß er nach all den schlimmen Schlachten der letzten fünfzehn Jahre eigentlich nur noch einen Regenschirm über dem baufälligen Imperium aufspannen wollte und beim Gedanken an einen kühnen Schritt erbebte. Die zweite Befürchtung produzierte Metternich selbst.

Schon im November 1812 hatte der preußische Gesandte in Wien, von Humboldt, seiner Regierung berichtet, daß Österreich ein geschwächter, doch immerhin noch kräftiger Napoleon bei weitem lieber sei als ein nach Vorherrschaft in Europa strebendes Rußland.[94] Mit welchem Ziel der österreichische Außenminister jetzt operieren und wie weit er zu gehen bereit sein würde, das war keineswegs klar.

Bis zum Februar sprach er nur von der Herstellung des »allgemeinen Friedens«, und selbst die Rolle des Vermittlers schien ihm noch zu engagiert. Dabei leugnete man weder in Berlin noch in Petersburg, daß er einige ernste Probleme hatte. Sein erstes war, wie er den Bündnispflichten mit Napoleon entkommen könnte, ohne die Regeln Wiener Anstandes allzu grob zu verletzen, vor allem aber ohne vorzeitig des Korsen Feindschaft und damit einen Schlag zu provozieren, gegen den Österreich noch nicht gerüstet war. Sein zweites und kaum geringeres bestand darin, wie er seinen unwilligen Kaiser auf dem Weg der Abkoppelung von Napoleon mit sich ziehen konnte. Er löste sie beide dank der erwähnten militärischen Schwebelage im Mai 1813: Jetzt schob er Österreich zunächst in die Rolle des Friedensstifters zwischen beiden Lagern, dann in die des »bewaffneten Vermittlers«. Wenn er aber vermitteln wollte und sollte, dann mußte Napoleon ihn aus seinen Bündnispflichten entlassen, weil ein Gebundener nicht Vermittler sein konnte.

Wiener Leckerbissen für Napoleon

Nach langem Manövrieren stimmte Napoleon zu. Vor allem wohl, weil er sich während eines Waffenstillstands die Kavallerie beschaffen wollte, die er verzweifelt brauchte und nicht hatte. Nicht zuletzt aber auch, weil er schon der Krankheit der Selbstüberschätzung erlegen war. Er hielt es für möglich, daß er Alexander zu einem Frieden bewegen könne, der ihm eine lange Atempause gestatten würde. Und ein wenig scheint er auch an die Fata Morgana geglaubt zu haben, die ihm Metternich vorgespiegelt hatte: die Möglichkeit eines Kriegseintritts Österreichs auf seiner Seite, falls die Vermittlungsaktion bei Preußen und Rußland scheitern sollte.[95] Später, auf St. Helena, bezeichnete er diese Rechnung als den größten Fehler seines Lebens. Russen und Preußen auf der anderen Seite wußten, daß Österreich noch kostbare Wochen bis zur Mobilisierung aller seiner Truppen brauchen würde. So kam am 4. Juni jener Waffenstillstand zwischen den beiden Lagern zustande, der bis zum 10. August dauerte und in das Zwischenspiel der Friedensverhandlungen von Prag mündete – und in den ersten, nur mühsam verdeckten Konflikt zwischen den künftigen Alliierten, einem Konflikt um Deutschland.

Wenn dieser Waffenstillstand nicht von vornherein nur als Pause zum militärischen Kräfteschöpfen gedacht war, sondern, wie Metternich dies wünschte, zumindest nach außen als ernsthafter Versuch der Wiederherstellung des Friedens gelten sollte, dann stellte sich sofort die Frage nach dem Gesicht des künftigen Europa. Welche Bedingungen sollten Napoleon gestellt werden? Metternich unterbreitete den Verbündeten ein Programm, das Preußen wie Russen konsternierte. Es enthielt nicht mehr als dies: Erstens, die Auflösung des Herzogtums Warschau (also Frankreichs polnischem Protektorat); zweitens die Vergrößerung Preußens als Konsequenz dieser Auflösung und die Rückgabe Danzigs an Preußen; drittens, die Rückgabe der adriatischen Provinzen an Österreich; viertens, die Wiederherstellung der deutschen Hansestädte, zum mindesten Hamburgs und Lübecks. Das waren die »unverzichtbaren« Forderungen.

Wohl war in den Punkten fünf und sechs auch die Wünschbarkeit der Auflösung des Rheinbundes angeführt, wie auch ein Wiederaufbau Preußens in noch größerem Maß als bereits ausgedrückt, indem es »so weit als möglich seiner Gebietsausdehnung von 1805 angenähert wird«. Aber das waren nur Dinge, die Österreich »mit aller möglichen Wärme unterstützen« und die es nur »bis zum Punkt des Abbruchs der Verhandlungen« betreiben werde – mit anderen Worten: Punkte, auf die es auch verzichten würde, wenn Napoleon sie nicht akzeptierte, und natürlich würde er nicht akzeptieren. De facto ließ das Programm ein französisches Protektorat bis zur Elbe hin bestehen. Es verlor kein Wort über die linksrheinischen Provinzen Deutschlands – in der Tat hatte Metternich Napoleon schon angedeutet, daß er ihn im Besitz der Rheingrenze lassen wolle. Preußen sollte weniger kräftig sein als vor dem Unglücksjahr 1806; seinem Unterhändler Graf Stadion hatte Metternich aufgetragen, die Freunde darauf vorzubereiten, daß sie sich nicht allzu große Hoffnungen auf die Wiedergewinnung ihrer Gebiete westlich der Elbe machen sollten.[96] Und kein Wort über Spanien, über Napoleons italienische Erwerbungen.

Die Unruhe bei Preußen und Russen war unverkennbar. War ein solches Programm alle Opfer und Anstrengungen wert? Wenn dies das Resultat sein sollte, dann hätte die große Erhebung mit einer unwürdigen Farce geendet. Der französische Imperator hätte danach das Beste von dem behalten können, was er in den Tagen seiner Triumphe geraubt hatte. Der preußischen Militärführung war von vornherein die ganze Idee des Waffenstillstandes suspekt erschienen. Gneisenau hatte dem König eine Denkschrift über seine »Unnötigkeit

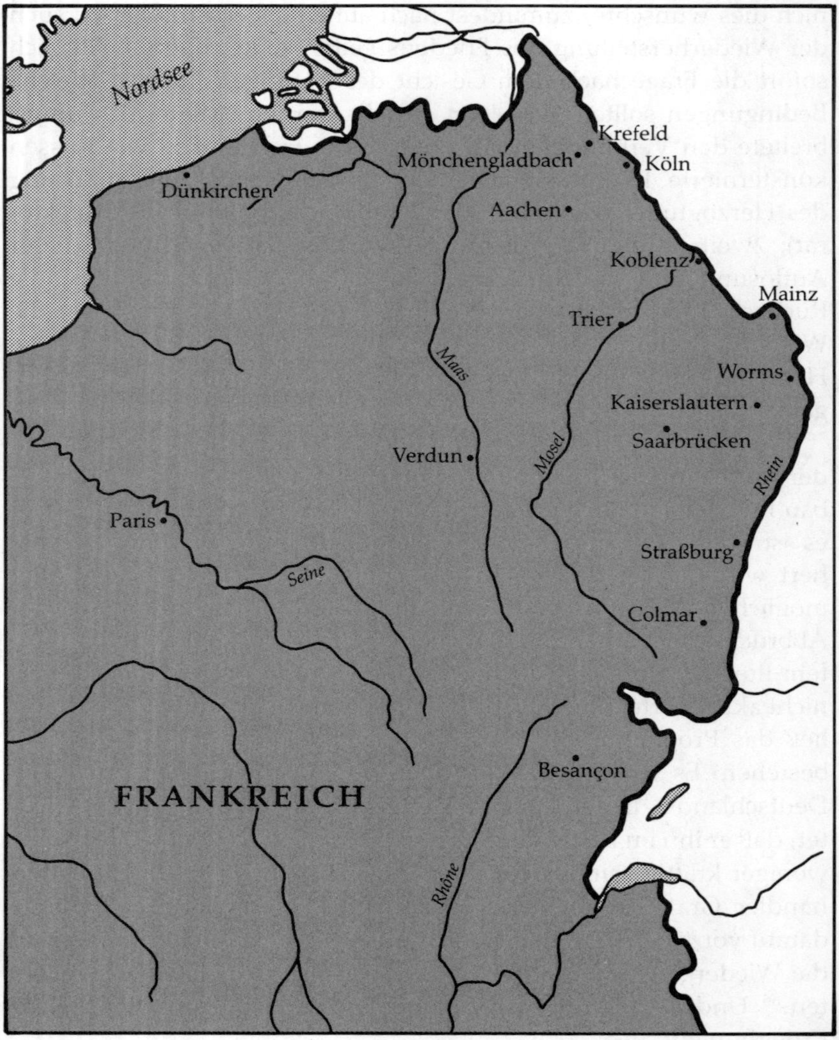

Frankreichs »Rheingrenze«
(seit dem Frieden von Basel 1795 von den französischen Revolutionären erobert, dann von Napoleon in den Verhandlungen des Jahres 1814 beansprucht)

und Schädlichkeit« gesandt, in der es hieß, daß die moralischen Kräfte, von denen der Krieg getragen werde, auf diese Weise gelähmt würden.

»Die Armee ist höchst unzufrieden damit. Die Opfer, die man künftig von Nation und Armee fordern wird, werden mit Mißtrauen über deren Anwendung geleistet werden. Jede Anstrengung wird ertötet werden.«[97]

Der Zar verlangt ein starkes Preußen

Vielleicht hatte der General, der zum großen militärischen Gegenspieler Napoleons werden sollte, die politische Lage auf der österreichischen Seite nicht hinreichend bedacht. Aber auch die Diplomaten fragten sich nach den Hintergedanken des erhofften österreichischen Partners. Sowohl der Zar wie Hardenberg übersandten Metternich vorwurfsvolle Noten, beide einander sehr ähnlich. Die russische ist von besonderem Interesse, weil sie die Grundzüge von Alexanders Deutschland-Politik zeigt.

»Die erste und wichtigste Bedingung eines Friedens, der den Bedürfnissen Europas entsprechen soll«, hieß es darin, »besteht ohne Frage in der Stärkung Österreichs und Preußens in größerem Maße, als es die vier Bedingungen des Wiener Kabinetts annehmen... Jeder Friede wäre nur ein Waffenstillstand, wenn die beiden Zwischenmächte (also Preußen und Österreich) Frankreich nicht eine hinreichend imposante Macht entgegenstellen könnten, um seinen ersten Angriffen kräftig zu widerstehen.« Würde das nicht der Fall sein, so würde der französische Kaiser »neue Kriege entzünden, die er dann noch mit ganz anderen und zahlreicheren Heeren als jetzt unternähme... Heute sind die Streitkräfte der drei Mächte sämtlich versammelt und einander nahe genug... Es wäre unmöglich, ein solches Zusammenwirken von Umständen wieder zu erzeugen, wenn diese nicht ans Ziel führen sollten, wenn nicht als Endergebnis so vieler Anstrengungen und Opfer mächtige Bollwerke sich gegen Frankreich auftürmen«.[98]

Es ist das Zeugnis einer wesentlich anderen Denkweise, als sie der Vertreter jenes Fürsten einnahm, den man noch vor sieben Jahren als Deutschen Kaiser anerkannte und der deshalb zu allererst deutsche Interessen hätte vertreten müssen.

Aber Metternich gab kaum nach. Und da ohne ihn ein Krieg gegen Napoleon nicht gewonnen werden konnte, war er in diesem Moment allmächtig. Die Endfassung der Friedensvorschläge, die schließlich Napoleon übergeben wurden, enthielt außer den erwähnten vier Bedingungen lediglich den Zusatz, daß Frankreich jene in Preußen und im Herzogtum Warschau gelegenen Festungen zu räumen habe, in denen noch französische Truppen lagen. Auf dieser Basis kam in höchst geheimen Verhandlungen zwischen Österreichern, Russen und Preußen am 27. Juni 1813 die berühmte Konvention von Reichenbach zustande. Falls Frankreich die vier Bedingungen nicht annehmen sollte – aber eben nur in diesem Falle –, verpflichtete sich Österreich, in den Krieg gegen Napoleon einzutreten. Und dann, nach Kriegseintritt, würde es ebenso wie Preußen und Rußland die Auflösung des Rheinbundes und die Vergrößerung Preußens – »so sehr als möglich seiner Gebietsausdehnung von 1805 angenähert« – zu seinem Programm machen. Kein Wort über die deutschen Provinzen links des Rheins, die Frankreich nach 1792 erobert hatte. Nichts von dem klaren politischen Willen, wie er sich in der Note des Zaren ausgedrückt hatte, in der Mitte Europas ein starkes Gegengewicht zur Großmacht im Westen zu bilden. Unter diesen Voraussetzungen begann am 12. Juli der Friedenskongreß in Prag.

Es gab zwei Wege, die österreichischen Bedingungen zu betrachten. Metternich brachte Russen und Preußen nahe, daß er die Friedensvorschläge unterbreite, um einen Kriegsgrund zu haben. Er rechnete kaum damit, daß Napoleon selbst diesen milden Plan annehmen würde. Wollte man übertriebene Forderungen formulieren, meinte er, würde man Napoleon in die Hand spielen, weil man ihm damit die Möglichkeit bieten würde, das französische Volk zu einem Krieg im Namen der nationalen Ehre aufzurufen. Es gehe darum, nicht die Unmöglichkeit eines gesicherten Friedens zu demonstrieren, sondern die Unmöglichkeit *jeden* Friedens.[99] Sein Kaiser, so ließ er durchblicken, werde nie zum Krieg zu bewegen sein, wenn vorher nicht gezeigt werde, daß Napoleon selbst beste Bedingungen nicht akzeptiere. Zum Anwalt der These, daß Metternich nichts als dies im Sinne trug, hat sich in jüngster Zeit namentlich Henry Kissinger gemacht. Für Napoleon hätte nach seiner Meinung auch ein solcher Frieden bedeutet, daß er »aufgehört hätte, Napoleon zu sein. Metternich forderte etwas viel tiefergehendes als das Abtreten von Territorien. Er forderte die Beendigung einer revolutionären Politik«.[100]

Aber das war nur eine Möglichkeit, die Dinge zu deuten, eine Möglichkeit überdies, die dem späteren Beobachter viel näher liegen muß als dem Zeitgenossen. Was, wenn Napoleon seine fünf Sinne beisammen gehabt hätte? Wenn er die Bedingungen aus ganz anderem Grunde als dem unterstellten angenommen hätte, nicht, um ihnen auch nur für ein Jahr treu zu bleiben, sondern aus Gründen der Taktik, weil er die Spaltung unter seinen Gegnern hätte vorhersehen können? Daß er das nicht getan hat, haben ihm später Generationen französischer Patrioten vorgeworfen, und daß er das tun würde, befürchtete niemand anderer als Graf Stadion, Metternichs Unterhändler. Das befürchteten auch die Preußen, weshalb der Freiherr vom Stein noch im Juli Österreichs Teilnahme am Krieg für ungewiß hielt. Das befürchtete auch der Zar. Weshalb dieser nach Prag nicht einen seiner renommierten Diplomaten schickte, sondern den Staatsrat Anstett, einen Elsässer, der als Napoleon-Hasser so bekannt war, daß der französische Kaiser seine Ernennung nur als Ohrfeige betrachten konnte. Wohl hatten Preußen und Russen sich für den Fall einer Annahme der Bedingungen Handlungsfreiheit vorbehalten. Aber wenn sie diese beansprucht hätten, wie hätten sie dagestanden? Kostbare Zeit wäre vergeudet gewesen, Napoleon hätte neue Heerscharen sammeln können. Wäre Metternich dann wirklich »in der Klemme« gewesen, wie seine Apologeten sagen, oder nicht eher in seinem Element?

Überdies: was besagten solche Bedingungen über die Vorstellungswelt der Männer, die sie formulierten? Napoleon mochte im Augenblick auch zu günstigsten Bedingungen für den Frieden nicht zu haben sein. In diesem Moment lieferten sie vielleicht wirklich nur einen vortrefflichen Kriegsgrund. Aber Metternich konnte bei den Prinzipien seines Programms bleiben, auch nachdem Kriegserfolge sich eingestellt hatten, und eines der wichtigsten dieser Prinzipien war, daß Frankreich stark bleiben sollte, um Rußland auszubalancieren. Auch, wenn der Preis dafür in viel deutschem Land zu hinterlegen war. Napoleon im Besitz der Rheingrenze schien ihm viel weniger gefährlich zu sein als die Russen in Warschau.

Für den Augenblick waren die Sorgen unbegründet. Wenn Metternich erwartet hatte, daß Napoleon auch am denkbar mildesten Frieden nicht interessiert sein würde, dann hatte er sich nicht getäuscht. Noch glaubte der französische Kaiser seinen Stern nur für den Augenblick verdunkelt. »Das Schicksal hatte ihn erhoben, das Schicksal allein konnte ihn vernichten.«[101] Caulaincourt, seinen Delegierten, schickte er zunächst verspätet nach Prag, dann gab er ihm keine Verhandlungsvollmachten, schließlich machte er Gegenvorschläge, die unakzeptabel waren. Und selbst diese wurden erst überreicht, als am 10. August die Frist abgelaufen war. Österreich trat in den Krieg ein, Metternich war jetzt entschlossen, die Friedensbedingungen vom Rhein aus zu gestalten und nicht von Böhmen. Aber es sollten *seine* Bedingungen sein.

Es folgte im Oktober die Völkerschlacht bei Leipzig, der Sieg nach viertägigem Ringen, ein Sieg, der mit ungeheuren Opfern erkauft worden war: Die Preußen zählten an Toten und Verwundeten 16000 Mann, die Russen 21000, die Österreicher 14000, die Franzosen 30000. Und das Elend der Siechenden und Sterbenden in dem mit Siechenden und Sterbenden überfüllten Leipzig war, wie Ludwig Häusser in seiner »Deutschen Geschichte« berichtete, unbeschreiblich, noch entsetzlicher als das Elend in den zwanzig zerstörten Dörfern um das befreite Leipzig. Der Übergang der 3000 Sachsen vom französischen in das deutsch-russische Lager am Ende der Schlacht hatte nicht, wie die Geschichtslegende hartnäckig behauptete, die Schlachtentscheidung markiert – die war bereits gefallen. Er richtet das Augenmerk auf etwas ganz anderes: die blutige Schlacht war überhaupt nur nötig geworden, weil alle die Rheinbundfürsten, die Könige von Sachsen und Württemberg und Bayern, die Fürsten von Hessen und den anderen westdeutschen Staaten im Moment der preußischen Erhebung ihre Truppen nicht der deutschen, sondern der französischen Sache zugeführt hatten. »Die ungeheure Mehrzahl der Deutschen kämpfte in dem Freiheitskrieg gegen die Befreiung«, schrieb Hans Delbrück in seiner »Weltgeschichte«. So diente der späte, die Wünsche ihres Königs ignorierende Übergang der Sachsen vor allem dazu, noch einmal blitzlichtartig das Ausmaß der Mitschuld der deutschen Fürsten am deutschen Elend aus dem Dunkel der Geschichte zu reißen.

Am 6. November 1813 zogen in der alten Kaiser-Krönungsstadt Frankfurt unter dem Jubel der Bevölkerung der österreichische Herrscher und an seiner Seite der Zar ein – Ereignis von unübersehbarer Symbolkraft. Alexander hatte die Szene noch zugespitzt, indem er mit seinen Garden schon am Vortage in die Stadt geeilt war, um dann vor ihren Toren den letzten Deutschen Kaiser in Empfang zu nehmen; von nun an sollte für ein halbes Jahrhundert Rußland das Recht beanspruchen, in Fragen der Gestaltung des deutschen Raumes ein Wort mitzureden. Friedrich-Wilhelm in seiner politischen Instinktlosigkeit hatte sich – nach Berlin abgesetzt. Einerlei: der größte Teil Deutschlands war befreit, die letzten französischen Truppen zogen sich über den Rhein zurück, der Rheinbund löste sich auf. Die europäische Szene hatte sich verwandelt. Die Verhandlungen des Sommers waren von der bangen Frage begleitet gewesen, ob ein Sieg über den großen Eroberer möglich sei. Jetzt war der Sieg in Reichweite. Und genau das war der Moment, in dem der Konflikt über die Kriegsziele offen zutage trat.

Denn nun konnte Metternich nicht mehr verbergen, daß er kaum etwas mehr fürchtete als eben das, worauf der Zar, die preußischen Generale und der Freiherr vom Stein mit ganzer Kraft hinzuarbeiten wünschten: eine vollständige Niederlage Napoleons. Seine Sorgen konzentrierten sich auf Polen. Er ahnte die Absicht des Zaren, ein »Polen unter russischem Zepter« wiederherzustellen, eine russische Kontrolle auch über jene polnischen Gebiete zu erlangen, die bei der dritten Teilung Österreich erhalten hatte. Und er war nicht nur unwillig, das südliche Polen aus der Hand zu geben. Er fürchtete vor allem von einem Vordringen der russischen Macht bis nach Westpolen auch Gefahr für den ganzen habsburgischen Vielvölkerstaat, eine Störung der von ihm gewünschten Balance, und von einer russisch-preußischen Koalition – in der Rußland der stärkere Partner sein würde – eine Dominanz in Kontinentaleuropa.

Nicht, daß die Vision nur ein Schreckgespenst gewesen wäre. Bis zu einem gewissen Punkt teilte seine Sorgen auch der Freiherr vom Stein. Von einem Rußland, das bis zur Weichsel und zur Oder reichen würde, hatte er schon 1812 befürchtet, daß es »Ungarn, Schlesien und Pommern umfassen und das Herz Deutschlands bedrohen« könnte.[102] In einem Brief an seinen Vertrauten in London, den Grafen Münster, hatte er, um solche Pläne zu verhindern, das Zusammenwirken Englands, Österreichs und Preußens angeregt. Ein zwingender Gedanke. Aber Metternich plante etwas ganz anderes. Er wollte die Großmacht Frankreich, er wollte Napoleon selbst gewinnen und einsetzen, um Alexanders Träume zu zerstören, und zwar um einen hohen Preis.

Kurz nach Österreichs Kriegseintritt hatten sich die drei Alliierten am 9. September in Teplitz formell auf ihre Kriegsziele geeinigt, die im Juni in Reichenbach nur geheim anvisiert worden waren. Endlich war nun die Auflösung des Rheinbundes beschlossene Sache. Österreich und Preußen sollten eine territoriale Gesamtgröße erhalten, die »so genau wie möglich« derjenigen von 1805 ähnlich sein würde. Was

Polen direkt betraf, war nur gesagt worden, daß dessen Zukunft »durch freundschaftliche Übereinkunft« zwischen den drei Verbündeten geregelt werden sollte. Das war reichlich vage, und um die »freundschaftliche Übereinkunft« in seinem Sinne zu gestalten, griff Metternich einen Friedensfühler auf, den ihm Napoleon noch am Vorabend der Völkerschlacht von Leipzig ausgestreckt hatte. Am 9. November 1813 wurde auf sein Beharren von Frankfurt aus ein gefangener hoher französischer Offizier mit einer Botschaft an Napoleon geschickt, die ihm wie das Überwechseln vom Wrack auf einen Luxusdampfer hätte erscheinen können.

»Was am linken Rheinufer wohnt, geht uns nichts an«

Das wichtigste war, daß ihm die Anerkennung der »natürlichen Grenzen« Frankreichs an Alpen, Pyrenäen und am Rhein angeboten wurde. Das heißt: das linke Rheinufer und der Besitz Belgiens – der früheren »österreichischen Niederlande« – nebst der Schlüsselposition Antwerpen. Das von Frankreich okkupierte Holland sollte unabhängig werden, aber der Verlauf seiner Grenze mit dem neuen »Groß-Frankreich« sollte späteren Verhandlungen überlassen werden. Nur widerwillig waren Alexander, Nesselrode, Hardenberg in den langen Frankfurter Verhandlungen auf diese Bedingungen eingegangen. Hardenberg, der in der entscheidenden Sitzung nicht anwesend war, notierte in seinem Tagebuch: »Friedensvorschläge ohne mein Zutun . . . Rhein, Alpen, Pyrenäen – Tolles Zeug.«[103] Später nannte er sie gegenüber dem britischen Delegierten »nicht rechtsgültig«. Aber Hardenbergs Widerstreben hatte nichts verhindern können, weil der preußische König im Herzen auf Metternichs Seite war. Friedrich Wilhelm war überglücklich, daß bis jetzt alles gutgegangen war. Die Überschreitung des Rheins erklärte er für ein aberwitziges Unternehmen. Was am linken Rheinufer wohne, gehe die Verbündeten nichts an . . .[104]

Man muß sich vor Augen führen, was diese Bedingungen bedeuteten. Frankreich war auf einem Tiefpunkt, sah sich einer überwältigend starken Koalition gegenüber. Jetzt wurden ihm deutsche Länder und Provinzen angeboten, um die in den Zeiten seiner Stärke Generationen von Franzosen vergeblich gekämpft hatten, die von Generationen von Deutschen mit ihrem Blut verteidigt worden waren. Holland war ohne die »österreichischen Niederlande«, also ohne Belgien, ohne Antwerpen, kaum zu halten. Es schien dazu bestimmt, ein Satellit Frankreichs zu werden. Am absurdesten aber war die beabsichtigte Beschenkung Napoleons mit den deutschen Rheinprovinzen.

Das Frankreich aller politischen Schattierungen, das Frankreich der Könige wie das der Revolutionäre und der Kaiser, war von der Rheingrenze nicht nur als Verteidigungslinie fasziniert. Mehr verlockte es die Aussicht, daß es von Mainz und von Köln aus das ganze Westdeutschland dominieren konnte. Mit dieser Kontrolle besaß es im Grunde auch die beherrschende Position auf dem Kontinent. Um sie zu erhalten, mußte es auf der permanenten Zersplitterung und Ohnmacht des ganzen Deutschland bestehen, und es war von solcher Position aus auch in der Lage, sie durchzusetzen. In England wurde dieser Zusammenhang und diese Dreieinigkeit der französischen Zielsetzung klar erkannt. Daß Friedrich Wilhelm sie nicht begriff, kann niemand verwundern. Daß aber ein Wiener Kanzler, der Frankreich ohne Not diese Beute zusprechen wollte, ein großer deutscher Staatsmann gewesen sein soll, das muß man wohl schon allein aus diesem Grunde in das Reich der politischen Legende verweisen.

Denn diesmal meinte es Metternich mit seinen Vorschlägen ernst. Er suchte keinen einleuchtenden Kriegsgrund mehr, er wollte Napoleon und Groß-Frankreich retten. Am 10. November schickte er dem offiziellen Friedensangebot noch ein Privatschreiben an Napoleons Bevollmächtigten Caulaincourt nach. Es hieß darin, Frankreich dürfte die Gelegenheit nicht vorbeilassen, Frieden zu schließen. Sollte Napoleon nicht nachgeben, würden »Umwälzungen ohne Sinn und ohne Grenze« die Folge sein.[105] Die Rückgewinnung des linken Rheinufers für das Reich, die Unabhängigkeit Belgiens – ohne Sinn!

Hätte Napoleon die Bedingungen angenommen, würde er nicht nur viel für sich und für Frankreich gewonnen, sondern vielleicht die Koalition gesprengt haben. Denn ob sich Alexander, England und Preußen am Ende einem derartigen Frieden angeschlossen hätten, ist zweifelhaft. Aber wiederum zögerte er, betrieb neue starke Rüstungen, schlug in einer Antwort, die wiederum verspätet kam, lediglich einen Tagungsort, aber kein Programm vor. Metternich mußte die Runde verlorengeben und mit ihm der preußische König. Auf Alexanders Drängen wurde die schnelle Fortsetzung des Krieges trotz des kältesten Winters seit Menschengedenken beschlossen. Schwarzenberg, Metternichs General, stieß mit einer aus Österreichern, Russen, Süddeutschen und Preußen bestehenden Hauptarmee über

Basel nach Mittelfrankreich; Blücher überquerte mit seiner aus Preußen und Russen bestehenden »Schlesischen Armee« in der Neujahrsnacht bei Caub den Mittelrhein. Es war diese Armee, die später die Hauptlast der Kämpfe zu tragen hatte.

Bevor ihre Truppen nach Frankreich abmarschierten, erließen die Verbündeten ein Manifest, das man in Erinnerung bewahren muß. Darin erklärten sie, daß sie den Krieg nicht gegen Frankreich führten, sondern nur gegen dessen offensives Übergewicht, unter dem die Welt und auch Frankreich allzu lange gelitten hätten. Sie wünschten, daß Frankreich »groß und mächtig« bliebe, »größer und mächtiger als je in der Zeit der Könige«. Nur wollten sie auch für sich ein glückliches Dasein in einem gerechten Gleichgewicht der Kräfte.[106] Großmütiger haben sich wohl noch nie gequälte, endlich siegreiche Völker gegenüber ihrem tyrannischen, nun verlierenden Feind gezeigt; bemühter hatte man noch nie zwischen Volk und Führer unterschieden – und sollte es nie wieder tun. Metternich hatte versucht, noch darüber hinauszugehen. Er hatte in diesem Manifest ursprünglich sogar eine öffentliche Verpflichtung der Alliierten auf die Rheingrenze unterzubringen versucht – sie scheiterte vor allem am Widerstand des britischen Delegierten[107]. Auf jeden Fall hatte er vor, auf dem allgemeinen Versprechen des Manifests aufzubauen – beim nächsten Friedenskongreß, dem von Chatillon.

Zu seinem Mißvergnügen hatte Napoleon sich nicht retten lassen wollen, als die Verbündeten am Rhein standen, zu seinem noch größeren Unbehagen ging ihr Vormarsch nach Frankreich hinein glatter voran, als er gedacht hatte. Schwarzenberg erreichte, so wenig er sich auch beeilte, schon am 18. Januar das Plateau von Langres, das man anstrebte, weil es das Ursprungsgebiet aller großen französischen Flüsse ist. Blücher und Gneisenau operierten erfolgreich weiter nördlich.

Wenn dieser Vormarsch weiterging, dann mußte er die diplomatische Gleichgewichts-Konstruktion gefährden, an der Metternich bastelte. Die Frage der Friedensbedingungen, die Frankreich zu stellen waren, wurde abhängig von der Lage auf dem Schlachtfeld. Wenn sie zu günstig wurde, war Napoleon nicht zu halten, und halten wollte er ihn, um ihn als Gegengewicht zum Zaren zu benutzen. Ein Übermaß von Siegen, schrieb er am 9. Januar seinem Kanzleichef Hudelist nach Wien, sei das gefährlichste Übel, gegen das »uns ... meine Genügsamkeit schützen wird.«[108] So genügsam zu sein, war gar nicht einfach, denn die Überlegenheit der Verbündeten war erdrückend. Aber Metternich steuerte mit Energie. Am 8. Januar befahl er Schwarzenberg, nur noch »vorsichtig« vorzurücken, am 16. Januar empfahl er die Einstellung des Vormarsches.[108] »Alle Zwecke der Koalition sind nicht nur erreicht, sondern überschritten worden«, schrieb er an seinen Kanzleichef – dies in einem Moment, in dem, wie sich schnell zeigen sollte, Napoleon so hartnäckig wie eh und je an seinen Sieg glaubte.

Gneisenau und Alexander: nach Paris!

Alexander macht sich darüber nicht die gleichen Illusionen wie Metternich. Jeder Friede mit Napoleon, sagte er seit Anfang Januar allen Verbündeten, würde nur ein Waffenstillstand sein. Genau diese Erkenntnis, diese Formulierung ist es auch, die seit Wochen Gneisenau in Briefen und Memoranden seinem eigenen Kabinett und König, dem österreichischen Generalstab und auch dem Zaren einzuhämmern sucht – via Stein, der immer noch Alexanders wichtigster Berater ist. »Die Briefe Euer Hochwohlgeboren lege ich jedesmal dem Kaiser vor, der einzig kräftig edel dasteht und die Ratschläge der Erbärmlichkeit und Schwäche von sich weist«, schreibt Stein am 24. Januar 1814 an Gneisenau. Die Zusammenarbeit beider gewinnt erst jetzt ihre volle Auswirkung. Sie sind die wahren Gegenspieler Metternichs. Vielleicht etwas übertrieben, im Kern aber sehr treffend formulierte das Ivan Golovine in seiner »Histoire D'Alexandre Ier« im Jahre 1859 so:

> »Es war der Freiherr vom Stein, der die Kampagne des Jahres 1813 anführte ... 1814 wurde er der wichtigste Mann der Kanzlei der Alliierten, und dadurch wurde – als wäre Alexander dazu bestimmt gewesen, niemals etwas ganz allein zu machen – der preußische General Gneisenau der Mann, der ihn zur Invasion in Frankreich bewog.«

Ein schneller Vorstoß nach Paris, sagte Gneisenau allen, sei nicht nur möglich, weil das französische Volk seinen Kaiser nicht mehr willig mit Kanonenfutter versorge, sondern auch nötig, wenn die Welt Frieden haben wolle. Absolut richtig: auf der Gegenseite suchte gerade Napoleon den Vormarsch der Verbündeten zu verzögern, um Zeit für seine eigenen Rüstungen zu gewinnen. Am 28. Januar schreibt der Preuße an Schwarzenberg:

»Paris erobern, das heißt, sich des Herzens von Frankreich zu bemächtigen. In keiner Hauptstadt irgend eines anderen Landes sind Regierung, Staatshebel und Meinung so zentralisiert als in Paris ... Alles, was eminent an Geburt, Rang, Reichtum oder Talent ist, hat seinen eigentlichen Wohnsitz in Paris ... Mit der Unterwerfung von Paris ist das ganze moralische und physische Verteidigungssystem des Feindes gelähmt.«

Er ist der einzige, der diese Predigt hält, und weder bei Schwarzenberg noch bei seinem König macht er sich damit beliebt. Die tiefe Antipathie ist übrigens durchaus gegenseitig. In einem Brief an Stein vom 27. Januar 1814 spricht er einerseits vom »edlen russischen Kaiser«, der mit seiner Beharrlichkeit zum Retter Europas werde, andererseits von »einem verruchten Verräter«, der den Marsch auf Paris hindere;[110] vermutlich meint er Metternich, der ihn seinerseits einen Jakobiner nennt.[111] Nur der Zar hört Gneisenaus Botschaft gern. Mag sein, daß auch Ruhmsucht oder der Traum einer Revanche für Moskau eine Rolle spielen, wenn Alexander an den Einzug in Paris denkt – vor allem erkennt er die politische Notwendigkeit.

Beunruhigt von der plötzlichen Verlangsamung des Vormarsches reist er in der ersten Januarhälfte von Basel zu Schwarzenbergs Hauptquartier nach Langres. Metternichs an Verrat grenzende oder vielmehr den Verrat an den Verbündeten schon darstellende Instruktionen an Schwarzenberg kennt er nicht. Er weiß auch nicht, daß Schwarzenberg für Metternichs Ansichten auch persönlich längst gewonnen ist. »Eine Niederlage«, schreibt in diesen Tagen der Oberkommandierende der Armee, die Napoleon niederwerfen soll, an seine Frau, »würde jetzt den Sieg beschleunigen.«[112] Und seinem Kaiser schickt er am 26. Januar ein Memorandum – es sollte nicht das einzige dieser Art bleiben – in dem er so deutlich wie möglich von Sieg und Vormarsch abrät.[113] Wenn Alexander befürchtet haben sollte, daß man noch nie Armeen mit solchen Oberkommandierenden und solchen Vorsätzen gegen einen der größten Feldherren der Geschichte hatte siegen sehen, dann hat er unzweifelhaft recht gehabt.

Aber mit der Reise nach dem militärischen Hauptquartier gibt er leider auch Metternich eine große Chance an der diplomatischen Front. Die liegt im Augenblick in Basel. Dort ist von England kommend, am 18. Januar Castlereagh zu Metternich gestoßen, und in langen Gesprächen zu zweit gelingt es dem Wiener Kanzler, den

Briten, wenn auch nicht für alle seine Wünsche, so doch für seine allgemeine Sicht, zu gewinnen. Das sollen der Zar und das sollen zu ihrem Leidwesen auch die preußischen Generale und Soldaten zu spüren bekommen, als Ende Januar alle drei im Hauptquartier zu Langres zusammentreffen.

Nicht auf die Frage, wie man Napoleon schlagen könnte, sondern auf die politischen Konstruktionen der Zukunft konzentrierten sich dort alle Debatten. Vor Metternichs geistigem Auge stand immer nur das künftige Polen, nicht die napoleonische Gegenwart. Im Endeffekt wollte er, daß jeder seine Belohnung für den Kampf gegen den Eroberer bekommen sollte, mit Ausnahme jener Macht, der sie alle die Befreiung verdankten. Denn Rußland konnte sie nur in Polen haben, und vor dem polnischen Paradies gedachte sich Metternich aufzubauen wie der Erzengel Michael. Nur fehlte ihm ein flammendes Schwert, und das wollte er sich leihen: von Napoleon.

Wegen Polen schien Metternich geneigt, an Ort und Stelle die Koalition platzen zu lassen. Er forderte mit Entschiedenheit nicht nur die Aufnahme von Verhandlungen mit Napoleon, vor allem stellte er offen die Frage, welche Kriegsziele denn der Zar habe. Hätte Alexander sie genannt, wäre wahrscheinlich jener Rattenschwanz giftiger Diskussionen die Folge gewesen, der später in Wien fast zum Krieg zwischen den Alliierten geführt hätte – jedenfalls hätte vor einer Verständigung Napoleon wieder in Warschau sein können. Aber der Zar wich geschickt aus. Die Antwort, sagte er, sei abhängig von der jeweiligen Kriegslage. Sie sehe in Basel anders aus als in Frankfurt und in Langres anders als in Basel. Die Frage könne in Harmonie gelöst werden, wenn der Vormarsch fortgesetzt werde – womit er meinte: nach der Einnahme von Paris. Weil die Österreicher so taten, als hätten sie Törichteres nie gehört, drohte er, daß er den Krieg allein zu Ende bringen werde.

Genau dies, und zwar in Koalition mit den Truppen der Schlesischen Armee, hatte an jenem 28. Januar Gneisenau ihm geraten. Alexander stellte Friedrich Wilhelm die Frage, ob er ihn dabei im Stich lassen werde.[114] Und da der König sich nicht nur dem Zaren gegenüber freundschaftlich verpflichtet fühlte, sondern auch die Ansicht seiner Generale allzu gut kannte, sagte er unlustig nein. Metternich drohte für diesen Fall den Austritt aus der Koalition an – das erste, aber nicht das letzte Mal.

Wer aber wollte es in dieser Lage auf das Äußerste ankommen lassen? Man einigte sich auf einen Kompromiß: Fortsetzung des

Vormarsches bei gleichzeitiger Wiederaufnahme von Verhandlungen – mit Napoleon. Nur eines war Metternich hier in Langres zu entreißen gewesen: eine Verpflichtung auf die Rückkehr des linken Rheinufers zum Reich und eine Schutzbarriere für Holland in Belgien, und selbst dieses »Zugeständnis« hatte der österreichische Kanzler zu verwässern und einzuschränken gesucht.[115] Auf einem neuen Kongreß sollte nun mit Napoleons Abgesandten der Friede gesucht werden. Er begann am 3. Februar in Chatillon, und in mancher Hinsicht war er dramatischer als das so viel mehr beachtete spätere Ereignis in Wien, vor allem für die Preußen.

Wenn nämlich die Antwort nach dem Inhalt des Friedens auf dem Schlachtfeld gefunden werden mußte, dann war klar, daß der Zar nur einen wirklichen Verbündeten hatte, nämlich die Schlesische Armee. Waren die Kriegsziele der preußischen Generale auch keineswegs identisch mit den russischen, so erkannten sie doch in Napoleon den unversöhnlichen Feind, mit dem es keinen Kompromiß geben konnte, in Rußland einen alten Verbündeten, mit dem man sich irgendwie arrangieren würde. Aus dem gleichen Grund war klar, daß Blücher und Gneisenau außer Napoleon einen anderen Gegner hatten, der nicht wenig gefährlich war, eben Metternich.

Metternich paralysiert die Armee

Alle die folgenden, verschlungenen und dabei doch so bedeutsamen, mit rein militärischen Erwägungen gar nicht zu erklärenden Verhaltensweisen der beiden alliierten Armeen lassen sich nur durch den Zusammenprall zweier gegensätzlicher politischer Willen in der großen Koalition erklären, durch einen Zusammenprall, wie er in der Geschichte vielleicht einmalig ist. Hier war der Zar und die preußischen Generale der Schlesischen Armee, dort Metternich mit Schwarzenberg und der Hauptarmee, dazwischen und schwankend Friedrich Wilhelm nebst Hof. Manches im stillen oder offenen Einverständnis mit dem Zaren unternommene Manöver der Schlesischen Armee diente nur dem Zweck, die von Metternich paralysierte Hauptarmee entgegen ihrem Willen durch die Herbeiführung militärischer Zwangslagen zum Vormarsch anzutreiben. »Die tollkühnen und eigenmächtigen Bewegungen Blüchers«, schreibt einer der Vertrauten Metternichs in Wien, Gentz, am 8. März 1814, »waren mit dem Kaiser von Rußland verabredet.«[116] Rückschläge waren unter diesen

Bedingungen fast unausbleiblich. Es hätte nicht viel gefehlt, daß als Folge der von Metternich in die Allianz getragenen Lähmung Napoleon als Sieger aus dem großen Kampf hervorgegangen wäre.

Weil er auf die Entscheidung auf dem Schlachtfeld hoffte, suchte der Zar die Friedensverhandlungen in Chatillon zu verzögern. Er sah sich der Erfüllung seiner Hoffnungen nahe, als Blücher am 1. Februar zusammen mit Teilen der Hauptarmee Napoleon bei La Rothière schlug. Russen, Österreicher, Preußen, Bayern, Württemberger hatten für einmal glücklich zusammengewirkt. In acht Tagen glaubte sich der Zar in Paris einziehen zu sehen. Aber aus eben diesem Grunde war Metternich – wie er an Schwarzenberg schrieb – »etwas traurig«, daß es für Blücher nicht eine kleine Niederlage gegeben habe.[117] Und da letztlich er es war, der die Operationen der Hauptarmee lenkte – über Kaiser Franz ließ er Schwarzenberg auch noch wissen, daß er jeden Tag den Befehl zum Rückzug vom Kriegsschauplatz bekommen könne[118] – konnte er auf die Trauer auch bald das Vergnügen folgen lassen. Blücher marschierte, um die Hauptarmee nach sich zu ziehen, kühn voran. Aber vergeblich bat er Schwarzenberg, ihm Rückendeckung zu geben, damit er Zeit für die Vereinigung aller seiner Truppenteile gewinne. So ahnungsvoll erfaßte Schwarzenberg die Folgen, die diese Hilfsverweigerung für Blücher haben mußte, daß er am 11. Februar seiner Frau schrieb: »Es wäre ein Wunder, wenn er (Blücher) nicht abermals einen Unfall erfahren sollte.«[119]

Das Wunder geschah nicht. Vielmehr entstand eine Lücke zwischen Blücher und der Hauptarmee, in die sich mit altem Scharfblick Napoleon warf, um mit blitzartigen Schlägen den noch getrennt marschierenden Blücherschen Korps zwischen dem 11. und 14. Februar ernste Schlappen beizubringen. »Er warf sich zwischen die Blücherschen Korps, griff sie an, zwang sie zum Weichen, schlug sie aber nicht, weil nichts der determinierten Tapferkeit dieser Truppe gleichzukommen vermag«, schrieb Metternich selbst eine Woche später in einem nach Wien gerichteten Brief. Aber von ihm hatte Schwarzenberg am 14. Februar, als beide die bedrängte Lage Blüchers schon kannten, die Weisung erhalten, »zwar nichts Nützliches zu versäumen, aber nichts Wichtiges herbeizuführen«, am 16. sogar den Befehl, stehenzubleiben.[120] So sehr Alexander auf Blüchers Entlastung, auf den Marsch westwärts, auf die große Schlacht drängte – Metternich und der Rest des Kriegsrates dachten in erster Linie an ihre Verhandlungen mit Napoleon.

Die traurige Ironie der Vorgänge auf dem Schlachtfeld lag darin, daß Sieg und Niederlage eher das Gegenteil dessen produzierten, was die streitenden politischen Führer hier und da davon erhofften.

Als Napoleon bei La Rothière verlor, hatte das Alexander nur sehr vorübergehend Auftrieb gegeben. Denn Napoleon hielt es nun für klug, zumindest für den Augenblick den Friedfertigen zu spielen. Caulaincourt, sein Bevollmächtigter in Chatillon, wurde von ihm ermächtigt, Frankreichs »alte Grenzen« als Friedensgrundlage anzuerkennen. Und so dringlich Gneisenau die politische Führung mahnte – in einem Brief an Hardenberg vom 7. Februar –, daß ein Friedensschluß mit Napoleon nur bedeute, »einen Waffenstillstand zu machen, der zu Ende geht, wenn er wieder neue Kräfte gesammelt hat«;[121] so bohrend er »denen, die den Völkern vorstehen«, ins Gewissen redete, daß sie »kein Recht haben, jahrelange Leiden, vernichteten Wohlstand der einzelnen, lange erduldeten Nationalschimpf und Unglück jeder Art durch einen Friedensschluß mit dem Tyrannen zu vergeben, der von vorn wieder anfängt, sobald er die Macht dazu hat«; so sehr er diejenigen »mit der Verachtung der Nachwelt« bedrohte, die »jetzt ihre Dienste einem so feigherzigen Entschlusse leihen mögen« – die Feigheit behielt die Oberhand.

Nachdem man Caulaincourt einige Tage hingehalten hatte, drängte im Hauptquartier der Verbündeten, in Troyes, die große Mehrheit auf Frieden und Waffenstillstand. Allen voran natürlich Metternich, der behauptete, der Kriegszweck sei erreicht, Frankreich stimme seinen alten Grenzen zu und es sei nicht Sache der Alliierten, darüber zu entscheiden, ob Napoleon Kaiser der Franzosen bleiben solle oder nicht. Aber auch die Briten, auch Friedrich Wilhelm, auch Hardenberg waren für den Ausgleich. Wer könne beweisen, sagte in einer Antwort auf Gneisenau der uns schon bekannte Oberst Knesebeck, militärisches Sprachrohr der preußischen Hofcamarilla, daß der Friede mit dem Eroberer nur ein Waffenstillstand sein werde? Warum nach Paris ziehen, wenn man heute schon einen Frieden mit Frankreich in seinen alten Grenzen haben könne? Metternich drohte abermals mit einem Separatfrieden, falls Alexander sich nicht fügen wolle. Der Zar sah sich isoliert. Und nun trat, wie Metternich am 21. Februar dem Kabinettschef Hudelist berichtete, »eine der merkwürdigsten Epochen aller Zeiten ein«.[122]

Der Zar machte einen letzten großen Anlauf. In einer Denkschrift vom 14. Februar faßte er seine Ansichten noch einmal zusammen: Jede andere Lösung als die mit den Waffen würde dem Feind nur Zeit geben, sich zu erholen. Den Sturz Napoleons halte er nicht, wie andere Alliierte, für etwas Nebensächliches, sondern für die Krönung des Befreiungswerkes. Er könne auch nicht glauben, daß ein Mißerfolg im Feld alle Früchte bisheriger Siege vernichten könne. Einen Waffenstillstand, der nur dem Gegner nützlich wäre, lehne er ab. Es war das Gegenprogramm zur Linie Metternich–Hardenberg–Castlereagh.

Die Lage in Troyes war zum Zerreißen gespannt. Metternich versucht, zusammen mit Preußen und England eine neue Koalition zu bilden. Das scheitert an Friedrich Wilhelm. So beklommen sich der preußische König nach Frieden sehnt – von Alexander will, von Alexander kann er sich nicht trennen. In quasi-ultimativer Form droht darauf Metternich wiederum mit Separatfrieden und Abzug der österreichischen Truppen.[123] Um die Katastrophe zu verhindern, werfen sich Hardenberg und Castlereagh ins Mittel. Am Ende und nach einer heftigen Unterredung mit dem österreichischen Minister stimmt der Zar einem Kompromiß zu. Der Vormarsch soll danach weitergehen, aber nur unter der Voraussetzung, daß die Verhandlungen mit Napoleon fortgeführt werden. Niemals dürfen ihm weitergehende Forderungen gestellt werden als jene, die bereits vorgebracht worden sind. Noch so viele Siege mögen kommen – Frankreich verliert nichts. Erklärt sich Napoleon zum Frieden bereit, soll mit ihm selbst abgeschlossen werden. Würde er durch diese oder jene Wendung gestürzt, sollen die Bourbonen auf den Thron. Ein denkwürdiges Bild: die Unterdrückten und Beraubten von gestern in der Rolle der internationalen Caritas.

Nichts konnte das Ringen in Troyes besser beleuchten als eine schriftlich niedergelegte »Befürchtung« des vermutlich wichtigsten Mitglieds der preußischen Hofcamarilla, Ancillon. Der Zar, so schrieb der Mann, der vielen als einziger wirklicher Vertrauter des preußischen Königs galt, am 15. Februar an Hardenberg, könne trotz dieser Vereinbarungen seinen Willen mit Blüchers Hilfe vielleicht doch noch durchsetzen. Deshalb müsse Friedrich Wilhelm Blücher *bei seinem Kopf* verbieten, ebenso wie bisher voranzueilen.[124] Man muß sich vor Augen führen, auf welchem Boden der Verbitterung gegen den Feldherrn, der den Sieg erstreiten will, Vorschläge wie diese allein gewachsen sein können, von welcher Angst vor Napoleons Feldherrngenie sie zeugen, wie sehr sie jedes eigene politische Wollen vermissen lassen, um ein Bild vom Preußen und der Koalition jener Tage zu erhalten.

»Diese Elenden!
Beim ersten Mißgeschick fallen sie auf die Knie!«

Denn Ancillons Haltung war durchaus typisch für das Klima im Hauptquartier. Unter dem Eindruck der letzten Blücherschen Niederlage vom 14. Februar bot Schwarzenberg, der Feldherr, hinter dem Rücken seiner Alliierten den Franzosen am 17. Februar hastig einen Waffenstillstand an. Durchaus treffend quittierte Napoleon die fast groteske Ängstlichkeit seiner Gegner mit der an seinen Bruder Joseph gerichteten Bemerkung: »Es ist schwer, in solchem Maße feige zu sein. Diese Elenden! Beim ersten Mißgeschick fallen sie auf die Knie.«[125] Und in eben diesem Brief vom 18. Februar gestand er auch, was Metternichs, Schwarzenbergs, Friedrich Wilhelms Bestrebungen vor der Nachwelt so absurd erscheinen lassen muß, und was Alexander, Stein, Gneisenau so glänzend rechtfertigt: daß er nämlich jeden Friedensschluß, in dem er die alten Grenzen Frankreichs hätte anerkennen müssen, zwei Jahre später als Kapitulation betrachtet hätte und »wieder zu den Waffen geeilt wäre«.[126]

Aber eben dieser Siegeswille und das Überlegenheitsgefühl des Korsen sind es schließlich, die jene sonderbare Koalition vor sich selbst retten. Berauscht von seinen flüchtigen Erfolgen zeigt er, daß er ganz der alte geblieben ist:

> »Er sah sich . . . im Geist schon wieder an der Weichsel stehen und dort dem russischen Kaiser den Frieden diktieren. ›In wenigen Tagen‹, sagte er dem gefangenen General Poltorazkij, ›werden Sie zugeben, daß ich ein Zauberer bin.‹«[127] »Der Feind«, sagt er vor seinen Generalen am Abend des ersten Sieges über eines der Blücherschen Korps, »wird schneller über den Rhein zurückgehen, als er gekommen ist.«[128]

»›Comment! Ferois-je la paix avec mes prisonniers?‹ – Er meinte, er sei nun näher an München als wir an Paris«, zitiert ihn Gneisenau.[129]

Und plötzlich besteht er in Chatillon wieder auf der Rheingrenze, will in Italien weiterhin seine Angehörigen auf den Thronen halten. »Lieber wollte ich die Bourbonen wieder auf dem Thron Frankreichs sehen«, schreibt er an Caulaincourt, »als die infamen Bedingungen unterschreiben, die Sie mir übersandt haben.«[130]

> »Was wäre ich für die Franzosen«, hatte er am Tage zuvor seinem Sekretär gesagt, »wenn ich ihre Erniedrigung unterzeichnet hätte?

> Was könnte ich den Republikanern antworten, wenn sie von mir die Rheingrenze forderten, die sie erobert hatten? ... Gott bewahre mich vor solchem Schimpf!«[131]

Ein »Schimpf«, eine »Erniedrigung« und »infam« scheint ihm, wenn er auch nur herausgeben soll, was Frankreich in den letzten Jahren anderen Völkern genommen hat.

Verzweifelt bemüht sich Metternich, den Partner, den er sich zurechtkonstruiert hat, bei der erdachten Stange des gegenseitigen Interesses zu halten:

> »Gibt es denn kein Mittel«, läßt er am 3. März Caulaincourt fragen, »Napoleon über seine wahre Lage aufzuklären? Hat er denn unweigerlich sein und seines Sohnes Schicksal auf die Lafette seiner letzten Kanone gestellt? ... Wird ihn seine Kühnheit und der Mut der Verzweiflung davor schützen können, durch die Masse erdrückt zu werden?«[132]

Sein Werben ist umsonst. »Er forderte von Napoleon, was, wie er hätte wissen können, für diesen zuzugestehen unmöglich war: das Erkennen von Grenzen.«[133] Fürs erste muß selbst der Mechaniker des Gleichgewichts zugeben – zumindest öffentlich –, daß man weiterkämpfen muß. Er selbst entschließt sich jetzt zu einer entschiedenen Sprache gegenüber Caulaincourt – fürs Parkett. Mit viel Grazie, nach viel diplomatischer Spiegelfechterei werden die Verhandlungen in Chatillon mit Napoleons Unterhändler abgebrochen.

Sie waren Napoleon weit entgegengekommen. Es hatte zu nichts geführt. Eine neue Lage war entstanden. Was jetzt tun? Der militärische und der politische Plan muß neu erarbeitet werden, und jetzt treibt die Entwicklung ihrem Höhepunkt entgegen. Der Zar unterbreitet noch einmal den Gneisenau-Gedanken, mit dem er schon in Langres seine Partner konsterniert hatte: Er werde, wenn Schwarzenberg nicht voran wolle, mit Russen und Preußen allein auf Paris marschieren.[134] Wiederum verspricht Friedrich Wilhelm ihm seine Unterstützung, entgegen den Beschwörungen seiner intimen Ratgeber. Alle anderen lehnen den Plan ab, einschließlich der russischen Minister. Aber am 25. Februar einigt man sich auf einen Kompromiß, der nur mühsam die gegensätzlichen Positionen verkleistert und zu einer neuen Krise führt und dennoch den Durchbruch bringt.

Mit Alexanders nachdrücklicher Unterstützung setzen Blücher und Gneisenau durch, was sie schon lange wollten: Die Rollen der beiden verbündeten Armeen werden vertauscht. Ihrer Schlesischen Armee wird jetzt die offensive Aktion übertragen, während die Schwarzenbergsche Hauptarmee sozusagen offiziell das wird, was sie de facto längst ist, die defensive Deckungstruppe. Blücher darf sich von der Hauptarmee trennen, in Richtung Nordwesten marschieren und sich dort mit den von Norden heranmarschierenden preußisch-russischen Korps Bülow/Winzingerode vereinigen. Es ist *die* entscheidende Bewegung der zweiten Phase des großen Krieges. Blücher ist so glücklich über den Beschluß, daß er an den Zaren ein Dankschreiben richtet, in dem es – in Blücherscher Orthographie – heißt:

> »In dieser verbintung (mit Bülow/Winzingerode) werde ich auf Paris vordringen, ich Scheue so wenig Keißer Napoleon wie seine marschalle.«[135]

Er und seine preußischen und russischen Generale haben ihre Armee inzwischen wieder auf rund 100 000 Mann gebracht, und sie wollen eine schnelle Entscheidung – was völlig gegen die Pläne Schwarzenbergs ist. Denn der tritt nun mit seiner Hauptarmee den Rückmarsch in eine Position an, von der aus ihm alles beides möglich ist: die Retirade bis zum Rhein oder auch ein Umschwenken in beliebigen anderen Richtungen. »Wir werden unseren Rückzug, ohne uns gegen eine Übermacht zu compromettieren, fortsetzen, und sollte derselbe bis an die Rhein gehen«, bestätigt in fast triumphierendem Ton Metternich am 25. Februar aus Chaumont seinem Wiener Kanzleirat.[136] Er und Schwarzenberg denken jetzt an einen längeren Krieg, auch an einen Sommerfeldzug. An einen Krieg, in dem man sich nicht mit ganzer Kraft schlagen muß, auch wenn man doppelt überlegen ist, sondern über längere Zeiträume hinweg den Gegner aufreiben kann. Und kein Prestige verliert, wenn eine Schlacht verlorengeht.

Ganz auf diesen Ton, auf langen Kampf, ist auch ein politisches Programm gestimmt, auf das man sich – um sich einander zu versichern für die Zeiträume, die man im Auge hat – am 4. März in Chaumont einigt. Die Kernsätze: ein Bündnis für zwanzig Jahre. Keiner der Verbündeten wird einen Separatfrieden eingehen. Jede der vier Mächte wird 150 000 Mann gegen Napoleon ins Feld stellen. Beharren auf der Rückgabe der deutschen linksrheinischen Gebiete. Die Niederlande sollen durch Belgien vergrößert werden. Über Polen kein Wort – dem Zaren war es gelungen, die Diskussion darüber der Zukunft zu überlassen.

Und eben deshalb geschieht das schier Unglaubliche: Die Tinte unter dem Vertrag von Chaumont ist kaum trocken, der Friedenskongreß von Chatillon hat sich gerade aufgelöst, da versucht Metternich hinter dem Rücken seiner Verbündeten noch einmal das Gespräch mit Napoleon. Am 18. März gibt er Caulaincourt eine Botschaft an seinen Kaiser mit, die eine Aufforderung zu neuen Verhandlungen darstellt.[137] Die guten Wünsche Österreichs, heißt es darin, gälten immer noch der Dynastie, mit der es eng verbunden sei – das heißt Napoleon, dem Schwiegersohn des österreichischen Kaisers. Eine starke Andeutung ist enthalten, daß Metternich mit Castlereagh gemeinsame Sache machen könnte, noch ein paar Tage – gegen die anderen Verbündeten. Der Sinn für Realitäten, den Caulaincourt auf sein Bitten bei Napoleon wecken sollte, war Metternich offenbar selbst abhanden gekommen. Der für Loyalitäten freilich schon längst, und das führt endlich zum Eklat.

Friedrich Wilhelm spricht von Verrat

Von der Vorstellung einer Entscheidungsschlacht mit Napoleon geängstigt, hat sich Schwarzenberg auf den Rückmarsch gemacht. Unterwegs bemerkt er, daß der Kaiser gar nicht ihm auf den Fersen ist, sondern wieder Blücher. Friedrich Wilhelm, nun in großer Sorge um seine Armee, drängt Schwarzenberg inständig zur Umkehr. In der Tat wechselt Schwarzenberg die Marschrichtung und erringt gegen Marschall Oudinot einen mäßigen Erfolg. Aber dann bleibt er stehen. Und so sehr Alexander und der König ihn auch drängen – er findet hundert Gründe, warum er sich nicht weiterbewegen kann.

Am 12. März explodiert der Konflikt. Alexander fragt Metternich verletzend und voll Bitterkeit, ob Österreichs Kaiser seinem Feldherrn verboten habe, sich zu schlagen, ob er es ihm auch weiterhin verbiete und ob er ihm Befehl zum Rückzug hinter den Rhein gegeben habe. Und endlich einmal empört sich auch Friedrich Wilhelm. Er spricht von Verrat und davon, daß man offenbar Blücher zugrunde gehen lassen wolle.[138] Er wagt sich weit vor. Offenbar, sagt er zu Metternich, sei Österreich im geheimen Einverständnis mit Frankreich – und damit schlägt er, wie wir wissen, keineswegs weit daneben. Es ist das erste Mal, daß der König diesen Ton annimmt, und das beeindruckt. Man kommt überein, Schwarzenberg zu schreiben, daß er fortan freie Hand habe, lediglich nach militärischen

Gesichtspunkten vorzugehen. »Fortan« – bisher hatte er sie also nicht.

Aber so bezeichnend der Zusammenprall für die Konstellation in dieser Allianz ist – in diesem Moment war die Aufregung umsonst. Denn zwei Tage zuvor hatten Blüchers Preußen und Russen nach gelungener Vereinigung Napoleon bei Laon besiegt. Dieser wandte sich jetzt gegen Schwarzenberg, den er auf dem Rückzug wähnte. Aber eben weil er von Alexander und Friedrich Wilhelm bedrängt wurde, nahm der österreichische Feldherr die Schlacht an, kämpfte ebenfalls erfolgreich bei Arcis sur Aube. Blücher und Gneisenau kommen anmarschiert, um ihm beizustehen – es ist nicht mehr nötig, Napoleon ist nach Osten abmarschiert. Aber beide Armeen können sich nun vereinigen. Und jetzt muß die Entscheidung fallen: Napoleon nacheilen, in Richtung auf den Rhein? Oder Paris?

Jetzt endlich und nach mancher ängstlichen Schwankung kann Alexander ihn durchsetzen, den Marsch der vereinigten Armeen auf das einzig lohnende Ziel, auf die Hauptstadt. Zwei Korps französischer Marschälle trennen sie noch davon, sie werden zerschlagen. Unter den Mauern von Paris ein letzter blutiger Kampf, die Schlesische Armee erstürmt die Hügel von Montmartre; dann, am Abend des 30. März, kapitulieren die letzten tapferen Verteidiger.

> »Die französische Hauptstadt lag zu den Füßen der Heere, die sämtlich das Unrecht vergangener Tage zu rächen hatten... Unvergeßliche Momente, wie sie sich im Laufe von Jahrhunderten nicht wiederholen.«[139] »Am Abend befanden wir uns auf dem Montmartre«, schreibt später einer der Adjutanten Gneisenaus, »eine Glorie umstrahlte Gneisenaus Gesicht.« »Ich hatte zwei mächtige Verbündete«, schreibt dieser selbst drei Wochen später an einen Freund, »den Kaiser Alexander und Napoleon ... Ihm haben wir unseren Erfolg zu verdanken.«[140]

Sicherlich ein vernichtendes Urteil auch über den eigenen König.

Aber wo war der Welteroberer geblieben? Warum war er überhaupt nach Osten marschiert, statt im Westen seine eigene Hauptstadt zu decken? Es war ein letztes großes, in seiner verzweifelten Kühnheit freilich schon an Abenteurertum erinnerndes Unternehmen. Er hatte geglaubt, die Alliierten hinter sich herziehen zu können, weg von seiner Hauptstadt, in Richtung auf jene Rheinfestungen, in denen immer noch seine belagerten Garnisonen lagen, mit deren Hilfe er vielleicht sein Heer hätte verstärken können. Als er entdeckte, daß die Alliierten ihm nicht gefolgt waren, eilte er in Tag- und Nachtmärschen zurück, um Paris zu retten – zu spät. Zur Stunde der Kapitulation saß er in Fontainebleau.

> »Schließen Sie Frieden um jeden Preis!« hatte ihn sechs Wochen zuvor sein Bruder Joseph gemahnt. »Können Sie es nicht, müssen Sie entschlossen im rechten Moment untergehen wie der letzte Kaiser von Byzanz.« Napoleon hatte geantwortet: »Wenn Paris fällt, dann werde ich nicht mehr sein. Es wird sich dann nicht mehr um meine Person handeln. Ich wiederhole es: Paris wird nie besetzt werden, solange ich lebe.«[141]

Nun hielt ihn das Leben doch, und er unterzeichnete die Abdankungsurkunde.

Am Mittag des 31. März 1814 vergilt Alexander in Paris den Einzug Napoleons in Moskau – auf seine Art: Im Geiste der Versöhnung – ein Tag und ein Akt, auf den er anderthalb Jahre lang gedrängt und gehofft hatte. Triumphal zieht er in die Stadt ein, mit Friedrich Wilhelm an seiner Seite, gefolgt von Schwarzenberg, Gneisenau, dem Großfürsten Konstantin, vielen Prinzen und Generalen. Von der Bevölkerung wird er als Befreier bejubelt: eine eindrucksvolle Erscheinung mit goldenem Kragen und goldenen Epauletten. Lächelnd winkt er den jungen Damen, hinter ihm und im Gefolge seine Garde in Paradeuniform. Ein Lilienregen von den Fenstern herab, überall ertönt der Ruf: »Es leben die Alliierten!« Es war »ein solcher Jubel, daß ein Fremder unmöglich hätte glauben können, daß dies der Einzug einer fremden Armee in einer eroberten Stadt sei«.[142] Die schöne Komtesse Périgord läßt sich auf ein Kosakenpferd heben,[143] Gneisenau ruft der Menge zu: »Nieder mit dem Tyrannen!« und es hallt zurück: »Nieder mit dem Tyrannen!« Wie es überhaupt, ob in den Straßen oder den Theatern, neben den Ovationen für die Fremden immer wieder zu Haßausbrüchen gegen den überwundenen Imperator kommt.

»Sehen schlecht aus, schmutzige Leute«

Dann die große Parade auf den Champs Elysées. Sie findet ohne die Truppen statt, die leider die Hauptlast aller Kämpfe zu tragen hatten, denn die haben keine Paradeuniform bei sich. Es sind die preußischen Korps Yorck und Kleist, und die sehen nach den unglaublichen

Strapazen des Winterfeldzuges elend und abgerissen aus, ihrem König sind sie nicht »propper« genug;[144] »sehen schlecht aus, schmutzige Leute«, hatte er gesagt, als ihm Yorck am Tage vor der Schlacht um Paris sein Korps zeigte.[145] Statt daß sie nach Paris dürfen – wo sie als erste hätten einziehen können, denn sie waren allen voran –, werden sie nun irgendwo im Norden versteckt.

Auch die preußischen Generale haben jetzt wieder in den Hintergrund zu treten – man wird sie erst im nächsten Jahr wieder brauchen, wenn Napoleon aus Elba geflohen ist. Was man ihnen verübelt, ist ihr »Rachegeist«, während doch jetzt die Fürsten und Diplomaten das Gleichgewicht und die allgemeine Verständigung suchen. Und so spielt denn auch der preußische König in Paris eher eine Statistenrolle im Schatten Alexanders. Alle reden davon, daß der Zar im Palais Talleyrands an der Place de la Concorde Quartier nimmt, daß er ein paar Tage später den französischen Marschällen seine Bewunderung für den Kampfgeist der französischen Truppen ausspricht; kaum jemand kümmert sich um Friedrich Wilhelm. Und in mancher Hinsicht spiegelt sich darin ja auch das wahre politische Bild.

Wäre Alexander an Njemen oder Weichsel stehengeblieben, wie die meisten seiner Landsleute und sein Feldherr es wünschten, dann wäre Preußen für nicht absehbare Zeit ein französischer Satellitenstaat geblieben, der Rheinbund ein französisches Protektorat. Wäre er in Prag und Frankfurt den Inspirationen Metternichs und Friedrich Wilhelms gefolgt und nicht denen Steins, dann könnte die ganze Gegend zwischen Mainz und Aachen noch heute französisches Territorium sein. Hätte es in Langres, in Chatillon, in Chaumont nicht jene stille Allianz zwischen ihm und den preußischen Generalen gegeben, dann hätte Napoleon im Sattel bleiben können, mit unabsehbaren, aber sicherlich schlimmen Folgen für Deutschland und Europa.

Allerdings: In dieser Dreier-Allianz Alexander–Stein–Gneisenau war kein Glied entbehrlich. Er habe sich, schreibt Clausewitz am 22. April 1814 an Gneisenau, »von dem Zeitungs-Schimmer nicht täuschen lassen und alle die Erbärmlichkeiten und Schlechtigkeiten mir nicht zu gering vorgestellt, mit denen Sie zu kämpfen gehabt haben werden. Mir schwindelt, wenn ich an den Abgrund denke, an dem wir glücklich vorbeigeschritten sind, hauptsächlich durch Ihren festen, männlichen Schritt.«[146] Aber in diesen Abgrund hätte man leicht stürzen und der Schrittmacher hätte leicht ausfallen können, denn Gneisenau hatte zu jenem Typ furchtloser Generale gehört, denen hier die Pferde unter dem Sattel weggeschossen oder die Säbel zersplittert wurden, die dort ohne mit der Wimper zu zucken, Befehle ausgaben, wenn die Granaten in nächster Nähe einschlugen; und die Lücke, die dann gerissen worden wäre, hätte noch schwerer ausgefüllt werden können als jene, die Scharnhorst nach seiner tödlichen Verwundung bei Groß-Görschen hinterließ.

Nun aber stellte sich noch einmal in aller Dramatik jene polnische Frage, um deretwillen Metternich um ein Haar die anti-napoleonische Koalition gespalten hätte, und fast wäre sie der Anlaß für einen Krieg zwischen Habsburg, Frankreich und England auf der einen Seite und Preußen-Rußland auf der anderen geworden. Denn in diesem Punkt hatte sich der Wiener Kanzler natürlich nicht geirrt. Der Zar hatte seine Ziele aus gutem Grund bis zum Schluß verdeckt gehalten.

In einer sonderbaren Mischung von Idealismus, fast Schwärmerei, und ausgreifender Machtpolitik, die für die russische Politik nicht untypisch ist, schwebte ihm seit langem vor, sowohl die Polen wie auch Rußland glücklich zu machen. Ideen, die ihm sein polnischer Jugendfreund Czartoryski einst eingeflößt hatte, kamen jetzt zum Durchbruch. Noch in Paris verkündete er vor polnischen Offizieren, er wolle ein unzerstörbares Band aufrichtiger Brüderschaft zwischen dem polnischen und dem russischen Volk herstellen – der alte Gedanke eines neuerstandenen »Polen unter russischem Zepter« in neuem Gewand. Er verzieh allen, die unter Napoleons Fahnen gegen ihn gekämpft hatten, drückte seine Bewunderung für Kosciuszko, den polnischen Freiheitskämpfer von 1794, aus, versprach den polnischen Edelleuten, daß sie bald mit ihm sehr zufrieden sein würden.[147] Und die Polen wußten ebensogut auf der Klaviatur seiner Psyche zu spielen wie er auf der ihren.

> »Mit der glücklichen Beweglichkeit des Abenteurers«, schrieb Wilhelm Oncken 1876, »hatten die Männer derselben polnischen Generalkonföderation, die in den schönen Sommertagen 1812 die Nation aufbot, um Rußland den Vernichtungskrieg machen zu helfen, in dem frostigen November desselben Jahres Adressen an den hochherzigen Sieger, Kaiser Alexander, beschlossen, die von ihm nicht Gnade und Rettung, sondern, in echt polnischer Bescheidenheit, Unabhängigkeit und Größe verlangten.«[148]

Vergeblich machten den Zaren seine Berater, machte ihn auch der Freiherr vom Stein darauf aufmerksam, daß alle seine guten Absichten nicht im Stande sein würden, das polnische Volk Rußland innerlich anzunähern, daß er namentlich mit der neuen polnischen Armee

Preußens und Österreichs neue Ostgrenzen nach dem Wiener Kongreß 1815 und das mit der russischen Krone verbundene Kongreß-Polen

- das preußisch gewordene Westpreußen und Posen
- das zu Österreich gekommene West- und Ost-Galizien
- Ostgrenze Kongreß-Polens

eine »Schlange an seinem Busen nähren« würde.[149] Die Errichtung eines polnischen Königreiches unter russischem Zepter, so die prophetische Voraussage Steins, werde entweder zur Losreißung der Polen von Rußland oder zu ihrer gänzlichen Unterwerfung führen. Alexander hörte das ungern. Er wollte das Nützliche im Bewußtsein höchster Moral tun und war insofern ein sehr moderner Mensch.

Mit Preußen war er seit dem Februar 1813, seit dem Vertrag von Kalisch, im Prinzip einig. Friedrich Wilhelm hatte zugestimmt, daß er ihm den größten Teil der Erwerbungen aus der zweiten und dritten polnischen Teilung mit Ausnahme einer soliden Landbrücke zwischen Schlesien und Ostpreußen überlassen würde. Dafür sollte er mit Erwerbungen im nördlichen Deutschland entschädigt werden. Preußen hatte in diesem Krieg die schlagkräftigsten Armeen gestellt, die größten Opfer gebracht.[150] Es hatte nicht nur ein Recht auf angemessenen Gewinn, es mußte für die Zukunft auch ein stärkeres Bollwerk als bisher gegen Aggressionen aus dem Westen sein. In erster Linie dachten Preußen und Russen bei den geplanten Vergrößerungen an Sachsen, dessen König als treuer Anhänger Napoleons nach der Schlacht von Leipzig gefangengenommen worden war. Schon Friedrich der Große hatte in seinem politischen Testament diese Erwerbung als wichtiges Ziel genannt. Metternich aber sah eine Bedrohung in dem einen wie dem anderen: in der Kontrolle Polens durch Rußland eine Gefahr für das europäische Gleichgewicht, in der Erwerbung Sachsens durch Preußen eine Gefahr für das Gleichgewicht zwischen Wien und Berlin innerhalb Deutschlands.

Unter solchen Vorzeichen begann im Herbst 1814 die ungewöhnlichste diplomatische Schau der europäischen Geschichte, der Wiener Kongreß, der mit einer Fülle von Lustbarkeiten die Finanzen des österreichischen Kaisers endgültig ruinierte und gleichzeitig den Wiener Kanzler als unerreichten Meister auf seinem ureigensten Gebiet zeigte: dem des diplomatischen Manövers, der Intrige. Sein erstes Ziel war, Preußen und Russen gegeneinander auszuspielen, indem er Preußen Sachsen versprach, wenn es sich gegen Alexanders Polen-Pläne wenden würde. Am Widerstand des preußischen Königs – nicht an dem seines Kanzlers! – scheiterte dieses Spiel. Dann ging er den umgekehrten Weg, indem er die preußischen Sachsen-Pläne ablehnte, sich aber den Anschein gab, als hätte er sich mit Alexanders polnischen Ansprüchen abgefunden. Als auch das nur begrenzte Wirkung zeigte, landete er schließlich genau dort, wohin er seit einem Jahr strebte: bei einer Koalition mit Frankreich – jetzt unter der

Leitung seines Geistesverwandten Talleyrand –, in die er so weit wie möglich England hineinzuziehen suchte. Der Zerfall der großen Koalition schien vor der Tür zu stehen.

Nach außen war noch alles Trubel und Heiterkeit. Der Kongreß tanzte noch, der Zar und der österreichische Kanzler rivalisierten nicht nur auf dem diplomatischen Parkett, sondern auch darum, wer von ihnen die meisten Schönen in Chambre separée ziehen konnte. Aus den unzähligen Geschichten, die die Agenten der österreichischen Geheimpolizei in diesen Monaten über die Vergnügungen der höchsten Herren sammelten, ein paar Kostproben:

> »Beim Super bei Karl Zichy haben der Zar und die Gräfin Wrbna-Kageneck darüber diskutiert, ob ein Mann oder eine Frau längere Zeit brauchten, um Toilette zu machen. Um das herauszufinden, haben sie gewettet und sich zurückgezogen, um sich auszuziehen. Die Gräfin Wrbna hat die Wette gewonnen.«[151]

Rivalen in Wiener Betten

Alexanders Favoritin blieb freilich die Fürstin Bagration, Ex-Gattin eines seiner prominentesten Marschälle, die leider auch zu den intimen Freundinnen Metternichs gehörte. Sie residierte für die Dauer des Kongresses im rechten Flügel des Palais Palm. Aber auch, wenn er den linken Flügel des Palais besuchte, um dort der Herzogin von Sagan seine Verehrung zu bekunden, begab er sich in ein Minenfeld. Auch sie war früher Metternichs Geliebte gewesen ...«[152]

Und da krachte es dann eben manchmal. Jedenfalls kann man in einem anderen Polizeibericht vom 14. Oktober lesen:

> »Fürst Metternich sucht sich jetzt über die von der Herzogin von Sagan ihm zugefügten Mißhandlungen zu zerstreuen, ist gestern abends gar nicht mehr bey ihr gewesen, und macht anhaltend der Julie Zichy den Hof; jedermann, dem das Wohl der Monarchie am Herzen liegt, freut sich darüber, weil niemand so intrigant als die Herzogin ist und ihn so viel Zeit verlieren gemacht hat. Er war wirklich das Gelächter aller jungen Leute ... «[153]

Etwas anders müssen die Dinge bei der Fürstin Bagration gelegen haben, denn über sie weiß die Polizei:

»Die Fürstin Bagration, um sich der Vernachlässigung wegen an Metternich zu rächen, erzählt alles, was sie weiß, und nur je gehört hat, und was gegen Österreich ist, theils dem Kaiser Alexander selbst, teils an La Harpe ... Anstetten, Nesselrode. Sie scheut sich nicht, unausgesetzt vor allen Österreichern alle Horreurs über Wien zu erzählen.«[154]

Ungefährlich waren die Amüsements für die hohen Herren also nicht, aber vielleicht gingen die gar nicht so weit, wie sie selbst die Umwelt glauben machen wollten. Denn der gleiche Agent meldet zwei Tage später:

»Kaiser Alexander ist noch immer am meisten beschäftigt von der Eszterházy-Roisin, der Sophie Zichy, der Fürstin Gabriele Auersperg ... Die ersten beiden Frauen sehen dies für einen wahren Triumph an und glauben ihn ernstlich in sich verliebt. Alle übrigen bemerken aber gar zu sehr, daß es dem Kaiser Alexander nur – so wie in Frankfurt und an allen Orten – um Koketterie zu tun ist ...«

Ein leichter Spott ist unüberhörbar, aber mit Vergnügen wird auch über seinen politischen Rivalen abträgliches berichtet. Etwa dies:

»Die Preußen ... ziehen unser Ministerium sehr ins Lächerliche.« Sie sagen: »Metternich weiß vor Liebe und beleidigter Eitelkeit sich nicht zu fassen. Er verliert jeden Vormittag, indem er nie vor 10 Uhr früh das Bett verläßt, und, kaum angezogen, zur Sagan seufzen geht, 5 bis 6 Stunden, behält kaum soviel Zeit, um unter 40 Menschen, die jeden Tag ihn zu sprechen haben, kaum 3 bis 4 vorzulassen ... Dennoch ist er voll Überzeugung, die Welt zu regieren, wie er vor 4 Jahren in Paris den ewigen Frieden zu machen den Irrwahn hatte.«[155]

Gneisenau von seiner höheren Warte findet – in einem Brief an Clausewitz vom 12. Dezember 1814 – das Wiener »gesellschaftliche Treiben des hohen Zweckes unwürdig«, wegen dessen man sich versammelt hat:

»So wie bei dem Beitritt Österreichs zur Coalition wohltätig, so wirken hier entzweiend die Huren, und es sind darüber hier die ärgerlichsten Anecdoten im Umlauf. Um Metternich seinerseits wieder zu ärgern, hat der Kaiser Alexander dessen Geliebte gezwungen, ihm zu entsagen und dessen Nebenbuhler, den Fürsten von Windisch-Graetz, in ihre (letzte?) Gunst einzusetzen. Man wird an der Vorsehung irre, wenn man sieht, welcher Mittel und Personen sie sich bedient, um die Welt zu verwirren, zu versöhnen und zu retten.«

Vielleicht trugen solche Rivalitäten und Frivolitäten hinter den Kulissen dazu bei, daß es auch in der Politik blutiger Ernst zu werden schien. Das frustrierte Preußen des durchaus nicht auf Amouren erpichten Friedrich Wilhelm drohte verhüllt mit Krieg und konnte sich durch den Zaren gedeckt fühlen, Metternich schloß mit Talleyrand und Castlereagh ein Militärbündnis gegen die preußisch-russische Koalition. Beide Seiten begannen mit dem Aufmarsch ihrer Armeen. Wenn die Sache dennoch friedlich ausging, dann deshalb, weil im Grunde alle blufften und keiner einen Krieg wollte – am wenigsten Castlereagh. In seinem Portefeuille hatte er einen Brief seines Premierministers, in dem jeder Krieg wegen der vorliegenden Streitereien als unsinnig bezeichnet wurde. Er hielt ihn sorgsam geheim. Aber er trug dann das meiste dazu bei, daß – noch bevor die Nachricht von Napoleons Flucht aus Elba eintraf – jener Kompromiß gefunden wurde, der dem Kontinent einen Rahmen für mehr als ein halbes Jahrhundert gab.

Seine Grundzüge waren, daß Alexander zwar den weitaus größten Teil Polens unter seinem Zepter halten konnte, aber die wichtigsten preußischen Gewinne aus der zweiten polnischen Teilung – Thorn, Posen und Gnesen – Friedrich Wilhelm überließ. Worauf sich Preußen mit zwei Fünftel von Sachsen, Schwedisch-Vorpommern, großen linksrheinischen Gebieten und Westfalen zufriedengab – Gewinnen, mit denen es nun eindeutig die dominierende Macht im deutschen Norden geworden war. Österreich konnte durchsetzen, daß der größere Teil Sachsens als seine Barriere gegen Preußen erhalten blieb und bekam zusätzlich von Alexander den polnischen Distrikt um Tarnopol mit 400000 Menschen. Englands Rolle als erste See- und Kolonialmacht der Welt war unerschütterlich geworden – es verlangte und bekam zu allem anderen noch ein Protektorat über Korfu und die Jonischen Inseln.

Talleyrands Hoffnung, daß er Frankreich dank des Zwistes im Lager der Verbündeten schnell wieder zu einer Spitzenstellung verhelfen könnte, wurde von Napoleon zerschlagen. Am 6. März erschütterte den Kongreß die Nachricht, daß der Korse von Elba entkommen war – der Krieg begann von neuem. Im Triumph zog der Ex-Kaiser wieder in Paris ein, wo eben noch Alexander und Friedrich

Wilhelm geglänzt hatten. Unter den Akten, die er in den Tuilerien fand, entdeckte er auch die Urkunde jenes Vertrages, in dem sich am 3. Januar Österreich, Frankreich und England gegen Rußland und Preußen verbündet hatten. Sofort schickte er sie nach Wien zu Alexander. Doch auch jetzt zeigte sich der Zar seinem großen Gegner politisch überlegen. Vor den Augen Metternichs und Steins warf er sie ins Feuer.[156]

Zwei große Fragen gaben die Männer des Jahrhundert-Anfangs ungelöst, scheingelöst, an spätere Generationen weiter: die deutsche und die polnische. Jene deutschen Patrioten, deren Mut, Inspiration, Blut und Opfer die Befreiung vor allem ermöglicht hatten, waren von den Fürsten, den dynastischen Ligitimitäts-Aposteln und Gleichgewichts-Konstrukteuren betrogen worden:

> »Ich habe nur ein Vaterland, und das heißt Deutschland«, hatte der Freiherr vom Stein im Dezember 1812 geschrieben, »und da ich nach alter Verfassung nur ihm und keinem besonderen Teil desselben angehöre, so bin ich auch nur ihm und nicht einem Teil desselben von ganzer Seele ergeben. Mir sind die Dynastien in diesem Augenblick der großen Entwicklung vollkommen gleichgültig, mein Wunsch ist, daß Deutschland groß und stark werde, um seine Selbständigkeit und Unabhängigkeit wiederzuerlangen und zu behaupten in seiner Lage zwischen Frankreich und Rußland.«[157]

Man sage nicht, daß er seiner Zeit voraus gewesen wäre – die Dynastien hinkten hinterher.

Und sie sorgten dafür, daß in der Bundesakte des Wiener Kongresses das geteilte Deutschland verewigt wurde. Wohl gründet man – anstelle des früheren Heiligen Römischen Reiches Deutscher Nation – einen Deutschen Bund unter Österreichs Leitung. Aber er besteht aus 35 souveränen Fürstentümern und vier freien Städten, deren »Unabhängigkeit und Unverletzbarkeit« er schützen soll. Wohl soll die Souveränität der Gliedstaaten nur gegenüber ihren Untertanen gelten, nicht gegenüber dem Bund, aus dem sie nicht austreten dürfen und dessen Mehrheitsbeschlüsse bindend sind. Aber die wichtigsten Artikel dieser Bundesakte werden in die Schlußakte des Wiener Kongresses aufgenommen, unterliegen damit der Garantie der Signatarmächte, und diese wird künftig – nicht selten auf Betreiben der einzelnen Mitglieder des Deutschen Bundes – zur Legitimation von Interventionen in die deutschen Angelegenheiten benutzt werden.

Deutlich spiegelt diese Schlußakte den Konflikt zwischen Volk und Dynastien wider. Es ist ein Konflikt um die Einigung Deutschlands, der um die Jahrhundertmitte offen ausbricht.

Ein Konflikt, der schließlich nicht zuletzt unter dem Eindruck der polnischen Dauerkrise gelöst und entschieden wird. Alexander hatte sie vorbereitet mit einer Halblösung, die dem Widerstreit zwischen seinem Idealismus und seinem praktischen politischen Verstand entsprach. Er bot den Polen gleichzeitig zu wenig und zu viel. Was er den polnischen Offizieren in Paris gesagt hatte, entsprach nicht im geringsten den Gefühlen seiner Nation. Er selbst hatte schon im Januar 1813 den Fürsten Adam Czartoryski warnend darauf hingewiesen. »Die Art, wie sich die polnische Armee bei uns aufgeführt hat«, schrieb er ihm, »die Verwüstung von Smolensk, von Moskau, die Verheerung des ganzen Landes hat den alten Haß neu belebt.« Und im russischen Hauptquartier war jedermann – so sagte der Chefdiplomat Nesselrode im April 1813 zum Unterhändler Metternichs – Alexanders Polen-Plänen »feindlich gesinnt«.

> »Nichts könnte unpopulärer sein. Die Polen haben sich schlecht bei uns aufgeführt, und der Nationalhaß gegen sie spricht sich stärker aus denn je ... Der Zar hätte es gar nicht wagen dürfen, nach Petersburg zurückzukommen, ohne bei der Nation die bittersten Vorwürfe darüber zu hören, daß er so viele Opfer von ihr verlangt habe zugunsten der Polen, die sie verabscheut.«[158]

So gründete der Zar nun zwar das ehemalige napoleonische »Herzogtum Warschau« als Königreich in Personalunion mit dem Träger der Zarenkrone, und er gab ihm auch manche Vergünstigung: eine weitgehende Autonomie, eine eigene liberale Verfassung, Verwaltung und Armee. Aber an die Spitze der Armee setzte er den Großfürsten Konstantin, der mit den polnischen Offizieren und Mannschaften nicht anders umging als mit russischen Bauern. Und dieses ganze Polen hatte nur 3,2 Millionen Menschen, ihm fehlten alle Gebiete, die bei den Teilungen an Rußland gegangen waren, ihm fehlten auch Tarnopol, Krakau, Galizien, Posen und Thorn. Weder mit diesen Grenzen noch mit dem russischen Oberkommandierenden und der Zarenkrone konnte sich jenes polnische Nationalgefühl zufrieden geben, dem der Zar zu schmeicheln begonnen hatte. Und die blutigen Aufstände, die es entfachte, wurden später zu Pflastersteinen auf Bismarcks Weg.

VII. Ein Zar öffnet die Tür zur deutschen Einheit

Es war damals ebenso wie heute: niemand in ganz Europa wollte sie wirklich; und in Deutschland selbst wollten sie natürlich auch nicht etwa die regierenden Häuser – mit Ausnahme des preußischen –, sondern nur die Untertanen. Alle Aufrufe der deutschen Patrioten zur Reichseinigung mußten Rhetorik bleiben, solange sie auf zwei Tatsachen prallten, die den Weg versperrten wie Eisenriegel: das Interesse Österreichs und das Interesse der außerdeutschen Mächte in West, Ost und Nord.

Österreich war immer noch die einflußreichste Macht im machtlosen Deutschen Bund, den der Wiener Kongreß zurückgelassen hatte. Selbst zu schwach, um die Deutschen zu einigen, sah sich die habsburgische Monarchie doch auf den politischen Rückhalt im deutschen Raum angewiesen, und in jedem, der die Energien dieses Raumes bündeln, ihn selbst in die Hand bekommen und sie daraus verdrängen wollte, mußte sie ihren Feind sehen. Im Kaiserreich an der Donau machten die Deutschen höchstens zwanzig Prozent der Gesamtbevölkerung aus. Dennoch waren sie von Prag und Lemberg bis nach Ragusa, vom Gardasee bis nach Siebenbürgen die integrierende, kulturschaffende und kulturverbreitende Schicht – in mancher Hinsicht die Römer des modernen Europa.

Je stärker aber die nationalistischen Strömungen bei West- und Südslawen, Italienern und Ungarn wurden, desto schwieriger wurde die Rolle der Habsburger. Auf die Dauer konnte Wien sich nur behaupten, wenn es im Blick auf Tradition, Prestige, politische Autorität, Handel, Finanzen und Binnenwanderungen im deutschen Raum ein Reservoir hatte. In gewissem Sinn drängte die Wiener Politik auf eine »Germanisierung« der Donaumonarchie. Das war ein durchaus verständliches österreichisches Interesse, und auch nördlich der Main-Linie fanden »großdeutsch« Gesinnte daran Gefallen. Aber wenn eine Befriedung des Habsburger Reiches erforderte, daß zwischen Bodensee und Königsberg, zwischen Bremen und Breslau das Entstehen eines kraftvollen deutschen Großstaates verhindert wurde, dann kam das letztendlich einem konkreten deutschen Interesse und praktischer deutscher Politik – eben der Bismarck-Politik – sehr in die Quere.

Wohl aber verband es sich vortrefflich mit den Interessen aller deutschen Nachbarn. Den Nationalismus der Piemontesen, der zum italienischen Einheitsstaat führte, konnten Frankreich und England fördern und Rußland hinnehmen, denn seine politische und militärische Kraft konnten sie berechnen. Die Möglichkeit einer Bündelung der deutschen Kraftquellen aber fürchteten sie seit je – eben deshalb hatte ja Richelieu im 17. Jahrhundert den deutschen Religionskrieg zum Dreißigjährigen Krieg werden lassen, der Deutschland in dreihundert Teilchen zersplitterte. Aber es war nicht nur Frankreich, das sich jedem deutschen Einheitsstreben in den Weg stellte. Auch England konnte an einem Großstaat wenig gelegen sein, und auch nicht Rußland. Zwar hatte Alexander I. mit einem Höchstmaß von Energie und Opfern die französische Herrschaft in Deutschland beseitigen helfen und einem Preußen in den Sattel geholfen, das stärker war denn je. Aber weder er noch sein Nachfolger wünschten, daß Preußen ganz Deutschland beherrschte. Zwar dachten sie nicht an Gebietserwerb auf Deutschlands Kosten, wie das beständig der Nachbar links des Rheines tat. Aber bei den innerdeutschen Streitereien wollten sie durchaus ein Wörtchen mitzureden haben, nicht zuletzt, weil das Zarenhaus mit sechs deutschen Fürstenhäusern eng verwandt war, vor allem aber natürlich, um die Bildung eines deutschen Giganten zu verhindern, der sowohl übermächtig wie unfreundlich werden konnte.

Zum ersten Mal hatte Preußen die russische Eifersucht im April 1848 zu spüren bekommen, als es einem neuen dänischen Anschlag auf Schleswig-Holstein mit bewaffneter Macht und einem Einmarsch in Jütland begegnen wollte. Russische Drohungen und ein russisch-französisches Einverständnis hatten es zu einem enttäuschenden Waffenstillstand und Frieden gezwungen. Schwerwiegender war der preußisch-österreichische Konflikt um Deutschland im Jahr 1850. Berlin hatte den Wind der revolutionären Bewegung im Deutschen Bund in seine Segel zu lenken versucht, um Österreich aus Deutschland herauszudrängen. Als sich Wien mit aller Macht dagegenstämmte, sah sich Rußland auf den Plan gerufen. Es war seine alte Politik, Spannungen zwischen Wien und Berlin zu mildern, die Balance zu regulieren. Jetzt war nicht nur dieses innerdeutsche Gleichgewicht schwer bedroht – Zar Nikolaus, Hauptverfechter des monarchisch-legitimistischen Prinzips, meinte im Gefolge der liberalnationalen Erregung in Berlin auch das ganze Deutschland in einen revolutionären Strudel geführt zu sehen. So hatte er sich in die Rolle des Schiedsrichters begeben und sich auf die österreichische Seite gestellt – nicht so weit, wie man in Wien gern wollte, aber deutlich genug, um im November 1850 jenen Vertrag von Ölmütz zu erzwingen, der Österreichs Interessen wahrte. Es war ein Vertrag, den das ganze liberale Preußen als »Unterwerfung« empfand, mochte er auch den Instinkten des preußischen Königs im Grunde entsprechen; Zeugnis eines russischen Einflusses in Deutschland, den auch konservative Preußen als drückend empfanden. Soviel war klar geworden: Preußen konnte eine deutsche Einigung nicht gegen Österreich erzwingen, wenn dieses von beiden europäischen Flügelmächten, von Frankreich wie von Rußland, gestützt wurde. Wenn es eine Hoffnung für die deutsche Einigung geben sollte, dann mußte sich zuvor die Interessenlage Rußlands ändern.

Rußlands Drang zum südlichen Meer

Die Änderung kam herauf im Gefolge einer europäischen Uralt-Krise, die bis heute nicht aus der Hexenküche der Großmacht-Politik verschwunden ist, die immer wieder unterschiedliche Intensität aufweist und in jedem halben Jahrhundert ein neues Gewand trägt, im Kern aber ein immer nur leicht variierendes Thema hat: Rußlands Drang nach einem Zugang zu den südlichen Meeren. Es ist ein Anliegen von unerhörter Bedeutung, denn Rußlands zentrales Problem ist die Abgeschlossenheit vom internationalen Verkehr. Unter rein defensivem Aspekt kann sie ein Vorteil sein, denn sie macht das Land schwer angreifbar. Aber weit schwerer wiegt der Nachteil, den der fehlende Austausch mit der Umwelt auf allen Gebieten mit sich bringt. Vom Süden und den südlichen Gewässern war die russische Phantasie seit je fasziniert. Konstantinopel war ja etwas wie die geistige Heimat der Russen. Von dort hatten sie ihr Christentum übernommen, sie fühlten sich als die Erben von Byzanz, als das »Dritte Rom«. »Siehe und merke«, hatte schon im Jahre 1510 der Pleskauer Mönch Philotej dem Moskauer Großfürsten Wassilij geschrieben, »wie alle christlichen Zartümer sich in dem Deinen vereinen, wie zwei Rom fielen, aber das dritte steht, und ein viertes wird es nicht geben.« Das zweite, das von Moskau beerbte Rom – Konstantinopel und sein Umfeld also – bewachte auch den Eingang zum Schwarzen Meer. Und ins Schwarze Meer münden alle großen russischen Ströme, mündet der größte Teil des russischen Handels. Konstantinopel, so suchte ein Zar nach dem anderen die westlichen Mächte zu erinnern, »ist der Schlüssel zu meiner Haustür«.

Aber im Grunde war Konstantinopel nur eine Metapher, wenn auch eine mit ungeheurer Wirkung auf das tiefreligiöse russische Gemüt. Es konnte ja nicht isoliert in russische Hand gebracht werden. Konstantinopel stand für den Balkan, zumindest für dessen südöstlichen Teil, für eine Gegend Europas, die sich die Russen im Strom der romantischen Phantasien der ersten Jahrhunderthälfte als bevölkert von brüderlichen Slawen vorstellten, die unter dem Joch des türkischen Halbmondes seufzten und um Befreiung durch das christliche Rußland flehten. In einer für Rußland ebenso wie für Amerika typischen Art verbanden sich missionarische Ideen mit äußerst praktischen, der direkte Zugang zum Mittelmeer mit dem christlichen Kreuz über der Hagia Sophia, die Befreiung der Balkan-Slawen mit der Sicherung der Dardanellen, ja mit dem Vorstoß zur südlichen Adria. Nur kam Rußland mit seinem Stoß in Richtung auf die Ausgänge des Schwarzen Meeres den Briten in die Quere, die sich ewig um die Kontrolle des östlichen Mittelmeeres und der Landbrücke zum indischen Ozean sorgten und überdies argwöhnisch das russische Vordringen über den Kaukasus in Richtung auf den Persischen Golf verfolgten. Und leider lagen auf dem russischen Weg nach Konstantinopel auch die Mündungen der Donau. Die war aber das einigende Band und die wichtigste Handelsarterie der habsburgischen Monarchie.

Aus dieser doppelten Rivalität entstand die große Orientkrise, die das beherrschende Element aller politischen Konstellationen in der zweiten Hälfte des 19. Jahrhunderts wurde. Es war diese Krise, die schließlich den ersten Riegel auf dem Wege zur deutschen Einigung sprengte. Ihre Stationen möchten wir gerade deshalb näher beleuchten, weil die Deutschen im zwanzigsten Jahrhundert von Wilhelm II. bis zur Bonner Politik immer wieder gezeigt haben, wie fern, unzugänglich und nebensächlich ihnen die Problematik dieser Region erscheint, die doch in Wirklichkeit bestimmend für ihr Schicksal war und bleibt.

Die Krise war am europäischen Horizont wie ein erstes Wetterleuchten schon in jenem Jahre 1771 aufgetaucht, das zum ersten Mal ein österreichisch-türkisches Bündnis gegen das Vordringen der großen Katharina an der Küste des Schwarzen Meeres gesehen hatte. Der

Blitzableiter wurde Polen. In den Arrangements, die Rußland, Österreich und Preußen bei der ersten Teilung fanden, hatte sich der russisch-österreichische Gegensatz auf dem Balkan fürs erste aufgelöst. Aber immerhin brachte der Friede von Kütschük-Kainardsche, den Rußland 1774 mit der Türkei schloß, folgenreiche Veränderungen. Er gab Rußland neben manch anderem die Schwarzmeerküste bis zum Dnjepr, die freie Handelsschiffahrt im ganzen Schwarzen Meer und in den Meerengen, vor allem das Recht, zu Gunsten der Griechisch-Orthodoxen Kirche und ihrer Gläubigen im osmanischen Imperium beim Sultan Vorstellungen zu erheben. Die Pforte versprach, solchen Vorstellungen »angemessene Berücksichtigung« zu geben. Es war eine Kautschukformulierung, die ein russisches Interventionsrecht im türkischen Reich mit unabsehbaren Konsequenzen herstellen sollte. Auf der Basis dieses Vertrages begann Rußland, die Kontrolle des nahöstlichen Riesenreiches anzustreben.

Vielleicht kam die russische Faszination von Konstantinopel und dem südlichen Balkan nie besser zum Ausdruck als in jenem »griechischen Plan«, den die Zarin vor ihrem zweiten Türkenkrieg entwikkelte, jenem, der der zweiten Teilung Polens vorausging. Aus den Resten des ottomanischen Imperiums, das sie zu zerschlagen beabsichtigte, wollte sie ein neugriechisches Kaisertum bilden – mit ihrem Enkel Konstantin als Kaiser in Konstantinopel. Die Idee schien am Petersburger Hof so bedeutend, daß der Sprößling bereits eine griechische Erziehung genoß und mit griechischen Spielgefährten umgeben wurde. Sie scheiterte – wir sprachen in einem anderen Kapitel davon – schließlich am Widerstand der anderen europäischen Mächte. 1792 gab sich Katharina schließlich im Frieden von Jassy mit relativ bescheidenen Gewinnen zufrieden. Noch blieben Österreichs Nervenzentren auf dem Balkan – die Fürstentümer Moldau und Walachei mit den Donaumündungen – ausgespart. Aber so groß waren die militärischen Siege ihrer Armeen gewesen, daß an Rußlands Dominanz an der Schwarzmeerküste kaum noch ein Zweifel aufkommen konnte. Neue Städte, neue Handelszentren wurden gegründet, die aufs Mittelmeer blickten – beispielsweise Odessa. Langsam rückten Österreich und Rußland auf dem Balkan näher zusammen.

Unter Alexander I., Katharinas Enkel, kommt der Konflikt offen zum Ausbruch. Napoleon sitzt diesem Zaren an der Kehle. Wie kaum ein Herrscher vor ihm muß er um Rußlands Überleben kämpfen. Dennoch vergißt er das südliche Meer keinen Augenblick. Auf jenem

Floß am Njemen, auf dem ihm der französische Kaiser 1807 die Teilung der Welt anbietet, fordert er Konstantinopel und die Dardanellen für seine Zone. Hätte Napoleon zugestimmt – wer weiß, wie die Geschichte dann verlaufen wäre. Aber der Herrscher des Westens lehnt ab. »Die Dardanellen, Konstantinopel« – so soll er gesagt haben – »das würde die Weltherrschaft bedeuten.« Ein Jahr später wird in Petersburg zwischen Außenminister Rumjanzew und Caulaincourt, Napoleons Botschafter, das Thema noch einmal erörtert, mit dem gleichen Ergebnis. Aber als dann Napoleon niedergerungen ist, hat Alexander die Hände frei. Die neugewonnene Vormachtstellung in Europa lenkt die Russen nicht vom Süden ab, sie verstärkt vielmehr den russischen Druck auf das ottomanische Imperium. Es ist dieser Druck, der die »Heilige Allianz« unterhöhlt, jenes sonderbare, nach dem Ende des Wiener Kongresses geschlossene Vertragswerk, das von Alexander idealistisch, religiös und moralisch gemeint war und von Metternich zum Werkzeug der Restauration, der Erhaltung alles Bestehenden umgeschmiedet wird. Metternich hat dabei nicht zuletzt die Struktur des osmanischen Imperiums im Auge, das gerade noch eine Schranke vor dem russischen Expansionismus ist, aber nicht mehr stark genug, um Österreichs Balkan-Interessen zu gefährden. Aber gerade sie wird noch von Alexander im Kern getroffen. Als der Zar 1825 stirbt, liegt die Heilige Allianz schon in den letzten Zügen.

Die große orientalische Krise

Denn mit der griechischen Revolution von 1821 gegen die türkische Herrschaft beginnt die erste Phase der großen Orient-Krise. Sie war zum Teil von den neuen Ideen aus Frankreich beflügelt – eben jenen Ideen, die Metternich mit soviel Verbissenheit zu ersticken suchte –, aber an ihrem Ausbruch war Rußland entscheidend mitbeteiligt. Der Frieden von Kütschük-Kainardsche hatte ja Rußland zum Protektor der griechisch-orthodoxen Kirche im osmanischen Imperium gemacht, und so war das neue russische Odessa zum Zentrum der griechischen Konspiration gegen die türkische Herrschaft geworden. Die Griechen aber waren nicht irgendwer im osmanischen Reich. Ihre Kaufmannsaristokratie aus dem Griechenviertel Phanaris in Konstantinopel hatte wesentlichen Einfluß auf Wirtschaft, Handel und Verwaltung der ganzen Türkei erhalten, sie hatten eine führende Stellung auf der ganzen Balkan-Halbinsel. Wenn sie sich erhoben, dann rührten sie an den Grundlagen des osmanischen Reiches, bedrohten dessen ganzes Gefüge; und dafür, daß sie sich erhoben, sorgten jene halb geheimen griechischen Gesellschaften, die in Rußland unter Protektion höchster Kreise arbeiteten. Es gab viele Griechen mit hohem Rang am Petersburger Hof, die eifrig für die Sache ihres Vaterlandes warben. Einer davon war der stellvertretende Außenminister Kapodistrias, ein anderer der russische Generalmajor und Adjutant des Zaren, Alexander Ypsilanti, der im März 1821 an der Spitze einer bunten Truppe im rumänischen Jassy die griechische Revolution ausrief.

Es machte nicht viel, daß Ypsilanti zunächst von den Türken geschlagen und, nachdem er auf österreichisches Gebiet ausgewichen war, vom wütenden Metternich für Jahre festgesetzt wurde. Denn nun bewegte ein Rad das andere. Griechen-Massaker in Konstantinopel und auf dem Peloponnes brachten die öffentliche Meinung in ganz Europa, besonders aber in Rußland in Wallung. Der Zar muß ihr Rechnung tragen, ebenso die britische Regierung. Am liebsten würde man sich in London, in Wien und Paris auf die Seite der Türken schlagen. Aber die Begeisterung der Öffentlichkeit für die Sache der griechischen Rebellen macht das ganz unmöglich, und so entscheidet man sich im Westen dafür, mit den Russen gemeinsame Sache zu machen, um sie auf diese Weise um so besser kontrollieren zu können. Man einigt sich auf eine griechische Autonomie unter der Herrschaft des Sultans.

Es hilft den Westmächten nicht viel. Die Abrede läßt dem Zaren freie Hand auf dem Balkan. In ultimativer Form fordert Nikolaus I., Alexanders Nachfolger, 1826 den Sultan auf, seine Armeen aus den Donaufürstentümern zurückzuziehen, wohin er sie gesandt hatte, um Ypsilantis griechische Truppe zu schlagen. Dazu soll er Serbien – jenem Serbien, das vor Österreichs Haustür liegt! – eine Autonomie gewähren, die Rußland schon 1812 verlangt hatte, überdies Rußland in Serbien besondere Privilegien zugestehen wie auch weitere Gebiete am Kaukasus abtreten. Der Sultan, innen- wie außenpolitisch in einem Augenblick größter Schwäche, muß alle Forderungen in der Konvention von Akkermann vom Oktober 1826 gewähren. Ohne damit seinen Schwierigkeiten zu entrinnen.

Denn ägyptische Hilfstruppen, die er 1824 in den Peloponnes eingeladen hat, um den griechischen Aufstand endgültig zu erstikken, wüten dort so barbarisch, daß keine europäische Regierung dem Massaker länger zusehen kann. Aus unterschiedlichen Gründen ziehen sie jetzt alle ihre Flotten im östlichen Mittelmeer zusammen, teils, um die griechische Autonomie durchzusetzen, teils, weil Briten und Franzosen die Russen im Auge behalten wollen, insgesamt, um der Gegend Stabilität zurückzugeben. Und erreichen das Gegenteil. In der Bucht von Navarino, wo am 20. Oktober 1827 die türkische Flotte mit der britisch-russisch-französischen zusammentrifft, wollen Briten und Franzosen nur schlichten, um keinen Preis die Türken ernstlich schädigen. Aber gerade ein Mißverständnis zwischen britischen und türkischen Seeleuten ist es, das einen Kugelwechsel und die letzte große Seeschlacht zwischen Abendländern und Türken auslöst. In vier Stunden ist die ganze türkisch-ägyptische Flotte versenkt. Die Nachricht wird in London und Wien mit Entsetzen, in Petersburg mit Freudenfeiern aufgenommen. Denn nun ist die Türkei endgültig destabilisiert.

Irgendwie muß der Sultan auf Navarino reagieren, und er türmt einen Fehler auf den anderen: Er widerruft die Konvention von Akkerman und provoziert damit Rußland zum Krieg. Der wird nicht gerade, wie manche in Petersburg gehofft hatten, zu einem militärischen Spaziergang für die Russen. Aber nach hartem Kampf erobern sie südlich des Kaukasus Kars und Ardahan, auf dem Balkan aber Adrianopel – das Tor zu Konstantinopel. Die Stadt, die glänzenden Kuppeln, die Wasserstraßen, denen so lange das russische Sehen gegolten hat, liegen in Reichweite. Aber im Angesicht des großen Preises stockt den Russen das Herz. War das die Weltherrschaft, von der Napoleon gesprochen hatte? Wenn ja, wenn sie zugriffen, dann würde das mit an Sicherheit grenzender Wahrscheinlichkeit Krieg mit England, Frankreich, vielleicht auch mit Österreich zur Folge haben. Ein Risiko, das sie nicht eingehen wollten. Weniger gefährlich schien ein anderes, ein neues strategisches Ziel: Nicht mehr Landgewinne sollten es in erster Linie sein, sondern der Versuch, im Verlauf des allmählichen türkischen Zerfalls indirekte Kontrolle über das ganze osmanische Imperium zu erlangen.

Eine Reihe scheinbar zweitrangiger oder zweideutiger Bestimmungen legt sozusagen ein Netz um die Handlungsfreiheit des Sultans. Im Vertrag von Adrianopel des Jahres 1829 muß er die Konvention von Akkerman wieder anerkennen. Rußland erhält ein zeitlich befristetes Protektorat über die Fürstentümer Moldau und Walachei, die aber gleichzeitig weiterhin türkischer Oberhoheit unterstehen sollen. Es verschafft sich den wichtigsten Teil des Donau-Deltas – etwas, was Österreich nie und nimmer auf die Dauer zugestehen wird. Griechenland wird, in Übereinstimmung mit den Westmächten, ein autonomer Staat. Dazu kommen weitere Freiheiten für die Serben und Handelsvorteile für Rußland. Insgesamt sollen die Klauseln, wie es in einem geheimen russischen Rundschreiben des Jahres 1830 heißt, der türkischen Regierung klarmachen, daß sie künftig nur eine vom guten Willen des Zaren abhängige Existenz führen kann.[1]

Und das ist eine Prognose, die sich bald als wahr zu erweisen scheint. Denn in dem zerbrechlich gewordenen Osmanen-Reich rebelliert der Statthalter Ägyptens gegen die Herrschaft des Sultans – er fühlt sich schlecht entlohnt für die Massaker, die er im türkischen Auftrag in Griechenland verübt hat. Und er verfügt über die besten Truppen des Imperiums. Über Syrien und Anatolien marschiert er auf Konstantinopel. Der Sultan kann im Moment weder Hilfe bei England noch bei Frankreich finden, die alle beide anders beschäftigt sind, und sieht Rettung nur in einem Appell an den Zaren – »ein Ertrinkender greift in seiner Verzweiflung nach einer Schlange!«, soll er dabei gerufen haben.[2] Hilfe bekommt er, aber gegen einen Preis: 1833 muß er jenen Vertrag von Hunkar-Iskelesi mit dem Zaren schließen, der den Höhepunkt des russischen Einflusses im Nahen Osten markiert.

Der Vertrag sieht vor, daß jeder Partner die Gebiete des anderen beschützen und im Falle einer Aggression dem anderen Beistand leisten soll. Angesichts der Machtverhältnisse kann das nur bedeuten, daß Rußland zur Schutzmacht der Türkei aufsteigt. Ein Geheimartikel, von dem man, wie das so ist, in London schon wenige Tage später erfährt, enthält außerdem die Bestimmung, daß die Türkei in Kriegszeiten die Dardanellen für Schiffe »fremder« Nationen schließen werde. In London steigen – wie üblich, sobald es sich um Seeherrschaftsfragen handelt – die schwärzesten Befürchtungen auf. Betrifft die Klausel auch die russische Flotte, dann schön und gut. Aber im Kontext des Abkommens kann sie auch bedeuten, daß die russische Flotte in Kriegszeiten durch die Dardanellen ein- und ausfahren kann, während die Wasserstraße anderen Nationen verschlossen bleibt. Und das bedeutet in der Sicht der Briten, daß das Schwarze Meer ein riesiges russisches Hafengewässer für den Ausfall ins östliche Mittelmeer wird. 1835 veröffentlicht die britische Regierung Akten, die darauf hindeuten sollen, daß der Zar Konstantinopel erwerben will.

Die erste Phase der großen orientalischen Krise, die 1821 begann, hatte mit einem bedeutenden russischen Erfolg geendet. Rußlands

Einflußzone auf dem Balkan hatte sich weit ausgedehnt, es war zur Schutzmacht des osmanischen Imperiums aufgerückt. Der russische Botschafter in Konstantinopel war, in den Worten Lord Palmerstons, des immer sprungbereiten Bannerträgers britischer Interessen in jedem Winkel der Erde, »zum Ministerpräsidenten des Sultans« geworden. Lord Aberdeen sprach davon, daß das Gleichgewicht im Orient zu Rußlands Gunsten umgestürzt worden sei. Aber weder England noch Frankreich dachten daran, sich mit Hunkar-Iskelessi abzufinden. Und auch in Wien war man durch konziliante russische Worte über die Zukunft der Donau-Fürstentümer nur vorübergehend zu beruhigen. Die Meinung gewann an Boden, daß die russischen Gewinne Österreich zu einer Macht zweiten Ranges degradierten und daß Rußland die balkanischen Kleinstaaten zu einem Bund unter seiner Führung zusammenschließen wolle. Man sieht, wie weit zurück die Befürchtungen reichen, die später, am Vorabend des Ersten Weltkrieges, eine so unheilvolle Rolle spielen sollten.

»Rußland ein halbes Jahrhundert zurückwerfen«

Von da ab entwickelte sich in London und Wien eine Rußlandfeindlichkeit, die sich in England sogar bis zur Russophobie steigerte und schließlich in die Katastrophe des Krim-Krieges führte. Sie nährte sich nicht allein von den Rivalitäten im Raume Konstantinopel, obwohl sie durchaus hinreichend gewesen wären. Mit Argusaugen verfolgten die Briten gleichzeitig, wie sich in Krieg nach Krieg und Vertrag nach Vertrag die russischen Grenzen an der Kaukasus-Front gegen Persien wie die Türkei über Georgien und Armenien in Richtung auf den persischen Golf verschoben. Und die aufgeregtesten unter ihnen, in erster Linie die Presse, meinten darin eine gigantische russische Zangenbewegung zu erkennen, deren letztes Ziel der indische Ozean und die britischen Reichtümer in der ganzen Region sein würden.

Die Radikalisierung der britischen Denkweise kam jetzt in einem Brief zum Ausdruck, den 1835 Palmerston an seinen Bruder richtete. Der gegenwärtige Außenminister, so schrieb er ihm, sei mindestens ebenso feindlich gegenüber Rußland gestimmt wie er selbst und ebenso entschlossen, die Mittel anzuwenden, über die England verfüge, um Rußlands Vordringen zu stoppen. »In Wirklichkeit ist Rußland ein großer Humbug. Und wenn England es richtig bearbeiten würde, dann könnten wir es in einem einzigen Krieg ein halbes

Jahrhundert zurückwerfen.«[3] Im nächsten Jahrhundert sollte er Schüler finden.

Die englische Gegenoffensive setzte 1839 ein, als der Sultan den Machtkampf mit seinem ägyptischen Vasallen wiederaufnahm. Das Ergebnis der überaus komplizierten Krise, die auch noch ernste britisch-französische Rivalitäten entfachte und am Ende alle europäischen Mächte einbezog, war ein russischer Rückzug. In Petersburg erkannte man die Gefahr der Isolierung vom Rest Europas. Um ihr vorzubeugen, erklärte man sich bereit, den Vertrag von Hunkar-Iskelessi 1841 auslaufen zu lassen. Er wurde durch eine Art europäischer Garantie für den Bestand der Türkei und überdies durch ein europäisches Statut für die Dardanellen ersetzt, das erstmals ihre enorme Bedeutung für die ganze europäische Politik herausstrich.

Danach sollte die Wasserstraße für alle nicht-türkischen Kriegsschiffe verschlossen bleiben, solange die Türkei selbst sich im *Frieden* befand. Das heißt, die Konzentration und Demonstration russsischer Seemacht im östlichen Mittelmeer war damit unterbunden; daß im Kriegsfall die westlichen Flotten im Verein mit der Türkei in der Lage waren, die Dardanellen zu kontrollieren, verstand sich von selbst. Wie sehr sich die Spitze des Status gegen die russischen Interessen richtete, zeigte sich an der Ablehnung des russischen Wunsches, daß die Meerengen auch dann verriegelt werden sollten, wenn die Türkei an einem Krieg beteiligt war. Gemeint war selbstverständlich einer der unzähligen russisch-türkischen Kriege. Ganz unverholen hatten sich jetzt die Westmächte im Falle eines solchen Konfliktes eine Hilfsaktion für den Sultan und einen Angriff auf die russische Südküste vorbehalten. Plötzlich war der russische Einfluß auf die türkische Politik zurückgegangen, Rußlands Hausschlüssel war fester in fremder Hand denn je.

Wenige in Petersburg wollten sich hiermit zufriedengeben. Inzwischen war ja auch die slawophile Bewegung, Vorläuferin der panslawistischen, in Rußland zum Leben erwacht, und es war um diese Zeit, daß der Historiker und Schriftsteller Pogodin schrieb, die Zukunft gehöre den slawischen Völkern, alte Imperien verschwänden und ein neues, russisches werde »vom Stillen Ozean bis zum adriatischen Meer« entstehen. Um die Dinge wieder in Bewegung zu bringen, versuchte die russische Politik, die Briten für den Gedanken einer Teilung der Türkei zu gewinnen. Eine erste Andeutung machte der Zar Nikolaus 1844 bei einem Besuch in London – die britische Diplomatie stellte sich taub. Nikolaus aber war ein frommer, machtbewußter, impulsiver Egozentriker, der unglücklicherweise an seine Überzeugungskraft im persönlichen Gespräch glaubte, obwohl er doch das Gegenteil eines Diplomaten war. 1853 wurde er dann konkreter.

In zwei Gesprächen mit dem britischen Gesandten in Petersburg brachte er Zweifel über die Möglichkeit des Fortbestandes des osmanischen Imperiums vor. »Wir haben es mit einem sehr kranken Mann zu tun«, sagte er ihm. »Es wäre ein großes Unglück, wenn er in diesen Tagen verscheiden würde, insbesondere, wenn nicht vorher alle nötigen Arrangements getroffen würden.« Zu diesen Arrangements sollte ein nunmehr zeitlich unbegrenztes russisches Protektorat über die Donaufürstentümer gehören wie auch eines über Serbien und Bulgarien. England sollte Ägypten und Kreta erhalten. Konstantinopel würde, vorerst zumindest, zum Besitz keiner der Großmächte gehören. »Der Bär stirbt«, sagte der Zar zu dem Gesandten. »Sie können ihm Moschus geben, aber auch Moschus wird ihn nicht am Leben erhalten.« Das wollten die Briten nicht glauben. Der Teilungsvorschlag war nach ihrer Ansicht nur ein Mittel, den Zusammenbruch des türkischen Imperiums zu beschleunigen. Ihre Antwort fiel nicht nur negativ aus; je länger sie darüber nachdachten, desto alarmierender fanden sie den ganzen Gedankengang.

Allerdings hatte sich die Lage bereits durch Aktionen der Pariser Regierung zugespitzt, die nur den Sinn haben konnten, in der nahöstlichen Hexenküche eine große Krise zu präparieren. Napoleon III., Neffe des großen Eroberers, war 1848 an die Spitze Frankreichs getreten und sah die Augen der Nation erwartungsvoll auf sich gerichtet. Er fühlte sich dem Ruhm des Namens verpflichtet. Sein Ziel war das Zerbrechen jenes internationalen Systems und jener Allianzen, die 1815 auf dem Wiener Kongreß geboren worden waren, um Frankreichs Expansionsdrang im Zaum zu halten. Die orientalische Frage schien der französischen Diplomatie den günstigsten Ansatzpunkt dafür zu geben, und der Spalt, an dem sie das Brecheisen ansetzte, waren jahrhundertealte Differenzen zwischen der katholischen und der orthodoxen Kirche über die Rechte beider Konfessionen an den heiligen Stätten in Jerusalem. Sie waren vom 16. Jahrhundert an in Verträgen mit den Schutzpatronen der Religionsgemeinschaften geregelt worden, mit Frankreich und Rußland. Im Laufe des 18. Jahrhunderts war wegen mangelnden französischen Interesses ein Teil der »katholischen« Rechte an die Orthodoxen übergegangen. Jetzt verlangte Frankreich unter massivem militärischem Druck ihre

Rückerstattung, und nach langen Verhandlungen und mit manchem Hintergedanken gab der Sultan Ende 1852 nach.

Aber die Rechte, die er nun den Katholiken verlieh, mußte er den Orthodoxen nehmen, und damit verletzte er Verträge, die er früher mit dem Zaren geschlossen hatte. Es gab im osmanischen Reich zwar eine knappe Million Katholiken, aber noch viel mehr Orthodoxe – 13 Millionen, mehr als ein Drittel der Bevölkerung des Reiches. Unmöglich konnte der Zar, das Oberhaupt der orthodoxen Kirche seines Landes, diese Verschlechterung ihres Status hinnehmen. Er stand unter dem Druck seiner russischen Geistlichkeit, sein Prestige war, wie die französische Diplomatie sehr wohl wußte, in dieser Frage in sehr viel höherem Grade verwickelt als das Napoleons. Wie die Franzosen den Sultan mit Flottendemonstrationen unter Druck gesetzt hatten, so versuchte *er* nun, um eine Revision in Konstantinopel zu erreichen, das gleiche mit Truppenkonzentrationen auf dem Balkan. Und überdies schickte er als seinen Sonderbotschafter den gewichtigen Fürsten Menschikow zur Hohen Pforte.

Der bekam nun allerdings Instruktionen mit auf den Weg, die in Konstantinopel und bald auch in den westlichen Hauptstädten nur Konsternation auslösen konnten. Es ging nicht mehr um die Rechte an den heiligen Stätten. Was Nikolaus jetzt forderte, war ein neues Abkommen, von dem er zwar sagte, daß es nur alle Rechte und Freiheiten bestätigen solle, die der Sultan in früheren Verträgen den Orthodoxen gewährt habe, das aber in Wirklichkeit weit darüber hinausging. Das Ergebnis aller Einzelbestimmungen sollte es allem Anschein nach sein, die orthodoxe Kirche und ihre Gemeinden zu einer Art Staat im Staate zu machen, und zugunsten dieser so gefestigten Gemeinschaft forderte der Zar nun ein permanentes russisches Interventionsrecht. Es hätte, wenn man es gewährt hätte, die Türkei nur noch wenig über den Zustand eines russischen Protektorates hinausragen lassen.

Das Ausmaß dieser Forderungen stand allerdings in einem einzigartigen Mißverhältnis zur tatsächlichen Situation an der Pforte. Denn dort war jener ausländische Diplomat, der »wie ein Ministerpräsident des Sultans« regierte, keinesfalls etwa der russische Gesandte, wie Palmerston einige Jahre früher gesagt hatte, sondern Viscount Stratford, der Vertreter Englands, ein Rußland-Hasser. Einen besseren Partner konnte Napoleon nicht finden. Denn Stratford und den Mitgliedern der Kriegspartei im Londoner Kabinett ging es darum, ein für allemal der Gefahr ein Ende zu setzen, daß das Zarenreich sich früher oder später in den Besitz der Küsten und Völker des kranken Mannes am Bosporus setzen und die Interessen Englands erdrücken könnte. Unter seinem beherrschenden Einfluß lehnte die Pforte nicht nur die russische Ausgangsposition ab, sondern auch alle sehr viel gemäßigteren Wünsche, mit denen Menschikow später einen Kompromiß zustande bringen wollte. Im Mai 1853 blieb dem Abgesandten des Zaren nichts anderes übrig, als plötzlich seine Koffer zu packen. Die Entwicklung rollte auf den Krim-Krieg zu. Es war eine grobe Unvorsichtigkeit des Zaren, die ihn ermöglichte, eine Fehleinschätzung und Unterschätzung fremder Interessen, vor der ihn sein Kanzler Nesselrode immer wieder gewarnt hatte. Aber es war die vorbedachte Politik Englands und Frankreichs, die ihn erzwang. »Ich fühle die fünf Finger des Sultans auf meiner Wange«, sagte Zar Nikolaus, als Menschikow unverrichteter Dinge abreisen mußte, und genau das hatte Stratfort gewollt.

Der Krim-Krieg verändert das Gesicht Europas

Selten war jemals ein Krieg ausgebrochen, der sich so lange vorbereitet hatte, dessen Quellen die Kabinette so gut kannten, den die Staatsmänner und Diplomaten so lange zu beschwören versucht hatten. Es war ein Krieg, der – weit davon entfernt, eine periphere Angelegenheit zu sein – das Gesicht Europas veränderte und Deutschlands Schicksal bestimmen sollte. Und wenn man einige Parallelen zu modernen Problemen richtig zu ziehen weiß, dann ist er auch heute noch von frappierender Aktualität.

Denn jetzt, am Anfang der fünfziger Jahre, waren zu den alten Rivalitäten zwischen London und Petersburg neue gekommen. Im Gefolge der revolutionären Bewegungen von 1848 hatte das konservative Rußland mehrfach in Mitteleuropa interveniert: in Ungarn zu Gunsten der habsburgischen Dynastie, im preußisch-dänischen Krieg, im preußisch-österreichischen Konflikt. Es schien eine Schiedsrichterrolle in Deutschland, eine dominierende Position in Mitteleuropa gewonnen zu haben – im Zusammenhang mit seinem Drang nach Süden eine Stellung und ein Machtanspruch, die England als unerträglich empfand. Zu dem politischen Gegensatz kam das wachsende Bewußtsein der Unterschiedlichkeit der Kulturen und Weltanschauungen. In mancher Hinsicht erinnert der Konflikt an den Ost-West-Gegensatz des 20. Jahrhunderts. Sein Auslöser war der

Orient. Aber im Grunde ging es um Rußlands ganze internationale Position, und dem entsprach die Kreuzzugsstimmung in großen Teilen der britischen Öffentlichkeit und der Wunsch, Rußland nach Asien zurückzuwerfen. Es ging um die ganze Welt, hafteten auch die Augen der Öffentlichkeit im Moment auf Konstantinopel.

Zehn Tage nachdem Menschikow von dort abgereist war, drohte der russische Außenminister mit einer Okkupation der beiden Donau-Fürstentümer, im Juli 1853 erfolgte der russiche Einmarsch. Er war allem Anschein nach nur als Druckmittel gedacht, um die Türkei einer Verständigung in den Religionsfragen geneigter zu machen; der Zar spürte den Zwang, sein Gesicht zu wahren. Aber unvermeidlich reagierten darauf die Westmächte, und zwar mit einer Konzentration ihrer Flotten in der Nähe der Dardanellen. Erschreckt von der Energie der westlichen Antwort, mit der zumindest der Zar nicht gerechnet hatte, und von der Aussicht auf einen großen Krieg, auf den er nicht vorbereitet war, suchten die Russen nach einem diplomatischen Ausweg. Aber Zar Nikolaus war die Einsicht zu spät gekommen, und der kriegslustigen Mehrheit im britischen Kabinett war die Stunde recht. Alle Vermittlungsbemühungen, die in diesem Augenblick vor allem die österreichische Diplomatie noch unternahm, wurden von Viscount Stratford immer wieder zerschlagen. Lord Stanmore, Biograph des damaligen britischen Kriegsministers Sidney Herbert, schilderte die verbliebenen Differenzen zwischen den Westmächten und Rußland als gering und »hauptsächlich von der Art, daß sie durch Verhandlungen und Diskussionen beseitigt werden konnten ... Kaum jemand wird noch behaupten wollen, daß die Verhandlungen wegen unvereinbarer Positionen scheiterten. Sie wurden beendet, weil die Westmächte sich bereits zum Krieg entschlossen hatten, falls sich Rußland nicht absolut und bedingungslos unterwerfen würde«.[4]

Die Stimmung der Radikalen in der Londoner Führung schlug sich in einem Memorandum nieder, das Palmerston im März 1854 dem britischen Kabinett unterbreitete. Als sein »Ideal der Kriegsergebnisse« bezeichnete er darin die Abtretung der Krim, der Kaukasus-Gebiete und Georgiens, die Rückgabe des russisch gewordenen Finnlands an Schweden, dazu die Loslösung eines ins Gewicht fallenden Polens von Rußland wie auch die Abtretung »einiger der deutschen Provinzen Rußlands an der baltischen Küste« an Preußen. Allerdings sei deshalb auch der Eintritt Schwedens, Österreichs und Preußens in die anti-russische Koalition nötig.[5]

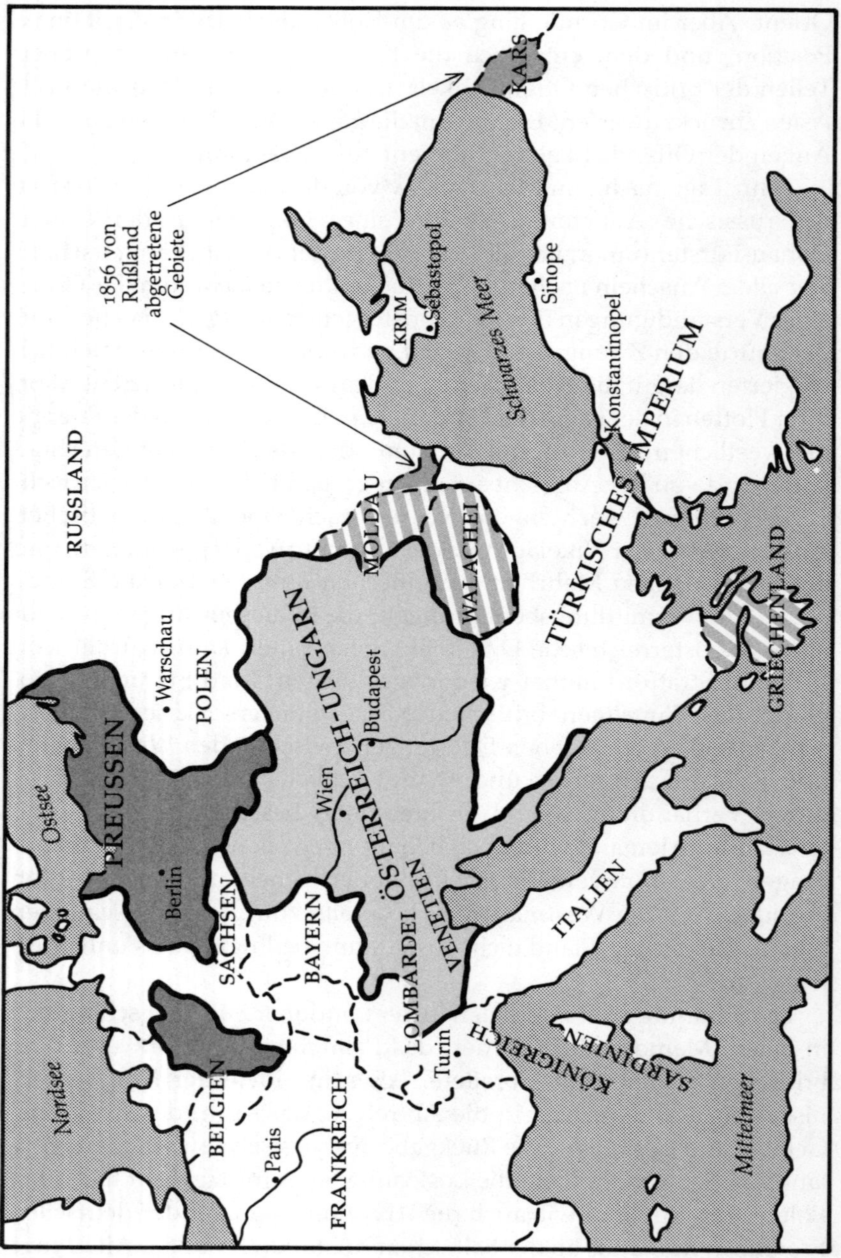

Europa zwischen dem Krim-Krieg 1854 und dem preußisch-österreichischen Krieg 1866

In der Tat: nicht nur für die britisch-französischen Kriegspläne, sondern auch für das Schicksal Rußlands war die Haltung seiner bisher mit ihm befreundeten westlichen Nachbarn, Preußens und Östereichs, von entscheidender Bedeutung. Prinz Albert, Ehemann der Queen Viktoria, faßte die Situation in den Worten zusammen:

> »Das schlimmste an diesem Kriege ist, daß wir ihn zu keinem entscheidenden Ende bringen können. Rußland ist eine große Landmasse, und die Schläge, die wir ihm an den wenigen Stellen versetzen können, die wir erreichen können, werden es nicht sehr beeindrucken. Wenn Preußen und Österreich mit uns gehen, sieht die Sache anders aus, und der Krieg wird für Rußland unmöglich.«
> »Unter diesen Umständen«, schrieb W.E. Mosse in einem hervorragend dokumentierten Werk, »wurde es das Hauptziel der russischen Diplomatie, zumindest die Neutralität der beiden deutschen Mächte sicherzustellen. Umgekehrt war es das entscheidende Anliegen der diplomatischen Strategie der Alliierten, beide an Englands und Frankreichs Seite in den Krieg zu ziehen.«[6]

A.J.P. Taylor nennt den Versuch der Westmächte, die beiden deutschen Staaten in den Krieg zu verwickeln, »das charakteristische diplomatische Erscheinungsbild des Krim-Krieges«.[7]

Preußen will nicht Schlachtfeld werden

Aber diese Bemühungen hatten ein ganz unterschiedliches Ergebnis. Preußen blieb während des ganzen Krieges neutral. Seine »einzige Sorge war es, nicht das Schlachtfeld . . . zu werden«.[8] Zwar lehnte es den Wunsch des Zaren ab, in diesem Krieg an seiner Seite zu stehen – es hatte ja auf dem Balkan keine Interessen, und wie wenig man angesichts der Nöte Rußlands auf das Versprechen einer russischen Hilfe am Rhein gegen Frankreich bauen konnte, wußte man in Berlin. Aber weder durch britische Lockungen mit möglichen Gewinnen im Baltikum noch durch britischen Druck ließ sich Preußen zur Parteinahme gegen Rußland bewegen – und wurde deshalb in den Nachkriegskonferenzen von den Westmächten wie ein Sünder behandelt. Im Zusammenspiel mit den Schweden störte es anfänglich britische Pläne, den Krieg an die baltischen Küsten zu tragen. Später half es den Russen, die Blockade zu unterlaufen, mit der eine britische Ostsee-Flotte ihren Handel lahmzulegen suchte.[9]

Nicht, daß diese Politik ein Muster der Geradlinigkeit gewesen wäre. Dazu waren nicht nur die Kräfte um den König zu gespalten – in eine konservative pro-russische und eine liberale pro-britische Fraktion –, dazu war auch Preußens europäische Mittellage zu schwierig, zu exponiert. Auf keinen Fall wollte der König einen Bruch mit Rußland. Was aber, wenn Österreich an Englands und Frankreichs Seite in den Krieg eintreten, wenn es den ganzen deutschen Bund nach sich ziehen würde und wenn diese Koalition triumphierte? Wie beklemmend würde dann Preußens Isolation in Europa sein, wie gefahrvoll seine Lage! Das ganze Tun und Trachten der Westmächte ging ja dahin, »Preußen mürbe zu machen. Der König sollte empfinden, der er Preußens Großmachtstellung aufs Spiel setze, wenn er sich nicht mit ihnen vereinige«.[10] Über seine Weigerung herrschte in England allgemeine Erbitterung.

Der im Prinzip englandfreundliche Friedrich Wilhelm empfand das tief. In seinem Bemühen, nach allen Seiten zu dämpfen und sich verständlich zu machen, schickte er viele private Botschaften in die Welt – zu viele sicherlich. Sie verschafften ihm den Ruf der Schwäche, den er im Grunde kaum verdient hat. Jedenfalls kam es dadurch im Jahre 1854 zu einem Briefwechsel mit dem englischen Königspaar, der die wesentlichen Elemente der Lage hervortreten ließ.

Ein langer Brief an die Queen vom 24. Mai enthielt ein Wort, das sich auch andere deutsche Herrscher zum Gebot hätten machen müssen: er unterscheide stets, sagte der König, zwischen einer herzlichen Freundschaft zu England »und dem Dahingeben des Blutes meiner herzigen und treuen Landeskinder zum besten einer fremden Politik«. Dann, im August, sprach er gegenüber Viktoria wohl von den »russischen Unverantwortlichkeiten«, die das Unheil heraufbeschworen hätten, aber gleichzeitig auch von der inzwischen eingetretenen russischen Friedenssehnsucht. England warf er vor, daß es »offenbar keinen Frieden will; das empört mich.« Die britische Regierung sei »Sklave der öffentlichen Meinung« und überlasse »ihr Amt den Zeitungsflegeln«. Seine moralische Unterstützung gelte zwar den Westmächten, seine materielle aber bekämen sie nie, »da ich gegen niemand Krieg mache, der mir nichts zu Leide getan hat«.[11] Klar zeigt sich in diesen Briefen das Wesen der ganzen Haltung des Königs: weniger vom politischen Kalkül bestimmt als von moralischen, ethischen, religiösen Prinzipien.

Prinz Albert antwortete darauf, Preußen hindere jede ernstere Annäherung Österreichs an die Westmächte. Es betreibe eine für

Rußland wohlwollende Neutralität, es könne sich nicht wundern, wenn eine solche Politik von England und Frankreich als feindlich betrachtet werde.[12] Ende des Jahres warf der französische Außenminister Preußen vor, »mit der einen Hand das Schwert der verbündeten Mächte abzulenken, mit der anderen Rußland zu decken«.[13] In Berlin wartete der französische Gesandte »voller Ungeduld auf den Bruch zwischen Deutschland und Rußland und wollte keinen Frieden, bevor Deutsche und Russen nicht die Waffen gekreuzt hatten. Mit gut geheuchelter Verstellung sagte er, Frankreich sähe am liebsten, wenn Preußen sich freimütig mit Rußland verbände, dann wäre die Lage geklärt und das Schlachtfeld genau bezeichnet.«[14] Die Atmosphäre war derart, daß der immer ein wenig ängstliche Prinz von Preußen im August 1854 an den preußischen Gesandten in London schrieb:

> »Österreich wird von den Westmächten die deutsche Kaiserkrone empfangen und Preußen wird wieder den Kurfürsten von Brandenburg spielen müssen.«

Wenn sie der Isolation entgehen wollte, dann mußte die Berliner Politik bestimmte Forderungen an den Zaren unterstützen, die im österreichischen, im westlichen und sicherlich auch im allgemeinen deutschen Interesse lagen: die freie Schiffahrt an den Donau-Mündungen, eine gesamteuropäische Garantie für die Rechte der Donau-Fürstentümer anstelle eines russischen Protektorates und die Integrität der Türkei. Sie konnte das um so eher tun, als ihr bekannt war, daß die Petersburger Regierung solchen Forderungen im Prinzip schon zugestimmt hatte. Auf dieser Basis konnte sie ein Ziel verfolgen, an dem ihr ebenso dringend gelegen war wie Rußland, das aber in der Tat in vollstem Gegensatz zu den Wünschen der Westmächte stand: die Verhinderung eines Krieges zwischen Rußland und Österreich, der Preußens Lage im Zentrum des Geschehens beinahe unhaltbar gemacht hätte. Ein solcher Krieg aber schien immer näher zu rücken, weil die österreichische Politik immer anti-russischer wurde, je mehr Brücken sie hinter sich verbrannt hatte.

In der preußisch-deutschen Mittellagen-Manier ging es dabei nicht ohne Schlangenlinie. Am 20. April 1854 kam nach langem Tauziehen ein Bündnis zwischen Berlin und Wien zustande, das auf den ersten Blick wie eine Parteinahme gegen Petersburg wirken konnte. Denn Preußen versprach darin militärischen Beistand im Falle eines russischen Angriffs auf Österreich – eines Angriffs, der deshalb möglich werden konnte, weil Österreich plante, die Russen in ultimativer Form zur Räumung der Donau-Fürstentümer aufzufordern.

Aber das war ein sehr eigentümliches Beistandsversprechen. Erstens kam es mit Wissen und Billigung der russischen Diplomatie zustande; zweitens verweigerte Preußen trotz österreichischen Drängens alle ernsthaften militärischen Vorbereitungen; drittens hatte es zur Voraussetzung den bereits obsolet gewordenen Fall, daß Rußland mit seinen politischen und militärischen Expansionsbewegungen auf dem Balkan fortfahren würde; viertens sollten die Österreicher Preußen über ihre Aktionen fortwährend konsultieren; fünftens sollte ein Beistand nur dann erfolgen, wenn Rußland die österreichischen Forderungen kategorisch und bedingungslos zurückweisen würde.[15] Tatsächlich war der Pakt also eher das Gegenteil einer Kriegsallianz: Er stellte vor allem eine Aufforderung an Rußland wie an Österreich dar, den Verhandlungsweg einzuschlagen. Als dem preußischen König im Sommer 1854 die anti-russische Politik der Wiener Regierung allzu herausfordernd erschien, drohte er mit der Auflösung des Vertrages. Dann besann er sich wieder, und im November 1854 wurde der Pakt präzisiert. Inzwischen hatte sich ja der Zar dem Habsburger gebeugt, seine Truppen aus Moldau und Walachei zurückgezogen, und die Österreicher waren dort eingerückt. Was würde ihnen in dieser exponierten Stellung begegnen, und was würden sie selbst unternehmen?

Nun vereinbarte man, daß Preußen den österreichischen Truppen auch dann zu Hilfe kommen sollte, wenn sie hier, in den Donau-Fürstentümern, angegriffen werden sollten. Aber gleichzeitig sollte der Vertrag das verhindern, was man in Berlin und Petersburg am meisten fürchtete: eine weitere Eskalation der Wiener Politik. Er verpflichtete die Österreicher, erstens keine Offensiv-Aktionen gegen Rußland einzuleiten, zweitens keine Dreier-Allianz mit Paris und London zu schließen. Im Grunde ein neuer Versuch, Österreich so weit wie möglich an die Kette zu legen. Als die Wiener Regierung einen Monat später das eben gegebene Versprechen brach und den Pakt mit den Westmächten dennoch unterzeichnete, spielte Friedrich Wilhelm einen Moment mit dem Gedanken einer Kriegsdrohung gegen Österreich.[16]

Aber von solchem Knurren in Berlin ließ sich die Wiener Regierung nicht bremsen; sie schien versessen auf den Marsch ins Unglück. Sie, die doch anfänglich durchaus die Gefahren erkannt hatte, die der Konflikt auch für die Donau-Monarchie barg, schaltete abrupt um, nachdem die Westmächte auf der Krim gelandet waren. Der preußische König sah sich in einer immer prekärer werdenden Lage. Die pro-englische Partei an seinem Hof malt ihm in schwärzesten Farben die Gefahren, denen Preußen entgegensieht, wenn es nicht gleichfalls gegen Rußland in den Krieg ziehe. So versucht er, den Anschluß nach Westen zu behalten durch einen Sowohl-als-auch-Vertrag.

Er will darin die Forderungen an den Zaren in ihrer harmlosesten Form »in Betracht ziehen« – in einer Form, die von Petersburg im Prinzip bereits angenommen wurde. Er ist sogar zu versprechen bereit, daß er sie durch militärischen Druck auf Rußland durchzusetzen versuchen wird – falls er ihnen zustimmt. Ob er sich wirklich an militärischen Aktionen irgendwelcher Art beteiligen wird, das läßt er offen, dafür will er aber schon jetzt alle Durchmärsche französischer oder anderer Truppen über deutsches Territorium an die russischen Grenzen vertraglich ausgeschlossen wissen. Er möchte, mit anderen Worten, nicht die westliche Aufmarschbasis sein.

In Paris und London hat man für diesen Versuch, den kleinen Finger zu reichen, nur ein Lächeln übrig. Man will die ganze Hand. Kaiser Napoleon III. überreicht dem preußischen Abgesandten einen französisch-britischen Vertragsentwurf, der die preußische Außenpolitik sozusagen unter Kuratel stellt. Er sieht »die vollständige Vereinigung der Bestrebungen« Preußens mit denen Frankreichs und Englands vor; das Recht aller drei – das heißt im Grunde: das Recht der beiden – Rußland praktisch unlimitierte Forderungen »im europäischen Interesse« zu stellen; eine militärische Offensiv- und Defensiv-Allianz, falls Rußland so uneinsichtig sein sollte, sich den westlichen Wünschen zu widersetzen. In Berlin ist man schockiert.

In diesem Moment – es ist der 2. März 1855, und der unglückliche Ausgang des Krieges für Rußland beginnt sich schon abzuzeichnen – erschüttert den König der plötzliche Tod des unglücklichen Zaren Nikolaus. Woran der Monarch wirklich gestorben war, wußte niemand genau – vielleicht durch eigene Hand, jedenfalls, wie ganz Rußland glaubte, an gebrochenem Herzen. Aber seine letzten vernehmbaren Worte waren an Friedrich Wilhelm gerichtet. »Sagt Fritz«, hatte er gesagt, »daß er für Rußland immer der gleiche bleiben und nie die Worte seines Vaters vergessen soll.«

Das war eine Anspielung auf das Testament Friedrich Wilhelms III., der seinen Nachfolgern das Festhalten an der Heiligen Allianz und damit am Bündnis mit Rußland empfohlen hatte. »Die Worte des sterbenden Kaisers machten einen tiefen Eindruck auf das weiche Gemüt Friedrich Wilhelms IV. Er ließ an Petersburg telegrafisch zurücksagen, die Vermächtnisworte des geliebten Kaisers ›An Fritz‹ seien ein Heiligtum.« Das Ereignis fiel zusammen mit wachsendem Einfluß Bismarcks auf die preußische Politik, eines Einflusses, der jenen der England-Freunde zu überwiegen begann. Beides hat Folgen für den westlichen Allianz-Vorschlag.

Berlin erhebt den Anspruch, die ganze westliche Rußland-Politik mitzubestimmen. In London ist man darüber so erzürnt, daß Palmerston »offen erklärt, England werde jeden Vorwand gebrauchen, um die preußischen Häfen zu blockieren«.[17] So weit kommt es zwar nicht, aber die Episode markiert das Ende aller westlichen Bemühungen um Preußen und der preußischen um den vertraglichen Anschluß an den Westen. Die Devise Friedrich Wilhelms für das Jahr 1853 wird, daß Preußen seine Politik unbeirrt fortsetzen müsse, mit dem Westen verbunden, aber »in tiefem Frieden mit Rußland« und vor allem »durch und durch deutsch«.[18] Im Sommer, nachdem die Briten Friedensgespräche ziemlich willkürlich gestört hatten, äußerte er in einem Brief an seinen Londoner Sondergesandten die »heilige Überzeugung«, daß der »bisher nicht ungerechte Krieg, den England mitgeführt, zu einem entschieden ungerechten geworden ist, der Gottes Strafgericht herabruft«.[19]

Als dann aber im Dezember 1855 Österreich seinem früheren Ultimatum an Rußland ein zweites und noch weitergehendes folgen ließ, als sein Kriegseintritt und damit ein allgemeiner europäischer Konflikt unmittelbar bevorzustehen schien, da flatterten stärker denn je auch in Berlin die Nerven. In diesen Tagen beschwor Friedrich Wilhelm den Nachfolger seines Schwagers Nikolaus, seinen »bon et cher Alexandre«, seinen »cher neveu«, an den Konferenztisch zu gehen und »im Interesse Rußlands, Preußens und ganz Europas« so weit wie möglich Konzessionen zu machen.[20] Er wies darauf hin, daß bei einer Fortführung des Krieges schließlich Preußen werde die Zeche bezahlen müssen. Frankreich wolle den Rhein, Österreich Schlesien haben und England den Ruin der preußischen Industrie. Diesen drei Gegnern werde Preußen nur mit Hilfe des Himmels widerstehen können.[21] Es war eine Mahnung, die er in weniger drängender Form schon im Oktober 1854 an Zar Nikolaus gerichtet hatte, nachdem die Österreicher mobilisiert hatten. Und solche Ratschläge konnten nicht ohne Wirkung auf Petersburg bleiben, weil sie die Frage aufwarfen, ob Preußen angesichts des wachsenden westlichen Drucks seine Neutralität werde aufrechterhalten können. Nichtsdestoweniger nahm man in Petersburg vor allem die unverminderten freundschaftlichen Gefühle war. Den Kern der preußisch-russischen Beziehungen auch in dieser Phase hatte wieder der englische Prinzgemahl Albert getroffen, wenn er sagte, daß »selbst dem größten Einfaltspinsel in Petersburg bekannt ist, daß die preußischen Truppen niemals gegen Rußland marschieren werden«.[22]

Ein Mann vor allem hielt im Berliner Diplomaten-Apparat den Russen die Stange: der preußische Gesandte beim Deutschen Bund, Otto von Bismarck. Als Österreich ohne Rücksicht auf die mit Preußen getroffene Vereinbarung eine Allianz mit London und Paris einging und alle deutschen Staaten nach sich ziehen, sie in die antirussische Koalition hineinpressen wollte, war es vor allem Bismarck, der das Projekt hintertrieb. Am 8. Februar 1855 setzte er – mit bayrischer Hilfe! – eine Deklaration des Deutschen Bundes durch, die dessen vollständige Neutralität festlegte. Genauso operierte er ein Jahr später, unmittelbar vor den Friedensverhandlungen. Es waren die Pflastersteine auf dem Weg nach Königgrätz und nach Sedan.

Als alles vorüber war, als der Krim-Krieg mit einem russischen Fiasko geendet hatte, sagte in Petersburg der alte Kanzler Nesselrode in einem Resümee, Rußland »könne nicht vergessen, daß Preußen, und Preußen allein, keine feindlichen Gefühle gegen uns hegte. Direkte Interessen verbinden Rußland und Preußen, und unser Verhalten gegenüber Frankreich und gegenüber Europa sollte diese einfache Tatsache reflektieren«.[23] Zehn und fünfzehn Jahre später stattete Zar Alexander für diese preußische Politik seinen Dank ab.

Rußlands Empörung über Österreichs Frontwechsel

Österreich aber war für ihn, vor allem aber für seinen Vater, zu einer unerwarteten, kaum faßbaren Enttäuschung geworden. Nikolaus hatte fest mit seiner Solidarität gerechnet, auf den Geist der Heiligen Allianz gebaut. Er hatte zu wenig beachtet, daß die habsburgische Monarchie seit langem auf jede Zunahme russischen Einflusses im

Balkan-Raum allergisch reagierte. So wenig hatte er das ganze Geflecht österreichischer Sorgen durchschaut, daß er noch unmittelbar vor der Zuspitzung der Krise auch dem österreichischen Kaiser seine Gedanken über die mögliche Teilung der Türkei unterbreitete, wobei er großzügig den Wienern die ganze westliche Balkan-Halbinsel antrug – nicht ahnend, daß sie das wenig beruhigen konnte, wenn er selbst an den Donau-Armen sitzen wollte. Der Marsch seiner Armeen in die Donau-Fürstentümer, nach Moldau und Walachei also, gefährdete in der Tat die Grundlagen österreichischer Sicherheit und konnte von der Wiener Regierung nur mit großer Besorgnis verfolgt werden.

Nichtsdestoweniger war verblüffend, mit welchem Ungestüm sich die Wiener Politik unter Leitung des Außenministers Buol plötzlich gegen ihren alten Verbündeten wandte, nachdem sie sich anfänglich an die Spitze einer diplomatischen »Friedensbewegung« gestellt hatte. Vergeblich hatte Altkanzler Metternich, längst im Privatleben, seine Regierung mit vielen Gründen zur Beibehaltung der Neutralität gemahnt. Unter allen Umständen, hatte er Buol geschrieben, müsse Österreich einen europäischen Krieg verhindern, der aus der Orient-Krise erwachsen könne; keinesfalls dürfe es sich in einen solchen Krieg verwickeln lassen:

> »Niemals dürfen wir uns als Sturmtruppen für den Osten gegen den Westen oder für den Westen gegen den Osten gebrauchen lassen.«

Buol indessen war von dem Gefühl der Gefahr überwältigt, die Rußlands Aspirationen für den österreichischen Vielvölkerstaat darstellten. Als in London und Paris die Würfel gefallen waren, meinte er die einmalige Chance zu erkennen, mit Hilfe einer großen westlichen Koalition die Russen aus dem ganzen Donau-Raum zurückzuwerfen. Aber er fragte sich nicht, wie lange diese Koalition wohl halten werde. Er sah die Gefahr, daß die Westmächte Österreich zerschlagen könnten, wenn er nicht mitmachen würde. Ende November 1854 sagte er seinem Kaiser, die Ablehnung eines Bündnisses mit dem Westen würde bedeuten, daß Österreich mit Krieg überzogen würde. Er hatte durchaus Grund zu dieser Warnung. Denn im gleichen Monat hatte Palmerston – wie uns Geffken berichtet – bei einem Besuch in Paris gesagt, im Falle eines weiteren österreichischen Zögerns könne man ja »Polen, Ungarn und Italien« ausspielen, also die österreichischen Positionen dort ins Wanken bringen. Und einige Wochen vorher hatte Napoleon III. gegenüber dem österreichischen Gesandten ganz die gleiche Warnung ausgesprochen. »Ich habe volles Vertrauen in das Verhalten Österreichs«, sagte er ihm, während er sich eine Zigarre anzündete, »aber Sie wissen ja, daß ich das Feuer in ganz Europa anzünden kann, wie an dieser Zigarre hier.« Buol war einerseits erschreckt, andererseits angespornt. Er berücksichtigte zu wenig, daß letzten Endes die Existenz der Donau-Monarchie von dem guten Willen, der Toleranz und dem Verständnis *aller* ihrer großen Nachbarn abhing. Unter dem Jubel aller politischen Kreise Frankreichs zerschlug er jenes europäische Allianzsystem, das 1815 gegründet worden war. Aber es war ihm nicht klar, daß allein auf diesem System Österreichs Sicherheit beruht hatte. »Österreich«, so hatte Ministerpräsident Fürst Schwarzenberg von seinen Wienern gesagt, nachdem Rußland die habsburgische Monarchie 1849 vor den aufständischen Ungarn gerettet hatte, »wird die Welt durch seine Undankbarkeit in Erstaunen setzen.« Die Prophetie ging schneller in Erfüllung als gedacht, aber nicht immer ist Undankbarkeit das Markenzeichen machiavellistischer Klugheit.

Der russische Militärapparat war durch die drohende Haltung Österreichs von Anfang an schwer belastet worden. Ein erfolgreicher russischer Angriff auf den türkischen Gegner war nur zu Lande möglich. Auf dem Balkan konnte aber Rußland nur aktiv werden, wenn es von den Österreichern nicht in der Flanke gepackt wurde. Genau diese Gefahr kündigte sich an, als Österreich im Juli 1854 ultimativ den russischen Truppenrückzug aus den Donau-Fürstentümern verlangte. Statt den Kampf aufzunehmen, wie man in London gehofft hatte, gaben die Russen nach. An ihrer Stelle marschierte nun eine österreichische Armee in die Moldau ein, und zusammen mit türkischen Truppen okkupierte eine andere die Walachei. Öffentlich sprachen die Wiener nur von der Absicht, einen Riegel zwischen Russen und Westmächte zu legen, um auf diese Weise den Krieg von der Halbinsel fernzuhalten. Ihre praktischen Maßnahmen aber deuteten an, daß sie dazubleiben gedachten – ein Nasenstüber mehr für die Russen. Im Dezember 1854 traten sie offiziell der französisch-britischen Allianz bei, ohne indessen Kampfhandlungen einzuleiten. Die Russen sprachen von einem Stoß in den Rücken. Österreichs Kaiser, so sagte Zar Nikolaus dem österreichischen Botschafter, als ihm dieser im Juli 1854 das Ultimatum überreichte, habe anscheinend gänzlich vergessen, was Rußland für ihn getan habe; nie wieder würden zwischen beiden Ländern die gleichen intimen Beziehungen existieren können wie bisher. So war es auch. Die russische Empörung über den Frontwechsel des alten Alliierten sollte sich bis zum Ersten Weltkrieg nicht mehr legen.

Inzwischen hatten erste Kampfhandlungen zwischen den beiden Lagern schon begonnen. Britischer und französischer Unterstützung sicher, hatte der Sultan zunächst von den Russen ultimativ die Räumung der Donau-Fürstentümer verlangt, dann, im November 1853, in offenkundig provokativer Absicht eine Flotte vor die Nase der Russen ins Schwarze Meer entsandt. Daß sie von der Marine des Zaren in der Seeschlacht von Sinope schnell versenkt wurde, löste zwar in Petersburg zunächst Begeisterung aus, war aber ziemlich genau das, was die Türken gewünscht hatten und lieferte nur den letzten Anlaß für das nun über Rußland hereinbrechende Leid. Denn die russischen Admiräle hatten in dieser Schlacht moderne, von England noch nicht erprobte Schiffsartillerie verwendet,[24] und wenn es etwas gab, was England nicht vergeben konnte, dann sicherlich jeden Verdacht der Ebenbürtigkeit anderer zur See. Als der Zar Moldau und Walachei im März 1854 noch immer nicht geräumt hatte, überreichten Briten und Franzosen die Kriegserklärung. Im September 1854 landeten sie ihre Truppen auf der Krim. Das Schlachtfeld war für sie nicht allzu günstig, lieber hätten sie – wir erwähnten es schon, aber man kann es vielleicht nicht oft genug sagen – ein anderes an der russischen Westgrenze gewählt. Aber da machten eben Schweden und Preußen nicht mit.

Den langen Verbindungslinien, die ein Kampf an der russischen Südküste erforderte, entsprach der quälende Verlauf des Krieges. Sein Zentrum wurde Sebastopol, das militärische Eckstück der Krim und Rußlands wichtigstes Ausfallstor in die südlichen Gewässer. Als Festung ursprünglich nur »ein Museumsstück«, wurde es zur formidablen Bastion durch einen Deutschen in der Armee des Zaren: den Pionier-Obersten Graf Eduard von Totleben. Er war »ein großer Ingenieur, ... der einzige Mann, der vermöge seiner genialen Einfälle in der Lage war, einen Anspruch auf die Bewunderung der Nachwelt zu erheben. Unter Totlebens Leitung wurden die Verteidigungsanlagen von Sebastopol schnell modernisiert. Kinder griffen in die Radspeichen, Frauen trugen Erde in ihren Rockschößen, die Arbeiten gingen nachts im Fackelschein voran«.[25] Auch Tolstoi hat ihm einen Kranz gewunden. Als die Alliierten schließlich am 17. Oktober angriffen, hielt die Festung stand. Ein ganzes Jahr lang. Dann erlag der russische Widerstand an der Unzulänglichkeit des ganzen Militärapparates. Eine halbe Million Soldaten hatte inzwischen auf beiden Seiten ihr Leben verloren, mehr durch Krankheiten als durch Kugeln und Granaten.

Rußland war militärisch, wirtschaftlich und finanziell erschöpft. Aber das schlimmste kam noch: im November 1855 einigte sich die Wiener Regierung mit den Westmächten über Grundzüge einer Friedensregelung; ihre Ablehnung durch Rußland sollte Österreichs Kriegseintritt zur Folge haben. Wiederum war man in London voller Hoffnung, daß Rußland nur die Möglichkeit einer Ablehnung sehen würde. Am 28. Dezember legte Wien die Forderungen in Petersburg vor, wiederum in ultimativer Form, Änderungswünsche wurden abgelehnt. Wieder standen die Russen vor der Frage: sollten sie den fast aussichtslos gewordenen Kampf fortsetzen, hoffend auf ein Wunder wie 1812, mit dem Risiko des völligen Zusammenbruchs? Sollten sie mit zusammengebissenen Zähnen in die Knie gehen, in der Hoffnung auf spätere Erholung – und eine Revanche? Sie wählten die zweite Möglichkeit. Aber die Bedingungen, die Rußland am 30. März 1856 im Frieden von Paris aufgezwungen wurden, waren hart und brachten es um Erfolge, um die es mehr als ein halbes Jahrhundert so zäh gerungen hatte.

Die Hauptpunkte waren: Gemeinsam garantierten die Großmächte die Unabhängigkeit und Integrität des osmanischen Reiches. Rußland mußte der Schutzherrschaft über die orthodoxen Christen in der Türkei entsagen. Es hatte seine Protektorate über die Fürstentümer Moldau und Walachei wie auch über Serbien aufzugeben. Alle drei blieben unter formaler türkischer Oberhoheit, erhielten aber unabhängige nationale Verwaltungen mit Privilegien und Immunitäten, die von den Unterzeichnern des Pariser Friedens kollektiv garantiert wurden. Noch schwerer traf die Russen, daß sie eigenes Territorium abtreten mußten, nämlich das südliche Bessarabien, so daß sie weiter von den Donau-Mündungen fortgeschoben wurden. Bei weitem am wichtigsten aber war, daß Rußland einer Entmilitarisierung und Neutralisierung des Schwarzen Meeres zuzustimmen hatte. Es durfte – ebenso wie die Türkei – weder Kriegsschiffe in seinen Gewässern noch Waffenlager und Befestigungen an seinen Küsten unterhalten. Es war, sozusagen, auf einmal aus der Reihe der Seemächte im östlichen Mittelmeerraum gestrichen. Dies war die Bestimmung, die Rußland am meisten verletzte und die als nationale Schmach empfunden wurde, weil sie den Kern der von Peter dem Großen eingeleiteten Politik traf. Noch Jahre später bezichtigte sich

Zar Alexander selbst der Feigheit, weil er dieser Klausel zugestimmt hatte.

Die Revanche-Idee

Der Krim-Krieg war, wie A. J. P. Taylor sagte, die erfolgreichste der fünf Invasionen gewesen, denen Rußland in neuerer Zeit ausgesetzt war. Er reduzierte, genau wie dies von den Westmächten beabsichtigt worden war, Rußlands Einfluß in Europa auf ein niedrigeres Niveau als jemals, seitdem Peter der Große 1721 den Nordischen Krieg gewonnen hatte. Er zerschlug die alte Mächte-Konstellation, die seit dem Ende des Wiener Kongresses das europäische System geprägt hatte, und leitete über zu dem Europa von 1871.

Der eine Grund dafür war, daß aller russischer Zorn über die erlittene Demütigung, aller Haß, jetzt auf jenen Staat abglitt, der, ohne selbst am Kriege teilgenommen zu haben, doch als der Hauptgrund für die Niederlage betrachtet wurde: auf Österreich, den Nachbarn, auf den sich Zar Nikolaus ehedem glaubte verlassen zu können. Als der österreichische Gesandte in Petersburg im Januar 1856 sein letztes Gespräch mit Zar Alexander über das zweite Wiener Ultimatum hatte, spitzte dieser die Worte noch zu, die Nikolaus beim Empfang des ersten gebraucht hatte. Rußland, sagte Alexander voll Bitterkeit, werde »niemals die Dienste vergessen, die Österreich ihm in dieser Krise erwiesen hat«. Es versöhnte die Russen nicht, daß Wien gerade in der brisanten Schwarz-Meer-Frage nach einer milderen Regelung gesucht hatte und daß sein Bemühen durch reichlich hinterhältige Geheimabsprachen zwischen der Pariser und der Londoner Regierung durchkreuzt worden war. Was zählte, war die »österreichische Perfide«, die nur durch Österreichs Beihilfe möglich gewordene Demütigung, die Tatsache, daß Österreich sich als die unverrückbarste aller Barrieren dem russischen Drang nach Süden in den Weg gestellt hatte. Diese Barriere mußte beseitigt werden, gegen sie richtete sich von nun an die Spitze der russischen Politik. Noch drei Jahre nach dem Ende des Krim-Krieges schrieb Bismarck aus Petersburg seiner Frau:

> »Wie die Österreicher hier unten durch sind, davon macht man sich gar keine Idee . . . Der Haß ist ohne Maßen und übersteigt alle meine Vermutungen . . . Die ganze russische Politik scheint kei-

nem anderen Gedanken Raum zu geben als dem, wie man Österreich ans Leben kommt.«[26]

Rußlands erstes und nächstliegendes Ziel aber wurde die Beseitigung jener »Schwarz-Meer-Klausel« des Pariser Friedens, durch die es sich entwürdigt und entmündigt fühlte. Darum kreisten alle russischen Manöver in den folgenden fünfzehn Jahren. Nur aus diesem Streben erklärt sich der ganze Gang der europäischen Politik in der zweiten Hälfte des 19. Jahrhunderts. Die Revision war nur möglich, wenn die westliche Front gesprengt wurde, die Rußland diesen Frieden aufgezwungen hatte. Es war aber nicht so, wie die früher zitierten Worte des Kanzlers Nesselrode glauben machen könnten, daß Rußland sich bei diesem Bemühen von Anfang an und allein auf Preußen gestützt hätte. Dazu war ihm Preußen nicht stark genug – es hatte ja auch den Gang der Dinge während des Krim-Krieges nur bremsen, nicht verhindern können. Vielmehr wollte Rußland versuchen, den Eckstein aus der gegnerischen Front herauszubrechen: Frankreich. Eine französisch-russische Intimität herzustellen, ohne jedoch die enge Freundschaft mit Preußen aufzugeben; Preußens Wunsch nach einer Führungsstellung in Deutschland zu unterstützen, ohne aber Frankreichs Streben nach einer Führungsstellung in Europa offen zu entmutigen – dieser Balanceakt wurde für eine Weile zu einem Hauptbestandteil Petersburger Politik.

Gortschakows Flirt mit Frankreich

So erstaunlich, wie das im ersten Moment scheinen mag, war diese russische Wendung nicht. Denn Paris hatte schon in der Schlußphase des Krieges für Petersburg eine mildere politische Melodie angestimmt als London, und auf der Friedenskonferenz hatte es sich bemüht, verständnisvoll zu erscheinen. Napoleons Hauptziel war es ja auch nicht gewesen, Rußland zu demütigen, und er wollte es nicht auf Asien zurückwerfen, wie Palmerston. Vielmehr hatte er die alten europäischen Allianzen sprengen wollen, die Frankreich fesselten, und das hatte er erreicht. Jetzt glaubte er, jenen Manövrierraum gefunden zu haben, den er für die Veränderung der europäischen Landkarte brauchte. Das ging kaum ohne ein Zusammenspiel mit Rußland. In Petersburg war man bereit, ihm zu verzeihen. Man wollte ja selbst einen Systemwandel, freilich nicht genau den gleichen wie die Franzosen. Aber das übersah man in jenem Moment – es war ja die

Epoche der Slawophilie, die von Anfang an eine unterschwellige Neigung zu allem Französischen und ein gewisses Spannungsverhältnis zu allem Deutschen zeigte, vor allem natürlich zu Österreich-Ungarn. Auch Bismarck hielt damals eine engere Verbindung Rußlands mit Frankreich für natürlich.

Zum wichtigsten Exponenten dieser Strömung wurde der neue russische Außenminister und Vizekanzler Fürst Gortschakow. Er hatte als Gesandter in Wien während der Kriegsjahre die österreichische Arroganz hassen gelernt, gleichzeitig mit sensiblen Antennen die ersten Signale französischer Verständigungsbereitschaft aufgefangen. 1856 hatte er den alten Nesselrode abgelöst, und weder in Wien noch in Berlin war man über den Wechsel beglückt. Das lag nicht zuletzt auch an seiner Person. Denn obwohl jedermann seine Intelligenz, schnelle Auffassungsgabe und Redegewandtheit rühmte, galt er doch gleichzeitig als maßlos eitel, geschwätzig und emotional. In mancher Hinsicht war er vielleicht der erste Panslawist im hohen Amt, gerade deshalb auch ein Reflex der nationalen Stimmung und jedenfalls populärer als sein Vorgänger. Er selbst sagte von sich, daß er einzig und allein dem nationalen Interesse verpflichtet sei, aber unverkennbar hatte er zu Frankreich auch eine gefühlsmäßige Zuneigung. »Gortschakow träumt, wenn er seiner Phantasie Audienz gibt, Reden, ... die in Paris gedruckt und auf der Straße verkauft werden«, sagte Bismarck sarkastisch von ihm.[27]

Die neue anti-österreichische, pro-französische Politik – die russische Revanche-Politik – nahm die verschiedensten Formen an. Ganz im Sinne Frankreichs, aber im völligen Gegensatz zu den Wiener Interessen, unterstützte Petersburg in den Jahren 1857 bis 1859 die Vereinigung der beiden Donau-Fürstentümer zu einem unabhängigen rumänischen Staat. Zum ersten Mal war Europa mit dem Wunsch Frankreichs bekanntgemacht worden, an der unteren Donau einen Satelliten zu gewinnen, der sich auf seine lateinische Abstammung berief. Dann gingen Rußland und Frankreich einen weiteren großen Schritt aufeinander zu: in Stuttgart trafen sich 1857 Alexander und Napoleon III. Der Zar gab in der Folge dem Kaiser freie Hand für einen Stoß gegen den österreichischen Besitz in Norditalien und für den Erwerb von Nizza und Savoyen; Napoleon versprach seine Unterstützung für die Befreiung Rußlands von der Schwarz-Meer-Klausel. Der Franzose nahm sich, was er in Italien wollte, der Russe mußte warten. Allerdings hatte Napoleon für Solferino und Magenta, für seinen erfolgreichen Krieg gegen Österreich, einen hohen Preis zu bezahlen.

Der bestand im plötzlich wachsenden englischen Mißtrauen. In Napoleon III. begann London einen Unruhestifter zu entdecken, wie es einst sein Onkel gewesen war. Wenn er hier Provinzen an sich riß, dort – in Rumänien, Ungarn, Polen, Italien – nationale Bewegungen anstieß, war er dann nicht auf dem Wege, das ganze Europa umzukrempeln? Bekräftigte er mit seinem italienischen Unternehmen nicht alte Befürchtungen, die verschiedene französische Pläneschmiede ohnehin nährten, die nämlich, daß er getreu dem Geist der französischen Revolution demnächst auch Belgien und dann das linke deutsche Rheinufer für Frankreich gewinnen und damit wiederum eine dominierende Position in Europa erobern wolle? 1860 bezeichnet Außenminister Lord Russel im Unterhaus die Annexion von Savoyen »als einen Akt jener Art, der eine so kriegerische Nation wie die französische dazu führen wird, von ihrer Regierung zu verlangen, daß sie von Zeit zu Zeit auch andere Aggressionen verübt.«[28] England müsse deshalb in ständigem Kontakt mit anderen europäischen Nationen bleiben. Französische Flottenrüstungen führten dazu, daß die Briten sogar eine Invasion der Insel zu fürchten begannen. Den letzten Anstoß dazu hatte, kurioserweise, ein Freundschaftsbesuch des englischen Königspaares in Cherbourg gegeben. Napoleon hatte dabei mit Flottenparaden, Begrüßungskanonaden und modernen Kriegsschiffen einen solchen Aufwand getrieben, daß man in England darin eine Drohung zu erkennen meinte. Ein Teil der Presse antwortete mit einem Haßgesang.

Genau das war es, was Gortschakow anstrebte und begünstigte. Denn wenn die Fesseln des Pariser Vertrages abgestreift werden sollten, dann war Österreich nur der eine Gegner, der andere, hartnäckigere war England. Frankreich gegen England auszuspielen, das war das wichtigste, unmittelbare Ziel seiner Politik. Aber weil der dritte Napoleon aus der Katastrophe des ersten gelernt hatte, weil er seine Ziele lieber mit England als gegen England durchsetzen wollte, war er auf die Pflege seiner Beziehungen zu London sehr bedacht. Ein langes Liebeswerben um Frankreich und ziemlich hohe Angebote würden notwendig sein – das erkannte selbst der in seine Illusion verrannte Gortschakow. Aber wo würde dieses Liebeswerben um Frankreich die klassischen Verbündeten Rußlands lassen – Preußen und Deutschland?

Der Zar begleitete Gortschakows Frankreich-Politik mit einiger

Skepsis. Gegenüber Napoleon III. – dem »Revoluzzer«, dem Emporkömmling – empfand er ebensoviel Abneigung wie er Sympathie für Preußen und sein Königshaus hegte. Bei der ersten Audienz, die Bismarck im Juni 1859 als preußischer Gesandter bei ihm erhielt, sprach Alexander von seinen »persönlichen Gefühlen«, die ihn an das preußische Königshaus und an Preußen selbst bänden,

> von Gefühlen, »die für mich ein unveräußerliches Erbe sind, das ich von – meinem Vater und meiner Mutter erhalten habe; sie haben sich niemals geändert, sie sind heute da, und mein Herz würde bitter leiden, wenn ich diese Beziehungen jemals erkalten sehen würde.«[29]

Wenig später versicherte er Bismarck, daß er eine preußische Führungsrolle in Deutschland befürworte, und daß er dabei ebenso von seinen politischen Überzeugungen wie von seinen Gefühlen geleitet werde.

Das waren keine diplomatischen Höflichkeiten, diese Gesinnung blieb konstant. 1862 meldet Bismarck seinem König, daß er vom Zaren den Auftrag bekommen habe, ihm nochmals zu versichern,

> »daß er unter allen Umständen entschlossen sei, an der innigen Freundschaft mit Eurer Majestät festzuhalten und hierzu nicht nur durch die Bande des Blutes und die ererbte Neigung seines Herzens getrieben werde, sondern auch das engste Bündnis mit Preußen als für allein den Interessen Rußlands entsprechend erkenne ... Von beiden Ländern hat keines auf Kosten des anderen etwas zu gewinnen oder zu erstreben, sondern beide seien zur Verteidigung gleichartiger Interessen ... aufeinander angewiesen.«[30]

Die intime Freundschaft mit Preußen ist es erst, die in den Augen dieses Zaren auch die Freundschaft Rußlands mit dem dubiosen Napoleon ermöglicht. Preußen soll ihm helfen, Frankreich zu einer vernünftigen Politik zu führen, seine gefährlichen Tendenzen im Zaum zu halten.

Aber ist das auch die Linie Gortschakows? Verbal gewiß. Im November 1861 sagt er Bismarck, Rußland wünsche »Deutschlands Einigkeit und Stärke. Wir bedürfen derselben als Grundlage unserer eigenen Politik. Unser bester Freund in Deutschland ist Preußen, und es kann uns nur willkommen sein, wenn Deutschland sich unter preußischer Führung konsolidiert«.[31] Bismarck scheint das zu schön, als daß es ganz wahr sein könnte. Natürlich wünscht auch Gortschakow ein starkes Preußen, das ist ein russisches Interesse. Aber Bismarck hat den starken Verdacht, daß Gortschakow jetzt mit dem deutschen Michel flirtet, um am Ende mit Marianne ins Bett zu gehen. Er möchte, glaubt Bismarck, Frankreich mit der Idee eines starken Mitteleuropa ängstigen, um das Bündnis der beiden europäischen Flügelmächte, Frankreichs und Rußlands, zustande zu bringen. Ein Bündnis gegen England, aber auch eines, das den Rhein in Gefahr bringt. Sicherlich: Gortschakow ist in Alexanders Hand. Aber Bismarck fürchtet, daß der Außenminister den Zaren »geschickt und unvermerkt, unter stets neuen Vorwänden, von seinen eigenen Zielen abzulenken weiß«, daß er »die Gerichte immer wieder mit einer neuen Sauce bedeckt, die dem Kaiser mundet«.[32]

Und so ist Berlin zwar für Alexanders Freundschaft dankbar, aber man weiß auch, daß sich der Zar in einem Spagat versucht, den er auf die Dauer schwerlich durchhalten kann. Die Ziele Preußens und Frankreich sind kaum miteinander vereinbar; und wenn Petersburg von einer preußischen Führungsrolle in Deutschland spricht, dann hat es vorläufig noch eine friedliche Entwicklung im Auge, die so viel wie möglich von der Souveränität der deutschen Kleinstaaten erhält.

Was aber, wenn die Kleinstaaten so fest an ihrer Souveränität kleben, daß von einer wirklichen Einigung gar nicht gesprochen werden kann? Wenn Österreichs Widerstand gegen die preußische Führungsrolle unüberwindlich bleibt? Dann wird eben doch nur die Einigung »mit Blut und Eisen« zur einzigen *realen* Möglichkeit.

Aber dann reicht es nicht hin, daß Österreichs Wünsche seit dem Krim-Krieg in Petersburg weniger wiegen. Dann muß Bismarck auch sicher sein, daß es kein französisch-russisches Zusammenspiel gegen einen gewaltsamen preußischen Versuch der Einigung Deutschlands geben wird. Und was wird sich am Ende in Petersburg durchsetzen: das Herz und der politische Verstand des Zaren? Oder die phantasievollen Kombinationen des Fürsten Gortschakow?

Jedenfalls hing die Möglichkeit einer französisch-russischen Allianz gegen Österreich und England mit Preußen in gequälter Lage mittendrin am Anfang der sechziger Jahre wie ein Damoklesschwert über Deutschland. Zweitrangige Gewinne Preußens in Deutschland auf Kosten der Position Österreichs, gekoppelt mit erheblichen Gewinnen Frankreichs am Rhein, schienen mindestens ebensogut aus den Karten zu sprechen wie Bismarcks Triumph des Jahres 1871.

Was den Ereignissen die unvorhergesehene Wende gab, war das

russisch-preußisch-französische Dauer-Thema: Polen. Zum zweiten Male in diesem Jahrhundert wurde das polnische Problem zum Schicksal sowohl Deutschlands wie Frankreichs. Zum zweiten Mal zog Frankreich, hingerissen von seinen Sentiments, fasziniert von den polnischen Möglichkeiten und dem Traum eines östlichen Bollwerks, im europäischen Spiel die falsche Karte.

Das polnische Problem hatte sich seit dem November 1830 wieder in die europäische Politik gedrängt, als im Gefolge der französischen Juli-Revolution ein großer polnischer Aufstand ausgebrochen war. Der Versöhnungsversuch Alexanders I. war, wie ihm so viele Warner vorausgesagt hatten, schnell und vollständig gescheitert. Er hatte den Polen zu wenig gegeben, als daß sie geneigt gewesen wären, sich damit zufriedenzugeben, und zu viel, als daß sie darauf verzichtet hätten, den Spielraum zu nutzen. Sie hatten mit Wut losgeschlagen, und mit Wut schlugen die Russen zurück. Polnische Generale, die sich weigerten, an der Revolte teilzunehmen, waren von aufständischen Offizieren ermordet worden. Der polnische Reichstag hatte im Januar 1831 dem Zarenhaus die Krone Polens abgesprochen. Schließlich hatte sich der Aufstand radikalisiert, und im Sommer 1831 hatte eine demokratische »rote« Gruppe die konservative polnische Führung unter dem »heimlichen König von Polen«, dem Fürsten Czartoryski, gestürzt. Das war allerdings nur wenige Wochen, bevor eine russische Armee Warschau zurückeroberte und der ganze Aufstand zusammenbrach.

Von der Petersburger Regierung war darauf jene liberale Verfassung, die Alexander gewährt hatte, aufgehoben worden. Das Land wurde fortan als polnische Provinz regiert. Scharen polnischer Offiziere wie politischer Führer waren ins Ausland geflüchtet, viele von ihnen nach Deutschland, die meisten aber nach Paris. Und von Paris aus entfalteten sie eine rege propagandistische Aktivität. Ihr Hauptquartier war das Pariser Hotel Lambert, Sitz Adam Czartoryskis.

Nach einer langen Phase harter Unterdrückung hatte Rußland nach dem Krim-Krieg mit einer vorsichtigen Liberalisierung begonnen. Der Anteil der Polen in der im Lande stehenden russischen Armee wurde im Offiziers- und Unteroffizierskorps auf rund die Hälfte gesteigert, er wuchs beständig auch in der Zivilverwaltung. Die Warschauer Universität war zwar noch nicht wiedereröffnet, aber man begann mit der Neugründung einer großen medizinischen Akademie.[33] Den Ansatz zu einem neuen Adels-Parlament bildete eine neue »Landwirtschaftliche Gesellschaft«. Die überfüllten Gefängnisse leerten sich, die Menge der Polizeispione verminderte sich, einige Emigranten und Verbannte kehrten zurück, Juden erhielten größere Rechte. An der Seite des liberalen, polenfreundlichen russischen Statthalters, der niemand anderer als Großfürst Konstantin war, der Bruder des Zaren, stieg allmählich ein nationalbewußter Pole zum Chef der Zivilverwaltung auf: der Marquis Wielopolski, dessen offen erklärtes Ziel die »Regierung Polens durch Polen« war. In Petersburg galt er als Vertrauensperson, der man die Durchführung eines großen Reformprogramms in die Hände zu legen wünschte. Der Grund dafür war außer seiner konservativen, autokratischen Natur sein außenpolitisches Bekenntnis. Jenes brüderlich mit Rußland verbundene Polen, das er im Sinne hatte, sollte auf alle nach 1772 an das Zarenreich abgetretenen Provinzen für immer verzichten – keineswegs aber auf die an Preußen und Österreich verlorenen. Der Marquis war ein auf deutschen Universitäten erzogener anti-deutscher Panslawist, und damit paßte er recht gut zu einer starken Strömung am Petersburger Hof.

Der Panslawismus begann in jenen Jahren in den russischen Oberschichten wie die Newa bei Tauwetter anzusteigen, und es fügte sich schlecht, wenn die Polen unter russischem Joch stöhnten und den anderen Slawen das neue Losungswort vergällten. Überdies ging der Panslawismus Hand in Hand mit einer sozialen Reformbewegung in Rußland, deren Polenfreundlichkeit der Überlegung entsprang, daß von konstitutionellen Veränderungen beim Nachbarn Hilfe für den eigenen Kampf gegen die zaristische Autokratie zu erwarten sei. Vor allem aber war Polen in seiner augenblicklichen Verfassung der Stein des Anstoßes bei allen Bemühungen um eine Freundschaft mit Frankreich. Napoleon III. hatte nicht nur ein Bedürfnis der französischen Seele zu stillen, wenn er sich als Verfechter polnischer Rechte und polnischer Unabhängigkeit in Szene setzte – gab es doch in Paris nicht wenige, die von Polen als einer »geknechteten Schwesternation« sprachen,[34] berief sich doch das liberale Frankreich immer wieder auf die »gemeinsame revolutionäre Tradition«; er sah in Polen auch französisches Prestige und sein Konzept eines französischen Patronats über die kleineren Völker Europas auf dem Spiel. Und je mehr ihm Petersburg durch eine liberale Polenpolitik entgegenkam, desto eher konnte Gortschakow seine Idee einer russisch-französischen Allianz verwirklichen.

Der zweite polnische Aufstand

Der Zar selbst freilich hielt die modischen Strömungen der Gesellschaft und die großen Pläne seines Ministers eher für die Wolkenschlösser, die sie waren. Er hatte noch im Jahre 1862 zu Bismarck gesagt, daß er geringe Hoffnung auf eine dauerhafte Verständigung mit irgendeiner Gruppierung des polnischen Adels habe, weil alle polnischen Parteien nichts anderes wollten als die Wiederherstellung Polens in seinen alten Grenzen von 1772 – ein Ziel, dem kein Russe je seine Zustimmung geben konnte.[35]

Und er hatte guten Grund zu der Befürchtung. Denn kaum waren die ersten Reformversuche in Polen auf den Weg gebracht worden, als auch schon die ersten öffentlichen Demonstrationen für die Wiederherstellung Großpolens stattfanden – das heißt jenes Polens, das im 15. Jahrhundert, nach der Vereinigung mit Litauen, bis nach Smolensk und Kiew reichte. Nicht nur die radikalen, sozialistisch angehauchten Demokraten des Kleinadels und der unteren Geistlichkeit lehnten jeden Kompromiß mit dem Zarentum ab, auch die hochfeudalen Konservativen verweigerten die Unterstützung der Ausgleichspolitik des Marquis Wielopolski, solange Rußland nicht die alten Provinzen zurückgegeben habe.[36] Parallel dazu steigerte sich revolutionärer Terror im ganzen Land. Anschläge auf den Statthalter wie auf den Chef der Zivilverwaltung häuften sich, und Verbindungen zwischen den aufgeregten Emigranten-Zentralen in Paris und London mit den oppositionellen Netzen im Lande wurden immer intensiver. Das bewog die Protagonisten der russisch-polnisch-französischen Verständigung zwar nicht zu einer Kursänderung, verführte sie aber zu einem bis dato einmaligen Streich gegen das revolutionäre Element: Anfang Januar 1863 verordnete die Regierung eine Aushebung der Rekruten nicht aufgrund des in Rußland üblichen Losverfahrens, sondern nach Listen der Geheimpolizei, die das unruhige junge Polen erfaßten. Wielopolski in Warschau sprach offen von einer »Proskription statt einer Konskription«, und er wie Gortschakow in Petersburg glaubten, damit nur eine »Eiterbeule aufzustechen«, nach deren Platzen die Reformpolitik um so konsequenter fortgesetzt werden konnte. In Wirklichkeit änderten sie den Lauf der europäischen Politik.

Denn gerade der radikale Flügel der Frondeure mußte sich durch das Manöver in seiner Existenz bedroht fühlen, sollte er doch von seinen Quellen abgeschnitten werden. Eine Woche später antwortete er mit dem Signal zur allgemeinen Erhebung. In der Nacht vom 22. zum 23. Januar 1863 überfielen rund 6000 Aufständische die bedeutenderen Kasernen der Armee – zunächst siegessicher, tatsächlich ohne nennenswerten Erfolg.[37] Wie immer fehlte es ihnen an guter Koordination, an sorgfältiger Vorbereitung, an einem einheitlichen Plan. Die Stadtzentren, die eigentlich ihre Kraftquellen hätten sein müssen, wurden von ihnen geräumt. So blieb ihnen im wesentlichen nur das flache Land, wo sie – in ihrer Mehrheit die Söhne des Kleinadels – jedoch die fatale Erfahrung machen mußten, daß die bäuerlichen Massen nicht daran dachten, ihnen zu folgen. Im Gegenteil zeigten sie sich der Aufstandsbewegung gegenüber unverhohlen feindselig, kollaborierten sogar mit den zaristischen Truppen.[38] Das hieß nicht etwa, daß der Bewegung schnell die Luft ausgegangen wäre. Aber aus der geplanten Erhebung der Massen wurde ein Guerilla-Krieg, in dem sich die Aufständischen nötige Hilfe allzu oft durch brutalen Terror gegenüber den eigenen Landsleuten erzwangen, und in dem die russische Besatzungsmacht ebenso brutal zurückschlug.

Einige kühne Unterführer ohne jeden einheitlichen Oberbefehl mit wenigen hundert oder im besten Fall einigen tausend schlecht bewaffneten Mitkämpfern konnten auf die Dauer kein Widerpart für eine große russische Armee sein. Das politische Merkmal des Aufstandes war – wie der bayrische Gesandte in Petersburg Anfang Februar seinem König berichtete, – das »vollkommene Mißlingen der Anwendung panslawistischer Ideen auf das Verhältnis Rußlands zu Polen« und die Tatsache, daß alle Ausgleichsbemühungen »an dem alten Haß der Polen gegen alles Russische« scheitern mußten.[39] In ihrem ganzen Ausmaß war die Tragweite des Aufstandes in diesen ersten Wochen freilich nur den scharfsichtigen Beobachtern deutlich. Soviel aber war klar, daß er eine Aufforderung an alle europäischen Regierungen darstellte, sich einzumischen.

Die erste, die davon Gebrauch machte, war die des neuen preußischen Ministerpräsidenten Bismarck. Er war sich seit eh und je klarer als andere der Gefahren bewußt, die in jener Zeit noch von der Sprengkraft eines neuen polnischen Nationalismus für die »Landbrücke zwischen Schlesien und Ostpreußen« kommen konnte, vor allem also für die Provinz Posen, die erst seit einem knappen halben Jahrhundert zu Preußen gehörte. Noch war dort der polnische Bevölkerungsanteil immer noch erheblich höher als der deutsche. Er war auch von der Unversöhnlichkeit des polnischen Nationalismus gegenüber Preußen überzeugt, und daher stammte seine eigene Unversöhnlichkeit gegenüber dem Gedanken eines selbständigen polnischen Staates. Aber er war durchaus nicht davon überzeugt, daß nicht wenigstens vorübergehend im Gedankenstrom des Panslawismus eine russisch-polnische Versöhnung zustande kommen könnte, die dann – ganz im Sinne Gortschakows – ihre Verlängerung in einer Achse Paris–Petersburg finden würde. »Es gab kaum einen Polen«, schreibt er in seinen ›Gedanken und Erinnerungen‹, »für den die Verbrüderungspolitik (mit Rußland) mehr als eine taktische Evolution vorgestellt hätte, zu dem Zwecke, gläubige Russen zu täuschen, solange es notwendig oder nützlich sein würde.«[40] Der Aufstand schien ihm daher eine goldene Gelegenheit, in Petersburg zur rechten Erkenntnis zu verhelfen.

Sie bot sich wie von selbst an, als der neue russische Botschafter in Berlin, Oubril, am 24. Januar 1863 bei seinem Antrittsbesuch um die Erlaubnis bat, seinem Herrscher »die Zusicherung übermitteln zu können, daß wir in jedem Falle auf eine wohlwollende Haltung der preußischen Regierung rechnen können«.[41] Der preußische König hatte ohnehin bereits seine halbe Armee an der polnischen Grenze aufmarschieren lassen. Er gab die gewünschte Versicherung gern. So vage Verabredungen hielt Bismarck indessen für unzureichend. Wenige Tage danach ließ er beim Zaren anfragen, ob nicht am besten der Adjudant des Königs, General von Alvensleben, nach Warschau reisen solle, um sich dort über »gemeinsame Maßregeln« zu verständigen. Der Zar hielt das für sehr nützlich; er stimmte auch zu, als man in Berlin eine Änderung der Route wünschte und Alvensleben zuerst nach Petersburg statt nach Warschau dirigierte, damit er dort nicht in den Netzen der polenfreundlichen Fraktion hängenbliebe. Er solle, so legte Bismarck seinem General ans Herz, direkt mit dem Zaren über ein Zusammenwirken der beiderseitigen Behörden und Streitkräfte verhandeln. Im Falle des polnischen Aufstandes seien die beiden Regierungen »zwei von einem gemeinsamen Feind bedrohte Bundesgenossen«. Deshalb sei ein Abkommen zwischen den Befehlshabern beider Seiten wünschenswert, das die Aufständischen hindern würde, russischen Truppen durch Überschreitung der preußischen Grenze auszuweichen. Zu alledem hatte der General dem Zaren einen persönlichen Brief König Wilhelms zu überbringen.

Der Zar empfängt am 5. Februar den General von Alvensleben überaus herzlich und scheint enthusiasmiert vom Brief König Wilhelms, der, nebenbei bemerkt, sein Onkel ist. »Sie sollen«, ruft er

Alvensleben zu, »gleich morgen mit Gortschakow verhandeln, ich will es ihm selbst sagen!«[42] Und was er Gortschakow sagt und wie er es sagte, reicht aus, um seinen Außenminister allen preußischen Anregungen willfährig zu machen. Zwischen ihm und Alvensleben kommt schließlich ein Schriftstück zustande, – die berühmte Alvenslebensche Konvention – dessen Kernstück ist, daß auf Ersuchen des russischen oder des preußischen Oberbefehlshabers »die russischen wie die preußischen Truppenführer ermächtigt werden, sich gegenseitig Beistand zu leisten und, wenn nötig, zur Verfolgung der in das Gebiet des anderen übertretenden Aufständischen die Grenze zu überschreiten«. Der Text wird sofort nach Berlin übermittelt, von Bismarck dem König zur Billigung empfohlen, am 8. Februar in Petersburg von Gortschakow und Alvensleben unterzeichnet.

Bismarck drängt seine Hilfe auf

Es ist ein Bismarckscher Husarenstreich: er handelt nicht nur aus instinktiver Polenfeindlichkeit, er verfolgt, wie er in »Gedanken und Erinnerungen« schreibt, »mehr einen diplomatischen als einen militärischen Zweck«. Die Konvention repräsentiert in seinen Augen »einen im Kabinett des russischen Kaisers erfochtenen Sieg der preußischen Politik über die polnische, durch Gortschakow, Großfürst Konstantin, Wielopolski und andere einflußreiche Personen vertretene«.[43] Und so skeptisch man manchen seiner »Erinnerungen« auch gegenüberstehen muß, in diesem Falle sagt er die Wahrheit. Für die Konvention, die Gortschakow schließlich unterzeichnen muß, hat er in Petersburg hauptsächlich den Zaren als Verbündeten. Mit Begeisterung, schreibt der an Wilhelm zurück, habe er die preußischen Vorschläge angenommen; er sehe darin einen Beweis für die engen Bande, die ihre gemeinsamen Interessen vereinten.[44] Was ihn zu dieser Herzlichkeit bewegt, ist nicht nur sein berechtigter Verdacht, daß Wielopolski mit seiner Polen-Politik gescheitert ist. Er meint in den polnischen Aufständischen auch die Verbündeten jener revolutionären Gruppen zu erkennen, die – angefeuert von Alexander Herzen und Bakunin in London – auch im Zarenreich die Unzufriedenheit der Intelligenz schüren und die Axt an die Wurzeln der herrschenden Ordnung legen wollen.

Gortschakow, der Popularitäts-Hascher, der Gut- und Gern-Redner, will mit dem Strom schwimmen und nicht dagegen, er widerstrebt der Konvention, er ist zunächst gegen jede schriftliche Abrede, sucht dann ihre Bedeutung abzuschwächen. Er ist sich sehr der Tatsache bewußt, daß mit dieser anti-polnischen Abrede seine Frankreich-Politik durchkreuzt werden soll und vielleicht werden wird. Gegen das Wort des Zaren kommt er nicht an. Er kann nicht einmal umhin, seinerseits Bismarck einen herzlichen Brief zu schreiben, in dem er den Abschluß der Konvention als Bestätigung des Wortes des Zaren auffaßt, wonach »Rußland und Preußen gemeinschaftlichen Gefahren entgegentreten sollten, als wären sie nur ein Land«. Aber mit einem seiner schneller Manöver bringt er das Abkommen sofort zur Kenntnis des französischen Kaisers. Und der Wirbel, den nun dieser zu inszenieren beginnt, wird der Grund dafür, daß Bismarck in ziemlich unrühmlicher Retirade zunächst entgegen aller Wahrheit und Wahrscheinlichkeit Gortschakow als den Urheber der Konvention hinzustellen und dann die rechtsgültige Existenz und Wirksamkeit der ganzen Abrede zu verleugnen sucht.

Die polnischen Unruhen störten den neuen Napoleon zunächst. Sie schienen ja die Tendenz zu haben, Mächte, die Teile Polens besaßen – Rußland, Österreich und Preußen – wieder zusammenzuführen. Dieser Dreier-Block hatte nach dem Wiener Kongreß dem europäischen Staatensystem Stabilität gegeben. Auf dem Umweg über den Krim-Krieg hatte Napoleon sie zerstört. Ihm, der ganz Europa in Bewegung setzen wollte, um zusammen mit einer allgemeinen Umgestaltung der europäischen Landkarte auch die Rheingrenze zu gewinnen, konnte ihre Wiederherstellung am wenigsten passen.

In dieser unerfreulichen Lage sah er in der Alvenslebenschen Konvention den Lichtblick. Durch sie, so argumentierte er, hatte Preußen die bisher eher lokale Frage internationalisiert und zum europäischen Problem gemacht. Nicht nur wurden damit die Rechte aller Unterzeichnerstaaten der Wiener Kongreßakte tangiert, in der im Jahre 1815 das Statut Polens festgelegt worden war. Preußen konnte jetzt als der eigentlich Schuldige an den polnischen Ereignissen hingestellt, den französischen Sympathien für die Polen konnte ungehinderter Lauf gelassen und die Angriffspitze der französischen Politik konnte offen gegen Preußen gerichtet werden, ohne daß die russische Freundschaft ernstlich leiden mußte. »Große Rücksichtnahme gegenüber Rußland, Sympathie für Polen, carte blanche gegen Preußen« lautete deshalb die Parole, die von der Regierung für die Presse ausgegeben wurde.[45] Auf den nun anschwellenden Chor der Pariser Leitartikler folgte die Drohung des französischen Außenministers gegenüber dem preußischen Gesandten, daß Frankreich seine neutrale Haltung vielleicht nicht beibehalten könne, und darauf der Versuch, die britische Regierung zum gemeinsamen Vorgehen gegen die eigentlichen »Henker der polnischen Patrioten« in Berlin zu gewinnen.[46]

Damit entwickelte sich eine für Preußen durchaus gefährliche Lage. Denn auch in der englischen Öffentlichkeit, in Presse und Parlament begann, kräftig gefördert durch gute Verbindungen polnischer Hochadeliger zu britischen Blättern, schnell eine Sympathiewelle für die Polen anzurollen, die von immer heftiger werdenden Angriffen gegen die Berliner Regierung begleitet wurde. Bismarck, damals eben noch ein Anfänger, hatte sie leichtfertig selbst angeheizt. Als er am 10. Februar den britischen Gesandten in Berlin über den Abschluß der Konvention informierte, hatte er es für richtig gehalten, ihm auch noch zu versichern, daß Preußen notfalls Polen selbst besetzen werde, falls Rußland jemals aus dem Königreich hinausgedrängt werden sollte. Er wolle »das Aufkommen einer uns feindlichen Macht verhindern«. »Das wird Europa niemals dulden!«, hatte ihm darauf der Brite entgegengeschleudert und ihn davor gewarnt, daß er eine Gegenkoalition in Europa provozieren könne.

Aber Bismarck beharrte auf dem Thema. Es war sein Alptraum geworden, seitdem ihm Zar Alexander während seiner Petersburger Zeit als preußischer Gesandter einmal »mit dürren Worten« gesagt hatte, er sei nicht abgeneigt, Polen aufzugeben. Zwar würde er Warschau behalten wollen, weil es immerhin als Garnison in der Armee seinen Reiz habe, im übrigen sei aber Polen nur eine Quelle der Unruhe. Die Deutschen könnten wohl die polnischen Gebiete germanisieren, weil sie gebildeter als die Polen seien, die Russen jedoch fühlten nicht die notwendige Überlegenheit, um die zivilisierten Polen zu beherrschen.[47] Bismarck schien der Gedankengang damals so abenteuerlich, daß er sich fragte, ob er bei wachem Bewußtsein sei. Jetzt sah er das Schreckensbild abermals heraufdämmern. Einen Bericht seines Petersburger Gesandten, der das Wiederaufleben solcher Ideen bestätigte, versah er mit der ironisch-verzweifelten und vielleicht sehr weisen Randnotiz: »Der National-Russe faßt solche Beschlüsse mit Leichtigkeit über Nacht!«[48]

Jedenfalls veranlaßte ihn die Nachricht, seinen Gesandten in Paris und London entsprechende Instruktionen zu geben. Rußland, so teilte er ihnen am 17. Februar mit, habe in den letzten Jahrzehnten wiederholt die Möglichkeit einer Abtretung Polens an Preußen angeschnitten. Sie sollten bei passender Gelegenheit diskret darstellen, daß Preußen in einer solchen Eventualität vor der Frage stehe, welche Gefahr größer sei: die des Entstehens eines unabhängigen Polens oder die europäischer Verwicklungen im Falle einer Besetzung Polens durch Preußen. Das war gewiß kein eleganter Tastversuch. Aber in einer prophetischen Passage fügte er der Depesche an seinen Londoner Gesandten hinzu:

> »Befriedigen können wir die Ansprüche, welcher dieser neue Nachbar auf unsere Kosten stellen würde, niemals. Sie würden außer auf Posen und Danzig sich demnächst auf Schlesien und Ostpreußen richten, und die Landkarten, in welchen die Träume der polnischen Insurrektion ihren Ausdruck finden, bezeichnen Pommern bis an die Oder als polnische Provinz.«[49]

Aber solche Gedanken und Vorstöße, die, nebenbei gesagt, dem großen preußischen Aufmarsch an den polnischen Grenzen ein merkwürdiges Gesicht gaben, wurden durch die Ereignisse schnell überholt. Die britischen Staatsmänner vermochten nämlich keinesfalls einzusehen, daß, wie Bismarck meinte, die preußische Monarchie sich in »einem Kampf auf Leben und Tod« mit der polnischen Unabhängigkeitsbewegung befinde. Im britischen Parlament drückten sie vielmehr unter dem Beifall von Ober- und Unterhaus ihr lebhaftes Bedauern über die Beteiligung Preußens an den russischen Unterdrückungsmaßnahmen in Polen aus und gleichzeitig nahm die britische Pressekampagne gegen Preußen Formen an, die Bismarcks Gesandten in London an die Haltung der Westmächte gegen Rußland vor dem Krim-Krieg erinnerten.[50] Gerade in diesem Moment erreichte auch die französische Kampagne gegen Berlin ihren Höhepunkt.

Nicht nur übermittelte die Pariser Regierung der britischen den Entwurf einer scharfen Note, mit der beide gemeinsam in Berlin gegen die preußisch-russische Konvention protestieren sollten. Sie trat gleichzeitig auch an den Wiener Hof mit dem Antrag heran, sich dem britisch-französischen Schritt anzuschließen – und ihm damit ultimativen Charakter zu verleihen. Und um die Österreicher auf diese Bahn zu locken, unterbreitete Kaiserin Eugénie dem österreichischen Gesandten Fürst Metternich im vertrauten Gespräch Vorstellungen vom künftigen Europa, die diesem geradezu traumhaft erschienen. Zwar sollte danach Polen wiederhergestellt und ihm das österreichische Galizien wiedergegeben werden, aber Österreich würde dafür das viel wertvollere Schlesien und die Lausitz zurückerhalten. Zwar sollte es Venetien an das mit Frankreich befreundete Italien abgeben, aber dafür Serbien und andere Gebiete am adriatischen Meer gewinnen. Preußen sollte die Provinz Posen an Polen abgeben, dafür aber den Rest Sachsens und die Herzogtümer nördlich des Mains an sich nehmen. Frankreich aber würde, ohne irgendwem etwas zu geben, das ganze linke Rheinufer und möglichst auch Teile von Belgien erhalten.[51]

Ein neuer Krieg um die Rheingrenze?

Einen recht ähnlichen Plan hatte am Tag zuvor ein anderes Mitglied der Familie Napoleon, der Prinz Napoleon, Neffe Napoleons III., in der Form eines Memorandums dem französischen Kaiser überreicht. Einige französische Grundgedanken waren darin allerdings in noch schrofferer Form ausgedrückt. Es hieß darin beispielsweise, daß die Wiederherstellung Polens in seiner ganzen früheren Größe ein Axiom der französischen Politik sei. Deutschland andererseits würde nach dem Verlust seiner ehemals slawischen Gebiete in seiner beengten Lage zwischen Frankreich und Polen keine ernstzunehmende Macht mehr sein. Selbstverständlich war auch in diesem Plan das linke Rheinufer für Frankreich bestimmt. Drei Tage später machte Kaiser Napoleon in Person dem österreichischen Botschafter ein Allianzangebot:

> »Ich«, sagte er ihm, »gehöre der Macht, die mir hilft, und ich verhehle Ihnen nicht, daß es mir am liebsten wäre, wenn gerade Österreich auf mich hören würde, weil unsere Interessen identisch sind.« Der dritte Napoleon zeigte sich »nunmehr entschlossen, die Rheingrenze mit Gewalt zu gewinnen«.[52]

Über Nacht war Preußen in höchste Bedrängnis geraten. Der Sieg, den Bismarck im Kabinett des Zaren errungen zu haben meinte, konnte zur Katastrophe eines französisch-britisch-österreichischen Krieges gegen Preußen–Rußland werden, bei dem Preußen in der vordersten Front stehen würde.

> »Wir haben«, so schrieb in diesen Tagen der preußische Gesandte in Paris an seinen Chef, »einen immensen Fehler begangen. Gott weiß, wie er wiedergutgemacht werden soll.« Er könne sich nicht

vorstellen, daß Napoleon sich dereinst von seinen Geschichtsschreibern werde vorwerfen lassen wollen, er habe die desolate Lage Preußens nicht ausgenutzt, »um sich den Rhein zu holen«, und er schloß mit dem kühnen Appell an seinen Chef: »Also Aufhebung der Konvention, Aussöhnung im Innern!«[53]

Graf Goltz, der Gesandte, stand in einem Rivalitätsverhältnis zu Bismarck. Es muß gerade diesem Chef recht schwergefallen sein, dem Rat seines Untergebenen zu folgen. Vermutlich mit zusammengebissenen Zähnen. Aber jedenfalls begab sich jetzt der spätere »Eiserne Kanzler« so schnell er konnte auf den Rückmarsch. Sein ganzes Bemühen in den dramatischen Tagen vom 22. bis zum 28. Februar 1863 galt dem Ziel, die Bedeutung seiner Konvention bis an die Grenze der Nichtexistenz abzuschwächen.

Bedenken, die jetzt in Petersburg auch im Umkreis des Zaren aufkamen, halfen ihm dabei. Am 22. brachte der russische Gesandte ihm gegenüber den Wunsch seiner Regierung zum Ausdruck, daß die Notwendigkeit einer Überschreitung der Grenzen durch eine der beiden Seiten nicht eintreten würde. Bismarck griff blitzschnell zu. Noch am gleichen Tag gab er dem preußischen Oberkommandierenden den Befehl, die Grenze mit preußischen Truppen auch dann nicht zu überschreiten, wenn die Russen darum ersuchen würden. Am folgenden Tage ließ er Paris und London wissen, daß die Konvention bisher praktisch nicht durchgeführt worden sei und mangels eines objektiven Bedürfnisses auch kaum durchgeführt werde. Am 26. teilte er beiden Regierungen mit, daß die Konvention keine praktische Bedeutung mehr habe. Und am 27. Februar verstieg er sich gegenüber dem britischen Gesandten sogar zu der Behauptung, daß eine perfekte Konvention mit Rußland gar nicht existiere, da sie nicht formell abgeschlossen worden sei und wahrscheinlich niemals abgeschlossen werde, weil die russische Regierung auch ohne preußische Hilfe mit dem Aufstand fertig werde. Alvensleben habe sie ohne Vollmacht unterzeichnet, aber sie sei von keiner Seite ratifiziert worden.[54] Der Engländer gab zu verstehen, daß er die Lüge durchschaute – die Konvention bedurfte offenkundig einer Ratifizierung nicht. Aber er stimmte einem Telegramm an den britischen Außenminister zu, in dem er mit Blick auf die am Nachmittag stattfindenden Unterhaussitzung auf »eigene Verantwortung« mitteilte, daß eine Ausführung der Konvention nicht wahrscheinlich sei.[55] Es zeigte sich gleich, daß es Bismarck damit gelingen konnte, den Schlag abzuwehren. Den bitteren Kelch des Rückzugs hatte er allerdings noch nicht bis zur Neige geleert.

Die Schlüsselrolle kam der Londoner Regierung zu. Was stand wirklich hinter der Erregung, die sich wegen der preußisch-russischen Konvention gezeigt hatte? Gewiß: die allgemeinen Sympathien für ein unterdrücktes Volk spielten eine Rolle. Aber schwerwiegende politische Entscheidungen faßt man in London selten unter dem Druck einer vorübergehenden Stimmung. Das entscheidende Motiv für die britische Intervention war sicherlich, daß man in Bismarcks Schritt eine Störung jenes europäischen Gleichgewichts der Kräfte sah, das England mühsam eingerichtet hatte. Auch nach dem Krim-Krieg war Rußland sein großer Gegner geblieben. Rußland einzudämmen, auch in Polen, gehörte zu den obersten Geboten britischer Politik. Mit Bismarcks Intervention schien nicht nur der Prozeß der allmählichen Lockerung polnisch-russischer Bande empfindlich gestört worden zu sein. Schlimmer war, daß sich Preußen damit in ein allianzartiges Verhältnis zu Rußland begab – und zwar in einer Rolle als Junior-Partner. Gerade dies war die britische Politik zu verhindern bemüht. Im Krim-Krieg war es ihr nicht gelungen, Preußen ins antirussische Lager zu ziehen. Jetzt war sie entschlossen, zumindest zu verhindern, daß es auf die russische Seite ging.

Aber während diese Operation voranschritt, entdeckten die britischen Führer auch, wie das europäische Gleichgewicht im selben Moment von anderer Seite bedroht wurde: vom neuen Napoleon. Dessen Drängen auf die anti-preußische Koalition war allzu stürmisch geworden, als daß es nicht mißtrauisch hätte machen müssen. Seine expansiven Pläne waren zu bekannt. Sie erschreckten vor allem die britische Königin. Dringlich forderte sie am 23. Februar das Kabinett auf, sich keinesfalls an einer gemeinsamen diplomatischen Aktion zu beteiligen, »durch die es in eine Lage gezogen werden würde, die zum Krieg mit Deutschland führen könne«. Ihr schaure bei dem Gedanken, was passieren könne, wenn die britische Regierung sich gegenüber Frankreich nicht sehr sorgsam und zurückhaltend äußere. »Die Vorschläge Frankreichs«, so schrieb sie an ihren politischen Berater, Lord Granville, »würden uns unfehlbar in Kollision mit Preußen bringen, und wir würden eine französische Armee am Rhein haben, bevor wir uns umdrehen würden.« Der französische Kaiser sei »verrückt nach einer Gelegenheit, am Rhein zu stehen, und wir dürfen ihm keinen Vorwand dafür geben«.[56] Im britischen Kabinett äußerte Premierminister Palmerston schon am 24. Februar die

Vermutung, Napoleon strebe eine Erweiterung des französischen Territoriums an[57] – mit anderen Worten: die Rheingrenze.

London stoppt den dritten Napoleon

Das schien für die britische Politik noch gefährlicher als ein vorübergehendes preußisches Techtelmechtel mit dem Zaren. Es konnte eben jene Dominanz Kontinentaleuropas durch Frankreich bedeuten, gegen die England ein halbes Jahrhundert zuvor erbittert gefochten hatte. So setzte sich schließlich in London jene Einsicht durch, die Königin Victoria am 24. Februar ihrem Außenminister zu vermitteln bemüht war. Es sei am besten, schrieb sie ihm, »Preußen die Gelegenheit zu geben, aus den Schwierigkeiten dadurch herauszukommen, daß es die Konvention fallenläßt«.[58] Einen Tag später beschloß das Kabinett, Frankreichs Vorschlag einer gemeinsamen Intervention in Berlin auszuweichen und statt dessen Bismarck Gelegenheit zur Vollendung seines Rückzugs zu bieten, indem »Preußen, wenn es das wünscht, die Konvention fallenläßt«.[59] Nach Berlin sollte zwar ein Protest gegen die Konvention abgehen, doch sollte ihm jeder ultimative Charakter fehlen. Wir sprachen schon darüber, wie Bismarck das Seil auffing, das ihm die Briten zuwarfen.

Allerdings stand nun nicht nur sein Prestige in Berlin auf dem Spiel. Allgemein erwartete man in Europa in diesen Tagen seinen Rücktritt. Und am Zarenhof zeigte sich Befremden. Im Grunde hätte sich Gortschakow die Hände reiben können. Er war es ja gewesen, der dieser Konvention gegenüber sich am zögerndsten verhalten hatte. Gegen seine Politik hatte sie sich gerichtet. Aber diese Befriedigung wurde ihm genommen durch ein ziemlich hinterhältiges Bismarcksches Verwirrspiel, dessen Sinn es war, sein eigenes Prestige zu schonen, seinen eigenen Rückzug zu verschleiern und statt dessen Gortschakow zu belasten.

Der Zar war verstimmt darüber, daß die Gültigkeit der Konvention ausgesetzt worden war. Vom Vizekanzler wurde er belehrt, daß dies auf Bismarcks Wunsch geschehen sei. Dieser übertrieb die Bedeutung der Worte, die ihm vom russischen Gesandten am 22. Februar übermittelt worden waren und tat, als hätte er nur einem Wunsche Gortschakows entsprechen wollen. Schwerlich konnte er damit den Zaren ganz überzeugen, dafür sprachen die Berichte, die von den russischen Diplomaten in allen europäischen Metropolen über die preußischen Ängste nach Petersburg gesandt wurden, eine zu deutliche Sprache. Einen Bericht seines Berliner Gesandten Oubril über Bismarcks Schwierigkeiten versah der Zar mit der Randnotiz:

> »Man muß zugeben, daß unser lieber Bismarck schrecklich ungeschickt ist.« Und Gortschakow schrieb in einem Privatbrief an Oubril schadenfroh: »Ich habe der Konvention niemals praktische Bedeutung beigemessen, ohne zu leugnen, daß sie moralischen Wert hat. Man ist dort, wo Sie weilen, ziemlich unbeholfen gewesen, ... aber ich kann es mir nicht leisten, mich in Vorwürfen zu ergehen, denn ich bin über die Demütigung unseres Freundes Bismarck sehr bestürzt.«[60]

»Freund Bismarck« aber fuhr fort in seinem eifrigen Bemühen, die Schuld für die verlorene Schlacht nicht dort zu lassen, wo sie lag, nämlich auf seinen Schultern, und statt dessen die Russen zu verwikkeln. Deshalb konfrontierte er die Petersburger nun offiziell mit den Drohungen der Westmächte und mit einem Entweder-Oder: eine russische Beistandsgarantie für die Möglichkeit eines Krieges mit Frankreich, Österreich und England oder aber das Fallenlassen der Konvention durch die russische Seite.

Bismarcks hastiger Rückzug

Die militärische Garantie lehnte der Zar ab. »Unterstützung in einem Krieg gegen Frankreich und England, nein danke!« schrieb er in einer berühmt gewordenen Notiz an den Rand des Berichtes seines Gesandten.[61] Zum diplomatischen Kotau aber ließ sich Gortschakow nicht herab. Zwei Tage lang summten die Drähte zwischen Berlin und Petersburg mit Depeschen, deren Kern Bismarcks Wunsch war, wenigstens eine gemeinschaftliche Aufhebung der Konvention zu erreichen. Gortschakow dachte nicht daran. »Wir bleiben stets den von uns eingegangenen Verpflichtungen treu«, sagte er in ebenso erregten wie peinlichen Debatten mit dem preußischen Gesandten. Die Kündigung könne nur von Preußen ausgehen, und der Zar werde dem nichts entgegenstellen.[62] Es lohnt sich kaum, die Finten, mit denen Bismarck nun einerseits den Zaren sich warmzuhalten, andererseits Gortschakow und seinen Apparat in schlechtes Licht zu rücken suchte, im einzelnen zu erzählen. Insgesamt zeigen sie ihn nicht von der angenehmen Seite. Der Zar jedenfalls war am 2. März auf einen Vorschlag des preußischen Militärbevollmächtigten in Petersburg schon bereit, Preußen den Gefallen zu tun und die Konvention gemeinschaftlich aufzuheben, als ihn Bismarck wieder davon abbrachte. Die Lage hatte sich nämlich schon wieder geändert. Das Endergebnis der hektischen Manöver war, daß jenes Schriftstück, das fast einen großen Krieg ausgelöst hatte, niemals zur Anwendung kam, formell aber bestehen blieb.[63]

Die Wendung der Situation war am 28. Februar eingetreten, gerade, als die Kontroverse zwischen Bismarck und Gortschakow auf dem Höhepunkt war. An diesem Tag hatte sich die britische Politik auch offiziell geändert. Eine Menge kalten Wassers ergoß sich aus London über die französischen Pläne. Den Wunsch nach einer gemeinsamen Demarche in Berlin wies die britische Regierung endgültig zurück; sie habe bereits, teilte sie in Paris mit, eine eigene Depesche vorbereitet, in der sie Preußen einen Wege weise, auf dem es sich den Folgen seiner übereilten Tat entziehen könne.[64] Die Gedanken, die damals die britische Politik bestimmten, beleuchtete ein Leitartikel im »Herald«, dem führenden Blatt der oppositionellen Konservativen:

> »Die Gründung eines unabhängigen Polen als Schranke gegen Rußland wäre mit der Schwächung und Knechtung Deutschlands zu teuer erkauft«, hieß es darin. »Es wäre ein wunderlicher Triumph des Nationalitäten-Prinzips, die deutschen Rheinländer dem französischen Kaiserreich einzuverleiben, um die Unabhängigkeit Polens zu begründen. Und einmal im Besitz der Rheinprovinzen, würde sich die französische Regierung wahrscheinlich damit begnügen, sie zu behalten und die Polen ihrem Schicksal überlassen.«[65]

Zwei Tage vor der britischen Absage war in Paris auch eine höflich ablehnende Antwort aus Wien eingetroffen. Sie betraf das ganze große napoleonische Bündnisprojekt. Die Wiener Regierung, wurde darin gesagt, sei nicht gewillt, »sich in Unternehmungen einzulassen, bei denen das Risiko gewiß ist und die Vorteile problematisch sind«.[66] Die Enttäuschung in Paris war riesengroß, Kaiserin Eugénie überhäufte den Wiener Gesandten mit Vorwürfen über Österreichs Kleinmut und Entschlußlosigkeit. Aber auf jeden Fall mußte auch sie nun gegenüber Preußen einen anderen Kurs einschlagen.

Anstelle einer gemeinsamen Demarche, der schärfsten Form des Protestes im internationalen Verkehr, wurden nun in Berlin drei einzelne, eher zurückhaltende Noten abgegeben. Bismarck nahm sie am 4. März entgegen. Die französische war von allen die freundlichste. Auf die britische, die den Wunsch nach einem Fallenlassen der Alvenslebenschen Konvention ausdrückte, entgegnete Bismarck, daß das gar nicht möglich sei. Das Abkommen sei gar keine Konvention, weil es formell nicht zu definitivem Abschluß gelangt sei und ein solcher auch nicht in Aussicht stehe, weil der beabsichtigte Zweck bereits erreicht sei. Man könne aber nicht fallenlassen, was nicht existiere. Es war jene Lüge, die England von ihm wollte. Es hatte sein Ziel in Berlin erreicht.

Auch Bismarck? Das schien an jenem 4. März durchaus nicht so. Er hatte durch einen hastigen Rückzug seine und Preußens Haut gerettet. Er mußte den Briten dafür dankbar sein, daß sie sich mit der Erteilung einer Lektion begnügt und Napoleons großes Manöver gestoppt hatten. Der preußische König bedankte sich bei Queen Viktoria »für die versöhnliche und freundliche Haltung der Regierung Ihrer Majestät während der jüngsten Diskussionen in Paris über die polnischen Angelegenheiten« und drückte außerdem sein »vollständiges Verständnis für die Vorstellungen der Regierung Ihrer Majestät« aus, versicherte überdies, »daß alles befriedigend geregelt werden würde«.[67] Alles andere als ein Kompliment für die Politik seines Kanzlers. Und was war nun aus Bismarcks Absicht geworden, in Petersburg die pro-preußische Fraktion über die pro-französische und deshalb auch pro-polnische siegen zu lassen? Er hatte besten Willen demonstriert, gewiß. Aber nach großartigem Auftrumpfen waren Zeichen engster Freundschaft peinliche Bekundungen der Schwäche gefolgt, die nicht nur an seinem und Preußens Prestige kratzten, sondern sogar auch das seines russischen Partners tangierten. In weiten Kreisen Preußens, Deutschlands und Europas war der Eindruck entstanden, daß er – wie dies der württembergische Gesandte in Petersburg ausdrückte – »mit einer beinahe an Aufdringlichkeit grenzenden Hast seine Dienste angeboten habe, welcher in Wahrheit Rußland gar nicht bedurfte«.[68] Sein persönliches Verhältnis zu Gortschakow war stärker belastet als je zuvor, dessen politisches Projekt einer Allianz mit Frankreich aber durchaus nicht tot.

Wenn dennoch unbestreitbar ist, daß diese nie zum Leben erwachte und als Embryo nur Ärger bereitende Alvenslebensche Konvention schließlich zur Abkehr Rußlands von Frankreich, zur Festigung seiner Verbindung mit Preußen und somit zu den Ereignissen des Jahres 1870 wesentlich beitrug, dann war die eigentliche

Ursache dafür nicht ihr Schöpfer, sondern Napoleon III. selbst. Eben weil er sich wie ein Habicht auf sie gestürzt hatte, verschaffte er ihr überdimensionale internationale Proportionen. Damit aber gleichzeitig auch der ganzen polnischen Krise. Und drei Faktoren sorgten dafür, daß er zu seinem Unglück von diesem polnischen Problem nicht mehr loskam: die öffentliche Meinung Frankreichs, die aufzurühren er so wesentlich beigetragen hatte, der russische Nationalstolz und die britische Politik.

Diese nämlich begann sich jetzt gegen den eigentlichen Widerpart zu richten, gegen Rußland, »die Quelle des Übels«, wie sich der britische Premier ausdrückte. Und während die Londoner Regierung den französischen Wunsch nach einem gemeinsamen Schritt *in Berlin* abgelehnt hatte, forderte sie gleichzeitig die Pariser Regierung zu gemeinsamen Vorstellungen *in Petersburg* auf. Selbstverständlich war sie sich darüber im klaren, daß sie damit die Kreise Napoleons empfindlich stören mußte. Das russisch-französische Bündnis zu verhindern, das sich ja nur gegen britische Interessen richten konnte, wurde jetzt eigentliches Londoner Ziel, Polen war ihm nur der geeignete Vorwand. Die Ähnlichkeit des britischen Hauptinteresses mit dem Bismarcks lag auf der Hand, eben deshalb hatte London ihm ja auch eine hilfreiche Hand geboten. Darum war die britische Regierung auch gar nicht erstaunt, als der französische Außenminister das Ansinnen eines gemeinsamen Schrittes beim Zaren kühl ablehnte und zögerte nicht, die Dinge allein in Bewegung zu setzen.

Anfang März überreichte der britische Gesandte in Petersburg eine Note, die grob das Blutvergießen in Polen beklagte und eine Amnestie wie auch die Einrichtung einer polnischen Zivilverwaltung forderte. Gleichzeitig appellierten die Briten an alle Unterzeichner der Wiener Verträge von 1815, ihren Schritt in Petersburg zu unterstützen. Das Thema Alvensleben war in den Hintergrund gedrängt. Und ob sie wollte oder nicht – unter dem Druck der Erwartungen ihres Publikums war unvermeidlich nun auch die französische Diplomatie zur Aktion gedrängt.

In einem so vornehm wie möglich überreichten persönlichen Brief an die Adresse des Zaren drückte Napoleon die Sympathien Frankreichs für die Anliegen Polens aus – wie auch den Wunsch und die Hoffnung, daß die Polen all jene Rechte und Institutionen zurückerhielten, die sie bis 1831 gehabt hätten. Genauso schonend und inoffiziell ließ der französische Außenminister in Petersburg wissen, daß er sich inhaltlich den britischen Vorstellungen anschließe. Aber so groß anfänglich die französische Zurückhaltung war – ein Schritt ergab den anderen. Gortschakow ließ in seiner Antwort Paris wissen, daß Milde verfrüht sei, solange der Aufstand andauere. Ähnlich antwortete er den Briten. Aber unvermeidlich zeigte sich jetzt in Petersburg eine Gereiztheit nicht so sehr England gegenüber, dessen Gegnerschaft bekannt war, als vielmehr gegenüber jenem Frankreich, dessen Freundschaft zu gewinnen sich Gortschakow und das ganze liberale Rußland sieben Jahre lang bemüht hatten.

Sie erhöhte sich beträchtlich, als Frankreich Mitte März den ursprünglich von den Briten vorgebrachten Gedanken eines gemeinsamen Schrittes in Petersburg aufgriff. Napoleon fühlte sich unter Erfolgszwang. Bei der ersten abschlägigen Antwort der Russen glaubte er es nicht bewenden lassen zu dürfen. Ein stärkeres Druckmittel mußte her. Was die französische Diplomatie nun wünschte, waren identische Noten Englands, Frankreichs und Österreichs mit ihrem quasi-ultimativen Charakter, die überdies Frankreich in einer gewissen Anonymität hinter einen Schleier westlicher Solidarität hätten lassen können.

Aber die Wiener Regierung war den westlichen Inspirationen in dieser Krise ohnehin nur widerstrebend gefolgt. Ihr einziges Interesse bestand darin, nicht noch tiefer in jene Isolation zu geraten, in die der Krim-Krieg sie geführt hatte. Sie wollte ihren neuen Freunden in London und Paris gefällig sein, aber nur im Mindestmaß, ohne Rußland zu verärgern. Ein Seiltanz, der ihr mißlang: Den einen war ihre Leisetreterei zu wenig, den noch von 1854 her gereizten Russen war auch die Leisetreterei zu viel. Weder Wien noch London konnten sich also zu einem Übermaß von Solidarität mit dem Pariser Partner entschließen. So kam es wiederum nur zu »individuellen« Noten, von denen abermals die französische beim Adressaten die größte Verärgerung erregte. Denn wenn Napoleon an den Zaren appellierte, er möge doch in Polen die Bedingungen eines dauerhaften Friedens gewähren, damit »die periodischen Eruptionen in diesem Land nicht immer wieder Europa in Mitleidenschaft zögen«, so empfand man in Petersburg, daß hier der Brandstifter nach der Feuerwehr rief. Als Paris den Eindruck zu erwecken suchte, daß die diplomatische Demarche vor allem auf Drängen Englands erfolgt sei, sprach der Zar von einer »schändlichen Komödie«.[69] Der Widerwille der russischen öffentlichen Meinung begann sich gegen niemand mehr als gegen Frankreich zu richten.

Eine Kluft zwischen Rußland und dem Westen

Denn dies wurde jetzt zum entscheidenden Merkmal der Krise: das russische Nationalgefühl begann sich gegen die Einmischung zu empören. Schon Anfang April, als sich die Intervention abzuzeichnen begann, hatte der Petersburger Adel in enthusiasmierter Stimmung eine Ergebenheitsadresse an den Zaren gerichtet, in der er seinen Willen bekundete, »Gut und Blut zu opfern, um die Einheit Rußlands zu erhalten«. Mit solcher Rückendeckung hatte der Zar kurz vor der Überreichung der westlichen Noten ganz überraschend den Aufständischen ein fast uneingeschränktes Amnestieangebot gemacht, falls sie die Waffen niederlegen sollten. Weder hatte er damit den Schritt der Mächte verhindern, noch auf die Insurgenten Eindruck machen können. Sie standen in hohem Maße unter der Wirkung der Nachrichten aus Paris und London. In den Märztagen berichtete der preußische Generalkonsul in Warschau, die »Hoffnung auf fremde Hilfe« sei »der Angelpunkt, um den sich alles dreht. Es wird schwerhalten, den Polen diesen Glauben zu nehmen.«[70] Die Aufstandsleitung verwarf denn auch in einem flammenden Aufruf das russische Angebot uneingeschränkt, weil es unter einer »moskowitischen Regierung« keine freien Institutionen geben könne. »Weg mit der Zarengnade!« hieß es in dem Aufruf. »Wir haben das Schwert ergriffen, und nur das Schwert wird unseren Kampf mit Moskau entscheiden.«[71]

Zur gleichen Ansicht kam nun allerdings auch die russische Nation. Kriegerische Begeisterung durchzog das Land. Patriotische Bekundungen gab es überall. Wenn es einen neuen französisch-britischen Angriff geben sollte, wollte man ihm nicht ausweichen. Anfang April wurde auf Befehl des Zaren die russische Armee in Kriegsbereitschaft versetzt. Als der Zar am 29. April Deputationen des Adels, der Städte und der Universitäten anläßlich seines Geburtstages empfing, konnte er ihnen sagen:

> »Unsere Feinde haben geglaubt, uns uneinig zu finden, aber sie haben sich getäuscht. Schon bei dem Gedanken an die uns drohende Gefahr haben sich alle Stände des russischen Reiches um den Thron vereinigt und ihrem Zaren das Vertrauen gezeigt, das ihm über alles teuer ist. Ich verliere noch nicht die Hoffnung, daß es nicht zum allgemeinen Krieg kommen wird. Aber wenn er uns beschieden ist, so bin ich überzeugt, daß wir mit Gottes Hilfe die

Grenzen des Reiches und die mit diesem untrennbar verbundenen Gebiete zu verteidigen wissen werden.«

Das war eine Warnung an alle. Geradeso wie damals, als sich der erste Napoleon anschickte, Rußland zu überfallen, begann die Volksstimmung der Petersburger Regierung jedes Zurückweichen vor dem dritten Napoleon immer schwerer zu machen, selbst wenn sie das gewollt hätte.

Gortschakow freilich machte noch einen letzten Versuch, einen Versuch, dessen Fehlschlag er allerdings schon befürchtete. Die Antworten, die er am 26. April den drei Mächten überreichte, entsprachen der Seelenlage ihres Verfassers: Schroffheit für die Engländer, herablassende Höflichkeit für Österreich; ihre Kernthese war, daß die von Alexander I. den Polen 1815 verliehene Verfassung ein freiwilliger russischer Akt gewesen sei, der keine Verpflichtung gegenüber anderen europäischen Mächten zur Folge habe. Auffallend mild aber war das Dokument, das der französische Gesandte in die Hand nehmen durfte. Vor allem enthielt es die russische Bereitschaft, »in internationale Verhandlungen« *auch* über die innere Verfassung Polens einzutreten. Das konnte ein bedeutsames Zugeständnis an die französischen Wünsche sein.

In Paris war man bereit, den Ball aufzufangen. Der französische Außenminister sprach sich befriedigt über den freundschaftlichen Ton der Note aus, Kaiser Napoleon entwickelte Gortschakows Idee der »Internationalen Verhandlungen« zu einem »internationalen Kongreß« weiter. Schon glaubte man in Berlin, daß der russische Vizekanzler um den Preis großer Konzessionen in Polen der Verwirklichung seines französisch-russischen Partnerschaftstraums im letzten Moment nahegekommen sei – da zeigte sich, daß der Schmetterling ihm in eben diesem Moment unwiderruflich entwischte. Denn Napoleon hatte Gortschakow gänzlich mißverstanden. Dieser dachte an ein großes europäisches Palaver, bei dem er endlich eloquent auch die Schwarzmeer-Frage aufwerfen konnte, jener aber nur an die Polen-Begeisterung seines französischen Publikums. In einem Gespräch mit dem russischen Botschafter hatte er durchblicken lassen, daß er über nichts als Polen sprechen wolle und daß er die völlige Aufgabe Polens durch Rußland wünsche. Die russische Öffentlichkeit bekam davon Wind. In der ohnedies aufgerührten nationalen Seele bäumte sich eine neue Welle der Empörung hoch, die den Rest von Gortschakows französischen Plänen unter sich begrub.

Sechs Wochen lang fliegen nun die Botschaften zwischen den Hauptstädten der Interventionsmächte, die sich gegenseitig nicht über den Weg trauen: Die Briten wollen einen einjährigen Waffenstillstand zwischen Russen und Polen, der die Anerkennung der Aufständischen als kriegführende Partei durch den Zaren bedeuten würde. Ein Österreichisches Kompromißprogramm mißfällt nicht nur in London; auch die Aufständischen entrüsten sich über das angebliche Schwächezeichen. Statt dessen fordern sie abermals die Grenzen von 1772 einschließlich Groß-Litauens und der rechtsufrigen Ukraine.[72] Gortschakow läßt in Berlin mitteilen, daß Rußland lieber Krieg führen als einem Kongreß zustimmen werde, auf dem Polen der einzige Verhandlungsgegenstand sein würde. Krieg – das wurde immer mehr die Aussicht, der Rußland entgegenzusehen hatte.

Preußen verteidigt seine Neutralität

Auch Preußen, denn dessen Rolle wurde für alle Beteiligten immer wichtiger. Der britischen Regierung war bereits im April klargeworden, daß sich Rußland angesichts der nationalen Erregung den westlichen Pressionen allenfalls dann beugen würde, wenn Preußen und der Rest Deutschlands sich der anti-russischen Koalition anschließen würden. Wie damals, 1854! Sie hatte deshalb am 24. April in Berlin angefragt, wie sich Preußen im Falle eines französisch-russischen Krieges und insbesondere einer französischen Flottenoperation an der baltischen Küste verhalten würde. Bismarck reagierte darauf mit Entschiedenheit. Preußen, ließ er wissen, werde entsprechend seinen Interessen handeln müssen und gemeinsam mit Österreich Abwehrmaßnahmen zu treffen suchen, da ein solches Landungsunternehmen Aufstände in Posen und Galizien auslösen könnte. Dann folgten Warnungen aus London, die gleichzeitig Einschüchterungsversuche waren. In diesem Falle, hieß es nun, könnte Frankreich die preußischen Rheinprovinzen angreifen und würde von England nicht daran gehindert werden. Der preußische König begann vorsichtiger zu werden. In einem Schreiben an den belgischen König – eine Art Mittelsmann zwischen Berlin und London – drückte er zwar das äußerste Mißtrauen gegenüber den französischen Absichten aus. Die Wiederherstellung eines unabhängigen Polen, schrieb er, würde dasselbe bedeuten wie eine französische Armee von 150000 Mann an der Weichsel.[73] Aber gleichzeitig legte er dar, daß er neutral zu bleiben wünsche, wenn er nicht selbst angegriffen werde. Unbefriedigend, wie dieser Bescheid für die Westmächte war, war er doch auch nicht hinreichend befriedigend für Rußland.

Das Verhältnis zwischen Preußen und Rußland war trotz der Reibereien zwischen Bismarck und Gortschakow in der Folge der Pressionen, die von den Westmächten auf Rußland ausgeübt wurden, zwangsläufig enger geworden. Mitte April hatte König Wilhelm auf Bismarcks Rat seinem Neffen in Petersburg einen langen, warmen Brief geschrieben, in dem er ihn auf den falschen Ansatz der russischen Polen-Politik in der Ära Konstantin/Wielopolski aufmerksam machte. Eine Verwaltung Polens durch Polen sei unmöglich, hieß es darin sinngemäß, wenn gleichzeitig Polen Teil des russischen Reiches bleiben solle. Keine Ordnung in Polen würde von Bestand sein, solange sie sich auf Adel und Geistlichkeit stütze. Statt dessen solle der Zar sein System auf die Majorität der Bevölkerung gründen, die sich aus den Bauern zusammensetze, und diese mit politischen Befugnissen ausstatten. »Bei uns ist es der Bauer, der die Aspirationen des polnischen Adels in Schranken hält«, schrieb er.[74] Der Zar war dankbar für den freundschaftlichen Rat, und als die außenpolitische Lage immer gefahrvoller wurde, wollte er die Freundschaft noch weiterführen.

Am 1. Juni 1863 schickte er einen langen Brief an seinen »lieben Onkel«, der ein kaum verhülltes Bündnisangebot war – das erste wieder nach genau 50 Jahren. Angesichts einer sich anbahnenden Entente zwischen England und Frankreich, schrieb Alexander, fürchte er für den August einen Krieg an der baltischen Küste, an der Weichsel oder am Rhein. Er würde sich glücklich schätzen, wenn des Königs Weisheit »ihn zu der Interessengemeinschaft und glorreichen Waffenbrüderschaft bestimmen würde, die unsere beiden Völker verbunden hat«, und wenn sein »Einfluß auch Österreich zu diesem für alle notwendigen Wiederstandsbündnis zurückbringen könnte«. Das Heilmittel gegen die beschämende europäische Krise, die eine Wiederkehr jener anderen zur Zeit des ersten Napoleon sei, sehe er in der Rückkehr zu jener intimen Allianz, der Europa seine Unabhängigkeit verdanke. Das Jahr 1813 solle nicht vergessen werden.

Bismarck hatte es nie vergessen, es war immer noch die Grundlage seiner Politik, aber in der gegenwärtigen Lage bedeutete das Angebot des Zaren für Preußen ein sehr hohes Risiko. Alexander schien zwei Möglichkeiten im Auge zu haben: ein preußisch-russisches Bündnis oder eines mit Österreich. Ein Zweier-Bündnis lehnte Bismarck ab. Es würde bedeuten, so ließ er den König zurückschreiben, daß Frankreich alle geographischen Schwierigkeiten eines Angriffs auf Rußland dadurch umgehen könnte, daß es seinen Angriff zuerst gegen Preußens Rheinprovinzen richten würde. Was er nicht schrieb, war, daß Preußen den Stoß abzufangen hätte, ohne eine schnelle russische Hilfe erwarten und ohne einen erkennbaren großen Vorteil von dem gefahrvollen Unternehmen erhalten zu können.

Die polnische Krise erreicht ihren Höhepunkt

Im übrigen sagte er zu, daß er im Falle einer französischen Landung an der baltischen Küste die Wiener Regierung zu wohlwollender Neutralität bewegen wolle. Aber eine Allianz schien ihm auch zu dritt schwierig. Sie sei wünschbar, beteuerte er scheinheilig; aber er nannte dafür Bedingungen, die so komplex waren, daß er an ihre Realisierungsmöglichkeit wahrscheinlich selbst nicht glaubte. In Wirklichkeit war der preußisch-österreichische Gegensatz schon viel zu tief, als daß er das Wiederaufleben der Allianz von 1813 erlaubt haben würde. Das einzige greifbare Versprechen, das Bismarck gab, war, daß er nach besten Kräften alle russischen Versuche einer Verständigung mit dem Wiener Hof unterstützen werde.

Offenkundig war Alexander enttäuscht. In seiner Antwort vom 12. Juli drückte er Zweifel daran aus, ob eine wohlwollende Neutralität Preußens hinreichen werde, um einen Krieg von Preußen und Rußland fernzuhalten. Aber er war dankbar für König Wilhelms Versprechen, weiterhin mäßigend auf Österreich einzuwirken. Früher oder später, schrieb er, werde die Gewalt der Umstände die drei Mächte doch noch zu einer gemeinsamen Politik führen. Er hege die Hoffnung, daß sie eine Solidarität entwickeln würden, die wenigstens eine »lokale Entente« über die polnischen Fragen ermöglichen werde. Aber er erstrebe darüber hinaus, daß die gesamte durch die französische Politik geschaffene Situation das Mißtrauen zwischen den drei Höfen schließlich zum Schweigen bringen werde. Ein freundlicher Ausklang ohne Abschluß.

Hatte Bismarck eine Sternstunde vorübergehen lassen? Wohl doch nicht. Der Zar hatte, wie sich bald zeigen sollte, die Gefahren überschätzt, die Rußland im Augenblick drohten, jene aber, die Preußen und ihn selbst ernstlich gefährdet hätten, wenn Bismarck seinen Plan unterstützt hätte, sehr unterschätzt. Der Krieg wäre am ehesten in der Folge der vorgeschlagenen Allianz gekommen, nicht nur weil Napoleon am Rhein ein sehr viel lohnenderes Ziel gesehen, sondern auch, weil England eine größere Gefahr gewittert hätte. Eben hatte Bismarck über seinen Pariser Gesandten eine Warnung des Freiherrn von Rothschild erhalten, der Preußen wohlgesonnen war. Sie kündigte an, daß der französische Kaiser jede preußisch-russische Kooperation an der polnischen Grenze zum Vorwand für einen Angriff am Rhein nehmen werde.[75] Preußens wohlwollende Neutralität war in der Tat das beste, was Bismarck zu bieten hatte. Der Zar hat dies wohl später selbst eingesehen. Und im übrigen blieb es dabei, daß er in Preußen die einzige Macht erkennen konnte, die Rußland offenkundig wohlgesonnen war.

Das bewiesen eben jene Tage, in denen der Zar seinen Brief an König Wilhelm geschrieben hatte. Am 26. Juni waren in Petersburg die Noten der Interventionsmächte abgegeben worden. Der Zar wurde zu einer Konferenz der acht Unterzeichnerstaaten der Wiener Kongreßakte aufgefordert. Gleichzeitig verlangten Paris und London einen Waffenstillstand zwischen den russischen Truppen und den Aufständischen. Petersburg sollte eine allgemeine Amnestie für alle Insurgenten einschließlich der Führer gewähren – obwohl sie doch gerade das letzte Amnestieangebot mit Hohn zurückgewiesen hatten – und die Verfassung von 1815 wiederherstellen. In Paris wurde die Überreichung der Noten von einer Pressekampagne begleitet, die für den Fall ihrer Ablehnung die Kriegserklärung ankündigte, die gleichen Drohungen kamen vom französischen Außenminister.[76]

Aber die Petersburger Regierung zeigte sich entschlossen, den Fehdehandschuh aufzunehmen. Es blieb ihr, es blieb auch dem noch widerstrebenden Gortschakow gar nichts anderes übrig. Die Entwicklung hatte sich verselbständigt. Der polnische Aufstand hatte sich weiter radikalisiert. Auch sein linker sozialistisch-demokratischer Flügel forderte inzwischen offen einen Polenstaat von der Oder bis zum Dnjepr und von der Ostsee bis zum Schwarzen Meer[77], und die »Nationalregierung« folgte ihm am 14. Juli mit einem Manifest, in dem sie nicht nur den Inhalt der westlichen Noten als völlig unzureichend verwarf, sondern auch die Wiedererrichtung Polens in den Grenzen von 1772 als unverzichtbares Ziel verkündete.[78] Das kostete sie nicht nur alle Sympathien in Deutschland und selbst in Wien, wo man solche Phantasien zunächst als russischen Propagandatrick zu werten geneigt war. Auch die zaristische Regierung sah sich unter dem Druck wachsender Empörung in Rußland jetzt genötigt, ihre eigenen Reformpolitiker in Warschau kaltzustellen und dafür harte Männer der konservativen Schule zu berufen.

Am 12. Juli beantwortete die russische Regierung die westlichen Noten schroff ablehnend. Es sei mit der Würde des Zaren und den Gefühlen des russischen Volkes unvereinbar, sagte sie, die Idee eines Waffenstillstandes mit den Rebellen auch nur zu erörtern. Über die anderen Punkte der Noten könne erst diskutiert werden, wenn die Insurgenten kapituliert hätten. Als der französische Gesandte Gortschakow gegenüber erregt äußerte, diese seinem Kaiser zugefügte Beleidigung werde möglicherweise zum Kriege führen, antwortete ihm der russische Vizekanzler: »Wir provozieren ihn nicht, aber wir fürchten ihn auch nicht.« Auf dessen Entgegnung, daß »zwei große Mächte wie Großbritannien und Frankreich sich nicht vor den Augen Europas beleidigen lassen«, replizierte er: »Teilen Sie Ihre Gedanken doch Ihrem Außenminister mit.«[79]

Gab es jetzt also den lange gefürchteten großen Krieg? Ebenso plötzlich wie unerwartet kippte die Welle um. Die Briten fanden, daß sie das Spiel weit genug getrieben hatten. So entrüstet sich Presse und Unterhaus über die russische Antwort auch zeigten – daß Polen einen großen Krieg wert sei, einen Krieg überdies, der durch ein neutrales Preußen behindert worden wäre, fanden die Leiter der britischen Politik nicht. Die »Times« erinnerte daran, daß Englands und Frankreichs Interessen in Europa absolut gegensätzlich seien. Das Kabinett sprach sich für eine Politik des Einlenkens aus. Und tatsächlich hatten die Briten ein Ziel, das ihnen möglicherweise das wichtigste von allen war, bereits erreicht: zwischen Frankreich und Rußland war ein Keil getrieben worden, der für die nächste Zukunft eine Allianz zwischen beiden verhindern mußte. Kein Gortschakowsches diplomatisches Manöver konnte noch über den Graben führen, den Frankreichs Polen-Politik und die Wut der russischen Öffentlichkeit darüber aufgerissen hatten. Ohne die Briten aber konnte Napoleon nicht daran denken, militärisch anzutreten.

Der Rest ist schnell erzählt. Zwar war die Entrüstung der Pariser Öffentlichkeit über Gortschakows hochmütigen Ton so groß, daß der französische Außenminister zumindest den Versuch machen mußte, die Regierungen in London und Wien zu quasi-ultimativen Schritten zu drängen, nämlich zu nochmaligen und diesmal identischen gemeinsamen Noten. Aber hier wie dort traf er auf die erwartete Ablehnung. Die drei Mächte begnügten sich schließlich mit einzeln überreichten Antworten, die nur noch Deklarationen waren. Daß der Ton der französischen Note den höchsten Grad der Gereiztheit zeigte, vertiefte zwar den Ärger in Petersburg, änderte aber nichts mehr an der Sachlage. Für Gortschakow hatte die Abwehr der ausländischen Intervention ein Ergebnis, das ihm fast genauso wichtig war wie das einst erstrebte französische Bündnis: er war in ganz Rußland ungeheuer populär geworden. Sogar die Agitation des »jungen Rußland« war »in der allgemeinen Begeisterung über die große Aufgabe der Verteidigung des russischen Reiches untergegangen«.[80] Der polnische Aufstand flackerte noch eine Weile fort, im Frühjahr 1864 brach er endgültig zusammen.

»Krieg zwischen Rußland und Preußen wäre ein Bruderkrieg!«

Unzweifelhaft hatte die Politik und Diplomatie der Westmächte eine Niederlage erlitten. Unzweifelhaft war der Wert Preußens als einziger Freund Rußlands in den Augen des Zaren wie der ganzen Petersburger Diplomatie gestiegen. Mehr denn je wurde Preußen als der Schutzschild betrachtet, den Rußland nach Westen hin hatte. Würde Preußen jemals vernichtet werden – das war zur vorherrschenden Meinung in Petersburg geworden – dann würde sich die nächste Aktion gegen Rußland richten. Frankreich war, wie schon einmal zu Beginn des Jahrhunderts, auf dem Weg über seine Polen-Politik wieder zum politischen Gegner Rußlands geworden. Österreich hatte, so zurückhaltend es auch zu agieren bemüht gewesen war, den aus dem Krim-Krieg stammenden russischen Groll noch vermehrt.

Die veränderte Rolle Preußens in einer veränderten europäischen Landschaft zeigt sich im Handumdrehen – 1864, beim Krieg der deutschen Staaten gegen Dänemark um Schleswig-Holstein. Dänemark ist ein alter Freund Englands wie Rußlands. Es garantiert die Freiheit der Ostsee-Ausgänge, es bildet ein Gegengewicht zu Schweden, Rußlands altem Gegner im Ostseeraum. Sollte das unstabile Dänemark unter dem preußischen Ansturm zerbrechen, dann besteht die Gefahr, daß es von Schweden aufgesogen wird. Und dann würde sich – ein unangenehmer Gedanke für die Russen – vielleicht ein schwedischer Riegel über den Sund legen. Beständig ist deshalb in diesem Konflikt die britische Diplomatie um eine Koalition gegen die deutschen Staaten bemüht.

Aber zu ihrem Leidwesen findet sie, »daß Rußland sehr weit auf die deutsche Seite geht« (Mosse, 158). Als die preußischen Truppen 1864 die Kampfhandlungen eröffnen, ist die russische Diplomatie sehr besorgt – nicht in erster Linie um Dänemark, sie bangt vor allem um Preußen. Sie fürchtet einen allgemeinen Krieg, bei dem Preußen zerquetscht werden könnte, während Rußland ihm aus vielen Gründen wenig helfen kann.

> »Das bedeutet den allgemeinen Krieg!«, ruft Gortschakow dem preußischen Gesandten zu, als dieser ihm die bedeutungsschwere Mitteilung macht. »Sie werden Frankreich, England und Schweden gegen sich haben. Aber niemals Rußland! Niemals wird Rußland gegen Preußen marschieren!«

Anfang Juni beraten in Bad Kissingen Alexander II., König Wilhelm I., Gortschakow und Bismarck über den Verlauf der Krise. Wieder zeigen sich die Russen über Bismarcks massive Taktik wenig glücklich. Aber wieder ist ihre Hauptsorge die Gefahr eines englisch-französischen Krieges gegen Preußen und den Deutschen Bund. Aus Gortschakows Mund kommen die Worte:

> »Ein Krieg zwischen Rußland und Preußen wäre ein Bruderkrieg – er wäre undenkbar!«[81]

Und weil das so ist, verlaufen sich schließlich alle Aktivitäten der britischen Diplomatie, die eine große Front gegen die deutschen Staaten zurechtzimmern wollte. »Zweimal innerhalb von zwölf Monaten sind wir von Rußland zurückgewiesen worden«, klagt nachher Disraeli im britischen Unterhaus in seinem Verdammungsurteil über die Regierungspolitik.[82] Eben deshalb kann Preußen unter dem Beifall ganz Deutschlands seinen großen Sieg erringen; deshalb können Holstein und Schleswig der langen dänischen Oberhoheit entwunden und dem deutschen Staatenverband zugeführt werden.

Lange Zeit hatte sich Rußland um eine annähernd gleichgewichtige Pflege seiner Beziehungen zu den beiden deutschen Hauptmächten bemüht, zu Österreich und Preußen. Jetzt läßt zuerst der Krim-Krieg, dann die polnische Krise das Gewicht Preußens in der Waagschale der russischen Interessen immer schwerer werden, das Gewicht Österreichs immer leichter. Und die harten Konsequenzen für die Donaumonarchie sollten sich schnell zeigen.

Seit hundert Jahren war die Rivalität zwischen Preußen und Österreich um die Führungsrolle in Deutschland ein beunruhigendes Element der europäischen Politik gewesen. In der Mitte des 19. Jahrhunderts begann sie sich zuzuspitzen, weil Preußen nach den napoleonischen Kriegen stärker geworden war, weil das industrielle Zeitalter größere politische Räume verlangte und weil dem erwachenden deutschen Bürgertum die engen Grenzen der deutschen Dynastien immer unerträglicher wurden. Es war Österreich, das eines der beiden Probleme zuspitzte, die schließlich zum unmittelbaren Anlaß des preußisch-österreichischen Krieges von 1866 werden sollten.

Der Konflikt um die Führung in Deutschland

Noch während der polnischen Krise und teilweise gerade ihretwegen war die österreichische Regierung zu der Meinung gekommen, daß in einem Zeitalter wachsender nationalistischer Strömungen unter den kleinen Völkern die buntscheckige Donaumonarchie nur dann stabilisiert werden könne, wenn man sie wieder im deutschen Raum verankere. Dort konnte sie dann freilich nicht wie jeder andere Kleinstaat auftreten; sie mußte vielmehr die alte Vormachtstellung im 1815 gegründeten Deutschen Bund zurückerobern. Mit diesem Ziel vor Augen unterbreitete die Wiener Regierung im Sommer 1863 den vielen Regierungen der vielen deutschen Staaten ein Reformprogramm, das durchaus seine attraktiven Seiten hatte: wohl sollte der Staatenbund im Prinzip bestehen bleiben – das war das Angebot an die Fürsten; aber er sollte ein wenig gestrafft und demokratisiert werden – das war das Angebot an die Bürger. Er sollte ein Bundesdirektorium bekommen, den Landtagen sollte eine Delegiertenversammlung zugestanden werden, die nicht nur beratende, sondern auch beschließende Stimme haben würde. Ein eilig einberufener Fürstentag in Frankfurt sollte das große Projekt billigen. Eines war klar: angesichts der Übereinstimmung der Interessen zwischen Österreich und den deutschen Kleinstaaten würde es im Bedarfsfall immer eine Mehrheit gegen Berlin und für Wien geben. Deshalb unterbreitet die österreichische Regierung der preußischen ihren Vorschlag nur wenige Tage vor Beginn des geplanten Kongresses. Deshalb sieht Bismarck darin nur einen Überrumpelungsversuch, wie er später sagt, und lehnt ab.

Über die vielen Schachzüge der beiden Staaten in ihrem Kampf um Deutschland sind Bibliotheken geschrieben worden. Im Rahmen unseres Themas ist es nicht nötig, mehr als dessen Umrisse zu zeichnen. Weil Preußen auf Bismarcks Drängen dem Frankfurter Fürstentag fernbleibt, scheitert der Wiener Plan. Die deutschen Mittelstaaten wollen Preußen nicht provozieren, mit Wien nicht ohne Berlin abschließen. Vor allem wünschen sie, wie Bismarck in »Gedanken und Erinnerungen« schrieb, »weder eine einseitig preußische noch eine einseitig österreichische Leitung, sondern für sich ein möglichst einflußreiches Schiedsamt«.[83] Aber das Thema ist damit nicht vom Tisch.

Bismarck will es vielmehr nutzen, um Deutschland in seinem Sinne zu einigen und den Vielvölkerstaat auszuschalten. Während sich gleichzeitig eine andere preußisch-österreichische Krise zuspitzt, unterbreitet er 1866 beim Bundestag in Frankfurt ein eigenes Programm, von dem er weiß, daß es für Österreich unakzeptabel ist: ein deutsches Parlament, das aus allgemeinen Wahlen hervorgegangen ist – eine revolutionäre Forderung, die ihm zwar erstmals die Sympathien der deutschen Liberalen einbringt, die Konservativen indessen an ihm zweifeln läßt. Vor allem würde sie den österreichischen Vielvölkerstaat automatisch zerbrechen lassen. Denn wie und wo wäre denn da Platz für Tschechen, Kroaten, Ungarn, Italiener, Polen und Slowenen?

Die andere Krise aber, die schon ein Jahr brodelt, ist das Erbe des siegreichen deutsch-österreichischen Krieges gegen Dänemark. Wohl ist 1864 mit glänzenden preußischen Waffentaten der dänische Versuch abgewehrt worden, Schleswig aus dem deutschen Bereich zu lösen und in das dänische Königreich einzugliedern. Aber wer soll nun den Profit davon haben? Im Frieden von Wien des Oktobers 1864 hat Dänemark Schleswig und Holstein an Österreich *und* Preußen abgetreten. Das regelt nichts. Ansprüche, die legitim sind, erhebt das deutsche Herzogsgeschlecht der Augustenburger, aber Bismarck weiß: wenn sie im Deutschen Bundestag sitzen, werden sie Wien unterstützen und nicht Berlin. In Gastein findet er 1865 eine provisorische Verständigung mit Österreich. Die gemeinsamen Rechte an den Herzogtümern wollen sie getrennt ausüben: in Holstein Österreich, in Schleswig Preußen. Es ist ein Kompromiß, der wie geschaffen ist, den Anlaß zu einem Krieg zu liefern, sobald ihn eine Seite haben will. Denn Bismarck wünscht eigentlich die Annexion beider Herzogtümer, und Österreich will seinen Teil nur aufgeben, wenn es dafür Kompensationen erhält, die Preußen nicht gewähren kann.

Woher nimmt Bismarck die Zuversicht, daß seine Stunde jetzt gekommen ist? Wie immer hält er seinen Blick fest auf Paris und

Gebiete, die Frankreich 1866 als »Kompensation« für den Sieg Preußens über Österreich-Ungarn forderte

- (hell) Territorien, die Frankreich im ersten Pariser Frieden 1814 zugestanden worden waren, aber nach der Wiederaufnahme des Krieges durch Napoleon I. im zweiten Pariser Frieden 1815 an den Deutschen Bund bzw. die Niederlande kamen
- (dunkel) Die »bayrische Pfalz«, das linksrheinische Hessen einschließlich der Bundesfestung Mainz und Luxemburg

Petersburg gerichtet. Sie müssen neutral bleiben, wenn Preußen über Österreich siegen soll. Bismarck meint, daß Napoleon ein Krieg im Augenblick ungelegen wäre – er ist von seinem mexikanischen Abenteuer geschwächt –, aber vorsichtshalber hat er sich seit geraumer Zeit bei ihm abzusichern gesucht. Zu spät – nämlich erst, nachdem die militärische Apparatur schon angelaufen ist – erkennt er, daß Napoleon noch listenreicher ist als er selbst. Der Kaiser hat nur einen Köder für den preußischen Kanzler ausgelegt, der ihn zu jenem Glücksspiel locken soll, zu dem es ihn ohnehin zog – in eine Falle.

Ein Polit-Krimi ohnegleichen ist gerade zwischen Berlin und Paris und Wien abgelaufen. Für die beiden, die sich um die Vormachtstellung in Deutschland streiten, hieß die Frage: Wie kann ich verhindern, daß mir Napoleon in den Rücken fällt, wie kann ich ihn möglichst auf meine Seite ziehen? Wieviel muß ich ihm geben, damit er mir freundlich gesonnen ist, und was kann ich ihm geben – an deutschem Land –, ohne daß ich den Deutschen als Verräter erscheine? Für Napoleon ist das Problem nicht minder kompliziert. Es lautet: Wie bringe ich die beiden aufs Schlachtfeld, so daß zumindest einer von ihnen, wenn möglich aber beide gezwungen sind, mich für meine Neutralität mit Land zu bezahlen? Auf welche Weise behalte ich meine Hände überall im Spiel? Und wo liegt die Grenze meiner Forderungen, jenseits der die beiden sagen würden: Der Preis ist zu hoch, lieber halten wir untereinander Frieden.

Bismarck ist – im März 1866 – als erster in Gespräche über Frankreichs Neutralität eingetreten. Und Napoleon hat sich keineswegs unfreundlich gezeigt – er kann es ja gar nicht, wenn er sein Geschäft machen will. Andeutungsweise ermunterte er sogar Italien, mit Preußen gemeinsame Sache zu machen. Aber getrieben von den Aspirationen seines Volkes will er nun endlich jene rheinischen Eroberungen machen, die er seit so langem im Auge hat. Er wünscht, in Bismarcks Worten, »die Bewilligung kleiner Spesen«. Verklausuliert, indirekt, aber keinesfalls bindend hat allem Anschein nach der Kanzler mit der Möglichkeit ihrer Übernahme gewinkt. Die Wertobjekte liegen im Saarland und der Pfalz; ohne Zweifel hat Bismarck die Absicht, sie sich demnächst wiederzuholen, falls er sie überhaupt je auszuhändigen gezwungen sein sollte. Allen konkreten und allen größeren Versprechungen hat Bismarck mit dem Hinweis auf den unüberwindlichen Widerstand seines Königs gegen Landvergaben vorgebeugt. Aber er läßt den Gesprächsfaden mit Napoleon nie abreißen, er lockt halb und er verweigert halb. Und ebenso freundlich, aber unverbindlich, halb verheißend und halb drohend, verhält sich der französische Kaiser. In Wirklichkeit ist Napoleon alles, was Bismarck bietet, zu unbestimmt, zu unsicher und zu wenig.

Die französische Intervention

Deshalb greift er bereitwillig zu, als im April auch die Österreicher mit ihm ins Geschäft kommen wollen. Ohnehin glaubt er an ihren Sieg, der Abschluß mit ihnen erscheint ihm sowohl lohnender wie sicherer. Sie sind es, denen er nun – in einem Geheimvertrag vom 12. Juni – tatsächlich die wohlwollende Neutralität zusichert. Und sie haben bei der Bewilligung der »Spesen« nicht geknausert: Wenn »das Waffenglück Österreich begünstigt«, gestehen sie ihm in vertraglicher Form die Abtretung Venetiens zu, mündlich und etwas vager einen »neutralen« deutschen Rheinstaat. Der französische Botschafter in Wien spricht – wie Erich Marcks in seiner »Deutschen Geschichte« berichtet – von einem »neuen unabhängigen deutschen Staat am Rhein«. Es ist das alte französische Ziel der »Rheingrenze« in neuer Form.

So hat sich eine Wärme zwischen Paris und Wien entwickelt, die im Falle eines längeren preußisch-österreichischen Krieges leicht auch zu einer Allianz führen kann. In der Tat: Einen Tag nach Königgrätz, am 4. Juli, kündigt Napoleon seine diplomatische Intervention an. Der österreichische Kaiser hat ihn darum gebeten, und schon für diesen Dienst und auch ohne »Waffenglück« verspricht er ihm Venetien – deshalb kann die Intervention auch zu einer bewaffneten werden, die Interessen Frankreichs und des Hauses Habsburg scheinen ja jetzt eng verbunden. Die Fallgrube, die da für den Leiter der preußischen Politik gegraben wurde, war gut getarnt. Bismarck weiß, daß er ihr nur entgehen kann, wenn er Napoleons Prestige so weit wie möglich schont, wenn er Preußens Gewinne auf das wichtigste beschränkt, die Ausdehnung in Norddeutschland; wenn er auf die Einigung Deutschlands schon in diesem Moment verzichtet und Süddeutschland, Österreich-Ungarn und das mit Österreich verbündete Sachsen intakt läßt. Das ist denn auch der Inhalt der Vermittlungsvorschläge, die in Paris der französische Kaiser gemeinsam mit dem preußischen Gesandten erarbeitet. Napoleon ist psychisch und gesundheitlich angeschlagen, er widerstrebt dem militärischen Abenteuer, zu dem ihn seine Umgebung drängt. Er möchte jetzt das friedliche Arrangement mit Preußen und redet nur verhalten von den »kleinen Spesen«.

So unangenehm selbst diese Art der Intervention den Preußen ist, so klar Bismarck sie als »Parteinahme gegen uns« empfindet – noch ist sie maßvoll. Aber Schlimmeres steht bevor. In dem hin- und hergerissenen Paris wandeln sich die Stimmungen schnell. Napoleons Gesundheitszustand verschlechtert sich, und drei Wochen nach dem Sieg von Königgrätz, drei Tage vor dem Vorfrieden von Nikolsburg setzt sich in Frankreich die harte Linie durch: Außenminister Drouyn de Lhuys verlangt als »Kompensation« für den preußischen Sieg unter vagen Drohungen die bayrische Pfalz, das linksrheinische Hessen einschließlich Mainz und dazu das Gebiet um Landau und Saarbrücken.[85]

Bismarck weigert sich, auch nur »ein einziges preußisches Dorf« abzutreten.[86] Am 8. August fragt ihn Benedetti, der französische Gesandte: »Ist das Ihr letztes Wort?« »Ohne Zweifel«, sagte Bismarck. »Sie werden es bereuen«, gibt Benedetti zurück und reist nach Paris.[87] Am gleichen Tag korrespondiert Bismarck mit General Moltke über die »Eventualität eines Krieges mit Frankreich«,[88] schreibt an seinen Gesandten in Paris, daß »wir auf den Krieg (mit Frankreich) gefaßt sein müssen«.[89] Dort wechselt die Linie abermals: am 18. kommt Benedetti mit gemilderten, dennoch immer noch unakzeptablen Forderungen zurück: Saarbrücken und Landau, Luxemburg, dazu eine preußische Garantie für den Erwerb Belgiens, zumindest großer Teile Belgiens, durch Frankreich. Wieder lehnt Bismarck ab, wieder ist die Sprache des Gesandten drohend.[90] Noch immer marschiert Bismarck am Rande eines Abgrunds. Und was ihn schließlich vor dem Absturz rettet, ist jenes System von Halteseilen, dessen letztes so unentbehrlich ist wie das erste:

Preußens Armee, deren vollständiger Sieg in der ersten großen Schlacht die österreichische Friedensbereitschaft wesentlich fördert, eine wohlwollend-desinteressierte Haltung Englands und die unwandelbare Freundschaft des Zaren.

Bleibt Rußland neutral?

Seinen Kredit bei ihm beansprucht Preußen in diesen Monaten bis zum Übermaß. Denn so groß auch der russische Zorn auf die Österreicher immer noch ist, so tief die Aversion gegen das napoleonische

Frankreich: Es bleibt die riesengroße Frage, ob nicht dem russischen Interesse mit zwei deutschen Großmächten, die sich gegenseitig in Schach halten, auf lange Sicht besser gedient ist als mit einem deutschen Riesen, dessen langfristiges Verhalten unvorhersehbar ist. Wohl kann man in Petersburg Hoffnungen haben, daß ein freundliches, starkes Deutschland der Donaumonarchie nicht mehr gestatten wird, Rußland in die Flanke zu fallen; daß es einen neuen Eroberer, der von Westen kommend über Polen nach Rußland einfallen wollte, stoppen kann und wird. Aber kann es nicht auch eine Drohung und Gefahr für Rußland werden, schon wenn es nur allein steht? Oder gar erst im Verein mit anderen? Und zu diesem großen Problem kommen die Problemchen, zum Beispiel die Großfürstinnen im Zarenhaus aus deutschen Königs- und Fürstenhäusern, die alle Tag und Nacht für die Sache ihrer Vaterländchen in einem von Preußen geeinten deutschen Staat fürchten und werben. Es ist überhaupt nicht etwa natürlich, daß sich Rußland jetzt im preußisch-österreichischen Krieg neutral verhält. Natürlich wäre eher, wenn es mit dem dritten Napoleon gemeinsame Sache machte, wenn es Preußen in den Arm fallen und den Weg zur deutschen Einigung versperren würde – wir verstehen das heute besser als damals die Zeitgenossen.

Die dramatischen Wochen in Petersburg und den Kampf in der Seele des Zaren hat keiner besser geschildert als der damalige preußische Militärbevollmächtigte und spätere Botschafter in Petersburg, Oberst von Schweinitz. Wenn irgend möglich, will Alexander II. der schicksalsvollen Entscheidung ausweichen. Er möchte zwischen Wien und Berlin vermitteln, im preußischen Sinne – der Augustenburger, an dem Berlin Anstoß nimmt, soll Schleswig-Holstein nicht bekommen. Ganz hat er noch nicht begriffen, daß es Bismarck auf so beschränkte Ziele nicht mehr ankommt. »Der Krieg ... wäre ein furchtbares Unglück«, sagt er dem Preußen, »der Ausgang ist gar nicht abzusehen.« Er kommt »mit fast wehmütigem Ernst immer wieder auf die entsetzlichen Eventualitäten eines solchen Krieges zurück« ... »In Wien ist man resigniert zum Krieg«,[91] sagt er dem Militärbevollmächtigten und gibt damit zu verstehen, daß er Bismarck wohl doch für den Schuldigen hält.

Mit viel weniger Wohlwollen zeigt das die Umgebung des Zaren. Am 22. März – die Krise ist schon weit vorangeschritten – feiert man am Zarenhof wie immer den Geburtstag des preußischen Königs. Zufällig war auch Königin Olga von Württemberg in Petersburg eingetroffen, die Schwester des Zaren, die sich bemühte, im antipreußischen Sinne zu wirken.

> »An diesem Tag pflegte der Kaiser ein großes Diner zu geben«, heißt es in Schweinitz' Erzählung, »zu welchem sämtliche Mitglieder der preußischen Gesandtschaft und die Inhaber preußischer Großkreuze geladen werden. Diesmal war es anders; nur der Gesandte war geladen ... Fürst Gortschakow hatte sich entschuldigen lassen ... Das Diner verlief still und traurig ... Die schönen Züge der Königin Olga verrieten, daß ihr Herz nicht für den Onkel schlug, dessen Geburtstag wir feierten. Die Großfürsten schienen sich unbehaglich in ihren preußischen Uniformen zu fühlen.«[92]

Aber was Fürst Gortschakow auch immer denken und wie unglücklich der Zar auch über Bismarcks Kriegs-Kurs sein mag – eine Frontstellung gegen Preußen lehnt er ab. Er teilt dem Abgesandten des preußischen Königs mit, daß der französische Kaiser seinem Pariser Gesandten gesagt habe, er würde im Falle eines preußisch-österreichischen Krieges »auf die Dauer nicht teilnahmslos bleiben können«.

> Aber er gibt »deutlich zu erkennen, daß er auf keine gegen uns gerichteten Projekte eingehen werde; außer der Pietät für das Vaterland seiner Mutter wirkte die Erbitterung gegen Österreich, dessen Untreue seinem Vater das Herz gebrochen hatte, bestimmend auf ihn ein. Das Vorgehen Napoleons in der polnischen Sache hatte ihm bald darauf den Kaiser von Rußland für immer entfremdet, und letzterer hat seitdem bis zum Tage von Sedan in seiner Ansicht über jenen Abenteurer nicht einen Augenblick geschwankt ... Darüber, daß Napoleon den Krieg zwischen den deutschen Vormächten wünschte, war Kaiser Alexander nicht im Zweifel, und ich hatte Grund zu glauben, daß er schon entschlossen war, nicht ruhig zuzusehen, wenn Frankreich aktiv einschreiten sollte«.[93]

Den preußenfreundlichen Kurs beizubehalten, wird nun allerdings dem Zaren von Bismarck nicht leicht gemacht. Da ist zunächst jenes preußische Programm für ein gesamtdeutsches Parlament mit allgemeinem Stimmrecht, das Bismarck kurz vor Kriegsausbruch vorlegt und mit dem er die Donaumonarchie aus Deutschland verdrängen will. Dem Selbstherrscher Rußlands kann es unmöglich gefallen. Soll demnächst bei seinem Nachbarn die Republik eingeführt werden? Er nennt den Plan »revolutionär und gefährlich«. In einem Brief an den preußischen König bittet er darum, daß er zuerst den deutschen Fürsten unterbreitet werde – das monarchische Prinzip verlange dies. Er gibt sogar einem Vorschlag Englands und Frankreichs seine Zustimmung, Preußen, Österreich und den Deutschen Bund zu einer Konferenz einzuladen – obwohl doch die beiden deutschen Heere schon im Aufmarsch begriffen sind. Unwillig stimmt Bismarck zu, aber nun ist es Österreich, das den Friedensplan zum Scheitern bringt, und das späte, erzwungene Zeichen preußischer Verständigungsbereitschaft ist wichtig für die weitere Haltung des Zaren. Er muß nun nicht mehr beipflichten, wenn seine Umgebung ein Geschrei gegen den »Kriegstreiber« in Berlin anstimmt. Und zu dieser Umgebung gehört unter anderem auch der Bruder seiner Frau, der Prinz Alexander von Hessen, der zum Oberbefehlshaber der sich gegen Preußen formierenden Armee des Deutschen Bundes wird ...

Von jetzt an häufen sich in den Aufzeichnungen des preußischen Militärbevollmächtigten Äußerungen wie die:

> »In ergreifender Weise gab der Zar seiner Verehrung für unseren Monarchen und seiner Anerkennung des in der preußischen Armee beherrschenden Pflichtgefühls beredten Ausdruck.«[94]
> Nach der Schlacht von Königgrätz drückt er Schweinitz »seine Bewunderung für unsere Armee und seine Freude über deren Erfolg aus, ohne zu verschweigen, daß er den Krieg bedaure ...
> Der Kaiser fragt mit Teilnahme nach den Regimentern, die seinen Namen tragen, und nach Einzelheiten der Kämpfe«.[95]

Aber wie lange würden Freundschaft und guter Wille des Zaren und der pro-preußischen Partei den Versuchungen aus Paris, Wien, Stuttgart, Frankfurt und der Petersburger Frankreich-Freunde standhalten? Bismarck hatte allen Grund, in Nikolsburg mit solcher Energie, mit solchem Einsatz mit seinem König um einen guten Frieden für die Österreicher nach der gewonnenen ersten großen Schlacht zu ringen. Und vor allem um einen schnellen. Er wußte, daß er über dem Abgrund hing. Dem Bild der Auseinandersetzung mit Monarch und Generalen über die Friedensbedingungen gibt er noch lange nachher in den »Erinnerungen« mit den folgenden Worten den markantesten Strich:

> »Meine Nerven widerstanden den mich Tag und Nacht ergreifenden Eindrücken nicht. Ich stand schweigend auf, ging in mein

anstoßendes Schlafzimmer und wurde dort von einem heftigen Weinkrampf befallen.«[96]

Das sagt mehr über die politische Lage Preußens in diesem Moment als ein abstraktes Argument.

Gortschakows letztes Manöver

Es gab ja nicht nur die französische Intervention. Je deutlicher der preußische Sieg wurde, desto mehr Leute fragten sich auch in Petersburg, ob man den Dingen auch weiterhin freien Lauf lassen könne. Schweinitz erzählt von den Eindrücken, die der Sieg bei Königgrätz an den großfürstlichen Höfen hinterließ:

»Im allgemeinen schien es den Leuten, selbst manchen unserer damals noch zahlreichen Freunde, des Guten zuviel. Man haßte zwar die Österreicher und man gönnte ihnen die Schläge, aber man wünschte doch nicht, daß wir gar zu stark und von Rußlands Wohlwollen unabhängig werden sollten.«[97]

Gortschakow, der Vizekanzler, blieb sauersüß und hatte dem Gedanken an ein Spiel mit Napoleon keineswegs entsagt. »Le prince revient toujours à ses premiers amours«, hatte der britische Gesandte in Petersburg einmal von ihm gesagt. Der Zar selbst war traurig und eher vorwurfsvoll, als er von den großen Annexionen hörte, zu denen Preußen nun schritt, zwar nicht auf Kosten Österreichs, aber auf Kosten so mancher deutscher Verwandter des Zarenhauses im nördlichen Deutschland.

Es ist nicht zuletzt diese zahlreiche deutsche Verwandtschaft des Zaren, die Gortschakow zum Anlaß – oder Vorwand – eines letzten anti-preußischen Manövers unternimmt. Es ist eher »zahm«, vergleicht man es mit der französischen Politik oder jener russischen Aktion, die 1850 zur preußischen diplomatischen Niederlage in Olmütz führte, oder mißt man es auch nur an dem, was die Interessenlage Rußlands wünschenswert machen könnte; es entspricht etwa der von Schweinitz beschriebenen Stimmung an den großfürstlichen Höfen und ist eingedämmt durch die preußenfreundliche Grundhaltung des Monarchen. Aber es kann nichtsdestoweniger Preußen erhebliche Unannehmlichkeiten bereiten, vor allem, wenn man Gortschakows verborgene Motive in Rechnung stellt. Einen Tag nach Königgrätz, am 4. Juli, hatte er bereits in London einen diplomatischen Schritt Englands, Frankreichs und Rußlands angeregt. Sein Ziel soll es sein, die Staatenordnung in Deutschland im großen und ganzen zu lassen, wie sie ist, den Rahmen des Deutschen Bundes zu erhalten, wie er 1815 geschaffen worden war.[98] Vorübergehend läßt er die Idee wieder fallen, aus Eifersucht auf Napoleon, an den sich der österreichische Kaiser gewandt hat. Er möchte nicht, daß der Franzose etwa die Führungsrolle beim Zustandekommen eines preußisch-österreichischen Arrangements erhält. Aber Ende Juli, kurz vor dem Vorfrieden von Nikolsburg, nimmt er sein Thema in London wieder auf. England und Rußland, so läßt er mitteilen, hätten als Unterzeichner der Schlußakte des Wiener Kongresses die Mitverantwortung für Deutschland übernommen; die Änderung der Landkarte Zentraleuropas könne nicht ohne Beteiligung der großen Neutralen erfolgen; es gehe auch nicht an, daß Frankreich allein zum Vermittler zwischen Wien und Berlin werde.[99]

Es war ein Appell an die anti-französischen Instinkte der britischen Staatsmänner, und nicht zuletzt wollte sich Gortschakow seinen alten Traum erfüllen, Rußland in das europäische Konzert zurückzuführen und selbst auf einer Konferenz zu glänzen, auf der auch jene Frage aufgeworfen werden konnte, der er, sein Leben gewidmet hatte: die Revision der Schwarzmeer-Klausel des Pariser Friedens. Aber die Briten witterten, daß Gortschakows Interesse keineswegs das ihre war. Er stieß auf kühle Ablehnung. Eine neue Regierung war in London ins Amt gekommen, und ihr Außenminister Stanley hatte sich zum Ziel gesetzt, unnötige Verwicklungen in Europa zu vermeiden. Er war auch der Meinung, »daß die Gefahren für den europäischen Frieden gerade von der Schwäche Deutschlands und nicht von seiner Stärke kommen«,[100] und er hatte nichts gegen eine kräftige europäische Zentralmacht, die sowohl die Ambitionen Frankreichs wie die Rußlands eindämmen würde. England, so läßt er Gortschakow ausrichten, würde sich an keiner Erklärung beteiligen, die den Anschein eines Protestes gegen die Vorgänge in Deutschland tragen würde.[101] Und so verläuft Gortschakows Konferenz- und Interventionsplan im Sande.

Der Zar sieht diesen Gortschkowschen Manövern mit wenig Begeisterung zu. Wohl berührt es ihn schmerzlich – wie Schweinitz seiner Regierung klarzumachen versucht – das deutsche Gebäude zusammenbrechen zu sehen, das nach seiner Meinung und der vieler Russen das Werk Alexanders I. war. Aber es liegt ihm mehr an einer direkten Verständigung mit dem preußischen König. Während noch

Gortschakow seinen Gesandten in London sondieren läßt und lange, bevor die Briten den Vizekanzler endgültig abschlägig beschieden haben, wird zwischen Petersburg und Berlin der Gedanke der Entsendung eines Vertrauten des Königs an den Zarenhof geboren. Schweinitz hat ihn zuerst, Bismarck und der Zar greifen ihn sofort auf. Am 8. August reist der General Manteuffel in die russische Hauptstadt. Er hatte die preußischen Streitkräfte in Süddeutschland befehligt, sein Betragen wird vom württembergischen Königshaus gerühmt – äußerst wichtig für die Stimmung der hohen Gesellschaft. Auch in Petersburg macht der General einen guten Eindruck sowohl auf den Monarchen wie auf den Hof. Und so regeln sich die preußisch-russischen Differenzen am Ende fast wie ein Familienstreit, der sie ja tatsächlich auch in nicht geringem Maße waren.

1866: »Wir bleiben alte und treue Freunde«

Aus Rücksicht auf die Verwandtschaft des Zaren schont Bismarck in den Friedensbedingungen insbesondere die Häuser Württemberg und Hessen-Darmstadt – die Zarin entstammt der hessischen Dynastie. Alexander weiß das zu würdigen, beglückwünscht Manteuffel zu seinen und seiner Generalskollegen Siegen; aber er bleibt dabei, daß auch andere deutsche Dynastien unveräußerliche Rechte hätten, die von Preußen nicht einfach abgeschafft werden könnten. Manteuffel entdeckt, daß ihn die ganze Idee solcher Entthronungen »komplett erschreckt«,[102] daß das Gottesgnadentum in den Gedanken des Zaren eine enorme Rolle spielt. »Das Fürstentum sitzt tief«, meldet er nach Berlin.[103]

Bismarck fühlt sich in die Enge gedrängt. Er hatte schon vorher den Zaren mit versteckten Warnungen vor folgenschweren Umstürzen zum Wohlverhalten bewegen wollen. Wenn Preußen etwa auf die Früchte seines Sieges verzichten wollte, so hat er Schweinitz sagen lassen, würde das eine Revolution in Preußen und in Deutschland auslösen. Und wenn der Druck des Auslandes stärker werden sollte, dann müßte Preußen die volle nationale Kraft Deutschlands und der angrenzenden Länder zur Entfaltung bringen. Es ist ein Wink mit dem Zaunpfahl, unter anderem auch in Richtung Ungarn und Polen. Weil das Mittel noch nicht hinreichend gewirkt hat, läßt er jetzt Manteuffel ausrichten, die ausländischen Pressionen könnten ihn noch zur Verkündung der revolutionären deutschen Verfassung von

1849 bewegen. »Soll Revolution sein, so wollen wir sie lieber selber machen als erleiden.« Und dann würde keines der regierenden Häuser in Deutschland verschont bleiben. Die Warnung macht, wie Manteuffel später berichtet, das ganze Petersburg »kopfscheu«.[109]

Aber sie überzeugt den Zaren auch davon, daß aus solchen deutsch-russischen Querelen nichts Gutes für beide Länder kommen kann. Statt dessen entdeckt man in Petersburg, wie wertvoll das gestärkte Preußen werden kann. Manteuffel nämlich hat auch ein »privates« Versprechen aus Berlin überbracht, Rußland an einem noch unbestimmten Tag in der Zukunft zu unterstützen, wenn es um die Verwerfung der Schwarzmeer-Klausel gehen wird. Plötzlich – Manteuffel ist gerade drei Tage in Petersburg – ändert sich die Tonart der russischen Diplomatie.

Am 14. August berichtet Manteuffel, daß sowohl Alexander wie Gortschakow an preußischer Unterstützung für die Aufhebung der Schwarzmeer-Klausel sehr interessiert seien, und daß »Rußland in gutem Verhältnis« mit Preußen bleibe, »wir mögen tun, was wir wollen«.[105] Drei Tage später läßt Gortschakow gegenüber dem General die Andeutung fallen, daß Rußland eine Allianz mit Preußen erwünscht sein könne.[106] Es ist genau der Zeitpunkt, an dem die französischen Drohungen in Berlin die höchste Nervosität hervorrufen. Bismarck und König Wilhelm stoßen in Petersburg nach.

In einem Brief an den Zaren schreibt der König, er werde sich »glücklich schätzen, wenn ich in der Zukunft Gelegenheit finden würde, Ihnen zu beweisen, daß ich die Interessen Rußlands immer wie die des ältesten und intimsten Allierten Preußens betrachten werde«.[107] Bismarck läßt seinen Abgesandten am 20. August sagen, Preußen werde sich »einer praktischen Verständigung für kommende Eventualitäten nicht versagen«.[108]

Und schon am nächsten Tag richtet er an Petersburg eine Frage, die als Wegweiser für die künftige europäische Politik erscheint, eine Frage, deren volle Bedeutung Europa vier Jahre später erfährt. Er beauftragt Manteuffel, nachzuforschen, ob die russische Regierung Österreich auf neutralem Kurs halten werde, falls es jetzt zu einem preußisch-französischen Krieg kommen sollte. Am 24. antwortet Manteuffel, daß zwar Fürst Gortschakow auf nichts Positives eingegangen sei, dennoch aber »Eure Exzellenz fest gegen Frankreich auftreten können ... Brief des Kaisers enthält neue Versicherung des Festhaltens an dem freundschaftlichen Verhältnis zwischen Rußland und Preußen«.[109] In diesem Brief mit gleichem Datum schreibt der Zar an König Wilhelm, es sei sein »höchster Wunsch, daß Preußen und Rußland auch in Zukunft bleiben, was sie in der Vergangenheit waren: alte und treue Freunde«. Er hoffe, daß Rußlands Beziehungen mit einem gestärkten Preußen noch enger würden als zuvor.[110]

Das Endergebnis war: »Rußland hatte unsere militärischen Aktionen nicht gehindert, die diplomatischen nicht durchkreuzt.« Dabei wäre es so leicht gewesen. »Rußland«, schrieb Preußens wichtigster Mann in Petersburg, »konnte unsere Aktionen lähmen oder später, nach unseren Siegen, uns deren Früchte schmälern. Die geringste Annäherung an Frankreich hätte dazu genügt.« Nicht nur war all dies nicht eingetreten: Aus der anfänglichen Spannung heraus war der Weg zur engsten Entente geöffnet worden.

Wenn man bedenkt, wie eifersüchtig Großmächte üblicherweise die Positionen verteidigen, die sie einmal vis-à-vis eingenommen haben; wenn man sich daran erinnert, daß Friedrich Wilhelm II. der großen Katharina den Krieg erklären wollte, damit sie ihr europäisches Gewicht nicht durch den Gewinn der weit entfernten Festung Otschakow am Schwarzen Meer verstärke; wenn man sich Metternichs eifriges Bemühen ins Gedächtnis ruft, eine Koalition gegen seinen russischen Verbündeten zu schmieden, damit nicht dieser via Südpolen auf Österreich drücken könne – wenn man all diese scheinbar gesetzmäßigen Gewohnheiten im internationalen Dschungel als Maßstab nimmt, dann wird man wohl sagen müssen, daß Preußen bei Alexander wegen des Jahres 1866 in der Kreide stand. Aber es blieb nicht dabei.

1871: »Nie wird Preußen vergessen ... Ihr fürs Leben dankbarer Wilhelm«

Am 28. Februar 1871 sandte der gerade in Versailles zum deutschen Kaiser gekrönte Wilhelm I. dem Zaren ein historisches Telegramm. Er teilte ihm darin zunächst die Bedingungen des Vorfriedens mit, den das geeinte Deutschland eben mit Frankreich geschlossen hatte. Dann hieß es in der Botschaft:

> »So stehen wir am Ende eines glorreichen, aber blutigen Krieges, der uns durch beispiellose Frivolität aufgedrungen worden ist. Nie wird Preußen vergessen, daß es Ihnen verdankt, daß der Krieg

nicht äußerste Dimensionen angenommen hat. Gott segne Sie dafür. Ihr fürs Leben dankbarer Wilhelm.«[112]

Der inzwischen zum preußischen Gesandten in Wien avancierte Schweinitz war über diese Worte alles andere als glücklich. Sein Kommentar in den »Denkwürdigkeiten« spricht Bände und enthüllt, warum die spätere deutsche Geschichtsschreibung recht wenig Notiz von dem Vorgang nahm:

> »Also *nur* der russischen Drohung«, schreibt er, »nicht dem Wiener Bürgersinn, nicht der deutschen Gesinnung des Grafen Beust (des österreichischen Kanzlers)... verdanken wir die Neutralität Österreich-Ungarns ... Eine solche Schuldverschreibung hätte ich nie aufgestellt. Mein ganzes kunstvolles Gebäude, die Fiktion, daß Österreich aus freiem Antriebe dem Kampf fernblieb..., lag in Trümmern.«

Allerdings: Eine Fiktion war es gewesen, an der Schweinitz auf seinem Wiener Posten im Interesse künftiger guter Beziehungen mit der Donaumonarchie gebastelt hatte. Österreichs Neutralität in diesem Krieg, Preußens Sieg und damit die Einigung Deutschlands waren mit größter Wahrscheinlichkeit nur möglich geworden, weil der Zar dabei assistiert hatte. Kaiser Wilhelm hatte vielleicht nicht diplomatisch-weltklug gehandelt, als er sich bei Alexander so offen bedankte. Aber er hatte die Wahrheit gesagt.

»Daß ein französischer Krieg auf den österreichischen folgen werde, lag in der historischen Konsequenz«, sagte Bismarck der Nachwelt.[113] Er hatte ihn erahnt, vage vorbereitet, aber noch mehr drängen Napoleon und die »politische Klasse« Frankreichs auf das Kampffeld. Der Preuße wollte die deutsche Einigung. Das politische Frankreich wollte nicht nur die Revanche für Königgrätz, das es wie eine eigene Niederlage empfunden hatte; zum wiederholten Male in diesem Jahrhundert bricht jetzt bei unserem Nachbarn – Hermann Oncken hat es in seinem Werk über »Die Rheinpolitik Kaiser Napoleons III.« so unwiderleglich nachgewiesen – der Wunsch nach der Rheingrenze und nach der Zerlegung Deutschlands in kleine Mittelstaaten durch. »Die französische Überlegenheit beruht auf der nationalen Einheit«, hatte – wie A. J. P. Taylor überliefert – 1849 der spätere französische Außenminister Drouyn de Lhuys geschrieben. »Alles, was die Teilung der großen Rassen begünstigt, ist für uns nützlich.« Jetzt soll dieser glückliche Zustand im benachbarten Deutschland wieder festgenagelt werden. Den Auslöser des Konflikts bietet ein Streit um die Thronfolge in Spanien – immer ein heikles Thema zwischen Frankreich und Deutschland, seitdem sich die französischen Könige im 16. Jahrhundert durch die habsburgische Herrschaft in Madrid und Wien eingekreist gefühlt hatten.

Die Spanier wünschen den Erbprinzen Leopold von Hohenzollern-Sigmaringen, und Bismarck hat die Kandidatur gefördert. Ein riskantes Unternehmen. Bismarck weiß, daß er damit Frankreich im Rücken belastet. Aber er glaubt nicht an eine radikale französische Antwort, er hofft auf einen billigen diplomatischen Erfolg Preußens und des Hauses Hohenzollern. Darin täuscht er sich. Die Pariser Regierung reagiert mit so massiven Drohungen und so provokativ, daß sie ganz Europa einschließlich Londons und Wiens von ihrer Kriegslust überzeugt. Erschreckt darüber zieht der Vater des Erbprinzen die Kandidatur zurück. Das reicht Paris nicht. Es wünscht jetzt zumindest eine tiefe preußische Demütigung. Napoleon setzt mit der Forderung nach, der preußische König solle öffentlich erklären, daß er einer solchen Kandidatur nie wieder seine Zustimmung geben werde. Der König, zur Kur in Bad Ems, wird unverhofft vom französischen Gesandten damit konfrontiert. Zwar weist er das Ansinnen zurück, verständigt aber nachträglich den Gesandten davon, daß er den Verzicht des Erbprinzen vorbehaltlos billige. Eine preußische Niederlage scheint in der Luft zu liegen – da greift Bismarck ein. In einer telegraphischen Mitteilung über die Vorgänge in Bad Ems an die Presse spitzt er den Sachverhalt zu – vor allem dadurch, daß die Zurückweisung der französischen Zumutung als Preußens Schlußwort erscheint. Er hatte richtig gerechnet: Aus Napoleons Prestigebedürfnis entsteht die französische Kriegserklärung.

Aber Napoleon fühlt sich gedeckt und nicht nur durch eine gute Armee. Er ist – zum vierten Male in den vier Krisen der letzten fünfzehn Jahre – im Zusammenspiel mit Österreich-Ungarn. Zwischen Paris und Wien existiert zwar kein Bündnis, aber eine bündnisähnliche Intimität, eine Verabredung von Zielen und Interessen, die im Prozeß des Ausbaus ist. Sie beruht auf einem hochgeheimen, 1869 fertiggestellten, aber noch nicht unterzeichneten Vertragsentwurf zusammen mit Italien, auf Briefen zwischen den Monarchen, mündlichen Verständigungen, militärischen Besprechungen. Das Ziel des Bündnisses wird in der letzten Fassung des Entwurfs nicht mehr genannt. Aber in den langen Vorverhandlungen ist immer wieder davon die Rede gewesen: nämlich von der Aufteilung Deutschlands in eine Reihe »möglichst gleich mächtiger Staaten«, mithin von einer Wiederherstellung der Zersplitterung Deutschlands, wie sie vor dem Aufstieg Preußens zur Großmacht bestanden hatte.[114]

Zwar ergibt all das zusammen noch kein festes österreichisches Hilfeversprechen. Aber es ermutigt Napoleon doch schon im Herbst 1869 zu der Äußerung, daß er den Vertrag mit Wien als »moralisch unterzeichnet« betrachtet.[115] Sein Staatsminister Rouher sagt im Dezember des gleichen Jahres zum österreichischen Beauftragten Graf Vitzthum: »Unsere Angelegenheiten sind geregelt... Die Allianz ist abgeschlossen, und die Verpflichtungen, die mit diesen Briefen (zwischen den beiden Kaisern) übernommen werden, haben die gleiche Gültigkeit wie ein internationaler Vertrag.«[116] Und Napoleons neuer Außenminister Gramont, der bisherige Botschafter in Wien, äußert Anfang Juli 1870 im Ministerrat, er habe den festen Glauben, daß die französisch-österreichische Allianz eine Realität sei und daß Österreich im Falle eines französisch-preußischen Krieges ein »Beobachtungskorps« an den preußischen Grenzen aufmarschieren lassen werde.[117]

Nicht erstaunlich. Denn im März 1870 hatte sich Erzherzog Albrecht zu Besprechungen über einen gemeinsamen Kriegsplan in Paris aufgehalten – sinnigerweise hatte man dabei eine Entscheidungsschlacht bei Leipzig ins Auge gefaßt, als sollte es eine Revanche nicht nur für Sadowa sein, sondern auch gleich für die Völkerschlacht von 1813. Im Juni hatte die Pariser Regierung den General Lebrun nach Wien geschickt, damit er die Allianz in praktische Vereinbarungen umsetze. Und obwohl er diese praktischen Ergebnisse nicht erzielt hatte, war er doch mit der Überzeugung zurückgekehrt, daß Österreich-Ungarn sofort mobilisieren und einen großen Teil der preußischen Armee fesseln würde, »sobald Frankreich in Süddeutschland einbrechen würde«.[118]

Was ja auch deshalb naheliegt, weil zu den Charakteristika des österreichischen Kanzlers Beust nicht nur, wie Schweinitz zutreffend schreibt, seine »deutsche Gesinnung«, sondern auch seine Preußenfeindlichkeit gehört. Auf die, aber noch mehr auf die Bereitschaft des österreichischen Kaisers, des Erzherzogs Albrecht, des Kriegsministers Kuhn zum Krieg gegen Preußen glaubt Napoleon zählen zu können. Warum kommt sie nicht zum Tragen? Warum führen die Allianz-Verhandlungen zu nichts, die schon im ersten Kriegsmonat von Frankreich abermals angestoßen werden? Warum steigert sich die Hochstimmung, die sich beim österreichischen und ungarischen

Adel im Herbst 1870 jedesmal dann zeigt, sobald wirkliche oder scheinbare Erfolge der französischen Waffen von den Schlachtfeldern gemeldet werden, nicht bis zum unwiderstehlichen Ruf nach Revanche? Warum bleibt es dabei, daß sich in Wien unter hoher Protektion geheime Komitees österreichischer und französischer Offiziere und Journalisten bilden, die alle Informationen über preußische Truppenbewegungen weitergeben, ohne daß die Militärs zu einer großen Abrede kommen? Warum trifft Österreich-Ungarn im August 1870 wohl Kriegsvorbereitungen, führt sie aber nicht zu Ende?

Sicherlich nicht deshalb, weil der preußische Gesandte in Wien wider besseres Wissen droht, die preußische Armee könne gleichzeitig nach allen Seiten schlagen, sondern vor allem, weil er daran erinnert, »daß die russische Aufstellung bei Tachenstochau nicht viel längere Zeit als die österreichische Mobilmachung erfordern würde«.[119] Womit er allerdings nur wiederholt, was Graf Beust bereits weiß:

> »Denn schließlich und hauptsächlich« – so der damalige preußische Gesandte in Wien – »verstand der Reichskanzler früher als die anderen, wessen sich Österreich von Rußland zu gewärtigen hatte, sobald es Anstalten zur Teilnahme am Krieg machte ... Ich meinerseits habe in Wien nie ein Wort davon gesagt, daß wir das Versprechen des Zaren besaßen, er werde dreihunderttausend Mann an die Grenze rücken lassen, wenn Österreich sich am Kriege beteilige.«[120]

Damit zu drohen, hatte allerdings der vornehme Schweinitz auch gar nicht nötig. Von dem Versprechen des Zaren hatte Graf Beust aus anderer sicherer Quelle erfahren. Das war der Grund dafür, daß er am 20. Juli 1870 seinem Pariser Gesandten Fürst Metternich einen Brief schreiben mußte, der die Kriegsbegeisterung im Umkreis Napoleons erstmals dämpfte.

»Unser Kriegseintritt hätte sofort den russischen zur Folge«

»Bestätigen Sie bitte Kaiser Napoleon«, hieß es darin, »daß wir unseren Verpflichtungen treu bleiben, wie sie im Briefaustausch zwischen den beiden Kaisern im vorigen Jahr niedergelegt worden sind, daß wir die Sache Frankreichs wie unsere eigene betrachten, daß wir zum Erfolg seiner Waffen innerhalb der Grenzen des Möglichen beitragen werden. Diese Grenzen werden bestimmt teilweise durch unsere inneren Schwierigkeiten« – Beust spielte damit auf die Deutschen in Österreich an, die höchst ungern gegen Deutschland Krieg geführt hätten – »andererseits durch außenpolitische Erwägungen von allergrößter Bedeutung... Wir glauben zu wissen, daß Rußland seine Allianz mit Preußen so weit getrieben hat, daß in bestimmten Eventualitäten die Intervention der russischen Armeen nicht nur als wahrscheinlich betrachtet werden muß, sondern als sicher. Unter diesen Eventualitäten beunruhigt uns natürlich jene am meisten, die uns betrifft... *Wir glauben zu wissen, daß unser Kriegseintritt sofort den russischen zur Folge haben würde,* der uns nicht nur in Galizien bedrohen würde, sondern auch am Pruth und an der unteren Donau... Man darf sich in Paris nicht täuschen: Die Neutralität Rußlands hängt von der unseren ab.«[121]

Seinem Vertrauten, Graf Vitzthum, dem er die Skizze dieses Briefs diktierte, sagt Beust: »In vier bis fünf Monaten, wenn die Jahreszeit uns vor russischen Truppenbewegungen sicherstellt, können wir vielleicht anders sprechen.« Aber da war Sedan lange vorbei und die Deutschen belagerten Paris.

Das Versprechen des Zaren an Preußen war gerade zweieinhalb Jahre alt. Damals hatte er noch von 100000 Mann gesprochen. Im Moment der französischen Kriegserklärung wiederholt er nicht nur seine grundsätzliche Zusage, er verdreifacht zugleich die Stärke der versprochenen Entlastungstruppe. Zwischen ihm und König Wilhelm existiert eine feste Abmachung. Bis zu einem gewissen Grade ist sie auch eine Reaktion auf die Liaison, die sich zwischen Paris und Wien entwickelt hat. Es gab ja schon 1868 Hinweise auf österreichische Expansionsabsichten auf dem Balkan, es gab schon damals französische Drohgebärden gegen Preußen. In Petersburg wie auch in Berlin wuchsen Besorgnisse, und beide Höfe spürten das Bedürfnis, noch enger zusammenzurücken.

Am 5. Februar 1868 kommt der Ball ins Rollen. Der preußische Gesandte in Petersburg, Prinz Reuß, berichtet in einem Telegramm an König Wilhelm, daß der Zar ihn auf Kriegsgefahren aufmerksam gemacht habe, die sich durch die Möglichkeit eines österreichischen Vorstoßes nach Bosnien und der Herzegowina und eines französischen Angriffs auf Deutschland ergäben. »Hoffen wir, daß dies nicht eintreten wird«, habe der Zar gesagt. »Sollten aber wider Erwarten beide Fälle eintreten, so kann der König ebenso auf mich rechnen, um

Österreich lahmzulegen, wie ich seine Hilfe in Anspruch nehmen würde. Die Aufstellung einer Armee an der österreichischen Grenze würde im einen wie im anderen Falle genügen, um diesen Zweck zu erreichen.«[122]

Wenige Tage später, am 14. Februar, gibt Alexander einen weiteren Anstoß. Es ist der 50. Jahrestag der Taufe des russischen Regiments Kaluga auf den Namen König Wilhelms. In einem Telegramm an den preußischen Monarchen nimmt der Zar das Jubiläum zum Anlaß, daran zu erinnern, daß seinerzeit das Bündnis zwischen den drei östlichen Monarchien Europa Sicherheit gegeben habe. Unglücklicherweise habe es aufgehört, zu bestehen. »Es ist deshalb doppelt zu wünschen«, sagt er seinem ›cher oncle‹, »jene Entente zu verewigen, die zwischen Preußen und Rußland besteht und auf der jetzt Europas Sicherheit beruht. Sie hat ihre Wurzeln im Ruhm der Vergangenheit, ihre Rechtfertigung in den gegenwärtigen und künftigen Interessen beider Länder; sie kann sich umsetzen in schriftliche Vereinbarungen.«[123]

Im März und April werden solche Vereinbarungen konkretisiert. Berlin erhält von Petersburg Nachrichten über die französischen Rüstungen, General Moltke hat eine Unterredung mit dem russischen Gesandten, Anfang März berichtet Schweinitz – noch Militärbevollmächtigter in Petersburg – über den Fortgang. Er und Prinz Reuß hatten zusammen mit dem Zaren an einer Jagdpartie teilgenommen. In seinem Tagebuch heißt es dazu:

»Nach dem Essen sprach der Kaiser mit Reuß und mir über die Politik. Die Wahrscheinlichkeit eines Krieges zwischen uns und Frankreich unter Teilnahme Österreichs wurde erörtert ... Der Kaiser gab dem Gesandten schließlich die bestimmte Zusicherung, er werde eine Armee in Polen aufstellen, sobald Österreich Miene mache, aktiv gegen uns aufzutreten.«[124]

Dann wechselt die Szene nach Berlin. Bismarck hat eine Unterredung mit dem russischen Gesandten Oubril. Der bietet nun offiziell die Aufstellung von 100 000 Mann russischer Truppen an, die im Fall des Falles Österreich in Schach halten sollen, unter der Voraussetzung, daß Preußen bei einer Bedrohung Rußlands durch Österreich das Gleiche tue. Bismarcks Antwort umreißt die Fundamente deutsch-russischer Gemeinsamkeit.

Auch er hält einen französisch-österreichischen Angriff auf Preußen und Rußland für »keineswegs unwahrscheinlich«. Es habe bei ihm »keiner Überlegung bedurft« – so schreibt er am 22. März dem

Gesandten Prinz Reuß – um sein eigenes Einverständnis und die Zustimmung des Königs zu dieser Eröffnung auszusprechen. »Meiner vollen und festen Überzeugung nach sei für Preußen gar keine andere Politik zulässig«, und in der »vorgeschlagenen Gegenseitigkeit erkenne er nur den Ausdruck der natürlichen und notwendigen Entwicklung der Politik beider Mächte.« Aber er ist nicht für die »schriftlichen Vereinbarungen«, die dem Zaren vorschweben. Er fürchtet, so schreibt er Reuß, »daß der Abschluß eines Bündnisses für den Kriegsfall eben diesen Kriegsfall selbst herbeiführen werde, weil das Bündnis doch nicht geheim bleiben könne und die Kunde davon auf der anderen Seite zu Gegenbündnissen bewegen werde, welche dann von Stufe zu Stufe die Spannung so vermehren müßten, daß man zuletzt in den Krieg hineintreibe, auch ohne daß man denselben wolle.« Das aber hindere nicht »das volle Einverständnis seiner Majestät mit den oben ausgesprochenen Intentionen, nach welchen Preußen und Rußland für den gegebenen Fall ihrer gegenseitigen Bundesgenossenschaft sicher sein müssen«.

Der König selbst habe gesagt, »daß Preußen ebensowenig einem gefährlichen Angriff gegen Rußland wie Rußland einer Vergewaltigung Preußens neutral zusehen könne, und daß es eine unkluge und kurzsichtige Politik wäre, eine sukzessive Kriegführung gegen die einzelnen Mächte hinzunehmen. Preußen dürfe im Interesse seiner eigenen Sicherheit Rußland nicht im Stich lassen, und Rußland könne nicht zugeben, daß Preußen, in einem Kampf gegen die Übermacht einer Koalition unterliegend, in eine Abhängigkeit geriete, welche die französische Grenze gegen Rußland gleichsam bis nach Schlesien vorrückte.« Es klingt, als wenn hier Bismarck ein Gesetz verkündete, das die Quintessenz der Geschichte preußisch-russischer Beziehungen war.

Preußen habe das Bedürfnis, fährt der Kanzler fort, daß ihm Rußland den Rücken gegen Österreich decke, falls es selbst in einen Krieg gegen Frankreich geriete. Falls aber Rußland in einen Krieg mit Österreich verwickelt würde, so würde ihm Preußen Sicherheit gegen eine Unterstützung dieser Macht durch Frankreich gewähren. Falls entweder Preußen oder Rußland »von einer Koalition von zwei Mächten angegriffen wird, nötigt die Solidarität der Interessen jede von beiden Mächten zur Unterstützung der anderen«. Voraussetzung dieser Abrede sei, daß »die Solidarität der Politik beider Mächte einen wesentlich defensiven Charakter tragen wird«.[125]

Die stille Allianz zwischen Berlin und Petersburg

In Petersburg findet Bismarcks Konzept offene Ohren. Am 27. März berichtet Prinz Reuß dem Kanzler, daß sowohl der Zar wie Gortschakow »mit größter Befriedigung« von seinen Darlegungen gegenüber Oubril Kenntnis genommen hätten. Man sei sich einig über den defensiven Charakter der gemeinsamen Politik. Es bedürfe keiner schriftlichen Abmachungen, weil in der Tat »das Bekanntwerden ihrer Existenz ohne Zweifel die Absichten der preußisch-russischen Allianz entstellen« würde. »Der Kaiser setzt ein solches Vertrauen in den König und Eure Exzellenz«, heißt es in dem Bericht weiter, »daß er einen unterzeichneten Vertrag für überflüssig hält und daß ihm der jetzige Gedankenaustausch vollkommen genügend erscheint.«[126] Am 7. April antwortet Bismarck: »Das gegenseitige Vertrauen zwischen den Monarchen und ihren Regierungen ist so zwingend, daß über die Entwicklung der beiderseitigen Politik kein Zweifel bestehen kann.«

Wieder schwenkt der Scheinwerfer nach Petersburg. Unter dem 10. April vermerkt dort Schweinitz in seinem Tagebuch: »Der Kaiser sprach noch einmal die politischen Hauptsätze durch, um welche sich der diplomatische Verkehr zwischen Berlin und Petersburg in den letzten Wochen bewegte. Bestimmter als sonst erklärte er diesmal, daß er eine Armee aufstellen wolle, wenn Preußen von zwei Mächten bedroht würde.« Am 14. April trägt er ein: »Fürst Gortschakow ... besprach mit mir ... nochmals, was ihm der Kaiser über meine Mitteilungen erzählt hatte. Er betonte dabei, daß die Präzisierung der Verabredung für den Fall, daß Preußen oder Rußland durch zwei Mächte bedroht würden, von Berlin ausgegangen, hier angenommen worden sei.«[127]

Und so kam es, daß Bismarck am 17. Juli 1870 jene historischen Telegramme an seine Gesandten in München und Wien schicken konnte, in denen er »im engsten Vertrauen« mitteilte, daß »Österreich dem Kaiser von Rußland strikte Neutralität zugesagt und daß Rußland sich gegen uns verbindlich gemacht hat, Österreich mit 300000 Mann anzugreifen, falls letzteres wider Erwarten seine Zusage nicht hielte«.[128]

So kann in diesem Juli 1870 Moltke die Angriffsheere gegen Frankreich schon in den ersten Kriegstagen um 100000 Mann verstärken, die er sonst gegen Österreich hätte aufstellen müssen.[129]

So kann Bismarck vier Tage nach der französischen Kriegserklärung, am 23. Juli 1870, seinen König um die Aufnahme russischer Militärbeobachter im preußischen Hauptquartier mit der Begründung bitten, daß der Zar »in der gegenwärtigen Lage der einzige zuverlässige und treue Freund Preußens ist, ja, er kann schon in diesem Augenblick beinahe als ein Bundesgenosse Eurer Majestät angesehen werden«.

Dies war es gewesen: Bismarck konnte den Krieg gegen Frankreich führen, weil Rußland versprochen hatte, Preußen vor einem österreichischen Flankenstoß zu schützen. Und der Zar hielt sein Wort. In den kritischsten Wochen des deutsch-französischen Krieges, kurz vor Sedan, wollte die österreichische Regierung seine Festigkeit prüfen. Sie ließ ihren Petersburger Gesandten nach Wien kommen und schickte ihn mit einer Anfrage an den Fürsten Gortschakow zurück. In Wien meinte man später, man habe in Petersburg den Gesandten mißverstanden. Aber was immer man Gortschakow vorwerfen konnte – ein sehr routinierter Diplomat war er ohne Zweifel, er reagierte auf kleinste Nuancen, und was er aus der Botschaft des österreichischen Kanzlers deutlich herausgehört zu haben meinte, war der Vorschlag eines internationalen Kongresses und einer bewaffneten Intervention beider Mächte im deutsch-französischen Krieg. Darauf »war es dem armen Gesandten sehr schlecht gegangen«. Nachdem er sich seines Auftrags entledigt hatte, »wurde er bei gelegentlicher Begegnung mit dem Kaiser vor Zeugen hart angelassen. ›Wenn ich mobilmache‹, hatte ihn der Zar angeherrscht, ›so können Sie sicher sein, daß es nicht gegen Preußen ist.‹«[131]

So kam Deutschland zur Reichseinigung. Und Rußland – damit schließt sich der Kreis der Ereignisse, die mit dem Krim-Krieg begannen – zur Tilgung der Schmach des Pariser Friedens von 1856. Am 9. November 1870, noch während die deutschen Truppen Paris belagern, kündigt Gortschakow seine Schwarzmeer-Klausel, Englands wichtigstes Beutestück aus dem Krim-Krieg. Sie untersagte, wir erinnern uns, Rußland die militärische Nutzung seiner eigenen Küste. Der Moment kommt Bismarck ungelegen. Denn die Briten fühlen sich herausgefordert und drohen mit Krieg gegen Rußland, der zu einer britisch-französischen Allianz und damit zu einer Beteiligung Englands am deutsch-französischen Krieg führen kann. Ohnehin beginnt die englische Neutralität seit dem Oktober eine deutliche pro-französische Färbung zu erhalten.[132] Aber Gortschakow betrachtet die Situation als ideal vom russischen Standpunkt aus: Frankreich ist für den

Moment zu schwach, um ernstlich an eine zweite Front denken zu können, Österreich muß ohne französische Rückenstütze eine kriegerische Verwicklung mit Rußland scheuen, und zu Recht glaubt er auch, daß England ohne irgendeinen Partner eben doch nicht zuschlagen wird. Vor allem weiß er, daß Deutschland jetzt Rußland stützen muß, wie es umgekehrt von Rußland gestützt wird.

Und so muß die britische Diplomatie, während sie den in Versailles residierenden Bismarck im Schwarzmeer-Streit auf ihre Seite zu ziehen versucht, pikiert entdecken, daß zwischen Rußland und Deutschland »eine unverhüllte Allianz« besteht, die Bismarck »nicht nur gar nicht zu leugnen sucht, sondern die er offen als nationale und familiäre Allianz der Freundschaft und der Dankbarkeit bezeichnet«.[133] Was natürlich die deutsch-englischen Beziehungen weiter belastet. So sehr, daß sich Bismarck am 25. Januar 1871 zu einer prononcierten Botschaft an seinen Londoner Gesandten Graf Bernstorff veranlaßt sieht. Es heißt darin, die von der britischen Regierung gezeigte »Rücksicht auf Frankreich hat immer die Kehrseite eines Mangels an Rücksicht auf uns ... Aus all diesen Vorgängen ist wiederum zu ersehen, daß unsere freundschaftliche Gesinnung für England einseitig und unerwidert ist, und daß den englischen Gefühlen Frankreich näher steht als Deutschland«.[134] Aber von den vorsichtigen Drohungen der britischen Diplomatie und den weniger vorsichtigen eines Teils der britischen Presse läßt sich der Kanzler nicht einschüchtern, weist vielmehr den Gesandten Bernstorff an, die russische Position in London zu unterstützen. Deshalb folgen auf die dunklen Töne in diesem so unerwartet in den deutsch-französischen Krieg hineingeplatzten neuen Schwarzmeer-Konflikt bald die Signale der Verständigungsbereitschaft, von britischer Seite ebenso wie von der russischen.

Mit Bismarck als Vermittler und mit seiner Assistenz gewinnt Gortschakow, was er vorher solange vergeblich mit Napoleons Hilfe zu erreichen versuchte. Wenige Tage nach der Annahme der deutschen Friedensbedingungen durch Frankreich wirft eine europäische Konferenz in London die Schwarzmeer-Klausel in den Papierkorb der Geschichte. »Daß die Sache zustande gekommen ist«, sagt nach Beendigung der Konferenz der russische Verhandlungsführer zum preußischen, »ist allein Ihr Verdienst.«[135] In Petersburg läßt Zar Alexander in der Kapelle des Winterpalastes ein Tedeum singen und betet am Grabe seines Vaters, den die Krim-Katastrophe ums Leben gebracht hatte, für Frieden und Ruhe seiner Seele.[136]

»Möge unsere Freundschaft das Glück unserer Länder sichern«

Das deutsch-russische Verhältnis war auf einem nie erreichten Höhepunkt. Die preußisch-deutsche Freundschaft hatte Früchte getragen, auf die kaum jemand in Deutschland zu hoffen gewagt hatte. Auf jenes Telegramm Kaiser Wilhelms nach Abschluß des deutsch-französischen Vorfriedens, von dem wir erzählten, hatte Alexander geantwortet: »Ich ... teile Ihre Freude. Gott gebe, daß ein solider Friede die Folge sei. Ich bin glücklich darüber, daß ich Ihnen als Ihr treuer Freund meine Sympathien beweisen konnte. Möge doch die Freundschaft, die uns verbindet, das Glück und den Ruhm unserer beiden Länder sichern.«

Es wird zur Tragödie dieser beiden Völker, daß die Freundschaft sich nur sieben Jahre auf ihrem Gipfel halten kann, daß nach dem Berliner Kongreß des Jahres 1878 ein schnelles Abgleiten beginnt. Die äußeren Gründe dafür sind genau jene, deren Umrisse wir am Anfang des Kapitels zu zeichnen versucht haben, jene, die im Jahre 1771 zum ersten Mal aufleuchteten: Rußlands Faszination vom Orient, von den Dardanellen und vom Balkan, sein Zusammenprall mit den Interessen der Donaumonarchie, die Verflechtung Preußen-Deutschlands mit einem der beiden Rivalen. Friedrich der Große suchte damals die furchtbare Verwicklung zu beschwören, nachdem er sich an Rußland gebunden hatte. Bismarck fürchtete sie, seitdem er der Partnerschaft mit Österreich-Ungarn Vorrang vor der mit Rußland geben zu müssen glaubte – eine Entscheidung, die nicht ohne Grund in Rußland als krasser Undank verstanden wurde. Im Strudel dieses Konfliktes versanken das Zarenreich und das deutsche Kaiserreich, ihr Untergang produzierte Bolschewismus, Hitlerismus und Verfall hier wie dort.

Der Orient, zu dem man damals noch die Donaumündungen zählte und nicht etwa nur, beispielsweise, die des Orontes oder des Euphrat, wurde beiden Völkern zum Schicksal, obwohl sie selbst dort gar keine direkten Gegensätze hatten. Daß das oberste Gesetz ihrer Sicherheit gewesen wäre, all jene Streitfragen als zweitrangig zu betrachten, die einen Zusammenstoß zwischen ihnen provozieren mußten, erkannte man in Petersburg und Berlin zu spät.

Anhang

Anmerkungen zu Kapitel I

1 August Freiherr von Haxthausen, »Studien über die inneren Zustände, das Volksleben und insbesondere die ländlichen Einrichtungen Rußlands«, 1847–1852, drei Bände, Bd. III, S. 20
2 ebd., Bd. III, S. 18
3 v. Schweinitz, Hans Lothar, »Denkwürdigkeiten«, Bd. I, S. 395
4 Dimitrij Tschizewskij, »Hegel in Rußland« im Sammelband »Hegel bei den Slawen«, Hrsg. Tschizewskij, S. 145
5 Alexander v. Schelting, Rußland und Europa, S. 114
6 v. Schelting, op. cit., S. 76
7 Walter Z. Laqueur, »Deutsche und Russen«, S. 20
8 Tschizewskij, S. 152
9 ebd., S. 163
10 ebd., S. 177
11 Alexander Solschenizyn, »August 1914«, S. 142/143
12 Solschenizyn, »November Sechzehn«, S. 366
13 ebd., S. 582–585
14 ebd., S. 593
15 Nietzsche-Gesamtausgabe bei Naumann & Kröner, Leipzig, Bd. XI, S. 375; Bd. XIII, S. 352
16 Zitiert bei Tschizewskij, op. cit., S. 149
17 Dieter Groh und Dimitrij Tschizewskij, »Europa und Rußland«, S. 27ff.
18 v. Haxthausen, op. cit., Bd. I, Vorwort, S. XI
19 v. Haxthausen, op. cit., Bd. III, S. 31
20 v. Haxthausen, op. cit., Bd. III, S. 148ff.
21 v. Haxthausen, op. cit., Bd. I, Vorwort, S. XV
22 v. Haxthausen, op. cit., Bd. II, S. 332ff.
23 v. Haxthausen, op. cit., Bd. III, S. 84ff.
24 Groh und Tschizewskij, op. cit., S. 351
25 Groh und Tschizewskij, op. cit., S. 542ff.
26 Groh und Tschizewskij, op. cit., S. 545
27 Oswald Spengler, »Untergang des Abendlandes«, C. H. Becksche Verlagsbuchhandlung, S. 789ff.
28 Spengler, op. cit., S. 1182
29 F. M. Dostojewski, »Aus dem Tagebuch eines Schriftstellers«, München 1921, Bd. IV, S. 469
30 Dostojewski, op. cit., Bd. III, S. 195ff.
31 v. Schelting, op. cit., S. 180ff.

Anmerkungen zu Kapitel II

1 Zitiert in Friedrich von Raumer, Beiträge zur neuen Geschichte, 1836, Bd. II, S. 167
2 F. W. Barthold in »Anna Iwanowna«, enthalten in »Historisches Tagebuch«, Hrsg. Friedrich v. Raumer, 1836, S. 241
3 Leo Sievers, Deutsche und Russen, S. 226
4 Daria Olivier, Elisabeth von Rußland, S. 168
5 Mina Curtiss, A forgotten Empress, Anna Iwanowna and her Era, S. 63
6 Barthold, op. cit., S. 259
7 Karl Stählin, Geschichte Rußlands, Bd. II, S. 264
8 Stählin, op. cit., S. 223
9 zitiert von Valentin Giterman, Geschichte Rußlands, Bd. II, S. 85, nach Solowjow, III, 1266
10 Mina Curtiss, op. cit., S. 75
11 ebd., S. 84
12 ebd.., S. 84
13 Giterman, op. cit., Bd. II, S. 163
14 Will und Ariel Durand, Kulturgeschichte der Menschheit, Bd. 15, S. 494
15 Barthold, op. cit., S. 360ff.
16 Friedrich von Raumer, Beiträge zur neueren Geschichte, Bd. II, S. 171ff.
17 v. Raumer, op. cit., S. 171
18 ebd., S. 172
19 ebd., S. 172
20 Daria Olivier, op. cit., S. 151
21 T. G. Masaryk, Rußland und Europa – Zur russischen Geschichts- und Religionsphilosophie, S. 135
22 Michail Bakunin, Staatlichkeit und Anarchie, Ullstein-Sammelband, S. 523
23 Bakunin, op. cit., S. 462
24 op. cit., S. 496
25 op. cit., S. 462
26 op. cit., S. 289
27 Walter Z. Laqueur, Deutschland und Rußland, S. 32
28 Laqueur, op. cit., S. 18
29 Groh und Tschizewskij, Europa und Rußland, S. 203
30 F. M. Dostojewskij, Tagebuch eines Schriftstellers, Bd. II, S. 312
31 Alexander Solschenizyn, November Sechzehn, S. 177
32 Solschenizyn, op. cit., S. 857
33 von Schweinitz, Hans Lothar, »Denkwürdigkeiten«, Bd. II, S. 328
34 Stählin, op. cit., Bd. 4,1, S. 359
35 von Schweinitz, op. cit., S. 178
36 von Schweinitz, op. cit., S. 155
37 von Schweinitz, op. cit., Bd. I, S. 338
38 von Schweinitz, op. cit., Bd. II, S. 314

Anmerkungen zu Kapitel III

1 G. E. Hoffmann, Geschichte Schleswig-Holsteins, Bd. 5, S. 205ff.
2 Jakob von Stählin, Originalanekdoten von Peter dem Großen (1785), S. 29
3 Gustav Droysen, Geschichte der preußischen Politik, Bd. 4,1, S. 425
4 Droysen, op. cit., Bd. 4,2, S. 94
5 Karl Stählin, Geschichte Rußlands, Bd. II, S. 117 und Droysen, op. cit., S. 45
6 Droysen, op. cit., S. 57

7 Droysen, op. cit., S. 81ff.
8 Droysen, op. cit., S. 87
9 ebd., S. 145
10 zitiert bei Gerd Koenen, Der unerklärte Frieden, S. 41
11 Stählin, op. cit., Bd. II, S. 110
12 J. Kalisch und J. Gierowski, Um die polnische Krone, S. 257
13 ebd., S. 258
14 Giterman, Geschichte Rußlands, Bd. II, S. 275
15 L. A. Nikiforow, Russisch-englische Beziehungen unter Peter dem Großen, S. 184
16 F. W. Barthold, in »Anna Iwanowna«, enthalten in »Historisches Taschenbuch«, Hrsg. Friedrich v. Raumer, 1836, S. 196
17 Droysen, op. cit., S. 172
18 Gerd Heinrich, Geschichte Preußens, S. 172
19 Droysen, op. cit., S. 147
20 Sievers, op. cit., S. 197
21 Max Immich, Geschichte des europäischen Staatensystems, II. Abschnitt, S. 244
22 Nikiforow, op. cit., S. 195
23 Droysen, op. cit., S. 111
24 Nikiforow, op. cit., S. 194
25 Nikiforow, op. cit., S. 190ff.
26 Leo Sievers, Deutsche und Russen, S. 197
27 Droysen, op. cit., S. 182
28 Leopold von Ranke, Zwölf Bücher preußischer Geschichte, II. Bd., 5. Buch, S. 12
29 Stählin, op. cit., S. 119
30 Henri Trovat, Peter der Große, S. 197
31 ebd., S. 198
32 ebd., S. 204
33 ebd., S. 214
34 Droysen, op. cit., S. 210
35 Immich, op. cit., S. 250
36 Heinrich, op. cit., S. 174
37 Droysen, op. cit., S. 253
38 Immich, op. cit., S. 251
39 Ranke, op. cit., S. 31
40 Ranke, op. cit., S. 30
41 Droysen, op. cit., S. 277
42 Ranke, op. cit., S. 30
43 Ranke, op. cit., S. 29
44 Droysen, op. cit., S. 266ff.
45 ebd., S. 268
46 ebd., S. 271
47 Heinrich, op. cit., S. 175
48 Droysen, op. cit., S. 269, S. 279ff.
49 ebd., S. 304
50 ebd., S. 306ff.
51 ebd., S. 315
52 ebd., S. 378ff.
53 ebd., S. 427
54 ebd., S. 385
55 ebd., S. 425
56 ebd., S. 393
57 ebd., S. 419 (die »drei schwarzen Adler« waren die Wappen Brandenburgs, Österreichs und Rußlands)

58 Hohenzollern-Jahrbuch, 8. Jahrgang, 1904 (Verf. Heinrich Koser)

Anmerkungen zu Kapitel IV

1 Will und Ariel Durand, Kulturgeschichte der Menschheit, Bd. 15, S. 61
2 Coxe, William, History of the House of Austria, Bd. III, S. 425
3 Durand, op. cit., Bd. 18, S. 51, nach Encyclopedia Britannica, Bd. XX, S. 635
4 Friedrich II. Histoire de la Guerre des Sept Ans, Hachette 1872, Bd. III., S. 84
5 Karl Stählin, Geschichte Rußlands, 2. Band, S. 366
6 Nisbet Bain, The Daughter of Peter the Great, S. 107
7 Carol S. Leonard, A Study of the Reign of Peter III of Russia, S. 12
8 Daria Olivier, Elisabeth von Rußland, S. 336
9 Stählin, op. cit., S. 372
10 Herbert H. Kaplan, The first partition of Poland, S. 111
11 Robert Howard Lord, The second Partition of Poland, S. 36
12 Leonard, op. cit., S. 192
13 ebd., S. 193
14 Friedrich v. Raumer, Beiträge zur neueren Geschichte, 1846, S. 291
15 ebd., S. 292
16 ebd., S. 347
17 ebd., S. 399
18 Olivier, op. cit., S. 179ff.
19 Gitermann, Geschichte Rußlands, Bd. II, S. 166
20 Olivier, op. cit., S. 172
21 ebd., S. 188
22 ebd., S. 229
23 ebd., S. 194
24 ebd., S. 197
25 v. Raumer, op. cit., S. 293ff.
26 ebd., S. 292
27 ebd., S. 452
28 ebd., S. 282
29 Herbert H. Kaplan, Russia and the Outbreak of the Seven Years War, S. 45
30 v. Raumer, op. cit., S. 346ff.
31 Olivier, op. cit., S. 166ff.
32 Durand, op. cit., S. 59 nach Mann, Rede und Antwort, S. 138
33 v. Raumer, op. cit., S. 320
34 ebd., S. 451ff.
35 Kaplan, op. cit., S. 111
36 Friedrich II., op. cit., S. 80
37 Robert Coughlan, Frauen auf dem Zarenthron, S. 151
38 Olivier, op. cit., S. 328
39 ebd., S. 333
40 Coughlan, op. cit., S. 180
41 Kaplan, op. cit., S. 102
42 ebd., S. 113
43 Stählin, op. cit., S. 412
44 Leonard, op. cit., S. 43
45 ebd., S. 8
46 Coughlan, op. cit., S. 90
47 Georg Helbig, Biographie Peters III., Bd. I, S. 52ff.
48 Rulhière, Revolution in Rußland 1762, 1797, S. 25

49 De Castèra, Leben Katharinas II., 1798, S. 89ff.
50 Coughlan, op. cit., S. 190
51 Olivier, op. cit., S. 271
52 de Castèra, op. cit., S. 93
53 Helbig, op. cit., Bd. II, S. 176ff.
54 de Castèra, op. cit., Bd. II, S. 4ff.
55 Olivier, op. cit., S. 327
56 Helbig, op. cit., Bd. I, S. 114
57 Coughlan, op. cit., S. 145, 158
58 Helbig, op. cit., Bd. I, S. 121
59 ebd., S. 122
60 Kaplan, The first Partition of Poland, S. 6ff.
61 Helbig, op. cit., S. 52 und 65ff.
62 ebd., S. 66ff.
63 Leonard, op. cit., S. 8ff.
64 Magnus von Crusenstolpe, Russische Hofgeschichte, Bd. I., S. 209
65 Helbig, op. cit., Bd. II, S. 24ff.
66 v. Crusenstolpe, op. cit., S. 208
67 Durand, Bd. 15, S. 504
68 Helbig, Bd. II, S. 28ff.
69 Friedrich II., op. cit., Bd. III, S. 80
70 Helbig, Bd. I., S. 99ff.
71 Leonard, op. cit., S. 148ff.
72 ebd., S. 150
73 ebd., S. 92ff.
74 ebd., S. 95
75 Friedrich II., op. cit., Bd. III, S. 86ff.
76 Nisbet Bain, Peter III. Emperor of Russia, S. 50ff.
77 ebd., S. 68ff.
78 Friedrich II., op. cit., Bd. III, S. 87
79 ebd., S. 88
80 Castèra, Bd. II, S. 95ff.

Anmerkungen zu Kapitel V

1 Frankel, Henryk, Poland, The struggle for power, S. 23
2 Coxe, William, Travels in Poland, Russia, Sweden an Denmark, S. 13
3 Lord, Robert Howard, The Second Partition of Poland, S. 45
4 v. Oertzen, Friedrich Wilhelm, Alles oder Nichts; Polens Freiheitskampf in 125 Jahren, S. 223
5 Sharp, Samuel, Poland, White Eagle on a red Field, S. 31
6 Giterman, Valentin, Geschichte Rußlands, Bd. II, S. 253
7 Rose, William John, Poland, Old and New, S. 43
8 Ostrowski, Wiktor, Spotlights on Byelorussia, S. 62
9 Jablonowski, Horst, Westrußland zwischen Wilna und Moskau, S. 39
10 ebd., S. 40
11 ebd., S. 43ff.
12 ebd., S. 72
13 Vowels, Hugh P., Ukraine and its Peoples, S. 81
14 v. Haxthausen, Studien über die inneren Zustände Rußlands, Bd. III, S. 197
15 Jablonowski, op. cit., S. 121
16 ebd., S. 129

17 Franko, Ivan, Beiträge zur Geschichte und Kultur der Ukraine, S. 333
18 Rose, op. cit., S. 65
19 Kaindl, R. F., Polen, S. 37
20 Ostrowski, op. cit., S. 68
21 Sharp, op. cit., S. 36
22 Vowels, op. cit., S. 99
23 J. Kalisch und J. Gierowski, Um die polnische Krone, S. 102
24 Ostrowski, op. cit., S. 66
25 Schumacher, Bruno, Geschichte Ost- und Westpreußens, S. 90
26 ebd., S. 95
27 ebd., S. 219
28 Durand, Will und Ariel, Kulturgeschichte der Menschheit, Bd. 15, S. 545
29 Kaindl, op. cit., S. 24
30 ebd., S. 26
31 ebd., S. 27
32 Sharp, op. cit., S. 39
33 Gitermann, op. cit., Bd. II, S. 274
34 Bain, Nisbet, The last King of Poland and his Contemporaries, 1909, S. 22
35 Stählin, Geschichte Rußlands, Bd. II, S. 450
36 Gitermann, op. cit., Bd. II, S. 275
37 ebd., S. 274ff.
38 Durand, op. cit., Bd. 15, S. 543
39 Frankel, Poland, The Struggle for Power, S. 18
40 Whitlock, E., The Ancient and Present State of Poland, 1697, S. 2
41 ebd., S. 3
42 Kaindl, op. cit., S. 30
43 Lelewel, Joachim, Geschichte Polens, S. 184ff.
44 Vowels, op. cit., S. 61
45 Frankel, op. cit., S. 20
46 Kaindl, op. cit., S. 32
47 Coxe, op. cit., S. 15
48 Der polnische Rechtshistoriker Bobrzynsky 1876, zitiert von Kaindl, op. cit., S. 82
49 Rose, op. cit., S. 46
50 Lord, op. cit., S. 13ff.
51 Kaindl, op. cit., S. 79
52 Frankel, op. cit., S. 14
53 Durand, op. cit., S. 544
54 Lord, op. cit., S. 27
55 Frankel, op. cit., S. 15
56 Bain, Nisbet, The last King of Poland, S. 40
57 ebd., S. 45ff.
58 Brückner, Alexander, Geschichte der polnischen Literatur 1901, S. 34
59 Lord, op. cit., S. 37
60 Beer, Adolf, Die erste Teilung Polens, Erster Band, 1873, S. 99ff.
61 Kaplan, Herbert, The first Partition of Poland, S. 28
62 Stählin, op. cit., S. 499
63 ebd., S. 495
64 Kaplan, op. cit., S. 55
65 Günzel, Walter, Polen, S. 55ff.
66 Kaplan, op. cit., S. 50
67 ebd., S. 53
68 ebd., S. 56
69 Stählin, op. cit., S. 497

70 Kaplan, op. cit., S. 60
71 Beer, op. cit., S. 210ff.
72 ebd., S. 212
73 Stählin, op. cit., S. 499
74 Kaplan, op. cit., S. 97
75 Gitermann, op. cit., S. 278
76 Kaplan, op. cit., S. 111
77 Stählin, op. cit., S. 519
78 Easum, Chester V., Prinz Henry of Prussia, Brother of Frederick the Great, S. 261ff.
79 ebd., S. 263
80 ebd., S. 269
81 Beer, die erste Teilung Polens, Zweiter Band, S. 54
82 ebd., S. 57
83 Kaplan, op. cit., S. 138
84 Beer, op. cit., S. 69
85 Kaplan, op. cit., S. 146
86 Beer, op. cit., S. 173
87 Lord, op. cit., S. 54
88 Beer, op. cit., S. 238
89 Easum, op. cit., S. 274
90 Giterman, op. cit., S. 280
91 Durand, op. cit., Bd. 12, S. 201
92 Häusser, Ludwig, Deutsche Geschichte vom Tode Friedrichs des Großen bis zur Gründung des Deutschen Bundes, 1859, zweiter Band, S. 233
93 ebd., S. 227
94 ebd., S. 235ff.
95 ebd., S. 241
96 ebd., S. 241
97 ebd., S. 253
98 Sorel, Albert, L'Europa et la Revolution française, Bd. II, S. 73
99 Lord, op. cit., S. 99
100 ebd., S. 157
101 ebd., S. 162
102 ebd., S. 168ff.
103 ebd., S. 189
104 Häusser, op. cit., S. 294
105 Lord, op. cit., S. 377
106 Stählin, op. cit., S. 718
107 ebd., S. 719
108 Lord, op. cit., S. 247
109 Heinrich, Gerd, Geschichte Preußens, S. 263
110 Lord, op. cit., S. 395
111 Stählin, op. cit., S. 718
112 Durand, op. cit., S. 563
113 Lord, op. cit., S. 461ff.
114 Günzel, op. cit., S. 41
115 Lord, op. cit., S. 473
116 ebd., S. 474
117 Günzel, op. cit., S. 41
118 Lord, op. cit., S. 474
119 Stählin, op. cit., S. 772
120 Frankel, op. cit., S. 32
121 ebd., S. 33

122 Heinricht, op. cit., S. 263
123 Lord, op. cit., S. 443
124 Koch, Hansjoachim W., Geschichte Preußens, S. 218
125 Oncken, Wilhelm, Österreich und Preußen im Befreiungskriege, 1876, Bd. II, S. 141
126 Kaindl, op. cit., S. 50
127 Sievers, Leo, Deutsche und Russen, S. 361

Anmerkungen zu Kapitel VI

1 Häusser, Ludwig, Deutsche Geschichte, 1859/Dritter Band, S. 224
2 Durand, Will und Ariel, Kulturgeschichte der Menschheit, Band 17, S. 248
3 Koppen, Wilhelm, Deutsche gegen Deutschland, S. 69
4 ebd., S. 57
5 ebd., S. 59ff.
6 Ploetz, op. cit., S. 1090
7 dtv-Lexikon, Bd. 8, S. 290
8 Brockhaus-Enzyklopädie, Bd. 14, S. 735
9 Kamnitzer, Heinz, Wider die Fremdherrschaft, S. 138
10 Valloton, Henry, Alexander der Erste, S. 138
11 Röder, Reinhold, in Straube, Fritz (Gesamtredaktion) Das Jahr 1813, S. 100
12 Durand, op. cit., S. 36
13 Röder, op. cit., S. 100, nach Miller, M. v., Darstellung des Feldzuges gegen die Russen 1812 etc., Teil II, 1822, S. 20
14 Pfister, Albert, Aus dem Lager des Rheinbundes 1812 und 1813, 1897, S. 45
15 Valloton, op. cit., S. 178ff.
16 ebd., S. 106
17 ebd., S. 107
18 Herre, Franz, Freiherr vom Stein, S. 208
19 ebd., S. 209
20 ebd., S. 211
21 Schieder, Theodor, Das Jahr 1813 und der Freiherr vom Stein, S. 27
22 Kamnitzer, op. cit., S. 48
23 ebd., S. 115
24 Herre, op. cit., S. 250
25 Stählin, Karl, Geschichte Rußlands, Bd. III, S. 210
26 Herre, op. cit., S. 271
27 Stählin, op. cit., S. 179
28 Herre, op. cit., S. 131
29 Kamnitzer, op. cit., S. 93
30 ebd., S. 46
31 Oncken, Wilhelm, Österreich und Preußen im Befreiungskriege, 1876, Bd. I, S. 94
32 Häusser, op. cit., S. 208
33 Straube, Fritz, Frühjahrsfeldzug 1813, S. 63
34 ebd., S. 101
35 Valloton, op. cit., S. 132
36 Droysen, Johann Gustav, Das Leben des Feldmarschalls Graf Yorck von Wartenburg, 11. Auflg. 1913, S. 332
37 ebd., S. 351ff.
38 Oncken, op. cit., S. 87
39 Droysen, op. cit., S. 348
40 ebd., S. 351ff.

41 ebd., S. 357
42 ebd., S. 358
43 ebd., S. 362ff.
44 ebd., S. 367ff.
45 Oncken, op. cit., S. 131
46 ebd., S. 120ff.
47 Röder, op. cit., S. 98
48 Oncken, op. cit., S. 302
49 ebd., S. 79
50 Ompteda, Ludwig von, Zur deutschen Geschichte in dem Jahrzehnt vor den Befreiungskriegen, Bd. 4, 1869, S. 25
51 Herre, op. cit., S. 271
52 Dechend, Hans, in Pflug-Harttung, Julius, Geschichte der Befreiungskriege, S. 12ff.
53 Straube, op. cit., S. 110
54 Stählin, op. cit., S. 225
55 Oncken, op. cit., S. 261
56 ebd., S. 277
57 Valloton, op. cit., S. 170
58 Palmer, Alan, Alexander I, Tsar of War and Peace, S. 255
59 Straube, op. cit., S. 89
60 Droysen, op. cit., S. 387
61 Valloton, op. cit., S. 191
62 Stählin, op. cit., S. 222
63 Straube, op. cit., S. 54
64 Durand, op. cit., S. 460
65 Herre, op. cit., S. 261
66 Stählin, op. cit., S. 148
67 Krok, Joseph Edward, Talleyrand and the Foreign Policy, Thought of Alexander I, S. 62ff.
68 Stählin, op. cit., S. 122ff.
69 ebd., S. 121
70 ebd., S. 121
71 Valloton, op. cit., S. 80
72 ebd., S. 83
73 ebd., S. 84
74 ebd., S. 92
75 Häusser, op. cit., S. 113
76 Valloton, op. cit., S. 95
77 ebd., S. 94
78 ebd., S. 96ff
79 ebd., S. 108
80 Stählin, op. cit., S. 139
81 Krok, op. cit., S. 177
82 Stählin, op. cit., S. 154
83 Krok, op. cit., S. 180
84 ebd., S. 214
85 ebd., S. 221/225
86 Stählin, op. cit., S. 167ff.
87 Häusser, op. cit., S. 497
88 Krok, op. cit., S. 242, 259
89 ebd., S. 238
90 Feldman, W. Geschichte der politischen Ideen in Polen, S. 45

91 Valloton, op. cit., S. 174
92 Oncken, op. cit., Bd. II, S. 88
93 Häusser, Deutsche Geschichte, Vierter Band, S. 188
94 Ostermann, Karl, Diplomatie und Außenpolitik 1813 in Straube, Das Jahr 1813, S. 134
95 Kissinger, Henry, Großmacht Diplomatie, S. 99ff.
96 Oncken, op. cit., Band II, S. 338
97 Ostermann, op. cit., S. 146
98 Oncken, op. cit., S. 357ff.
99 Kissinger, op. cit., S. 92
100 ebd., S. 91
101 Stählin, op. cit., S. 228
102 Herre, op. cit., S. 262
103 Fournier, August, Der Congress von Chatillon, 1900, S. 13
104 ebd., S. 20
105 ebd., S. 32
106 ebd., S. 23
107 ebd., S. 24
108 ebd., S. 48
109 ebd., S. 50ff.
110 Delbrück, Hans, Das Leben des Feldmarschalls Grafen Neithardt von Gneisenau, 1880, S. 167
111 Fournier, op. cit., S. 258
112 Delbrück, op. cit., S. 37
113 Fournier, op. cit., S. 56
114 Delbrück, op. cit., S. 30
115 Fournier, op. cit., S. 72
116 ebd., S. 70
117 Delbrück, Hans, Weltgeschichte, Bd. IV, S. 502
118 ebd., S. 503
119 Fournier, op. cit., S. 139
120 ebd., S. 144
121 Delbrück, Leben des Feldmarschalls Grafen Gneisenau, S. 180
122 Fournier, op. cit., S. 258
123 ebd., S. 133
124 ebd., S. 135ff.
125 Häusser, op. cit., Vierter Band, S. 502
126 ebd., S. 509
127 Stählin, op. cit., S. 235
128 Häusser, op. cit., S. 514
129 Delbrück, op. cit., S. 245
130 Häusser, op. cit., S. 515
131 ebd., S. 512
132 Fournier, op. cit., S. 113
133 Kissinger, op. cit., S. 152
134 Fournier, op. cit., S. 165, und Häusser, op. cit., S. 506
135 Häusser, op. cit., S. 506
136 Fournier, op. cit., S. 260
137 ebd., S. 266ff.
138 ebd., S. 189
139 Häusser, op. cit., S. 550
140 ebd., S. 549ff.
141 ebd., S. 547

142 ebd., S. 552
143 Valloton, op. cit., S. 208
144 Delbrück, Leben des Feldmarschalls Grafen Gneisenau, S. 135, und Delbrück, Weltgeschichte, IV, S. 510
145 Häusser, op. cit., S. 551
146 Delbrück, Leben des Feldmarschalls usw., S. 238
147 Stählin, op. cit., S. 242
148 Oncken, op. cit., Bd. I, S. 224
149 Stählin, op. cit., S. 242
150 Petre, Lorain, Napoleons last Campaign in Germany 1813, S. 25
151 Valloton, op. cit., S. 225
152 Palmer, op. cit., S. 308 ff.
153 Fournier, August, Die Geheimpolizei auf dem Wiener Kongreß, S. 187
154 ebd., S. 187
155 ebd., S. 186
156 Stählin, op. cit., S. 246
157 Herre, op. cit., S. 265
158 Oncken, op. cit., Bd. I, S. 280

Anmerkungen zu Kapitel VII

1 Jelovich, Barbara, St. Petersburg und Moskau, S. 76
2 ebd., S. 85
3 Seton-Watson, R. W., Britain in Europa, S. 184
4 Rich, Norman, Why the Crimean War?, S. 106
5 ebd., S. 108
6 Mosse, Werner Eugen, The European Powers and the German Question, S. 55
7 Taylor, A. J. P., The Struggle for Mastery in Europe, 1848–1918, S. 54 ff.
8 ebd., S. 54
9 Greenhill, Basil, The British Assault on Finnland, 1854–1855, S. 157 ff. und Geffken, Heinrich, Zur Geschichte des Orientalischen Krieges 1853–1856, S. 187, 209
10 Borries, Kurt, Preußen im Krimkrieg, S. 266
11 Geffken, op. cit., S. 119 ff.
12 ebd., S. 121
13 ebd., S. 161
14 Borries, op. cit., S. 252
15 Wetzel, David, The Crimean War. A Diplomatic History, S. 112
16 Borries, op. cit., S. 229
17 Geffken, op. cit., S. 171
18 Borries, op. cit., S. 280 ff.
19 ebd., S. 385
20 Geffken, op. cit., S. 208 ff.
21 Borries, op. cit., S. 385
22 Rich, op. cit., S. 13
23 Wetzel, op. cit., S. 193
24 Greenhill, op. cit., S. 41
25 Wetzel, op. cit., S. 117
26 Nolde, Boris, Die Petersburger Mission Bismarcks 1859–1862, S. 28
27 ebd., S. 182
28 Mosse, op. cit., S. 85 ff.
29 Raschdau, Ludwig, Die politischen Berichte des Fürsten Bismarck aus Paris und Petersburg, 1. Teil, S. 95

30 ebd., 2. Teil, S. 187, 96
31 ebd., S. 141
32 Nolde, op. cit., S. 31
33 Rautenberg, Hans-Werner, Der polnische Aufstand von 1863 und die europäische Politik, S. 32ff.
34 ebd., S. 58
35 Bismarck, Gesammelte Werke, Bd. III, S. 352
36 Rautenberg, op. cit., S. 43
37 ebd., S. 62
38 ebd., S. 63
39 ebd., S. 78
40 Bismarck, Gedanken und Erinnerungen, S. 240
41 Rautenberg, op. cit., S. 70
42 Zechlin, Egmont, Bismarck und die Grundlegung der deutschen Großmacht, S. 430
43 Bismarck, Gedanken und Erinnerungen, S. 240
44 Zechlin, op. cit., S. 448
45 ebd., S. 454
46 Mosse, W. E., England and the Polish Insurrection of 1863, S. 28ff.
47 Bismarck, Gedanken und Erinnerungen, S. 236
48 Zechlin, op. cit., S. 469
49 Rautenberg, op. cit., S. 167
50 Zechlin, op. cit., S. 479
51 Oncken, Hermann, Die Rheinpolitik Kaiser Napoleons III. 1863–1870, S. 3ff.
52 Zechlin, op. cit., S. 465
53 Rautenberg, op. cit., S. 155
54 Bismarck, Gesammelte Werke, Bd. IV, S. 69
55 Zechlin, op. cit., S. 484
56 Mosse, W. E., The European Powers and the German Question, S. 112ff.
57 Mosse, W. E., England and the Polish Insurrection of 1863, S. 31
58 Mosse, W. E., The European Powers and the German Question, S. 112
59 ebd., S. 114ff.
60 ebd., S. 115
61 Zechlin, op. cit., S. 495
62 ebd., S. 498
63 ebd., S. 640
64 Mosse, op. cit., S. 114
65 Rautenberg, op. cit., S. 233
66 ebd., S. 145
67 Mosse, op. cit., S. 116
68 Rautenberg, op. cit., S. 221
69 Zechlin, op. cit., S. 558
69 ebd., S. 540
71 Rautenberg, op. cit., S. 268
72 ebd., S. 339
73 Mosse, op. cit., S. 123
74 Zechlin, op. cit., S. 555ff.
75 ebd., S. 577
76 ebd., S. 587
77 ebd., S. 589
78 Rautenberg, op. cit., S. 361
79 Zechlin, op. cit., S. 603
80 Friese, Christian, Rußland und Preußen vom Krimkrieg bis zum polnischen Aufstand, S. 329, u. Zechlin, op. cit., S. 611

81 Bismarck, Gesammelte Werke, Bd. IV, S. 459ff.
82 Steefel, Lawrence D., The Schleswig-Holstein Question, S. 349
83 Bismarck, Gedanken und Erinnerungen, S. 260
84 ebd., S. 314
85 Brandenburg, Erich, Die Reichsgründung, 2. Band, S. 17
86 Taylor, op. cit., S. 174
87 Bismarck, Gesammelte Werke, Bd. VI, S. 547
88 ebd., S. 552
89 Bismarck, Werke in Auswahl, III, S. 793
90 Bismarck, Gesammelte Werke, Bd. VI, S. 573, 579
91 v. Schweinitz, Hans Lothar, Denkwürdigkeiten, Bd. I, S. 194
92 ebd., S. 196ff.
93 ebd., S. 199ff.
94 ebd., S. 220
95 ebd., S. 237
96 Bismarck, Gedanken und Erinnerungen, S. 308
97 v. Schweinitz, op. cit., S. 238
98 Mosse, op. cit., S. 239
99 ebd., S. 243
100 ebd., S. 242
101 ebd., S. 245
102 Stählin, Karl, Geschichte Rußlands, Bd. 4,1; S. 257
103 ebd., S. 258
104 ebd., S. 256ff.
105 Bismarck, Gesammelte Werke, Bd. VI, S. 571
106 ebd., S. 581
107 ebd., S. 581
108 ebd., S. 581
109 Die Auswärtige Politik Preußens, Bd. III, Nr. 3
110 ebd., Nr. 5
111 v. Schweinitz, op. cit., S. 210
112 ebd., S. 288
113 Bismarck, Gedanken und Erinnerungen, S. 304
114 Oncken, op. cit., 1. Band, S. 80, 3. Bd., S. 109, 112, 126, 128, 526
115 ebd., 3. Band, S. 741
116 ebd., S. 756
117 ebd., S. 851
118 Taylor, op. cit., S. 203
119 v. Schweinitz, op. cit., S. 273
120 ebd., S. 265
121 Oncken, op. cit., 3. Bd., S. 911
122 Die Auswärtige Politik Preußens, Band IX, S. 560
123 ebd., S. 593
124 v. Schweinitz, op. cit., S. 245
125 Bismarck, Werke in Auswahl, Band IV, S. 251
126 Die Auswärtige Politik Preußens, Band IX, S. 690
127 v. Schweinitz, op. cit., S. 245
128 Bismarck, Werke in Auswahl, Band VI, S. 487
129 Stählin, op. cit., S. 263
130 Bismarck, Werke in Auswahl, Band VI, S. 499
131 v. Schweinitz, op. cit., S. 276
132 Rheindorf, Kurt, England und der deutsch-französische Krieg 1870/71, S. 79ff., S. 96ff.

133 Mosse, op. cit., S. 354
134 Bismarck, Gesammelte Werke, Band VI b, 2013
135 Wahl, Adalbert, Deutsche Geschichte, 1. Band, S. 19
136 Mosse, op. cit., S. 354

Personenregister

Aberdeen, George Hamilton-Gordon (1784–1860), brit. Premierminister (1852–1855) 376
Adenauer, Konrad (1876–1967), dt. Politiker, Bundeskanzler (1949–1963) 17
Albert, Prinzgemahl, Ehemann von Queen Victoria (1819–1861) 382, 384, 389
Albrecht III., Achilles (1414–1486), Kurfürst v. Brandenburg u. Ansbach v. 1470–1486 203
Albrecht, Erzherzog von Österreich 443
Alexander I. Pawlowitsch (1777–1825) Sohn Pauls I. u. Zar (1801–1825) 75, 109, 271, 280, 295, 297, 311f., 314ff., 331f., 334, 337, 340ff., 345ff., 349ff., 355ff., 361ff., 368, 371ff., 400, 419, 437
Alexander II. Nikolajewitsch (1818–1881), Zar (1855–81), Sohn von Zar Nikolaus I. 75, 81ff., 155, 388f., 394, 396, 407, 421, 426, 433f., 438ff., 446, 450
Alexander III. Alexandrowitsch (1845–1894), Sohn Alexanders II. u. Zar (1881–1894) 82f.
Alexander, Prinz von Hessen, Oberbefehlshaber d. Armee d. Dt. Bundes z. Zt. Bismarcks 435
Alexej, Zarewitsch 74
Alvensleben, Gustav Graf von, preuß. General, Adjutant d. Königs Wilhelm I. 404, 406, 410, 416
Ancillon, Jean Pierre Friedrich, preuß. Staatsmann 352f., 364
Anna Iwanowna (1693–1740), Tochter Iwans V., Herzogin von Kurland u. Zarin (1730–1740) 51f., 54, 56, 58, 61f., 65, 68, 72, 74, 121
Anna Leopoldowna (Anna Elisabeth von Mecklenburg, 1718–1746), russ. Regentin von 1740–1741 64f., 168
Anstett, Johann Protasius, russ. Diplomat u. Staatsrat 312, 363
Anton Ulrich von Braunschweig-Wolfenbüttel (1714–1774), Vater v. Zar Iwan VI. (1740–1741) 64
Apraxin, Stephan Feodorowitsch, russ. Feldmarschall 156ff., 175
Araktschejew, Alexej (1769–1834), russ. General, Generalinspekteur u. Kriegsminister 313
Arndt, Ernst Moritz (1769–1860), dt. Schriftsteller und Dichter 38f., 42, 291
Asch, Friedrich, deutschstämmiger Organisator d. russ. Postwesens 23
Auersperg, Gabriele, Fürstin 363
August II., der Starke (1670–1733), als Friedrich August I. Kurfürst v. Sachsen (seit 1694), König v. Polen (1697–1706, 1709–1733) 91f., 107, 110, 119
August III. (1696–1763), als Friedrich A. II. Kurfürst v. Sachsen (seit 1733), König v. Polen (seit 1733) 59, 220

Bagration, Fürstin, Ehefrau v. Bagration, Pjotr Iwanowitsch (1765–1812) 362f.
Bain, Robert Nisbet, Historiker 208f.

Bakunin, Michail Alexandrowitsch (1814–1876), russ. Revolutionär 29, 75ff., 405
Balaschow, russ. Polizeiminister unter Alexander I. 313
Barclay de Tolly, Michail Bogdanowitsch, Fürst (seit 1815) u. russ. General 298, 316
Barthold, Wilhelm (1869–1930), Historiker 68
Bathory, Stephan IV. (1533–1586), 1571–76 Fürst v. Siebenbürgen u. 1. König v. Polen v. 1576 bis 1586 185
Bebel, August (1840–1913), sozialdemokrat. Politiker u. MdR 77
Beer, Adolf, dt. Historiker 229, 231
Benckendorff, Konstantin Alexander Karl Wilhelm von (1781–1844), russ. General u. Staatsbeamter, Chef d. Geheimen Polizei d. Zaren 74
Benedetti, Vincent, französischer Gesandter in Turin und Berlin 432
Benningsen, Levin Graf von (1745–1826), russ. General 72, 318, 320
Bergholz, Friedrich Wilhelm von, Betreuer v. Zar Peter III. 167
Bernstorff, Albrecht Graf von, preuß. Gesandter in London 450
Bestuschew-Rjumin, Alexej Petrowitsch Graf (1693–1766), russ. Großkanzler (1744–1758), führte Rußland unter d. Zarin Elisabeth in den 7jährigen Krieg 144f., 147ff., 153f., 157ff., 169, 171ff., 175, 181
Beust, Friedrich Ferdinand Graf von (1809–1866) sächs. u. österr. Staatsmann 441, 443ff.
Biron, Ernst Joh. Graf von B. (1690–1772), deutschstämmiger Oberhofmeister d. Zarin Anna, als deren Nachf. Hzg. v. Kurland 51, 56f., 60ff., 121
Bismarck, Otto Eduard Leopold Fürst von B. (1815–1898), dt. Politiker u. Staatsmann 16f., 32, 64, 81, 83, 125, 162, 295, 316, 366, 368, 389, 394, 396, 398f., 402ff., 420ff., 426ff., 430ff., 438f., 441f., 446ff.
Blücher, Gebhard Leberecht Fürst Blücher von Wahlstatt (1742–1819), preuß. General 295, 344, 348f., 351f., 354ff.
Blumentrost, Laurentius, Leibarzt Peters des Großen 27
Bonaparte, Jérôme (1784–1860), Bruder v. Napoleon I., König v. Westfalen (1807–1813) 300, 321, 328, 330
Bonaparte, Joseph Charles Paul, gen. Prinz Napoleon, Sohn v. Jérôme Bonaparte (1822–1891) 352, 357, 409
Borries, Kurt, dt. Historiker 386
Borstell, von, preußischer General im Freiheitskrieg 310
Boyen, Hermann von (1771–1848), preuß. Generalfeldmarschall, enger Mitarbeiter von Scharnhorst u. Gneisenau 302
Branicki, Franziszek Xawery (1732–1819), poln. Krongroßfeldherr, Reformgegner und Parteigänger Rußlands, Führer der gegen die Verf. v. 3. 5. 1791 gerichteten Adelsopposition, die zur 2. poln. Teilung führte 208, 222, 227, 266
Brauchitsch, Ludwig Mathias von, preuß. Kommandant v. Berlin im Jahr 1813 301
Breteuil, Baron de, franz. Gesandter bei Zar Peter III. 174
Brümmer, Otto Friedrich von, Erzieher v. Karl Peter Ulr. v. Holstein-Gottorp (Zar Peter III.) 165, 167
Brunnow, Philipp Baron, russ. Diplomat 74

Bülow, Bernhard Ernst von (1815–1879), Staatssekretär im AA u. enger Mitarbeiter Bismarcks 355
Budberg, Andreas Eberhard, russ. Minister und Diplomat 74, 323
Buol-Schauenstein, Karl Ferdinand (1797–1865), österr. Diplomat u. Außenminister 390f.
Buturlin, Alexander, russ. General 153
Bute, John Stuart, Earl of (1713–1792), Vertrauter Georgs III., 1762 Premierminister u. Schatzkanzler 139

Cadogan, William, Lord, engl. Offizier u. Diplomat 129
Cancrin, Georg von Graf, Minister, russ. Politiker (1812–1815), Generalintendant für d. Versorgung d. russ. Truppen 23
Castèra, Jean H. Marquis, franz. Schriftsteller 170, 187
Castlereagh, Robert, Stewart, Viscount C., Marquess of Londonderry (1769–1822), brit. Staatsmann, 1812 Außenminister u. Architekt der brit. Politik gegen Napoleon 351, 355, 364
Caulaincourt, Armand Augustin Louis Marquis de, Herzog v. Vicenza, Außenminister Frankr. unter Napoleon u. zuvor Gesandter Frankr. i. Rußland (1807–1811) 327, 339, 343, 350, 352f., 355, 372
Champagny, Jean Baptiste de, Herzog, franz. Außenminister unt. Napoleon 327, 330
Chasot, Ludwig Graf, preuß. Offizier 302
Chateaufort, Chevalier de, Emissär u. Berater 232f.
Chétardie, Joachim, Jacques de la, Marquis, franz. Gesanter i. Petersburg 69ff.
Choiseul, Etienne François, Herzog von, Marquis de Stainville (1719–1785), v. 1758 bis 1770 franz. Außenminister 147, 232, 237
Chomjakow Alexej Stepanowitsch (1804–1860), russ. Geschichtsphilosoph 28
Clausewitz, Carl von (1780–1831), preuß. General u. Militärschriftsteller 295, 302, 305f., 314, 358, 363
Cotta, C. von Cottendorf, Johann Friedrich (1764–1832), Verleger v. Schiller, Goethe u. der dt. Klassik 293
Crusenstolpe, Magnus Jacob von, schwed. Historiker 55, 180
Curtiss, Mina, Historikerin 62
Czartoryski, Adam Georg (1770–1861), Fürst u. Vertrauter v. Zar Alexander I. 208, 220, 225, 227, 229, 325, 359, 366, 400

Dalberg, Karl Theodor (1744–1817), Reichsfreiherr, Fürstprimas d. Rheinbundes u. Kurerzkanzler 290
Daschkowa, Ekaterina Romanowna, Prinzessin, Verf. v. Momoiren über die Zeit Peter III. u. Katharinas d. Großen 162f., 171, 178
Daun, Leopold Josef Graf von (1705–1766), österr. Feldmarschall 142
Delbrück, Hans (1848–1929), dt. Historiker 340
Demetrius (angebl. d. Mönch Grigori Otrepjew), v. 1605–1610 poln. König 193f.
Dickens, Guy, brit. Gesandter am Petersburger Hof 152f.
Diebitsch, Hans Carl von Graf, russ. General 72, 305f.
Dietz, Heinrich Friedrich von, preuß. Gesandter in Konstantinopel 252

Disraeli, Benjamin, Earl of Beaconsfield, englischer Staatsmann u. Schriftsteller (1804–1881) 426
Dohna, Friedrich Graf, preuß. General u. Regimentskommandeur der russ.-preuß. Legion 1813/1814 302, 305f.
Dolgoruki, Wassili Lucciwitsch, Fürst, russ. Staatsmann 52
Dolgoruki, Wladomirowitsch Wassily, Feldmarschall 60
Dolgoruki (russ. Fürstenfamilie) 54, 56f., 62f.
Dostojewski, Fjodor (1821–1881), russ. Dichter 29, 31f., 37, 45f., 48, 78f.
Douglas, franz. Agent in Petersburg z. Zt. Peters III. 161
Droysen, Johann Gustav (1808–1884), dt. Historiker u. Politiker 205
Dumouriez, Charles Francois (1739–1823), franz. General u. Politiker, ab 1792 franz. Außenminister 237
Durand, Will u. Ariel, amerik. Historiker 67

Elisabeth Petrowna (1709–1762), Tochter Peters d. Großen aus d. Ehe mit Katharina I., Zarin (1741–1762) 61, 64f., 67ff., 141, 143ff., 153ff., 160, 163, 166, 169, 173, 176, 178ff., 217
Engels, Friedrich (1820–1895), sozialistischer Theoretiker, Fabrikant 77, 104
Eugen, Prinz v. Savoyen-Carignan (1663–1736), österr. Heerführer u. Feldmarschall 118
Eugénie, Marie de Guzman, Gemahlin Kaiser Napoleons 408, 414
Euler, Leonhard (1707–1783), bedeutender Schweizer Mathematiker, Physiker u. Astronom 27

Ferdinand I. (1578–1637), Kaiser d. Hl. Röm. Reiches Dt. Nation seit 1619 21
Fermor, Graf Wilhelm, russ. General 72, 159f.
Fichte, Johann Gottlieb (1762–1814), dt. Philosoph 26, 31
Fick, Heinrich, deutschstämmiger Verwaltungsfachmann u. Vizepräsident d. russischen Handelskollegiums 23, 63
Finch, englischer Gesandter 52, 68ff.
Flemming, Jacob Heinrich Graf, sächsisch-polnischer Feldmarschall 99
Frankel, Henryk, Historiker 210, 286
Franz II., letzter Kaiser des Hl. Röm. Reiches Dt. Nation v. 1792–1806 289, 333, 349
Frederik III. (1768–1830), König v. Dänemark u. Norwegen 112
Friedrich I. (1794–1816), Kurfürst v. 1804–1806, ab 1806 König v. Württemberg 289
Friedrich II. (1712–1786), der Große, König von Preußen seit 1740 9, 16, 59, 65, 71f., 110, 117, 135ff., 139ff., 148f., 153f., 156, 159f., 162, 172, 177ff., 185ff., 189, 216ff., 221ff., 233, 235f., 238f., 241ff., 245f., 249, 255, 258, 263, 285, 311, 361, 451
Friedrich Wilhelm I. (1688–1740), König von Preußen 9, 57, 59, 88, 96, 98, 100f., 103, 109f., 114, 117f., 121ff., 127ff., 133, 135, 224, 255, 258, 261, 265, 267, 270ff., 276, 279, 283, 298, 307, 312, 318, 320, 326, 340, 342f., 347, 350ff., 355ff., 364, 384, 386ff.
Friedrich Wilhelm II. (1744–1797), König v. Preußen seit 1786 189, 253f., 263, 440

Friedrich Wilhelm III. (1770–1840), König von Preußen seit 1797 75, 287, 297, 388
Friedrich Wilhelm IV. (1795–1861), König von Preußen seit 1840 388

Gaulle, Charles de (1890–1970), franz. General u. Staatsmann 19
Gentz, Friedrich (1764–1832), dt. Publizist 317, 348
Georg I. (1660–1727), Kurfürst v. Hannover u. König v. Großbritannien 102, 114, 118, 125
Georg II. (1727–1760), Kurfürst v. Hannover u. König v. England 141
Giers, Nikolaj Karlowitsch (1820–1895), russ. Staatsmann 81
Gitermann, Schweizer Historiker 67
Gneisenau, August Wilhelm Anton Graf Neidhardt von (1760–1831), preuß. Heerführer 291, 295, 298f., 302, 313, 344ff., 348, 350, 352f., 356ff., 363
Goethe, Johann Wolfgang von (1749–1832), dt. Dichter und Minister d. Großherzogtums Sachsen-Weimar 26f., 30f., 32, 253, 293
Görtz, Georg Heinrich Frhr. von, schwed. Diplomat u. Staatsmann 97f., 103
Gogol, Nikolaj Wassiljewitsch (1809–1852), russ. Dichter 37
Golovine, Ivan, franz. Historiker 345
Golowkin, Michail Gawril Iwan Graf, russ. Diplomat u. Kanzler 56f., 70, 124
Goltz, Alexander Wilhelm Graf von der, preuß. u. russ. Offizier 302
Goltz, August Graf von der, preuß. Diplomat u. Minister 322
Goltz, Bernhard Wilhelm Graf von der, preuß. Gesandter u. Minister 271
Goltz, Robert Heinrich Graf von der, preuß. Botschafter in Paris 322, 410
Golyzin, Dmitrj Michailowitsch Fürst, Herzog v. Kurland 62
Gontscharow, Iwan Aleksandrowitsch (1812–1891), russ. Schriftsteller 32ff., 37
Gorbatschow, Michail Sergejewitsch, russ. Staatsmann 13, 24, 34, 316
Gortschakow, Alexander Michailowitsch, Fürst (1798–1883), russ. Außenminister, Vizekanzler und Reichskanzler (ab 1867) 395ff., 401f., 404ff., 412ff., 417, 419ff., 423ff., 434, 436ff., 448ff.
Gower, Lord, brit. Botschafter in Petersburg 323
Gramont, Antoine, Herzog, franz. Botschafter in Wien und 1870 Außenminister 443
Granville, , George Leveson-Gower, Lord, brit. Staatsmann 411
Grigorjew, Apollon Aksandrowitsch (1822–1864), russ. Dichter u. Schriftsteller 30
Gruner, Justus, preuß. Polizeipräsident 301
Gustav II. Adolf (1592–1632), König v. Schweden 89

Häusser, Ludwig, dt. Historiker 289, 295, 340
Hardenberg, Karl August Frhr. von (1750–1822), preuß. Staatsmann 298, 301, 308ff., 318f., 332, 337, 342, 350f.
Haxthausen, August Frhr. von, Historiker u. Politiker 22f., 39, 41, 43f., 198, 205
Hegel, Georg Wilhelm Friedrich (1770–1831), dt. Philosoph 26, 29ff., 38
Heimann, von, General 73
Heinrich, Prinz v. Preußen, Bruder v. Friedrich II. 142, 238f., 258
Helbig, Georg, dt. Publizist 170

Herberstein, Sigismund, österr. Diplomat u. Rußlandreisender um 1515 21
Herbert, Sidney, Lord Herbert of Lea, englischer Staatsmann 381
Herder, Johann Gottfried von (1744–1803), Schriftsteller, Theologe u. Philosoph 26
Hertzberg, Ewald Friedrich von Graf, preuß. Staatsmann u. Minister 251 ff., 257 f., 261, 285
Herwegh, Georg (1815–1875), Dichter 78
Herzen, Alexander, Pseudonym Iskander (1812–1870), russ. Schriftsteller 27, 30, 39, 61, 78, 405
Hitler, Adolf (1889–1945), dt. Reichskanzler u. Diktator 11, 13, 45, 84, 188
Horn, schwed. Kommandant u. Narwa 1704 93
Hudelist, Josef von, österr. Diplomat u. Kanzleichef 344
Humboldt, Wilhelm Frhr. von (1767–1835), dt. Gelehrter u. Staatsmann, befreundet mit Schiller, Goethe und Dalberg 333

Ignatjew, Nikolai Pawel, russ. Minister unter Alexander III. 81
Ilgen , Rüdiger, preuß. Kabinetts- u. Staatssekretär 125
Iwan V. (1666–1682), Zar von 1682–1689, Halbbruder Peters des Großen 51
Iwan VI., Sohn der Anna Leopoldowna (1740–1764), Zar von 1740–1741 64, 66, 168

Jadwiga, polnische Thronerbin u. Ehefrau v. König Jagiello 196
Jagiello, Großfürst von Litauen (1377–1401/34) u. König von Polen (1386–1434) 196
Jelzin, Boris Nikolajewitsch, Präsident d. russ. Republik 24
Jesus Christus 45
Joseph II. (1765–1790), ältester Sohn v. Kaiser Franz I. u. Maria Theresias, seit 1765 Kaiser d. Hl. Röm. Reiches Dt. Nation 235 f., 242, 253

Kant, Immanuel (1724–1804), Philosoph 26, 31, 33
Kaplan, Herbert, Historiker 232
Kapodistrias, Johann Anton Graf (1776–1831), russ. Außenminister ab 1816 373
Karl Friedrich, Herzog v. Holstein-Gottorp (1700–1739) 97 f., 165
Karl XII. (1697–1718), König v. Schweden seit 1697 92 ff., 97, 102 f., 110, 112, 122, 165, 258
Katharina I. (1684–1727), Ehefrau Peters des Großen, Zarin von 1725 bis 1727 52, 54, 58, 133
Katharina II. die Große, geb. Prinzessin Sophie von Anhalt-Zerb (1729–1796), Zarin von 1762–1796 22, 59, 61, 74, 93, 108, 110, 117, 135, 141, 143, 146, 150, 155, 157 ff., 162 f., 167 ff., 173 ff., 179, 182, 184, 186 f., 218, 220 ff., 229, 236, 239, 241, 245 f., 248, 257 ff., 264 ff., 270 ff., 275, 277 f., 280, 283, 311, 324 f., 371, 440
Kaunitz, Wenzel Anton Graf, Reichsfürst von K.-Rietberg (1711–1794), österr. Staatsmann 221 f., 235 f., 242 f., 332
Keith, Jakob K. (1696–1758), brit. Politiker, russischer Diplomat u. Feldmarschall in Diensten Preußens 180
Keyserling, Hermann Karl Graf 208, 220
Khmelnitzky, Bogdan, Anführer v. Kosakenaufständen im 17. Jhdt. 201
Kirjevski, Iwan Wassiljewitsch (1806–1856), russ. Religions- u. Kulturphilosoph 26, 29
Kissinger, Henry Alfred, amerik. Staatsmann 338

Kljutschewskij, Wassilij Osipowitsch, russ. Historiker 163
Knesebeck, Karl Friedrich Frhr. von, Generaladjutant Friedr. Wilhelms I. 311f., 350
Konstantin, Großenkel v. Katharina II., der Großen 313, 357, 366, 401, 405, 421
Konstantin, Großfürst, Bruder v. Zar Alexander I. 371
Kosciuszko, Thaddäus (1764–1817), poln. General und Nationalheld 216, 280, 282, 359
Kotschubey, Helena Fürstin 81
Krüdener, Nikolai Baron, russ. General 73
Kuhn, Franz von, österr. Feldmarschall u. Kriegsminister 443
Kutusow, Michail Ilarionowitsch Fürst Smolenskij (1745–1913), russ. Feldmarschall 313ff., 317

La Chétardie, franz. Gesandter in Petersburg am Hof d. Zarin Elisabeth 150f.
Lacy, Peter Graf, russ. General aus normanisch-irischer Familie 71
La Harpe, Frédérik Cesar de (1754-1838), Erzieher Alexander I. 363
Lebrun, Barthelemé Louis Joseph, franz. General 443
LeCoq, Paul Louis, Berliner Polizeipräsident um 1813 301, 308
Lenin, Wladimir Iljitsch (1870–1924), russ. Revolutionär u. Staatsmann 82
Lehwald, General 156
Leibniz, Gottfried Wilhelm Frhr. von (1646–1716) dt. Philosoph 26
Leopold, Erbprinz v. Hohenzollern-Sigmaringen 442
Leopold II., (1747–1792), von 1790–1792 als Kaiser d. Hl. Röm. Reiches Dt. Nation Nachfolger Josephs II. 253f., 264
Lermontow, Michail Jurjewitsch (1814–1841), russ. Dichter 37
Leszczynski, Stanislaw (1677–1766), poln. König von 1704–1709 58f.
L'Estocq, Armand, franz. Agent in Rußland 69f.
Lhuys, Drouyn de, franz. Außenminister von Napoleon 432, 441
Liebknecht, Karl (1871–1919), Politiker und sozialistischer Schriftsteller 77
Lieven, Christoph L. Graf, baltischer Adeliger 74
Lobanow, Dimitrij Iwan Ernst Fürst, General 320
Löwenwolde, Karl Gustav Graf, Oberstallmeister, Offizier u. Diplomat 56f., 70
Lomonossow, Michail Wassiljewitsch (1711–1765), russ. Gelehrter u. Dichter 26
Ludwig XIV. (1643–1715), franz. König seit 1643 117, 216
Ludwig XV. (1710–1774), franz. König seit 1715 116, 154, 164, 218
Ludwig XVI. (1754–1793, franz. König seit 1774 282
Luise, Königin von Preußen (Gemahlin v. König Friedrich Wilhelm III.) 318, 324
Luther, Martin (1483–1546), dt. Reformator 203

Macdonald, Alexandre, Herzog v. Tarent (1765–1840), französ. Marschall 306
Machiavelli, Niccolò (1469–1527), italien. Politiker u. Schriftsteller 123
Mackinder, Sir Halford John, brit. Geopolitiker u. Schriftsteller, Hauptwerk: Democratic Ideals and Reality, 1919 188
Mailly-Nesle, Marquis de, franz. Diplomat 116
Maintenon, Françoise d'Aubigne Marquise de (2. Gemahlin Ludwig XIV.) 117
Mann, Thomas (1875–1955), dt. Schriftsteller 37

Manstein, Christoph Hermann von, russischer General 64
Marcks, Erich (1861–1938), dt. Historiker 431
Mardefeld, Gustav Frhr. von, preuß. Gesandter in Petersburg (1724–1747) 60, 145
Maria Theresia (1717–1780), Königin v. Ungarn u. Böhmen, Erzherzogin v. Österreich (1740–1780), Erbtochter Kaiser Karls VI. 138, 142, 146
Marie Antoinette(1755–1793), Königin v. Frankreich 264
Marie Sophie, Mutter v. Zar Alexander I. 296
Marx, Karl Heinrich (1818–1883), dt. Theoretiker d. Sozialismus u. Begründer d. Marxismus 45, 77, 211
Max IV. Joseph (1756–1825), Kurfürst v. Bayern (1799–1806), König v. Bayern (1806–1825) 290
Mehnert, Klaus, dt. Politikwissenschaftler u. Publizist 38
Menschikow, Alexander Danilowitsch (1672–1729), russ. Staatsmann u. Feldherr, Reichsfürst, Vertrauter Peters d. Großen 52, 54, 98ff., 133f., 379ff.
Metternich, Klemens Fürst (1773–1859), österr. Staatsmann 317, 322, 331ff., 338f., 341, 341ff., 355, 358f., 361ff., 372f., 390, 440
Metternich, Richard Fürst von, österreichischer Botschafter in Paris, Sohn von Klemens Metternich 408, 444
Meyendorff, Peter Baron, russ. Diplomat 74
Mniszek, Marina, poln. Magnatentochter 193f.
Mohrenheim, Arthur, Baron, russ. Diplomat 74
Moltke, Helmuth Graf von (1800–1891), preuß. Gen.-Feldmarschall 432, 446, 448
Montgelas, Joseph Graf von (1759–1838), maßgebliche polit. Persönlichkeit in München in napoleon. Zeit 289
Mosse, Werner Eugen, Historiker 383
Münnich, Burchard Christoph von Graf, deutschstämmiger russ. Feldmarschall, Offizier u. Ingenieur 23, 57f., 62, 64ff., 70
Münster, Ernst Graf zu, Minister in Hannover 295, 297, 341
Mussorgski, Modest Petrowitsch (1839–1881), russ. Komponist 193

Napoleon I. Bonaparte (1769–1829), Kaiser der Franzosen v. 1804–1815 30, 73, 193, 195, 247, 285, 288ff., 295ff., 306f., 311, 314ff., 317ff., 323ff., 337ff., 341, 343ff., 361, 364, 371f., 374, 419
Napoleon III., eigtl. Charles Louis N. Bonaparte (1808–1873), Kaiser der Franzosen v. 1848–1870 378f., 387, 391, 395ff., 401, 406, 409ff., 415ff., 419, 423, 430ff., 434, 436f., 441ff., 450
Nesselrode, Karl Robert Graf (1780–1862), russ. Staatsmann, 1817–1856 Außenminister, v. 1844–1856 gleichzeitig Kanzler 342, 363, 366, 380, 389, 395f.
Nietzsche, Friedrich (1844–1900), dt. Philosoph 37
Nikolaus I., Pawlowitsch (1796–1855), Zar 75, 368, 373, 377, 380f., 387ff., 391, 394
Nikolaus II., Alexandrowitsch (1868–1918), Zar v. 1881–1918 75

Olfufiow, Mitarbeiter v. Vizekanzler Woronzow 148
Olga, Großfürstin v. Rußland und Königin v. Württemberg, Gemahlin König Karls I. (1864–1891) 433
Olivier, Daria, Historikerin u. Schriftstellerin 55

Ompteda, Ludwig von, braunschweigischer Diplomat 308
Oncken, Hermann (1869–1945), dt. Historiker 441
Oncken, Wilhelm, dt. Historiker 359
Ostermann, Heinrich Johann Friedrich, Bochumer Pastorensohn, deutschstämmiger russ. Staatsmann, Außenminister und Kanzler 13, 54, 56f., 59, 62, 64ff., 71, 134, 145, 178
Oubril, Paul, russ. Gesandter in Berlin 404, 413, 446
Oudinot, Charles Nicolaus, franz. Marschall unter Napoleon I. 355

Palmerston, Henry John Temple, Viscont P. (1784–1865), brit. Staatsmann 376, 381, 411
Panin, Nikita Iwanowitsch Graf, Leiter russischer Außenpolitik unter Katharina der Großen 223, 225, 241, 243
Paul I. (1754–1801), Sohn Peters III. u. Katharina II., Zar von 1796–1801 74f., 169ff.
Paulucci, Marquis, General u. Militärgouverneur v. Riga z. Zt. Alexanders I. 305
Pawlowna, Katharina, Schwester v. Zar Alexander I. 317
Pawlowna, Maria, Schwester v. Zar Alexander I. 317
Pestel, Paul von, russ. Revolutionär 74
Peter I., der Große (1672–1725), Zar von 1682–1725 16, 21ff., 26f., 38, 44, 49ff., 54ff., 61, 63ff., 67f., 71, 74, 78f., 84, 88, 91f., 95f., 108, 110, 112, 116f., 121, 125, 143f., 153, 158f., 161, 163ff., 168ff., 173, 178ff., 182ff., 184f., 217, 222, 224, 242, 271, 284, 394
Peter II. (1715–1730), Zar von 1727–1730 51f., 54, 61f., 74
Peter III. (1728–1762), Zar 1762, vorher Karl Peter Ulrich von Holstein-Gottorp 62, 74, 98, 141ff., 147f., 155f., 162ff., 165, 167, 184, 187, 218
Peter, Großfürst 149, 155
Philotej, Pleskauer Mönch 369
Philippe Egalité (eigtl. Herzog Louis-Ph.-Joseph v. Orleans) (1747–1793) 116
Pitt, William d. Ä., Earl of Chatham (1708–1778), leitender brit. Staatsmann, Außenminister 16, 140f.
Pitt, William d. J. (1759–1806), brit. Staatsmann, Außenminister u. Premierminister 259
Plehwe, Wjatscheslaw Konstantin, General 74
Pobedonoszew, russ. Minister z. Zt. Alexanders II. 81
Podewils, Heinrich von, preuß. Staatsminister 9
Pogodin, Miachail, Publizist 377
Pompadour, Jeanne Antoinette Poisson Marquise de (1721–1764), Geliebte Ludwigs XV. 154
Poniatowski, Stanislaus (1764–1795), letzter König v. Polen 163, 175f., 208, 220, 222, 224ff., 230, 237, 244, 256, 276
Potemkin, Grigorij Alexandrowitsch, Fürst (1739–1791), Günstling Katharinas II., russ. Feldherr u. Staatsmann 248
Potocki, Felix Graf, poln. Politiker 208, 213, 215, 220, 222, 227, 266, 268
Puschkin, Alexander Sergejewitsch (1799–1937), russ. Dichter 31, 37, 61, 193

Radziwill, poln. Magnatengeschlecht litauischer Herkunft 215, 220, 222, 227f., 287
Radziwill, Anton Heinrich (1775–1833), Fürst, Statthalter Preußens für die Provinz Posen 208

Radziwill, Karol Fürst 208
Rasumowsky, Günstling d. Zarin Elisabeth 180
Rautenfeld, russ. General z. Zt. Katharinas d. Großen 279
Rennenkampf, Paul Edler von (1854–1918), russ. General 73
Repnin, Nikolai Fürst, russ. Gesandter in Warschau 229 f.
Reuß, Prinz 445 ff.
Reventlow, Anna Sophie von 110, 112
Richelieu, Armand Jean du Plessis (1585–1642) franz. Staatsmann, Kardinal 117, 139, 368
Rilke, Rainer Maria (1875–1926) österr. Dichter 37
Rouher, Eugène, franz. Minister 443
Rousseau, Jean Jacques (1712–1778), franz.-Schweizer Schriftsteller, Philosoph u. Pädagoge 189
Rulhière, Claude C., franz. Schriftsteller 164, 169
Rumjanzew, Nikolai Peter Graf, russ. Kanzler u. Außenminister unter Alexander I. 313, 315, 317, 372
Russel, Lord John, Earl R., 1846–1852 und 1865/66 brit. Premierminister 397

Saldern, Caspar von, russ. Diplomat u. Gesandter 236
Saltykow Peter Semen, russ. Feldmarschall 138, 160, 169 ff., 175
Samarin, Jurij, russ. Publizist u. Panslawist 29
Scharnhorst, Gerhard von (1755–1813), preuß. General 295, 298 f., 308, 310, 318, 359
Schelling, Friedrich Wilhelm Joseph von (1775–1854), dt. Philosoph 26, 29 ff.
Scheltin, Alexander von, Historiker 31
Scheremetjew, Feldmarschall 60
Schiller, Friedrich von (1759–1805), dt. Dichter 26, 31
Schoeler, Reinhold Otto, Gesandter 311
Schuwalow, Iwan Iwanowitsch, Graf u. Günstling der Zarin Elisabeth 157, 161
Schuwalow, Iwan Iwanowitsch Graf, Günstling d. Zarin Elisabeth 153, 180
Schuwalow, Peter Graf, russ. Politiker 153, 180
Schwarzenberg, Karl Philipp Fürst (1771–1820), österr. Feldmarschall 345 f., 348 f., 352, 354 ff., 391
Schweinitz, Hans Lothar von, preuß. Militärbevollmächtigter, Gesandter in Wien u. Petersburg 25, 80 ff., 433 ff., 438, 441, 443 f., 446, 448
Seydlitz, Anton Florian Friedrich Frhr. von, preuß. Generalmajor 305
Shakespeare, William (1564–1616), engl. Dramatiker 30
Sievers, Jakob, Baron, russ. Gesandter in Warschau 276 f., 279 f.
Skarga, Peter, poln. Prediger 210
Sobieski, Jan (1674–1696), König von Polen, Nationalheld 214, 217
Solowjew, Sergej Michail, russ. Historiker 155
Solschenizyn, Alexander, russ. Schriftsteller 34, 36 f., 79
Soltyk, Kajetan, Bischof v. Krakau 226, 228, 230, 244
Spengler, Oswald (1880–1926), dt. Geschichtsphilosoph 43 ff.
Stackelberg, Otto Magnus Graf von, russ. Gesandter 74
Stadion, Johann Philipp Graf von 335, 339
Stählin, Jakob von, dt. Pädagoge, Historiker 60, 70, 166 f., 223
Stanhope, Lord (Harrington), engl. Staatssekretär, Minister 122
Stanley, Edward Henry, Earl of Derby, brit. Staatsmann 437

Stanmore, Lord, brit. Historiker 381
Stein, Karl Reichsfreiherr vom und zum (1757–1831), preuß. Staatsmann 293, 295, 297, 299, 301 ff., 308, 310, 312 f., 316, 319, 332, 339, 341, 345 f., 352, 358, 361, 365
Strachow, Nikolai, russ. Publizist 31
Stratford de Redcliff (Stratford Canning), brit. Gesandter 379
Stülpnagel, Ferdinand, preuß. Offizier 302

Talleyrand, Charles Maurice, Herzog v. T.-Perigord (1754–1838), franz. Staatsmann 293, 324, 328, 358, 362, 364
Taylor, Alan John P., brit. Historiker 383, 394, 441
Tettenborn, Friedrich Carl Frhr. von, preuß. u. russ. Offizier 73, 305
Tjutschew, Fedor Iwanowitsch (1803–1873), russ. Lyriker 48
Totleben, Eduard Graf, als Oberst Verteidiger von Sewastopol, später General 73, 392
Todtleben, Peter Graf, russ. General 72
Tolly, Barclay de, russ. Oberbefehlshaber z. Zt. Alexanders I. 296, 314
Tolstoi, Lew Nikolajewitsch Graf (1828–1910), russ. Dichter 34, 37, 45, 392
Tolstoi, Peter Aldr. Graf, russ. Offizier u. Gesandter in Paris 322 f.
Tolstoi, Dimitrij Graf, Innenminister 81
Tschechow, Anton Pawlowitsch (1860–1904), russ. Schriftsteller 37
Tscherkasskij, Alexej Michail, russ. Staatsmann, Minister 150
Tschernitschew, Zachar Grigory, General, Vizepräsident des Kriegskollegiums unter Katharina II. 142, 240 f.
Tschizewskij, Dimitrij, Kulturhistoriker 26, 29 f.
Turgenjew, Iwan Sergejewitsch (1818–1883), russ. Schriftsteller 31, 37

Uexküll, Boris Baron von 38

Valois, Heinrich von, poln. Wahlkönig von 1572 206
Victoria, (1819–1901), Königin v. Großbrit. v. 1837–1901 383 f., 412, 415
Villars, Claude-Louis Hector, Marschall v. Frankreich 133
Vitzthum von Eckstädt, Karl Friedrich, sächs. Gesandter in London, österr. Diplomat u. Gesandter in Brüssel 443, 445
Voltaire, François Marie Arouet de, franz. Philosoph 245

Wassilij III., Großfürst von Moskau u. Zar (ab 1505) 369
Waymarn, russ. General in Polen um 1770 237
Wich, brit. Gesandter in Petersburg ab 1742 70
Wieland, Christoph Martin (1733–1813), dt. Dichter 26
Wielopolski, Alexander Marquis, poln. Politiker 401 f., 405, 421
Wilhelm I., König v. Preußen (1861–1888) u. dt. Kaiser (1871–1888) 81, 83, 404 f., 421 ff., 426, 439, 441, 445 f., 451
Wilhelm II., König v. Preußen u. dt. Kaiser (1888–1918) 16, 370
Wilhelm, Prinz von Österreich um 1385 196
Williams, Hanburn-Williams, Charles, brit. Diplomat, u. Gesandter in Petersburg 143, 146, 148 f., 152 ff., 161
Wilson, Sir Robert Thomas, brit. General 314 f.
Windisch-Graetz, Alfred Fürst zu Windischgraetz (1787–1862), österr. Feldmarschall 363

Witte, Sergej Juljewitsch Graf (1848–1915), russ. Staatsmann 74
Wittgenstein, Adolf Peter Graf zu Sayn-Wittgenstein, russ. General 73, 305, 316
Wladimirowitsch, Wassilij, russ. Feldmarschall 62
Wolkow, Dimitrij, Berater v. Zar Peter III. 148
Wolynski, Artemij Petr., russ. Beamter u. Politiker 64
Woronzow, Michail Ilarion, russ. Vize- u. Großkanzler 145, 148, 157
Woronzowa, Elisabeth, Tochter v. Michail Woronzow 171, 176
Wrangel, Peter Nikolajewitsch Baron von, russ. General 73
Wrbn-Kageneck, österr. Gräfin 362

Xaver, Prinz v. Sachsen, 1763 Bewerber um die poln. Königswürde 220

Yorck von Wartenburg, Ludwig Graf (1759–1830), preuß. General 305, 305 ff., 358
Ypsilanti, Alexander, Generalmajor u. Adjutant v. Zar Nikolaus I. 373

Zaluski, poln. Bischof u. Politiker 228
Zichy, Julie, österr. Gräfin 362
Zichy, Karl Graf, österr. Gesandter in Berlin 308, 362
Zichy, Sophie, österr. Gräfin 363
Zimmermann, Apollon Ernst, russ. General 73

Die Stammtafel der Zaren aus dem Hause Romanow bis zu ihrer Verbindung mit dem Haus Holstein-Gottorp ab Zar Peter III. und seinem Sohn Zar Paul I.

(die Namen der Zaren und Regentinnen in Fettdruck)

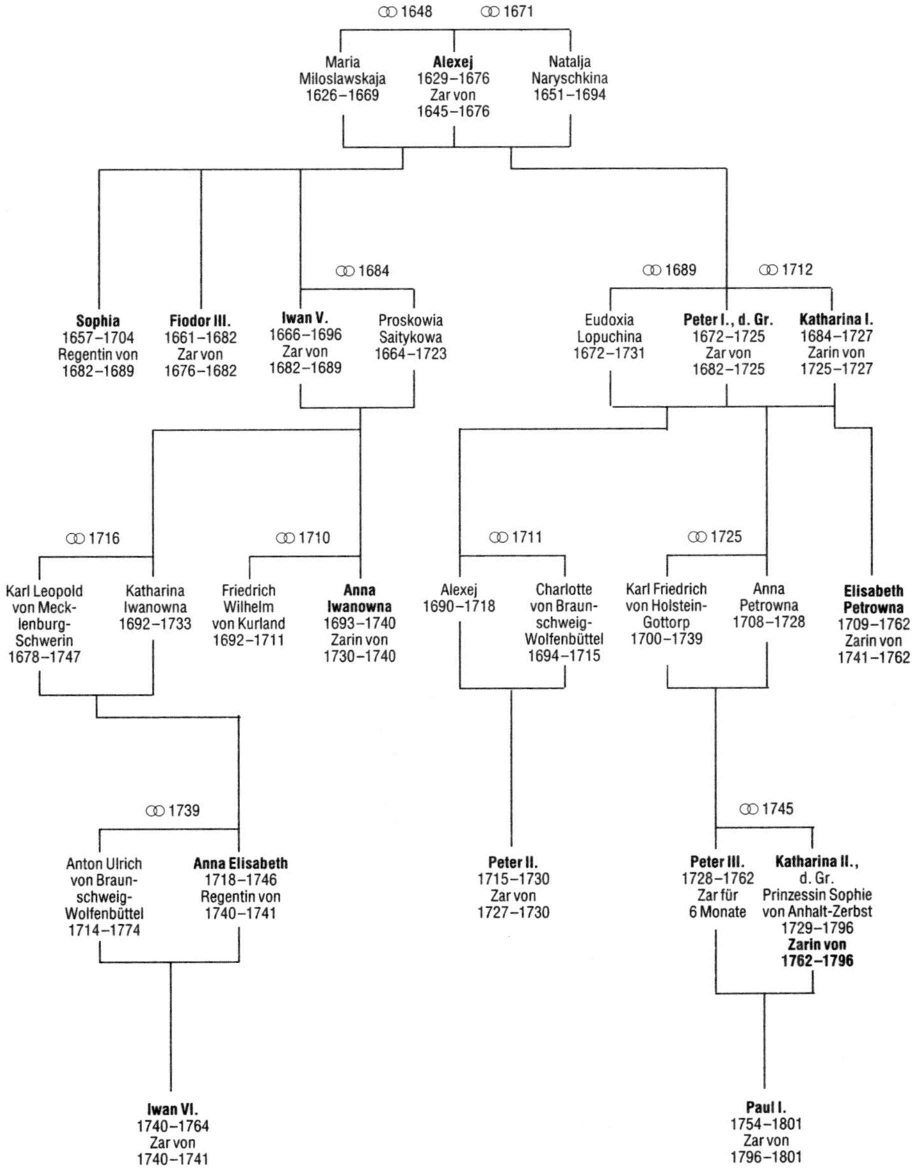

Die Stammtafel der Zaren aus dem Haus Romanow/Holstein-Gottorp ab Paul I.

(die Namen der Zaren in Fettdruck)

Paul I. (1754–1801) Zar von 1796–1801 (erm.) verh. mit Marie (Sophie), T. v. Hz. Friedrich II. v. Württemberg, gest. 1828

- **Alexander I.** (Pawlowitsch) (1777–1825 Zar von 1801–1825 verh. mit Elisabeth (Luise), T. v. Erbpr. Karl Ludwig v. Baden, gest. 1826
- Konstantin gest. 1831
- Marie, gest. 1859, verh. mit Großhz. Karl-Friedrich v. Sachsen-Weimar, gest. 1833
- Anna, gest. 1863, verh. m. Kg. Wilhelm II. d. Ndld., gest. 1840
- **Nikolaus I.** (Pawlowitsch) (1796–1855) Zar von 1825–1855 verh. mit Alexandra (Charlotte), T. von Kg. Friedrich Wilhelm III. v. Preußen, gest. 1860
    - **Alexander II.** (Nikolajewitsch) (1818–1881), Zar von 1855–1881 verh. mit Marie, T. v. Großhzg. Ludwig II. v. Hessen, gest. 1870
        - Marie, gest. 1920, verh. mit Alfred v. Sachsen-Coburg-Gotha, Hz. v. Edinburg, gest. 1900
        - Sergej, gest. 1903, verh. mit Elisabeth, T. v. Großhz. Ludwig IV. v. Hessen, gest. 1918
        - Paul, gest. 1919, verh. mit Alexandra, T. v. Kg. Georg v. Griechenland
        - **Alexander III.** (Alexandrowitsch) (1845–1894), Zar von 1881–1894, verh. mit Marta (Dagmar), T. v. Kg. Christian IX. v. Dänemark, gest. 1928
            - **Nikolaus II.** (Alexandrowitsch) (1868–1918) Zar v. 1894–1917 1917 abged., 1918 erm., verh. mit Alexandra, T. d. Großhz. Ludwig IV. v. Hessen, erm. 1918
            - Olga, gest. 1932, verh. mit Hz. Peter v. Oldenburg, gest. 1924
        - Vladimir, gest. 1909, verh. mit Marie, T. v. Großhz. Friedrich Franz II. v. Mecklenburg-Schwerin, gest. 1920
    - Marie, gest. 1876, verh. mit Hz. Maximilian v. Leuchtenberg
    - Olga, gest. 1892, verh. mit Kg. Karl I. v. Württemberg, gest. 1891
    - Alexandra, gest. 1844, verh. mit Ldgraf Friedrich Wilhelm V. v. Hessen-Kassel, gest. 1884
    - Konstantin, gest. 1882, verh. mit Alexandra, T. v. Hz. Josef von Sachsen-Altenburg, gest. 1911
        - Olga, gest. 1926, verh. mit Kg. Georg I. v. Griechenland, erm. 1913
        - Vera, gest. 1912, verh. mit Hz. Eugen v. Württemberg, gest. 1877
        - Konstantin, gest. 1913, verh. mit Elisabeth, T. v. Pr. Moritz v. Sachsen-Altenburg, gest. 1927
- Michael gest. 1849, verh. mit Helene, T. v. Hz. Paul V. v. Württemberg, gest. 1873